FORSCHUNGSBERICHT DES LANDES NORDRHEIN-WESTFALEN

Nr. 2608/Fachgruppe Wirtschafts- und Sozialwissenschaften

Herausgegeben im Auftrage des Ministerpräsidenten Heinz Kühn
vom Minister für Wissenschaft und Forschung Johannes Rau

Prof. Dr. Erwin Grochla
Dipl.-Kfm. Helmut Weber
Dipl.-Kfm. Hans Gürth

Betriebswirtschaftliches Institut für Organisation und Automation
an der Universität zu Köln

Kleincomputer in Verbundsystemen
- Organisatorische Gestaltung und Anwendung -

Westdeutscher Verlag 1976

Gesamtherstellung: Westdeutscher Verlag

ISBN 978-3-531-02608-4 ISBN 978-3-322-88589-0 (eBook)
DOI 10.1007/978-3-322-88589-0

Der Forschungsbericht wurde im Rahmen des Forschungsvorhaben

Anwendungskonzeptionen
für den Einsatz von Anlagen der Mittleren Datentechnik
in Computerverbundsystemen
(MICOM)

erstellt (Projekt-Laufzeit 1. 4. 1973 bis 31. 3. 1976).

Projektmitarbeiter und Autoren:

Wissenschaftlicher Leiter des Projektes MICOM:

Prof. Dr. Erwin Grochla

Projektleiter:

Dipl.-Kfm. Helmut Weber

Wissenschaftliche Mitarbeiter:

Dipl.-Kfm. Hans Gürth

Dipl.-Kfm. Rolf Hammel (bis 31. 3. 1975)

Dipl.-Kfm. Gabriele Marschall (ab 1. 12. 1975),
(Stud. Mitarbeiterin bis 30. 11. 1975)

Dipl.-Kfm. Christoph Meller (bis 30. 11. 1975)

Dipl.-Kfm. Michael Reicherts (ab 16. 5. 1975),
(Stud. Mitarbeiter bis 15. 5. 1975)

Studentische Mitarbeiter:

Hartwig Garmers (bis 31. 12. 1975)

Hans-Joachim Homberger (bis 15. 5. 1975)

Karl Schulte (bis 31. 10. 1975)

Wolfgang Vosshall (ab 16. 4. 1975)

Peter Zander (ab 16. 5. 1975)

VORWORT UND EINFÜHRUNG

Die technologische Entwicklung der Automatisierten Datenverarbeitung (ADV) führte seit einigen Jahren zu einer Miniaturisierung der Bauelemente und - abhängig hiervon - zu einer Tendenz stark fallender Hardware-Preise. Dies begünstigte die Entwicklung kleinerer Computersysteme, mit der die absolute Vorherrschaft des Großcomputers in der ADV gebrochen wurde [1]. Schließlich eröffnete vor allem die Weiterentwicklung von Datenfernübertragung und -fernverarbeitung neue Möglichkeiten der Kommunikation und Kooperation zwischen verschiedenen ADV-Anlagen. Die Konsequenz dieser technologischen Entwicklung ist ein verstärktes arbeitsteiliges Zusammenwirken von Computern in Verbundsystemen.

Beides - die Entwicklung von Kleincomputern und die Realisierung von Computerverbundsystemen - erschloß der automatisierten Informationstechnologie eine neue Anwenderkategorie: Klein- und Mittelbetriebe, denen die Notwendigkeit hoher Investitionen und qualifizierten Personals bislang den Zugang zur ADV versperrt hatte. Diese Anwender sind nunmehr in der Lage, ihre administrativen Arbeitsabläufe durch den Einsatz von Kleincomputern zu rationalisieren und die Möglichkeiten eines überbetrieblichen Verbundes mit großen Computersystemen zu nutzen. Dadurch können auch Klein- und Mittelbetriebe ihre Entscheidungssituation durch schnellere und exaktere

---

1) In der Bundesrepublik zeugte davon der Erfolg der Mittleren Datentechnik (MDT) seit Mitte der 60er Jahre. Die seitdem sehr vielfältige Entwicklung im Bereich der Minicomputer und Mikroprozessoren führte zu einer unüberschaubaren Fülle von Begriffen für diese Sachmittel. Deshalb scheint zur terminologisch eindeutigen Erfassung heute der schlichte Begriff "Kleincomputer" am geeignetsten. Wenn im folgenden doch noch überwiegend von "Mittlerer Datentechnik" die Rede ist, so ist das vor dem Hintergrund des zeitlichen Ablaufs der Forschungsarbeit zu sehen.

Informationen verbessern. Woran es aber weitgehend fehlt, ist eine organisatorische Konzeption für die Gestaltung derartiger Computerverbundsysteme (ADV-Anwendungskonzeption). Einen ersten Ansatz hierzu zu liefern, war Ziel des Forschungsvorhabens, dem die vorliegende Veröffentlichung entstammt. Dabei schien es notwendig, die Untersuchungen von unabhängiger wissenschaftlicher Seite her durchzuführen, da nur sehr wenige Klein- und Mittelbetriebe über organisatorisches Know-How für die ADV-Anwendung verfügen.

Ein besonderes praktisches Problem resultiert aus dem relativ geringen organisatorischen Formalisierungsgrad der Aufgaben in kleinen und mittleren Betrieben: Es sind nur wenig eindeutige, schriftlich fixierte Aufgabenstellungen, Stellenbeschreibungen, Arbeitsabläufe etc. vorhanden; häufig bestehen nur mündliche Arbeitsvorgaben oder Stellenangaben. Als Folge erhöht sich nicht nur der Arbeitsaufwand bei der Ist-Aufnahme, sondern es steigt auch die Notwendigkeit einer Einbeziehung der personellen Aktionsträger in die Ermittlung des aktuellen organisatorischen Status. Der Organisation der Ist-Aufnahme-Phase fällt somit eine wichtige Rolle zu, sollen allzu große Eingriffe in das laufende betriebliche Geschehen vermieden werden. Die Ist-Aufnahme kann beträchtlich erleichtert werden, wenn standardisierte Aufgabenkataloge und zusätzlich Prüflisten vorliegen, mit denen der Aufgabeninhalt und die erarbeiteten verbundrelevanten Aufgabenmerkmale beim Anwender bestimmt werden. Zweckmäßigerweise wird bei der praktischen Durchführung von den zentralen Aufgabenstellungen ausgegangen, die in ihrer ablauforganisatorischen Einbettung weiter verfolgt werden. Die auf diese Weise gebildeten Aufgabengebiete werden dann unter Hinzuziehung der Aktionsträger weiter präzisiert.

Wenn die längerfristige Einrichtung einer Datenverarbeitungs-Stelle beabsichtigt ist, die alle mit dem Verbundbetrieb anfallenden Aufgaben übernimmt (Operating, technische Überwachung, Datatyping und evtl. Programmierung etc.), sollten die dafür vorgesehenen Personen - in jedem Fall aber der Leiter der Datenverarbeitungs-Stelle (wobei im Grenzfall Leitungs- und Ausführungsaufgaben in der Hand einer einzigen Person liegen) - bereits in den Konzeptionsentwicklungsprozeß einbezogen werden. Da für diese Funktion nur Mitarbeiter mit ADV-Erfahrung in Frage kommen, hat dieser frühzeitige Einsatz auch den praktischen Vorteil, daß die Betreuung und die Koordination der durch externe Mitarbeiter entwickelten Teilkonzeptionen von einem Vertreter des Anwenderbetriebs übernommen werden können. Zudem läßt sich auf diesem Wege das die spätere Implementierung erleichternde Engagement der im Datenverarbeitungs-Bereich Tätigen unter Berücksichtigung ihrer individuellen Erfahrungen und Interessen erreichen. Unbedingt erforderlich ist, daß eine Projektbetreuung durch einen Mitarbeiter des Anwenders durchgeführt wird, der mit dem externen Berater oder dem Beratungsteam ständigen Kontakt hält und die erforderliche Koordination mit den Benutzern gewährleistet.

Bei der Einschätzung des personellen Aufwandes, der für die Entwicklung einer Anwendungskonzeption erforderlich ist, sind in erster Linie drei Aspekte zu berücksichtigen:

(1) Umfang und Komplexität der für die Anwendungskonzeption zu untersuchenden Aufgabenstrukturen - einschließlich des Grades an organisatorischer Formalisierung,

(2) die Verfügbarkeit externer und auch interner Fachleute,

(3) die Beeinträchtigung des betrieblichen Ablaufs durch Ist-Aufnahme, Beurteilungen etc..

Umfang und Komplexität der zu untersuchenden Aufgabenstrukturen können - in Abhängigkeit von der Größe des Betriebes, seinem Produktprogramm sowie seinen Beschaffungs- und Absatzmärkten - stark variieren; ebenso sind große Unterschiede beim Formalisierungsgrad festzustellen.

Wie bereits erwähnt, sind in der Regel interne Fachleute in den meisten Klein- und Mittelbetrieben nicht verfügbar; externe Berater stehen gegenwärtig ebenfalls nur in begrenztem Umfang und zu relativ hohen Kosten zur Verfügung. Aus der Sicht des einzelnen Anwenders kann sich die Situation etwas günstiger darstellen, wenn bereits häufiger eine externe Beratungsunternehmung in Anspruch genommen wurde, die mit der organisatorischen Situation des Anwenders vertraut ist.

Das Ausmaß, in dem der interne Betriebsablauf durch die Arbeit an der Konzeption beeinträchtigt wird, ist schließlich abhängig vom Grad der organisatorischen Formalisierung sowie von der Freistellungsmöglichkeit interner Mitarbeiter für eine Beteiligung an der Konzeptionsentwicklung. Dabei kann eine solche Beteiligung in direkter Mitarbeit bestehen, in einer Mitwirkung bei Beurteilungsproblemen bzw. der Festlegung von Zielen und Kriterien oder auch nur in der Teilnahme an Arbeitssitzungen zum Zwecke der Projektvorbereitung, -überwachung oder der Diskussion der Entwurfs-Ergebnisse. Bei der Einbeziehung dieser ganzen Einflußgrößen kann der personelle Aufwand - grob geschätzt - zwischen einem halben bis zu zehn Mann-Monaten liegen.

Aus dieser knappen Darstellung einiger praktischer Probleme, die sich dem Klein- und Mittelbetrieb bei der Entwicklung einer Anwendungskonzeption stellen, wird bereits deutlich, daß die enormen organisatorischen und ökonomischen Möglichkeiten, die in der Anwendung von Computerverbundsystemen liegen, nur durch die Entwicklung von Anwendungskonzeptionen angemessen erfaßt, beurteilt und schließlich auch umgesetzt werden können, daß andererseits jedoch die Voraussetzungen, die Erfahrungen und die personellen Möglichkeiten bei Klein- und Mittelbetrieben zum gegenwärtigen Zeitpunkt keinen Anlaß zu übergroßem Optimismus geben.

Mit der vorliegenden Arbeit wird nun praktisches Wissen um die Ressourcen sowie um die Methoden, mit denen eine Anwendungskonzeption entwickelt werden kann, in Ansätzen zur Verfügung gestellt. Zugleich wird damit die entscheidende Aufgabe deutlich, durch eine verstärkte Verbreitung des Computerverbundkonzeptes und durch intensivierte Aus- und Fortbildungsbemühungen das Interesse und die Instrumente für diese neue Technologie bei Klein- und Mittelbetrieben weiterzuentwickeln.

Allen meinen Mitarbeitern, die zum Gelingen dieser Arbeit beitrugen, möchte ich herzlich dafür danken. Ebenfalls gebührt Frau Ruth Zedler großer Dank für das Schreiben des umfangreichen Manuskripts.

Köln, im September 1976 Erwin Grochla

INHALT Seite

MATERIALIEN (ANHANG)

VERZEICHNIS DER ABBILDUNGEN Seite

VERZEICHNIS DER TABELLEN Seite

A. DIE BEDEUTUNG DER ADV FÜR KLEIN- UND MITTELBETRIEBE

Die Automatisierte Datenverarbeitung (ADV) wurde in den Anfängen der Computertechnologie als eine Domäne großer Unternehmungen betrachtet. Die informationstechnologische Entwicklung hat jedoch im Laufe der Zeit auch den Besonderheiten der Datenverarbeitung in Klein- und Mittelbetrieben Rechnung getragen. Durch die Entwicklung der Mittleren Datentechnik (MDT) und die Möglichkeit zu deren Einsatz in Verbundsystemen ist diesen Betrieben auch der direkte Zugang zu großen ADV-Anlagen erschlossen. Die Bedeutung, die die ADV gegenwärtig für Klein- und Mittelbetriebe besitzt, kann ermessen werden, indem man einerseits den derzeitigen ADV-Anwendungsstand ermittelt und andererseits untersucht, inwieweit Klein- und Mittelbetriebe für den ADV-Einsatz geeignet sind.

Wird die Eignung der ADV für bestimmte Betriebsgrößenklassen geprüft, so ist zunächst festzustellen, daß die traditionellen Betriebsgrößen-Definitionen und -Maßstäbe keine brauchbare Grundlage bilden. Über den Begriff der Betriebsgröße besteht generell keine Einigung. Die Definition der Betriebsgröße als 'produktionelles Potential'[1] umschreibt in etwa die vorherrschende Meinung. Es handelt sich also um eine komplexe Größe, die durch verschiedene qualitative und quantitative Dimensionen bestimmt wird[2]. Aufgrund dieser Komplexität ist die Betriebsgröße nicht total erfaßbar, deshalb müssen mehrere Hilfsmaßstäbe zu ihrer Messung herangezogen werden. Bei der Anwendung einer Meßgröße - z.B. Beschäftigtenzahl, Umsatz - werden immer nur Teildimensionen der Betriebsgröße betrachtet.

Die Betriebsgrößenmessung kann also stets nur unter einem bestimmten

---

1) Vgl. FETTEL, G.: Die Betriebsgröße. In: Betriebsgröße und Unternehmungskonzentration, hrsg. von Hanns Linhardt, Berlin 1959, S. 61 f.

2) Vgl. SCHULZE, Hans Herbert: Zum Problem der Computernutzung für mittlere und kleinere Betriebe. In: adl-nachrichten, 17. Jg. 1972 Heft 77, S. 22.

Problembezug erfolgen[1], d.h. der jeweilige Zusammenhang, in dem eine Betriebsgrößeneinteilung vorgenommen wird, bestimmt die Kriterien, mit denen die Betriebsgröße angegeben wird. So gibt z.B. die Beschäftigtenzahl als ein Betriebsgrößencharakteristikum keine Auskunft darüber, ob sich die Betriebe dieser Größenklasse für die ADV eignen. Die Beantwortung dieser Frage muß vielmehr vom Informationsbedarf ausgehen. Bei einer Untersuchung des Informationsbedarfs sind die bereitzustellenden und zu verarbeitenden Informationen zu ermitteln, so daß auf Anwendungsmöglichkeiten vorhandener Informationstechnologien geschlossen werden kann[2].

Demzufolge soll im ersten Abschnitt der Informationsbedarf von Klein- und Mittelbetrieben dargestellt werden. Der zweite Abschnitt beschäftigt sich mit den ADV-Ressourcen, die Klein- und Mittelbetrieben prinzipiell bei der Deckung ihres Informationsbedarfs zur Verfügung stehen. Im dritten Abschnitt wird auf die Möglichkeiten der Nutzung bzw. des Einsatzes der vorhandenen Ressourcen sowie auf ihre aktuelle Anwendung eingegangen.

I. DER INFORMATIONSBEDARF VON KLEIN- UND MITTELBETRIEBEN

Zur Erfüllung betrieblicher Aufgaben sind neben den körperlichen Handlungen, die sich an realen Objekten vollziehen, gedankliche (mentale) Handlungen notwendig, deren Gegenstand als Information bezeichnet wird[3]: Jede Aufgabenerfüllung induziert einen bestimm-

---

1) Vgl. HEINRICH, Lutz J.: Die Betriebsgröße im Sinne der Computertechnik. In: ZfD, 5. Jg. 1967 Heft 1, S. 8.

2) Zum Begriff der Informationstechnologie vgl.: WHISLER, Thomas L.: Information Technology and Organizational Change. Belmont, Cal. 1970, p. 11.

3) Vgl. KOSIOL, Erich: Organisation der Unternehmung. Wiesbaden 1962, S. 100.

ten Bedarf an Informationen, die einerseits einen sachlichen Bezug zur Aufgabe aufweisen und die zum anderen vom Aktionsträger als notwendig erachtet werden. Die erste Kategorie wird mit dem Begriff des objektiven Informationsbedarfs bezeichnet, die zweite mit dem des subjektiven Informationsbedarfs[1].

Während der subjektive Informationsbedarf sich durch die Artikulation der Aktionsträger (Benutzer) relativ einfach ermitteln läßt, ist die Bestimmung objektiven Informationsbedarfs mit einigen Schwierigkeiten verbunden[2]. Der folgenden Untersuchung wird dieser objektive Informationsbedarf zugrundegelegt.

Ausgangspunkt für eine grobe Kennzeichnung des Informationsbedarfs sind die informationellen Beziehungen des Betriebes. Die Darstellung der Restriktionen, die bei der Deckung des Informationsbedarfs erkennbar sind, kennzeichnen die besondere Situation, in der sich Klein- und Mittelbetriebe befinden.

a) Die informationellen Beziehungen als Ausgangspunkt für die Ermittlung des Informationsbedarfs

Die informationellen Beziehungen konkretisieren sich im Austausch von Informationen zwischen den Aktionsträgern[3]. Werden Informationen ausgetauscht, so müssen die einzelnen Elemente, zwischen denen diese informationelle Beziehung besteht, die zu übermittelnden In-

---

1) Vgl. GARBE, Helmut: Die Diskrepanzen zwischen Informationsbedarf und Informationsangebot. Instrumente einer Beeinflussung und ihre Konsequenzen. In: Fortschrittliche Unternehmungsführung und Verwaltung durch rationelle Datenverarbeitung. AWV-Schriftenreihe Nr. 342, Köln 1972, S. 126 ff.

2) Die Hauptschwierigkeit liegt darin, daß Kriterien für die Bedarfs-Zugehörigkeit nur aus der Gesamtheit der sachlichen Zusammenhänge der Aufgabe 'in der Prognose ihrer konkreten Erfüllungssituation' - also belastet mit einem nicht einlösbaren Totalitätsanspruch und der Ungewißheit zukunftsbezogener Information - gewonnen werden können. Vgl. BERTHEL, Jürgen: Informationen und Vorgänge ihrer Bearbeitung in der Unternehmung. Eine programmatische Problem- und Aussagenanalyse. Berlin 1967, S. 74.

3) Vgl. GROCHLA, Erwin: Unternehmungsorganisation. Neue Ansätze und Konzeptionen. Reinbek bei Hamburg 1972, S. 76 ff.

formationen bereitstellen oder senden, bzw. die Informationen, die benötigt werden, beschaffen oder empfangen. Einer informationellen Beziehung läßt sich also ein bestimmter Informationsbedarf zuordnen.

Da eine Untersuchung der informationellen Beziehungen zu Aussagen über den Informationsbedarf führen kann, soll zunächst eine Analyse einzelner, typischer informationeller Beziehungen vorgenommen werden, um erste Anhaltspunkte für die Beschaffenheit des informationellen Beziehungsgefüges zu erhalten. In einem weiteren Schritt wird die konkrete Ausprägung informationeller Beziehungen von Klein- und Mittelbetrieben untersucht, wobei die Branchenzugehörigkeit eines Betriebes als zentrale Einflußgröße betrachtet wird.

1. Analyse der informationellen Beziehungen

Die Unternehmung stellt sich dar als ein zielgerichtetes offenes System, das durch seine Elemente, Elementbeziehungen und durch sein Verhalten in der Umwelt charakterisiert wird. Abbildung 1 kennzeichnet die Grundstruktur betrieblicher Systeme[1]:

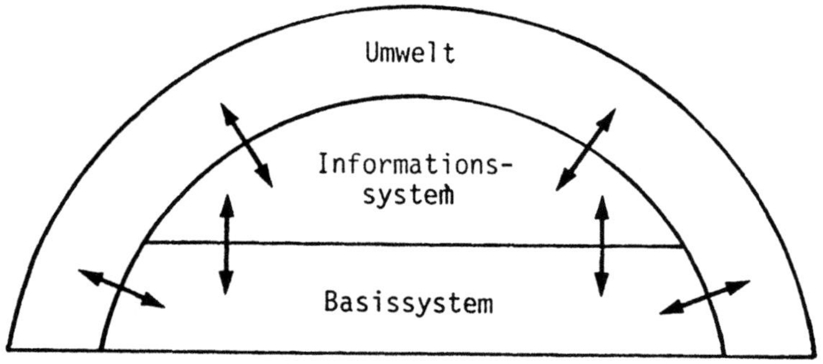

ABB. 1: GRUNDSTRUKTUR BETRIEBLICHER SYSTEME

1) Vgl. GROCHLA, Erwin: Datenverarbeitung. In: Handwörterbuch der Betriebswirtschaft, 4. Aufl., hrsg. v. Erwin Grochla und Waldemar Wittmann, Stuttgart 1974, Sp. 1117 sowie GROCHLA, Erwin; MELLER, Friedrich: Datenverarbeitung in der Unternehmung. Grundlagen. Reinbek bei Hamburg 1974, S. 22.

Wie das Schaubild zeigt, stehen die Elemente des Informationssystems mit der Umwelt sowie mit dem betrieblichen Basissystem in Verbindung. Demnach werden informationelle Beziehungen sowohl zwischen Betrieb und Umwelt als auch innerhalb des Betriebs unterhalten. Eine solche Unterscheidung ist zwar sinnvoll, sie berücksichtigt jedoch nicht die Wechselwirkungen betrieblicher Informationsflüsse. Die hier isoliert betrachteten Beziehungen stehen in einem Zusammenhang sequentieller Art[1]: So haben beispielsweise aus der Umwelt kommende Informationen Auswirkungen auf die innerbetrieblichen Informationsflüsse.

1.1 Die informationellen Beziehungen zwischen Betrieb und Umwelt

Die Aktionsträger des betrieblichen Systems treten im Rahmen der informationellen Beziehungen der Unternehmung zur Umwelt als Sender sowie als Empfänger von Informationen auf. Sie müssen einerseits Informationen an die Elemente bzw. Systeme der Umwelt abgeben oder sie zum Abruf bereitstellen, andererseits benötigen sie Informationen zur Erfüllung einer bestimmten Aufgabe von Umweltelementen[2].

Die Elemente oder Systeme, mit denen die Unternehmung informationelle Beziehungen unterhält, sind zunächst die Marktteilnehmer. Daneben treten auch andere Umweltsysteme - wie z.B. die Behörden - mit der Unternehmung in Beziehung. Die Marktteilnehmer sind den Beschaffungs- und den Absatzmärkten im weiteren Sinne zuzuordnen und

1) Vgl. WEGNER, Gertrud: Systemanalyse. In: Handwörterbuch der Organisation, hrsg. v. Erwin Grochla, Stuttgart 1969, Sp. 1615.

2) Vgl. BOTTLER, Jörg: Die Strukturierung eines branchenorientierten Systems informationeller Beziehungen der Unternehmung. In: ZfO, 41. Jg. 1972 Heft 7, S. 342 f.

können unterschieden werden in:

- Lieferanten,
- Kunden,
- Kapitalgeber,
- Arbeitskräfte,
- Konkurrenten,
- Kooperative.

Zu den Systemen der übrigen Umwelt gehören insbesondere die staatlichen und kommunalen Institutionen sowie nicht-behördliche Organisationen, wie etwa Vereine und Verbände.
Die typischen Umweltsysteme sowie ihre Beziehungen zur Unternehmung sind im folgenden Schaubild zusammengefaßt (Abb. 2):

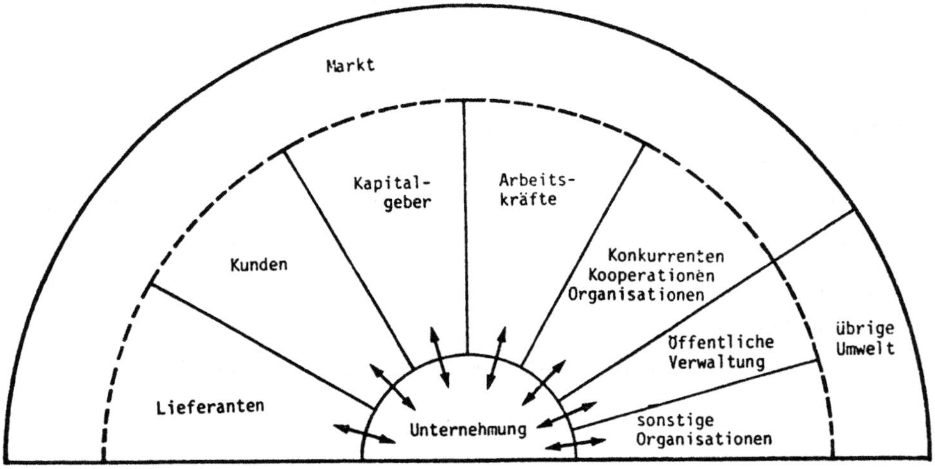

ABB. 2: INFORMATIONELLE BEZIEHUNGEN ZWISCHEN UNTERNEHMUNG UND UMWELT

Die informationellen Beziehungen der Unternehmung zu den Lieferanten sind dem Prozeß der Beschaffung von Gütern und Dienstleistungen sowie dem daraus resultierenden Zahlungsverkehr zugeordnet. Der dieser Beziehung entsprechende Informationsbedarf entsteht aus der Notwendigkeit der Abwicklung des Beschaffungsvorganges als einer Voraussetzung für die Leistungserstellung im engeren Sinne.
Der Absatz von Gütern und Dienstleistungen sowie die Abwicklung dieses Vorgangs auf der monetären Ebene sind begleitet von informationellen Beziehungen zu den Kunden. Der daraus ableitbare Informationsbedarf ist notwendig, um die Absatzaufgabe erfüllen zu können.
Die informationellen Beziehungen zu Kapitalgebern entstehen aus der beschränkten Eigenfinanzierungskraft der Unternehmung. Generelle Kapitalgeber sind Banken und andere Kreditinstitute; je nach Rechtsform treten z.B. Aktionäre oder stille Gesellschafter ebenfalls als Kapitalgeber auf. Die informationellen Beziehungen basieren im wesentlichen auf der Kreditvergabe bzw. Kreditrückzahlung.
Arbeitskräfte werden in diesem Zusammenhang nicht als Aktionsträger angesehen, sondern als Individuen, die ihre Arbeitskraft auf dem Arbeitsmarkt gegen Entgelt anbieten und somit unternehmungsexterne Elemente darstellen. Aufgrund der abzuschließenden Arbeitsverträge und den daraus resultierenden Verpflichtungen (Lohn- und Gehaltsabrechnung) entstehen informationelle Beziehungen.
Die Konkurrenten sind für die Unternehmung in zweierlei Hinsicht von Bedeutung. Zum einen müssen die Aktionen und Verhaltensweisen der Konkurrenz mit in die Planungsüberlegungen einbezogen werden. Zum anderen bestehen bestimmte Formen der zwischenbetrieblichen Zusammenarbeit. Um über die Aktionen der Kunkurrenz Informationen zu erhalten, unterhält die Unternehmung häufig informationelle Beziehungen zu Marktforschungsinstituten oder ähnlichen Organisationen. Die Zusammenarbeit zwischen verschiedenen Konkurrenten erfolgt häufig durch die Ausgliederung bestimmter Aufgabenkomplexe und ihre

gemeinschaftliche Erfüllung innerhalb von Kooperativen, z.B. in Einkaufsgenossenschaften.
Neben den Beziehungen zu Marktteilnehmern haben insbesondere die informationellen Beziehungen zur Öffentlichen Verwaltung Einfluß auf den Informationsbedarf der Unternehmung. Diese Beziehungen beruhen im wesentlichen auf gesetzlichen Bestimmungen. Eine bedeutende Rolle spielen handels- und steuerrechtliche Vorschriften, durch die den Unternehmen Aufzeichnungs- und Buchführungspflichten auferlegt werden. Auch andere Vorschriften - z.B. hinsichtlich des Umweltschutzes - induzieren bei den Unternehmen einen Bedarf an Informationen.
Schließlich kann die Unternehmung informationelle Beziehungen zu sonstigen Organisationen der Umwelt unterhalten. Solche Organisationen sind etwa Vereine, Verbände oder wissenschaftliche Institute. Diese sind häufig branchenspezifischer Art, wie z.B. die Schutzvereinigung für allgemeine Kreditsicherung (SCHUFA): Für ihre Mitglieder besteht eine Anzeigepflicht aller säumigen Kreditoren. Tabelle 1 gibt eine Übersicht über die typischen informationellen Beziehungen und Beispiele für den daraus ableitbaren Informationsbedarf.

Lieferanten	Kunden	Kapitalgeber	Arbeitskräfte	Konkurrenten/ Kooperationen	Öffentliche Verwaltung	sonstige Organisationen
Bonität	Auftragseingang	Kontostand	Lohnart	Produktangebot (Qualität,Quantität)	Inventur	technologische Entwicklung
Angebot (Art, Qualität)	Warenausgang	Konto-bewegungen	Lohnsumme	Marktanteile	Bilanz	rechnungstechnische Vorgänge (vgl.Lieferanten)
Eingang von Auftragsbestätigungen	Retouren, Reklamationen	Zinskonditionen	arbeitsrechtliche Fragen	Umsatz	G + V	
Ausgang von Auftragserteilungen	Rechnungs-ausgang	Überweisungs-aufträge	Arbeits-qualität		Arbeitsplatz-sicherungs-vorschriften	
Wareneingang	Ausgang von Auftragsbestätigungen	Abzahlungen	Arbeits-quantität		Steuer-abrechnung	
Rechnungs-eingang	Bonität	Wertpapier-kurse	rechnungstechnische Vorgänge		rechnungstechnische Vorgänge	
Zahlungs-ausgang	Auftrags-umfang	Rückzahlungs-modalitäten				
Retouren, Reklamationen	Rechnungs-begleichung	sonst.rechnungstechn. Vorgänge (vgl. Lieferanten, Kunden)				
Art und Menge der Bestellung	Zahlungs-eingang					
Lieferfristen						

TABELLE 1: INFORMATIONELLE BEZIEHUNGEN ZWISCHEN UNTERNEHMUNG UND UMWELT (BEISPIELE)

1.2 Die informationellen Beziehungen innerhalb des Betriebes

Jede Unternehmung verfolgt ein bestimmtes Sachziel, das ihr konkretes Handlungsprogramm darstellt und die Art, die Menge sowie die zeitliche Determination der zu erstellenden und abzusetzenden Güter und Dienstleistungen enthält[1]. Aus dem Sachziel ergibt sich unmittelbar die Gesamtaufgabe der Unternehmung, die einerseits durch den Prozeß ihrer Realisation und andererseits durch ihre gedankliche Vorwegnahme im Rahmen von Entscheidungs- bzw. Planungsprozessen gekennzeichnet ist[2]. Die einzelnen aus der Gesamtaufgabe ableitbaren Teilaufgaben bilden das Aufgabengefüge der Unternehmung. Den Teilaufgaben sind Aktionsträger zu ihrer Erfüllung zugeordnet. Zwischen diesen Aktionsträgern bestehen informationelle Beziehungen. Die Struktur des Aufgabengefüges im Basissystem ist durch die Art des Sachziels sowie durch den zwischen den Teilaufgaben bestehenden sachlogischen Zusammenhang bestimmt[3]. Die Determiniertheit der Aufgabenstruktur des Basissystems führt dazu, daß die informationellen Beziehungen durch die Art des Leistungserstellungsprozesses stark beeinflußt werden.
Innerhalb des Basissystems können generell folgende Teilaufgaben bzw. Aufgabenbereiche unterschieden werden: die Beschaffung, die Produktion und der Absatz. Diesen einzelnen Bereichen sind Aktionsträger zugeordnet, die Realisations- bzw. Planungsaufgaben zu erfüllen haben. Informationelle Beziehungen bestehen dann

(1) - zwischen Aktionsträgern des Beschaffungsbereichs,
- zwischen Aktionsträgern des Produktionsbereichs,
- zwischen Aktionsträgern des Absatzbereichs und

(2) - zwischen Aktionsträgern unterschiedlicher Bereiche.

---

1) Vgl. GROCHLA, Erwin: Unternehmungsorganisation..., a.a.O., S.38.

2) Vgl. GROCHLA, Erwin; MELLER, Friedrich: Datenverarbeitung ..., a.a.O., S. 21 f.

3) Vgl. GROCHLA, Erwin: Unternehmungsorganisation ..., a.a.O.,S.40.

Die Aktionsträger des Beschaffungsbereichs haben alle Aufgaben zu erfüllen, die mit der Beschaffung und Bereitstellung von materiellen und immateriellen Gütern anfallen. Wichtig sind hierbei insbesondere Art und Menge der zu beschaffenden Güter sowie die zeitliche Determiniertheit der Beschaffung. Zur Erfüllung dieser Aufgaben tauschen die Aktionsträger untereinander Informationen aus. Inhalt dieser informationellen Beziehungen zwischen Aktionsträgern des Beschaffungsbereichs kann z.B. ein Bedarf an Informationen über den Lagerbestand oder die optimale Bestellmenge sein. Der Aufgabenbereich der Produktion beinhaltet alle Aufgaben, die im Rahmen der Be- oder Verarbeitung von Gütern materieller sowie immaterieller Art anfallen. Daraus läßt sich für die Aktionsträger z.B. ein Informationsbedarf hinsichtlich der Fertigungskapazitäten oder der Fertigungskosten ableiten.

Die informationellen Beziehungen zwischen den Aktionsträgern des Absatzbereichs resultieren aus den Aufgaben, die im Zusammenhang mit der Abgabe von Gütern an die Umwelt erfüllt werden müssen. Inhalt dieser Beziehungen sind etwa Informationen über die Zahl und den Preis der verkauften Produkte.
Zwischen den einzelnen Phasen bzw. Aufgabenbereichen des Leistungserstellungsprozesses bestehen sachliche Zusammenhänge, die auf der informationellen Ebene zu Beziehungen zwischen den Aktionsträgern verschiedener Bereiche führen. Der Informationsaustausch ist insbesondere von Bedeutung für die Koordination der einzelnen Teilaufgaben.
Tabelle 2 gibt einige Beispiele für den aus den einzelnen informationellen Beziehungen ableitbaren Informationsbedarf.

2. Die Branchenzugehörigkeit als zentraler Einflußfaktor

Im vorangegangenen Abschnitt wurde die generelle Struktur des informationellen Beziehungsgefüges dargestellt. Davon ausgehend kann

Beziehungen zwischen den Aktionsträgern des Beschaffungsbereichs	Beziehungen zwischen den Aktionsträgern des Produktionsbereichs	Beziehungen zwischen den Aktionsträgern des Absatzbereichs	Beziehungen zwischen den Aktionsträgern der verschiedenen Bereiche
mengenmäßiger Lagerbestand	Leistungskapazität	Produktgestaltung	Beschaffung - Produktion
wertmäßiger Lagerbestand	Maschinenbelegung	Bisheriger Absatz	- Art des benötigten Materials
Lagerkapazität	quantitative Leistung	Absatzerwartung	- Menge des benötigten Materials
Materialzugang	qualitative Leistung	Auftragseingänge	- Materialkosten
Warenzugang	Fertigungskosten	Lagerbestand bei Fertigerzeugnissen	Beschaffung - Absatz
Materialabgang	optimale Stückzahl	Lagerbewegungen	- voraussichtliche Absatzmenge
Warenabgang			Produktion - Absatz
Bestellmenge			- Zahl der zu produzierenden Produkte
Lagerkosten			- Beschaffenheit der zu produzierenden Produkte
Lagerfähigkeit der Bestände			- Fertigungskosten, voraussichtl. Preis

TABELLE 2: INFORMATIONELLE BEZIEHUNGEN INNERHALB DER UNTERNEHMUNG (BEISPIELE)

die konkrete Ausprägung der informationellen Beziehungen und damit des Informationsbedarfs in Klein- und Mittelbetrieben untersucht werden. Die konkrete Ausprägung hängt wesentlich von der Branchenzugehörigkeit der Unternehmung ab.
Die verschiedenen Branchen unterscheiden sich primär durch ihr spezifisches Aufgabensystem sowie durch ihre spezifische Umweltsituation. Dies sind die determinierenden Variablen für die konkrete Ausprägung der informationellen Beziehungen.
Spezifische Umweltsituationen bestehen beispielsweise in den besonderen Marktbedingungen einer Branche. So sind etwa die Märkte der Klein- und Mittelbetriebe des Einzelhandels lokal stark begrenzt, wohingegen bei Klein- und Mittelbetrieben der Industrie, die sich auf die Herstellung bestimmter Produkte spezialisiert haben, ein sehr weiträumiger Markt möglich ist, der sich jedoch auf einige wenige Kunden beschränkt. Spezialisierungen sind bei industriellen Klein- und Mittelbetrieben häufig zu beobachten.

Ein weiteres Beispiel für branchenspezifische Umweltsituationen stellen die Kooperative des Handels dar. Klein- und Mittelbetriebe des Einzelhandels sind zu einem beträchtlichen Teil an Kooperativen oder Koalitionen beteiligt, die als Einkaufsgenossenschaften für ihre Mitglieder tätig sind[1]. Die Konsequenz ist, daß zu den Lieferanten nur eine indirekte Beziehung besteht. Eine direkte Beziehung besteht lediglich zu der Koalition, wodurch die Menge der informationellen Beziehungen erheblich eingeschränkt wird.
Nicht in Kooperativen organisierte Klein- und Mittelbetriebe des Einzelhandels unterhalten meist zu einem beschränkten Kreis von Lieferanten informationelle Beziehungen, wobei häufig eine feste Lieferantenbindung besteht. Der hierbei entstehende Informationsbedarf ist im Vergleich zu dem von Großbetrieben gering. Klein- und

1) Die in Koalitionen organisierten Klein- und Mittelbetriebe erreichten 1970 einen Absatz von 34,6 % des Gesamteinzelhandelsabsatzes. Vgl. NIESCHLAG, Robert: Binnenhandel u. Binnenhandelspolitik, Berlin 1972, S. 100.

Mittelbetriebe der Industrie fungieren häufig als Zulieferbetriebe für größere Unternehmungen. Der Kundenkreis dieser Unternehmungen beschränkt sich dann auf einen oder einige wenige Abnehmer, so daß z.B. auf dem Gebiet der Fakturierung erheblich weniger Daten anfallen als in großen Industrieunternehmungen.

Der hier umrissene Informationsbedarf kann konkretisiert werden durch die Menge der notwendigen Informationen, durch ihre Art und durch ihre zeitliche Determiniertheit. Dabei ist davon auszugehen, daß Klein- und Mittelbetriebe einer Branche sich von den Großbetrieben der gleichen Branche lediglich durch den mengenmäßigen Informationsbedarf unterscheiden, da Aufgabensystem sowie Umweltsituation strukturgleich sind, sodaß der objektive Informationsbedarf von Klein- und Mittelbetrieben sich hinsichtlich der Art der Informationen sowie ihrer zeitlichen Determiniertheit grundsätzlich nicht von dem der Großbetriebe unterscheidet. Allerdings ist der mengenmäßige Informationsbedarf von Klein- und Mittelbetrieben einer Branche generell geringer als der Informationsbedarf eines Großbetriebes der gleichen Branche. Dies zeigt sich zum einen daran, daß die Zahl der Kommunikationspartner, mit denen die Unternehmung informationelle Beziehungen unterhält, in Großbetrieben i.d.R. größer ist als in Klein- und Mittelbetrieben. Zum anderen ist die Häufigkeit der Aktivierung informationeller Beziehungen in Großbetrieben im allgemeinen größer.

b) Betriebsgrößenbedingte Restriktionen bei der Deckung des Informationsbedarfs

Die Deckung des Informationsbedarfs - also die Bereitstellung der notwendigen Information - kann grundsätzlich manuell oder maschinell erfolgen. Bei der hier im Vordergrund stehenden maschinellen Informationsbereitstellung rückt die automatisierte Datenverarbeitung in den Mittelpunkt. Bei der Deckung des Informationsbedarfs durch die ADV sind speziell Klein- und Mittelbetrieben Grenzen gesetzt, die im folgenden dargestellt werden.

1. Wirtschaftliche Restriktionen

Die begrenzte finanzielle Kapazität von Klein- und Mittelbetrieben bildet einen Engpaß bei der Deckung des Informationsbedarfs: Die Nutzung der ADV stößt insbesondere bei Kleinbetrieben auf Grenzen. Dies braucht jedoch nicht unbedingt von Nachteil zu sein. Häufig sind nämlich gerade Kleinbetriebe von ihrem Informationsbedarf her nicht zur Automatisierung ihrer Datenverarbeitung geeignet. Die anfallenden Daten bzw. der Informationsbedarf reichen nicht aus, um eine wirtschaftlich vertretbare Nutzung der ADV zu gewährleisten.
Über die Höhe des für die ADV vertretbaren Finanzierungsaufwandes besteht eine in der Praxis häufig benutzte Regel, die besagt, daß etwa 1 % des Jahresumsatzes für die ADV eingesetzt werden kann. Dieser Wert resultiert aus den Erfahrungen, die beim ADV-Einsatz in der Praxis gesammelt wurden und dient lediglich als Richtgröße, nicht als Optimalgröße[1)]. Solche Richtgrößen und Formeln sind jedoch mit Vorsicht zu gebrauchen, da sie nur die Kosten berücksichtigen und keine Nutzenbetrachtung vorsehen. Erst dadurch aber kann die Schwelle für den wirtschaftlichen Einsatz der ADV ermittelt werden[2)].

2. Organisatorische Restriktionen

Beim Einsatz der ADV zur Deckung des Informationsbedarfs muß in der Unternehmung ein bestimmter organisatorischer Wissensstand vorhanden sein. Dieses organisatorische Wissen ist notwendig für ein reibungsloses Funktionieren und eine wirtschaftliche Nutzung. Gerade in Klein- und Mittelbetrieben sind in dieser Hinsicht jedoch Schwachstellen vorhanden. Die Schwierigkeiten beginnen bereits bei der Aus-

---

1) Vgl. THÜRBACH, Ralf-Peter: Betriebsführung und elektronische Datenverarbeitung im Einzelhandel. Möglichkeiten und Erfahrungen beim Einsatz der EDV zur Verbesserung der Betriebsführung in Klein- und Mittelbetrieben. Göttingen 1974, S. 59.

2) WEBER, Helmut: MDT - Gegenwart und Zukunft. Teil I, II. In: der arbeitgeber, 26. Jg. 1974 Heft 16, S. 605-606; Heft 17, S. 646-649.

wahl der für den Betrieb geeigneten ADV-Anwendung; In der Regel besitzt die Unternehmensleitung nicht das nötige Fachwissen, eine Entscheidung zwischen den verschiedenen Anwendungsmöglichkeiten zu treffen. Neben den Auswahlproblemen bestehen Probleme bei der Einführung und der praktischen Anwendung der ADV.
Eine in den USA durchgeführte Untersuchung in Betrieben, die eigene ADV-Anlagen zum ersten Mal einsetzten, hatte folgende Ergebnisse[1]:

- Häufig bestehen Schwierigkeiten bei der personellen Besetzung der neu entstandenen Stellen im ADV-Bereich.
- Anfänglicher Optimismus schlägt schnell in Unzufriedenheit um, wenn die Erfolge hinter den Erwartungen zurückbleiben.
- Die Anwender werden teilweise schlecht beraten.
- Die Implementierungsphase muß vom ADV-Manager allein bewältigt werden. Es fehlt an notwendiger Unterstützung.
- Der Computereinsatz war lediglich bei reinen Abrechnungsaufgaben mit relativ wenig Schwierigkeiten verbunden.

Der Grund dafür, daß gerade in Klein- und Mittelbetrieben solche organisatorischen Restriktionen stärker ausgeprägt sind als in Großbetrieben, liegt vor allem an der personellen Situation in Klein- und Mittelbetrieben, die dadurch gekennzeichnet ist, daß kaum qualifiziertes Datenverarbeitungspersonal zur Verfügung steht. Die Führung von Klein- und Mittelbetrieben erfolgt im allgemeinen durch sehr wenige Personen, in manchen Fällen sogar nur durch eine Person. Für die Entscheidungen über den Einsatz und die Anwendung der ADV müssen die Unternehmer jedoch - wie erwähnt - über organisatorisches Wissen verfügen: Den Unternehmern in Klein- und Mittelbetrieben fehlt jedoch meist eine ADV-Ausbildung und sie sind zudem mit anderen Aufgaben überlastet.

---

1) Vgl. CASHMAN, M.W.: Studies in Small Scaled Computing. In: Datamation, Vol. 20 1974 No. 6, p. 47.

3. Sonstige Restriktionen

Die sprunghafte Entwicklung der Computertechnologie hat bei vielen Anwendern Unsicherheit und Skepsis ausgelöst. Das fehlende technologische Wissen der potentiellen Anwender sowie die Unübersichtlichkeit des Marktes hat gerade in Klein- und Mittelbetrieben dazu geführt, daß die Unternehmer häufig irrationale Barrieren gegenüber dieser neuen Technologie aufgebaut haben[1]. Dazu hat nicht zuletzt das Verhalten der Anbieter beigetragen, die zumindest anfangs versäumten, ihren potentiellen Kunden die Anwendung zu erleichtern oder sie mit der neuen Entwicklung vertraut zu machen. Es wurde mehr Gewicht auf die realtechnische als auf eine benutzer- und anwenderfreundliche Entwicklung gelegt. Hinzu kam eine unzureichende Benutzerschulung[2].

II. DAS ANGEBOT AN ADV-RESSOURCEN FÜR KLEIN- UND MITTELBETRIEBE

Eine Untergliederung des Ressourcen-Bereichs kann auf einer ersten Stufe am Begriff des <u>Datenverarbeitungs</u>-<u>Verfahrens</u>[3] ansetzen. Abgrenzungskriterien sind

- die Art des Aktionsträgers,
- die Art des Sachmittelgebrauchs.

---

1) Vgl. GROCHLA, Erwin: Das Engagement der Unternehmensführung bei der Gestaltung computer-gestützter Informationssysteme. In: Fortschrittliche Betriebsführung, 22. Jg. 1973 Heft 2, S. 66.

2) Vgl. GROCHLA, Erwin; SZYPERSKI, Norbert; SEIBT, Dietrich: Ausbildung und Fortbildung in der Automatisierten Datenverarbeitung. München - Wien 1970.

3) Die terminologische Abgrenzung erfolgt z.T. in Anlehnung an HEILMANN, Wolfgang: Auswahlkriterien für Datenverarbeitungsanlagen. In: ZfO, 40. Jg. 1971 Heft 8, S. 413 ff.

Danach lassen sich drei Hauptgruppen von Datenverarbeitungsverfahren unterscheiden[1].

(1) Manuelles Verfahren
Aktionsträger bei dieser Art der Informationsverarbeitung ist der Mensch. Eingesetzte Sachmittel werden instrumental gebraucht (Werkzeugcharakter).

(2) Mechanisierte Verfahren
Auch bei diesen Verfahren tritt allein der Mensch als Aktionsträger auf. Maschinelle Sachmittel werden zur Unterstützung eingesetzt; sie besitzen jedoch nicht 'Automationscharakter'[2]. Als Untergruppen sind zu unterscheiden:

(a) der Einsatz von Büromaschinen[3],
(b) der Einsatz des konventionellen (nicht-elektronischen) Lochkartenverfahrens[4].

(3) Automatisierte Verfahren
Automatisierte Verfahren sind dadurch gekennzeichnet, daß Mensch und maschinelles Sachmittel gleichermaßen als Aktionsträger auftreten und in einer Mensch-Maschine-Aktionseinheit zur arbeitsteiligen Aufgabenerfüllung gekoppelt werden können[5].

---

1) Vgl. WEGNER, Gertrud: Systemanalyse und Sachmitteleinsatz in der Betriebsorganisation. Wiesbaden 1969, S. 45.

2) Zum Begriff der Automation vgl. GROCHLA, Erwin: Automation und Organisation. Die technische Entwicklung und ihre betriebswirtschaftlich-organisatorischen Konsequenzen. Wiesbaden 1966,S. 29ff; GROCHLA, Erwin: Automation. In: Handwörterbuch der Organisation, hrsg. von Erwin Grochla, Stuttgart 1969, Sp. 253; SCHACHTSCHNABEL, Hans G.: Automation in Wirtschaft und Gesellschaft. Reinbek bei Hamburg 1961, S. 13.

3) Vgl. HEGNER, Klaus: Büromaschinen. In: Handwörterbuch der Organisation, ..., a.a.O., Sp. 329 ff.

4) Vgl. BISANI, Fritz: Datenverarbeitungspraxis für Führungskräfte. München 1970, S. 87 ff.
LOHSE, Peter: Lochkartenanlagen. In: Handwörterbuch der Organisation, ..., a.a.O., Sp. 940 ff.

5) Vgl. GROCHLA, Erwin: Automation und Organisation ..., a.a.O., S. 94 ff.

Prototyp des Sachmittels der 3. Gruppe ist die automatische Datenverarbeitungsanlage (ADVA) in Form des digitalen Universalrechners. Als Untergruppe dieser Klasse von Sachmitteln ist die Kategorie der Mittleren Datentechnik (MDT) anzusehen. Die vielfältigen, oft widersprüchlichen Definitions- und Abgrenzungsversuche des Begriffs ließen die MDT oftmals als eigenständiges Datenverarbeitungsverfahren erscheinen[1].

Die MDT vereint in sich Merkmale sowohl der mechanisierten Datenverarbeitungsverfahren (Büromaschinen, Buchungsautomaten) als auch der automatisierten Datenverarbeitung[2]. Der Begriff 'MDT' erwies sich als zweckmäßig, auch und besonders für das Marketing der Anlagenhersteller[3], und so wurde der entwickelte Typus der ADVA vielfach als eigenes Verfahren eingestuft[4]. Dem entsprachen in der Folge Versuche der Definition und Standortbestimmung, im allgemeinen auf Hardwaremerkmale und/oder Kosten bezogen, die meist die Eigenständigkeit der MDT betonten oder rechtfertigen sollten[5]. Vor allem aus der Auffassung dieser Versuche als Realdefinitionen[6] resultierte eine Reihe von Mißverständnissen.

1) Wie eingangs erwähnt (vgl. Vorwort), ist der Terminus "Kleincomputer" sicherlich besser dazu geeignet, die heute vorhandene Sachmittel-Vielfalt zu erfassen.

2) Vgl. GROCHLA, Erwin: Gegenwärtige Bedeutung und Entwicklungstendenzen der MDT. In: bürotechnik, 21. Jg. 1973 Heft 5, S.478; HEINRICH, Lutz J.: Mittlere Datentechnik. Hardware, Software und Anwendung tastaturorientierter Computer. 3. Aufl. Köln 1972, S. 14 ff.

3) Vgl. GROCHLA, Erwin: Gegenwärtige Bedeutung ..., a.a.O., S.478.

4) Vgl. HEILMANN, Wolfgang: Auswahlkriterien ..., a.a.O., S. 414 ff.

5) Vgl. BIFOA-STUDIENKREIS DR. RAUEISER:'Mittlere Datentechnik' lebt weiter. Zur Definition und Abgrenzung des Begriffes. In: BTO, 19. Jg. 1971 Heft 11, S. 1002 ff.

6) Vgl. OPP, Karl-Dieter: Methologie der Sozialwissenschaften. Einführung in Probleme ihrer Theorienbildung. Reinbek bei Hamburg 1970, S. 104 ff.

Zur Unterscheidung von 'MDT' und 'Mini-Computer' vgl. z.B.: KÖHLER, R.: Mikro-Computer und Mittlere Datentechnik. Zur Einteilung und Begriffsabgrenzung der Mikro-, Midi- und Mini-Computer. In: Online, 11. Jg. 1973 Heft 4, S. 235-239; o.V.: Kleincomputer: Duell zwischen MDT und Mini? In: Diebold Management Report, o. Jg. November 1973, S. 2-4.

Dazu ist festzustellen:

(1) Die Computereigenschaften der Mittleren Datentechnik weisen ihr eindeutig einen Platz im Rahmen der automatisierten Verfahren der Informationsverarbeitung zu[1].

(2) Empirisch feststellbare Eigenarten der MDT lassen eine Hervorhebung als eigene Anlagenkategorie gerechtfertigt erscheinen (vgl. Anhang A.).

(3) Eine 'Standortbestimmung' kann keinen Anspruch auf universelle zeitliche Gültigkeit erheben. Die technologische Entwicklung hat den MDT-Anlagen Anwendungsbereiche erschlossen, die vormals Großcomputern vorbehalten waren[2]. Bestimmte Merkmale erfahren damit notwendigerweise eine Anpassung. Als Beispiel kann die teilweise Substituierung des Magnetkontos durch Magnetplattenspeicher genannt werden[3]. Auch die Fähigkeit der Stapelverarbeitung - neben der weiterhin wichtigen direkten Verarbeitung - ist dazu zu zählen.

a) Das Angebot an Hardware

Die technische Entwicklung der Hardwarekomponente ist durch eine sprunghafte Verbesserung ihrer Leistungsfähigkeit gekennzeichnet. Die ersten kommerziell genutzten ADV-Anlagen des Jahres 1951 liessen eine Verarbeitungsgeschwindigkeit im Millisekundenbereiche zu. Die Anlagen der sogenannten 4. Computergeneration[4], die derzeit Anwendung finden, weisen Verarbeitungsgeschwindigkeiten im Nanosekundenbereich auf. Einer Prognose der Arthur D. Little, Inc. zufol-

---

1) Vgl. GROCHLA, Erwin: Gegenwärtige Bedeutung ..., a.a.O., S.480.

2) Vgl. GROCHLA, Erwin: Gegenwärtige Bedeutung ..., a.a.O., S.480.

3) Vgl. BIFOA-STUDIENKREIS DR. RAUEISER: Mittlere Datentechnik und Magnetplatte. In: ZfD, 11. Jg. 1973 Heft 3, S. 154 ff.

4) Zu den Computergenerationen vgl. GROCHLA, Erwin; MELLER, Friedrich: Datenverarbeitung ..., a.a.O., S. 16.

ge wird die heutige Leistungsfähigkeit im Jahre 1980 um das 10- bis 50-fache zugenommen haben[1].

Diese Daten über die technische Leistungsfähigkeit beziehen sich auf die Zentraleinheit. Die leistungsmäßige Entwicklung der peripheren Geräte hat nicht mit der der Zentraleinheit schrittgehalten. Obwohl die Aktivitäten auf diesem Sektor verstärkt wurden, besteht derzeit eine erhebliche leistungsmäßige Diskrepanz zwischen diesen beiden Komponenten. Die Peripherie stellt einen Engpaß für die wirtschaftliche Nutzung der Kapazitäten der Zentraleinheit dar[2]. Parallel zur technischen Entwicklung zeichneten sich Veränderungen im Preisgefüge ab: Die Verwendung immer schnellerer Schaltelemente führte bei den Herstellern zu einer immensen Kostensenkung. Die Elektronenröhren der ersten Computergeneration verursachten aufgrund ihrer aufwendigen Herstellung ein Vielfaches der Kosten, die heute für die billigen LSI-Elemente[3] aufgebracht werden müssen. Die Entwicklung billiger Schaltelemente war mit ein Grund dafür, daß Mitte der 60er Jahre neben den bisher ausschließlich hergestellten Großcomputern Anlagen der MDT auf dem Markt angeboten wurden. Die Anlagen der MDT zeichnen sich durch ihre leichte Programmierbarkeit, ihre universelle Einsatzbarkeit und ihre relativ niedrigen Kosten aus, so daß sie auch in Klein- und Mittelbetrieben einsetzbar sind[4]. Andererseits sind sie den Großcomputern hinsichtlich ihrer qualitativen und quantitativen Leistungsfähigkeit unterlegen.

---

1) Vgl. WITHINGTON, Frederick G.: Beyond 1984: A Technology Forecast. In: Datamation, Vol. 21 1975 No. 1, p. 54. (Deutsche Bearbeitung: BLAU, H.; HOFFMANN, K.:Nach 1984: Eine technologische Voraussage. In: BLAU, H.: Der technologische und organisatorische Wandel in der Datenverarbeitung bis 1985. München 1975, S. 1).

2) Vgl. STOLT, Jürgen: Entwicklungsperspektiven der europäischen Computerindustrie. Diss. Hamburg 1972, S. 156.

3) LSI = Large Scale Integration (dichte Zusammenfassung logischer Schaltelemente auf engstem Raum).

4) WEBER, Helmut: Kriterien zum Einsatz von Systemen der Mittleren Datentechnik. In: Mittlere Datentechnik.-Stand und Entwicklungstendenzen, hrsg. von GMD, Gesellschaft für Mathematik und Datenverarbeitung. Birlinghoven 1974, S. 32.

Sowohl für Großcomputer als auch Anlagen der MDT ist derzeit in der BRD ein noch expandierender Markt vorhanden.
Aus einer Diebold-Statistik vom April 1975 geht hervor, daß in der BRD derzeit 54 Hersteller ADV-Anlagen mit einem monatlichen Mietpreis von unter 8.000 DM bis über 160.000 DM anbieten[1]. Bei diesen Anbietern nimmt ein amerikanischer Hersteller eine deutliche Vorrangstellung ein. Der Marktanteil dieser Unternehmung beträgt ca. 60 %, wobei in einzelnen Branchen - z.B. Baugewerbe mit ca. 74 % - noch höhere Werte anzusetzen sind[2]. Die ca. 300-400 angebotenen Modelle und Typen der verschiedenen Hersteller unterscheiden sich hinsichtlich ihrer Preise, ihrer Qualität und ihrer Einsatzmöglichkeiten. Über das Marktvolumen gibt die Zahl der installierten Anlagen Aufschluß. Laut einer Diebold-Statistik waren am 1. 1. 1975 20.860 Anlagen installiert mit einem Gesamtwert von ca. 21.245,4 Mio. DM. Gegenüber Mitte 1974 (18.424 installierte Anlagen) bedeutet das einen Zuwachs von ca. 13 %.

Die Entstehung des MDT-Marktes fällt in die Mitte der 60er Jahre. Zu dieser Zeit boten 14 verschiedene Firmen 20 verschiedene Maschinentypen an. Bereits im Jahre 1970 waren es 31 Anbieter mit 59 verschiedenen Modellen. Mitte 1972 boten schon etwa 40 Hersteller über 60 verschiedene Modelle an[3].

---

1) Vgl. DIEBOLD DEUTSCHLAND GmbH: Diebold-Statistik der installierten Rechenanlagen in der Bundesrepublik Deutschland, Stand 1.1.1975. Frankfurt 1975. Anlagen der MDT sind nicht in den Zahlen enthalten.

2) Vgl. BECKER, J.; WOIT, J.; ZAJONC, H.: Der Einsatz der elektronischen Datenverarbeitung in der Bundesrepublik Deutschland 1970. Karlsruhe 1971, S. 31.

3) Die Zahlen über Hersteller und Angebotsbreite sind entnommen: DIEBOLD DEUTSCHLAND GmbH: Der Markt für Datenerfassungsgeräte, Terminals und Kleincomputersysteme in der Bundesrepublik Deutschland - Teil III - Der Markt für Kleincomputersysteme. April 1972, Frankfurt a.M. 1972, S. 21 ff.
Zum heutigen Stand vgl. Anhang A.

Der MDT-Markt war gekennzeichnet durch sein überproportionales Wachstum. Waren 1965 nur knapp 1500 installierte Anlagen zu verzeichnen, so konnten Mitte 1972 bereits 41.500 Anlagen gezählt werden[1]. Für das Jahr 1975 (März) wird der MDT-Bestand mit 63.000 Anlagen angegeben (Wert ca. 3 Mrd. DM)[2].

b) Das Angebot an Software

Der Software von Großcomputern und MDT-Anlagen liegen unterschiedliche Begriffe zugrunde. Der Softwarebegriff der Groß-ADV beinhaltet das Betriebssystem, bestehend aus Steuerprogramm, Übersetzungsprogramm und Dienstleistungsprogramm, sowie das Anwendungsprogrammsystem[3]. Die MDT-Software beinhaltet die Systemsoftware mit Mikrosoftware, Basissoftware, Übersetzer und Dienstprogramme sowie die Anwendersoftware als problem- und branchenorientierte Anwendersoftware[4].

Das Betriebssystem (bzw. die Systemsoftware) wird von den Herstellern mitgeliefert und ist auf das jeweilige System zugeschnitten[5]. In der Vergangenheit ist die Benutzerfreundlichkeit der Software häufig zugunsten der technischen Entwicklung der Hardware in den Hintergrund getreten, sodaß die wirtschaftliche Nutzung der ADV-Kapazität durch die zu komplizierte Handhabung erschwert wurde. Für das Betriebssystem ist eine Entwicklung zu beobachten, die zum Ent-

---

1) Die Zahlen sind entnommen aus: DIEBOLD DEUTSCHLAND GmbH: Der Markt ..., a.a.O., S. 123.

2) O.V.: Investitionszulage brachte Auftragsboom. In: Computerwoche, o.Jg. 1975 Nr. 41, S. 1 f.

3) Vgl. GROCHLA, Erwin; MELLER, Friedrich: Datenverarbeitung ..., a.a.O., S. 212.

4) Vgl. GROCHLA, Erwin; RAUEISER, Horst; WEBER, Helmut; GÜRTH, Hans (Hrsg.): Anwendung der Mittleren Datentechnik. Problemlösungen mit autonomen Computern und Terminalsystemen. München 1974, S. 71 ff.

5) Vgl. WEBER, Helmut: Entwicklungsstand und -tendenzen der Mittleren Datentechnik. In: Informationsstelle für Datentechnik (Hrsg.): Mittlere Datentechnik in der Kommunalverwaltung. Saarbrücken 1974, S. 9.

stehen der sogenannten Firmware geführt hat. Mit Firmware werden diejenigen Teile des Betriebssystems bezeichnet, die hardwaremäßig realisiert sind. Die Verlagerung der Software in die Hardware bringt bringt einen Fortschritt in der Lösung des Kompatibilitätsproblems mit sich, wodurch die Zusammenstellung von Mixed-Hardware-Systemen erleichtert wird[1].

Die Anwendungssoftware (das Anwendungsprogrammsystem) für Großcomputer wird - anders als bei der MDT - häufig von den Benutzern selbst erstellt. Anbieter auf dem Softwaremarkt sind Hersteller, Softwareunternehmen und Verbände. Diese bieten Standardprogramme für verschiedene Aufgabenstellungen und Branchen an. Tabelle 3 gibt einen Überblick über verschiedene Anwendungsgebiete und Anbieteranteile an den dafür bereitgestellten Standardprogrammen. Danach bieten die Hersteller nahezu 2/3 aller Standardprogramme an[2].

Anbieter (%) / Anwendungsgebiete (%)	Hersteller	Software-Unternehmungen	Verbände	Sonstige	Σ
Lohn	6.6	3.3	1.4	-	11.3
Finanz	9.9	9.0	2.8	-	21.7
Führung	1.4	2.4	-	-	3.8
Ablauf	19.7	0.5	-	0.5	20.7
Prozeß	5.7	0.9	-	0.5	7.1
Wissenschaft	14.2	3.3	-	5.1	22.6
Statistik	1.9	0.9	0.9	2.0	5.7
Dokumentation	5.2	1.4	-	0.5	7.1
Σ	64.6	21.7	5.2	8.5	100

TABELLE 3: PROZENTUALE VERTEILUNG DER ERFASSTEN STANDARD-PROGRAMME[3]

1) Vgl. LEUE, Günther: Entwicklungstendenzen der Informationsverarbeitung. In: adl-nachrichten, 18. Jg. 1973 Heft 78, S. 13.

2) Vgl. hierzu auch: INFRATEST (Hrsg.): ISIS Software Report - Computerprogramme in Deutschland, Österreich und Schweiz. Kurzbeschreibung, Hardware und Preise. München 1975.

3) Tabelle aus BECKER, J.; WOIT, J.; ZAJONC, H.: Der Einsatz ..., a.a.O., S. 56.

Der Markt der MDT-Software weist eine Besonderheit auf: Sie wird in der Regel zusammen mit einer ganzen Palette von Dienstleistungen angeboten, die Basissoftware, Anwender- und Standardprogramme ebenso umfaßt wie Organisationsberatung, Ausbildung und Einarbeitung von Kundenmitarbeitern u.a.[1].

Sowohl bei der Software der Großcomputer als auch bei der Software der MDT ist ein Trend zum modularen Aufbau von Programmen erkennbar. Dadurch wird dem Anwender die Möglichkeit geboten, einzelne Programmbausteine (Moduln) zu einem Individualprogramm zusammenzufügen. In diesem Zusammenhang ist die Entwicklung von Programmgeneratoren von Bedeutung. Programmgeneratoren sind 'modular aufgebaute Software-Pakete'[2], die in der Lage sind, Programme für individuelle Abläufe automatisch zu erzeugen[3].

c) Das Angebot an ADV-Personal

Zum Betrieb einer ADV gehört qualifiziertes Personal, das hinsichtlich der zu erfüllenden Funktionen in folgende Mitarbeitergruppen unterschieden werden kann: Leitende Mitarbeiter, Systemanalytiker und Organisatoren, Programmierer und mathematisch-technische Assistenten, Systembetreuer, ADV-Operatoren, DV-Sachbearbeiter, Datentypisten[4]. Eine Analyse des Ausbildungsniveaus zeigt: Innerhalb der ersten vier Gruppen besitzen durchschnittlich 30 % der Mitarbeiter Abitur; 33,6 % der leitenden Mitarbeiter und 26,4 % der Systemanalytiker können eine Hochschulausbildung vorweisen. Die Grup-

---

1) Vgl. SIEG-PRESS GmbH (Hrsg.): Fachdokumentation MDT '73, Kreuztal 1973, S. 15.

2) HEINRICH, Lutz J.: Mittlere Datentechnik ..., a.a.O., S. 151.

3) Vgl. GROCHLA, Erwin; MELLER, Friedrich: Datenverarbeitung ..., a.a.O., S. 224.

4) Vgl. BECKER, J.; WOIT, J.; ZAJONC, H.: Der Einsatz ..., a.a.O., S. 16.

pe der ADV-Operatoren und der ADV-Sachbearbeiter haben durchschnittlich zu 65 %, die der Datentypisten zu 42 % eine Lehre absolviert[1]. Die Löhne und Gehälter entsprechen in etwa denen anderer Berufe mit der gleichen Ausbildungsanforderung.
Für Klein- und Mittelbetriebe ergeben sich beim Einsatz von qualifiziertem ADV-Personal besondere Schwierigkeiten. Neben den bereits dargestellten wirtschaftlichen Restriktionen ist die Beschaffung des Personals problematisch. Geschulte Mitarbeiter ziehen es häufig vor, in Großbetrieben zu arbeiten. Hier bieten sich ihnen oft interessantere Aufgabengebiete sowie eine bessere Entlohnung. Hier besitzen sie in vielen Fällen die Möglichkeit zur Weiterbildung, die ihnen von kleineren und mittleren Unternehmen in der Regel nicht geboten werden kann. Andere, weniger rationale Faktoren - z.B. die Befürchtung, durch die Arbeit in einem kleineren Betrieb an Image zu verlieren - spielen oft eine Rolle bei der Arbeitsplatzwahl qualifizierten ADV-Personals. Unter diesem Aspekt betrachtet ist die Personalbeschaffung für Klein- und Mittelbetriebe generell schwieriger als für Großbetriebe.
Auf der anderen Seite können Überlegungen für das Arbeiten in Klein- und Mittelbetrieben sprechen: Eher als in Großbetrieben ergibt sich nämlich die Möglichkeit des beruflichen Aufstiegs. Die Hierarchie eines Klein- oder Mittelbetriebes ist in der Regel durchlässiger, weil weniger Mitarbeiter vorhanden sind, so daß eine Profilierung einfacher ist.

d) Kostenbetrachtung

Bei der Betrachtung des Angebots sind die Preise der ADV-Ressourcen von besonderer Bedeutung. Diese stellen für Käufer Kosten dar und sind damit als eine wichtige Entscheidungsvariable für den Einsatz der ADV anzusehen[2].

---

1) Vgl. BECKER, J.; WOIT, J.; ZAJONC, H.: Der Einsatz ..., a.a.O., S. 21.

2) Zur Preis-Struktur der MDT-Hardware vgl. Anhang A.

Über die Preise der Software kann keine eindeutige Aussage gemacht werden: Zwar gibt es bei den Anbietern generelle Regelungen über die Berechnung, doch werden häufig Sondervereinbarungen in individuellen Verträgen getroffen. Wird die Software separat berechnet, so sind folgende Preisbereiche in etwa feststellbar (Tab. 4).

Anlagengröße	Programmschwierigkeit	Preis/Befehl (DM)
Kleine und mittlere Anlagen	einfache Programme	1.50 - 5.00
Kleine und mittlere Anlagen	schwierige Programme	2.50 - 10.00
Große Anlagen	einfache Programme	2.50 - 12.50
Große Anlagen	schwierige Programme	4.50 - 15.00

TABELLE 4: SOFTWARE-PREISBEREICHE [1]

Neben diesen absoluten Preisen für Hardware und Software sind Preisrelationen interessant. Im Laufe der ADV-Entwicklung haben in der Hardware-Software-Preisrelation einige Veränderungen stattgefunden. Überstiegen noch zu Beginn der Computerentwicklung die Preise der Hardware deutlich die der Software, so beliefen sich Ende der 60er Jahre die Softwarepreise - d.h. der gesamte Softwareaufwand (Anwendungs- und Systemsoftware) - bereits auf 50 % der Gesamtkosten. Im Jahre 1980 wird dieser Anteil auf 90 % geschätzt[2]. Ähnliche Verschiebungen sind bei der Hardware für die Preisrelation zwischen Zentraleinheit und Peripherie zu verzeichnen.

1) Vgl. DIEBOLD DEUTSCHLAND GmbH: Der Markt ..., a.a.O., S. 98.

2) Vgl. STOLT, Jürgen: Entwicklungsperspektiven ..., a.a.O.,S.158.

III. BISHERIGE ANWENDUNGSMÖGLICHKEITEN DER ADV UND IHRE NUTZUNG DURCH KLEIN- UND MITTELBETRIEBE

Für die Nutzung der ADV bieten sich Klein- und Mittelbetrieben verschiedene Möglichkeiten. Die Datenverarbeitung außer Haus (DVaH) sowie der Betrieb eines autonomen Systems (MDT) sind die frühesten ADV-Anwendungen durch Klein- und Mittelbetriebe. Die Datenverarbeitung im Computerverbund stellt eine neuere Möglichkeit dar, deren Bedeutung für Klein- und Mittelbetriebe in Zukunft zunehmen wird.

a) Der Betrieb eines autonomen Systems

Der Betrieb einer eigenen Anlage wurde für Klein- und Mittelbetriebe durch die Entwicklung der MDT möglich. Eine eigene Anlage verursacht fixe Kosten, die erst von einem bestimmten Nutzungsgrad an gerechtfertigt sind. Andererseits ist die Unternehmung in der Lage, jederzeit über die Anlage zu verfügen. Es ist keine Abstimmung mit anderen Betrieben erforderlich; auch die Geheimhaltung der Daten ist bei einer eigenen Anlage günstiger zu gewährleisten.
Dennoch ist die gegenwärtige Nutzung dieser Anwendungsmöglichkeit insbesondere durch Kleinbetriebe noch relativ gering. Von diesen Betrieben wird die Datenverarbeitung außer Haus dem Betrieb eines autonomen Systems in der Regel vorgezogen. Aus einer Diebold-Untersuchung geht hervor, daß von den im Jahre 1972 vorhandenen 41.500 MDT-Anlagen 64 % in Klein- und Mittelbetrieben installiert sind[1)].

1) DIEBOLD DEUTSCHLAND GmbH: Der Markt ..., a.a.O., S. 80 f. Diebold verwendet für MDT den Begriff Kleincomputer und legt diesem folgende Merkmale zugrunde:
- Ausschließliche Verwendung elektronischer Bauteile für alle Rechen- und Steuerfunktionen,
- alphanumerische Eingabetastatur und Möglichkeit zur Direktdatenverarbeitung; alphanumerisches Druckwerk mit mindestens 40 Druckpositionen und Ausgabe auf einem maschinell lesbaren Datenträger mit Aufzeichnungsprüfeinrichtungen,
- Ausstattung mit Registern und/oder Speichern mit Registerfunktionen zur Durchführung von Rechenoperationen, daneben noch mindestens vier freie Arbeitsspeicherbereiche mit mindestens je acht Stellen,
- Hardwaremäßige Ausführung von Addition, Subtraktion, Multiplikation und Division. Vgl. DIEBOLD DEUTSCHLAND GmbH: Der Markt ..., a.a.O., S. 9.

Klein- und Mittelbetriebe stellen in ihrer Gesamtheit also bedeutende Abnehmer von Anlagen der MDT dar. Bedenkt man nun jedoch, daß nach ihrem Informationsbedarf mehr als 80 % aller Betriebe Klein- und Mittelbetriebe sind, so werden die genannten Zahlen schon erheblich relativiert. Gemessen an der Beschäftigtenzahl sind sogar 95 % der Industriebetriebe der BRD als Klein- und Mittelbetriebe zu bezeichnen[1].

In welchem Umfang Klein- und Mittelbetriebe des Einzelhandels eigene Anlagen einsetzen, geht aus einer empirischen Untersuchung hervor[2]: Demnach waren unter den befragten 2.866 Klein- und Mittelbetrieben 1.312 Betriebe (45 %) ADV-Anwender. Jedoch setzten nur 27 mittlere Betriebe (ca. 1 %) eine eigene Anlage ein; die übrigen nutzten externe ADV-Ressourcen (Tab. 5).

Aus der Tabelle geht hervor, daß die befragten Kleinbetriebe zu 34,5 % ADV nutzen - und zwar ausnahmslos als DVaH. Bei den Mittelbetrieben wird der DVaH in 97,3 % der Fälle der Vorzug vor dem Einsatz einer eigenen Anlage gegeben. Die Tabelle zeigt weiterhin, daß mit zunehmender Betriebsgröße die Anwendungsmöglichkeiten intensiver genutzt werden. Findet die ADV in Betrieben der unteren Größenklassen nur zu 25 % Anwendung, so machen Mittelbetriebe der höchsten Größenklasse bereits zu 55,6 % von den beiden ADV-Möglichkeiten Gebrauch.

---

1) Vgl. BIFOA-FORSCHUNGSGRUPPE MICOM: MDT-Einsatz im Computerverbund. Ansätze zur 'Distributed Intelligence'. BIFOA-Forschungsbericht Nr. 75/2, Köln 1975, S. 8.

2) Vgl. THÜRBACH, Ralf-Peter: Betriebsführung ..., a.a.O., S.221 ff. Thürbach benutzt den Jahresabsatz als Maßstab zur Messung der Betriebsgröße. Er unterscheidet:

Kleinstbetriebe	: Jahresabsatz 50.000 - 100.000 DM
kleinere Betriebe	: Jahresabsatz 100.000 - 500.000 DM
mittlere Betriebe	: Jahresabsatz 500.000 - 10 Mio. DM
oberer Übergangsbereich	: Jahresabsatz 10 Mio. - 25 Mio. DM
Großbetriebe	: Jahresabsatz über 25 Mio. DM

Die Betriebe der ersten beiden Gruppen werden als Kleinbetriebe bezeichnet. Betriebe mit 500.000 - 10 Mio. DM Jahresabsatz werden als Mittelbetriebe bezeichnet.

Umsatzgrößenklasse von ... bis unter ... DM	EDV nutzen			EDV nutzen nicht		alle Betriebe
	insgesamt	davon		insgesamt	davon planen den EDV-Einsatz	
		eigene Anlage	außer Haus			
		1. Absolute Angaben				
100.000 - 250.000	81	-	81	243	16	324
250.000 - 500.000	213	-	213	316	31	529
500.000 - 1 Mio.	352	-	352	412	80	764
1 Mio. - 3 Mio.	491	9	482	443	121	934
3 Mio. - 10 Mio.	175	18	157	140	49	315
Σ	1312	27	1285	1554	(297)	2866

TABELLE 5: DER EINSATZ DER ADV IM EINZELHANDEL[1]

b) Datenverarbeitung außer Haus

Die Datenverarbeitung außer Haus (DVaH) stellt die derzeit wichtigste Anwendungsmöglichkeit der ADV für Klein- und Mittelbetriebe dar. Unter DVaH versteht man 'die Ausgliederung von Datenverarbeitungsfunktionen aus Wirtschaftseinheiten und die Übertragung ihrer Erledigung an andere Wirtschaftseinheiten'[2].
Die genaue Zahl der in der BRD vorhandenen Rechenzentren ist bisher nicht exakt ermittelt worden. Einer Schätzung von Diebold zufolge waren im Jahre 1972 ca. 570 Rechenzentren zu verzeichnen. Einen Überblick über den Umfang des Dienstleistungsangebots gibt Tabelle 6:

1) Vgl. THÜRBACH, Ralf-Peter: Betriebsführung ..., a.a.O., S. 220.

2) HEINRICH, Lutz J.: Gemeinsame Computerbenutzung in der Industrie. Datenverarbeitung außer Haus. Wiesbaden 1969, S. 20.

Vom Rechenzentrum ausgeführte Dienstleistungsarten und Spezialisierung auf bestimmte Dienstleistungsarten *)	Allgemein		Spezialisierung	
	in v. H. 1970/71	in v. H. 1974	in v. H. 1974	in v. H. 1970/71
Betriebsabrechnung	63,8	72,0	17,4	23,7
Finanzbuchhaltung	88,4	87,0	39,2	48,4
Lohn- und Gehaltsabrechnung	88,4	86,0	33,3	40,9
Lagerabrechnung	82,6	74,2	11,6	16,1
Provisionsabrechnung	74,0	76,3	8,7	21,5
Fakturierung	84,0	77,4	20,3	20,4
Statistik	65,6	72,0	11,6	9,7
Fertigungsplanung	27,5	26,9	5,8	3,2
Fertigungssteuerung	23,2	19,4	7,2	5,4
Marktbeobachtung und -Analyse	23,2	22,6	1,5	8,6
Optimierungsprobleme	13,1	8,6	1,5	1,1
Netzplantechnik	24,6	19,4	4,3	4,3
Technische Berechnungen	29,0	26,7	10,1	17,2
Anderes:	21,7	37,6	11,6	17,2
— Spezialisierungsprogramme für bestimmte Branchen (Bauwirtschaft, Speditionen, Banken)		28,0		6,5
— Beitragsabrechnung, Mitgliederverwaltung		5,4		2,2
— Textverarbeitung, Computerbriefe		4,3		—
— Datenbanksysteme, Systemsoftware, Info.-Systeme, Auftragsabwicklung, Fahrabrechnung, DFV		19,4		5,4

*) Mehrere Angaben pro Rechenzentrum

TABELLE 6: SERVICE-RECHENZENTREN [1)]

Die Übersicht zeigt, daß der Angebotsschwerpunkt auf vergangenheitsbezogenen Abrechnungsaufgaben liegt. Weniger Berücksichtigung finden die zukunftsbezogenen Planungs- und Steuerungsaufgaben.

DVaH stellt eine geeignete Möglichkeit der DV für Klein- und Mittelbetriebe dar; insbesondere kleinere Betriebe beauftragen Service-Rechenzentren mit der Erledigung ihrer Datenverarbeitung. Diese Tatsache mag darin begründet sein, daß dieses Verfahren für die nicht mit der ADV vertrauten Klein- und Mittelbetriebe der bequemere und

1) CZERANOWSKY, G.; DIEDERICHS, B.: Entwicklung der Marktstruktur externer Rechenzentren. In: ZfD, 13. Jg. 1975 Heft 7/8, S. 485.

weniger risikoreiche Weg zu einer Automatisierung der Informationsverarbeitungsprozesse darstellte. Die DVaH erspart die Beschaffung von ADV-Ressourcen ebenso wie die Lösung organisatorischer Probleme, die weitgehend dem Rechenzentrum übertragen werden können. DVaH bedeutet jedoch nicht, daß die Unternehmung von mit der automatisierten Datenverarbeitung auftretenden Aufgaben befreit ist: Zum einen sind nicht alle Arbeitsgebiete für die DVaH geeignet, zum anderen sind nicht alle Datenverarbeitungsphasen aus dem Betrieb ausgliederbar[1].

---

1) Vgl. ROGOWSKI, M.; KOHLE, T.: Datenverarbeitung außer Haus für Klein- und Mittelbetriebe. Stuttgart 1971, S. 100 ff.

B. DAS GESTALTUNGSFELD FÜR COMPUTERVERBUNDSYSTEME MIT KLEINCOMPUTERN (MDT)

Die Terminalfähigkeit der MDT-Anlagen ermöglicht deren Einbeziehung in Computerverbundsysteme[1]. Damit steht Klein- und Mittelbetrieben zusätzlich zu den dargestellten bisherigen Anwendungsformen der ADV eine weitere Möglichkeit der Computernutzung zur Verfügung. Computerverbundsysteme weisen eine größere Flexibilität auf als zentralisierte Stand-Alone-Systeme. Die spezifischen Probleme, deren Lösung Voraussetzung der Verbundgestaltung ist, werden im folgenden aufgezeigt.

Die organisatorische Gestaltung umfaßt eine Alternativenauswahl unter ökonomischen Kriterien und somit ein Entscheidungsproblem. Die Alternativen werden dabei durch die Organisationsformen repräsentiert, die technologisch möglich sind und dem Erreichen des betrieblichen Sachziels dienen[2]. Die Entscheidungskriterien lassen sich aus dem Formalziel der zu gestaltenden Organisationseinheit ableiten[3]. In Analogie zum entscheidungstheoretischen Vokabular soll die Gesamtheit der organisatorischen Alternativen einschließlich ihrer Komponenten im folgenden als 'Gestaltungsfeld' bezeichnet werden (Entscheidungsfeld für die Gestaltungsaufgabe). Dieses Gestaltungsfeld setzt sich zusammen aus

- der Menge der durchzuführenden Aktionen (ableitbar aus dem Aufgabensystem),

---

1) Vgl. GROCHLA, Erwin; RAUEISER, Horst; WEBER, Helmut; GÜRTH, Hans (Hrsg.): Anwendung ..., a.a.O., S. 82 ff.

2) Vgl. GROCHLA, Erwin: Unternehmungsorganisation ..., a.a.O., S. 41 ff.

3) Vgl. WILD, Jürgen: Grundlagen und Probleme der betriebswirtschaftlichen Organisationslehre. Entwurf eines Wissenschaftsprogramms. Berlin 1966, S. 147 f.

- der Menge der hierfür zur Verfügung stehenden Menschen und Sachmittel (personelle und maschinelle Ressourcen) sowie
- den realisierbaren Kombinationsmöglichkeiten aus den Elementen beider Mengen.

Die Eingrenzung auf MDT-Anlagen und ihren Einsatz im Verbund wirkt notwendigerweise auf die Schwerpunkte bei der Beschreibung der Aufgabenproblematik zurück. Ebenso reduziert die Darstellung der Gestaltungsalternativen sich auf eine Analyse der organisatorischen Formen des Computerverbunds mit MDT.

I. DAS AUFGABENSYSTEM

Die Aufgabe oder sachliche Zielsetzung einer organisatorischen Einheit (Unternehmung, Verwaltung bzw. Teil davon) stellen das Aktionsprogramm für Art, Menge, zeitliche und räumliche Dimensionierung der Erstellung und Distribution von Gütern oder Dienstleistungen dar[1]. Der Erfüllung des Teilaufgabenkomplexes, der aus einer betrieblichen Gesamtaufgabe abgeleitet werden kann, dient das in menschlichem Handeln und maschinellem Wirken sich ausprägende Aktionsgefüge, dessen Gestaltung das eigentliche Organisationsproblem bildet[2]. Der Aufgabe kommt somit 'die Stellung des zentralen Bestimmungsfaktors für die organisatorische Strukturierung'[3] zu.

Teilaufgaben und ihrer Erfüllung dienende Aktionen können durch vier Merkmale bestimmt werden[4]:

---

1) Vgl. GROCHLA, Erwin: Unternehmungsorganisation ..., a.a.O., S.38.

2) Vgl. WILD, Jürgen: Grundlagen und Probleme ..., a.a.O., S. 88 ff.

3) GROCHLA, Erwin: Unternehmungsorganisation ..., a.a.O., S. 39.

4) Vgl. KOSIOL, Erich: Organisation der Unternehmung ..., a.a.O., S. 49 ff.

- einen Verrichtungsvorgang,
- ein Objekt, an dem die Verrichtung vorgenommen wird,
- eine zeitliche und
- eine räumliche Dimensionierung.

Innerhalb des Aufgabensystems und des korrespondierenden Aktionsgefüges bestehen inhaltliche, räumliche und zeitliche Beziehungen zwischen den Elementen. Gleichartige Relationen ergeben sich schließlich zur Umwelt, d.h. zu den Aufgabensystemen anderer Organisationseinheiten.
Das Aufgabensystem als Teil des Gestaltungsfeldes ist im folgenden unter der Fragestellung zu beschreiben, welche Ausprägungen der Bestimmungsmerkmale sowie der internen und externen Beziehungen eine Computerverbundlösung sinnvoll oder gar notwendig machen.

a) Bestimmungsmerkmale von Aufgaben

1. Objekte der Aufgabenerfüllung

Die immateriellen Objekte von Informationsverarbeitungsaufgaben sind Informationen bzw. Daten als Bestandteile 'zweckorientierten Wissens'[1]. Träger von Informationen sind die hierarchischen Bedeutungsgebilde Zeichen, Wort und Satz. 'Information' in der oben festgelegten Bedeutung pragmatisch ausgerichteten Wissens über reale Sachverhalte kann strenggenommen nur durch Sätze geliefert werden. Als praktikable Grundeinheit zur Messung der Informationsquantität ('Datenmenge') bietet sich jedoch das Zeichen an.

---

1) WITTMANN, Waldemar: Unternehmung und unvollkommene Information. Köln - Opladen 1959, S. 14; vgl. auch
BERTHEL, Jürgen: Informationen ..., a.a.O., S. 28 f.

Im übrigen sollen die Begriffe 'Informationen' und 'Daten' hier synonym verwandt werden; vgl. dazu auch
GROCHLA, Erwin; MELLER, Friedrich: Datenverarbeitung ..., a.a.O., S. 33.

Ein erster Kriterium für die Eingrenzung der Ressourcen-Alternativen stellt die Datenmenge als quantitative Ausprägung der Aufgabenobjekte dar. Zur Veranschaulichung seien drei stark vereinfachte Zahlenbeispiele für die Teilaufgabe Fakturierung angeführt[1]:

	Fall I	Fall II	Fall III
Tägliche Rechnungszahl	15	200	3.700
Zeichen pro Rechnung	250	250	300
Buchungsdaten (Artikel, Kunden) in Zeichen	500	500	600
tägl. Datenmenge in Zeichen	11.250	150.000	3.330.000

TABELLE 7: DATENMENGEN BEI FAKTURIERUNG (BEISPIEL)

Eine rein quantitative Betrachtung schließt im Fall I ein nur für dieses Aufgabengebiet bestimmtes automatisiertes Verfahren unter ökonomischen und organisatorischen Kriterien aus (nicht gegebene Sachmittel-Auslastung und überproportionaler 'Rüstaufwand'). Für Fall II kommt bereits eine MDT-Anlage in Betracht, wobei die übrigen Arbeitsgebiete mit berücksichtigt werden sollten. Dagegen erfordert eine Verfahrens-Vorentscheidung im Fall III grundsätzlich weitere Aufgabenkriterien heranzuziehen: So könnte etwa in Abhängigkeit von der räumlichen Aufgabenverteilung die Fakturier-Aufgabe

1) Mehrere praxisorientierte Falldarstellungen finden sich beispielsweise bei
GROCHLA, Erwin; RAUEISER, Horst; WEBER, Helmut; GÜRTH, Hans (Hrsg.): Anwendung ..., a.a.O., S. 96 ff.

entweder einem zentralen Großcomputer oder aber dezentral angesiedelten kleineren Verbundrechnern übertragen werden.

Eine entscheidende Verfahrens-Determinante im Rahmen der Aufgabenanforderungen ist - wie dargelegt - der quantitative Datenanfall. Um über die Datenmenge hinaus zu einem differenzierten Datenprofil zu gelangen, ist es erforderlich, qualitative Objekt-Merkmale hinzu zu ziehen. So können die betrieblichen Informationen etwa phasenbezogen in Planungs-, Realisations- und Kontroll-Daten unterschieden werden[1]. Eine gröbere Unterteilung ist die in operative und dispositive Informationen - nach ihrem Bezug zum betrieblichen Realisations- bzw. Entscheidungsprozeß[2]. Oft trägt ein und dieselbe Information den Doppelcharakter eines Abrechnungsergebnisses (operative, Realisations-, Ist-Information) und zugleich einer Entscheidungsgrundlage (etwa als Kontrollinformation für den Soll-/Ist-Vergleich). Gestalterische Implikationen dieser Informationsarten können sein:

- höhere Präzisions- und Sicherheitsanforderungen bei operativen Informationen (Dokumentationspflicht, monetäre Konsequenzen),
- strengere zeitliche Anforderungen bei Dispositionsdaten (Aktualität für den Entscheidungsprozeß) bei geringerem Präzisionsanspruch (wegen der ohnehin bestehenden Ungewißheit zukunftsbezogener Informationen[3]).

---

1) Vgl. GROCHLA, Erwin; MELLER, Friedrich: Datenverarbeitung ..., a.a.O., S. 34.

2) Vgl. hierzu etwa GROCHLA, Erwin: Unternehmungsorganisation ..., a.a.O., S. 49.

3) Vgl. etwa WITTMANN, Waldemar: Information. In: Handwörterbuch der Organisation, hrsg. v. Erwin Grochla, Stuttgart 1969, Sp.703.

Insbesondere die zeitlichen Anforderungen an die Aufgabenerfüllung nehmen - wie noch zu zeigen sein wird - entscheidenden Einfluß auf die Wahl der organisatorischen Alternative.

Eine weitere Klassifizierung der Aufgabenobjekte teilt diese in präskriptive und deskriptive Informationen. Deskriptive Informationen sind Abbildungen eines realen Objektbereichs, dagegen stellen präskriptive Informationen Anweisungen zur Erreichung eines vorgegebenen Zustands dar. In ADV-bezogener Terminologie werden deskriptive Informationen als die eigentlichen 'Daten' bezeichnet, während Folgen präskriptiver Informationen die Anwendungs- und Systemprogramme bilden. Beide Arten von Informationen können zwischen ADV-Anlagen, die im Verbund zusammenwirken, ausgetauscht werden. Auch menschliche Handlungsprogramme (Präferenzstruktur, Entscheidungsregeln), die im Zuge einer Benutzer-Computer-Interaktion in Maschinenprogramme umgeformt werden, setzen sich aus präskriptiven Informationen zusammen. Eine spezifische Gruppe von Maschinenanweisungen (Steuerinformationen, Systemprogramme) wird schließlich durch die Kooperation im Verbund selbst induziert.

Die deskriptiven Daten sind - ihrer Variabilität nach - in zwei Gruppen einzuteilen:

- Stammdaten, und - Bestandsdaten,
- Änderungsdaten, - Bewegungsdaten.

Stammdaten bleiben über längere Zeit hinweg konstant und werden durch Änderungsdaten aktualisiert (beispielsweise Personaldaten). Bestandsdaten dagegen unterliegen regelmäßiger Veränderung, die durch Bewegungsdaten ausgelöst wird (beispielsweise Artikelkonten)[1].

1) Vgl. GROCHLA, Erwin; MELLER, Friedrich: Datenverarbeitung ..., a.a.O., S. 35.

Die Verteilung des quantitativen Datenanfalls innerhalb dieser Datengruppen wirkt sich notwendigerweise auf die Aufgabenzuordnung zu Aktionsträgern aus (dies zeigt sich im Computerverbund beispielsweise beim Problem der Zentralisation/Dezentralisation von Dateien). Eine Unterscheidung nach Stamm- und Änderungsdaten ist auch für präskriptive Informationen sinnvoll (Programm-Änderungsdienst).
Ein weiteres qualitatives Merkmal des Datenprofils ist die Komplexität der Einzeldaten. Eine Maßgröße hierfür stellen Anzahl und Verknüpfung der in einer Information enthaltenen Identifikations- oder Ordnungsmerkmale sowie der Wert- oder Mengengrößen dar. Die darin angelegte Komplexität realisiert sich jedoch erst durch an den Daten vorzunehmende Verrichtungen (z.B. Speicherung und deren Organisation) und damit durch die zwischen den Daten auftauchenden Beziehungen.

2. Verrichtungen bei der Aufgabenerfüllung

Die elementaren Verrichtungen bei der Verarbeitung von Informationen sind deren

- Erfassung,
- Übermittlung,
- Speicherung und
- Transformation (Verarbeitung i.e.S.).

Unter Erfassung wird die Informationsfixierung auf einem Trägermedium und dessen Bereitstellung für die Handlungszwecke der Aktionsträger verstanden. Der in der Praxis geläufige Begriff 'Datenerfassung' bezeichnet die Informationsbereitstellung für ADV-Anlagen (maschinengerechte Fixierung von Daten)[1]. Die Fixierung von Daten

---

1) Vgl. STUDIENKREIS PROF. DR. MELLER: Grundlagen und organisatorische Möglichkeiten der Datenerfassung. Wiesbaden 1972, S. 27.

auf Datenträgern ist in drei Formen möglich[1]:

- nur für den menschlichen Aktionsträger, d.h. personell (oder auch visuell), lesbar,
- nur für ADV-Anlagen, d.h. maschinell, lesbar,
- sowohl maschinell als auch personell lesbar.

Allein die letzten beiden Formen werden üblicherweise als Erfassung bezeichnet. Werden die Ergebnisdaten maschineller Verarbeitungsprozesse von der ADV-Anlage selbst in maschinenlesbarer Form ausgegeben, so erübrigen sich neuerliche Erfassungsvorgänge. Das Aufdecken der potentiellen Erfassungsnotwendigkeiten bei der Aufgabenanalyse ist somit eine Grundvoraussetzung für die friktionsfreie Gestaltung der Maschinenkooperation im Verbund, wo die Aktionen der einzelnen Sachmittel zu einem großen Teil auf den Verarbeitungsergebnissen anderer Computer basieren.

Neben der maschinengerechten Datenerfassung auf materiellen Datenmedien gewinnt die in die Eingabe integrierte Erfassung (Direkterfassung) zunehmend an Bedeutung: Hierbei werden die Daten durch Impulse repräsentiert, die entweder durch Benutzer über Tastaturen oder durch physikalische und chemische Prozesse über Meßgeräte generiert werden[2]. Diese 'Eingabe-Erfassung' ist unmittelbar mit einer Datenspeicherung in der ADV-Anlage verbunden. Entsprechend ist der Ablauf bei der On-Line-Verbindung von Computern, wobei hier Übermittlungsprozesse hinzukommen.

---

1) Vgl. GROCHLA, Erwin; MELLER, Friedrich: Datenverarbeitung ..., a.a.O., S. 33.

2) Vgl. HAMMEL, Rolf; WEBER, Helmut: 'Intelligente' Datenerfassung nach dem Prinzip der 'distributed intelligence'. In: Angewandte Informatik, 16. Jg. 1974 Heft 4, S. 167.

Die Verrichtung der Übermittlung von Informationen kann mit dem Vorgang der 'Kommunikation' gleichgesetzt werden und bedeutet dann den Informationstransport zwischen einem Sender und einem Empfänger oder - stärker abstrahiert - die räumlich entfernte Reproduktion von Daten[1]. Die Notwendigkeit zum Transport von Objekten folgt nicht aus der primären Aufgabenstellung, sondern aus deren arbeitsteiliger Erfüllung[2]. Eine besondere Bedeutung erhält die Datenübermittlung dann, wenn zwischen den arbeitsteilig wirkenden Aktionsträgern größere räumliche Entfernungen liegen, als sie etwa innerhalb eines Gebäudes oder eines Grundstücks gegeben sind. Durch die räumliche Trennung der Aufgabenerfüllung wird der Datentransfer zu einer eigenständigen (derivativen) Teilaufgabe, die für die Wahl der Organisationsform eine stark determinierende Wirkung erlangen kann.

Die Informationsübermittlung von einer ADV-Anlage zu einer räumlich entfernten anderen Anlage kann von zwischengeschalteten personellen Aktionsträgern durchgeführt werden (etwa durch den Transport materieller Datenträger im Rahmen einer Off-Line-Kooperation).Die Übermittlung kann auch von den Computern selbst - unterstützt durch spezifische Sachmittel - vorgenommen werden, wobei die Rolle des Menschen sich auf die Initiierung der Kommunikation (Herstellen der Leitungsverbindung) beschränkt. Schließlich können die maschinellen Sachmittel auch diese Funktion übernehmen (automatischer Verbindungsaufbau als Konsequenz bestimmter Übertragungssteuerungsverfahren). Die Bedeutung, die die Datenübermittlung als abgeleitete Teilaufgabe gewinnen kann, zeigt der Einsatz maschineller Aktions-

---

1) Zu den in der Literatur divergierenden Inhalten des Kommunikations-Begriffs vgl.
KRAMER, Rolf: Information und Kommunikation. Betriebswirtschaftliche Bedeutung und Einordnung in die Organisation der Unternehmung. Berlin 1965, S. 31 ff.

2) Vgl. WEGNER, Gertrud: Systemanalyse ..., a.a.O., S. 43 f.

träger ausschließlich zur Erfüllung dieser Teilaufgabe (beispielsweise als Vermittlungsrechner).

Mit Prozessen der Datenspeicherung verbunden sind alle drei übrigen Verrichtungsarten. Grundsätzlich zu unterscheiden sind die Zwischenspeicherung von Daten und die langfristige Speicherung von Informationsbeständen. Zwischenspeicherung wird vor allem im Zuge von Übertragungsprozessen notwendig

- zur Abstimmung des Schnittstellenbereichs zwischen ADV-Anlage oder Benutzer einerseits und dem Übertragungssystem andererseits,
- zur Überbrückung zeitlicher Verzögerungen zwischen Übertragung und eigentlichen Verarbeitungsakten immer dort, wo eine sofortige Verarbeitungsinitiierung aus wirtschaftlichen oder organisatorischen Gründen nicht zweckmäßig oder nicht möglich ist[1].

Für die langfristige Speicherung vor allem von Stamm- und Bestandsdaten kommen neben den aktionsträger-internen Speichern (menschliches Gedächtnis, Hauptspeicher) als Externspeicher in Frage:

- nicht maschinell lesbare Speicher (Karteien, Registraturen, Belege etc.)
- maschinell lesbare Speicher (Lochkarte, Magnetband, Magnetplatte etc.)[2].

---

1) Vgl. GROCHLA, Erwin; MELLER, Friedrich: Datenverarbeitung ..., a.a.O., S. 66.

2) Vgl. GROCHLA, Erwin; MELLER, Friedrich: Datenverarbeitung ..., a.a.O., S. 67.

Zur gemeinsamen Nutzung maschineller Speicher durch mehrere Computer eines Verbundsystems können die zu speichernden Informationsbestände bei einer Anlage zentralisiert oder dezentral auf das System verteilt werden. Zur Lösung dieses Gestaltungsproblems müssen die übrigen Verrichtungs-Anforderungen der Aufgabenstellung berücksichtigt werden. Weitere aus der Speicherungsnotwendigkeit resultierende Gestaltungsschwerpunkte sind die Organisation der Dateien, die Datenpflege (Änderungsdienst) sowie Sicherung und Schutz der Datenbestände[1)].

Die Zuordnung von Transformationsprozessen auf personelle oder auf maschinelle Aktionsträger ist abhängig von der Komplexität der Prozesse und von der Menge der umzuformenden Daten.

Die ein-/ausgabe-intensive Verarbeitung ist charakteristisch für Probleme des kaufmännisch-administrativen Bereichs. Dagegen erfordern technisch-naturwissenschaftliche Aufgaben rechenintensive Verarbeitungsprozesse. Bei Übertragung auf ADV-Anlagen bildet die Transformationsart eine wichtige Determinante für Hauptspeicherauslegung, Peripherie-Gestaltung, Programmiersprachenauswahl etc.

Bei ein-/ausgabe-intensiven Aufgaben liegt das Schwergewicht auf der Zuführung des Transformations-Inputs und der Verteilung der Ergebnisdaten. Im Computerverbund können dezentrale ADV-Anlagen vorwiegend diese Funktionen übernehmen, u.U. auch noch Teile des Transformationsprozesses (Vorverarbeitung). Bei dezentralisierter Verarbeitung bleiben der Zentrale die Sammlung der - meist schon verdichteten - Ergebnisdaten, deren Speicherung und die Durchführung darauf aufbauender Datentransformationen. Gestaltungsrelevant sind auf

---

1) Vgl. dazu GROCHLA, Erwin; MELLER, Friedrich: Datenverarbeitung ..., a.a.O., S. 67 ff.

der Seite der Ressourcen besonders die dezentrale Ein-/Ausgabe-Peripherie und deren Leistungsfähigkeit sowie - bei zentraler Verarbeitung - das Übertragungssystem und dessen Leistungskenngrößen.

Dagegen liegt bei rechenintensiven Aufgaben das Schwergewicht auf der Durchführung der Transformation. Wichtig sind somit die hierfür erforderlichen Programmbestände und Hauptspeicherkapazitäten. Die Aufteilung dieser Ressourcen auf Verbundcomputer ist möglich

- fallweise, in Abhängigkeit von der jeweils gegebenen Ressourcenbelastungs-Situation oder
- von vornherein, orientiert an den spezifischen Leistungsprofilen heterogener Anlagen.

Der zweite Anwendungsfall ist für Verbundsysteme mit MDT typisch. MDT-Anlagen werden als dezentrale Terminalcomputer oder als Vorfeldrechner mit Vorverarbeitungsfunktion für hierarchisch (und ihrer Leistungsfähigkeit) übergeordnete Computer eingesetzt. Vorverarbeitung heißt in diesem Fall, daß der MDT - zur Entlastung der Großanlagen - Transformationsprozesse geringerer Komplexität übertragen werden.

3. Räumliche Bestimmungsmerkmale

Aktionen zur Aufgabenerfüllung finden innerhalb eines räumlichen Koordinatensystems statt. Ihre erste Eingrenzung findet die Raumgestaltung durch den betrieblichen Standort. Vom Charakter der Leistungserstellung abhängig sind die wesentlichen Unterschiede der Standort-Anforderungen:

- Aufgabenerfüllung innerhalb <u>eines</u> räumlich abgegrenzten Bereichs (beispielsweise Güterproduktion in einer Einzelunternehmung) oder

- Aufgabenerfüllung an mehreren räumlich getrennten Standorten (Beispiel: Unternehmung mit Zweigstellen, dezentrale Dienststellen einer Verwaltung).

Bei räumlicher Verteilung der Leistungserstellung trifft entsprechendes auf die Informationsverarbeitung zu. Räumliche Trennung der Informationsverarbeitung setzt die Möglichkeit zur räumlichen Trennung der sie leistenden Aktionsträger voraus, deren arbeitsteiliges Zusammenwirken wiederum durch die raumüberbrückende Kommunikation[1] zustandekommt. Bei der Kooperation von Sachmitteln erfolgt das Überbrücken räumlicher Entfernungen entweder durch den Transport materieller Trägermedien oder durch Datenfernübertragung. Auch im Nahbereich (beispielsweise innerhalb eines Gebäudes oder eines Grundstücks) sind Kommunikationsmöglichkeiten für das Zusammenwirken verschiedener Sachmittel zu schaffen (Beispiel: Terminalcomputer-Peripherie in großen Warenhäusern).

4. Zeitliche Bestimmungsmerkmale

Die Aufgabenerfüllung muß an einem zu bestimmenden Zeitpunkt einsetzen; sie vollzieht sich dann innerhalb eines bestimmten Zeitraums. Der Zeitpunkt kann relativ frei wählbar sein (Beispiel: Fakturierung - abhängig von der festzulegenden Fakturierperiode); er kann jedoch auch - vor allem durch externe Normen - fest vorgegeben sein (Beispiel: Wertpapierhandel und -abrechnung in Kreditinstituten). Stärker determiniert ist der Zeitraum der Erfüllung. Bei Aufgaben, die in einem Fern-Verbund erfüllt werden, ist zusätzlich die für die Informationsübermittlung benötigte Zeit zu berücksichtigen. Hierauf sind jedoch durch die Wahl des Übermittlungsverfahrens größere Einwirkungsmöglichkeiten gegeben.

---

1) Zur Raumüberbrückungsfunktion der Kommunikation vgl. KRAMER, Rolf: Information ..., a.a.O., S. 112 f.

Da von der Fixierung strenger zeitlicher Aufgabenanforderungen erhebliche Restriktionen für das übrige Gestaltungsfeld ausgehen, ist bei der Aufgabenanalyse sehr kritisch zu prüfen, ob die aufgestellten Anforderungen tatsächlich organisatorisch notwendig sind. Beurteilt werden kann dies allerdings - wie bei der räumlichen Dimensionierung - erst aus dem Gefüge der zeitlichen Aufgabenbeziehungen.

b) Beziehungen im Aufgabensystem (interne Relationen)

Die zwischen den Einzelaufgaben bestehenden Beziehungen werden durch den Austausch von Informationen realisiert. Jede Teilaufgabe kann mit ihrer Umgebung schematisch folgendermaßen dargestellt werden (Abb. 3)[1]:

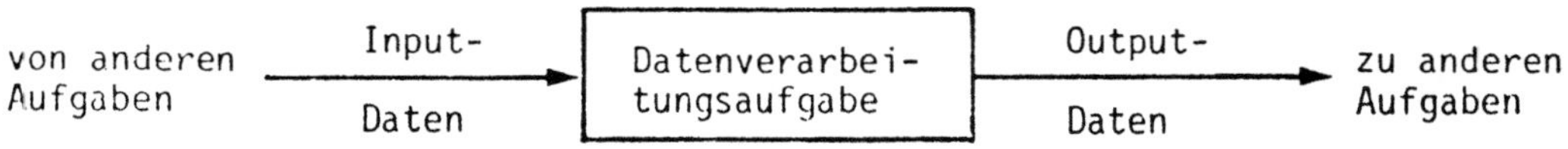

ABB. 3: TEILAUFGABE MIT BEZIEHUNGEN (SCHEMATISCH)

Die unternehmungsinternen Input-Daten können aus dem betrieblichen Basissystem oder aus dem Informationssystem selbst stammen. Dies hat Auswirkungen auf die Darstellungsart des Inputs: Ist dieser bereits Output vorgeschalteter Informationsverarbeitungsaufgaben, die automatisiert erfüllt werden, so kann seine sachmitteladäquate Bereitstellung in die vorgeschaltete Aufgabenerfüllung verlagert werden. Das dahinter stehende Gestaltungsprinzip zielt auf eine Minimierung des Aufwands, der mit der Realisierung der Aufgaben-Beziehungen durch den Informationsaustausch verbunden ist. Mit der input-kompatiblen

1) Vgl. GROCHLA, Erwin; MELLER, Friedrich: Datenverarbeitung ..., a.a.O., S. 32.

Bereitstellung des Outputs vorgelagerter Aufgaben wird eine Minimierung der Erfassungsprozesse im Informationssystem erreicht. Ist der Output einer Aufgabe für mehrere nachgelagerte Aufgaben bestimmt, so ist auf seine mehrfache Bereitstellung in geeigneter Form zu achten. Entsprechend gilt für Inputinformationen aus verschiedenen Quellen, daß die Output-Darstellungsarten dieser Quellen aufeinander abzustimmen sind. Werden die durch logische Beziehungen verbundenen Teilaufgaben durch verschiedene ADV-Anlagen - also im Computerverbund - erfüllt, so ist zusätzlich zu berücksichtigen, daß Datenträger und Darstellungsform der Daten anlagenkompatibel zu sein haben. Wesentliches Ziel der gestalterischen Beziehungsintegration ist es zu vermeiden, daß gleiche Aktivitäten mehrfach durchgeführt werden - es sei denn, dies wurde ausdrücklich angestrebt (etwa aus Sicherheitsgründen). Voraussetzung für eine Integration des Beziehungsgefüges ist die umfassende und detaillierte Analyse aller formalen Beziehungen, die zwischen den Einzelaufgaben bestehen oder auftreten können.

Materieller Auslösefaktor der formalen Beziehungen ist der für jede Einzelaufgabe vorliegende Informationsbedarf. Die aus der Aufgabenstellung unmittelbar ableitbare Bedarfsgröße sei als 'objektiver Informationsbedarf' bezeichnet; eine damit nicht notwendig deckungsgleiche Bestimmung erfährt der 'subjektive Bedarf', der aus personaler Aufgabenerfüllung resultiert. Ist der materielle Inhalt des Dateninputs einer Teilaufgabe identisch mit deren Informationsbedarf, so sollte ihr Output dem Bedarf einer logisch nachgeschalteten Teilaufgabe entsprechen oder - was die Regel ist - einer Teilmenge der Bedarfsaggregate mehrerer nachgelagerter Aufgaben. In der Praxis ist vielfach der Fehler festzustellen, daß Verarbeitungs-Outputs nach den Möglichkeiten, die der Computer bietet, dimensioniert wurden und nicht nach dem tatsächlichen Bedarf. Die Folge ist ein Überlasten personeller Aktionsträger (besonders: Entscheidungsträger) mit Informationen[1]. Einer der Gründe für die Fehlentwicklung ist die Notwendigkeit langfristiger und umfassender Antizipation der Mensch-Maschine-Kommunikationsbeziehungen im Zuge der Systemplanung und die dadurch bedingte Unschärfe und Inflexibilität der Bedarfsbestimmung. Diese Notwendigkeit besteht überall da, wo Benutzer und Computer nicht in direkte Interaktion treten und die Beziehung ziwschen ihren Aufgabenstellungen - wegen der Einschaltung zusätzlicher Funktionen - nicht mehr unmittelbar zutage treten. (Beispiel: Großanlage im Rechenzentrum - Benutzer in Zweigstellen und in der Unternehmungsführung). Durch die Möglichkeit direkter Interaktionsbeziehungen - etwa im hierarchischen Verbund mit Terminalcomputern - werden nicht nur Benutzer und Maschine enger verbunden, sondern auch ihre Aufgabenstellungen. Damit aber ermöglicht eine arbeitsplatzorientierte Datenverarbeitung im Verbund flexiblere und genauere Input-/Output-Abstimmungen zwischen den nunmehr verzahnt erfüllten Teilaufgaben.

Die dargestellten materiellen und - vom Inhalt abstrahiert - formalen Aufgaben-Beziehungen erfordern einen Transfer von Informationen zwischen den Einzelaufgaben. Da dieser Informationstransfer in einem raum-zeitlichen Koordinationssystem stattfindet, treten neben die sachlogischen Aufgabenbeziehungen räumliche und zeitliche Beziehungen zwischen den einzelnen Aufgabenerfüllungsprozessen. Räumliche Aktionsbeziehungen lassen sich angeben durch die quantitative Entfernung des Verwendungsorts einer Information von ihrem Entstehungsort und durch Art und Beschaffenheit dieser Distanz. So wird beispielsweise bei weiter Entfernung der Aktionsorte innerhalb eines Gebiets mit verkehrstechnologisch unzureichend entwickelter Infrastruktur der körperliche Datenträgertransport eine negative Be-

---

1) Vgl. hierzu ACKOFF, Russel L.: Management Misinformation Systems. In: Management Science, Vol. 14 1967 No. 4, p. B-148 f. (Deutsche Fassung: ACKOFF, Russell L.: Management Misinformation Systems. In: GROCHLA, Erwin: Management. Aufgaben und Instrumente. Düsseldorf - Wien 1974, S. 370 ff).

wertung als Gestaltungsalternative erhalten. Generell rücken große Entfernungen das Problem der Gestaltung des Übertragungsbereichs in den Vordergrund.

Zeitliche Beziehungen im Aufgabensystem resultieren aus den Zeit-Anforderungen an die Bereitstellung der Aufgaben-Inputdaten und bestehen in Form von Rückwirkungen dieser Anforderungen auf die Erfüllung logisch vorgeschalteter Teilaufgaben. Die logische Aufgabenstruktur korrespondiert also mit der zeitlichen Abfolge der Aktionen zur Aufgabenerfüllung. Zeitliche Aufgaben-Beziehungen sind ebenso wie die sachlogischen Relationen aus dem Informationsbedarf der Teilaufgaben ableitbar. Dabei lassen sich zwei Grundformen von Zeitbeziehungen unterscheiden:

- Der Output einer Verarbeitungsaufgabe (z.B. Rechnungsschreibung) muß nach Ablauf eines vorgegebenen Zeitraums (z.B. Buchungsperiode) für nachgelagerte Teilaufgaben (z.B. Debitoren- und Artikelbuchhaltung) verfügbar sein. Die nachgelagerte Informationsverarbeitung erfolgt am Ende des jeweiligen Zeitraums. Ihren Input bilden die Ergebnisdaten der vorgelagerten Aufgabe(n), die innerhalb dieses Zeitraums angefallen sind.
- Die einer Teilaufgabe (z.B. Platzreservierung in Verkehrsmitteln) vor- und nachgelagerten Aufgaben (vorgelagert: Erfassung und Eingabe der Reservierungswunsch-Daten; nachgelagert: Buchung und deren Bestätigung) weisen Zeitrelationen auf, die eine unmittelbare Verarbeitung der Inputdaten erfordern. Die Informationsverarbeitung der zwischengeschalteten Aufgabe (im Beispiel: Ermittlung freier Kapazität nach Optimierungsalgorithmen) erfolgt also zeitpunkt-induziert bei Anfall eines Informations-Inputs.

Die zeitraum-induzierte Informationsverarbeitung ist unter dem Begriff Stapelverarbeitung (batch processing) bekannt; sie wird sinnvoll auch als 'periodische Datenverarbeitung' bezeichnet. Wird sie im Rahmen eines Verbundes von räumlich entfernten ADV-Anlagen kooperativ durchgeführt, so reicht zu deren Kommunikation zunächst eine Off-Line-Verbindung aus. Ob der Informationstransfer durch Datenträger-Transport oder durch Datenfernübertragung zu realisieren ist, wird von der maximal zulässigen Verzögerungszeit[1], den Raumrelationen und von den Verhältnissen der Ressourcenseite abhängig sein.

Die zeitpunkt-induzierte Verarbeitung wird auch als 'Direktverarbeitung' bezeichnet. Ihr entspricht die klassische Arbeitsweise der Mittleren Datentechnik[2]. Im Computerverbund wird - bei Anschluß mehrerer Terminals - eine direkte Verarbeitung auch durch Großcomputer wirtschaftlich möglich. Bestehen an die zeitlichen Intervalle zwischen Datenanfall und -verarbeitung sehr strenge (Echtzeit-)Anforderungen, so erfordert dies die On-Line-Verbindung der ADV-Anlagen. Eine weitere zeitliche Aufgaben-Relation entsteht bei der Notwendigkeit zur Direktverarbeitung durch die quantitative Verteilung des Datenanfalls im Zeitablauf: Die Konzentration der Daten auf bestimmte Zeiträume führt - im Gegensatz zu deren gleichmäßiger Verteilung - zu zeitlichen Engpaß-Situationen, die sich auf die Auslegung des Verbundes determinierend auswirken können (Orientierung der Konfiguration an der Spitzenbelastung).

c) Beziehungen zu anderen Aufgabensystemen (externe Relationen)

Externe Aufgabenrelationen treten dann auf, wenn der Entstehungs- oder der Bestimmungsort von Informationen in der Umwelt, d.h. in Aufgabensystemen anderer Organisationseinheiten, liegt. Extern entstandene Input-Daten sind beispielsweise Kundenbestellungen oder als Entscheidungsgrundlagen benötigte Informationen über Marktsi-

---

1) Hiermit sei die maximal zulässige Zeitschwelle zwischen dem Anfallen der letzten Informationen und dem Beginn der nachgelagerten Verarbeitungsprozesse verstanden.

2) Vgl. GROCHLA, Erwin; RAUEISER, Horst; WEBER, Helmut; GÜRTH, Hans (Hrsg.): Anwendung ..., a.a.O., S. 40 f.

tuation und Konjunkturverlauf. Zur externen Verwendung bestimmte Output-Daten sind etwa statistische Informationen für Verbände oder staatliche Stellen sowie auf Anfrage gelieferte Informationen aus den Datenbanken von Informationsdiensten. Die meisten nach außen gerichteten Output-Daten dienen gleichzeitig internen Zwecken: Beispielsweise führen Ausgangsrechnungen sowohl zu Außenrelationen wie auch zu internen Aufgabenbeziehungen (Buchungsaufgaben).

Mit der Zunahme der Automatisierung innerhalb der gesamten Volkswirtschaft gewinnt die informationelle Verknüpfung der ADV-Systeme unterschiedlicher Organisationseinheiten an Bedeutung. Abhängig ist die maschinengerechte Gestaltung eines zwischenbetrieblichen Informationstransfers zunächst wieder von Art, Anzahl und Häufigkeit der auszutauschenden Informationen. Eine Unternehmung, die 15 Ausgangsrechnungen pro Tag an 15 verschiedene Kunden versendet, wird diese im Regelfall nicht auf maschinenlesbaren Datenträgern darstellen. Anders dagegen bei Unternehmungen mit hoher Fakturenzahl (oder auch sehr umfangreichen Einzel-Rechnungen) und einem begrenzten Adressenkreis (z.B. zentrale Einkaufsgenossenschaft): Hier sind als Datenträger beispielsweise Lochkarten denkbar[1]. Am weitesten fortgeschritten ist die Verwendung maschinell lesbarer Datenträger zur Realisierung informationeller Aufgabenbeziehungen zwischen Organisationseinheiten gleicher sowie auch unterschiedlicher Wirtschaftsbereiche zweifellos bei Kreditinstituten, im öffentlichen Sektor und in einigen besonderen Bereichen[2]. Durch den Datenträgeraus-

---

1) Vgl. etwa das entsprechende Anwendungsbeispiel bei GROCHLA, Erwin; RAUEISER, Horst; WEBER, Helmut, GÜRTH, Hans (Hrsg.): Anwendung ..., a.a.O., S. 168 ff. besonders S. 185 f.

2) Hier dominiert teilweise bereits das Magnetband als Datenträger, von Bedeutung sind jedoch auch personell und maschinell lesbare Datenträger. Vgl. etwa DEUTSCHE BUNDESBANK: Zur künftigen Automation des unbaren Zahlungsverkehrs bei der Deutschen Bundesbank durch beleglosen Datenträgeraustausch. In: Bank-Betrieb, 13. Jg. 1973 Heft 2, S. 53 ff. (Magnetband); O.V.: Codierrichtlinien für den zwischenbetrieblichen Zahlungsverkehr vor der Verabschiedung. In: Bank-Betrieb, 12. Jg. 1972 Heft 7/8, S. 304 f. (OCR-A-Schrift); SCHWENK, Dieter; WEINERT, Willi: Die Datenübermittlungsverordnung (DÜVO). Das Verfahren und seine Anwendung in der Praxis, hrsg. vom Verband Deutscher Rechenzentren, Hannover 1973.

tausch zwischen Unternehmungen mit eigener ADV werden zwischenbetriebliche Off-Line-Computerverbundsysteme geschaffen. Ebenso ist dies der Fall bei der Ausgliederung von ADV-Funktionen aus (weiterhin automatisierten) Unternehmungen an externe ADV-Anlagen (Service-Rechenzentrum, Gemeinschaftsanlage und andere Formen der Datenverarbeitung außer Haus).

In Analogie zu den dargestellten Anforderungsprofilen des betriebsinternen Aufgabensystems können die sachlogischen, räumlichen und zeitlichen Ausprägungen der externen Relationen zu der organisatorischen Zweckmäßigkeit führen, die ADV-Anlagen verschiedener Organisationseinheiten mittels der Datenfernübertragung zu koppeln. Die Gestaltung solcher zwischenbetrieblicher Verbundsysteme setzt allerdings - neben den Aufgabenanforderungen, die sicherlich in vielen Wirtschaftsbereichen vorliegen - technologische und ökonomische Gegebenheiten auf der Seite der Ressourcen (vor allem der Datenfernübertragungs-Infrastruktur) voraus, die derzeit großteils noch nicht vorhanden sind. Da für diese Verbundform somit die Ressourcen den weniger manipulierbaren Teil des Gestaltungsfeldes bilden, ist auf die Darstellung ihrer Problematik - also dem (in diesem Fall) gegenüber dem Aufgabensystem prägenderen Einflußfaktor für die Gestaltung - der Schwerpunkt zu legen.

Die zu einer friktionsfreien Kooperation der ADV-Anlagen erforderliche Abstimmung der zwischenbetrieblichen Aufgabenrelationen kann als 'externe Integration' bezeichnet werden. Ihre Besonderheit liegt in den unterschiedlichen Einwirkungsmöglichkeiten der beteiligten Unternehmungen auf den jeweils externen Bereich. Im einfachsten Fall setzt ein 'Monopolist' (beispielsweise eine Organisationseinheit mit staatlicher Hoheitsgewalt) gegenüber seinen zahlreichen Kooperationspartnern die Art der auszutauschenden Datenträger, die Codierung und die Organisationsform der Daten einseitig fest. Komplexer gestalten sich die Durchsetzungsmechanismen der Integration bei der wohl überwiegenden 'Wettbewerbssituation': Die einzige Lösung der Kompatibilitätsprobleme zwischen einer Vielzahl von Unternehmungen - bei gleichzeitiger Schaffung 'freien Marktzutritts' - bieten allgemein anerkannte Standards (in Software- und organisatorischen Fragen) und Normen (als hardwaretechnische Vereinbarungen)[1]. Bei der Integration ihrer externen Aufgabenbeziehungen besteht für die einzelne Organisationseinheit folglich ein Zielkonflikt zwischen eigenen Aufgabenanforderungen einerseits und extern - sei es durch den Kooperationspartner oder überbetrieblich - festgelegten Integrationsregeln andererseits.

1) Die Historie der ADV zeigt hierbei eine große Einflußnahme durch Herstellerfirmen; ebenso sind jedoch seit Jahren nationale und supranationale Institutionen mit Normierungs- und Standardisierungsarbeiten beschäftigt, die gleichzeitig die Belange der Anwender berücksichtigen.

II. RESSOURCEN DER AUFGABENERFÜLLUNG

Die zweite Komponente des Gestaltungsfeldes bilden die zur Aufgabenerfüllung verfügbaren Menschen und Sachmittel. Diese werden hier - ihrer Funktion für den Gestalter entsprechend - als personelle und maschinelle Ressourcen bezeichnet.

Statt der vielfach anzutreffenden Unterscheidung in On-Line- und Off-Line-Verbindungen von Computern wurde im Forschungsvorhaben MICOM die differenziertere Dreiteilung in

- On-Line-Verbund,
- Off-Line-Verbund mit Datenfernübertragung und
- Off-Line-Verbund mit Datenträgeraustausch

vorgenommen. Obwohl dies auf den ersten Blick eine Differenzierung des Off-Line-Bereichs vermuten läßt, stehen doch die ersten beiden Verbindungsformen in engstem Zusammenhang und entsprechen weitgehend der gängigen Zweiteilung. Bei beiden dominieren die Probleme der Datenfernübertragung (die Problematik des echten On-Line-Verbunds - etwa für Real-Time-Anwendungen - tritt demgegenüber unter organisatorischen Aspekten in den Hintergrund). Wichtiger ist die durch diese Unterscheidung zusätzlich gewonnene Verbundform 'off-line mit Datenträgeraustausch' - eine Kooperationsart, deren C o m p u t e r v e r b u n d-Charakter in aller Regel übersehen wird.

a) Verbundsysteme mit Datenträgeraustausch

Einer Veranschaulichung der im folgenden verwendeten Terminologie dient Abbildung 4:

Beim indirekten Verbund mit Datenträgeraustausch sind die Datenstationen identisch mit den Computersystemen in der Stand-Alone-Ver-

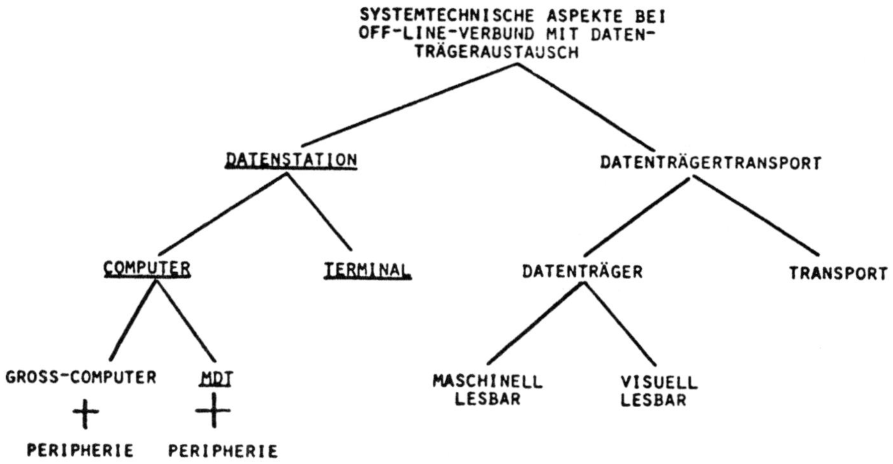

ABB. 4: AUFBAU EINES VERBUNDSYSTEMS MIT DATENTRÄGER-AUSTAUSCH

sion; den Datenweg bildet die durch Transportmittel zu überbrückende räumliche Entfernung zwischen den Computersystemen (Abb. 5).

1. Die Datenstation

Als Datenstation im indirekten Computerverbund mit Datenträgertransport kommt jede ADV-Anlage in Frage, die neben einer entsprechend dimensionierten Zentraleinheit über diejenigen peripheren Ein- und Ausgabegeräte verfügt, die die im Verbund zum Datenträgeraustausch zugelassenen Datenträger erstellen bzw. einlesen können. Da hierdurch nur geringe maschinentechnische Auflagen an die Verbundelemente gestellt werden, ist praktisch jedes Computersystem verbundfähig.

Zur unmittelbaren Kommunikation zwischen zwei Computersystemen müs-

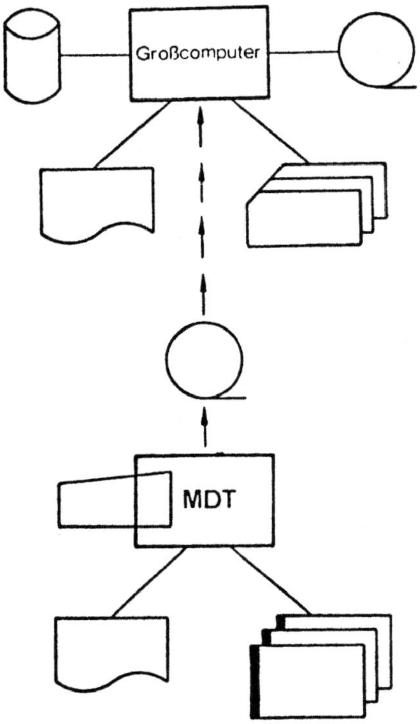

ABB. 5: COMPUTERVERBUND MIT DATENTRÄGERAUSTAUSCH (BEISPIEL)

sen die auszutauschenden Daten in der Form vorliegen, daß sie für das empfangende Computersystem eingabefähig sind. Voraussetzung hierfür ist, daß die maschinellen Schnittstellen computerseitig aufeinander abgestimmt sind. Da die maschinellen Schnittstellen im indirekten Computerverbund mit Datenträgertransport die die Datenträger erstellenden peripheren Geräte sind, werden bei der Konzeption dieser Verbundform die Gestaltungsaktivitäten in erster Linie auf die Auslegung der Peripherie und damit verbunden auf die Ausgestaltung der zum Austausch bestimmten Datenträger zu legen sein.

2. Der Datenträgeraustausch

Der Datenträgeraustausch im Computerverbund läßt unter organisatorischen Gesichtspunkten zwei unterschiedliche Betrachtungsweisen zu. Zum einen kann sich der Austausch ausschließlich auf den innerbetrieblichen Bereich einer organisatorischen Einheit erstrecken (z.B. Zentrale - Filialbetrieb), andererseits gewinnt mit der zunehmenden Dichte installierter Anlagen und der Inangriffnahme neuer, vielfach sehr spezialisierter Anwendungen die Kommunikation der ADV-Anwender untereinander auf überbetrieblicher und darüber hinaus auf supranationaler Ebene immer mehr an Bedeutung[1)].

Im innerbetrieblichen Bereich scheinen die Probleme hinsichtlich eines reibungslosen Datenträgeraustausches sowohl organisatorisch als auch systemtechnisch weitgehend lösbar. Fragen der Normierung bzw. Standardisierung rücken jedoch dann noch stärker in den Vordergrund, wenn es gilt, den Datenträgeraustausch zwischen zwei und mehr Verbundanlagen unterschiedlicher organisatorischer Einheiten durchzuführen.
Zur Beurteilung der materiellen und formellen Anforderungen an die zum Austausch bestimmten Datenträger und damit auch indirekt an die für die Verbundkonfiguration bedeutsame Frage der relevanten Peripherie ist es zweckmäßig zu kären, welche Datenträger sich zum Datenaustausch eignen. Unter diesem Gesichtspunkt muß die Relation zwischen Größe und Gewicht des Datenträgers einerseits und seiner Speicherkapazität andererseits im Vordergrund stehen[2)].

---

1) Vgl. RICHTER, Lutz: Aspekte der Standardisierung des Datenaustausches. In: ÖVD, 4. Jg. 1974 Heft 3, S. 105.

2) Die Eignung des Datenträgers wird im Einzelfall von weiteren Faktoren wie Lesegeschwindigkeit, Zugriffszeit, Kontroll-, Sortier- und Korrekturmöglichkeit, Wiederverwendbarkeit etc. abhängig zu machen sein.

2.1 Die Datenträgerart

Generell eignet sich zum Datenaustausch jeder maschinell lesbare Datenträger, auf dem die maschinell fixierten Daten während des Transportes erhalten bleiben. Weiterhin ist einfache Transportierbarkeit erforderlich, weshalb beispielsweise Magnettrommeln aus Abmessungs- und Gewichtsgründen von vornherein für den Datenträgeraustausch nicht in Frage kommen.

Da der Datenträgeraustausch insbesondere auf den Massendatenverkehr zwischen den operativen Ebenen von Unternehmungen ausgerichtet ist, kommen Lochstreifen und Lochkarten nur bedingt in Frage[1], obwohl eine Reihe von Anwendungsfällen bekannt sind, in denen diese Datenträger für den Datenaustausch Verwendung finden[2]. Dies ist insofern verständlich, als die meisten Computersysteme über die entsprechende Ein- und Ausgabeperipherie verfügen und schon frühzeitig Normentwürfe verabschiedet wurden[3], die die Grundlage für die Peripheriekompatibilität dieser Datenträger legten.
Mit ihrer geringen Zeichendichte (Standardlochkarte: 80 Zeichen), ihren Ausmaßen (187,3 x 82,5 mm) und ihrem relativ hohen Gewicht sind der Anwendung der Lochkarte zum Datenträgeraustausch Grenzen gesetzt. Ähnliches gilt für den Lochstreifen; bei einer Zeichendichte von etwa 4 Zeichen/cm und einer maximalen Streifenlänge von ca. 320 m erweist er sich als zum Austausch von Massendaten nur bedingt geeignet. Hinzu kommt, daß diese Datenträger aufgrund ihrer

---

1) Vgl. RICHTER, Lutz: Aspekte ..., a.a.O., S. 105.

2) Vgl. die Darstellung von SCHRÖDER, K.: Überbetrieblicher Datenträgeraustausch zur Rationalisierung der Datenerfassung. In: Rechentechnik Datenverarbeitung, 11. Jg. 1974 Heft 11, S. 41-43; so ist die Lochkarte auch im Rahmen der Datenübermittlungsverordnung (DÜVO) als Datenträger zugelassen.
Vgl. SCHWENK, Dieter; WEINERT, Willi: Die Datenübermittlungsverordnung (DÜVO)..., a.a.O., S. 21.

3) Vgl. DNA (Deutscher Normenausschuß): DIN 66004, Blatt 1, Lochstreifen. Berlin - Köln, März 1974; Blatt 2, Lochkarten (Entwurf). Berlin - Köln, Juli 1970.

materiellen Beschaffenheit (Karton bzw. Papier/Kunststoff) sehr leicht beschädigt werden können.

Unter dem Kapazitätsaspekt würde sich die Magnetplatte für den Datenaustausch anbieten, dennoch spielt sie nur eine untergeordnete Rolle. 'Zu hohe Kosten der Datenträger, Einschränkungen der physikalischen Austauschbarkeit und die Vielzahl der im Einsatz befindlichen Typen sind nur einige Gründe, die gegen die Magnetplatte als für den Austausch bestimmter Datenträger sprechen. Dieser Zustand wird sich vermutlich in den nächsten Jahren nicht ändern'[1].

Die unterschiedliche Ausprägung der Plattensysteme zeigte sich bei einer empirischen Erhebung des BIFOA. Hierbei wurde ausschließlich das Anlagenspektrum der MDT untersucht. Allein in dieser Anlagenkategorie waren die angebotenen Plattensysteme kaum vergleichbar (vgl. Tabelle 9), so daß sich ein Plattenaustausch zwischen verschiedenen Systemen ausschließt.

Kenngrößen / System / Platten-einheiten		Anzahl Spuren pro Oberfläche	Anzahl Sektoren pro Spur	Anzahl Worte pro Sektor	Anzahl Zeichen (an) pro Wort bzw. Sektor	Mittlere Zugriffszeit (ms)	Positionierungszeit + Latenzzeit (ms)	Übertragungsgeschwindigkeit (1000 Zeichen/sec)
A		100	32	10	16 num	450	370 + 80	
B		203	16	26	12 num	90	70 + 20	174
C		200	16	—	213	20	15 + 5	210
D		200	24	--	200	110	70 + 40	156
E		200	48	—	110	65	45 + 20	195
F	(1)	100	24	—	256	153		151
	(2)	200	24	—	256	269		
	(3)	200	24	—	256	269		
G		200	16	256	2	70		
H		200	20	—	149	42,5	30 + 12,5	156
I	(1)	200	10	—	256	35	10 + 25	156
	(2)	100	16	—	256	110	85 + 25	78
	(3)	200	16	—	256	110	85 + 25	78
J		200	10	—	412	42,5	30 + 12,5	
K		200	50	—	100	73	61,5 + 12,5	229

TABELLE 8: VERGLEICH UNTERSCHIEDLICHER MAGNETPLATTEN-SYSTEME[2]

---

1) RICHTER, Lutz: Aspekte ..., a.a.O.,S. 107.

2) BIFOA-STUDIENKREIS DR. RAUEISER: Mittlere Datentechnik und Magnetplatte, ..., a.a.O., S. 157

Diese Nachteile weist das Magnetband nicht auf, da es für den Versand gut geeignet ist, eine ausreichende Kapazität aufweist und umfangreichen Normierungsbestrebungen unterlag.
Die Anforderungen an ein Magnetband sowie an die Magnetbandlesestation sind in DIN 66011 Blatt 1 genormt: Die Aufgabe dieser Norm besteht darin, 'die Anzahl von Magnetbändern verschiedener äußerer Abmessungen zu beschränken und gleichzeitig die wichtigsten Eigenschaften der Magnetbänder festzulegen'[1]. Sie gilt für alle Magnetbänder, die zur digitalen Aufzeichnung von Daten verwendet werden. Der Norm zufolge sind nur Bänder mit einer einheitlichen Breite von 1/2 Zoll zu verwenden; die Banddicke ist mit 50 μ und die Bandlänge mit 730 (1100) m angegeben[2]. Neben diesen Abmessungsvorschriften sind Angaben über die elektromechanischen Eigenschaften, die Abmessungen und die Anordnung der Reflektormarken festgelegt. Entsprechend finden sich in DIN 66012 die Anforderungen an die Spulen und in DIN 66017 die Spezifikationen an den Schreibring. Nur wenn eine Spule mit dem entsprechenden Schreibring auf das Magnetbandgerät aufgelegt wird, kann das Magnetband gelöscht oder neu beschrieben werden. Neben diesen mechanischen und elektromechanischen Normen sind für den Datenaustausch auf Magnetbändern formale Absprachen notwendig, die u.a. die Darstellung der Daten, die Satzformate und die Kennsätze betreffen (s. Abschnitt 2.2 Datenträgeraufbau).

Noch nicht abgeschlossen ist dagegen die Normung für Magnetbandkassetten. Für dieses 3,81 mm breite Magnetband in einer Standard-Tonbandkassette sind bereits im Entwurf die mechanischen und elektro-

---

1) DNA (Deutscher Normenausschuß) DIN 66011, Blatt 1, Berlin - Köln, März 1970.

2) Vgl. BÖCKMANN, Hans-Georg: Datenaustausch mittels Magnetbändern. In: ÖVD, 4. Jg. 1974 Heft 6, S. 274.

magnetischen Eigenschaften festgelegt[1]. Aufgrund des einfachen 'handlings', der geringen Abmessungen und des geringen Gewichts ist die Magnetbandkassette für den Datenträgeraustausch besonders geeignet.

In diesem Zusammenhang sei auch auf die Metallbandkassette hingewiesen. Anstelle des Magnetbandes wird hierbei ein Metallband verwandt, das aus einer dünnen, lackbeschichteten, ca. 40 m langen Metallfolie besteht; die Aufzeichnung erfolgt dabei durch elektrisches 'Ausbrennen' der Lackschicht in Form einer Strichcodierung. Die dabei entstehenden Farbkontraste ermöglichen eine optisch-elektronische Zeichenerkennung. Im Gegensatz zum Magnetband ist das Metallband nicht wiederverwendbar; seine Kapazität beträgt etwa 60.000 Bytes.

Ergänzend zu den magnetcodierten Datenträgern ist die erstmals 1970 vorgestellte 'Floppy Disk' anzuführen. Diese flexible, oxyd-beschichtete Mylarplatte wird inzwischen von verschiedenen Herstellern mit unterschiedlichen Leistungsmerkmalen angeboten[2]. Am Beispiel der von IBM hergestellten sogenannten 'Diskette' zeigt sich, daß hiermit ein dem Magnetband adäquater Datenträger insbesondere im Hinblick auf den Datenträgeraustausch vorliegt. Diese flexible Platte - einer Schallplatte ähnlich - steckt in einer ebenfalls flexiblen, quadratischen Hülle von ca. 20 cm Seitenlänge, 16 mm Stärke und wiegt insgesamt nur etwa 30 Gramm. Eine einzige Diskette hat dabei eine Kapazität von ungefähr 3,1 Millionen Bits. Bei dem im IBM-System 3740 verwandten Format können etwa 250.000 Bytes ge-

1) Vgl. DNA (Deutscher Normenausschuß): DIN 66211, Blatt 1, Berlin - Köln 1974; Blatt 2, Berlin - Köln 1974.
Vgl. auch GOYDKE, H.; SCHROEDER, H.J.; SCHUMNY, H.: Zur Standardisierung magnetischer Datenträger unter besonderer Berücksichtigung von Bezugsmedien. In: Angewandte Informatik, 16. Jg. 1974 Heft 8, S. 367-373.

2) Vgl. dazu: MURPHY, John A.: Floppy Disk Drives & Storage. In: Modern Data, Vol. 7 1974 No. 2, p. 47-52.

speichert werden, was ungefähr dem Speichervolumen von 3000 80-spaltigen Lochkarten entspricht. So läßt sich z.B. ein Stapel von 16 Disketten mit einem Datenvolumen von 4 Millionen Bytes bei einem Platzbedarf von nur 20 x 20 x 2,5 cm und einem Gewicht von ca. 450 gr. problemlos transportieren[1].

Außer diesen nur maschinell lesbaren Datenträgern können auch eine Reihe maschinell und personell lesbarer Datenträger für den Datenaustausch genutzt werden.
Für die Verarbeitung von Daten ohne Daten-Zwischenträger wurden zwei grundsätzlich voneinander verschiedene Entwicklungswege beschritten: das Magnetschriftverfahren und das optische Leseverfahren[2] mit den entsprechenden Datenträgern wie Magnetschriftbelegen, Markierungsbelegen und Klarschriftbelegen. Ein Datenträgeraustausch findet vorwiegend innerhalb eines Datensammel- (bzw. Verteil-) Systems statt. So ist es im Bankensektor eine schon lange geübte Praxis, im Überweisungsverkehr zwischen Unternehmungen und Banken maschinell lesbare Formulare zu verwenden. Zur Erzeugung solcher Datenträger werden auf normierte Formulare mit speziellen Drucktypen maschinell und personell lesbare Typen aufgedruckt[3]. So hat sich die Deutsche Bundesbank in diesem Zusammenhang für die OCR-A-Schrift nach DIN 66008 entschieden[4]. Die mit solchen Schrifttypen

1) Vgl. ZSCHAU, Edwin V.W.: The IBM Diskette and its Implications for Minicomputer Systems. In: Computer, Vol.: 6 1973 No. 6,p. 21-26.

2) Vgl. dazu RUSS, Adolf S.: Beleglesende Maschinen. In: das rationelle büro, 22. Jg. 1971 Heft 2, S. 15-21.
HÜRTEN, Robert: Maschinell lesbare Schriftbelege. In: RDO, 16. Jg. 1970 Heft 4, S. 98-102.

3) Die maschinell und personell lesbaren Schriftzeichen sind ebenfalls genormt mit dem Ziel, den Austausch von Informationen zu ermöglichen. Die Magnetschrift CMC 7 ist in DIN 66007 und die Schrift OCR-A in DIN 66008 genormt.
Vgl. DNA (Deutscher Normenausschuß): DIN 66007, Berlin - Köln, November 1967; und
DNA (Deutscher Normenausschuß): DIN 66008, Berlin - Köln, April 1969.

4) Vgl. DEUTSCHE BUNDESBANK (Hrsg.): Zur zukünftigen Automation ..., a.a.O., S. 52-56.

bedruckten Formulare werden in das empfangende Computersystem automatisch eingelesen.

Eine weitere Möglichkeit, visuell und maschinell lesbare Datenträger zu erzeugen, besteht heute durch 'Computer Output on Microfilm' (COM). Dieses Verfahren erlaubt es, Daten ohne den Zwischenträger Papier direkt auf Mikrofilm auszugeben, wobei die Daten mit einem Verkleinerungsfaktor von 1:24 oder 1:42 analog aufgezeichnet werden. Je nach Art und Verfahren wird im Vergleich zum herkömmlichen Schnelldrucker eine bis zu 30mal schnellere Ausgabegeschwindigkeit erreicht. Grundsätzlich sind zwei Datenträgerarten zu unterscheiden: das Mikrofiche und der Rollfilm. Das Mikrofiche ist ein Planfilm im Format DIN A 6 (148 x 105 mm), unterteilt in ca. 200 gleich große Bildflächen, deren Speicherkapzität je einer Schnelldruckerseite entspricht. Der 16 mm-Rollfilm speichert bei einem Verkleinerungsfaktor von 1:42 8440 Zeichen pro cm; dies entspricht der 4fachen Aufzeichnungsdichte einer Magnetplatte (1590 Zeichen pro cm oder 4040 bpi)[1].
Somit erfüllen diese Datenträger zwar die meisten Voraussetzungen für den Datenträgeraustausch, jedoch ist festzustellen, daß heute noch die wenigsten Computersysteme über die entsprechende Peripherie verfügen. Hinzu kommt, daß die meisten Mikrofilme im Off-Line-Verfahren von speziellen Unternehmungen erstellt werden. Auch die maschinelle Lesbarkeit ist noch nicht endgültig gelöst. Da es sich hier um einen noch relativ jungen Datenträger handelt, sind Normierungsbestrebungen noch nicht bekannt. Wird jedoch der 'Computer Output on Microfilm' in der Zukunft technisch verfeinert und zu einem vertretbaren Kosten-/Leistungsverhältnis angeboten, so wird dieser Datenträger größere Bedeutung für den indirekten Computerverbund mit Datenträgeraustausch gewinnen.

---

1) Vgl. ENZINGER, A.: Analogdatenbanken. In: online, 11. Jg. 1973 Heft 4, S. 256.

Eine besondere Stellung im Rahmen des Datenträgeraustausches nehmen die sogenannten 'Einzeldatenträger' ein. 'Sie enthalten eine begrenzte Informationsmenge, die pro Datenträger konstant ist und die über einen längeren Zeitraum wiederholt ... benötigt wird'[1]. Sie finden Anwendung als loch- und/oder klarschriftcodierte Plastikkarten, z.B. zur Gleitzeiterfassung, und als loch-, magnet- oder schriftcodierte Etiketten zur Warenauszeichnung. Kennzeichnend für diese Datenträger ist ein zweistufiger Erfassungsprozeß, bei dem zunächst die konstanten Dateninhalte auf dem Datenträger fixiert werden (Primärerfassung), so z.B. Artikelnummer, Warengruppe etc. auf Etiketten zur Warenauszeichnung oder Personal-/Kundennummer, Name, Adresse und zusätzliche, dem Verwendungszweck entsprechende Angaben auf Plastikkarten. 'Aktiviert' werden diese vorerfaßten Daten erst auf der zweiten Stufe durch die endgültige 'Eingabeerfassung', d.h. durch das Einlesen der Karten- oder Etiketteninhalte (Sekundärerfassung).

Die Plastikkarte - zur oftmaligen Wiederverwendung bestimmt und vom Material, von der Abmessung und vom Layout her unterschiedlich ausgelegt[2] - hat in ihrer vorwiegenden Verwendungsform als Kredit- oder Ausweiskarte für den Datenträgeraustausch nur geringe Bedeutung, da sie i.d.R. zweck- und personengebunden (nicht übertragbar) ist.

Wichtiger erscheinen in diesem Zusammenhang die Etiketten mit ihrem Hauptanwendungsgebiet der Ein- und Verkaufsdatenerfassung insbesondere in Warenhäusern, Verbrauchermärkten, Supermärkten und im Cash& Carry-Großhandel. Die aus Papier oder kartonähnlichem Material in

1) SCHLEUDER, G.: Periphere Geräte in der Datenverarbeitung. München 1972, S. 33

2) Neben der Normallochkarte in Plastikausführung sind Lochkarten-Drittel-Karte, Großformat-Karte (etwa DIN A7), Kleinkarte und mehrere Varianten zu unterscheiden; Normungsbemühungen führten bereits zur sog. ISO-Plastikkarte. Vgl. dazu TIETZ, Walter: Kluge Karten. In: bit, 1971, Heft 4 S. 299-330.

unterschiedlichen Formaten hergestellten Etiketten sind grundsätzlich für zwei verschiedene Lesesysteme konzipiert:

(1) stationäre Lesesysteme und

(2) frei bewegliche (mobile) Lesesysteme.

Darüber hinaus läßt sich eine Vielzahl von Etikett-Karten bezüglich ihrer Informationsdarstellung und Codierung, ihrer Befestigung, ihrer Anordnung und ihrer Herstellungsverfahren unterscheiden[1]. Die Darstellung der Informationen kann durch Lochung, magnetische Aufzeichnung oder durch Aufdruck visuell und/oder maschinell lesbarer Zeichen, Strich- oder Kreiscodes erfolgen.
'Beim Anbringen der Etiketten sind die gebräuchlichsten Verfahren wie Kleben, Klammern, Nadeln und Hängen möglich'[2]. Besondere Bedeutung für einen überbetrieblichen Datenträgeraustausch hat die in die Verpackung integrierte (aufgedruckte) Etikette. Die wichtigsten Spezifikationen der Etiketten und ihre Beziehungen zu den verschiedenen Lesesystemen sind in der Tabelle 9 aufgezeigt.

Hersteller des Lesesystems und Art der Codierung	Haftetiketten¹)	Hängeetiketten	Etiketten gehören zu elektron. POS-System	Art der Leseinrichtung: mobil	Art der Leseinrichtung: stationär	Etiketten müssen in Leser hineingeführt werden	stationärer Leser für automat. Kassentisch
Siemens-Lochstreifenkarten	0	+	0	0	+	+	0
Hugin-Lochetiketten	0	+	0	+	+	+	0
Kimball-Lochetiketten	0	+	+	+	+	+	0
Olivetti-Magnetetiketten	0	+	+	0	+	+	0
Anker-CMC-Etiketten	0	+	0	0	+	+	0
Kimball-Magnetetiketten	+	+	+	+	0	0	0
Scanner-Etiketten	+	(+)	0	0	+	0	+
Adrema-Strichetiketten	+	+	+	+	+	0	0
Anker-Strichetiketten	+	+	+	+	+	0	+
NCR-Strichetiketten	+	+	+	+	0	0	0
Nixdorf-Strichetiketten	+	+	+	+	0	0	0
Olivetti-Strichetiketten	+	(+)	+	+	0	0	0
Hugin-Kreisetiketten	+	(+)	0	0	+	0	+
Zellweger-Kreisetiketten	+	(+)	+	0	+	0	+
RCA-Kreisetiketten	+	(+)	+	0	+	0	+

Erklärung: 0 = nicht vorhanden
+ = vorhanden
(+) = technisch möglich; aber noch nicht bekannt geworden.

¹) Unter Haftetiketten seien hier nur die Etiketten verstanden, die mit ihrer gesamten Ruckseite auf der Ware haften.

TABELLE 9: ETIKETTEN IN DATENERFASSUNGSSYSTEMEN[3]

---

1) Vgl. ROHDE, P.; TIETZ, W.: Etiketten als Datenträger. In: bit, 9. Jg. 1974 Heft 4, S. 26.

2) O.V.: Datenerfassung mit Farbcode. NCR System 280. In: selbstbedienung und supermarkt, o.Jg. 1971 Heft 4, S. 52.

3) Die Tabelle wurde entnommen aus: ROHDE, P.; TIETZ, W.: Etiketten ..., a.a.O., S. 52.

Aufgrund ihrer Anordnung sind weiterhin Unterscheidungen nach einteiligen und mehrteiligen Etiketten zu treffen, wobei es sich bei den letztgenannten i.d.R. um sogenannte Abrißetiketten handelt, die weitgehend in der Textilbranche verwandt werden. Um Etiketten als Datenträger im überbetrieblichen und in fernerer Zukunft auch im supranationalen Bereich austauschen zu können, müssen drei wesentliche Voraussetzungen erfüllt werden:

(1) Die Warenhersteller müssen bereit sein, die Auszeichnung der Ware oder deren Verpackung (z.B. Artikelnummern, Größenbezeichnungen, Farbe usw.) von sich aus vorzunehmen.

(2) Es müssen allgemein gültige Nummernsysteme und Standard-Codes geschaffen werden[1].

(3) Es müssen die hardwaremäßigen Voraussetzungen für ein sog. Price-Look-up-Verfahren[2] gegeben sein.

2.2 Der Aufbau der Daten auf dem Datenträger

Damit zwischen Computersystemen ausgetauschte Daten formal eingabefähig sind, müssen Vereinbarungen bezüglich des verwendeten Codes, der Datendarstellung und der zulässigen Satzstrukturen getroffen werden. Neben diese Rahmenbedingungen müssen noch individuelle Abstimmungen bezüglich der Gliederung, Bedeutung und zulässiger Werte der Feldinhalte treten[3].

---

1) Die Normierungsbestrebungen führten in den USA bereits 1971 zum 'Universal-Product-Code' (UPC); in Frankreich wurde der Gencod (Groupement d'Etudes, de Normalisation et de Codification) eingeführt; in der BRD sind einheitliche Systeme für Artikel- und Betriebsnummern bereits in Betrieben der Nahrungsmittelwirtschaft des Handels und der Industrie realisiert.

2) Bei diesem Verfahren enthält das Etikett keine Preisangaben; die Preise werden direkt von einem Speicher abgerufen.

3) Vgl. BÖCKMANN, Hans-Georg: Datenaustausch ..., a.a.O., S. 280.

2.2.1 Der Codeaufbau

Die Darstellung des für den Datenaustausch zulässigen Codes betrifft sowohl den Datenträgeraustausch als auch die Datenfernübertragung. Während bei der Datenfernübertragung nur geringe Einschränkungen bezüglich der verwendbaren Codes bestehen, sind diese beim Datenträgeraustausch eng an die materielle Struktur des Datenträgers gebunden. Aus diesem Grunde sollen die Codierungsfragen in diesem Abschnitt behandelt werden.
Die Codeproblematik beim Datenaustausch besteht primär darin, daß die maschineninternen Codes verschiedener ADV-Anlagentypen selten übereinstimmen. 1963 waren allein schon bei einem Hersteller neun maschinenintern unterschiedliche Codes in Gebrauch; die Gesamtheit aller verschiedenen Codes bei den Herstellern wurde auf ca. 60 geschätzt[1].
Noch unterschiedlicher waren die von den Herstellern der Lochstreifen- und Lochkartengeräte eingeführten Codesysteme[2]. Diese Situation wird durch die differenzierten Codesysteme der MDT-Hersteller noch verschärft.

Generell entstehen Daten durch eine Kombination von Zeichen, die Elemente einer endlichen Menge unterscheidbarer Symbole sind. In einen solchen Zeichenvorrat können beliebig viele Elemente eingehen. Vor seiner Anwendung muß jedoch sichergestellt werden, daß jedem Symbol oder jeder Symbolkombination genau ein Zeichen zugeordnet wird. Die Zuordnung muß eindeutig sein. Darüber hinaus muß die gewählte Zuordnung allen Kommunikationspartnern bekannt sein.

---

1) Vgl. MERTENS, Peter: Die zwischenbetriebliche Kooperation und Integration bei der automatisierten Datenverarbeitung. Meisenheim am Glan 1966, S. 79.

2) Siehe hierzu u.a.: BEMER, R.W.: A Survey of Coded Character Set Representation. In: Communications of the ACM, Vol. 3 1960, p. 639-641.

2.2.1.1 Der 7-Bit-Code für den Datenaustausch

Soll der Datenaustausch zwischen unterschiedlichen Maschinensystemen erfolgen, so können entweder die Daten maschinenindividuell codiert ausgetauscht werden oder ein Standardcode, der für alle Maschinensysteme verbindlich ist, benutzt werden. Im ersten Fall sind die maschinenindividuellen Codes beim Datenaustausch auf beiden Seiten umzusetzen. Dies bedeutet, daß je Maschinensystem der Anzahl der am Datenaustausch beteiligten Maschinensysteme entsprechende Umsetzprogramme vorhanden sein müssen. Im zweiten Fall bedarf es nur eines Umsetzprogramms je Maschinensystem, das den Standardcode in den maschineninternen Code transformiert. Aus diesem Grunde ist es sinnvoller, einen Standardcode für den Datenaustausch vorzugeben.

Die Überlegungen zur Verwendung standardisierter Codes für den Informationsaustausch sind nicht neu: So wurde schon 1928 das CCITT-Alphabet Nr. 2 genormt, das auch als Telegrafenalphabet bekannt ist. Jedoch erst mit dem zunehmenden Austausch maschinell verarbeitungsfähiger Daten wurde es von Bedeutung, einen hierzu verwendbaren Code überbetrieblich bzw. supranational vorzugeben. Diese Arbeiten wurden 1962 bei den internationalen Normungsgremien in Angriff genommen und 1967 mit dem ISO-7-Bit-Code abgeschlossen.

Bei der Zuordnung von Zeichen zu den zulässigen Bitkombinationen des 7-Bit-Codes wurde so verfahren, daß die darstellbaren Bitkombinationen in einem Raster von 8 Spalten (0-7) und 16 Zeilen (0-15) angeordnet wurden. Eine bestimmte Zelle in dem sich daraus ergebenden Tableau wird durch die Nummernkombination der entsprechenden Spalte und Zeile angegeben (vgl. Tab. 10). Für jede dieser so gekennzeichneten Zellen wurde ein Zeichen vorgegeben. Aufgrund nationaler Besonderheiten bei der Verwendung von Symbolen wurden einige Zellen nicht belegt.

					0	0	0	0	1	1	1	1
					0	0	1	1	0	0	1	1
					0	1	0	1	0	1	0	1
					0	1	2	3	4	5	6	7
0	0	0	0	0	0/0	1/0	2/0	3/0	4/0	5/0	6/0	7/0
0	0	0	1	1	0/1	1/1	2/1	3/1	4/1	5/1	6/1	7/1
0	0	1	0	2	0/2	1/2	2/2	3/2	4/2	5/2	6/2	7/2
0	0	1	1	3	0/3	1/3	2/3	3/3	4/3	5/3	6/3	7/3
0	1	0	0	4	0/4	1/4	2/4	3/4	4/4	5/4	6/4	7/4
1	1	1	0	14	0/14	1/14	2/14	3/14	4/14	5/14	6/14	7/14
1	1	1	1	15	0/15	1/15	2/15	3/15	4/15	5/15	6/15	7/15

TABELLE 10: DARSTELLUNG DES 7-BIT-CODES

Diese sollten sprachspezifische Zeichen aufnehmen: Z.B. in Deutschland die Umlaute ä, ö, ü und ß. Desweiteren waren Zellen vorgesehen, die je nach nationalem Interesse alternativ belegt werden konnten.

Da von diesen unterschiedlichen Ausprägungsmöglichkeiten des 7-Bit-Codes international Gebrauch gemacht wurde, konnte von einem einheitlichen Code nicht mehr die Rede sein. Aus diesem Grund folgte 1972 eine Revision des 7-Bit-Codes, die zur Schaffung einer 'International Reference Version' führte. Daneben bestand die Möglichkeit, nationale Versionen zuzulassen (10 Zellen). In Deutschland führte dies zu zwei Codetabellen. Die eine ist mit der internationalen Referenz-Version identisch (vgl. Tab. 11), während die zweite Version die Umlaute in der Groß- und Kleinschreibweise sowie das ß enthält. Betroffen hierven sind die Zellen 5/11, 5/12, 5/13, 7/11, 7/12, 7/13 und 7/14 (schraffiert in der Tabelle).

				b.	0	0	0	0	1	1	1	1
				b.	0	0	1	1	0	0	1	1
				b	0	1	0	1	0	1	0	1
b.	b.	b.	b.		0	1	2	3	4	5	6	7
0	0	0	0	0	NUL	TC. (DLE)	SP	0	@	P	`	p
0	0	0	1	1	TC. (SOH)	DC.	!	1	A	Q	a	q
0	0	1	0	2	TC. (STX)	DC.	"	2	B	R	b	r
0	0	1	1	3	TC. (ETX)	DC.	#	3	C	S	c	s
0	1	0	0	4	TC. (EOT)	DC.	¤	4	D	T	d	t
0	1	0	1	5	TC. (ENQ)	TC. (NAK)	%	5	E	U	e	u
0	1	1	0	6	TC. (ACK)	TC. (SYN)	&	6	F	V	f	v
0	1	1	1	7	BEL	TC10 (ETB)	'	7	G	W	g	w
1	0	0	0	8	FE. (BS)	CAN	(	8	H	X	h	x
1	0	0	1	9	FE. (HT)	EM	)	9	I	Y	i	y
1	0	1	0	10	FE. (LF)	SUB	*	:	J	Z	j	z
1	0	1	1	11	FE. (VT)	ESC	+	;	K	[	k	{
1	1	0	0	12	FE. (FF)	IS. (FS)	,	<	L	\	l	|
1	1	0	1	13	FE. (CR)	IS. (GS)	-	=	M	]	m	}
1	1	1	0	14	SO	IS. (RS)	.	>	N	^	n	‾
1	1	1	1	15	SI	IS. (US)	/	?	O	_	o	DEL

TABELLE 11: INTERNATIONALE REFERENZ-VERSION DES 7-BIT-CODES

Platz (Spalte/Zeile)	Kurzzeichen	Benennung
0/0	NUL	Nil *(Nul)*
0/1 und weitere	TC	Übertragungssteuerung *(Transmission Control Characters)*
0/1	SOH	Anfang des Kopfes *(Start of Heading)*
0/2	STX	Anfang des Textes *(Start of Text)*
0/3	ETX	Ende des Textes *(End of Text)*
0/4	EOT	Ende der Übertragung *(End of Transmission)*
0/5	ENQ	Stationsaufforderung *(Enquiry)*
0/6	ACK	Positive Rückmeldung *(Acknowledge)*
0/7	BEL	Klingel *(Bell)*
0/8 bis 0/13	FE	Formatsteuerzeichen *(Format Effector)*
0/8	BS	Rückwärtsschritt *(Backspace)*
0/9	HT	Horizontal-Tabulator *(Horizontal Tabulation)*
0/10	LF	Zeilenvorschub *(Line Feed)*
0/11	VT	Vertikal-Tabulator *(Vertical Tabulation)*
0/12	FF	Formularvorschub *(Form Feed)*
0/13	CR	Wagenrücklauf *(Carriage Return)*
0/14	SO	Dauerumschaltung *(Shift-out)*
0/15	SI	Rückschaltung *(Shift-in)*
1/0	DLE	Datenübertragungsumschaltung *(Data Link Escape)*
1/1 bis 1/4	DC	Gerätesteuerzeichen *(Device Control Characters)*
1/5	NAK	Negative Rückmeldung *(Negative Acknowledge)*
1/6	SYN	Synchronisierung *(Synchronous Idle)*
1/7	ETB	Ende des Datenübertragungsblocks *(End of Transmission Block)*
1/8	CAN	Ungültig *(Cancel)*
1/9	EM	Ende der Aufzeichnung *(End of Medium)*
1/10	SUB	Substitutionszeichen *(Substitute Character)*
1/11	ESC	Umschaltung *(Escape)*
1/12 bis 1/15	IS	Informationstrennung *(Information Separator)*
1/12	FS	Hauptgruppen-Trennung *(File Separator)*
1/13	GS	Gruppen-Trennung *(Group Separator)*
1/14	RS	Untergruppen-Trennung *(Record Separator)*
1/15	US	Teilgruppen-Trennung *(Unit Separator)*
2/0	SP	Zwischenraum *(Space)*
7/15	DEL	Löschen *(Delete)*

STEUERZEICHEN DES 7-BIT-CODES

Platz (Spalte/Zeile)	Schrift-zeichen	Benennung
2/0		Zwischenraum
2/1	!	Ausrufungszeichen
2/2	"	Anführungszeichen, Trema
2/3	#	Nummernzeichen
2/4	¤	Währungszeichen
2/4	$	Dollar
2/5	%	Prozent
2/6	&	kommerzielles Und
2/7	'	Apostroph, Akut
2.8	(	runde Klammer auf
2/9	)	runde Klammer zu
2/10	*	Stern
2/11	+	plus
2/12	,	Komma, Cedille
2/13	—	Bindestrich, minus
2/14	.	Punkt
2/15	/	Schrägstrich
3/10	:	Doppelpunkt
3/11	;	Semikolon
3/12	<	kleiner als
3/13	=	gleich
3/14	>	größer als
3/15	?	Fragezeichen
4/0	@	kommerzielles à
4/0	§	Paragraph
5/11	[	eckige Klammer auf
5/12	\	inverser Schrägstrich
5/13	]	eckige Klammer zu
5/14	^	Aufwärtspfeil, Zirkumflex
5/15	_	Unterstreichung
6/0	`	Gravis
7/11	{	geschweifte Klammer auf
7/12	|	senkrechter Strich
7/13	}	geschweifte Klammer zu
7/14	—	Überstreichung, Tilde

SCHRIFTZEICHEN DES 7-BIT-CODES (OHNE ZAHLEN UND ZIFFERN)

<u>TABELLE 11 (FORTSETZUNG):</u> INTERNATIONALE REFERENZ-VERSION DES 7-BIT-CODES

Generell ist der 7-Bit-Code wie folgt aufgebaut: Die beiden ersten Spalten enthalten Übertragungssteuerzeichen, die vor allem im Rahmen der Datenfernübertragung benötigt werden. Hinzu kommen noch Steuerzeichen in den Zellen 2/0 (Space) und 7/15 (Delete), die eine Sonderstellung einnehmen. Den restlichen Plätzen in den Spalten 2 bis 7 sind insgesamt 94 Schriftzeichen zugeordnet (zu ihrer Bedeutung vgl. Tab. 12).

Hierbei sind die Schriftzeichen so angeordnet, daß sich in den Spalten 2 bis 5 eine Untermenge von 64 Zeichen befindet, die immer dann verwendet werden können, wenn Kleinbuchstaben nicht benötigt werden. Darüber hinaus sind die Zeichen so angeordnet, daß sich eine optimale Zuordnung auf Tastaturen ergibt. Werden die Zeichen der Zeilen 2 und 3, 4 und 6 sowie 5 und 7 paarweise auf eine Taste angeordnet, so wird die Umschaltung, was insbesondere bei der Groß- und Kleinschreibung von Bedeutung ist, nur durch ein Bit beeinflußt.

2.2.1.2 Die Erweiterung des 7-Bit-Codes

Das zunehmende Anwendungsspektrum des Datenaustauschs - insbesondere gefördert durch komplexere Datenübertragungstechniken - hatte zur Folge, daß die 128 Zeichen des 7-Bit-Codes nicht mehr ausreichten. Aus diesem Grunde wurde, auf Iniative der ECMA (European Computer Manufacturers Association), eine Erweiterung des 7-Bit-Codes in Angriff genommen. In Zusammenarbeit mit der ISO (International Standard Organization) wurde 1972 die Norm ISO 2022 (Code Extension Techniques for the Use with the 7-Bit-Coded Character Set of ISO 646) verabschiedet. Diese Norm umfaßt eine zweiseitige Erweiterung der ISO-Norm 646, bei der der 7-Bit-Code beibehalten wird (außerdem um einen 8-Bit-Code).
Für die Erweiterung im 7-Bit-Code sind die Steuerzeichen SO (Shift-out), SI (Shift-in) und ESC (Escape) vorgesehen. Während das ESC-Zeichen zur Gewinnung weiterer Steuerzeichen benutzt wird, finden

die SO- und SI-Zeichen zur Ausweitung der Schriftzeichen Verwendung. Hierzu wird zusätzlich zu den 94 Schriftzeichen des 7-Bit-Codes (dieser wird als SO-Satz bezeichnet) ein zweiter Schriftzeichensatz definiert (SI-Satz). Durch Setzen des Steuerzeichens SO wird angezeigt, daß ab sofort der zusätzliche Zeichenvorrat verwendet werden soll (SI-Satz). Wird im weiteren Verlauf das SI-Zeichen verwendet, erfolgt der umgekehrte Vorgang: Ab hier gelten wieder die ursprünglichen Zeichen des 7-Bit-Codes. Durch diese Umschalttechnik stehen dem Anwender nunmehr 188 Schriftzeichen zur Verfügung[1]. Müssen z.B. im Rahmen der Übermittlung mathematischer Formeln Zeichen des griechischen Alphabets benutzt werden, so können die Zeichen den SI-Satz ausmachen. Belegen nunmehr die Zeichen α, β, γ die Plätze, die den Buchstaben a, b und c entsprechen, so würde eine Zeichenfolge SIacSOcbSIb die Bedeutung ac$\gamma\beta$b haben. Eine Norm über die Zuordnung von Schriftzeichen zu einem SO-Satz oder SI-Satz ist vorerst nicht vorgesehen, da der Anwender die für ihn optimale Zuordnung wählen können soll.
Mit Hilfe des Steuerzeichens ESC werden Steuerzeichenfolgen durch eine Kombination eines ESC-Zeichens mit einem Zeichen aus den Spalten 3 bis 7 des 7-Bit-Codes (mit Ausnahme des Zeichens DEL) gebildet. Hierbei stellt jedes der möglichen ESC-Kombinationen ein Steuerzeichen dar. Eine Reihe der bildbaren ESC-Zeichen haben eine genormte Bedeutung, während andere für bilaterale Vereinbarungen freigegeben sind. Die Steuerzeichen werden u.a. zur Nutzung weiterer Schriftzeichen benötigt.

2.2.1.3 Der 8-Bit-Code

Hauptziel der Entwicklung eines genormten 8-Bit-Codes war die Erweiterung des 7-Bit-Codes unter der Bedingung der Kompatibilität zwi-

---

1) Diese Technik ist schon aus dem Telegraphenalphabet Nr. 2 bekannt. Durch das Setzen von Steuerzeichen (BU und ZI) werden unterschiedliche Zeichensätze angesprochen.

schen den beiden Codes. Daher enthält der 8-Bit-Code dieselben Elemente wie der 7-Bit-Code in der Form, daß der 7-Bit-Code die linke Hälfte des 8-Bit-Code belegt. Die Erweiterung auf 8 Bits erfolgt durch die Hinzufügung einer Null in den Spaltenelementen. Die hierdurch zusätzlich entstehenden Spalten 8 bis 15 werden ebenfalls entsprechend den Erweiterungen des 7-Bit-Codes belegt. Die Spalten 8 und 9 enthalten die durch ESC-Folgen entstehenden Steuerzeichen, während die verbleibenden Zeilen den SI-Satz aufnehmen. Aus diesen Aufbauregeln werden auch die Transformationsregeln für die Überführung von Daten in der 7-Bit-Darstellung zur 8-Bit-Darstellung und umgekehrt abgeleitet. 'Damit wurde das Ziel der vollständigen Kompatibilität erreicht. Daten, die nach den Regeln der Normen im 7-Bit-Code dargestellt sind, können in den 8-Bit-Code transformiert werden, und auch Daten, die im 8-Bit-Code vorhanden sind, können in eine 7-Bit-Darstellung transformiert werden'[1].

Neben der Kompatibilität zwischen dem 7- und dem 8-Bit-Code ist gleichzeitig die Kompatibilität zum CCITT-Alphabet Nr. 2 gegeben, das eine Untermenge des 7-Bit-Codes ist. Hierbei ist allerdings nur eine Aufwärtskompatibilität von Alphabet Nr. 2 aus in den ISO-Code möglich. 'Eine Transformation von ISO nach CCITT Nr. 2 ist nur bedingt denkbar'[2].

Da ein großer Teil der kommerziellen Groß-ADV-Anlagen den unter dem Sammelbegriff EBCDIC (Extended Binary Coded Decimal Interchange Code) bekannten Code rechnerintern verwenden, wäre eine unmittelbare Kompatibilität dieses Codes mit dem ISO-Code wünschenswert. Hierdurch würde jede Codetransformation beim Datenaustausch entfallen. Da jedoch eine Vielzahl maschineninterner 8-Bit-Codes vorliegen und durch eine Normierung dieser Codes die Gestaltungsfreiheit der Her-

1) BÖCKMANN, Hans-Georg: Der Code beim Austausch von Informationen. In: ÖVD, 3. Jg. 1973 Heft 5, S. 202.

2) BÖCKMANN, Hans-Georg: Der Code ..., a.a.O., S. 203.

steller beschnitten würde, ist an eine Normierung der EBCDI-Code-Familie nicht gedacht.
Auf der anderen Seite sind jedoch herstellerseits Bemühungen festzustellen, eine Kompatibilität ihrer Codes mit den ISO-Normen zu erzielen. 'So ist heute die Darstellung des 8-Bit-Codes auf Lochkarten mit der Darstellung des ISO-Version des EBCDI-Codes der IBM auf Lochkarten identisch, aus diesem Verhältnis über Lochkarten gibt es auch eine 1:1-Zuordnung zwischen ISO- und EBCDI-Code. Dadurch wird es möglich, intern im Rechner den EBCDI-Code und für den Datenaustausch die Normen in Verbindung mit dem ISO-Code anzuwenden. Mit Hilfe einfacher und billiger Hardware-Umcodierer läßt sich eine Transformation von einem Code zum anderen ohne zusätzlichen Zeitaufwand durchführen[1].

2.2.2 Die Darstellung des Codes auf den Datenträgern

Über die Normierung der Codes hinaus ist beim Datenträgeraustausch festzulegen, wie die entsprechend codierten Daten auf dem Datenträger abzubilden sind, d.h. z.B. welche Lochkombination welchem Zeichen zuzuordnen ist. Die zusätzlich zu berücksichtigenden physikalischen Anforderungen der Datenträger bleiben hiervon unberührt[2].

In der Praxis werden 7- und 9-Kanalbänder eingesetzt: Bei diesen dienen 6- bzw. 8-Kanäle für die Aufnahme eines Zeichens, während das restliche Bit als Prüfbit dient. Da für den 7-Bit-Code minde-

---

1) Vgl. BÖCKMANN, Hans-Georg: Der Code ..., a.a.O., S. 203.

2) Die Datendarstellung auf Lochkarten ist für die 7-Bit-Darstellung im Normentwurf 66004 Blatt 2 und für die 8-Bit-Darstellung in DIN 66004 Blatt 1 festgelegt.Dabei ist die 7-Bit-Darstellung eine Untermenge der 8-Bit-Darstellung. Entsprechende Normen für den Lochstreifen finden sich in DIN 66004 Blatt 1. Für den Lochstreifen ist allerdings nur eine Normung für die Darstellung des 7-Bit-Codes vorgesehen; eine Normung der 8-Bit-Darstellung ist vorerst nicht vorgesehen.

stens sieben Spuren zusätzlich eines Prüfbits benötigt werden, existieren keine Normen für die 7-Kanalbänder. Die Darstellung von Codes auf Magnetbändern wurde nur für 9-Kanalbänder genormt. Niedergelegt ist die 7-Bit-Darstellung in DIN 66004 Blatt 3. Dabei enthält die nicht genutzte 8. Spur immer eine Null. Für die 8-Bit-Darstellung ist ein Normentwurf DIN 66204 in Vorbereitung. Hier werden demgegenüber alle Spuren zur Datendarstellung genutzt. Werden hingegen bei 9-Kanalbändern nur 128 Zeichen zum Datenaustausch benötigt, so ergibt sich bei beiden Normen die gleiche Magnetbanddarstellung.

Bei den Anlagen der Mittleren Datentechnik werden anstelle von Magnetbändern in großem Umfang Magnetbandkassetten als externe Massenspeicher eingesetzt. Allerdings bestehen für die Codedarstellung auf diesem Datenträger zur Zeit noch keine Normen.

2.2.3 Die Datendarstellung

Mit der Normierung werden zwangsläufig Darstellungsformen für den Datenaustausch mittels Datenträger ausgeschlossen. Beim Magnetbandaustausch entfallen hierdurch u.a. Festkomma- und Gleitkommadarstellungen, gepackte Darstellung oder eine rein binäre Darstellungsform, da es hierfür keine genormten Darstellungsarten gibt und die verschiedenen ADV-Anlagen hierfür i.d.R. maschinenintern unterschiedliche Darstellungsformen verwenden[1].

2.2.4 Die Satzformate

Zur Verarbeitung einer auf Magnetband abgespeicherten Datei benötigt das Betriebssystem Angaben über Satzformate, maximale Satzlänge, maximale Blocklänge etc.. Diese Informationen sind auf den Magnetbändern in den sogenannten Kennsätzen abgespeichert.

---

1) Vgl. BÖCKMANN, Hans-Georg: Datenaustausch ..., a.a.O., S. 278 f.

Insbesondere die verwendeten Satzformate und Satzlängen bedürfen zum Datenaustausch einer genauen Abstimmung. Anwendungsprogramme können nur die Satzformate verarbeiten, für die sie ausgelegt sind. Während die Satzlängen zwischen den Daten austauschenden Computersystemen im Einzelfall abgestimmt werden müssen, sind für die Satzformate einheitliche Normen geschaffen. Zum Datenaustausch mittels Magnetbändern sind drei Satzformate zugelassen[1]. Sie unterscheiden sich darin, daß die Datensätze fest oder variable Satzlängen aufweisen bzw. daß ein Datensatz eine vorgegebene Satzlänge überschreiten darf. In Abhängigkeit von diesen Kriterien werden das F-Format, das D-Format und das S-Format unterschieden.

Beim F-Format dürfen nur Datensätze mit fester Satzlänge Verwendung finden. Feste Satzlängen entstehen durch feste Feldlängen und eine feste Anzahl von Feldern im Datensatz oder durch variable Feldlängen mit internem Ausgleich[2]. Die Satzlängenangabe muß der Kennsatz enthalten.
Im D-Format weisen die Datensätze unterschiedliche Feldlängen auf. Diese können sich ergeben aus variabler Feldlänge mit einer festen Anzahl von Feldern im Datensatz, durch eine feste Feldlänge bei einer variablen Anzahl von Feldern im Datensatz oder variable Feldlängen und variable Anzahl der Felder in einem Datensatz. In diesen Fällen muß die maximale Satzlänge im Kennsatz angegeben sein. Die Längenangaben der einzelnen Sätze sind zusätzlich vor jedem Datensatz aufzuzeichnen.
Beim D- und F-Format bilden mehrere logische Sätze einen Block, d.h. ein Datensatz darf die vorgegebene Blocklänge nicht überschreiten. In diesem Zusammenhang ist darauf hinzuweisen, daß das noch in DIN-66029 vorgesehene V-Format entfallen wird. Das V-Format entspricht

---

1) Vgl. BÖCKMANN, Hans-Georg: Datenaustausch ..., a.a.O., S. 278 f.

2) Vgl. GROCHLA, Erwin; MELLER, Friedrich: Datenverarbeitung ..., a.a.O., S. 37.

zwar unmittelbar dem D-Format, jedoch werden hier die Satzlängenangaben in einer Dualzahl angegeben[1]. Dies entspricht aber nicht mehr dem Grundsatz, zum Datenaustausch nur einen Zeichencode zuzulassen.
Für das S-Format gelten dieselben Ausführungen wie für das D- und F-Format; jedoch kann hier ein logischer Satz die physische Blocklänge überschreiten.

b) Verbundsysteme mit Datenfernübertragung

Nachdem die Problematik des Off-Line-Computerverbundes mit Datenträgeraustausch dargestellt wurde, ist nun auf Hardware und Systemsoftware des Computerverbunds mit Datenfernübertragung (on-line und off-line) einzugehen. Da die Anwendungssoftware keine verbundspezifische Probleme aufweist, kann sie nicht Gegenstand dieses Abschnitts sein.

1. Hardware

Computerverbundsysteme mit Datenfernübertragung entstehen durch die Verknüpfung folgender Hardwarekomponenten, die

- Computersysteme, die durch die Realisierung der Datenfernverarbeitung funktionsmäßig von der autonomen Anlage der Datenendeinrichtung erweitert werden,
- Übertragungsleitungen, die speziell für die Zwecke der Datenfernübertragung geschaffen wurden oder aber für ursprünglich andere Zwecke bereits bestanden, mit den zugehörigen Leitungsendeinrichtungen,
- spezielle Einrichtungen, die Steuerungsfunktionen im Vorfeld

1) Solche Einschränkungen können Eingriffe in Teilprogramme des Betriebssystems bedingen, so daß die Gestaltungsflexibilität der Hersteller eingeengt wird.
Vgl. RICHTER, Lutz: Aspekte ..., a.a.O., S. 107.

der Rechnerinstallation oder innerhalb des Leitungsnetzes wahrnehmen (Datenübertragungssteuereinrichtungen und Leitungssteuereinrichtungen).

Bei der Darstellung der Hardware eines Computerverbundsystems sollte der Schwerpunkt auf der Erklärung verbundspezifischer Elemente liegen, insbesondere sind Datenübertragungssteuer- und Leitungssteuereinrichtungen in ihrer Funktionsweise zu beschreiben. Die Darstellung der anderen Elemente kann sich auf die Behandlung der für die Datenfernverarbeitung relevanten Aspekte beschränken. Der weiteren Darstellung liegt die in Abb. 6 dargestellte terminologische Systematik zugrunde.

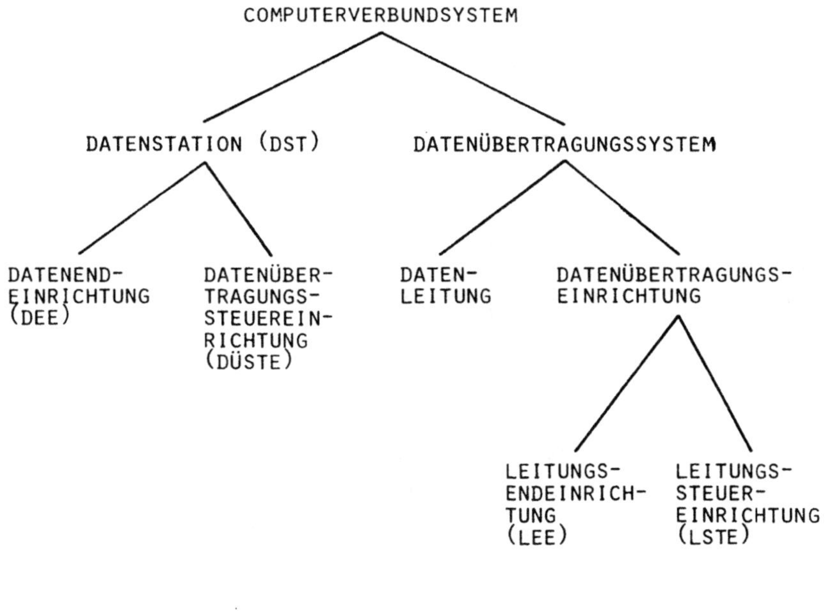

<u>ABB. 6:</u> HARDWARE-ELEMENTE EINES VERBUNDSYSTEMS MIT DATENFERNÜBERTRAGUNG

Den schematischen Aufbau eines Verbundsystems mit Datenfernübertragung zeigt Abb. 7.

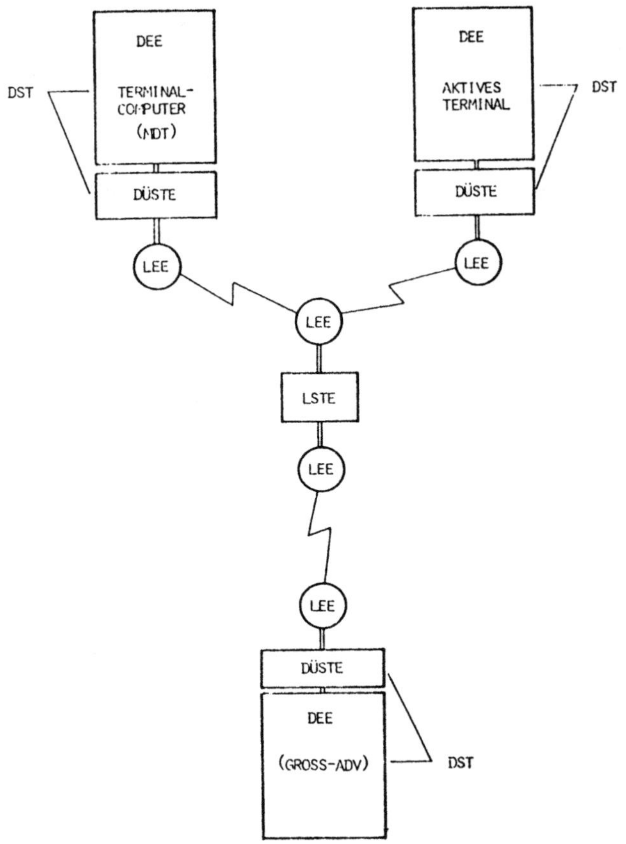

DST - Datenstation
DEE - Datenendeinrichtung
DÜSTE - Datenübertragungssteuereinrichtung
LEE - Leitungsendeinrichtung
LSTE - Leitungssteuereinrichtung

<u>ABB. 7:</u> AUFBAU EINES VERBUNDSYSTEMS MIT DATENFERNÜBERTRAGUNG (SCHEMATISCH)

1.1 Die Datenstation

Die Funktionsteilung zwischen den beiden Komponenten der Datenstation entspricht der Entstehung des Begriffes 'Datenfernverarbeitung', als einer Kombination von 'Datenverarbeitung' und 'Datenfernübertragung'. Während sich die Datenendeinrichtung auf die rein anwendungsprogrammbezogene Verarbeitung konzentriert, ohne zu berücksichtigen, wo ein Job initiiert worden ist, steuert die Datenübertragungssteuereinheit die Kommunikation zwischen Datenverarbeitungsanlage und Leitungsnetz.

1.1.1 Die Datenendeinrichtung

Die meisten der bis heute realisierten Computerverbundsysteme sind zwar aus Computern verschiedener Größenklassen zusammengesetzt, hierbei nimmt jedoch keine der Datenendeinrichtung eine zentrale, das gesamte System steuernde Stellung ein. Deshalb ist eine Differenzierung zwischen Datenendeinrichtungen der Außenstellen und der zentralen ADV-Anlage, wie sie bei 'reinen' Terminalsystemen üblich ist, hier nicht sinnvoll[1].

MDT-Anlagen können in Verbundsystemen sowohl die Funktion einer Aussenstelle als auch die Funktion einer Zentrale haben; in der Praxis nehmen sie jedoch meist eine Mittelstellung ein (in mehrstufigen hierarchischen Netzen). Die Probleme der Datenfernverarbeitung und speziell der Datenfernübertragung sind von der Art der Datenendeinrichtung unabhängig. Allein ausschlaggebend ist das einer Datenendeinrichtung übertragene Aufgabenspektrum. Diesem Kriterium entsprechend ist die folgende Dreiteilung von Datenendeinrichtungen vorzunehmen:

- Großcomputer,
- MDT-Anlage,
- Passives Terminal.

---

1) Vorgenommen wird eine solche Trennung beispielsweise bei: HOFER, Herbert: Datenfernverarbeitung. Außenstelle - Datenfernübertragung - Rechenzentrum - Betriebsabwicklung. Berlin - Heidelberg - New York 1973, S. 24 ff.

1.1.1.1 Großcomputer

Der Großcomputer stellt im Verbund die Datenendeinrichtung dar, welche die im Datenvolumen umfangreichsten und von der Aufgabenkomplexität her anspruchvollsten Auswertungen durchführt. Entweder werden derartige Verarbeitungsgänge von passiven Terminals initiiert oder es handelt sich um weitere Auswertungen bereits vorverarbeiteten Datenmaterials. Ebenso kann die Verarbeitungsaufgabe von einem anderen Großcomputer übertragen worden sein. Nach der Verarbeitung können die Ergebnisdaten an den Großcomputer bzw. an Anlagen der Mittleren Datentechnik zwecks Nachverarbeitung zurückgegeben oder an passive Terminals zum Zwecke der Ausgabe weitergeleitet werden.

Die Ausweitung eines eigenen Großcomputers zu einem Verbundsystem kann organisatorisch zweckmäßig sein, wenn - überwiegend in Großbetrieben - eine De- bzw. Re-Dezentralisierung der Aufgabenerfüllung, das heißt, eine Rückverlagerung der automatisierten Erfüllung an die Peripherie oder den einzelnen Arbeitsplatz erwünscht ist. Auf überbetrieblicher Ebene wird der Großcomputer sowohl im Verbund zwischen Teilen einer Unternehmung als auch zwischen eigenständigen Unternehmungen eingesetzt. Die Kooperation zwischen eigenständigen Unternehmungen kann auf langfristigen Lieferanten-, Kunden-, Dienstleistungs- oder finanziellen Beziehungen beruhen.

Der Verbund mit einem externen Service-Rechenzentrum eignet sich demgegenüber mehr für Klein- und Mittelbetriebe, die eine eigene Großanlage nicht wirtschaftlich nutzen können, jedoch nicht auf ADV verzichten wollen.

Der Zusammenschluß von Unternehmungen auf dem Sektor der automatisierten Datenverarbeitung schloß vielfach den Betrieb eines Gemeinschafts-Rechenzentrums ein, welches den beteiligten Unternehmungen nach einem Umlageverfahren Rechnerkapazität, Software und Know-How zur Verfügung stellt. Auch hier bestehen Möglichkeiten, die Benutzer des Rechenzentrums durch eine Form des Computerverbundes dem zentralen Rechner näher zu bringen und Teilfunktionen auf den Einzelbetrieb auszulagern.

1.1.1.2 Anlagen der Mittleren Datentechnik

Anlagen der Mittleren Datentechnik unterscheiden sich von Anlagen der Groß-ADV durch ihre Möglichkeit zur Direktverarbeitung und zur kontinuierlichen manuellen Eingabe[1]. Gerade aufgrund dieser MDT-spezifischen Eigenschaften stellt die MDT-Anlage eine sinnvolle Ergänzung der Groß-ADV dar, wodurch ein arbeitsteiliges Zusammenwirken beider Anlagenkategorien möglich wird.

Übernimmt eine Anlage der Mittleren Datentechnik neben eigenständigen Verarbeitungsaufgaben in ihrer Eigenschaft als autonomer Computer zusätzliche Verarbeitungsfunktionen im Rahmen eines Verbundes, so wird diese Doppelfunktion als Computer und Terminal mit dem Begriff '<u>Terminalcomputer</u>'[2] gekennzeichnet. Zum einen kann das Aufgabensystem eines Klein- oder Mittelbetriebes eine unternehmungsinterne Verarbeitung erfordern, sodaß nur höherwertige Auswertungen auf externe (Service- oder Gemeinschafts-)Rechenzentren ausgelagert werden. In Großbetrieben ist oft eine Erfüllung in sich geschlossener Aufgabenkomplexe am Arbeitsplatz zweckmäßig, wobei eine Kooperation der Terminalcomputer mit der zentralen Großanlage vorgesehen ist.

---

1) Vgl. GROCHLA, Erwin; RAUEISER, Horst; WEBER, Helmut; GÜRTH, Hans (Hrsg.): Anwendung ..., a.a.O., S. 26 f.
GROCHLA, Erwin: Gegenwärtige Bedeutung ..., a.a.O., S. 479 f.

2) Vgl. GROCHLA, Erwin: Mittlere Datentechnik als Terminalcomputer im Computerverbund. In: bürotechnik, 22. Jg. 1974 Heft 9, S. 932 f.

Die Funktionen von Anlagen der Mittleren Datentechnik als aktiven Terminals beschränken sich auf die der eigentlichen Verarbeitung vor- oder nachgelagerter Phasen der

- Datenerfassung,
- Datensammlung,
- Datenaufbereitung und
- Datenverdichtung[1].

Die Übernahme von Teilaufgaben ist möglich durch die eigene Programmsteuerung, die Pufferspeicherung und andere Computereigenschaften aktiver Terminals[2]. Durch Datensammlung, -aufbereitung und -verdichtung von Übertragungsdaten auf der Seite des Terminals sind Einsparungen im Bereich der Übertragungskosten realisierbar.

1.1.1.3 Passive Terminals

Die Funktionen passiver Terminals beschränken sich allein auf die Ein-/Ausgabe von Daten im Rahmen der Kommunikation mit einer zentralen ADVA. Eine Vor- oder Nachverarbeitung findet dezentral nicht statt. Der Haupteinsatz derartiger Geräte liegt somit in der ausschließlichen Remote-Batch-Verarbeitung sowie in zentral gesteuerten Auskunfts-, Berichts- und Dialogsystemen.

1.1.2 Die Datenübertragungssteuereinrichtung

Wird ein bisher selbständig operierendes Computersystem in ein Verbundsystem integriert, so sind neben den internen Steuerungsfunktionen des Computersystems Übertragungssteuerungsfunktionen wahrzuneh-

---

1) Vgl. GROCHLA, Erwin; RAUEISER, Horst; WEBER, Helmut; GÜRTH, Hans (Hrsg.): Anwendung ..., a.a.O., S. 84.

2) Vgl. GROCHLA, Erwin; RAUEISER, Horst; WEBER, Helmut; GÜRTH, Hans (Hrsg.): Anwendung ..., a.a.O., S. 85.

men, die einen reibungslosen Datenaustausch mit dem Umfeld des Computersystems, also mit dem Leitungsnetz und den anderen Verbundrechnern ermöglichen. Diese zusätzlichen Steuerungsfunktionen können entweder von dem Computersystem selbst übernommen oder aber in dessen Vorfeld ausgelagert werden. Für eine Auslagerung auf einen speziellen Rechner (Prozessor) sprechen u.a. folgende Argumente:

- Die Auslagerung von Übertragungssteuerungsfunktionen sichert einen weitgehend störungsfreien Ablauf von Verarbeitungsprozessen im Computersystem. Dieser Vorteil erweist sich bei Systemen, in denen die Datenfernverarbeitung neben die Abarbeitung lokal initiierter Jobs tritt, als besonders bedeutsam[1)].
- Komplexe Betriebssysteme würden durch die Übernahme derartiger Steuerungsaufgaben in noch stärkerem Maße hauptspeicher- und zeitaufwendig[2)].
- Die Installation eines speziellen Prozessors für die Übertragungssteuerung stellt eine flexible Lösung der zahlreichen Interface-Probleme im Bereich der Datenstation dar.
- Unterschiedliche Übertragungsleitungen können an einen Standardanschluß angepaßt werden.
- Die Anzahl der anschließbaren Übertragungsleitungen erhöht sich gegenüber den bei interner Übertragungssteuerung möglichen Anschlüssen.

Leistung und Flexibilität einer Datenübertragungssteuereinrichtung werden durch deren Aufbau und Funktionsweise bestimmt. Eine grobe

---

1) Vgl. CANNING, Richard (ed): In Your Future: Distributed Systems ? In: EDP-Analyzer, Vol. 11 1973 No. 8, p. 3.

2) Vgl. CANNING, Richard (ed): In Your Future ..., a.a.O., p. 9.

Klassifizierung trennt die nicht programmierbaren von den programmierbaren Übertragungssteuereinrichtungen. Die terminologische Unterscheidung (Datenübertragungssteuereinheit bzw. communication control unit vs. Vorfeldrechner bzw. front end processor) wird nicht in allen Publikationen - insbesondere nicht im angelsächsischen Bereich - konsequent beibehalten.

1.1.2.1 Die hardwaretechnisch realisierte Datenübertragungssteuereinheit

Die Funktionen der Datenübertragungssteuereinheit sind[1]:

- Behandlung der übertragenen Bitfolge: Umformung der Bitfolge (seriell/parallel), Änderung des Übertragungsrhythmus (synchron/asynchron), Code-Umwandlung,
- Datenpufferung und -aufbereitung durch Zusammenfügen einzelner Bitfolgen zu Nachrichten (zusätzlicher Leitungspuffer erforderlich),
- Übertragungssicherung: Hinzufügen und Abtrennen von Prüfinformationen, Fehlererkennung, Fehlerbehandlung, Initiierung von Übertragungswiederholungen im Fehlerfall,
- ggf. Leitungssteuerung: automatisches Anwählen und Aufrufen bestimmter Datenstationen.

Die Datenübertragungssteuereinheit kann an den Multiplexkanal der Datenendeinrichtung angeschlossen werden. Aufgrund der geringen

---

1) Vgl. CANNING, Richard (ed): Software Factors For Remote Terminals. In: EDP-Analyzer, Vol. 7 1969 No. 5, p. 5.
BENNETT, Mark: The front-end-processor: the cost effective approach to communications systems for data processing. In: Datafair 73 Conference Papers, London 1973, p. 153.
LEIFFER, J.: Entlastung des zentralen Rechners durch frei programmierbare Nachrichtenübertragungssteuerung ? In: bürotechnik, 20. Jg. 1972 Heft 11, S. 1350.

Übertragungsraten des offentlichen Leitungsnetzes ist auch beim Anschluß mehrerer Leitungen an den Multiplexer der Steuereinheit die Übertragungsgeschwindigkeit des computerseitigen Multiplexkanals (10.000 - 100.000 bit/sec) in der Regel ausreichend. Werden mehrere schnelle Übertragungsleitungen an die Steuereinheit angeschlossen (beispielsweise ab 9.600 bit/sec), so kann die Weiterleitung der Daten über einen Selektorkanal der Datenendeinrichtung erforderlich sein. Bei Anschluß mehrerer Leitungen an die Steuereinheit ist für jede eingehende Leitung ein Leitungspuffer erforderlich.

1.1.2.2 Der programmierbare Vorfeldrechner

Wird ein programmierbarer Kleinrechner als Übertragungssteuereinrichtung eingesetzt, so können die Funktionen der Leitungspuffer in einem Pufferbereich des Hauptspeichers zentralisiert werden. Die Hauptvorzüge eines Vorfeldrechners liegen in der durch die Programmsteuerung erreichten Flexibilität[1]. Sind aufgrund der festverdrahteten Logik nicht programmierbarer Steuereinheiten Art und Anzahl von anschließbaren Datenendeinrichtungen von vornherein eingeschränkt, so können bei mikroprogrammierten Geräten zumindest partiell flexible Lösungen geschaffen werden: Durch Austausch einzelner Einschübe können verschiedene Steuereinheiten zum Zwecke der Kompatibilität mit heterogenen Datenendeinrichtungen emuliert werden. Mit zunehmender Zahl angeschlossener Endeinrichtungen erweist sich dies jedoch als zu aufwendig und zu schwerfällig[2]. Als Lö-

---

1) Vgl. HOCHREITER, Werner: Stärken und Schwächen des Front-End-Processing. In: die computerzeitung, 29. Mai 1974, S. 22.

2) Vgl. BURNER, H. Blair; MILLION, Richard P.; RECHARD, Ottis W.; SOBOLEWSKI, John S.: A Programmable Data Concentrator for a Large Computing System. In: IEEE Trans. Comput. Vol. COM-18 1969 Nov., p. 1030-1038. (Abgedruckt in: Schoeffler, James D.; Temple, Ronald H. (eds.): Minicomputers: Hardware, Software, and Applications, New York 1972, p. 320).

sung bietet sich hier der frei programmierbare Vorfeldrechner an. Gegenstand der Programmsteuerung sind[1]:

- der Interface-Bereich zwischen Vorfeldrechner und Datenendeinrichtung (Datenpufferung, Datenaufbereitung und -konzentration),
- der Interface-Bereich zwischen Vorfeldrechner und Datenübertragungssystem (Code-Umwandlung, Übertragungssicherung, Leitungssteuerung) sowie
- anwendungsbezogene Funktionen der (Vor- und Nach-) Verarbeitung.

Besonders im Interface-Bereich zwischen Vorfeldrechner und Datenendeinrichtung lassen sich zahlreiche Kompatibilitätsprobleme lösen. Der Hinzufügung, dem Austausch und der Funktionserweiterung angeschlossener Endeinrichtungen kann programmtechnisch entsprochen werden. Auch der Anschluß neu auf den Markt gekommener oder nicht standardisierter Geräte wird durch Umprogrammierung im Vorfeldrechner nachträglich ermöglicht.

1.2 Das Datenübertragungssystem

Mit dem Einleiten einer Übertragungsoperation verläßt eine Nachricht den Bereich der Datenstation (Sendestation) und gelangt über das Datenübertragungssystem zu einer anderen Datenstation (Empfangsstation). Das Übertragungssystem setzt sich zusammen aus einer oder mehreren Datenleitungen (Leitungsnetz) sowie Datenübertragungseinrichtungen, die die Übertragung unterstützen und steuern. Diese Einrichtungen befinden sich einerseits am jeweiligen Ende einer Datenleitung (Leitungsendeinrichtungen) - an der Schnittstelle zur Datenstation - andererseits an Knotenpunkten innerhalb des Übertragungssy-

1) Vgl. LEIFFER, J.: Entlastung ..., a.a.O., S. 1354.
HOCHREITER, Werner: Stärken und Schwächen ..., a.a.O., S. 22.
(Zur detaillierten Darstellung der Funktionen programmierbarer Datenübertragungssteuereinheiten siehe Kapitel 'Übertragungssoftware'.)

stems (Leitungssteuereinrichtungen). Während die Leitungsendeinrichtungen jede einzelne Nachricht übertragungsfähig machen (das heißt, sie auf die Übertragungseigenschaften der Datenleitung hin modifizieren), besteht die Aufgabe der Leitungssteuereinrichtungen in der wirtschaftlichen Ausnutzung des Leitungsnetzes sowie in der Steuerung des Nachrichtenflusses im Übertragungssystem[1].

1.2.1 Die Datenleitung

Übertragungsleitungen lassen sich einerseits nach Leitungsart, andererseits nach der Verbindungsart (Wähl-/Standleitung) klassifizieren. Die Kombination beider Merkmale wird in Tabelle 13 dargestellt[2].

VERBINDUNGSART / LEITUNGSART		WÄHLLEITUNG	STANDLEITUNG
DIGITALE Ü-WEGE	TELEGRAPHEN-LEITUNG	TELEXNETZ BIS 50 BIT/SEC	ÜBERLASSENE TELEGRAPHEN-LEITUNG BIS 200 BIT/SEC
		DATEXNETZ BIS 200 BIT/SEC	
ANALOGE Ü-WEGE	FERN-SPRECH-LEITUNG	FERNSPRECHNETZ BIS 2400 BIT/SEC	ÜBERLASSENE FERNSPRECH-LEITUNG 200 BIT/SEC
	BREITBAND-LEITUNG		ÜBERLASSENE BREITBANDLEITUNG BIS 48 KBIT/SEC
DIGITALE ODER ANALOGE Ü-WEGE	HAUPTANSCHLUSS FÜR DIREKTRUF (VORSTUFE ZUM EDS)		HFD FÜR 50, 200, 1200, 2400, 4800, 9600 UND 48000 BIT/SEC

<u>TABELLE 12:</u> ÜBERTRAGUNGSLEITUNGEN

---

1) Analysen bestehender Übertragungssysteme (Leitungsnetze) finden sich in Anhang B.

2) Eine detailliertere Übersicht findet sich in Anhang B. I.

Die Entscheidung für Stand- oder Wählleitungen wirkt sich dreifach auf den Übertragungsprozeß und die Übertragungswirtschaftlichkeit aus:

- Standleitungen sichern eine in der Regel höhere Übertragungsqualität, da die permanente physische Verbindung zwischen Datenstationen Störeinflüsse durch Vermittlungsstellen ausschließt,
- auf Standleitungen lassen sich in der Regel höhere Übertragungsgeschwindigkeiten realisieren,
- jede der beiden Verbindungsarten ist für bestimmte Übertragungsvolumen wirtschaftlich: Für Wählleitungen trifft dies bei geringerem Übertragungsvolumen zu, für Standleitungen bei größerem Volumen[1]. Aber auch bei häufiger Übertragung kleiner Volumina kann eine Standleitung günstig werden, weil dann die Aufbauzeiten sehr ins Gewicht fallen.

Die Auswahl zwischen digitalen und analogen Übertragungsleitungen hat neben den Auswirkungen auf die erzielbaren Übertragungsgeschwindigkeiten auch Auswirkungen auf die zur Übertragung benötigten Leitungsendeinrichtungen.

1.2.1.1 Telegraphenleitungen

Telegraphenleitungen sind digitale Übertragungswege, sie umfassen die Leitungen des Telex- und Datexnetzes (Wählleitungen) sowie überlassene Telegraphenleitungen (Standleitungen).

---

1) Vgl. IBM DEUTSCHLAND (Hrsg.): Datenfernverarbeitung in Tabellen und Stichworten. IBM-Form A12-2017-0, o.J., S. 15 ff.

Das öffentliche Fernschreibwählnetz (Telexnetz)[1] erlaubt eine Übertragungsrate von 50 bit/s. Anschließbar sind herkömmliche Fernschreibgeräte ebenso wie spezielle Datenendeinrichtungen, sofern sie schnittstellenkompatibel sind. Die möglichen Übertragungsverfahren beschränken sich auf Simplex- oder Halbduplex-Betrieb (2-Drahtleitungen), bitserielle Übertragung und Start/Stop-Modus. Die Gesamtkosten der Übertragung ergeben sich aus einer einmaligen Einrichtungsgebühr, einer monatlichen Grundgebühr und der laufenden zeit- und entfernungsabhängigen Nutzungsgebühr.

Das Datexnetz[2] ist ein öffentliches Wählnetz, das speziell für die Übertragung von Daten geschaffen wurde. Die Übertragungsrate beläuft sich derzeit auf 200 bit/s, wird aber im zukünftigen integrierten digitalen Datennetz (Telex- und Datexnetz) auf 48000 bit/s erhöht werden. Das Datexnetz läßt im Gegensatz zum Telexnetz Duplex-Betrieb zu (4-Drahtleitungen). Die Gesamtkosten gliedern sich in die gleichen Bestandteile wie beim Telexnetz.

Die Übertragungsgeschwindigkeit auf überlassenen Telegraphenlei-

---

1) Vgl. FERNMELDETECHNISCHES ZENTRALAMT (Hrsg.): Datel-Dienste der Deutschen Bundespost. Merkblatt A: Datenübertragung zwischen Telexanschlüssen. Darmstadt 1972.
NOLLE, Friedrich: Datenfernverarbeitung. Systeme, Betriebsweisen, Anwendungen. Köln 1970, S. 31 f.
POSTLEITFADEN: Dateldienste. (Der Dienst bei der Deutschen Bundespost. Band 6: Fernmeldetechnik, 11. Teil: Datenübertragung-Datenfernverarbeitung I). Hamburg - Berlin 1971, S. 120 f.

2) Vgl. FERNMELDETECHNISCHES ZENTRALAMT (Hrsg.): Datel-Dienste der Deutschen Bundespost. Merkblatt E: Datenübertragung zwischen Datexanschlüssen. Darmstadt 1970.
POSTLEITFADEN: Dateldienste (Der Dienst bei der Deutschen Bundespost. Band 6: Fernmeldetechnik, 11. Teil ..., a.a.O., S.131 ff.

tungen[1] liegt zwischen 50 und 200 bit/s. Die Kostenberechnung basiert auf den Kostenkomponenten: einmalige Einrichtungsgebühren und eine nach Übertragungsgeschwindigkeit und Entfernung gestaffelte Nutzungsgebühr (Leitungsmiete).

1.2.1.2 Fernsprechleitungen

Die analoge Datenübertragung auf Leitungen des öffentlichen Fernsprechwählnetzes sowie auf überlassenen Fernsprechleitungen erfordert die Umwandlung digitaler in analoge Signale und umgekehrt. Hierfür sind spezielle Leitungsendeinrichtungen (Modems) notwendig.

Im öffentlichen Fernsprechwählnetz[2] können Daten mit einer Geschwindigkeit von max. 2400 bit/s seriell und von 20 Z/s (bzw. 40 Z/s) parallel übertragen werden. Durch Einrichtung eines schmalen Hilfskanals (für die Übertragung von Quittungsnachrichten) kann der Ablauf der Datenübertragung beschleunigt werden. Neben den einmaligen Einrichtungsgebühren und den monatlichen Grund- und Gerätegebühren werden Übertragungsgebühren nach den im Sprechverkehr gebräuchlichen von Tageszeit, Übertragungsdauer und Entfernung abhängigen Tarifen erhoben.

---

1) Vgl. FERNMELDETECHNISCHES ZENTRALAMT (Hrsg.): Datel-Dienste der Deutschen Bundespost. Merkblatt B: Datenübertragung auf überlassenen Telegraphenleitungen. Darmstadt 1970. POSTLEITFADEN: Dateldienste (Der Dienst bei der Deutschen Bundespost. Band 6: Fernmeldetechnik, 11. Teil ..., a.a.O., S. 161 ff. KRAUSHAAR, Roland; JAKOB, Leo; GOTH, Dieter: Datenfernverarbeitung. Berlin - München 1972, S. 111.

2) Vgl. FERNMELDETECHNISCHES ZENTRALAMT (Hrsg.): Datel-Dienste der Deutschen Bundespost. Merkblatt D: Datenübertragung zwischen Anschlüssen des öffentlichen Fernsprechnetzes. Darmstadt 1972. BININDA, Norbert; JURK, Rolf: Fernsprechtechnik und Datenverarbeitung. In: Data report, 8. Jg. 1973 Heft 3, S. 4 ff.

Überlassene Fernsprechleitungen[1] lassen lediglich Übertragungsraten von 200 bit/sec zu. Ebenso wie bei den digitalen Übertragungswegen weisen auch hier die durchgeschalteten Fernsprechleitungen geringere Fehlerwahrscheinlichkeiten auf als die Leitungen des Wählnetzes.

1.2.1.3 Breitbandleitungen

Breitbandleitungen[2] haben wesentlich breitere Frequenzbänder als Fernsprechleitungen. Statt der im Sprechverkehr verwendeten Bandbreite von ca. 3000 Hz (300-3400 Hz) sind hier Frequenzbreiten von 48000 Hz bis in den MHz-Bereich hinein möglich, die Übertragungsraten bis zu 5 Mbit/s erlauben. In der Praxis werden Leitungen mit Übertragungsraten bis zu 48000 bit/s angeboten. Die Kosten für überlassene Fernsprechleitungen und Breitbandleitungen entsprechen denen überlassener Telegraphenleitungen.

1.2.1.4 Hauptanschluß für Direktruf

Der Hauptanschluß für Direktruf (HfD)[3] als Vorgänger der sogenannten Direkt-Datenverbindungen des EDS (Elektronisches Datenvermittlungs-System) der Deutschen Bundespost erlaubt Übertragungsgeschwindigkeiten der breiten Skala von 50 bis 48000 bits/s. In den höheren Geschwindigkeitsbereichen (ab 1200 bit/s) löst er die überlassenen Fernsprechleitungen ab, bis zu 200 bit/s besteht er neben den über-

---

1) Vgl. FERNMELDETECHNISCHES ZENTRALAMT (Hrsg.): Datel-Dienste der Deutschen Bundespost. Merkblatt Z: Datenübertragung über Fernmeldewege der Deutschen Bundespost. Probleme und Möglichkeiten. Darmstadt 1971.

2) Vgl. POSTLEITFADEN: Datenübertragungstechnik. (Der Dienst bei der Deutschen Bundespost. Band 6: Fernmeldetechnik 11.Teil: Datenübertragung - Datenfernverarbeitung II). Hamburg - Berlin 1971, S. 305-342.

3) Vgl. FERNMELDETECHNISCHES ZENTRALAMT (Hrsg.): Datel-Dienste der Deutschen Bundespost. Merkblatt F: Datenübertragung im öffentlichen Direktrufnetz. Darmstadt 1974.

lassenen Fernsprech- und Telegraphenleitungen. Neuartig ist am HfD die Verbindung zwischen verschiedenen Teilnehmern über eine Standleitung. An Kosten entstehen die einmaligen Einrichtungsgebühren, die laufenden Grund- und Gerätegebühren sowie die monatlichen Leitungskosten (gestaffelt nach Entfernungsklassen und Geschwindigkeitsbereichen).

1.2.2 Die Datenübertragungseinrichtungen

1.2.2.1 Leitungsendeinrichtungen

Mit den Leitungsendeinrichtungen wird der unter der Verwaltung der Bundespost stehende Übertragungsbereich zum Benutzer hin abgeschlossen. Leitungsendeinrichtungen stellen somit das Bildeglied zwischen Leitungsnetz und Datenstation dar. Die Art der Leitungsendeinrichtung sowie ihr Funktionsbereich werden von der Leitungsart und der Übertragungsweise bestimmt. Es werden unterschieden:

- Modems (MOdulator/DEModulator) für die analoge Übertragung auf Fernsprechleitungen,
- Fernschaltgeräte für die Übertragung auf digitalen Leitungen nach dem Prinzip der Wechselstromtelegraphie,
- GDN-Einrichtungen[1] für die digitale Übertragung nach dem Prinzip der Gleichstromtelegraphie.

Modems wandeln Gleichstromsignale der Datenendeinrichtung in die auf Fernsprechleitungen übertragbaren Tonfrequenzsignale um[2]. Die am häufigsten verwendete Modulationsart ist die der Frequenzmodula-

---

1) GDN = Gleichstrom-Datenübertragung mit niedriger Sendespannung.

2) Vgl. hierzu allgemein: FERNMELDETECHNISCHES ZENTRALAMT (Hrsg.): Datel-Dienste der Deutschen Bundespost. Technische Vorschriften d1 - d4. Darmstadt 1969-1973.

tion; bei höheren Übertragungsgeschwindigkeiten wird die Phasendifferenzmodulation angewendet[1].

Der technische Aufwand für die Modulation (senderseitig) bzw. Demodulation (empfängerseitig) ist von der Übertragungsform abhängig. Die Entscheidung für Seriell- bzw. Parallelübertragung bestimmt somit auch die mehr oder weniger aufwendige Ausführung der Leitungsendeinrichtung: Bei Parallelübertragung ist der Modem der Sendestation sehr einfach aufgebaut und entsprechend kostengünstig[2]. Dies wird für Anwendungen genutzt, bei denen von mehreren Außenstellen ausschließlich in die Richtung einer Zentrale übertragen werden muß[3]. Während bei serieller Übertragung ein Zeichen bitweise aufgespalten und in Form aufeinanderfolgender Signale gesendet wird, wird bei Parallelübertragung ein Zeichen bitparallel auf benachbarten Frequenzbändern einer Leitung übertragen[4]. Diese bitparallele Übertragung macht senderseitig einige Aufbereitungsmaßnahmen überflüssig.

Modems werden für verschiedene Übertragungsgeschwindigkeiten - entsprechend der Leistung der verfügbaren Übertragungswege - angeboten: Für die serielle Übertragung belaufen sich die Geschwindigkeiten auf 200 bis 2400 bit/sec, für die parallele Übertragung auf 20 bzw. 40 Zeichen pro Sekunde.

---

1) Vgl. BACHER, Werner: Modems für die Serienübertragung von Daten über Fernsprechwege. In: Siemens-Zeitschrift, 43. Jg. 1969, Beiheft 'Datenfernverarbeitung', S. 71 u. 73.

2) Vgl. FISCHER, Günther; GRUNOW, Dankwart: Modems für die Parallelübertragung von Daten über Fernsprechwählnetze. In: Siemens-Zeitschrift, 43. Jg. 1969, Beiheft 'Datenfernverarbeitung', S.76.

3) Vgl. FISCHER, Günther; GRUNOW, Dankwart: Modems für die Parallelübertragung ..., a.a.O., S. 76 u. 82.

4) Vgl. FISCHER, Günther; GRUNOW, Dankwart: Modems für die Parallelübertragung ..., a.a.O., S. 76 ff.
Vgl. BACHER, Werner: Modems für die Serienübertragung ..., a.a.O., S. 69.

Leitungen, auf denen Daten nach dem Prinzip der Wechselstromtelegraphie übertragen werden, werden mit Fernschaltgeräten abgeschlossen[1]) Das Fernschaltgerät hat die Aufgabe, Verbindungen zwischen Datenstationen auf- und abzubauen sowie Teilnehmer-Kennungen auszutauschen.

Die Wechselstrom-Telegraphiesysteme im Fernbereich (mit nahezu unbegrenzter Reichweite) werden im Nahbereich ergänzt durch Gleichstrom-Taktsystem, die maximal Entfernungen bis zu 40 km überbrücken können. Als Leitungsabschluß bei diesem Telegraphieverfahren werden GDN-Einrichtungen (Gleichstrom-Datenübertragungsgeräte mit niedriger Sendespannung) eingesetzt.

1.2.2.2 Leitungssteuereinrichtungen

In umfangreichen Verbundnetzen ergeben sich neben den Schnittstellenproblemen am Berührungspunkt von Datenstation und Leitungsnetz (Leitungsendeinrichtung, Datenübertragungssteuereinrichtung) Koordinationsprobleme für die Kommunikation zwischen mehreren Verbundelementen. Beim Aufbau eines Leitungsnetzes höherer Komplexitätsstufe sind folgende Aspekte von Bedeutung:

- wirtschaftliche Auslegung des Leitungsnetzes,
- effiziente Steuerung des Nachrichtenflusses,
- Lösung zahlreicher systemtechnischer und organisatorischer Kompatibilitätsprobleme.

Auf diese grundlegenden Probleme wird im Abschnitt C näher eingegangen. Ihrer Lösung dienende Leitungssteuereinrichtungen lassen sich klassifizieren in Multiplexer und Konzentratoren bzw. Vermittlungsrechner (Knoten-, Netz-Rechner, remote concentrator).

---

1) Vgl. hierzu allgemein: FERNMELDETECHNISCHES ZENTRALAMT (Hrsg.): Datel-Dienste der Deutschen Bundespost. Technische Vorschriften a, b1, b2 und e. Darmstadt 1969-1973.

1.2.2.2.1 Multiplexer

Mit dem Einsatz von Multiplexern im Übertragungssystem wird vor allem die wirtschaftliche Ausnutzung der verfügbaren Übertragungswege bzw. die kostengünstigste Auslegung eines geplanten Leitungsnetzes angestrebt[1]. Die Funktion des Multiplexers basiert auf der Möglichkeit, eine Datenleitung (meist eine Leitung mit hoher Bandbreite) simultan bzw. quasi-simultan mit voneinander unabhängigen Nachrichtenströmen beschicken zu können. Die Aufteilung der Leitungskapazität geht entweder nach dem Prinzip des Zeitmultiplex vor sich (TDM = time division multiplexing: zeitliche Verschachtelung verschiedener Signalfolgen) oder nach dem Prinzip des Frequenzmultiplex (FDM = frequenz division multiplexing: Aufteilung in nebeneinander liegende Frequenzbänder). Beim Frequenzmultiplex werden die in den Multiplexer einlaufenden Nachrichtenströme in reservierte Frequenzbereiche moduliert und simultan übertragen, während das Zeitmultiplex auf einer zeitlich gestaffelten Reihum-Bedienung eingehender Leitungen und der Weiterleitung der Nachrichten mit entsprechend höherer Geschwindigkeit basiert[2]. Bei beiden Vorgehensweisen wird weder der Inhalt der Nachricht noch die Übertragungsform variiert. Es findet keine Zwischenspeicherung eingehender Nachrichten statt, da sich bei reservierten Frequenzbändern bzw. Zeitintervallen je Leitung keine Warteschlangen bilden können[3].

---

1) Vgl. PACK, Charles D.: The Effects of Multiplexing on a Computer Communications System. In: Communications of the ACM, Vol 16 1973 No. 3, p. 161.
DOLKOS, Paul J.: Multiplexing: communications cost cutter. In: Data Processing Magazine, Vol 12 1970 No. 6, p. 34.

2) Vgl. DOLL, Dixon R.: Multiplexing and Concentration. In: Proceedings IEEE, Vol 60 1972 No. 11, p. 1314 ff.
BARRET, Penelope J.: Economizing with Line Concentrators and Multiplexers. In: Modern Data, Vol 6 1973 No. 10, p. 42.
DOLKOS, Paul J.: Multiplexing ..., a.a.O., p. 34 f.

3) Vgl. DOLL, Dixon: Multiplexing and Concentration ..., a.a.O., p. 1313.
Zwischenspeicherung beim Multiplexing gibt es ausschließlich im Falle des asynchronen Zeitmultiplex (ATDM = asynchronous time division multiplex).
Vgl. PACK, Charles: The Effects of Multiplexing ..., a.a.O.,p.162.

Die Gesamtkapazität der eingehenden Leitungen ist kleiner oder gleich der Kapazität der ausgehenden Leitung(en).

1.2.2.2.2 Konzentrator und Vermittlungsrechner

Konzentratoren sind in Aufbau und Funktionsweise mit dem Vorfeldrechner vergleichbar. Die Aufgaben, die der Vorfeldrechner im Vorfeld der Datenendeinrichtung übernimmt, hat der Konzentrator (zur Abgrenzung vom front-end-processor auch remote concentrator genannt) innerhalb des Übertragungssystems. Die Funktionen eines Multiplexers sind eine Untermenge der Konzentratorfunktionen. Die Reduzierung der Übertragungskosten durch Mehrfachausnutzung von Datenleitungen - beim Konzentrator realisiert durch die zusätzliche Möglichkeit der Zwischenspeicherung von Nachrichten[1] - ist nur ein Einsatzkriterium für Konzentratoren. Wesentliche zusätzliche Funktionen des Konzentrators sind:

- Herstellung systemtechnischer Kompatibilität beim Austausch von Nachrichten zwischen verschiedenen Computersystemen durch Modifizierung des formalen Nachrichtenaufbaus (z.B. Code-Anpassung) oder des Übertragungsprozesses. Der Konzentrator fungiert als Simulator bzw. Emulator heterogener Datenstationen (Datenendeinrichtungen bzw. Übertragungssteuereinrichtungen)[2].

---

1) Vgl. THEIS, D.J.: Communications Processors. In: Datamation, Vol 18 1972 No. 8, p. 31.
Die Zwischenspeicherung von Nachrichten kann neben dem kostensenkenden Effekt (gleichmäßige Auslastung des Leitungsnetzes durch Abbau von Belastungsspitzen kurzfristiger Art) eine nicht zu vernachlässigende Beeinträchtigung der Service-Bereitschaft des Leitungsnetzes haben, wenn in Hinblick auf kostenoptimale Übertragung der Nachrichtendurchsatz des Konzentrators so knapp bemessen wird, daß zu häufig Warteschlangen entstehen.
Vgl. hierzu: BARRETT, Penelope J.: Economizing ..., a.a.O., p. 44 f.

2) Vgl. THEIS, D.J.: Communications Processors ..., a.a.O., p. 32.

- Herstellung organisatorischer Kompatibilität zwischen logisch miteinander verknüpften Verarbeitungsprozessen durch Modifikation der Nachrichteninhalte (Informationsumwandlung, -komprimierung, -selektion)[1].

Konzentratoren werden als 'Vermittlungsrechner' bezeichnet, wenn sie zusätzlich die Steuerung des Nachrichtenflusses im Übertragungssystem übernehmen. Diese Übertragungssteuerfunktion (message-switching, message-routing, packet-switching) stellt hohe Anforderungen an die 'Intelligenz' des Konzentrators: Ankommende Nachrichten sind anhand ihrer Steuerinformationen auf Herkunft und Bestimmungsort hin zu überprüfen, ggf. in weiteren Netzknoten zwischenzuspeichern und weiterzuübertragen - unter der Maxime des kürzestmöglichen Weges zum Bestimmungsort. Diese Technik des iterativen Speicherns und Weiterleitens wird Store-and-Forward- bzw. Teilstrecken-Technik genannt (gegenüber circuit-switching bzw. Durchschaltetechnik)[2].

Zusammenfassend läßt sich der Konzentrator durch folgende Merkmale vom Multiplexer abgrenzen:

- Programmsteuerung statt hardwaremäßiger Steuerung,
- Kanalzuordnung auf Bedarfsbasis statt auf reservierten Unterkanälen (transparente Übertragung),
- Zwischenspeicherung von Nachrichten mit Warteschlangenbildung (Gesamtkapazität der eingehenden Kanäle kann die der ausgehenden Kanäle zeitweise übersteigen),

---

1) Vgl. BAGINSKI, Peter: Knotenpunkt-Rechner in Datennetzen - eine Konzeption zum Aufbau von Real-Time-Computer-Verbundsystemen. In: adl-nachrichten, 15. Jg. 1970 Heft 62, S. 234.
NEWPORT, C.B.; RYZLAK, J.: Communication processors. In: Proceedings IEEE, Vol 60 1972 No. 11, p. 1328.

2) Vgl. NEWPORT, C.B.; RYZLAK, J.: Communication processors ..., a.a.O., p. 1328 ff.

- Modifizierung von Nachrichtenaufbau und -inhalt,
- Steuerung des Nachrichtenflusses im Übertragungssystem durch Vergabe und Identifizierung von Adressen (als Vermittlungsrechner).

Aus der dargestellten Funktionsbreite des Konzentrators bzw. des Vermittlungsrechners wird ersichtlich, welch dominierende Stellung Steuereinrichtungen dieser Art im Übertragungssystem einnehmen können. Je komplexer und vielfältiger die von den Datenstationen in das Leitungsnetz ausgelagerten Steuerungsaufgaben werden, desto eher können die Anforderungen die Leistungsfähigkeit spezieller Leitungssteuereinrichtungen übersteigen[1]. Den dann notwendig werdenden Einsatz aufwendigerer Geräte können aber die Vorzüge einer zentralen, zu allen Datenstationen schnittstellenkompatiblen Vermittlungsstelle oder eines in sich geschlossenen, aus mehreren Vermittlungsrechnern bestehenden Sub-Systems rechtfertigen[2]. Deshalb ist insbesondere in stark vermaschten Netzen der Einsatz universeller Klein-Computersysteme sinnvoll, die ausschließlich Aufgaben der Verbundsteuerung und Kontrolle übernehmen und Interface-Systeme höchster Flexibilität und Anpassungsfähigkeit bilden.

2. Systemsoftware

Bei der Erweiterung eines lokalen ADV-Systems um den Fernverarbeitungsbetrieb ist zu untersuchen:

- welche zusätzlichen Systemsoftware-Funktionen durch die Einrichtung der Datenfernverarbeitung entstehen,

---

1) Vgl. MARTIN, James: Die Organisation von Datennetzen. München 1972, S. 207.

2) Vgl. JOTZOFF, R.; LANGER, W.; MÜLLER, B.; WINKLER, H.: Über Theorie und Technik von Rechnerverbundsystemen. In: Angewandte Informatik, 15. Jg. 1973 Heft 9, S. 379 ff.

- nach welchen Kriterien diese zusätzlichen Funktionen dem Betriebssystem der Datenendeinrichtung bzw. spezifischer Übertragungssoftware zugeordnet werden sollen[1] (diese Zuordnungsproblematik stellt sich vorwiegend bei Anlagen der Groß-ADV als Datenendeinrichtung).

Wenn im folgenden von softwaremäßiger Realisierung die Rede ist, so ist hiermit die Steuerung des Datenfernverarbeitungsbetriebs mit dem Instrument der freien Programmierung (stored program) gemeint[2]. Die softwaremäßige Realisierung in diesem Sinne ist aber nur eine von drei möglichen Verfahrensalternativen; die beiden anderen sind:

- hardwaremäßige Steuerung (logic circuitry) und
- mikroprogrammierte Steuerung (microprogramming)[3].

Bei Anschluß einer oder nur weniger Leitungen an eine Datenendeinrichtung und bei geringer Varianz der Übertragung erscheint eine Programmsteuerung der Datenfernübertragung als zu aufwendig. Bei solchen Fernverarbeitungssystemen wird in der Regel auch auf eine gesonderte Übertragungssteuereinheit verzichtet und die Schnittstelle zwischen Computersystem und Übertragungssystem unmittelbar an den den Computer gelegt[4]. Die Übertragungssteuerung wird von Hardware-

---

1) Vgl. MARTIN, James: Programming Real-Time Computer Systems, Englewood Cliffs, N.J. 1965, p. 65.
JILEK, Peter; FELTL, Herbert: Systemprogramme für die Datenfernverarbeitung. In: Siemens-Zeitschrift, 43. Jg. 1969 Beiheft 'Datenfernverarbeitung', S. 129.
IBM-DEUTSCHLAND (Hrsg.): Das moderne Konzept der Datenfernverarbeitung, IBM-Form GA 12-2043-0, 1973, S. 2 f.

2) Vgl. MARTIN, James: Introduction to Teleprocessing, Englewood Cliffs, N.J. 1972, p. 153.

3) Vgl. MARTIN, James: Introduction ..., a.a.O., p. 153.

4) Vgl. MARTIN, James: Programming ..., a.a.O., p. 113 und 117.

Einrichtungen in der Datenstation übernommen und hierbei von der internen Systemsoftware unterstützt. Da in einem komplexen Übertragungssystem eine solche Vorgehensweise zu einem unvertretbar hohen Anteil an Unterbrechungen der anwendungsbezogenen Verarbeitung führen würde, ist hier eine Auslagerung dieser Funktionen in das Vorfeld der Datenendeinrichtung zweckmäßig[1]. Auch wäre es nicht sinnvoll, die qualitativ leistungsfähige Zentraleinheit einer Datenstation für die Steuerung der Datenfernübertragung einzusetzen, lediglich um im Bereich spezieller Hardware-Einrichtungen Einsparungen zu erzielen[2].

Zunehmende Komplexität des Leitungsnetzes und Variabilität der Übertragungsprozesse führen zur verstärkten Trennung von Übertragungs- und Anwendungsfunktionen sowie zum zunehmenden Einsatz spezieller Software im Vorfeld der Datenendeinrichtung. In der Praxis überwiegen kombinierte Lösungen:

- hardwaremäßige Erfüllung von Aufgaben, die für sämtliche eingehenden Nachrichten bzw. Leitungen gleichartig sind (Seriell-/Parallelumwandlung, Synchronisierung etc.),
- Programmsteuerung bei darüberhinausgehenden Funktionen der Steuerung und sachlichen sowie zeitlichen Koordination zwischen Übertragung und Verarbeitung (Nachrichtenaufbereitung, Pufferung und Warteschlangenbehandlung, Prioritätenvergabe und -steuerung)[3].

---

1) Anlässe für eine Unterbrechung (interrupt) der lfd. Verarbeitung durch die Datenfernübertragung können sein:
- Nachricht, daß eine I/O-Operation beginnen kann,
- Nachricht, daß eine I/O-Operation beendet ist,
- Nachricht, daß Übertragungsfehler aufgetreten sind,
- Nachricht, welche eine andere spezielle Bedingung anzeigt.
Vgl. MARTIN, James: Programming ..., a.a.O., p. 195.

2) Vgl. JILEK, Peter; JOKAY, Z.: Design and Implementation of Telecommunication Software Systems. In: Elektronische Rechenanlagen, 13. Jg. 1971 Heft 4, S. 162.

3) Vgl. JILEK, Peter; JOKAY, Z.: Design ..., a.a.O., S. 163.

Die generellen Vorzüge einer programmgesteuerten Realisierung sind in der Flexibilität dieser Verfahrensweise, insbesondere der Anpassungs- und Erweiterungsfähigkeit zu sehen. Bisher nicht vorgesehene und auch nicht notwendige Funktionen können durch erweiterte Modifikation in der Programmsteuerung hinzugefügt ('open-ended'-Prinzip), Anpassungen an veränderte Anforderungen durch Austausch einzelner Moduln vorgenommen werden (modulare Struktur der Systemprogramme)[1]. Die Arten der Datenfernverarbeitungs-Software zeigt Abbildung 8.

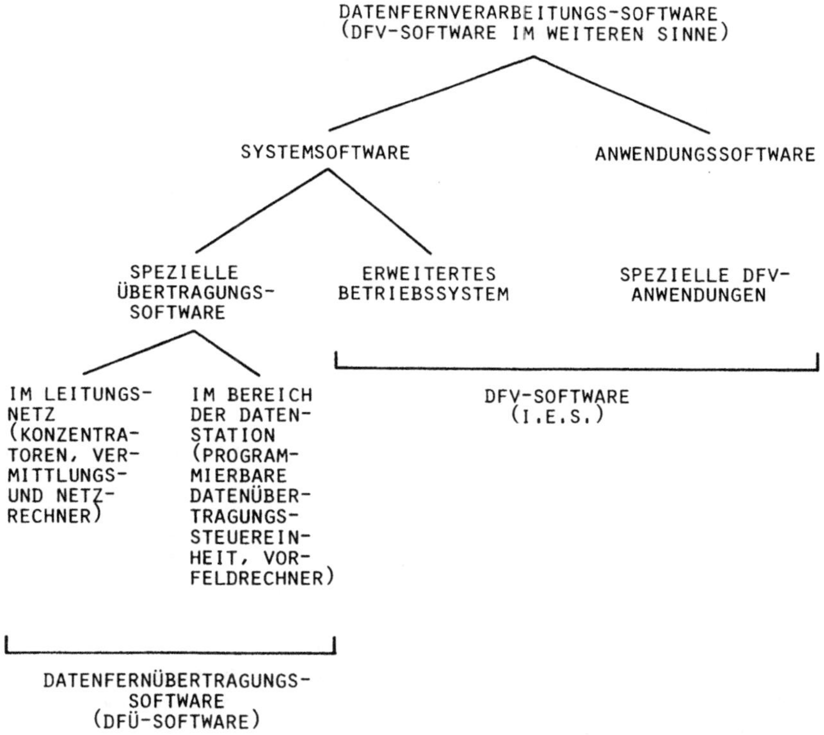

ABB. 8: SOFTWARE EINES VERBUNDSYSTEMS MIT DATENFERNÜBERTRAGUNG

---

1) Vgl. JILEK, Peter; JOKAY, Z.: Design ..., a.a.O., S. 163. MARTIN, James: Introduction ..., a.a.O., p. 156.

Die Funktionen der System-Software bei Datenfernverarbeitung lassen sich folgendermaßen zusammenfassen[1]:

- Steuerung der Nachrichtenflusses im Leitungsnetz,
- Leitungsanschlußsteuerung, Übertragungsinitiierung und Empfangsüberwachung an der Schnittstelle zur Datenstation,
- Steuerung des Nachrichtenflusses im Bereich der Datenstation.

Diese Funktionen, die im folgenden zu analysieren sind, gehen zum Teil über den Bereich der Datenstation hinaus. Die Steuerung der Datenübertragung im Leitungsnetz wird - unabhängig von der gewählten Verfahrensweise - auf spezielle Prozessoren (vgl. Abb. 8) ausgelagert. Die verbleibenden Funktionsbereiche sind auf die System-Software im Bereich bzw. im Vorfeld der Datenendeinrichtung zu übertragen.

---

1) Diese oder eine ähnliche Einteilung der Funktionen findet sich bei:
JILEK, Peter; JOKAY, Z.: Design ..., a.a.O., S. 162 f. (control of the communication hardware - independent from the cpu -, line control, message handling).
PERKOWITZ, Sandra: Telecommunications Control Programs - What and Why. In: Modern Data, Vol. 5 1972 No. 10, p. 33. (line control, message control, message routing).
NOLLE, Friedrich K.: Datenfernverarbeitung. Systeme, Betriebsweise, Anwendungen. Teil IV. Technik und Programmierung der Datenfernverarbeitungsanlage. In: Zeitschrift für Datenverarbeitung, 8. Jg. 1970 Heft 2, S. 77 ff.
NOLLE unterscheidet: Leitungssteuerung (Senden, Empfangen, Puffern), Nachrichtensteuerung (Aufsplitten der Nachrichten nach Art, Herkunft und Bestimmungsort), Nachrichtenverarbeitung.
BOWIE, J.A.: Software for telecommunications. In: Data Systems, Vol 13 1972 No. 10, p. 23 (line interface module, message processing module).

2.1 Übertragungssoftware

Rein übertragungsbezogene Aufgaben sind die Funktionen der Steuerung und Sicherung der Datenübertragung in Leitungsnetz und Datenstation. Die diese Funktion wahrnehmende Software läßt die Entstehung und Weiterverwendung übertragener Nachrichten unberücksichtigt.

2.1.1 Übertragungssteuerung

Objekte der Steuerung sind einerseits die Nachrichten in Form von Bitfolgen, die auf den Übertragungswegen an den Bestimmungsort zu senden sind (Nachrichtenflußsteuerung), andererseits die Übertragungsprozedur, die durch Übertragungsrhythmus, -richtung, -folge und -code bestimmt wird[1]. Während die Steuerung der Übertragungsprozedur von der Komplexität eines Verbundnetzes bis zu einem ge-

---

1) Vgl. BHUSHAN, Abhay K.; STOTZ, H.: Procedures and standards for intercomputer communications. In: AFIPS SJCC, Vol. 32 1968, p. 95-104.
BJØRNER, Dines: Finite state automation - Definition of data communication line control procedures. In: AFIPS FJCC, Vol. 37 1970, p. 477-491.
EISENBIES, J.L.: Conventions for digital data communication link design. In: IBM Systems Journal, Vol. 6 1967 No. 4, p. 267-302.
FICK, Herbert; SCHWARZ, Joachim: Übertragungsprozeduren für den Direktverkehr mit Datenverarbeitungsanlagen. In: Siemens-Zeitschrift, 43. Jg. 1969, Beiheft 'Datenfernverarbeitung', S. 136-140.
GRAY, J.P.: Line control procedures. In: Proceedings IEEE, Vol. 60 1972 No. 11, p. 1301-1312.
HÖRLE, R.; IRRO, F.; SCHAAL, H.; SIEBERT, H.; WEVERS, J.: Ein Verfahren zur synchronen, code-unabhängigen Datenübertragung. In: Elektronische Rechenanlagen, 12. Jg. 1970 Heft 2, S. 59-70.
HOFFMANN, Hans-Jürgen: On Linguistic Aspects of Communication Line Procedures. In: ACM, European Chapters, International Computing Symposium, Bonn 1970, p. 422-440.
SHAW, R.T.: Basic Control Procedures for Digital Data Transmission. In: Information Processing. Proceedings of IFIP Congress 1968, Vol. II, ed. by A.J.H. Morrell. Amsterdam 1969, p. 728-733.
STUTZMANN, Byron W.: Data Communication Control Procedures. In: Computing Surveys, Vol. 4 1972 No. 4, p. 197-220.

wissen Maße unabhängig ist, steigt der Aufwand zur Steuerung des Nachrichtenflusses in großen Netzen überproportional an. Die Übertragungsprozedursteuerung basiert auf einem System von Verfahrensregeln bzw. Übereinkünften (im angelsächsischen Raum 'communication protocol')[1], die verbindlich vorgeben, zwischen welchen Datenstationen eines Netzes ein Datenaustausch vorgesehen ist, von welchen Netzknoten die Übertragungsinitiative ausgehen bzw. der Verbindungsaufbau vorgenommen werden soll und welche Maßnahmen bei Übertragungsfehlern zu treffen sind.

2.1.1.1 Leitungsbezogene Übertragungssteuerung

Die Form der Übertragungssteuerung, bei der vor dem eigentlichen Übertragungsvorgang die Empfangsstation von der Sendestation bestimmt und eine physische Verbindung zwischen beiden hergestellt werden muß, heißt Durchschaltetechnik[2] ('circuit-switching' oder 'line-switching')[3]. Der Verbindungsaufbau erfolgt entweder manuell (Tastendruck bzw. Anwählen) oder durch Programmsteuerung. Auch bei Bestehen einer permanenten physischen Verbindung kann die Übertragung erst erfolgen, wenn Sende- bzw. Empfangsbereitschaft seitens

---

1) Ein 'communication protocol' kann definiert werden als die Gesamtheit der Vereinbarungen hinsichtlich Format und Zeit beim Nachrichtenaustausch zwischen zwei miteinander kommunizierenden Verarbeitungsprozessen (Unterscheidung nach verschiedenen Ebenen, auf denen derartige Vereinbarungen Gültigkeit haben).
Vgl. CROCKER, Stephen D.; HAEFNER, John F.; METCALFE, Robert M.; POSTEL, Jonathan B.: Function-oriented protocols for the ARPA Computer Network. In: AFIPS SJCC, Vol. 40 1972, p. 271 ff.

2) Vgl. GRAF, Winfried: Vermittlungen in Fernschreib- und Datennetzen. In: Siemens-Zeitschrift, 43. Jg. 1969, Beiheft 'Datenfernverarbeitung', S. 24 f.
TIETZ, Walter: Übertragungswege, Fernmeldeleitungen und Fernmeldenetze in Hinblick auf die Übertragung von Daten. In: HMD 10/11 1971, Blatt 2 f.

3) Vgl. AYDELOTTE, Walter M.: Communications Message Switching - An Analysis. In: Computers + Automation, Vol. 20 1971 No. 7, p.9.
MARTIN, James: Introduction ..., a.a.O., p. 132.
STELMACH, Edward V.: Introduction to Minicomputer Networks, o. Ort 1974, p. 2 ff.

der Stationen gegeben ist. Bei einer Vielzahl von sendenden und empfangenden Datenstationen ist - auch bei gemieteten Standverbindungen - ein System von Verfahrensregeln hinsichtlich der Datenübertragung notwendig. Diese Vereinbarungen sollen weitestgehend störungsfreie Übertragungsprozesse unter einem minimalen Steuerungsaufwand erlauben.

Man unterscheidet zwei grundlegende Verfahrensalternativen[1]:

- Eine Leit- oder Zentralstation steuert die Übertragung (Synonyma: Abruftechnik/-betrieb, Aufruftechnik/-betrieb, Sendeaufruf = Polling, Empfangsaufruf = Selecting).
- Jede Station kann von sich aus aktiv werden (Synonyma: Anforderungstechnik, gesteuerter und ungesteuerter Konkurrenzbetrieb, Contention).

---

1) Vgl. DNA (Deutscher Normenausschuß): DIN 44300 Informationsverarbeitung Begriffe, Nr. 153 Abruftechnik, Nr. 154 Anforderungsbetrieb. Berlin - Köln (Norm), März 1972.
NOLLE, Friedrich K.: Datenfernverarbeitung ..., a.a.O., S. 66: Aufrufbetrieb (= Abruftechnik) und Konkurrenzbetrieb (= Anforderungstechnik).
POSTLEITFADEN: Dateldienste ..., a.a.O., S. 105 ff: Aufrufbetrieb (= Abruftechnik): Sendeaufruf = polling, Empfangsaufruf = selecting, Konkurrenzbetrieb, gesteuerter und ungesteuerter.
MARTIN, James: Die Organisation ..., a.a.O., S. 150: Aufruf- und Konkurrenzbetrieb.
LETSCHE, Dieter: Datenübertragung. In: IBM-Nachrichten, 19./20. Jg. 1969/70 Heft 197-201 (Sonderdruck), S. 29 f.: Sende- und Empfangsaufrufbetrieb (polling und selecting), Konkurrenzbetrieb (= contention, Anforderungsbetrieb).
DOLL, Dixon: Planning effective data communications systems. In: Data processing magazine, Vol. 12 1970 No. 11, p. 30.
HOFFMANN, Michael J.A.: Datenfernverarbeitung. Verkehrsarten und Wirtschaftlichkeit der Datenübertragung. Berlin - New York 1973, S. 60 f.

Der Aufrufbetrieb ist 'ein Betrieb eines Rechensystems, bei dem eine Leitstation nach einer festgelegten Vorschrift von Benutzerstationen Daten aufruft'[1]: Eine Leitstation überprüft die - in diesem Fall meist fest angeschlossenen - anderen Datenstationen reihum auf deren potentiellen Sendebedarf. Liegt ein solcher Bedarf vor, so kann ohne zeitliche Verzögerung übertragen werden, da sich die Leitstation im empfangsbereiten Status befindet. Bei über Wählleitungen miteinander verbundenen Datenstationen ist diese Verfahrensweise unwirtschaftlich, da die aufgerufene Datenstation nicht permanent in physischer Verbindung mit der aufrufenden Datenstation steht. Bei Wählverbindungen bietet sich deshalb die Verfahrensweise des Anforderungsbetriebes an, bei dem 'mehrere Datenstationen eines Verbindungsnetzes die Möglichkeit haben, Daten unaufgefordert zu senden'[2]. Die Initiative der Datenübertragung liegt somit bei der sendenden Datenstation, die zwar ohne Aufforderung, meist jedoch erst nach bestätigter Empfangsbereitschaft der Gegenstation die Übertragung beginnt. Der Steuerungsaufwand ist beim Anforderungsbetrieb ohne vorherige Bestätigung der Empfangsbereitschaft am geringsten[3], jedoch ist hier die Wahrscheinlichkeit einer nachträglichen negativen Empfangsbestätigung - aufgrund fehlender Empfangsbereitschaft wegen Leitungsstörungen oder 'Besetzt'-Fall - recht hoch[4]. Durch die Auswahl einer Verfahrensweise werden Sicherheitsanforderungen an die Übertragung sowie andere die Übertragungssteuerung bestimmende Merkmale (Länge einzelner Nachrichten, Nachrichtenvolumen, Häufigkeit der Richtungsänderung) spezifiert.

---

1) NOLLE, Friedrich K.: Datenfernverarbeitung. Systeme, Betriebsweise, Anwendungen. Teil III-2: Arbeitsweise und Steuerung der Datenstation. In: Zeitschrift für Datenverarbeitung, 8. Jg. 1970 Heft 1, S. 24.

2) NOLLE, Friedrich K.: Datenfernverarbeitung. Systeme, Betriebsweise, Anwendungen. Teil III-2 ..., a.a.O., S. 24.

3) Das geht hervor aus einer vergleichenden Übersicht in: NOLLE, Friedrich K.: Datenfernverarbeitung. Systeme, Betriebsweise, Anwendungen. Teil III-2 ..., a.a.O., S. 26.

4) Vgl. NOLLE, Friedrich K.: Datenfernverarbeitung. Systeme, Betriebsweise, Anwendungen. Teil III-2 ..., a.a.O., S. 26.

2.1.1.2 Nachrichtenbezogene Übertragungssteuerung

Die bei der leitungsbezogenen Übertragungssteuerung vollzogene Trennung von Verbindungsaufbau und Übertragungsprozedur findet bei der nachrichtenbezogenen Verfahrensweise nicht statt. Vielmehr wird die einzelne Nachricht an Hand der in ihr enthaltenen Steuerinformationen (Angabe des Bestimmungsortes im Nachrichten-Header) automatisch zur Empfangsstation geleitet. Diese Verfahrensweise (Teilstreckentechnik, Speichervermittlungstechnik, message- oder packet-switching) führt auf der einen Seite zu einer weitaus besseren Ausnutzung der Übertragungswege, erfordert auf der anderen Seite aber einen bedeutenden Mehraufwand bei der Übertragungssteuerung. Dieser Mehraufwand entsteht, da in Leitungsnetzknoten mehrmalige Pufferspeicherung, mehrmaliges Entschlüsseln der Steuerinformationen und gegebenenfalls mehrmaliges Ändern der Übertragungspozedur erforderlich sind[1]. Das iterative Zwischenspeichern und Weiterleiten der Nachricht (store-and-forward) führt zwangsläufig zu einer zeitlichen Verzögerung zwischen Senden und Empfang[2]. Dagegen entfallen Wartezeiten aufgrund von Besetzt-Fällen, in denen eine Datenstation wegen einer anderseitig bestehenden Verbindung blockiert ist.

Die im Nachrichten-Header enthaltene für die Weiterleitung von Nachrichten herangezogene Adresse (Bestimmungsort) kennzeichnet entweder andere Datenstationen oder direkt Verarbeitungsprogramme, die dort ablaufen. In komplexen Verbundnetzen wie dem ARPANET, bei dem

---

1) Vgl. GRAF, Winfried: Vermittlungen ..., a.a.O., S. 26.
STELMACH,Edward V.: Introduction ..., a.a.O., p. 2-12 f.
DAVIES, D.W.: Packet Switching in a Public Data Network. In: IFIP Congress 1971, Vol. TA-4, Ljubljana 1971, p. 70.
ELTON, Michael J.: Message switching techniques in digital telecommunication networks. In: Data Systems, Vol. 9 1968 No. 11, p. 22 f.
HEART, F.E.; KAHN, R.E.; ORNSTEIN, S.M.; CROWTHER, W.R.; WALDEN, D.C.: The Interface Message Processor for the ARPA Computer Network. In: AFIPS SJCC, Vol. 36 1970, p. 554 f.

2) Vgl. HEART, F.E.; KAHN, R.E.; ORNSTEIN, S.M.; CROWTHER, W.R.; WALDEN, D.C.: The Interface Message Processor ..., a.a.O., p.551.

in der Regel keine A-priori-Zuordnung einzelner Verarbeitungsfunktionen zu Verbundrechnern existiert (load-sharing im Rahmen eines General-Computer-Networks),ist eine Nachrichtenadressierung allein durch den Programm-Namen kaum realisierbar. Jedes in den Verbund integrierte Computersystem verwendet zudem eigene symbolische Prozedurnamen, die unter hohem Aufwand in einem für den gesamten Verbund gültigen Schema zu vereinheitlichen wären[1]. Im ARPANET beinhaltet die Nachrichtenadresse eine spezifische Datenstation (im Beispiel Datenstation E, vgl. Abb. 9), an die der physische Satz (physical transmission block)[2] zu übertragen ist. In Ergänzung hierzu kann allerdings - ebenfalls im Nachrichten-Header - eine konkrete Verarbeitungsprozedur (im Beispiel Prozedur p) benannt werden, für die der logische Satz (logical record)[3] bestimmt ist[4].

Eine Nachrichtenflußsteuerung, bei der allein symbolische Programm-Namen als Adresse fungieren, wird dagegen im Distributed Computer System (DCS) praktiziert. Eine solche Vorgehensweise ist nur dadurch möglich, daß sämtliche virtuelle Kommunikationsbeziehungen zwischen Datenstationen physisch auf einem in sich geschlossenen, verzweigungsfreien Ringnetz hergestellt werden, dessen Knoten die Datenstationen bilden[5]. Eine an das Übertragungssystem abgegebene Nachricht durchläuft solange auf vorgeschriebenem Weg das Netz, bis sie von einer Datenstation als für eines ihrer Programme bestimmt erkannt

---

1) Vgl. JOTZOFF, R.; LANGER, W.; MÜLLER, B.; WINKLER, H.: Über Theorie und Technik ..., a.a.O., S. 376.

2) Vgl. MARTIN, James: Systems Analysis for Data Transmission. Englewood Cliffs, N.J. 1972, p. 354.

3) Vgl. MARTIN, James: Systems Analysis ..., a.a.O., p. 354.

4) Vgl. CARR, C. Stephen; CROCKER, Stephen D.; CERF, Vinton G.: HOST-HOST communication protocol in the ARPA network. In: AFIPS SJCC, Vol. 36 1970, p. 590 f.

5) Vgl. FARBER, David J.: A Ring Network. In: Datamation, Vol. 21 1975 No. 2, p. 44.

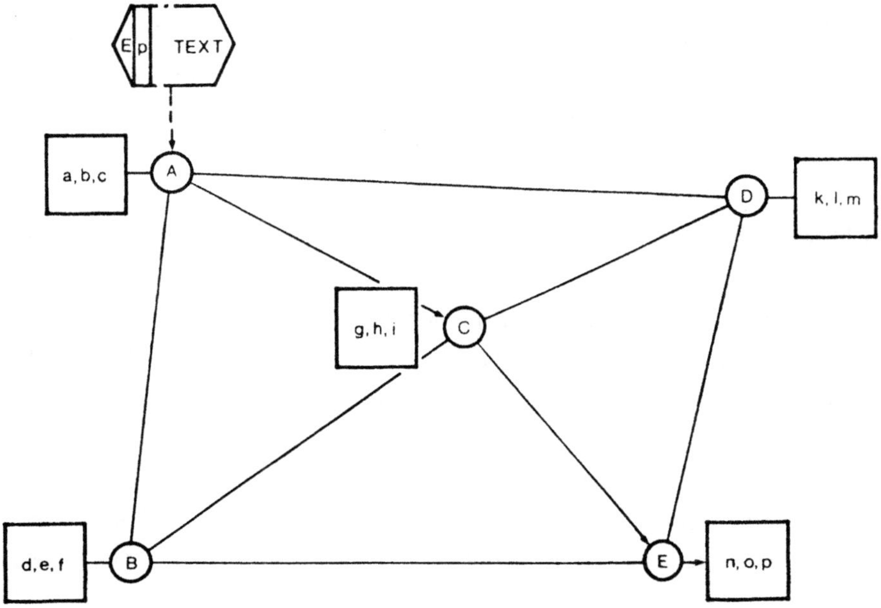

Großbuchstaben (A, B, C, ..) kennzeichnen die Adressen von Datenstationen, Kleinbuchstaben (a, b, c, ..) die symbolischen Namen von Verarbeitungsprogrammen.
In den Kreisen innerhalb des Netzes befinden sich jeweils die Vergleichsinformationen, die für die Identifizierung und Behandlung einer ankommenden Nachricht (Aufnahme oder Weiterleitung) herangezogen werden. In diesem Beispiel sind dies die physischen Hardware-Adressen.

ABB. 9: NACHRICHTEN-ADRESSIERUNG MIT HARDWARE-ADRESSEN

wird[1]. Grundvoraussetzung ist demnach eine Netzstruktur, die gewährleistet, daß eine im Übertragungssystem befindliche Nachricht auf einer vorgegebenen Route (A - B - C - E - D) zwangsläufig sämtliche zum Verbund gehörigen Datenstationen ansteuern muß (vgl. Abb. 10).

In vollvermaschten Netzen kann der symbolische Name eines Zielprogramms nur dann die Funktion einer Adresse erfüllen, wenn durch Referenztabellen eine Zuordnung zwischen Programmen und entsprechender Datenstation vorgenommen wird. Befindet sich eine solche Tabelle im Bereich (bzw. im Vorfeld) jeder sendenden Datenstation (vgl. Abb. 11) , so ist es möglich, den Nachrichtenempfänger direkt zu ermitteln. Alternativ hierzu können derartige Referenztabellen hierarchisch strukturiert auf das Netz verteilt sein und die Nachricht sukzessiv der empfangenden Datenstation zugeführt werden (vgl. Abb. 12).

2.1.1.3 Mehrfachausnutzung von Datenleitungen

Eine Mehrfachausnutzung von Datenleitungen ist möglich, indem die Kapazität einer Datenleitung in mehrere Unterkanäle aufgeteilt wird: Diese Unterkanäle werden für bestimmte Übertragungsprozeduren entweder generell reserviert (Multiplexing) oder im Bedarfsfall zugeordnet (Konzentratorverbindung). In beiden Fällen übersteigt die Anzahl der Übertragungskanäle die der physischen Leitungen.

Die Mehrfachausnutzung von Datenleitungen hat neben wirtschaftli-

---

1) Vgl. FARBER, David J.: Networks: An Introduction. In: Datamation, Vol. 18 1972 No. 4, p. 37 f.
(Bemerkenswert ist die Tatsache, daß auch die Verlagerung eines Programms von einer Datenstation auf eine andere das dargestellte Steuerungsverfahren nicht beeinträchtigt.)
PETERSEN, Jack J.; VEIT, Sandra A.: Survey of Computer Network, McLean, Virginia 1971, p. 22.

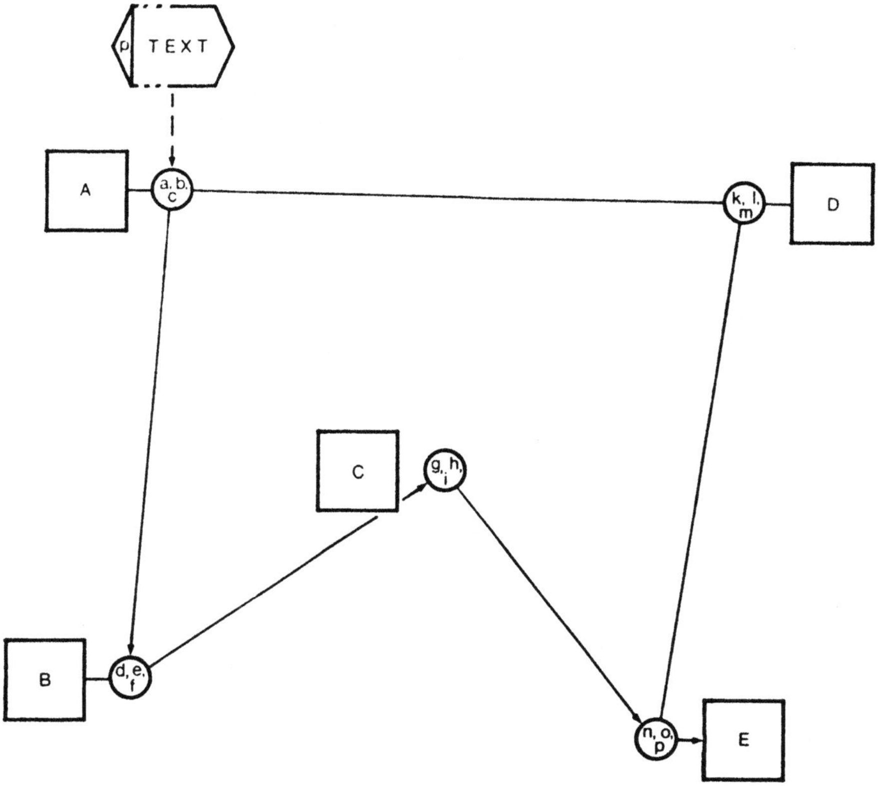

Vergleichsinformation ist hier nicht mehr die physische Hardware-Adresse, sondern eine jeweilige Tabelle der innerhalb der Datenstation aktivierten bzw. aktivierbaren Verarbeitungsprogramme. Gesuchte Verarbeitungsprozedur ist hier Prozedur p im Bereich der Datenstation E.

ABB. 10: NACHRICHTEN-ADRESSIERUNG MIT SYMBOLISCHEN PROZEDURNAMEN

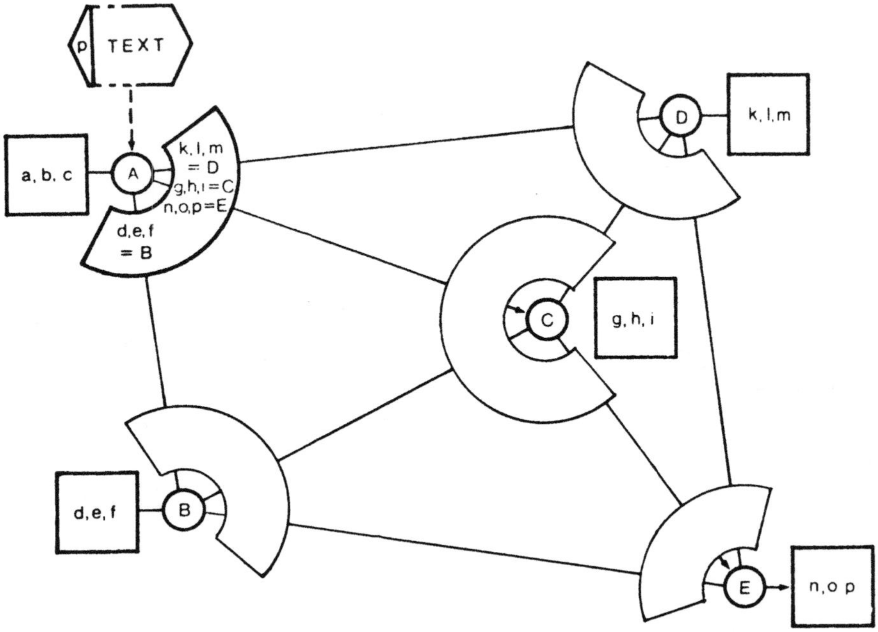

ABB. 11: NACHRICHTEN-ADRESSIERUNG MIT REFERENZ-TABELLEN I

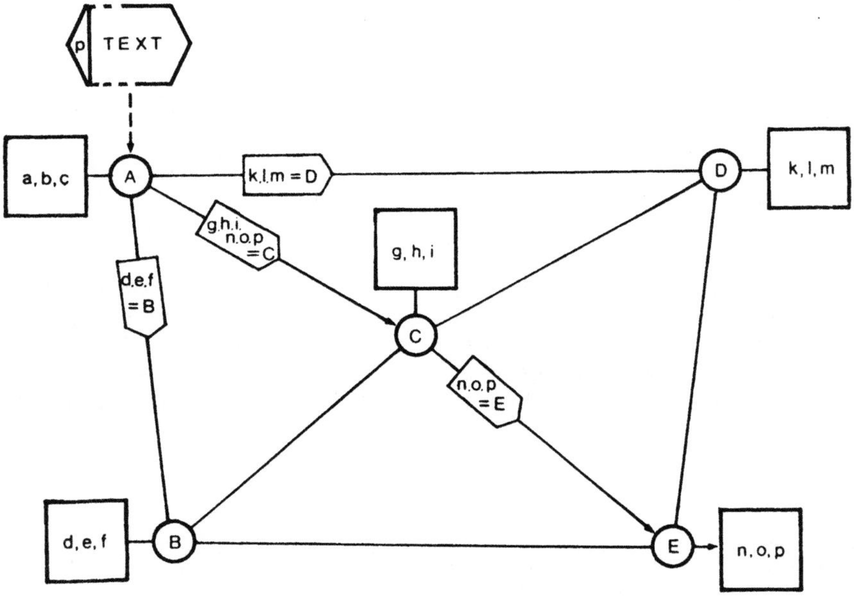

ABB. 12: NACHRICHTEN-ADRESSIERUNG MIT REFERENZ-TABELLEN II

chen Vorteilen - z.B. kann die Unterhaltung einer mehrfachgenutzten Standleitung kostengünstiger sein als die Übertragung auf mehreren Wählleitungen - auch organisatorische Vorteile, da sich hierdurch komplexe Netze übersichtlich gestalten und insgesamt bessere Antwortzeiten realisieren lassen. Auf der anderen Seite stellt die Mehrfachausnutzung von Übertragungsleitungen erhöhte Anforderungen an die gesamte Übertragungssteuerung, insbesondere an die Kanalzuteilung und die Adressierung von Nachrichten.

Die Kanalzuteilung erfolgt nach den bereits dargestellten Verfahren des Zeit- und Frequenzmultiplexing. Das Zeitmultiplexing ist als das technisch aufwendigere von beiden Verfahren anzusehen, da bei der zeitlichen Verschachtelung einzelner Bitfolgen eine Synchronisation zwischen Sender und Empfänger stattfinden muß. Insbesondere das asynchrone Zeitmultiplexing (ATDM = asynchronous time division multiplex) induziert aufgrund der prioritätsgesteuerten bzw. dem Datenanfall angepaßten Bedienung einzelner eingehender Datenleitungen einen erhöhten Steuerungsaufwand. Wird der Multiplexkanal von weniger als den maximal anschließbaren Einzelleitungen beschickt, so entstehen aufgrund der selektiven Anschlußbedienung kürzere Übertragungszyklen im Multiplexkanal. Als Folge davon werden die an der Demultiplex-Einrichtung angeschlossenen Leitungen - die in ihrer Übertragungskapazität auf eine durchschnittliche Übertragungsrate der Multiplex-Unterkanäle abgestimmt sind - überlastet und eine Zwischenspeicherung notwendig. Der Vorzug dieses Multiplexverfahrens besteht darin, daß keine Unterkanäle reserviert werden und somit keine Übertragungskapazität auf einzelnen Kanälen verloren gehen kann[1].

---

1) Vgl. DOLL, Dixon R.: Multiplexing and concentration ..., a.a.O., p. 1316 f.
CHU, W.W.: A study of asynchronous time division multiplexing for time-sharing computer systems. In: AFIPS FJCC, Vol. 35 1969, p. 669 f.

Da beim Frequenzmultiplexing und beim synchronen Zeitmultiplexing für jede Übertragungsprozedur ein Frequenzband bzw. ein Unterkanal reserviert ist, treten keine zusätzlichen Adressierungserfordernisse gegenüber der Übertragung auf nicht mehrfach genutzten Leitungen auf. Die eindeutige Zuordnung von Unterkanälen zu einzelnen Empfangsstationen bleibt durch das aufeinander abgestimmte Verschachteln und Trennen der Unterkanäle gewahrt (die Transparenz des Übertragungssystems bleibt erhalten). Anderes gilt für die asynchrone Zeitmultiplex-Übertragung und für Konzentrator-Verbindungen: Die Aufteilung der Übertragungswege ist hierbei im voraus nicht exakt bestimmbar, sondern von dem aktuellen Übertragungsvolumen und von dem verfügbaren Leitungspotential abhängig (fehlende Transparenz im Übertragungssystem). Die nicht vorhandene eindeutige Zuordnung von Datenstationen und Übertragungskanälen muß durch aufwendige Adressierungsverfahren ausgeglichen werden.

2.1.1.4 Verfahrensbezogene Übertragungssteuerung

Die Leitungsanschlußsteuerung umfaßt die Software-Funktionen, die an der Schnittstelle zwischen dem Übertragungsbereich und der Datenstation (Datenendeinrichtung oder Datenübertragungssteuereinheit) zu erfüllen sind. Die Leitungsanschlußsteuerung stellt ein rein systemtechnisches Interface dar. Es liegt im Interesse des Anwenders, daß zwischen der Verarbeitung von entfernt und lokal eingegebener Jobs möglichst wenige erkennbare Unterschiede bestehen. Um dies zu erreichen, sind die rein übertragungstechnischen Funktionen (Nachrichtenübertragung und -empfang) von denen der Verarbeitung zu isolieren und sie unter eigener Steuerung durchzuführen.

Die Leitungsanschlußsteuerung initiiert die Datenübertragung, wenn die Datenstation den Status einer Sendestation hat, und sie kontrolliert den Datenempfang, wenn die Datenstation als Empfangsstation fungiert. Diese Aufgaben variieren je nach der gewählten bzw. vorgegebenen Übertragungsprozedur, die unter anderem durch Übertragungsrhythmus, -code und -geschwindigkeit gekennzeichnet ist. Für Nachrichtenempfang und -übertragung können Prioritäten vorgegeben sein, die bei der Steuerung und Kontrolle zu beachten sind. Der Einflußbereich der Leitungsanschlußsteuerung endet bei der Abspeicherung empfangener Nachrichten, bzw. beginnt beim Abrufen zu sendender Daten.

Unterschiedliche Übertragungsprozeduren auf den Leitungen, die an eine Datenstation angeschlossen sind, machen prozedurabhängige Vorkehrungen bei der Leitungsanschlußsteuerung notwendig. Die Alternativen bitseriell/bitparallel, asynchron/synchron und simplex/halbduplex/duplex sowie der verwendete Übertragungscode haben Einfluß auf die systemtechnische Schnittstelle zwischen Übertragungssystem und Datenstation. Werden Leitungen gleicher Übertragungsprozedur unter jeweils einem Leitungsanschluß zusammengefaßt und für jede dieser Anschlußgruppen entsprechende Steuerungsaktivitäten vorgesehen, so läßt sich bei flexibler Anschlußsteuerung dennoch insgesamt eine standardisierte Schnittstelle schaffen[1].

Ein Bestimmungskriterium der Übertragungsprozedur ist durch den Übertragungsrhythmus gegeben. Bei der asynchronen Übertragung werden den Zeichen Start-Bits vorangestellt und Stop-Bits angehängt (Start-Stop-Betrieb). Durch diesen Übertragungsmodus wird eine aufwendige Synchronisation - also eine beidseitige (sende- und empfangsseitige) Taktangleichung - umgangen, wie sie bei der synchronen Verfahrensweise vorzunehmen ist[2]. Bei dieser Übertragungsform wird für jeden Übertragungsblock - bestehend aus beliebig vielen Nachrichten-

---

1) Vgl. JILEK, Peter; FELTL, Herbert: Systemprogramme ..., a.a.O., S. 127 f.
BOWIE, J.A.: Software ..., a.a.O., p. 23.

2) Vgl. BARTH, John: Using minicomputers in teleprocessing systems. In: Data Processing Magazine, Vol. 12 1970 No. 11, p. 44.
MARTIN, James: Introduction ..., a.a.O., p. 77 ff.

segmenten - ein Synchronisationsmuster gesendet, welches empfängerseitig der Taktanpassung dient. Auf eine Einzelnachricht bezogen ist zwar der Steuerungsaufwand bei der synchronen Übertragung grösser, doch kehrt sich diese Relation bei einem hohen Blockungsfaktor zugunsten der Synchronübertragung um[1]. Bei hohem Übertragungsvolumen und kontinuierlicher Übertragung lassen sich durch den Synchronbetrieb demnach wesentlich höhere Transfergeschwindigkeiten realisieren. Der Start-Stop-Modus weist dagegen bei Übertragung einzelner Nachrichten - wie etwa bei Eingabe über Tastatur im Dialogverkehr (häufiger Richtungswechsel) - erhebliche Vorteile auf.

Die Bit-Synchronisation, das heißt, die bitweise Abstimmung zwischen Sender und Empfänger (Kennzeichnung der einzelnen Bitpositionen), wird in der Regel von Modems vorgenommen. Die in Einzelfällen darüberhinaus notwendige zeichen- oder wortweise Synchronisation - wenn etwa zwei kommunizierende Datenstationen in ihren Wortlängen differieren - sollte aufgrund der zahlreichen gebräuchlichen Wortlängen softwaremäßig durchgeführt werden[2].

In Abhängigkeit von Leitungsart und Leitungsendeinrichtung sind drei verschiedene Übertragungsrichtungen möglich. Simplex-Betrieb bedeutet, daß nur in einer Richtung (von einer ausschließlich sendenden Station zu einer ausschließlich empfangenden Station) gesendet werden kann. Bei Halbduplex-Betrieb kann prinzipiell in beiden Richtungen übertragen werden - dies jedoch nicht gleichzeitig. Vor

---

1) Vgl. NOLLE, Friedrich K.: Datenfernverarbeitung. Systeme, Betriebsweise, Anwendungen. Teil III-2 ..., a.a.O., S. 28.
Zum Problem der optimalen Blocklänge siehe:
DICK, R.; KUHN, K.: Zur Bestimmung der optimalen Blockgröße bei Datenübertragung. In: Elektronische Datenverarbeitung, 11. Jg. 1969 Heft 9, S. 426 f.

2) Vgl. BREME, Hans J.: Data Terminal Control and Partial Retransmission by Mini-Computer. In: IEEE Trans. Commun. Technol., Vol. COM-18 1970, p. 646.

jedem Richtungswechsel ist eine Umschaltung vorzunehmen. Diese beiden Betriebsarten sind auf Wählleitungen (2-Draht-Leitungen) der öffentlichen Netze realisierbar. Der Vollduplex-Betrieb, der eine simultane Übertragung in beiden Richtungen erlaubt, ist auf Standleitungen sowie auf Wählnetz-Leitungen mit geringer Übertragungsgeschwindigkeit (200 bit/s) beschränkt. Für Vollduplex-Verkehr ist entweder eine 4-Draht-Leitung oder die Aufteilung der Leitungskapazität in Unterkanäle (Frequenzmultiplex) erforderlich. Für die meisten Anwendungen ist Halbduplex-Betrieb ausreichend, da ein Gegenbetrieb in der Regel nur zur Rückübertragung von Quittungssignalen (Bestätigung eines fehlerfreien Nachrichtenempfangs) erforderlich ist. Vollduplex-Betrieb ist dagegen bei übertragungsintensivem Dialog und beim Datenaustausch zwischen gleichberechtigten Datenstationen zweckmäßig, um hohe Umschaltzeiten zu vermeiden. Steuerungsfunktionen bezüglich der Übertragungsrichtung erstrecken sich auf Richtungswechsel sowie auf die Sicherung der Empfangs- und Sendebereitschaft[1)].

In Abhängigkeit von der Übertragungsimpulsfolge wird bitserielle und bitparallele (zeichenweise) Datenübertragung unterschieden. Da die meisten Übertragungswege für bitserielle Übertragung ausgelegt sind, die Datenendeinrichtung jedoch bitparallel arbeitet, ist an der Schnittstelle zwischen Datenstation und Übertragungsbereich eine Seriell-/Parallel-Umsetzung vorzusehen. Bitparallele Übertragung ist entweder durch mehfache Leitungsführung (gemietete Leitungen) oder mittels Frequenzmultiplexing auf einer Leitung durchführbar.

Während die Datenendeinrichtung in der Regel mit 6- oder 8-Bit-Codes arbeitet, sind für die Datenübertragung 5- und 7-Bit-Codes üblich. Die gebräuchlichsten Übertragungscodes sind der 5-Bit-Fernschreibcode (CCITT Nr. 2), der ISO-7-Bit-Code (CCITT Nr. 5) und der von diesem nur in einigen Zeichen abweichende DIN-7-Bit-Code. An der

---

1) Vgl. MARTIN, James: Introduction ..., a.a.O., p. 514 f.

Schnittstelle zwischen Datenstation und Übertragungssystem sowie an der Schnittstelle zwischen 2 Übertragungsleitungen (Netzknoten) ist eine Code-Umsetzung notwendig. Die Umsetzung wird in der Regel softwaremäßig vorgenommen[1].

2.1.2 Übertragungssicherung

Ziel der Übertragungssicherung ist es, einen organisatorisch notwendigen und gleichzeitig wirtschaftlich vertretbaren Grad an Übertragungssicherheit zu realisieren. Der erforderliche Sicherungsaufwand (im konkreten Fall die Form der Übertragungssicherung) läßt sich bestimmen aus[2]:

- den Anforderungen an eine fehlerfreie Übertragung, die aus dem betrieblichen Geschehen resultieren,
- der Übertragungsgeschwindigkeit,
- der Datenart (numerisch/alphanumerisch),
- der Qualität (Störanfälligkeit) der Übertragungswege.

Die Übertragungssicherung umfaßt neben der Fehlererkennung die Fehlerbehandlung (die Reaktion des Systems auf erkannte Fehler).

2.1.2.1 Die Fehlererkennung

Verfahren zur Fehlererkennung können an dem benutzten Code, an der Übertragungsprozedur oder an der zugrundeliegenden Aufgabenstellung ansetzen.

Code-bezogene Fehlererkennung nutzt die jedem Code in unterschiedlichem Ausmaß inhärente Redundanz. Code-Redundanz liegt dann vor,

---

1) Vgl. MARTIN, James: Introduction ..., a.a.O., p. 155.
IBM-DEUTSCHLAND (Hrsg.): Das moderne Konzept ..., a.a.O., S. 5.

2) Vgl. DOLL, Dixon R.: Selecting an error control technique. In: Data Processing Magazine's Data Dynamics, Vol. 13 1971 No. 8/9, p. 8.

wenn für ein Zeichen mehr Bits verwendet werden, als für die eindeutige Codierung und Decodierung unbedingt notwendig wäre[1]. Die Redundanz eines Codes kann aus Sicherheitsgründen erhöht werden, um eine größere Fehlererkennungswahrscheinlichkeit zu erreichen. Ein Beispiel für einen hochgradig redundanten Code sind die M-aus-N-Codes, bei denen jedes codierte Zeichen aus einer gleichen Anzahl von 0- und 1-Bits besteht[2]. Ist etwa nach einer Datenübertragung das Verhältnis der 0- zu den 1-Bits verändert, so muß ein Fehler vorgekommen sein.

Eine speziell für die Datenübertragung vorgesehene Redundanzerhöhung bewirkt die Erweiterung eines Zeichens um ein Prüfbit (VRC = vertical redundancy checking) bzw. die Verlängerung eines Datenblocks um ein Prüfzeichen (LRC = longitudinal redundancy checking). Diese Prüfbits bzw. -zeichen werden vor der Übertragung in die Nutzinformation integriert bzw. an sie angehängt und mitübertragen. In der Empfangsstation läßt sich die vereinbarte Anzahl von 1-Bits (gerade oder ungerade) kontrollieren. Mit einem Verfahren allein können lediglich Einzelfehler erkannt werden. Für Fehlerbündel (2 oder mehr Fehler) läßt sich wegen der Gefahr der Kompensation von Fehlern die Restfehlerwahrscheinlichkeit nicht wesentlich senken. Dagegen stellen beide Verfahren zusammen ein recht wirksamens Erkennungsverfahren dar[3].

Speziell für die Erkennung von Fehlerbündeln sind zyklische Codes (CRC = cyclical redundancy checking) geeignet, die Zeichen nach

---

1) Vgl. KRAUSHAAR, Roland; VOLLMEYER, Werner: Datensicherung beim Erfassen, Übertragen und Ausgeben von Daten. In: Siemens-Zeitschrift, 43. Jg. 1969 Beiheft 'Datenfernverarbeitung', S. 27.

2) Vgl. DOLL, Dixon R.: Controlling data transmission errors. In: Data Processing Magazine's Data Dynamics, Vol. 13 1971 No. 7, p. 19.
MARTIN, James: Introduction ..., a.a.O., p. 98 f.

3) Vgl. EISENBIES, J.L.: Conventions ..., a.a.O., p. 298.
HOFER, Herbert: Datenfernverarbeitung ..., a.a.O., S. 113 ff.
GRAY, J.P.: Line control procedures ..., a.a.O., p. 1307.

arithmetischen Algorithmen verschlüsseln[1].

Codeunabhängig sind Fehlererkennungsverfahren, die in einigen Übertragungsprozeduren - meist zusätzlich zu den oben genannten Möglichkeiten - vorgesehen sind. Hierzu gehört die generelle Rückübertragung von Nachrichten an den Sender, von dem diese auf Identität mit den Ursprungssignalen überprüft werden. Dieses sogenannte 'echoing' ist sehr aufwendig und praktisch nur auf Duplex-Kanälen realisierbar. Ein codeunabhängiges Verfahren ist auch das regelmäßige Senden von Steuerinformationen, bei deren Ausbleiben (etwa durch längeranhaltende Störungen im Übertragungssystem) empfängerseitig eine Übertragungsunterbrechung vorgenommen und eine Fehlermeldung an das Steuerprogramm gegeben wird[2].

Aus der Aufgabenstellung, die der Datenübertragung zugrundeliegt, lassen sich Plausibilitätskontrollen ableiten, die die Übertragung inhaltlich falscher Nachrichten verhindern. Solche Plausibilitätskontrollen stellen in der Praxis Vergleiche aufsummierter Einzelpositionen mit ebenfalls übertragenen Zwischensummen oder andere einfache arithmetische Vergleichsoperationen dar. Vom Einzelfall abhängig ist, ob der erhöhte Sicherheitsgrad den hierfür notwendigen Programmieraufwand rechtfertigt.

2.1.2.2 Die Fehlerbehandlung

Der Erkennung von Fehlern muß nicht zwingend eine maschinelle Fehlerbehandlung folgen. Bei Übertragung von Alpha-Zeichen lassen sich falsch übertragene Zeichen etwa aus dem Kontext heraus korrigieren

---

1) Vgl. hierzu ausführlich u.a.: DENES, Jozsef; SZOKOLAY, Mihaly: Theoretische und praktische Probleme der Datenübertragung. Berlin 1974, S. 82 ff.
MARTIN, James: Die Organisation ..., a.a.O., S. 82 ff.
HÖRLE, R.; IRRO, F.; SCHAAL, H.; SIEBERT, H.; WEVERS, J.: Ein Verfahren ..., a.a.O., S. 67.

2) Vgl. HÖRLE, R.; IRRO, F.; SCHAAL, H.; SIEBERT, H.; WEVERS, J.: Ein Verfahren ..., a.a.O., S. 68.

(Sprach-Redundanz) - ohne ein spezielles Verfahren zur Fehlerkorrektur. Wo diese Möglichkeit nicht besteht, ist die Übertragung entweder zu wiederholen oder ein fehlerkorrigierender Code zu benutzen.

Eine Übertragungswiederholung kann zeichen-, satz- oder blockweise erfolgen und sowohl automatisch initiiert als auch vom Maschinenbediener gestartet werden[1)]. Bei programmgesteuerter Wiederholung ergeben sich im Gegensatz zur manuellen Vorgehensweise kaum Wartezeiten.

Bei Verwendung hochgradig redundanter Codes, mit denen auch Fehlerbündel erkannt werden können, ist die entsprechende Routine in der Lage, zumindest Einzelfehler bei der Übertragung selbsttätig zu korrigieren[2)]. In diesem Falle kann auf eine Übertragungswiederholung verzichtet werden. Dies erweist sich auf einer Halb-Duplex-Verbindung als vorteilhaft und auf einer Simplex-Verbindung als notwendige Voraussetzung für eine Fehlerbehandlung überhaupt[3)].

2.2 Betriebssystem bei Datenfernverarbeitung

Die bisher dargestellte Übertragungssoftware berücksichtigt nur indirekt die Anwendungen, für die Datenfernübertragung vorgenommen

---

1) Zum Verfahren der Fehlerbehandlung durch Übertragungswiederholung (ARQ = automatic request for repetition) vgl.:
DOLL, Dixon R.: Selecting ..., a.a.O., p. 6 ff.
DENES, Jozsef; SZOKOLAY, Mihaly: Theoretische und praktische Probleme ..., a.a.O., S. 99 ff.
MARTIN, James: Introduction ..., a.a.O., p. 101 ff.

2) Zum Verfahren der Fehlerbehandlung durch Korrektur ohne Rückübertragung (FEC = forward error correction) vgl.:
DOLL, Dixon R.: Controlling ..., a.a.O., p. 20 f.
DOLL, Dixon R.: Selecting ..., a.a.O., p. 6 ff.
DENES, Jozsef; SZOKOLAY, Mihaly: Theoretische und praktische Probleme ..., a.a.O., S. 112 ff.

3) Vgl. DOLL, Dixon R.: Controlling ..., a.a.O., p. 22.
DOLL, Dixon R.: Selecting ..., a.a.O., p. 6.

wird. Unter ihrer Steuerung und Kontrolle werden Verbindungen aufgebaut, Übertragungsprozesse eingeleitet und überwacht sowie Übertragungssicherungsmaßnahmen getroffen. Die Weiterleitung empfangener Nachrichten an die zugehörigen Anwendungsprogramme steht unter Steuerung eines für die Datenfernverarbeitung erweiterten Betriebssystems. Eine Schnittstelle zwischen rein übertragungstechnischen Funktionen und der zur Verarbeitung hinführenden Steuerung des Nachrichtenflusses ist die Zwischenspeicherung (Pufferung). Das Betriebssystem entnimmt der Eingabewarteschlange Daten bzw. Datenblöcke nach anwendungsbezogenen Gesichtspunkten und baut auf der anderen Seite Ausgabewarteschlangen auf, ohne seinerseits auf die Übertragungsprozedur Einfluß zu nehmen[1].

Drei Gruppen von Systemprogrammen können innerhalb des Betriebssystems unterschieden werden[2]:

- Systemprogramme zur Steuerung der Arbeitsfolge (Job Management) sind in der Art einer Kapazitätsbelegungs- und Reihenfolgeplanung aufgebaut. Sie steuern den Aufbau von Jobwarteschlangen, die Vergabe von peripheren Einheiten und die Zuteilung von Hauptspeicherkapazität, das Laden von Jobs sowie deren Beendigung und die anschließende Systemfreigabe.
- Systemprogramme zur Steuerung der einzelnen Arbeitsabläufe (Task Management) regeln die Verarbeitung der im Hauptspeicher befindlichen Tasks sowie den Task-Wechsel im Multiprogrammbetrieb. Diese Steuerung erfolgt nach den Prioritäten, die den Jobsteps im Rahmen des Job Management gegeben worden sind.

---

1) Vgl. JILEK, Peter; FELTL, Herbert: Systemprogramme ..., a.a.O., S. 126.

2) Vgl. hierzu das Kapitel Betriebssysteme in: GROCHLA, Erwin; MELLER, Friedrich: Datenverarbeitung ..., a.a.O., S. 229 ff.

- Systemprogramme zur Steuerung der Dateiorganisation (Data Management) unterstützen den Zugriff zu Daten- und Programmbeständen. Das Data Management wird spezifiziert durch bestimmte Verfahren der Speicherorganisation und Zugriffsmethoden.

Durch die Datenfernverarbeitung induzierte Modifikationen bzw. Erweiterungen eines Betriebssystems tragen den anderen Verarbeitungsprozeduren und Systemkonfigurationen (spezielle Datenübertragungssteuereinrichtungen) Rechnung. Für den Teleprocessing-Betrieb notwendig sind u.a. eine Umstellung des Mehrprogrammbetriebs, Modifikationen bei der Prioritätsvergabe, zusätzliche Zugriffstechniken sowie Änderungen in der Kanalsteuerung.

Für die dargestellten Systemprogramm-Gruppen sind im einzelnen folgende Auswirkungen zu erwähnen:

- Im Job Management sind die für Teleprocessing-Anwendungen einerseits, für lokale Jobs andererseits neu zu vergebenden Prioritäten zu berücksichtigen. Da der Teleprocessing-Betrieb allein eine Anlage nur unzureichend auslasten würde - allein schon aufgrund des sehr ungleichmäßig anfallenden Bedarfs an Hauptspeicher- und Peripheriekapazität - , werden für Fernverarbeitungs-Anwendungnen nur begrenzte Hauptspeicherbereiche reserviert, wobei ihnen jedoch höchste Priorität eingeräumt wird. Liegt seitens der Teleprocessing-Programme kein Systembedarf vor, so werden der Jobwarteschlange andere Jobs niedrigerer Priorität entnommen und der Verarbeitung zugeführt[1].
- Das Task Management steuert die verzahnte Verarbeitung von Teleprocessing-Programmen und lokal eingegebenen Jobs im Hauptspeicher. Besonders steueraufwendig ist hierbei die

1) Vgl. JILEK, Peter; FELTL, Herbert: Systemprogramme ..., a.a.O., S. 125.

Koordination zwischen Anwendungs- und Systemtasks. Als Systemtasks gelten beispielsweise Ein-/Ausgabe-Operationen zur Steuerung des Datenaustausches zwischen Zentraleinheit und peripheren Speichern sowie zur Steuerung des Nachrichtenaustauschs zwischen Zentraleinheit und Übertragungssteuereinheit.

- Für diesen Nachrichtenaustausch sind im Data Management spezielle Zugriffsmethoden vorgesehen, die je nach Ausbaustufe unterschiedlich realisiert werden können: Das Data Management kann einen Zugriff unter eigener Steuerung oder unter Steuerung durch das zentrale Steuerprogrammsystem vorsehen. Die Unterstützung durch eine eigene Steuerung hat den Vorteil, daß Datenübertragungs- und Datenverarbeitungsprozeduren parallel ablaufen können. Die Identifizierung einer Nachricht kann entweder an Hand des Nachrichteninhaltes (Spezifikation über den Nachrichten-Header) oder durch den Übertragungsanschluß (der für eine Nachrichtenart reserviert ist) vorgenommen werden[1]. Die Spezifikation an Hand der Nachricht selbst weist erhebliche Vorteile auf, da keine Anschlüsse zu reservieren sind und zudem auf einer Leitung Nachrichten für verschiedene Anwendungen übertragen werden können.

Die in den drei Funktionsbereichen des Betriebssystems erforderlichen Änderungen bzw. Erweiterungen unterstützen die Koordination zwischen Datenübertragung und Datenverarbeitung (= Datenfernverarbeitung): Koordinationsaufgaben stellen sich dabei in zeitlicher und sachlicher Hinsicht.

---

1) Die Identifizierung einer Nachricht an Hand ihres Nachrichteninhaltes wird kurz skizziert in:
BOWIE, J.A.: Software ..., a.a.O., p. 23 f. (Message Processing Module MPM).
Zur Verfahrensweise der A-priori-Zuordnung von Leitungsanschluß, Eingabewarteschlangen und Anwendungsprogramm vgl.: JILEK, Peter; FELTL, Herbert: Systemprogramme ..., a.a.O., S. 126.

2.2.1 Zeitliche Koordination von Übertragung und Verarbeitung

Die zeitliche Koordination zwischen Übertragung und Verarbeitung wird in Abhängigkeit von der Betriebsweise der Datenfernverarbeitung gesteuert[1]. Bei einem Stapelfernverarbeitungsbetrieb liegt die Initiative zum Einlesen übertragener Nachrichten beim Anwendungsprogramm: Nachrichten werden solange zwischengespeichert, bis das zugehörige Programm geladen ist und diese Nachrichten abruft (Holsystem)[2].

Einer vollkommen anderen Regelung bedarf es im Falle einer Real-Time-Anwendung, bei der eine Verarbeitungsprozedur eingeleitet werden muß, sowie eine zu verarbeitende Nachricht im Pufferspeicher eingegangen ist. Laufende Programme werden durch das Steuerprogramm unterbrochen, die Übertragung von dem Puffer- in den Arbeitsspeicher vorgenommen und die Verarbeitung initiiert[3]. Nachrichten führen sich quasi selbst der Verarbeitung zu, so daß man von einem Bringsystem sprechen kann.

Kommen beide Betriebsarten in einem Verbundsystem zur Anwendung, so ergeben sich besondere Probleme hinsichtlich der zeitlichen Koordination:

- Es ist sicherzustellen, daß sich die einerseits dem Steuerprogramm, andererseits dem Anwendungsprogramm zugeordneten Initiativfunktionen nicht gegenseitig behindern oder stören,
- es sollte möglichst aus der einzelnen Nachricht selbst ersichtlich sein, ob auf den Abruf übertragener Nachrichten gewartet werden oder eine Nachrichtenzuführung aus eigener Initiative stattfinden soll.

---

1) Vgl. hierzu den folgenden Abschnitt B. III. (Organisationsformen).

2) Vgl. MILLS, D.L.: Communications software. In: Proceedings IEEE, Vol. 60 1972 No. 11, p. 1336.

3) Vgl. MILLS, D.L.: Communications software ..., a.a.O., p. 1336. MARTIN, James: Programming ..., a.a.O., p. 63.

2.2.2 Sachliche Koordination von Übertragung und Verarbeitung

Bei Systemen, die unterschiedliche Betriebsarten der Datenfernverarbeitung zur gleichen Zeit erlauben, stellt sich zusätzlich das Problem einer sachlichen Koordination: Nachrichten, die über die gleichen Übertragungswege gesendet werden, aber für unterschiedliche Verarbeitungsprozeduren bestimmt sind, müssen beim Abruf oder bei der Zufuhr mit Hilfe spezieller Selektionsverfahren der entsprechenden Verarbeitungsprozedur zugeordnet werden.

Besteht für jede Datenfernverarbeitungs-Anwendung ein eigener Übertragungsanschluß, so entfallen sachliche Koordinationsaufgaben, da die eindeutige Zuordnung von Übertragungsdaten und Verarbeitungsprozedur hergestellt ist. Da diese Vorgehensweise aber sehr aufwendig für den Übertragungsbereich ist, sollten Methoden angewandt werden, bei denen diese Zuordnung mittels der in den Nachrichten enthaltenen Steuerinformationen vorgenommen wird. Werden Nachrichten für verschiedene Anwendungen im Pufferspeicher anhand dieser Steuerparameter voneinander getrennt, so ist deren gemeinsame Übertragung auf gleichen Übertragungswegen möglich.

c) Benutzer

Zur automatisierten Erfüllung von Datenverarbeitungsaufgaben in Computerverbundsystemen ist neben der Kooperation der Computer untereinander das Zusammenwirken menschlicher Aktionsträger mit dem Computer erforderlich. Die heute übliche Bezeichnung des Menschen im ADV-System ist die des Benutzers der automatischen Datenverarbeitungsanlagen: Der personelle Aktionsträger benutzt die aus dem maschinellen Verarbeitungsprozeß resultierenden Informationen zur Erfüllung der ihm übertragenen Teilaufgaben. Der Benutzer stellt somit eine besondere Kategorie von Aufgabenerfüllungsressourcen in Computerverbundsystemen dar.
Wesentlicher Inhalt der Benutzerproblematik sind die verschiedenarti-

gen Beziehungen, die zwischen Benutzern und Computern bei ihrer kooperativen Aufgabenerfüllung bestehen. Diese Beziehungen lassen sich auf zwei Grundformen zurückführen - die der direkten und die der indirekten Benutzungsart. Die Untersuchung der Benutzungsarten ist eine wichtige Voraussetzung für die Analyse der Determinanten des Benutzerverhaltens sowie der Sprachen, die bei der Kommunikation zwischen Mensch (Benutzer) und Maschine (Computer) verwandt werden. Denn die Ausgestaltung der Kooperationsbeziehungen und der Schnittstellen in Computerverbundsystemen basiert auf dem Zusammenhang zwischen den zu lösenden Aufgaben einerseits sowie den Verhaltensdeterminanten und den Sprachen andererseits.
Grundsätzlich tauchen bei der Untersuchung des Benutzers in Verbundsystemen die gleichen Probleme auf wie in ADV-Terminalsystemen. Im Vordergrund stehen deshalb zunächst generell für die ADV gültige Aussagen. Sie sind jedoch zu modifizieren, soweit verbundspezifische Bedingungen dies erfordern (Sachmittelstrukturen, Zentralisations-/ Dezentralisationswirkung).

1. Arten der Benutzer-Maschine-Kooperation im Computerverbund

Die Relationen, die zwischen Benutzern und Computern bei ihrer kooperativen Aufgabenerfüllung bestehen, lassen sich - wie angedeutet - auf zwei Grundformen zurückführen:

(1) Es besteht eine direkte Beziehung, d.h. der Benutzer selbst steht während der Aufgabenausführung in unmittelbarer Verbindung mit einem Computer. Datenendstationen des Maschinensystems (Terminals) bilden die Verbindungs-Schnittstellen, die den direkten Zugang zum Computer ermöglichen.

(2) Es liegen nur indirekte Beziehungen zwischen Benutzern und Computern vor, d.h. der Benutzer selbst kommt mit der Maschine nicht in Berührung; die zur Kooperation erforderlichen menschlichen Aktivitäten werden von zwischengeschalteten Aktionsträ-

gern durchgeführt. Ein Beispiel dafür stellt der Closed-Shop-Betrieb eines Rechenzentrums dar: Dem Benutzer ist der Direktzugang zum Computer verschlossen, den Interfacebereich bilden die auf die Maschinenbedienung spezialisierten personellen Aktionsträger.

Zur Bezeichnung dieser beiden Beziehungsarten existiert eine Vielzahl von Begriffen: Gegensatzpaare wie verzögerte Verarbeitung und schritthaltende oder Echtzeit-Verarbeitung sowie On-Line- und Off-Line-Verkehr basieren auf dem zeitlichen Aspekt der Prozesse oder verwenden maschinentechnische Termini in Analogie. Im folgenden wird von direkten und indirekten Benutzungsarten gesprochen, um das jeweilige Kooperationsverhältnis zwischen Benutzer und Maschine zu kennzeichnen. Maßgebend für die Auswahl der Benutzungsart ist die Art der Aufgaben, die kooperativ zu erfüllen sind.

1.1 Indirekte Benutzungsarten

Aufgaben mit quantitativ umfangreichem Dateninput machen das Sammeln der Eingabedaten und deren schub- oder stapelweise Eingabe in das Computersystem erforderlich, soll die maschinelle Aufnahme- und Verarbeitungsgeschwindigkeit organisatorisch sinnvoll genutzt werden. Da in der Vergangenheit der dominierende Anwendungsbereich der ADV vor allem aus repetitiven Verarbeitungsaufgaben mit großen Mengen von Daten bestand, war die diesen Aufgaben adäquate Form der Stapelverarbeitung (Batch-Processing) für die organisatorische Entwicklungsgeschichte der ADV-Systeme bestimmend. Dies führte zur Zentralisierung der maschinellen Verarbeitungsvorgänge im Rechenzentrum und damit zur räumlichen Entfernung des Benutzers vom Ort der automatisierten Aufgabenerfüllung. Zudem war hiermit eine Spezialisierung der mit der Vorbereitung und Durchführung der Verarbeitung beschäftigten Aktionsträger verbunden und damit auch eine sachlich-inhaltliche Trennung des Benutzers von seiner Aufgabenstellung. Die Gestaltung des Ab-

laufs der automatisierten Aufgabenerfüllung (mit der Möglichkeit der Beeinflussung der Aufgabeninhalte) wurde spezialisierten Systemanalytikern und Programmierern übertragen. Die Trennung ist mit der Weiterentwicklung der Betriebssysteme so weit gediehen, daß das Rechenzentrum nicht nur für die eigentlichen Benutzer, sondern vielfach auch für die Programmierer einen 'closed shop' darstellt; in direkten Kontakt und in zeitweilige Interaktion mit der Maschine treten dann nur noch die Maschinenbediener.
Bei der indirekten Benutzungsart im stapelweisen Verarbeitungsbetrieb besteht eine starke Zeitverzögerung zwischen der Übergabe des Verarbeitungs-Input an das Rechenzentrum oder den Standort des Eingabesystems und der Verfügbarkeit - bzw. dem Empfang - der Ergebnisse für den Benutzer: Diese Verzögerungszeit kann bis zu mehreren Tagen betragen.

1.2 Direkte Benutzungsarten

Die Unterschiede in der Ein-/Ausgabegeschwindigkeit von Mensch und Maschine lassen die unmittelbare Informationsübermittlung vom Benutzer in das Verbundsystem organisatorisch sinnvoll nur dann zu, wenn die zu übermittelnde Informationsmenge im Bereich des menschlichen Leistungsvermögens liegt. Durch diese triviale Voraussetzung scheiden direkte Benutzungsarten für die Erfüllung von Massendatenverarbeitungsaufgaben von vornherein aus.
Eine Ausnahme bilden Verbundsysteme mit Anlagen der MDT. Eine permanent - etwa im Rahmen von Abrechnungsaufgaben - anfallende Datenmenge läßt sich hier unmittelbar auf die kontinuierliche Direkteingabe in die MDT-Anlage folgend verarbeiten. Dieser Verarbeitungsprozeß ist je nach Auslegung des Verbundsystems in der MDT-Anlage oder im Großcomputer möglich. Da die Kombination von direkter menschlicher Eingabe mit unmittelbar folgender Verarbeitung ein determinierendes Merkmal der Sachmittelkategorie MDT ist, werden diese Anlagen mitunter

auch als 'benutzerorientierte Computer' bezeichnet[1]. Im Gegensatz dazu muß bei großen Computern die direkte Eingabe relativ geringer Datenmengen einer Vielzahl von Benutzern möglich sein, soll das maschinelle Leistungspotential organisatorisch sinnvoll genutzt werden. Die Voraussetzung hierfür ist, daß der Computer eine Echtzeitverarbeitung (Real-Time-Processing) zuläßt. Ein Real-Time-System, dessen Elemente ganz oder teilweise zu jeder Zeit mehreren Benutzern zur Verfügung stehen - sei es gleichzeitig oder in scheinbarer Gleichzeitigkeit -, wird als Time-Sharing-System bezeichnet. Bei der direkten Benutzung erfolgt deshalb die maschinelle Verarbeitung und die Ausgabe der Ergebnisdaten zeitnah - d.h. mit Verzögerungen im Sekunden- oder Minutenbereich (Antwortzeit) - auf die Eingabe von Daten und Verarbeitungsanforderungen durch den Benutzer.

Die auf Direktbenutzung basierenden Computersysteme lassen sich unterscheiden in solche, bei denen der Verarbeitungsprozeß einseitig vom Benutzer oder vom Computer initiiert wird (einseitig aktive Systeme), und in solche, die auf beiden Seiten gleichgewichtig verteilte Aktivitäten vorsehen (interaktive Systeme). Während die erste Art von Systemen durch einen Aktions-Reaktions-Ablauf gekennzeichnet ist, lassen sich bei der zweiten Kategorie interdependente Aktionen sowohl des Benutzers wie der Maschine feststellen.

Bei den <u>einseitig aktiven</u> Systemen können Aufgabenerfüllungsprozesse entweder durch eine Aktivität des Benutzers oder auf Initiative der ADVA ausgelöst werden. Werden Verarbeitungsprozesse vom Computer initiiert, so spricht man von Berichtssystemen: Der Computer stellt - periodisch oder ereignisabhängig - genau definierte Informationen dem Benutzer automatisch zur Verfügung. Dagegen wird im benutzer-initiativen Auskunftssystem die Maschine nur nach einer Anforderung des Be-

---

1) Vgl. HEINRICH, Lutz J.: Mittlere Datentechnik - einige Überlegungen zur Standortbestimmung und Bezeichnung. In: Computer Praxis, 6. Jg. 1973 Heft 3, S. 70.

nutzers aktiv. Beide Systemarten sind also einseitig aktiv im Gegensatz zu den interaktiven Systemen, in denen die Initiative von jedem der Kommunikationspartner ausgehen kann[1].

In interaktiven Systemen erfolgt die Verteilung der für eine konkrete Aufgabe auszuführenden Einzelaktivitäten auf die Aktionsträger des Systems im Verlaufe des kooperativen Erfüllungsprozesses selbst - orientiert am konkreten Problem und an den spezifischen Leistungsmerkmalen der Kooperationspartner. Dazu erforderlich ist, daß der Benutzer z.T. selbst Gestaltungshandlungen durchführt, indem er die Aktivitätszuordnung vornimmt und ggf. entsprechende Handlungsanweisungen maschinengerecht formuliert.
Die Aufgabenklasse, zu deren Erfüllung sich die interaktive Computerbenutzung eignet, umfaßt vorwiegend Entscheidungs- und Planungsaufgaben. Diese zukunftsorientierten Aufgaben können als Informationsverarbeitungsaufgaben mit Problemeigenschaften gekennzeichnet werden, d.h., das Ergebnis ihrer Erfüllung ist - im Gegensatz zu den vergangenheitsorientierten Aufgaben des Informationssystems - nicht vollständig prognostizierbar: Die Aufgabenerfüllung setzt eine Problemlösung voraus. Diese Probleme sind nach dem Grad ihrer Strukturierbarkeit zu unterscheiden, d.h. nach der Möglichkeit, den Weg ihrer Lösung vorzugeben. Für Prozesse zur Lösung schwach strukturierter Probleme ist die interaktive Benutzer-Computer-Kommunikation durch ihre flexible, an den Aktionsträgerfähigkeiten orientierte Aktivitätenzuordnung besonders geeignet. Aus der Verknüpfung der komparativen Leistungsmerkmale von Mensch und Maschine sind synergetische Effekte zu erzielen, die eine Ausweitung des menschlichen Problemlösungspotentials durch computergestützt ablaufende Denkprozesse ermöglichen.

---

1) Vgl. SZYPERSKI, Norbert: Gegenwärtiger Stand und Tendenzen der Entwicklung betrieblicher Informationssysteme. In: Probleme beim Aufbau betrieblicher Informationssysteme. Beiträge zum Wirtschaftssymposium 1972 der IBM Deutschland, hrsg. von H.R. Hansen und M.P. Wahl, München 1973, S. 25-48.

Die besondere Eignung der interaktiven Benutzungsart für die Lösung komplexer und wenig strukturierter Probleme erklärt, daß die ersten umfassenden Dialogsysteme im wissenschaftlichen Bereich implementiert wurden: Einige der bekanntesten sind das System Multics (Multiplexed Information and Computing Service) des M.I.T.[1], das System JOSS (Johnniac Open-Shop-System) der Rand Corporation und das System CHORD-S (Computer Handling of Reactor Data Safety), das 1968 von der amerikanischen Atomenergiekommission in Betrieb genommen wurde.

Für die Benutzerforschung von Interesse sind in einseitig aktiven Systemen die Gestaltungsmöglichkeiten im Interfacebereich als der variablen Einflußgröße (z.B. die technologische Gestaltung der Terminals); die grundsätzliche Art der Aktivitätenverteilung liegt in diesen Systemen durch vorgegebene Aufgabenstellung und dezentralen Systemaufbau fest. Demgegenüber sind in interaktiven Systemen sowohl die verschiedenen Dimensionen der Problem-Charakteristik als auch die Aktivitätenverteilung als Einflußgrößen zu berücksichtigen.

2. Determinanten des Benutzerverhaltens im Computerverbund

Bei der Untersuchung der Benutzer als der personellen Aktionsträger des ADV-Systems ist von den für die Aufgabenerfüllung relevanten generellen Eigenschaften menschlicher Aktionsträger auszugehen[2]. Das Aufgabenerfüllungs- oder Leistungspotential menschlicher Aktionsträger ist abhängig von ihrer Leistungsfähigkeit und ihrer Leistungsbe-

---

1) Vgl. WEIZENBAUM, J.: A Backward Look over Compatible Time-Sharing System (CTSS). In: Teilnehmer-Rechensysteme, Vorträge der Fachtagung der Nachrichtentechnischen Gesellschaft im VDE (NTG) in Erlangen vom 20. bis 22. 9. 1967, hrsg. von W. Händler, München - Wien 1968, S. 30 ff.
FANO, R.M.; CORBATO, F.J.: Time-Sharing on Computers. In: Scientific American, Vol. 215 1966 No. 3, p. 129 ff.
CORBATO, F.J.; VYSSOTSKY, V.A.: Introduction and Overview of the MULTICS System. In: AFIPS FJCC, Vol. 27 1965, p. 185-196.

2) Vgl. GROCHLA, Erwin: Unternehmungsorganisation ..., a.a.O., S. 49 ff.

reitschaft. Die Leistungsfähigkeit wird durch die vorhandenen Anlagen und deren Entfaltungsmöglichkeiten bestimmt. Die Leistungsbereitschaft hängt von der physischen und der psychischen Verfassung ab, die in Kondition, Disposition und Leistungswillen zum Ausdruck kommt[1]. Die Leistungsfähigkeit zur Verarbeitung von Informationen wird durch allgemeine physische Eigenschaften des Menschen determiniert, wobei quantitative Merkmale als absolute Leistungsgrenze angegeben werden können. Demgegenüber kann die Leistungsbereitschaft - etwa durch motivierende Einwirkung auf den Leistungswillen - verändert werden. Eine weitere Einflußgröße auf das Leistungspotential des Benutzers stellen dessen Kenntnisse über Aufbau und Funktionsweise von Computersystemen sowie sein allgemeines informationstechnologisches Know-How dar. Entsprechende ADV-Ausbildungsstrategien zur Anpassung der Benutzerkenntnisse an die Anforderungen automatisierter Aufgabenerfüllung in Verbundsystemen bilden deshalb ein wichtiges Instrument zur Entwicklung und Verbesserung der Ressourcen des Benutzersystems.

Eine deskriptive Analyse der Benutzer hat zunächst von denjenigen generellen Verhaltensdeterminanten - insbesondere bezüglich ihrer Leistungsfähigkeit - auszugehen, die kooperationsrelevant sind. Dabei sind einige spezifische Unterschiede gegenüber den maschinellen Aktionsträgern herauszuarbeiten, mit denen die Benutzer in Verbundsystemen zusammenarbeiten. Einigen der Determinanten wird auf der Basis bereits durchgeführter empirischer Untersuchungen nachgegangen, um ihre Anwendbarkeit vor allem für die Kooperationsgestaltung genauer zu untersuchen. Die Besonderheiten der Verhaltensanforderungen in Verbundsystemen können im Anschluß daran näher betrachtet werden.

---

1) Vgl. GRAF, Otto: Arbeitsphysiologie. Wiesbaden 1960.

2.1 Generelle Determinanten

Die von menschlichen Aktionsträgern bei der Erfüllung von Datenverarbeitungsaufgaben zu erbringende Leistung besteht - wie die der Sachmittel - in Aufnahme, Verarbeitung und Abgabe von Informationen mit zwischengelagerten Speicherungsprozessen. Die materiellen Medien der Informationsverarbeitung sind beim Menschen sensorische Rezeptoren (Input), der motorische Apparat des Organismus (Output) und das Zentralnervensystem (Verarbeitung, Speicherung und interne Übertragung).
Die Informationsaufnahme erfolgt beim Menschen durch die Einwirkung von Signalen als Reizgrößen auf seine Rezeptoren (Sinnesempfangsorgane), die unter der Kontrolle des Zentralnervensystems in vier Teilphasen - Signalentdeckung, Signalerkennung, Signalunterscheidung und Wiedererkennung[1] - zur Wahrnehmung der Reize als Informationen führt. Die Inputphase ist also bereits mit bestimmten Verarbeitungsprozessen verbunden, z.B. dem Vergleich der empfangenen Signale mit den im Gedächtnis gespeicherten Informationen.

Die Kanalkapazität des Menschen bewegt sich in Größenordnungen von ca. 10 bis 30 bit/sec bei der Aufnahme des gesprochenen Wortes, von ca. 20 bis 40 bit/sec beim Betrachten graphischer Darstellungen und von ca. 20 bis 200 bit/sec beim Lesen von Texten[2]. Dabei ist jedoch zu unterscheiden zwischen sensorischer Informationsaufnahme - die beträchtlich höher liegt (akustische Reize: 10^4 bis 10^5 bit/sec, visuelle Reize: 10^6 bis 10^7 bit/sec) - und der tatsächlich ins Bewußtsein gelangenden apperzeptiven Informationsaufnahme, die um den

---

1) Vgl. KLIX, F.: Information und Verhalten. Kybernetische Aspekte der organismischen Informationsverarbeitung. Bern - Stuttgart - Wien 1971, S. 284.

2) Vgl. BARGELLINI, P.L.: Considerations on Man versus Machines for Space Probing. In: Advances in Computers, ed. by Franz L. Alt, Vol. 6 1965, p. 210 f.

Durchschnittswert von ca. 50 bit/sec schwankt[1]. Die Selektion des überwiegenden Anteils redundanter Informationen erfolgt auf den Datenleitungen des peripheren und des Zentralnervensystems vor dem Eindringen ins Gehirn.

Die perzeptive Aufnahme als eigentliche Dateneingabe in den 'Internspeicher Gehirn' liegt somit in ihrer Geschwindigkeit wesentlich unter der maschineller Systeme, bei denen sich Maximalwerte von 2 bis 3 Mio. bit/sec feststellen lassen. Die gleichen Relationen ergeben sich auf der Ausgabeseite, wo einer menschlichen Schreib- und Eintastgeschwindigkeit von maximal 4 bis 5 Zeichen/sec maschinelle Höchstleistungen bei Druckausgabe von etwa dem Tausendfachen gegenüberstehen. Neben einer Abstimmung der Geschwindigkeiten macht der unterschiedliche Aufbau der Rezeptionsorgane bei der Kommunikation zwischen Mensch und Maschine die Verwendung unterschiedlicher physischer Informationsträger erforderlich. Doch zeichnet sich hier ab, daß die notwendige Umformung der Signale mehr und mehr durch die Maschine selbst vorgenommen werden kann (z.B. Handschriftleser).

Durch die enge Verknüpfung der menschlichen Rezeption mit bestimmten Verarbeitungsvorgängen ergeben sich die spezifischen Eigenarten der menschlichen Kognition, die sich durch assoziative Bedeutungszuordnung, die Fähigkeit zum Erkennen von Strukturen (pattern recognition) und die Fähigkeit einer unmittelbaren Bewertung der Relevanz von Sachverhalten kennzeichnen läßt. Die eigentliche Informationsverarbeitung verläuft im Unterschied zu der maschinellen nach unvollständig determinierten und deshalb flexiblen und permanent modifizierbaren Handlungsprogrammen. Darauf beruht das menschliche Lernvermögen ebenso wie die Fähigkeit, originell und kreativ zu denken. Dies prädestiniert den Menschen zur Lösung unstrukturierter oder wenig strukturierter

---

1) Vgl. CHERRY, C.E.: Kybernetik. In: Arbeitsgemeinschaft für Forschung des Landes Nordrhein-Westfalen, Heft 38, Köln - Opladen 1967, S. 33-79.

Probleme. Dagegen treten bei der Erfüllung einer Vielzahl gleichartiger und genau strukturierter Aufgaben, die besonders für eine maschinelle Erfüllung geeignet sind, beim Menschen emotionale Monotoniewiderstände und Ermüdungserscheinungen auf. Da die menschliche Informationsverarbeitung gegen eine Vielzahl von Störgrößen nicht immunisiert werden kann, ist sie mit einer hohen Fehlerquote behaftet.

Die gesamte Speicherkapazität des menschlichen Gehirns liegt in einer Größenordnung von bis zu 10^{15} Zeichen[1)] und ist damit um mehrere Zehnerpotenzen größer als die Maximalkapazität heute verfügbarer maschineller Speichermedien. Allerdings steht lediglich ein kleiner Teil der gespeicherten Daten in direktem und schnellem Zugriff. Der überwiegende Teil der Informationen ist nur über langwierige Suchprozesse und mit geringer Genauigkeit aktivierbar. Zudem ist die Informationsspeicherung des Menschen nicht wie die der Maschine invariant gegenüber Umwelteinflüssen: Die Speicherinhalte unterliegen durch den Prozeß des Vergessens im Zeitablauf und durch die spezifische Art der menschlichen Kognition bei Abspeicherung und Reaktivierung permanenten Veränderungen. Die Organisation des menschlichen Datenspeichers, der sich in Kurzzeit- und Langzeitgedächtnis unterteilen läßt, und die Eigenschaften des menschlichen Rezeptionssystems determinieren die kognitive Leistungsfähigkeit des Menschen: Empirische Untersuchungen ergaben, daß etwa sieben Informationseinheiten simultan erfaßbar sind[2)]. Die dabei verwendete Maßgröße der 'Informationsklumpen' (chunks) kann Wörtern, einzelnen Zeichen oder bildlichen Darstellungen realer Objekte bzw. diesen selbst entsprechen. Dieser mit der bereits angeführten Apperzeptionsgeschwindigkeit von etwa 50 bit/sec übereinstimmende Meßwert entspricht auch

---

1) Vgl. CARDWELL, D.W.: Interactive telecommunications access by computer to design characteristics of the nation's nuclear power stations. In: AFIPS FJCC, Vol. 33 1968, p. 246.

2) Vgl. MILLER, G.A.: The Magical Number Seven, plus or minus two: Some Limits on our Capacity for Processing Information. In: The Psychological Review, Vol. 63 1956 No. 2, p. 81-97.

der Kapazität des Kurzzeitgedächtnisses als des bewußten (d.h. direkt zugreifbaren) Speicherbereichs[1]. Die Kapazität des vorbewußten Gedächtnisses, aus dem ebenfalls Informationen in den Kurzzeitspeicher gelangen können, liegt in einer Größenordnung von 10^6 bis 10^8 bit. Den übrigen Teil des menschlichen Speichers belegen 'unbewußte' Informationen, die unter normalen Umständen nicht aktiviert werden können. Durch den zeit-hierarchischen Aufbau des Gedächtnisses stehen dem Menschen also erheblich geringere Informationsmengen für den Verarbeitungsprozeß zur Verfügung als maschinellen Systemen. Die aufgezeigten Merkmale der menschlichen Kognition (als kombiniertem Apperzeptions-, Kurzspeicherungs- und Verarbeitungsprozeß) stellen wesentliche Bestimmungskriterien etwa für die technologische Gestaltung maschineller Eingabe-/Ausgabemedien innerhalb des Mensch-Maschine-Interfacebereichs dar: Tastenfeld-Anordnungen auf Eingabetastaturen bzw. Form und Geschwindigkeit der Bildschirmausgabe sind an den Ergebnissen der Arbeitswissenschaften zu orientieren, wenn eine benutzergerechte Gestaltung angestrebt wird.

Zusammenfassend kann gesagt werden, daß die menschliche und die maschinelle Leistungsfähigkeit bei der Informationsverarbeitung quantitative und qualitative Unterschiede aufweisen: In Verarbeitungsgeschwindigkeit und Speicherungspotential ist der Mensch der Maschine weit unterlegen; seine besondere Art der Transformation befähigt den Menschen jedoch zu Verarbeitungsprozessen, die Maschinensysteme auf ihrem derzeitigen Entwicklungsstand nicht auszuführen imstande sind. Diese qualitative Fähigkeitskomponente des Menschen wird oft mit Begriffen wie 'Originalität' und 'Kreativität' bezeichnet. Aus den unterschiedlichen Fähigkeiten resultiert eine unterschiedliche Eignungsstruktur von Mensch und Maschine für die Ausführung bestimmter Aktivitäten. In einer aktivitätsadäquaten Zuordnung der im Rahmen der Aufgabenerfüllung anfallenden Aktionen auf die Aktionsträger 'Benut-

---

1) Vgl. FRANK, H.: Informationspsychologie. In: Kybernetik - Brücke zwischen den Wissenschaften, hrsg. von H. Frank, 6. Aufl., Frankfurt a.M. 1966, S. 259-271.

zer' und 'Computer' liegt das entscheidende Gestaltungsproblem der Bildung von Mensch-Maschine-Aktionseinheiten im Computerverbundsystem. Rahmenbedingung für diese Zuordnung ist die aufgabenbedingte Art der Kooperationsverhältnisse, die zwischen Benutzersystem und Computern bestehen.

2.2 Empirische Untersuchungen des Benutzerverhaltens

Obwohl die indirekte Benutzungsart in der traditionellen ADV-Anwendung bei weitem überwiegt, bildete sich als zentraler Gegenstand der Benutzerforschung - zunächst unabhängig von der Entwicklung der Computerverbundsysteme - die Untersuchung des menschlichen Problemlösungs- und Entscheidungsverhaltens im Rahmen interaktiver Systeme heraus.
Umfassende empirische Untersuchungen des Benutzerverhaltens liegen bislang nur in geringer Zahl vor. Zu den bekanntesten gehören die Studien von SCOTT MORTON und SACKMAN. Wenn auch beide Forschungsergebnisse keine weitergehende Generalisierung beanspruchen können, seien sie im folgenden kurz umrissen.

SACKMAN beschreibt u.a. einen am M.I.T. durchgeführten Versuch, an dem 66 Studenten mit ADV-Vorkenntnissen teilnahmen[1]. Zweck der Untersuchung war es, Problemlösungsprozesse bei Stapelverarbeitung und im Dialog auf signifikante Unterschiede zu überprüfen. Die Versuchspersonen wurden dafür in zwei gleich große Gruppen aufgeteilt und hatten mit Hilfe der beiden verschiedenen Computerbenutzungsarten ein Unternehmungsplanspiel auf der Basis der Industrial-Dynamics-Methode (heute zu System Dynamics verallgemeinert) durchzuführen.

---

1) Vgl. SACKMAN, H.: Man-Computer Problem Solving. Experimental Evaluation of Time-Sharing and Batch Processing. Princeton, N.J. 1970.

Die Qualitätsmessung der Problemlösung ergab bei den Time-Sharing-Benutzern eine wesentlich größere durchschnittliche Effektivität als bei den Batch-Benutzern. Auch war die Anzahl der Versager und der unterdurchschnittlich erfolgreichen Problemlöser im Dialog-Versuch erheblich kleiner. SACKMAN führt dies vor allem darauf zurück, daß die Wartezeit auf die Ergebnisse der Einzelphasen geringer war und es weniger an Zeit bedurfte, um mit dem Problem wieder vertraut zu werden, und daß andererseits die Benutzer durch die sofortige Kenntnis der Ergebnisse Motivationsstärkungen erfuhren, die sich positiv auf ihr Lern- und Problemlösungsverhalten auswirkten. Außerdem regte die direkte Verfügbarkeit des Computers die Dialog-Benutzer dazu an, eine größere Zahl von Variablen zu berücksichtigen und wesentlich mehr Varianten der Problemlösung zu erproben, als dies bei den indirekten Benutzern der Fall war. Für die weniger befähigten Versuchspersonen war die Problembearbeitung im interaktiven Verkehr dadurch leichter, daß sie einzelne Abschnitte in kleine Teilabschnitte zerlegen konnten, die in enger Zusammenarbeit mit dem Computer analysierbar waren. Dagegen war mehr als die Hälfte aller Anforderungen an die Maschine beim Time-Sharing-Verkehr mit Fehlern behaftet, während dies nur für ein Drittel der Batch-Durchgänge zutraf. Die Möglichkeit der direkten Korrektur von Fehlern ermutigte offensichtlich die interaktiven Benutzer zu einem intensiven Trial-and-Error-Verhalten; die Benutzer des Batch-Systems legten sich angesichts der Turn-around-Zeit von einem halben Tag weitaus größere Vorsicht auf. Durch Befragung wurden bei allen Versuchspersonen eindeutige Präferenzen für den Dialogverkehr festgestellt; allerdings konzediert der Versuchsleiter, daß diese Attitudenverteilung durch eine allgemein zu beobachtende Time-Sharing-Favorisierung beeinflußt sein könnte.

Unter verschiedenen den Versuchsaufbau betreffenden Einschränkungen - vor allem hinsichtlich der Problem-Repräsentativität - kommt SACKMAN zu dem generellen Ergebnis: Die Benutzung des Computers im indirekten Stapelbetrieb ist mit einem gezielten, ökonomischen Gebrauch der Maschine verbunden. Der interaktive Verkehr führt dagegen zu qualitativ besseren Ergebnissen und ist mit effektiveren und höhere Befriedigung verschaffenden menschlichen Aktivitäten verbunden. Er bringt jedoch eine weitaus höhere Maschinenbeanspruchung dadurch mit sich, daß der Benutzer tendenziell seine Arbeitszeit zu Lasten der maschinellen Rechenzeit zu verringern versucht und eine größere Zahl von Parametervarianten auswerten läßt.

Im Gegensatz zu der von SACKMAN hergestellten Laborsituation führte SCOTT MORTON seine detaillierte Untersuchung der direkten Mensch-Maschine-Kommunikation anhand eines in der betrieblichen Realität implementierten komplexen Management-Planungs-Systems durch[1]. Das Projekt basierte auf dem Einsatz eines Bildschirm-Terminals für die Absatz-, Produktions- und Lagerhaltungsplanung in der Konsumgüter-Division des amerikanischen Unternehmens Westinghouse Electric Corporation. Das Projekt hatte zum Ziel, die Möglichkeit des computer-gestützten Bildschirmdialogs im Managementbereich generell zu prüfen und ferner zu klären, auf welcher Managementebene und für welche Art von Entscheidungen der Einsatz von Bildschirmgeräten sinnvoll ist. Schließlich waren die Auswirkungen des interaktiven Systems auf den Entscheidungsprozeß der Manager festzustellen.

Um den komplexen multipersonalen Entscheidungsprozeß mit dem nach Einführung des Bildschirmsystems im interaktiven Dialog ablaufenden Prozeß vergleichbar zu machen, unterteilt SCOTT MORTON die drei SIMON'schen Phasen des Entscheidungsprozesses - Intelligence, Design, Choice - jeweils in die drei Unterphasen der Datengewinnung, der Berechnung und der Ergebnisbeurteilung. Jede dieser neun Teilphasen stellt er für das alte und das neue Verfahren einander gegenüber und leitet daraus die Auswirkungen ab, die die Direktbenutzung des Computers auf

1) Vgl. SCOTT MORTON, M.S.: Management-Entscheidungen im Bildschirmdialog. Essen 1972.

das Entscheidungsverhalten der drei Benutzer hatte. Am augenfälligsten war die Änderung der Zeitstruktur des Entscheidungsprozesses: Die reine Bearbeitungszeit wurde von 6 auf einen halben Tag, die Gesamtabwicklungszeit von 22 auf einen Tag reduziert. Dabei hatten die Benutzer des Systems nach eigenen Aussagen das Gefühl, aufgrund der aktuelleren Daten und der schnelleren Berechnungsmöglichkeit qualitativ bessere Entscheidungen zu treffen. Auch die inhaltliche und logische Struktur der Planung hatte sich grundlegend geändert: Die Beteiligten führten während des gesamten Zeitraums die Planung gemeinsam durch; sie entwickelten zunächst Einzelpläne für die Produkte und im Anschluß daran den Gesamtplan. Die Problementdeckung, das Herausfinden der außergewöhnlichen Konstellationen, gelang wesentlich schneller durch das Arbeiten mit graphischen Darstellungen. Die Entscheidungsträger ließen mehr Alternativen durch die Einbeziehung zusätzlicher Variablen errechnen. Schließlich erwies sich das interaktive Verfahren als geeignetes Mittel sowohl zum besseren Problemverständnis der einzelnen Benutzer als auch zu einer verbesserten interpersonalen Kommunikation zwischen den Benutzern.

2.3 Verbundspezifische Determinanten

Die Ermittlung verbundspezifischer Determinanten des Benutzerverhaltens - insbesondere beim MDT-Einsatz - ist aus zweierlei Gründen problematisch: Einmal existieren derzeit noch relativ wenige Verbund-Implementierungen mit Anlagen der MDT; zum anderen entsprechen die sachmitteltechnischen Merkmale der maschinellen Kooperationselemente im Computerverbund (bspw. des Interface-Bereiches, der Tastaturen etc.) weitgehend denen von ADV-Anlagen im allgemeinen. Die beschriebenen generellen Determinanten haben somit alle auch im Verbund Bedeutung; lediglich ihr Gewicht zueinander verschiebt sich, sobald man systemtechnische und organisatorische Merkmale der maschinellen Aktionsträger im Verbund hinzuzieht, die verschiedene Verbundstrukturen sowohl von ADV-Systemen außerhalb des Verbundes als auch unter-

einander unterscheidbar machen. Zu derartigen Merkmalen zählen u.a. die für Off-Line bzw. On-Line-Verbundstrukturen typischen Zeit-Bedingungen, das Merkmal dezentraler Intelligenz, sowie Merkmale der Kooperationsmuster der maschinellen Elemente untereinander, soweit sie die Erfüllungsprozesse berühren, an denen der Benutzer beteiligt ist.
Die direkten Benutzungsarten im On-Line-Verbund lassen sich sowohl durch passive als auch aktive Terminals oder Terminalcomputer realisieren. Kooperiert der Benutzer über ein aktives Terminal bzw. einen Terminalcomputer (MDT-Anlage) mit den anderen Verbundelementen, so können sich zusätzliche Verhaltensanforderungen für den Benutzer ergeben - hinsichtlich der Aktivitätenverteilung, des Umfangs des Handlings (bei Terminalcomputern) und vor allem hinsichtlich des Zeitverhaltens des Systems.
Eine wesentliche Einflußgröße des Benutzerverhaltens, deren empirischer Untersuchung sich neben SACKMAN auch einige andere Autoren angenommen haben[1)] sind die Zeitverzögerungen, die bei interaktiven Systemen zwischen Anfrage und Antwort der Kooperationspartner innerhalb der einzelnen Lösungsschritte entstehen. Diese Zeitverzögerungen in Abhängigkeit von der Aufgaben- bzw. Problemstellung sind ein grundsätzlicher Einflußfaktor für das Benutzerverhalten. Entsprechend dem Operationslevel, dem Status des Problemlösungsprozesses und der Auslegung der Steuersprachen der Mensch-Maschine-Kooperation im Verbund erscheint es notwendig, verschiedene Arten von Antwortzeiten zu unterscheiden, deren Überschreitung durch das System sehr unterschiedliche Auswirkungen auf den interaktiven Prozeßablauf hat. Eine Möglichkeit zur Unterscheidung besteht darin, Antwortzeiten des Systems nach den Arten der sie auslösenden Fragestel-

---

1) Vgl. JUTILA, S.T.; BARAM, G.A.: User-Oriented Evaluation of a Time-Shared Computer System. In: IEEE Transactions on Systems, Man, and Cybernetics, Vol. SMC-1 1971, p. 344-349.

lungen des Benutzers zu klassifizieren[1]: Bereitschaftsanfragen, Anfragen der Übermittlungskontrolle, Identifikationsanfragen, Statusanfragen, Anfragen über die als nächste erforderlichen Arbeitsschritte u.a.m.. Wie BOEHM und Mitarbeiter gezeigt haben, sollte die sogenannte 'Lockout'-Zeit nicht zu kurz bemessen sein, um die 'Denkphase' des nächsten Arbeitsschrittes durch ein allzu 'aufmerksames' System in ihrer Dauer und Intensität nicht zu beeinträchtigen[2]. An diesem Beispiel zeigt sich die Notwendigkeit, für die einzelnen interaktiv zu lösenden Probleme die der logischen Problemlösungsstruktur adäquaten Frage-/Antwort-Dyaden festzulegen und in einem zweiten Schritt näher zu spezifizieren, welche Auswirkungen bestimmte Verzögerungen bei den verschiedenen Dyaden auf das Benutzerverhalten haben. Eine derartige Analyse ist wesentliche Voraussetzung zur Beurteilung der Effizienz möglicher interaktiver Problemlösungsstrukturen; auch ist sie notwendiger Bestandteil einer zweckmäßigen Vorbereitung der organisatorischen Implementierung von Verbundsystemen mit interaktiven Benutzungsarten.

Bei Off-Line-Verbundformen dominieren - vor allem bei Datenträgertransport - Verzögerungszeiten von einem bis mehreren Tagen bei denjenigen Aufgabenstellungen, für die der Benutzer den räumlich entfernten Computer in Anspruch nehmen muß. Denn hier besteht grundsätzlich nur die Möglichkeit einer indirekten Benutzung mit allen Konsequenzen für das Benutzerverhalten - wie der durch die längere Unterbrechung gestörte Problembezug, die verringerte Problemlösungsmotivation oder die geminderte Zahl von Iterationsversuchen. Sieht man von den Charakteristika der Versuchssituation ab, so ist hier mit allen von SACKMAN erwähnten mittelbaren und unmittelbaren Auswirkungen der indirekten Benutzung auf das Benutzerverhalten zu rechnen.

---

1) Vgl. MILLER, Robert B.: Response time in man-computer conversations transactions. In: AFIPS Proceedings, Vol. 33 1968 No. 1, p. 267-277.

2) Vgl. BOEHM, B.W.; SEVEN, M.J.; WATSON, R.A.: Interactive problem-solving - An experimental study of 'lockout' effects. In: AFIPS SJCC, Vol. 38 1971, p. 205-210.

In einer Reihe von Fällen wird der Benutzer zugleich sowohl in direkter als auch in indirekter Benutzungsart mit den maschinellen Aktionsträgern des Verbundes kooperieren, was u.U. zusätzliche Probleme für die Verhaltensanpassung der Benutzer mit sich bringt.

3. Sprachen der Benutzer-Maschine-Kommunikation im Computerverbund

Die aktiven Wirkungsbeziehungen zwischen den Systemkomponenten Benutzer und Computer bestehen - neben physischen Aktionen (Handling) - überwiegend aus Kommunikationsprozessen, d.h. der intersubjektiven Übermittlung von Daten. Damit aber Kommunikation zwischen Kommunikationspartnern (Mensch und/oder Maschine) stattfinden kann, muß eine gemeinsame Sprache vorhanden sein.
Die Kommunikation des Benutzers mit dem Computer umfaßt zwei Arten von Informationen: deskriptive Informationen als Objekte der zu erfüllenden Aufgaben ('Daten') und präskriptive Informationen als Vorschriften für den Ablauf der Aufgabenerfüllung ('Programme'). Die sprachliche Darstellung der deskriptiven Informationen und ihre Umformung aus dem Zeichensystem der menschlichen Sprache in die maschineninterne binäre Darstellung bewegen sich auf rein syntaktischer Ebene. Dagegen stellt die sprachliche Fixierung detaillierter und eindeutiger Handlungsanweisungen an die Maschine bereits ein semantisches Problem dar. Künstliche Sprachen zur Formulierung solcher Maschinenprogramme werden als Programmiersprachen bezeichnet.

3.1 Allgemeine problemorientierte Programmiersprachen

Eine erste Einteilungsmöglichkeit für die große Zahl existierender Sprachen ergibt sich aus ihrer Beziehung zum Maschinensystem einerseits seits und zu Benutzer- und Aufgabensystem andererseits. Künstliche Sprachen, die in ihrer Struktur an der Maschinensprache eines konkreten Maschinensystems orientiert sind und deren Anwendung damit auf dieses System beschränkt ist, werden als maschinenorientierte Programmiersprachen bezeichnet. Dagegen werden Sprachen, die an der natürlichen Sprache des Benutzers und an den Erfordernissen der Aufgabenstellung orientiert sind, meist als problemorientierte Programmiersprachen bezeichnet (Abb. 13). Die Sprachen dieser Gattung sind in ihrer Struktur unabhängig von den konstruktiven Eigenschaften eines konkreten Maschinensystems.

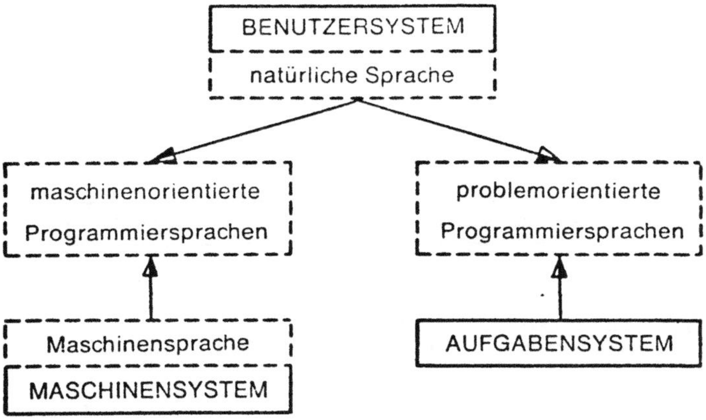

ABB. 13: SPRACHEN UND GESTALTUNGSFELD-KOMPONENTEN

Eine Sonderstellung nehmen die sogenannten Steuersprachen ein, die nicht zur Formulierung von Programmen entwickelt wurden, sondern mit denen Anweisungen zur Durchführung und Überwachung der maschinellen Aufgabenerfüllung formuliert werden.
Die problemorientierten Programmiersprachen lassen sich weiter unterteilen nach der Ausdehnung des Problembereichs, für dessen Beschreibung sie sich eignen: Allgemeine problemorientierte Programmiersprachen sind anwendbar für betriebliche Aufgabenstellungen je-

der Art (z.B. PL/1) oder für beliebige Probleme aus kommerziellen (z.B. COBOL) oder technisch-naturwissenschaftlichen Teilaufgabenbereichen (z.B. FORTRAN, ALGOL). Dagegen eignen sich problemorientierte Programmiersprachen für spezielle Anwendungen nur zur Beschreibung von Problemen aus genau abgegrenzten Aufgabenbereichen (z.B. Simulationsaufgaben) oder zur Anwendung für bestimmte Benutzungsarten (z.B. Dialog). Diese Programmiersprachen haben zwar einen eingeschränkten Anwendungsbereich, erlauben dafür aber eine wirksamere Anpassung der sprachlichen Formulierung an die Problemstruktur[1]. Einen Überblick über die Sprach-Arten gibt Abb. 14.

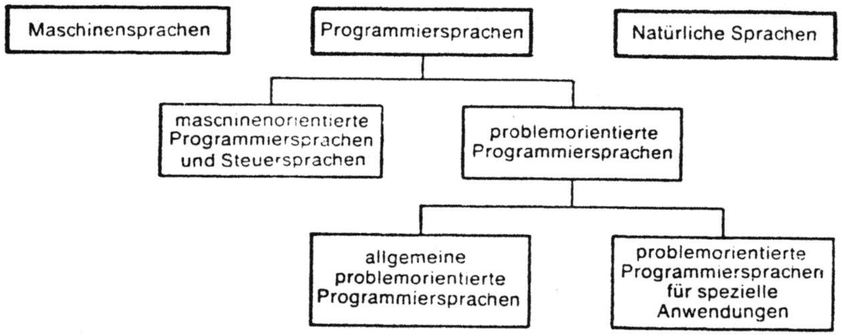

ABB. 14: SPRACHEN DER MENSCH-MASCHINE-KOMMUNIKATION

1) Vgl. STUDIENKREIS P. SCHMITZ: Die Wirksamkeit von Programmiersprachen. Wiesbaden 1972, S. 21.

Alle diese Programmiersprachen sind grundsätzlich in Verbundsystemen anwendbar. Einschränkungen ergeben sich nur insoweit, als bestimmte Verbundelemente - wie z.B. MDT-Anlagen - sowohl maschinentechnisch als auch in bezug auf vorhandene Betriebssysteme und Übersetzungsprogramme für sich allein nicht in der Lage sind, auf der Basis der sogenannten 'höheren' Programmiersprachen zu arbeiten[1].

3.2 Sprachen für spezielle Benutzungsarten

Die bisher dargestellten Programmiersprachen wurden für den dominierenden Bereich indirekter Computer-Benutzungsarten entwickelt. Dabei werden die gesamten zur maschinellen Aufgabenerfüllung notwendigen Handlungsanweisungen an die Maschine vor der Verarbeitung in kompletten Programmen für die jeweiligen Aktionskomplexe fixiert. Die im On-Line-Verbund häufige direkte Kooperation des Benutzers mit dem Computer macht jedoch ein situationsabhängiges Formulieren von Anweisungen oder Teilprogrammen durch den Benutzer während des kooperativen Aufgabenerfüllungsprozesses erforderlich.
In Abfragesystemen bedienen sich die Benutzer zur Kommunikation mit der Maschine spezieller Programmiersprachen, die als Abfrage-, Datenbank- oder Information-Retrieval-Sprachen bezeichnet werden. Diese Sprachen, die meist nicht mir den für Änderungsdienst und Updating des Systems verwendeten identisch sind, werden in ihrem Aufbau von der zugrundeliegenden Datenbank-Konzeption bestimmt. Ihr Spektrum reicht von extrem formatierten Sprachstrukturen bis zur Systemabfrage in natürlicher Sprache. Doch auch dieser völlig benutzerflexiblen Kommunikationsmöglichkeit liegt - wie bei den übrigen Programmiersprachen - ein streng formalisiertes Sprachkonzept zugrunde: Nachdem es die Anfragen auf bestimmte Schlüsselwörter hin analysiert hat, bildet das System mit Hilfe einfacher logischer Verknüpfungen seine Antworten ebenfalls in Sätzen der natürlichen Sprache. Ein Bei-

---

1) Zur Problematik der MDT-Software vgl. STUCKY, W.; KRIEGER, R.; SCHLAGETER, G.: Tendenzen in der Anwendersoftware der Mittleren Datentechnik. In: Online, 12.Jg. 1974 Heft 7/8, S. 454 ff.

spiel für ein derartiges Abfragesystem, das die Verwendung des natürlichen Englisch erlaubt (wobei die Konstruktion der Fragesätze gewissen Einschränkungen unterliegt), ist das System DEACON (Direct English Access and Control), mit dessen Entwicklung bereits 1963 begonnen wurde. Eine den üblichen Programmiersprachen ähnliche Abfragesprache ist in AESOP (An Evolutionary System for On-line Processing) vorgesehen. Bei diesem Retrieval-System können Datenbank-Elemente jedoch auch abgerufen werden, indem der Benutzer die auf Bildschirm ausgegebenen Oberbegriffe mit einem Lichtstift markiert, wobei er für seine Anfrage also im Extremfall gar keine sprachliche Formulierung benötigt.

Die interaktive Benutzer-Maschine-Kommunikation erfolgt in Programmiersprachen, die als konversationelle, interaktive oder Dialogsprachen bekannt sind. Die Entwicklung dieser Sprachen verlief in zwei Richtungen: Zum einen ging sie von existierenden Programmiersprachen aus und führte zu deren interaktiven Versionen; zum anderen wurden neue Sprachen geschaffen, die vor allem für den ungeübten Benutzer leicht erlernbar sein sollten. Beispiele für die erste Kategorie sind das FORTRAN-ähnliche QUIKTRAN und die PL/1-Subsets CPS (Conversational Programming System) und RUSH (Remote Use of Shared Hardware). QUIKTRAN etwa bietet den besonderen Vorteil, daß im Dialog entstandene und getestete Programme durch einen FORTRAN-Compiler übersetzt und für spätere Stapelverarbeitungsläufe verwendet werden können. Speziell für den interaktiven Dialog entwickelte Sprachen sind JOSS, BASIC, AMTRAN, Culler-Fried, MAP, Lincoln Reckoner, APL und DIALOG.

Das von IVERSON 1962 entwickelte APL (A Programming Language) fällt vor allem durch seine für mathematische Probleme geeignete Formulierung auf. Allerdings wird diese Kürze erreicht durch eine große Zahl ungewöhnlicher Sonderzeichen, was die Sprache schwer erlernbar macht und ihre relativ geringe praktische Bedeutung erklärt.

Ein Programm, mit dem verschiedene Zahlen eingelesen, ihr Mittelwert errechnet und das Ergebnis gedruckt werden soll, lautet in APL:

Ganz im Gegensatz dazu ist das 1965 am Dartmouth College entwickelte BASIC (Beginner's All Purpose Symbolic Instruction Code) eine extrem einfache und leicht erlernbare Sprache, Ihre ursprüngliche Funktion war die einer in die allgemeinen Programmiersprachen einführenden Lehrsprache. BASIC enthält nur 15 verschiedene Statements; die Ergibt-Anweisung hat das Format:

LET variable = rechnerischer-ausdruck.

Die Verarbeitungsdaten werden am Ende des Programms in einer oder mehreren DATA-Zeilen eingegeben. Ein Programm zur Addition der ersten 100 natürlichen Zahlen hat in BASIC formuliert folgendes Aussehen:

```
10 LET S=0
20 FOR I=1 TO 100
30 LET S=S+I
40 NEXT I
50 PRINT 'SUMME=';S
60 END.
```

Die Befehle 20 und 40 schließen eine zählergesteuerte Programmschleife ein; das Programm geht erst dann zum folgenden Befehl (PRINT) über, wenn der Zähler I den Wert 100 überschritten hat. Das Ende eines Befehls wird der Maschine durch den Beginn einer neuen Zeile am Terminal angezeigt. Das Beispiel zeigt, daß die Dialogsprache BASIC vorwiegend am nicht-programmierenden Benutzer ausgerichtet ist, der sich die Grundzüge dieser Sprache in einigen Stunden aneignen kann.

3.3 Steuersprachen

Die vorher skizzierten Sprachen dienen zur Formulierung der Handlungsanweisungen für die Erfüllung betrieblicher Aufgaben. Daneben wurden mit der Weiterentwicklung der Betriebssysteme Sprachen notwendig, die es dem Benutzer erlauben, die Möglichkeit zu gezielten Eingriffen in den Programmablauf auszuschöpfen. Diese Sprachen werden meist - abhängig von der Benutzungsart - als Steuersprachen (control languages) bzw. Terminalsprachen (terminal languages) bezeichnet. Fraglich ist allerdings, ob bei den für direkte Benutzungsarten verwendeten Programmiersprachen eine exakte Trennung in Problem- und Terminalsprachen möglich ist.
Ein Beispiel für eine bei Stapelverarbeitung anzuwendende Steuersprache ist die Job Control Language (JCL) des IBM-Betriebssystems OS/360[1]. Die Anweisungen dieser Sprache werden durch die vorangestellten Zeichen '//' gekennzeichnet und haben das Format

// name operationscode parameter.

Anweisungen mit dem Operationsocde JOB dienen zur Identifizierung des Jobs und des Benutzers, solche mit dem Operationscode EXEC zur Identifizierung der auszuführenden Programme oder Prozeduren, wobei etwa bei Mehrprogrammverarbeitung dem Betriebssystem die maximale Ausführungszeit angegeben werden kann. Die Datendefinitions-Anweisungen mit dem Operationscode DD (Data Definition) spezifizieren die benötigten Daten und deren Speichermedien bei Eingabe, Verarbeitung und Ausgabe. So legt z.B. die Instruktion

//OUT 1 DD UNIT=2311,SPACE=(TRK,(10,2))

die Speicherung einer auszugebenden Datenmenge auf einer Magnetplatteneinheit fest (2311 ist der Einheitentyp). Die Ausgabedatei ist

---

1) Vgl. GERMAIN, C.B.: Das Programmier-Handbuch der IBM/360. München 1969, S. 295 ff.

im Assembler-Objektprogramm mit dem Namen OUT 1 bezeichnet; der SPACE-Parameter gibt die Zahl der zu reservierenden Spuren (TRK = tracks) an. Weiterhin enthält die Steuersprache die Begrenzungsanweisungen '/*' (Ende einer Datenmenge) und '//' (Ende eines Job-Eingabestroms) sowie spezielle Kommando-Instruktionen, mit denen das System zur Ausführung bestimmter Operationen (z.B. Zurückspulen eines Magnetbands) veranlaßt wird. Die Anweisungen der Job Control Language werden dem System auf einzelnen Lochkarten eingegeben; gewisse oft benötigte Anweisungsfolgen können jedoch als sogenannte katalogisierte Verfahren in einer Prozedurbibliothek gespeichert und mit einer EXEC-Anweisung aufgerufen werden. Es ist einleuchtend, daß Steuersprachen fest an das jeweilige Betriebssystem gebunden sind und insofern im Rahmen der weitgehend maschinenunabhängigen problemorientierten Sprachen eine Sonderstellung einnehmen.

III. ORGANISATIONSFORMEN DES COMPUTERVERBUNDS

Nach der Darstellung des Aufgabensystems sowie der Ressourcen, die zur Aufgabenerfüllung eingesetzt werden können, sind nun die organisatorischen Formen zu analysieren, in denen die Kooperation von Computersystemen sich vollziehen kann. Diese Organisationsformen sind Kombinationen von Aufgaben- und Aktionsträger-Typen: Alternative Zuordnungen konkreter Aktionsträger zu konkreten Aufgabenerfüllungsprozessen ergeben wiederum die organisatorischen Gestaltungsalternativen für konkrete Verbundsysteme als die zusammengesetzten Bestandteile des Gestaltungsfeldes. Dessen elementare Bestandteile sind Aufgaben und Aktionsträger selbst, die ja keine unveränderlichen Gegebenheiten darstellen, sondern durch die Möglichkeit der gestalterischen Einwirkung ebenfalls Alternativen-Charakter tragen. Die generalisierten Organisationsformen bilden mithin den Bedingungsrahmen für die Aktionen-/Aktionsträger-Zuordnung. Sie enthalten bereits generelle technologische und ökonomische Restriktionen, die sich dann im individuellen Gestaltungsfall in konkreter Form ergeben.

Typologien der organisatorischen Verbundformen ergeben sich zunächst anhand ihrer Komponenten:

- zum einen nach der Art der am Verbund beteiligten Aktionsträger und nach der Form ihres Zusammenwirkens,
- zum anderen nach der Realisierung der Aufgabenerfüllung, d.h. nach der Gestaltung des betrieblichen Aktionsgefüges.

a) Typologien nach den Aktionsträgern

1. Maschinelle Aktionsträger

Die Leistungsfähigkeit der am Verbund beteiligten Computer ermöglicht eine erste Unterteilung in

- homogene Verbundsysteme und
- heterogene Verbundsysteme.

Die wichtigsten Determinanten der Leistungsfähigkeit sind Maßgrössen wie Hauptspeicherkapazität, Zykluszeit der Verarbeitung, Ein-/Ausgabe-Geschwindigkeit und zusammengesetzte Größen wie der Durchsatz (throughput). Durch die Festlegung von Spannweiten für die Ausprägungen dieser Leistungsmerkmale können Leistungskategorien gebildet werden, denen die realen Anlagen zuzuordnen sind. Computer gleicher Kategorie konstituieren dann einen homogenen Verbund, solche verschiedener Kategorien ein heterogenes Verbundsystem. Die Schwierigkeit liegt in der nach bestimmten Kriterien vorzunehmenden Kategorienbildung selbst. So ist beispielsweise die einfache Zweiteilung des informationstechnologischen ADV-Spektrums in Mittlere und 'große' Datentechnik bis heute nicht eindeutig vollziehbar[1]:

---

1) Vgl. GROCHLA, Erwin; RAUEISER, Horst; WEBER, Helmut; GÜRTH,Hans (Hrsg.): Anwendung ..., a.a.O., S. 23 ff.

Deshalb werden nicht so sehr elementare Leistungsgrößen, sondern etwa die organisatorische Möglichkeit zur direkten Verarbeitung - und damit zum Eingriff in laufende Prozesse - als Hauptkriterium für die Zugehörigkeit einer Anlage zur Kategorie der MDT angesehen.

Der heterogene MDT-Großcomputer-Verbund entspricht einer Computerhierarchie: MDT-Anlagen übernehmen die Funktionen von Datenstationen (als Terminalcomputer oder als Vorfeldrechner) oder von Datenübertragungseinrichtungen (als Vermittlungsrechner).

Mit dem hierarchischen Aufbau korrespondiert die topologische Verbundstruktur: Computerhierarchien werden durch sternförmige Netze (Abb. 15), gleichrangige Verbundsysteme dagegen durch Ringnetze (Abb. 16) realisiert:

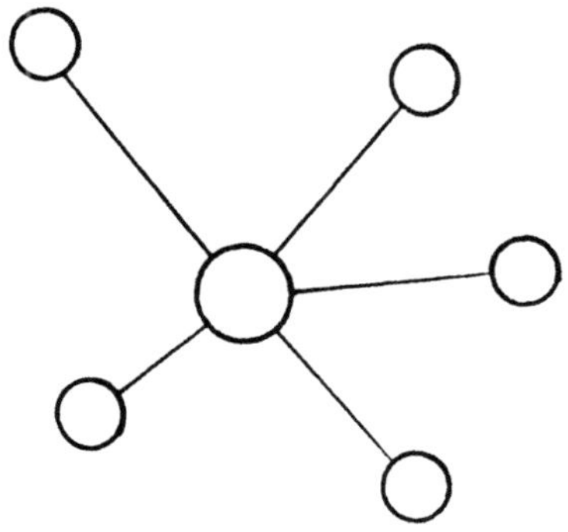

ABB. 15: STERNSTRUKTUR

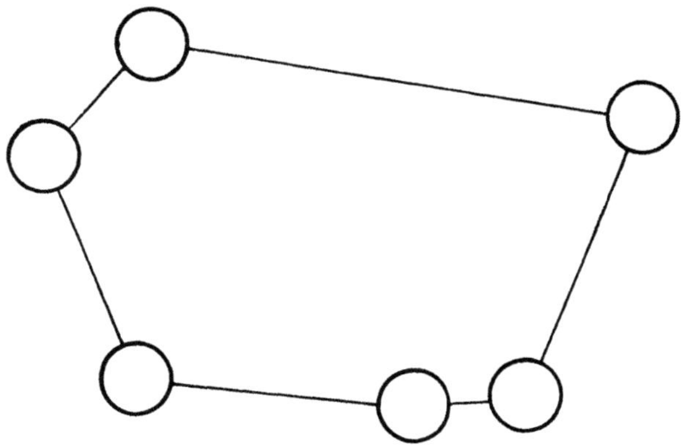

ABB. 16: RINGSTRUKTUR

Eine Sternstruktur liegt vor, wenn jeder Verbundcomputer nur mit der zentralen Anlage direkt in Kommunikation tritt. Die Ringstruktur sieht für jedes Element genau zwei Verbindungen zu anderen Elementen vor und bildet die eine Extremform der Maschenstruktur. Deren anderes Extrem ist das vollvermaschte Netz, bei dem jedes Element des Verbundsystems mit jedem anderen in Verbindung steht (Abb. 17); die Zahl der Relationen bei n Verbundcomputern beträgt dann $\frac{n\,(n-1)}{2}$.

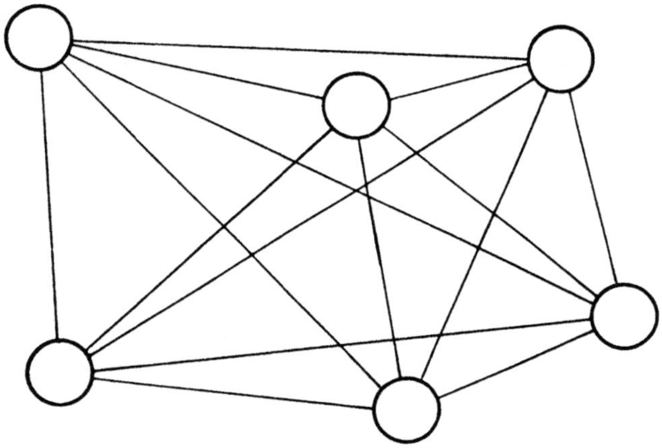

ABB. 17: VOLLVERMASCHTE STRUKTUR

Die Realisierung der Kommunikationsbeziehungen im Netz nimmt an Komplexität zu, wenn die Netzelemente unvollständig miteinander verbunden sind und Algorithmen zur korrekten Nachrichtenübermittlung erforderlich werden[1].

1) Vgl. AKKOYUNLU, Eralp; BERNSTEIN, Arthur; SCHANTZ, Richard: Interprocess Communication Facilities for Network Operating Systems. In: Computer, Vol. 7 1974 No. 6, p. 47.

Ein Beispiel stellt die kettenförmige Netzstruktur (als unvollständiger Ring) dar (Abb. 18)[1]:

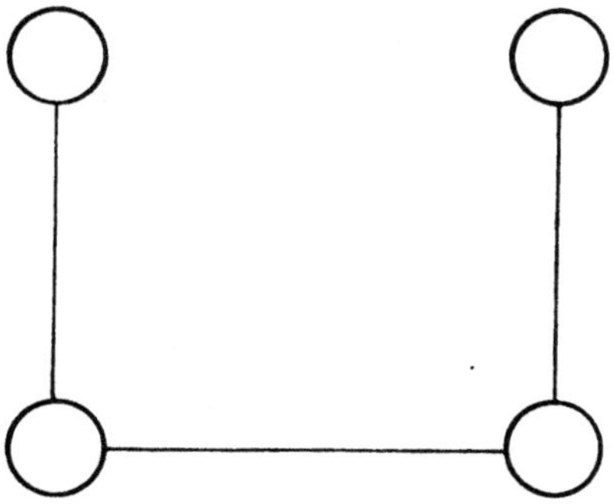

ABB. 18: KETTENSTRUKTUR

Eine Kettenform weist auch die Gruppenverbindung von Terminals auf[2]. Dagegen ist deren Einzelverbindung[3] typisch für die Sternstruktur. An die Netzstruktur gebunden ist schließlich die permanente bzw. die sporadische Realisierung der Verbindung (über Stand- bzw. Wählleitungen).

Eine weitere Unterteilung der Verbundformen ist die in

- zentralisierte und
- dezentralisierte oder verteilte (distributed) Systeme.

---

1) Vgl. BELL, C. Gordon: More power by networking. In: IEEE spectrum, Vol. 11 1974 No. 2, p. 41.

2) Dabei sind mehrere Terminals über eine gemeinsame Übertragungsleitung mit dem Zentralcomputer verbunden (auch: Multi-Point, Multi-Drop oder Party-Line-Verbindung).

3) Jedes Terminal tritt - unabhängig von den anderen - über eine eigene Übertragungsleitung mit der zentralen Anlage in Kommunikation (auch: Punkt-zu-Punkt- oder Point-to-Point-Verbindung).

Bei zentralisierten Systemen finden ADV-Prozesse in einer einzigen Einrichtung (zentrale Großanlage) statt, während sie bei verteilten Systemen in mehreren Verbundcomputern ablaufen[1]. Im strengen Sinne sind vollkommen zentralisierte Systeme also gar keine Verbundformen von Computern, sondern lediglich ADV-Anlagen mit passiver Terminalperipherie. Da für die Computerfähigkeit, Verarbeitungsprozesse autonom durchzuführen, oft Vergleiche aus dem Humanbereich herangezogen werden, wird die Dezentralisierung von Computerleistung auch als 'Verteilung von Intelligenz' bezeichnet[2]. Diese Begriffe verdeutlichen recht plastisch die Verlagerung von ADV-Funktionen in ehemals passive Terminals, also den Übergang vom vollkommen zentralisierten System zum Computerverbund.

2. Personelle Aktionsträger

Eine Klassifizierung der Verbundformen nach der Art der personellen Aktionsträger im Verbundsystem ist weniger geläufig, sei hier jedoch der Vollständigkeit halber angeführt. Als personelle Aktionsträger treten auf

- die Benutzer,
- die Maschinenbediener und
- die Systemgestalter[3].

Grundsätzlich zu unterscheiden sind Verbundsysteme, die den eigentlichen Benutzer unmittelbar tangieren, und solche, in denen spezia-

---

1) Vgl. zu dieser Definition DENNIS, Jack B.: A Position Paper on Computing and Communications. In: Communication of the ACM, Vol. 11 1968 No. 5, p. 373.

2) Vgl. etwa AMSTUTZ, Stanford R.: Distributed Intelligence in Data Communications Networks. In: Computer, Vol. 4 1971 No. 6, p. 27.

3) Vgl. zu dieser Unterteilung GROCHLA, Erwin; MELLER, Friedrich: Datenverarbeitung ..., a.a.O., S. 91.

lisierte Bediener (Operator) zwischengeschaltet sind[1]. Während sich im zweiten Fall für den Benutzer kaum Unterschiede zum Stand-Alone-Betrieb in einem Rechenzentrum ergeben, tritt dieser bei der ersten Verbundform in direkte Interaktion mit den maschinellen Aktionsträgern des Verbundes. Hieraus ergeben sich Rückwirkungen auf die systemtechnische Gestaltung, insbesondere auf die Art der verwendeten Sprachen. Erst solche Verbundsysteme mit direkten Benutzungsarten entsprechen der Konzeption an den Arbeitsplatz (des Benutzers) verlagerter Computerleistung ('Intelligenz'). Es wird deutlich, daß die Alternative 'Verbundsystem mit indirekten bzw. mit direkten Benutzungsarten' nicht losgelöst von der Art der zu erfüllenden Aufgaben betrachtet werden kann.

Der Systemgestalter wird als personeller Aktionsträger in solche Verbundsysteme einbezogen, die beispielsweise eine interaktive Erstellung von Programmen vorsehen. Auch für diese Anwendung ist der Verbundzweck und damit das zugrundeliegende Aufgabensystem maßgeblich. Eine an den personellen Aktionsträger orientierte Klassifizierung wird somit erst vor dem Hintergrund aufgabenbezogener Verbundtypen sinnvoll.

3. Mensch-Maschine-Interaktion

Die als Betriebsarten, Benutzungsarten oder auch Nutzungs- und Anwendungsformen bezeichneten Arten der Mensch-Maschine-Interaktion konstituieren die Grundtypen des Computerverbunds

---

1) Zum folgenden vgl. auch Teil B. II.c) (Benutzer).

- stapelorientierter und
- interaktiver Verbund[1)]

mit ihren Unterklassen.

Im stapelorientierten Verbund werden Eingabedaten gesammelt und in einem Schub an den verarbeitenden Computer gesandt. Die Ergebnisdaten der Verarbeitung werden dann ebenfalls zunächst gesammelt und anschließend als Stapel zurückgesandt. Die Verarbeitung erfolgt mit dem Ziel einer optimalen Betriebsmittelausnutzung und wird durch das Betriebssystem gesteuert; eine Wechselwirkung des Computers mit dem Benutzer findet während des Ablaufs der Verarbeitung nicht statt[2)]. Im Gegensatz dazu ist beim interaktiven Betrieb diese Wechselwirkung ständig gegeben: Auf den einzelnen Geschäftsvorfall folgen unmittelbar seine informationelle Verarbeitung sowie die Rückmeldung der Ergebnisdaten.

Die Stapelfernverarbeitung im Verbund mit Datenfernübertragung kann als Jobfernverarbeitung (remote job entry) realisiert sein: An die verarbeitende ADV-Anlage wird jeweils ein kompletter Job übertragen-bestehend aus Steuerinformationen (Art des Jobs, Art seiner Durchführung, Behandlung der Ergebnisse) und Verarbeitungs-Daten[3)]. Auch

---

1) Zum Begriff der interaktiven Verarbeitung vgl. FISCHER, Ulrich E.: Teilnehmerbetrieb unter TSO - Eine moderne Nutzungsform von Rechensystemen (Teil 1). In: ÖVD, 2. Jg. 1972 Heft 7, S. 251. Häufig findet sich auch die Bezeichnung Dialogbetrieb. Vgl. etwa BAUMGARTNER, Cyrill; GEHRIG, Bruno: Möglichkeiten der computerabhängigen Datenfernverarbeitung. In: Büro + Verkauf, 42. Jg.1973 Heft 504, S. 253.
Ebenso HOFER, H.: Datenfernverarbeitung ..., a.a.O., S. 10 ff. FISCHER differenziert zusätzlich, indem er als Kooperationspartner des Computers auch ablaufende Prozesse einbezieht, die interaktive Verarbeitung in Prozeßdaten- und Dialogverarbeitung (für die Interaktion mit personellen Aktionsträgern).
FISCHER, Ulrich E.: Teilnehmerbetrieb ..., a.a.O., S. 252.

2) Vgl. FISCHER, Ulrich E.: Teilnehmerbetrieb ..., a.a.O., S. 252.

3) Vgl. BAUMGARTNER, Cyrill; GEHRIG, Bruno: Möglichkeiten ..., a.a.O., S. 253.

eine Form des interaktiven Dialogs ist joborientiert: die Dialog-Jobfernverarbeitung (conversational remote job entry). Hierbei werden die Jobs nicht im Stapel, sondern einzeln durch den Benutzer eingegeben[1]. Eine höhere Form ist die benutzerkontrollierte Dialog-Jobfernverarbeitung: Auch die Ausführung eines Programms kann nun durch den Benutzer unterbrochen werden[2].

Neben diesen joborientierten Benutzungsarten stehen die bei interaktiver Verarbeitung möglichen transaktionsorientierten, die lediglich die Daten eines Geschäftsvorfalles (Transaktion) den im Verbund vorhandenen Programmen zur Verarbeitung zuführen[3]. Transaktionsorientiert ist der sogenannte Teilhaberbetrieb, bei dem a priori vorgesehene Aufgaben unter 'Systemverantwortung' erfüllt werden[4]. Beispiele bilden Datenerfassung, Auskunftsbearbeitung (in Abfragesystemen) und Direktdatenverarbeitung, bei der Verarbeitung und Ergebnisrückmeldung unmittelbar auf die Dateneingabe folgen. Die Antwortzeit (response time) beim Direktverarbeitungs-Dialog kann frei festzulegen sein, wenn die Ergebnisrückmeldung auf den Verlauf der auslösenden Transaktion keinen Einfluß hat. Soll eine derartige Einflußnahme jedoch erfolgen, so wird Echtzeit-Verarbeitung (real time processing) notwendig: Die Antwortzeit muß innerhalb eines durch die Art der Transaktion bestimmten Intervalls liegen[5]. Die hier dargestellten Benutzungsarten im Überblick zeigt Abb. 19:

---

1) Vgl. BAUMGARTNER, Cyrill, GEHRIG, Bruno: Möglichkeiten ..., a.a.O., S. 263.

2) Vgl. FISCHER, Ulrich E.: Teilnehmerbetrieb ..., a.a.O., S. 254.

3) Zu diesem Begriff vgl. BAUMGARTNER, Cyrill; GEHRIG, Bruno: Möglichkeiten ..., a.a.O., S. 253.

4) Vgl. FISCHER, Ulrich E.: Teilnehmerbetrieb ..., a.a.O., S. 254.

5) Vgl. hierzu auch BAUMGARTNER, Cyrill; GEHRIG, Bruno: Möglichkeiten ..., a.a.O., S. 265 f.

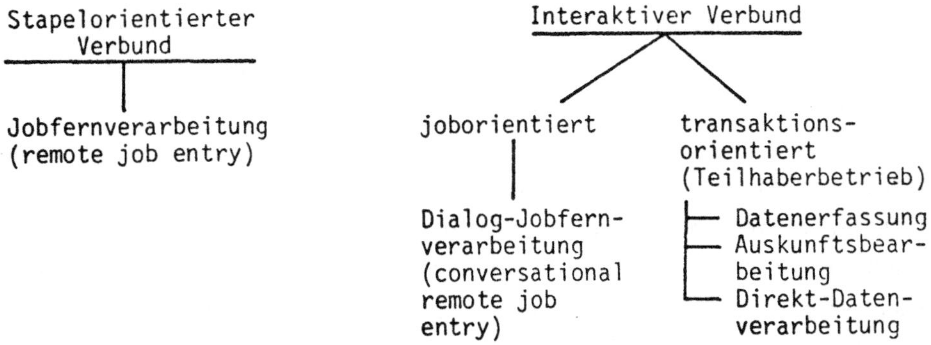

ABB. 19: ARTEN DER BENUTZER-COMPUTER-INTERAKTION

In Abhängigkeit von den Benutzungsarten und von den Anforderungen der Aufgabenstellung sind die Kooperationsbeziehungen zwischen Benutzern und ADV-Anlagen bzw. zwischen den ADV-Anlagen untereinander zu gestalten. Zur Direktverarbeitung mit Echtzeit-Anforderungen müssen die Computer in direkte Kooperationsbeziehungen miteinander treten, ohne daß menschliche Aktionsträger auf ihre Kommunikationsprozesse einwirken. Diese Kooperationsform wird als On-Line-Verbund bezeichnet; die Kommunikation wird durch die Zentraleinheiten der beteiligten Computer gesteuert. Zu Beginn und am Ende des Kooperationsprozesses können allerdings menschliche Aktionen stehen: beispielsweise die Eingabe über Tastatur und die Entnahme der Druckausgabe.

Werden personelle Aktionsträger in den Kooperationsprozeß selbst einbezogen, so wirken die Computer nur noch indirekt zusammen: Die beteiligten Aktionsträger bilden ein Off-Line-Verbundsystem. Dabei kann die Kommunikation wie beim On-Line-Verbund durch Datenfernübertragung oder aber durch den Transport von Datenträgern erfolgen. Im Falle der Datenfernübertragung mit Off-Line-Verarbeitung werden die Daten auf peripheren Einheiten im Bereich des empfangenden und/oder des sendenden Maschinensystems gespeichert. Dagegen werden im Off-Line-Verbund mit Datenträgeraustausch die zu übermittelnden Daten auf körperlichen Datenträgern zwischen den Standorten der ADV-Anlagen transportiert. Die unterschiedlichen Kooperationsformen sind schematisch in Abb. 20 dargestellt:

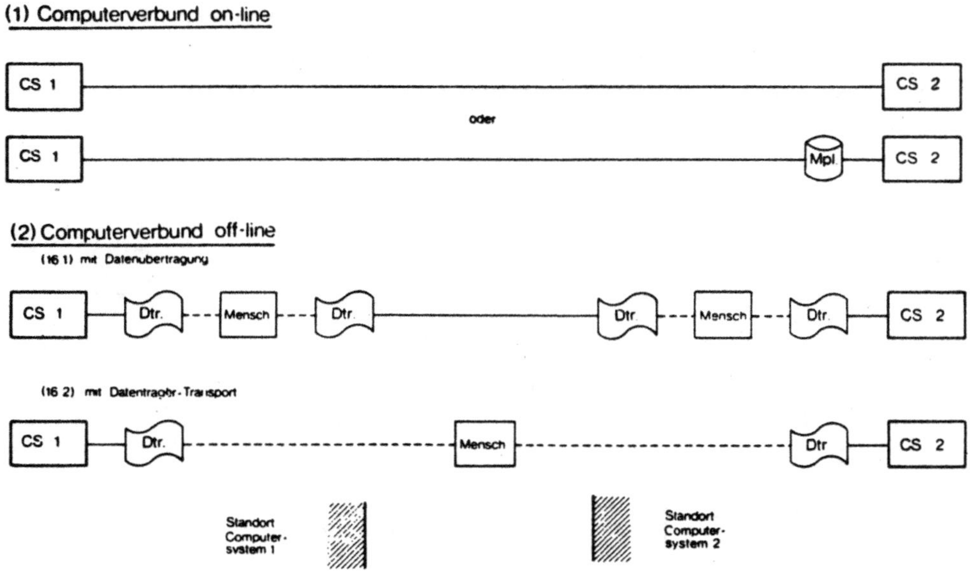

CS - Computersystem
Mpl. - Magnetplatte
Dtr. - Datenträger

ABB. 20: KOOPERATIONSFORMEN IM VERBUND

b) Typologien nach dem Aufgabensystem

Teile der Aufgabensysteme zweier oder mehrerer Unternehmungen ohne eigene ADV können zur Erfüllung einem externen Computersystem übertragen werden. Es handelt sich dann für alle Beteiligten um Datenverarbeitung außer Haus. Im Gegensatz dazu werden beim Computerverbund Teilaufgaben

- aus dem Aufgabensystem einer Unternehmung oder
- aus den Aufgabensystemen zweier oder mehrerer Unternehmungen

mindestens zwei miteinander kooperierenden Computern zur Erfüllung übertragen. Der erste Fall stellt ein unternehmungsinternes, der zweite Fall ein unternehmungsübergreifendes (für den Einzelbetrieb also externes) Computerverbundsystem dar (Abb. 21):

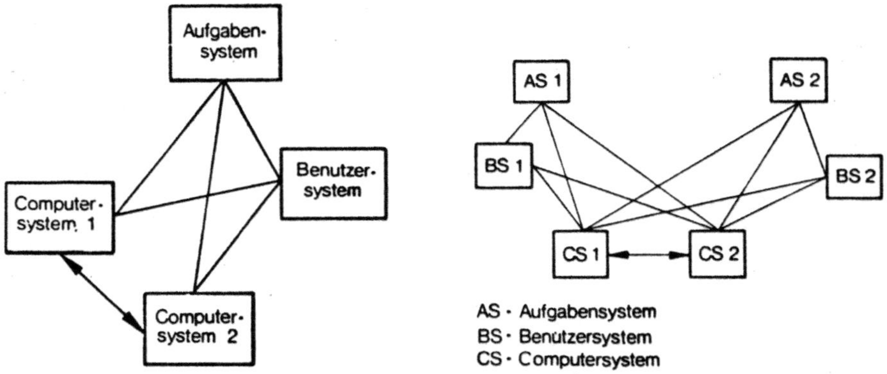

ABB. 21: INTERNER UND EXTERNER COMPUTERVERBUND

Welche organisatorischen Verbundformen - in Abhängigkeit von der Zielsetzung, die mit dem Verbund verfolgt wird, sowie von der Art der Aufgaben und ihrer Relationen - für die kooperative Aufgabenerfüllung in Frage kommen, wird im folgenden analysiert. Dabei lassen sich gewisse Überschneidungen nicht vermeiden, da die Analysekriterien, die an das Aufgabensystem gelegt werden, nicht isoliert angewendet werden können.

1. Zielsetzung der Aufgabenerfüllung

Aus dem Sach- und Formalziel der Unternehmung können die Ziele der organisatorischen Gestaltung abgeleitet werden. Als Rahmenbedingung gilt dabei: Das System der zur Aufgabenerfüllung vorzunehmenden Aktionen ist so zu gestalten, daß alle Aktionen derart aufeinander abgestimmt sind, daß das Sachziel des Betriebes unter Einhaltung des Formalziels realisiert wird. Nach ihren grundlegenden Gestaltungszielen sind Computerverbundsysteme zu unterteilen in:

- Betriebsmittelverbund und
- Last- oder Kapazitätsverbund[1].

Der Betriebsmittelverbund orientiert sich an der vorgegebenen Aufgabenstellung und ordnet die zur Aufgabenerfüllung notwendigen Funktionen den einzelnen Betriebsmitteln (im Sinne von 'Ressourcen') der Verbund-Computer zu. Diese Zuordnung erfolgt im Zuge der Gestaltung des Systems, ist dem organisatorischen Ablauf also vorgelagert. Im Gegensatz dazu wird im Kapazitätsverbund eine Funktionszuordnung im Zuge der Aufgabenerfüllung selbst vorgenommen: Bei Überlastung einer Anlage wird die Belastungsspitze durch Übertragung auf andere Anlagen des Verbundsystems abgebaut. Es findet also ad hoc ein Belastungsausgleich statt, während beim Betriebsmittelverbund die

---

1) Den Begriff des Lastverbunds (in Anlehnung an das englische 'load sharing') verwenden JOTZOFF, R.; LANGER, W.; MÜLLER, B.; WINKLER, H.: Über Theorie ..., a.a.O., S. 373.
Dagegen spricht RUCKRIEGEL von Kapazitätsverbund. Vgl. RUCKRIEGEL, Werner: Aspekte des DV-Verbundes. In: ÖVD, 4. Jg. 1974 Heft 1, S. 14 f.

Übertragung der Funktionen auf die Anlagen ex ante von den qualitativen Aufgabenanforderungen ausgehend erfolgt.

In ähnliche Richtung zielt die Unterscheidung nach dem Spezialisierungsgrad der Computer eines Verbundes. Die Extremformen des Special-Purpose-Network auf der einen Seite und des General-Computer-Network auf der anderen Seite sind in ihren organisatorischen Zielen genau entgegengesetzt[1]: In General-Computer-Networks werden Zuordnungen zwischen Teilen des Aufgabensystems und Ressourcen des Aktionsträgersystems ad hoc von der akuten Belastungssituation der Computersysteme bestimmt, während dies in Special-Purpose-Networks a priori anhand der Aufgabenstellung geschieht[2]. Damit ergibt sich in Special-Purpose-Networks nach dem Grundsatz der verfahrenstechnischen Entsprechung ein hoher organisatorischer Zielerreichungsgrad. Dem steht jedoch die ökonomisch ins Gewicht fallende starke Beanspruchung des Übertragungssystems gegenüber, da die Austauschbeziehungen zwischen den Computersystemen umso komplexer und umfangreicher werden, je stärker einzelne Verbundcomputer auf bestimmte Verarbeitungs- und Speicherungsfunktionen spezialisiert sind.

Ein weiteres Gestaltungsziel ist beispielsweise die Sicherung der Verarbeitungsprozesse. Das absolute Dominieren dieses Ziels kann zur Einrichtung eines expliziten Sicherheits-Verbundes führen: Die gleichen Verarbeitungsprozesse werden von zwei oder mehreren ADV-Anlagen parallel durchgeführt, um bei Ausfall einer Anlage die Erhaltung von Ergebnisdaten und ein friktionsfreies Weiterverarbeiten zu gewährleisten (sog. Stand-by- oder Tandem-Systeme)[3].

---

1) Vgl. zu den Begriffen ASCHIM, Frode: Data Base Networks - An Overview. In: ISDOS working paper No. 79, Ann Arbor, Mich. 1973, p. 1.

2) Vgl. BAUMGARTNER, Cyrill; GEHRIG, Bruno: Möglichkeiten ..., a.a.O., S. 254.

3) Vgl. zur Sicherungsproblematik auch Teil C. III. (Zuverlässigkeit).

Zu diesem Zweck installierte Verbundsysteme sind naturgemäß sehr kostspielig; das Sicherungsziel steht daher in Antinomie zu ökonomischen Gestaltungszielen.

2. Bestimmungsgrößen der Aufgaben

Eine Einzelaufgabe ist determinierbar durch die Angabe ihres Objektes, ihrer Verrichtungsarten sowie ihrer räumlichen und zeitlichen Erfüllungsbedingungen. Während die Dimensionen Raum und Zeit sich primär auf die Beziehungen zwischen den Aufgaben auswirken, können Objekte und Verrichtungen als Einzelaufgaben-Determinanten isoliert und für eine entsprechende Verbundklassifikation verwendet werden.

2.1 Objektbezogene Verbundtypen

Die wohl wichtigste Objekt-Unterteilung des Computerverbundes ist die in Datenverbund (Data-Sharing) und Programmverbund (Program-Sharing)[1]. Beim Datenverbund werden zwischen den kooperierenden Computersystemen deskriptive Informationen (Daten) ausgetauscht; die zur Verarbeitung benötigten Programmbestände sind dagegen bei einer Anlage lokalisiert. Ein Off-Line-Datenverbund liegt beispielsweise vor, wenn die Ergebnis-Datenträger einer mit MDT durchgeführten Fakturierung an eine externe Großanlage zur weiteren Verarbeitung der Daten (Debitorenbuchhaltung, statistische Auswertungen etc.) übergeben werden. Bei einer On-Line-Verbindung können z.B. Artikelbewegungsdaten von dezentralen Terminalcomputern in Einzellagern an einen zentralen Rechner übertragen werden und hier zur Lagerbestandsführung verwendet werden. Besondere Bedeutung hat der Datenverbund für den Bereich der Kreditinstitute: So können die Daten über Geschäftsvorfälle in den Zweigstellen bei diesen gespeichert und nach Auswertungs- und Vorverarbeitungsprozessen an die Zentrale zur ei-

1) Dies entspricht der Unterteilung der Aufgabenobjekte in deskriptive und präskriptive Informationen; vgl. Abschnitt B. I. a) 1. (Objekte der Aufgabenerfüllung).

gentlichen Verarbeitung übertragen werden. Typischer für diesen Anwendungsbereich ist jedoch ein On-Line-Verbund zwischen aktiven Schalterterminals und einer Zentrale: Zwischen Terminals und Großcomputern findet ein intensiver Datenaustausch statt, der bei zentraler Kontoführung eine dezentrale Kontenbehandlung ermöglicht (mit Plausibilitätsprüfungen, Druckausgabe und evtl. Saldenermittlung). Auch zum Datenverbund zu rechnen sind zentralisierte Datenbanksysteme, die als Auskunfts- oder als Verteilsysteme dezentrale Computer mit Stamm- und Bestandsdaten beliefern und ihrerseits von den Außenstellen mit den jeweiligen Änderungs- bzw. Bewegungsdaten versorgt werden können.

Beim Programmverbund werden zwischen den Anlagen des Systems Anwendungsprogramme bzw. Programmteile ausgetauscht. Sinnvoll ist diese Verbundform beispielsweise bei technisch-wissenschaftlichen Anwendungen. Programme für spezielle Anwendungsprobleme können zu einer technisch-wissenschaftlichen Programmbibliothek zusammengefaßt und bei Bedarf an einen Spezialrechner übertragen werden, also zentral gespeichert und dezentral verfügbar gemacht werden. Fallen am Ort der dezentralen Anlage die in die Verarbeitung eingehenden Bewegungsdaten an (z.B. Ergebnisse eines wissenschaftlichen Experimentes, Parameterwerte für arithmetische Kalküle), so liegt ein reiner Programmverbund vor. Häufig werden jedoch auch zusätzlich die Daten übertragen, es handelt sich dann um eine Mischform von Programm- und Datenverbund.

2.2 Verrichtungsbezogene Verbundtypen

Eine Klassfizierung nach den zur Aufgabenerfüllung erforderlichen Verrichtungen kann naturgemäß keine scharfe Abgrenzung bedeuten, da die Elementar-Verrichtungen bei der Analyse realer Prozesse nicht eindeutig separiert werden können. Eine entsprechende Kennzeichnung nach der Verrichtungsart hat folglich nur Schwerpunktcharakter.

Dezentrale Datenerfassungs- und -sammelsysteme stellen erfassungs-orientierte Verbundformen dar, sofern die dezentralen Sachmittel Computereigenschaften (insbesondere freie Programmierbarkeit) aufweisen. Einen solchen Verbund stellt - in umgekehrter Kommunikationsrichtung - auch der Typus der Auskunftssysteme dar, obwohl bei ihm, anders betrachtet, ebenso eine speicherungs-orientierte Verbundform vorliegt.

Der speicherungsorientierte Computerverbund ist am häufigsten durch zentrale Datenbestände (Dateien, Datenbanken) realisiert, die in der Regel auf Massenspeichern im wahlfreien Zugriff stehen. Die Anforderung der Daten kann von dezentralen Computern gegenüber der Zentrale oder umgekehrt erfolgen; dementsprechend wird zwischen Verteil- und Zubringersystem unterschieden. Der Aufbau speicherungsorientierter Verbundsysteme wird vor allem da von großem Vorteil sein, wo bisher gleiche Daten in verschiedenen Datenbanken mehrfach gespeichert wurden und durch die Zusammenlegung dieser Datenbanken bei einer zentralen Großanlage erhebliche Integrationswirkungen möglich sind. Unter dieser Zielrichtung stehen die Planung für das sogenannte Informationsbankensystem der Bundesrepublik und die Schaffung von 'information utilities' im allgemeinen[1].

Der verarbeitungsorientierte[2] Verbund kann als die für MDT-Großcomputer-Verbundsysteme typische Form angesehen werden: Mit dem Einsatz von MDT-Anlagen als Terminalcomputern (anstelle passiver Terminals) oder als Vorfeldrechnern wird ja gerade bezweckt, Verarbei-

1) Vgl. HÖLDER, Egon u.a.: Das Informationsbankensystem. Vorschläge für die Planung und den Aufbau eines allgemeinen arbeitsteiligen Informationsbankensystems für die Bundesrepublik Deutschland. Köln - Berlin - Bonn - München 1971.
GROCHLA, Erwin: Konzeptionen für Informationszentren. In: Lecture Notes in Computer Science, ed. by G. Goos; J. Hartmanis, IV.9, Berlin - Heidelberg - New York 1974, p. 7-17.

2) Im Sinne von transformations-orientiert (Transformation = Verarbeitung i.e.S.).

tungsfunktionen zu dezentralisieren und Großcomputer durch Ausgliederung einfacher Verarbeitungskomplexe zu entlasten (sogenannte Vorverarbeitung). Eine andere Art der Verteilung von Verarbeitungskomplexen auf mehrere Computer stellt der Lastverbund dar: Voraussetzung ist Homogenität der Anlagen (ähnliche Leistungsfähigkeit); dies unterscheidet den Lastverbund vom hierarchischen MDT-Großcomputer-Verbund, der als Spezialisierungsverbund bezeichnet werden kann.

In einem übertragungsorientierten Verbund stehen die speziell durch die Informationsübertragung erforderlich werdenden Computersysteme, also beispielsweise Vermittlungsrechner untereinander und mit entsprechenden Vorfeldrechnern, in Verbindung, soweit letztere die Funktionen der Übertragungssteuerung mit übernehmen. Da die Verrichtung der Informationsübertragung kein Selbstzweck ist, sondern derivativen Charakter innerhalb der Aufgabenerfüllung besitzt, kann die Übertragungsorientierung keine Eigenschaft der 'originären' Verbundform sein. Übertragungsorientiert ist naturgemäß auch der Verbund der Computersysteme, die das Übertragungssystem selbst steuern (rechnergestützte Leitungsnetze).

3. Beziehungen zwischen den Aufgaben

3.1 Verbundklassifizierung nach aufgabenlogischen Relationen

Die logischen Beziehungen zwischen den Teilaufgaben stellen Determinanten für die formale Struktur von Verbundsystemen dar. So können etwa die Informations-Input-/Output-Relationen der Abb. 22 zwischen den Teilaufgaben 1, 2 und 3 unter der Voraussetzung, daß jede Teilaufgabe einem anderen Computersystem zur Erfüllung zugeordnet wird, eine Anordnung der drei Computer in Sternstruktur zulassen (Abb. 23).
Dagegen kann eine zusätzliche Rückkopplung der Aufgabe 2 an die Aufgabe 1 (Abb. 24) eine Anordnung in Maschenform sinnvoll erscheinen lassen (Abb. 25):

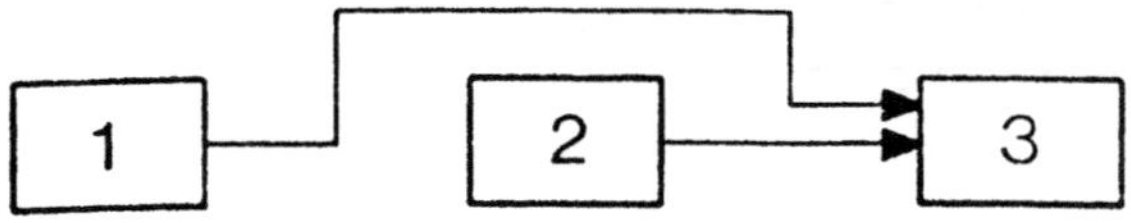

ABB. 22: AUFGABEN-RELATIONEN I

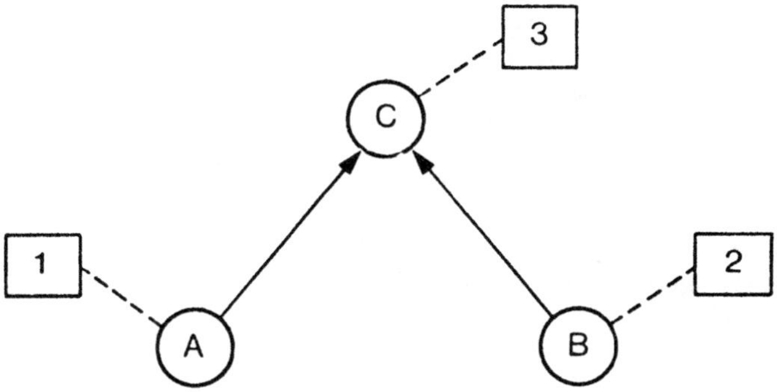

ABB. 23: VERBUND-STRUKTUR I

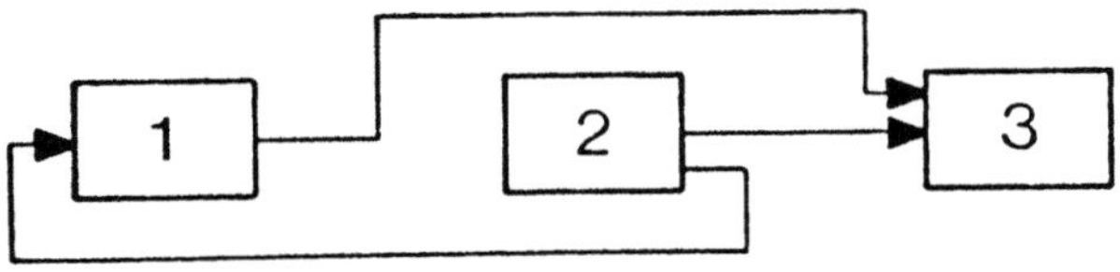

ABB. 24: AUFGABEN-RELATIONEN II

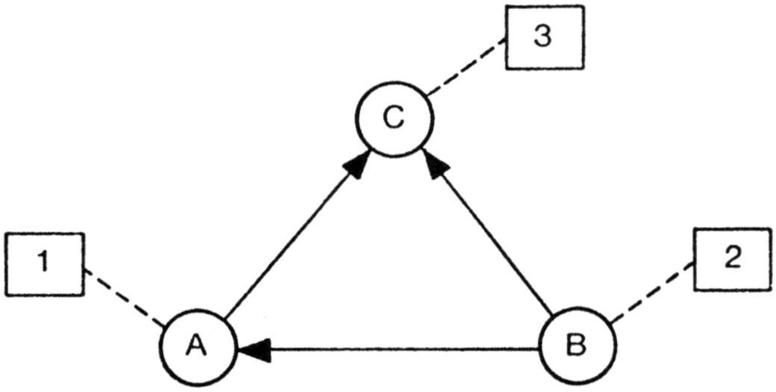

ABB. 25: VERBUND-STRUKTUR II

Die Informationsmengen, welche die Input-/Output-Beziehungen realisieren, können - bei sternförmiger Verbindung - wiederum zur Festlegung der Alternative Einzel- oder Gruppenverbindung führen (Abb.26):

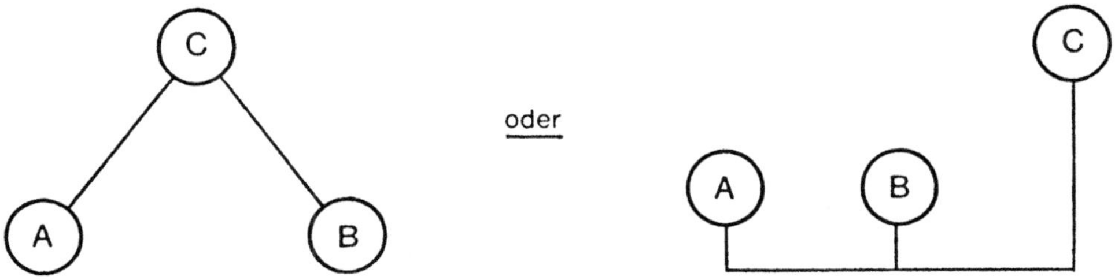

ABB. 26: EINZELVERBINDUNG UND GRUPPENVERBINDUNG

Mit den Grundstrukturen Stern- und Maschennetz korrelieren die Ausprägungen der Zentralisierung und der Stufung von Computerverbundsystemen. Die Sternstruktur eines Netzes entspricht im Regelfall einem (sachmittel-)zentralisierten Verbund[1] und einem hierarchisch gestuften Verbund (Computerhierarchie)[2], während Netze mit Maschenstruktur typisch für dezentralisierte und gleichrangige Verbundsysteme sind. Für den MDT-Großcomputer-Verbund charakteristisch ist folglich die Sternnetz-Struktur.

3.2 Verbundklassifizierung nach räumlichen Relationen

Ein entscheidendes Merkmal der räumlichen Beziehungen, die zwischen den Orten der Aufgabenerfüllung bestehen, ist die quantitative Ent-

1) Dabei kann der Zentralisationsgrad durch die Anzahl der Verbindungen, die jedes Verbundelement zu anderen aufweist, und deren Proportion gemessen werden.

2) Es ist plausibel, daß der zentrale Computer (mit den meisten Beziehungen zu anderen Computern des Verbunds) i.d.R. leistungsfähiger als die an ihn angeschlossenen Anlagen sein muß.

fernung: Bei einer Verbindung der Verbund-Computer mit Datenübertragung wird zwischen - systemtechnisch unterschiedlich realisierbarer - Übertragung im Nahbereich und derjenigen im Fernbereich unterschieden. Hinzu kommen im Bereich der Bundesrepublik juristische Bestimmungen, die für die Nahübertragung innerhalb privater Grundstücke besondere Möglichkeiten vorsehen, sowie Gebührenregelungen, die für Fernübertragung bestimmte Entfernungsintervallkosten festlegen[1]. Bei sehr geringen Entfernungen der Computersysteme (im Bereich einiger hundert Meter) ist schließlich deren feste Verbindung durch Kabel technisch möglich.

Der Informationstransfer beim Off-Line-Verbund mit Datenträgeraustausch ist an die Benutzung herkömmlicher Transportmedien gebunden. Bei größeren Entfernungen kann - außer der zu überbrückenden Distanz selbst - der Ausbau der verkehrstechnischen Infrastruktur zwischen den Computer-Standorten bei der Verbundgestaltung ins Gewicht fallen.

3.3 Verbundklassifizierung nach zeitlichen Relationen

Die Anforderungen an die Zeiträume zwischen Informationsgenerierung durch das eine und Informationsweiterverwendung durch ein anderes Computersystem determinieren - wie dargestellt - die prozessualen Verbundformen

- Verbund mit direkter Verarbeitung,
- Verbund mit periodischer Verarbeitung.

Die Verarbeitungsformen haben zusammen mit der zeitlichen Informationsmengen-Verteilung, den räumlichen Beziehungen und weiteren Faktoren wiederum Auswirkungen auf die aktionsträger-orientierte Verbundgestaltung (on-line/off-line) und auf die Festlegung weiterer

1) Vgl. hierzu ausführlicher Anhang B. I.

Gestaltungsalternativen wie permanente oder sporadische Möglichkeiten zur Übertragung (Stand-/Wähl-Leitung). Ähnlich wie bei den räumlichen Distanzen bestehen Preisregelungen, die zeitintervallabhängige Kosten der Datenübertragung festlegen (Tages-/Nacht-Tarife etc.)[1].

---

1) Vgl. auch hierzu Anhang B. I.

C. GESTALTUNGSSCHWERPUNKTE BEI DER ENTWICKLUNG VON ANWENDUNGSKONZEPTIONEN FÜR COMPUTERVERBUNDSYSTEME MIT KLEINCOMPUTERN (MDT)

Nach der Analyse des Gestaltungsfeldes werden im folgenden einige Einzelfragen näher betrachtet, die sich dem Systemgestalter als verbundspezifische Schwerpunktprobleme stellen. Um eine knapp gefaßte Darstellung zu erreichen, wurde die Problematik auf drei Gestaltungsschwerpunkte reduziert. Einen umfassenderen Rahmen für die Gestaltungskriterien und -methoden zu entwickeln, ist der Inhalt des Teils D.

I. SYSTEMAUSLEGUNG

Gestaltungsaktivitäten zur Implementierung von Computerverbundsystemen haben zum einen die Konfiguration und topologische Verteilung der Datenstationen, zum anderen die Auslegung des Leitungsnetzes zum Gegenstand. Die Planung überbetrieblicher und überregionaler Verbundsysteme erweist sich gegenüber der Planung innerbetrieblicher Informationssysteme als weitaus komplexer, da die Zahl der Gestaltungs-Alternativen stark zunimmt. Ein Hauptproblem ist es, vorher isolierte Anwendungskonzeptionen einzelner Anwender zu integrieren und eine neue Konzeption mit erweitertem Gültigkeitsbereich zu erstellen. In vielen Fällen läßt sich eine derartige, auf einem vollkommen neuen System von Verfahrensregeln basierende Gesamtkonzeption nicht erstellen, da die zu integrierenden Einzelkonzeptionen bereits zu sehr auf ihren Objektbereich zugeschnitten sind. Unter diesen Umständen läßt sich ein umfassender Verbund praktisch nur durch eine Ex-post-Integration herstellen, d.h., organisatorische Kompatibilität kann hier nicht durch Neuorganisation, sondern nur durch eine nachträgliche Anpassung bewirkt werden.

Die Systemplanung im Bereich der Datenstationen konzentriert sich im wesentlichen auf die Zuordnung spezieller Verarbeitungs- und Speicherungsfunktionen zu einzelnen Datenstationen. Die Lokalisierung der Speicherungsfunktion bestimmt die Verfügbarkeit sowohl von Programm- als auch von Datenbeständen.

Gestaltungsparameter im Bereich des Übertragungssystems sind die Kapazität und die Verfügbarkeit einzelner Leitungen, vor allem aber die Struktur des gesamten Leitungsnetzes. Die Kapazität des Leitungsnetzes ist auf das vorhandene Übertragungsvolumen, die Struktur des Netzes auf die notwendigen Kommunikationsbeziehungen abzustimmen.

Sind Standort und Konfiguration der in ein Netz einzubeziehenden Verbundrechner fest vorgegeben (weil etwa Computerinstallationen bereits erfolgt sind und nicht geändert werden können oder sollen), so reduziert sich die Gestaltungsproblematik im wesentlichen auf die Planung des Leitungsnetzes (Network-Design im engeren Sinne). Wesentlich effizienter, wenn auch aufwendiger ist dagegen die integrierte Gesamtplanung von Computerverbundsystemen, die die Planung sowohl der Datenstationen als auch des Leitungsnetzes in einem Prozeß zusammenfaßt. Die anglo-amerikanische Literatur spricht hier von System-Design (oder Network-Design im weiteren Sinne).

Jeder Systemplanungsprozeß vollzieht sich unter zwei Aspekten: Unter dem prozessualen Aspekt wird das zu gestaltende System auf Kriterien wie Nachrichtendurchsatz und Antwortzeitverhalten sowie auf alternative Steuerungsprozeduren untersucht, während unter dem strukturellen Aspekt die zweckmäßige Verteilung von Computerleistung auf Elemente des Verbundes und hierdurch determinierte Kommunikationsbeziehungen im Vordergrund stehen.

Die Methoden zur Systemauslegung lassen sich folgendermaßen unterscheiden: Modellverfahren orientieren sich an einem das zukünftige reale System abbildenden Modell und lassen durch Veränderung einzelner Modellkomponenten Schlüsse auf die Verhaltensweisen des abgebildeten Systems zu[1]. Das zu untersuchende Modell kann aus mathematischen Gleichungssystemen bestehen (analytische Modellverfahren) oder ein Simulationsmodell darstellen (stochastische Modellverfahren). Sind bereits andere, mit dem geplanten System vergleichbare Verbundsysteme realisiert, so lassen sich diese in Hinblick auf das geplante System nach verschiedenen Kriterien testen (Meßverfahren)[2]. Die hierdurch gewonnenen Erkenntnisse können auf die zukünftige Vorgehensweise übertragen werden und hierfür wertvolle Gestaltungshilfen liefern. Die in der Literatur - insbesondere der angelsächsischen - beschriebenen Ansätze und Algorithmen beziehen sich vornehmlich auf zentralisierte Netze, die aus einem Rechenzentrum und peripheren Terminals bestehen[3]. Diese Verfahren sind in

---

1) Vgl. LAUFS, Paul: Modellverfahren. In: Einführung in die Methoden der System-Design-Analyse von IBM-Datenverarbeitungssystemen, hrsg. v. Kurt Gerich, IBM-Form F12-0003-1, S. 14 f.
HAVERMANN, Hermann; HINZ, Dieter; SCHMIDT, Johann Friedrich: Die Anwendung von System-Design-Verfahren in einer Datenfernverarbeitungsanwendung. In: IBM-Nachrichten, 23. Jg. 1973 Heft 217, S. 793.

2) Vgl. BARTHELMESS, Klaus: Meßverfahren. In: Einführung in die Methoden ..., a.a.O., S. 65 ff.

3) Vgl. hierzu die Darstellung analytischer Verfahren bei CASEY, R.G.: Allocation of Copies of a File in an Information Network. In: AFIPS SJCC Vol. 40 1972, p. 617-625.
CHU, Wesley W.: Optimal File Allocation in a Multicomputer Information System. In: Proceedings of IFIP Congress 1968, Vol. II, Amsterdam 1969, p. 1219-1225.
KLEINROCK, Leonard: Analytic and Simulation Methods in Computer Network Design. In: AFIPS SJCC Vol. 36 1970, p. 569-579.
DE MERCADO, John: Minimum Cost-Reliable Computer Communications Networks. In: AFIPS FJCC, Vol. 41/I 1972, p. 553-559.
WILKOV, R.S.: Reliability Considerations in Computer Network Design. In: IFIP Congress 71, Vol. TA-4 Ljubljana 1971, p. 36-40.
Zur Darstellung von Simulationsverfahren vgl. INGERMANN, Donald: Simulating Communication Systems. In: Datamation, Vol. 20 1974 No. 10, p. 54-56.
KLEINROCK, Leonard: Analytic and Simulation Methods ..., a.a.O., p. 569-579.
KLEINROCK, Leonard: Resource Allocation in Computer Systems and Computer-Communication Networks. In: Proceedings of IFIP Congress 74, Amsterdam 1974, p. 11-18.

der Regel nicht auf die weitaus komplexeren Gestaltungsprobleme bei 'echten' Computerverbundsystemen zu übertragen.

a) Konfiguration der Datenstation

Die quantitative Leistungsfähigkeit und die qualitative Funktionsbreite eines Computers - im speziellen Fall der Datenstation - werden durch dessen Konfiguration bestimmt. Die (Teil-)Aufgaben, die innerhalb eines Verbundsystems wahrzunehmen sind, können im Zuge der Lokalisierung von Steuerungs-, Verarbeitungs- und Speicherungsfunktionen den in das System einbezogenen Verbundrechnern zugeordnet werden. Die optimale Zuordnung von Steuerungsfunktionen, Verarbeitungskapazität, Programm- und Datenbeständen ist die Aufgabe des System-Design (das vom Begriff her das Leitungsnetz-Design umfaßt).

1. Lokalisierung der Verarbeitungskapazität

Die Kernfrage bei der Lokalisierung der Verarbeitungskapazität in komplexen Verbundsystemen - oft als das Problem der Intelligenzverteilung bezeichnet - lautet: Nach welchem Prinzip soll das Zusammenwirken einzelner Verbundrechner erfolgen ? Als Alternative zur Zentralisierung der Datenverarbeitung - von der Stand-Alone-Großanlage bis zu Terminalsystemen mit Zentralcomputer - können zwei grundlegende Prinzipien dezentralisierter Datenverarbeitung unterschieden werden:

(1) Der Verbund besteht aus grundsätzlich funktionsgleichen Datenstationen, deren quantitative Leistungsfähigkeit dem regionalen Bedarf angepaßt ist. Der Benutzer wird in der Regel denjenigen Verbundrechner in Anspruch nehmen, der entfernungsmäßig am nächsten gelegen ist und bei dem damit der Aufwand für die Datenübertragung am geringsten ausfällt. Nur im Falle einer Überlastung dieser Datenstation werden andere Verbundrechner auf freie Kapazität hin überprüft und die Verarbeitung einem

nicht voll ausgelasteten Rechner übertragen (load sharing im Rahmen eines General-Computer-Networks)[1]. Dem Vorteil geringer Übertragungskosten steht der Nachteil entgegen, in einem Netz dezentral angeordneter homogener Universalrechner eine optimale Lösung spezieller Datenverarbeitungsaufgaben oft nicht zu erreichen.

(2) Der Verbund kann auf dem arbeitsteiligen Zusammenwirken mehrerer funktional heterogener Spezialrechner basieren. In diesem Fall erfolgt die Zuordnung der Datenverarbeitungsaufgaben auf das Sachmittel Computer nicht mehr im Sinne einer ausgleichenden Kapazitätsbelegungsplanung, sondern nach dem Kriterium der Eignung spezieller Sachmittel für spezielle Problemstellungen (resource sharing im Rahmen eines Special-Purpose-Networks)[2]. Zwar werden die Datenübertragungskosten aufgrund der längeren Übertragungswege ansteigen, doch ermöglicht das Zusammenwirken mehrerer Spezialrechner effiziente Problemlösungen.

Gerade in der zweiten Verbundform gewinnen MDT-Anlagen zunehmend an Bedeutung. Dem liegt die Überlegung zugrunde, daß Anlagen der Groß-ADV durch ihre immer umfangreicher werdenden Betriebssysteme dahin tendieren, sich mehr und mehr selbst zu verwalten, zumindest aber wertvolle Rechenzeit für die Steuerung und Koordinierung zahlreicher simultaner Anwendungen zu verwenden[3]. Mit zunehmender Anzahl der Benutzer steigen auch Zahl und Umfang der Anwendungsprogramme. MDT-Anlagen und auf bestimmte Aufgabentypen zugeschnittene Minicom-

---

1) Vgl. ROOME, W.D.; TORNG, H.C.: Modelling and Design of Computer Networks with Distributed Computation Facilities. In: Proceedings of the 1974 Symposium Computer Networks: Trends and Applications, Gaithersburg, Maryland 1974, p. 30-38.

2) Vgl. SACHVERSTÄNDIGEN-ARBEITSGRUPPE: ADV-Verbund im Hochschulbereich NW. In: ÖVD, 4. Jg. 1974 Heft 2, S. 70 ff.
ROBERTS, Lawrence G.; WESSLER, Barry D.: Computer-Networks development to achieve resource sharing. In: AFIPS SJCC Vol. 36 1970, p. 543.

3) Vgl. CANNING, Richard G. (ed.): In Your Future:...,a.a.O., p. 8 f.

puter benötigen dagegen ein Minimum an Steuerungsaufwand[1], und zumindest seitdem das Konzept des virtuellen Speichers auch für diese Anlagenkategorie realisiert ist, bestehen kaum noch Restriktionen für den quantitativen Umfang von Programmen.

MDT-Anlagen als Datenstationen gewährleisten eine hohe Flexibilität, Erweiterungsfähigkeit und Zuverlässigkeit des Gesamtsystems. Dem Ziel organisatorischer Zweckmäßigkeit wird insofern weitgehend entsprochen. Es treten allerdings Konflikte zu wirtschaftlichen Zielen auf, da bei MDT-Verbundsystemen die Kostendegression großer Computer nicht voll genutzt wird. Ein Kompromiß zwischen beiden Zielen kann durch hierarchisch mehrstufige Computerverbundsysteme erreicht werden: Spezialisierte Minicomputer auf der untersten Stufe, Computersysteme der Mittleren Datentechnik auf der zweiten Ebene und Großcomputer auf der obersten Stufe können nach verbindlichen Verfahrensregeln die verschiedenen Verarbeitungsprozeduren oder Teilfunktionen übernehmen[2].

2. Lokalisierung von Programmbeständen

Programmbestände können an zentraler Stelle oder im Bereich einzelner Datenstationen abgespeichert werden. Während es sich im ersten Fall um eine vollständige, alle Anwendungsgebiete umfassende Programmbibliothek handelt, haben dezentral geführte Programmbestände die Funktion von Spezialbibliotheken. Es ist von den Entfernungen zwischen den Datenstationen sowie von der Nutzungshäufigkeit der Programme abhängig zu machen, ob Programme in mehrfachen Kopien geführt werden, um Übertragungskosten einzusparen.

---

1) Vgl. CANNING, Richard G. (ed.): In Your Future ..., a.a.O., p.2.

2) Vgl. ASHENHURST, R.L.; VONDEROHE, R.H.: A Hierarchical Network. In: Datamation, Vol. 21 1975 No. 2, p. 41.
AMSTUTZ, Stanford R.: Distributed Intelligence ..., a.a.O., p.28.
GROCHLA, Erwin: Mittlere Datentechnik als Terminalcomputer ..., a.a.O., S. 936.

3. Lokalisierung von Datenbeständen

Das Problem der Lokalisierung von Datenbeständen tritt auf, sobald im Rahmen eines Verbundsystems auf Datenbestände von mehreren Seiten zugegriffen wird. Eine zentral geführte Datenbank bietet den Vorteil hoher Aktualität, da Daten unmittelbar nach dem Abspeichern für alle Benutzer verfügbar sind. Zudem ist nur ein Updating-Vorgang notwendig, um den zentralen Datenbestand zu reorganisieren. Im Falle mehrfacher Dateiführung kehren sich die genannten Vorteile in Nachteile um, doch entfallen Übertragungskosten, da Dateien in unmittelbarer Nähe der Datenstationen gespeichert werden können, von denen sie vorrangig benötigt werden[1]. Der Zugriff ist für den Benutzer i.d.R. einfacher als bei einer zentralen Datenbank.

Das Problem der Lokalisierung von Datenbeständen ist keine polare Entscheidung zwischen den Alternativen 'zentrale Datenbank' und 'mehrfache Dateiführung': Zwischen diesem Gegensatzpaar liegt vielmehr ein breites Spektrum von Mischformen, so zum Beispiel die Möglichkeit, Zentralisierung bzw. Dezentralisierung für einzelne Teildateien (nach ihrem Inhalt) oder für Nutzdaten (Wert-Mengen-Felder) und Steuerdaten (Datei-Index) getrennt vorzunehmen[2].
Auf die besondere Eignung des Konzeptes zentraler Datenbanken, integrative Beziehungen zwischen verschiedenen Anwendungsprogrammen herzustellen, sei in diesem Zusammenhang hingewiesen[3]. Jedoch wird

1) Vgl. CANNING, Richard G.(ed.): In Your Future ..., a.a.O., p. 3.

2) Vgl. ASCHIM, Frode: Data Base Networks ..., a.a.O., p. 7 ff und p. 20 f.
RUCKRIEGEL, Werner: Aspekte ..., a.a.O., S. 17.

3) Vgl. hierzu GROCHLA, Erwin; GARBE, Helmut; GILLNER, Reinhard: Gestaltungskriterien für den Aufbau von Datenbanken. Forschungsberichte des Landes Nordrhein-Westfalen, Nr. 2292. Opladen 1973, S. 19 ff.
ABEL, Horst; AMSTÄDTER, Karl; KLIMSCH, Herbert: Kompatible Datenbankschnittstellen (KDBS). In: ÖVD, 3.Jg. 1973 Heft 9, S. 397 f.
KÖHLER, R.: Von der Datenübertragung zur integrierten Datenverarbeitung. In: Online, 12. Jg. 1974 Heft 9, S. 558 f.

es wahrscheinlich auch in Zukunft nur wenige Anwendungsfälle geben, in denen eine völlige Zentralisierung der Datenbestände unter wirtschaftlichen Gesichtspunkten vertretbar ist.

4. Lokalisierung von Steuerungsfunktionen

Bei der Gestaltung von Computerverbundsystemen ist festzulegen, welchen Systemelementen die zahlreichen - im einzelnen bereits dargestellten[1] - Steuerungs- und Koordinationsaufgaben (zeitliche sowie sachlogische) zuzuordnen sind. Die Gestaltungsalternativen reichen auch hier von der rein zentralisierten, in einem Netzknoten zusammengefaßten Verbundsteuerung bis hin zur Verteilung sämtlicher Steuerungsfunktionen auf die einzelnen Netzknoten[2]. Unter Netzknoten sind in diesem Zusammenhang ausschließlich die Übertragung steuernde Vermittlungseinrichtungen ebenso wie mit Verarbeitungsfunktionen ausgestattete Datenendeinrichtungen bzw. Datenstationen zu verstehen.

Je mehr Computersysteme zu einem Verbund zusammengeschlossen sind, umso komplexer und aufwendiger wird die Verbundsteuerung[3]. Mit steigender Komplexität der Verbundstruktur erhöht sich auch die Gefahr von Stauungen im Übertragungssystem, da es zunehmend schwieriger wird, sämtliche virtuellen Kommunikationsbeziehungen unter gleichmäßiger Belastung und Ausnutzung der physischen Übertragungskanäle herzustellen. Dadurch nimmt die Anfälligkeit des Systems gegenüber Abweichungen und Verschiebungen in der Beanspruchung ein-

---

1) Vgl. Abschnitt B. II. b) 2. (Systemsoftware).

2) Vgl. JOTZOFF, R.; LANGER, W.; MÜLLER, B.; WINKLER, H.: Über Theorie ..., a.a.O., S. 379 ff.
ECKERT, D.; SCHÖNAUER, W.; MICKEL, K.-P.: Ein universeller Netzknoten für den Verbund von Hochschul-Rechenzentren. In: Elektronische Rechenanlagen, 16. Jg. 1974 Heft 6, S. 219.

3) Vgl. JOTZOFF, R.; LANGER, W.; MÜLLER, B.; WINKLER, H.: Über Theorie ..., a.a.O., S. 379.

zelner Kanäle zu. Erforderlich ist es, die Verbundsteuerung so flexibel und anpassungsfähig zu gestalten, daß ein Höchstmaß an Unempfindlichkeit gegenüber derartigen Abweichungen gegeben ist[1]. Es ist fraglich, ob eine vollkommene oder überwiegende Dezentralisierung von Übertragungssteuerungsfunktionen ermöglicht, daß Engpaßsituationen im Netz überhaupt als solche erkannt werden und damit Ausweichmaßnahmen eingeleitet werden können.

Auf der anderen Seite erfüllt eine zentrale Verbundsteuerung - ausser bei Duplex-Systemen - nur durchschnittliche Anforderungen an die Zuverlässigkeit (Ausfallsicherheit) des Gesamtsystems[2]. Die Funktionsfähigkeit ist vollkommen abhängig von der Einsatzbereitschaft der zentralen Steuerung. Bei der Verteilung von Steuerungsfunktionen auf einzelne Netzknoten kann der Ausfall einer Verbundkomponente dagegen nicht dazu führen, daß das Gesamtsystem stillgelegt wird (reliability by distribution of control)[3].

b) Auslegung des Übertragungssystems

Zwischen der Konfigurierung der Datenstationen und den Anforderungen an das Übertragungssystem besteht ein unmittelbarer Zusammenhang: Je stärker einzelne Computersysteme auf bestimmte Verarbeitungs- und Speicherungsfunktionen spezialisiert sind und je mehr die Verbundsteuerung auf einzelne Datenstationen verteilt ist, umso komplexer und umfangreicher werden die Austauschbeziehungen zwischen den Computersystemen (von Steuer- und Nutzinformationen) und umso größer wird auch die Beanspruchung des Übertragungssystems.

---

1) Vgl. KLEINROCK, Leonard: Performance Models and Measurement of the ARPA Computer Network. In: Online Conference Proceedings, Vol. 2 1972, p. 72.

2) Vgl. JOTZOFF, R.; LANGER, W.; MÜLLER, B.; WINKLER, H.: Über Theorie ..., a.a.O., S. 379.

3) Vgl. FARBER, David: A Ring Network. ..., a.a.O., p. 44.

Bereits an anderer Stelle wurde festgestellt, daß sich Anlagen der Mittleren Datentechnik in besonderem Maße für den Einsatz in Special-Purpose-Networks eignen. Dies wird durch die folgende Darstellung von vier nach Art und Ausmaß ihrer Kommunikationsbeziehungen unterschiedlichen Verbundtypen besonders deutlich[1]:
Fall 1 stellt einen Datenverbund (Data-Sharing) dar, bei dem die Verarbeitungsfunktion und die Programmbestände der Station B zugeordnet sind, die zu verarbeitenden oder zur Verarbeitung benötigten Daten jedoch nach deren Spezifizierung (durch Steuerinformationen) von anderen Datenstationen abgerufen werden müssen. Im Beispiel sind dies A und C. (Abb. 27)

Diese Verbund-Anwendungsform ist besonders im Bankensektor verbreitet[2]. Zahlreiche Beispiele für den Datenverbund finden sich auch im Handel: Auch hier überwiegen hierarchische Verbundformen, bei denen MDT-Anlagen in den Verkaufsfilialen die Aufgaben der Fakturierung, der Debitorenbuchhaltung (bei Inkasso-Berechtigung der Außenstellen) und der Lagerbestandsführung (bei Lagerführung in den Außenstellen) übernehmen können, Aufgaben der Gesamtabrechnung und koordinierenden Gesamtplanung (z.B. Materialwirtschaft) jedoch von der Zentrale wahrgenommen werden. Die auszutauschenden Daten können sowohl operativen (Senden von Außenstellen in Richtung Zentrale) als auch dispositiven Charakter (Zentrale in Richtung Außenstelle) besitzen.

---

1) Vgl. AKKOYUNLU, Eralp; BERNSTEIN, Arthur; SCHANTZ, Richard: Interprocess Communication Facilities ..., a.a.O., p. 46 f.
FRITZ, Kurt: Datenverbund zwischen Bundes- und Landesbehörden. Möglichkeiten, Vorteile, Grenzen. In: Data report, 9. Jg. 1974 Heft 3, S. 14.
JOTZOFF, R.; LANGER, W.; MÜLLER, B.; WINKLER, H.: Über Theorie ..., a.a.O., S. 373.

2) Vgl. Abschn. B. III. b) 2.

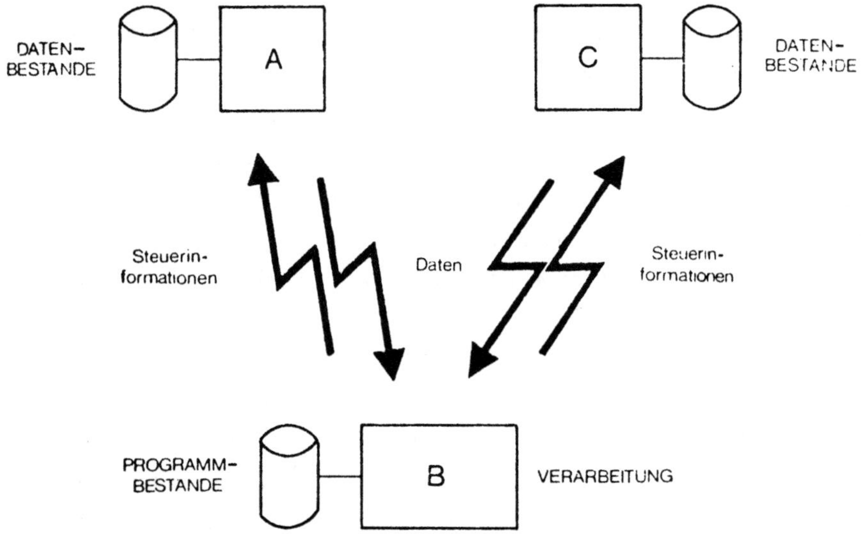

ABB. 27: DATA-SHARING

Fall 2 stellt einen Programmverbund (Program-Sharing) mit gleichzeitigem Datenverbund dar, in dem die Datenstation B die Verarbeitungsfunktion wahrnimmt. Das für die Verarbeitung notwendige Programm ist bei A gespeichert und wird an B übertragen, die Stamm- und Bewegungsdaten werden von C bereitgestellt (Abb. 28):

Das Prinzip des Programmverbundes läßt sich auf zweierlei Art verwirklichen: Entweder wird ein in nur einer Kopie vorhandenes, aber von mehreren Benutzern benötigtes Programm dem jeweiligen Benutzer (der jeweiligen Datenstation) zugeleitet oder die Benutzung geht aus-

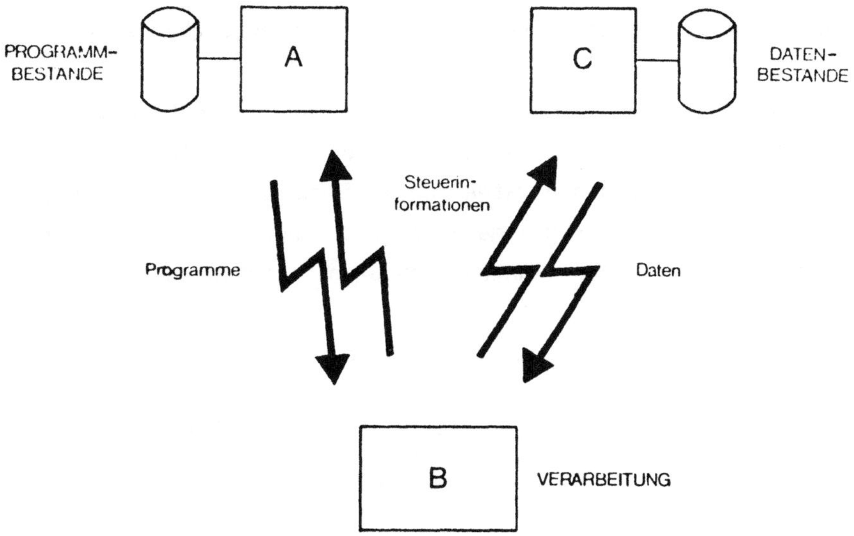

ABB. 28: PROGRAM-SHARING

schließlich in der Datenstation vor sich, in deren Bereich auch das Programm resident gehalten wird. Es läge im zweiten Fall also keine Übertragung von Programmen, sondern ausschließlich von Bestands- und Bewegungs-Daten vor. Die erste Vorgehensweise wird in der angelsächsischen Literatur auch als Program-Shipping bezeichnet. Da ein physischer Austausch von Programmen stattfindet, ist diese Bezeichnung exakter als die des Program-Sharing, mit dem die zweite Vorgehensweise bezeichnet wird[1].

---

1) Vgl. MARILL, Thomas L.; ROBERTS, Lawrence G.: Toward a Cooperative Network of Time-Shared Computers. In: AFIPS FJCC, Vol.35 1966, p. 426.

Die Beanspruchung der Übertragungswege ist gegenüber Fall 1 gestiegen, da neben Daten auch Programme ausgetauscht werden. Es erscheint zweckmäßig, selten benötigte Programme für spezielle Anwendungen in einer zentralen Bibliothek zu führen und sie dort zu verwalten, anstatt sie mehrfach in einzelnen Datenstationen verfügbar zu halten.

In Fall 3 wird im Gegensatz zu den Fällen 1 und 2 die Verarbeitung nicht in der Datenstation B, sondern in der Datenstation A vorgenommen. B stellt lediglich die Daten zur Verfügung, die von A mittels der hier gespeicherten Programme verarbeitet werden, woraufhin eine Rückübertragung der Ergebnisdaten nach B initiiert wird (Abb. 29).

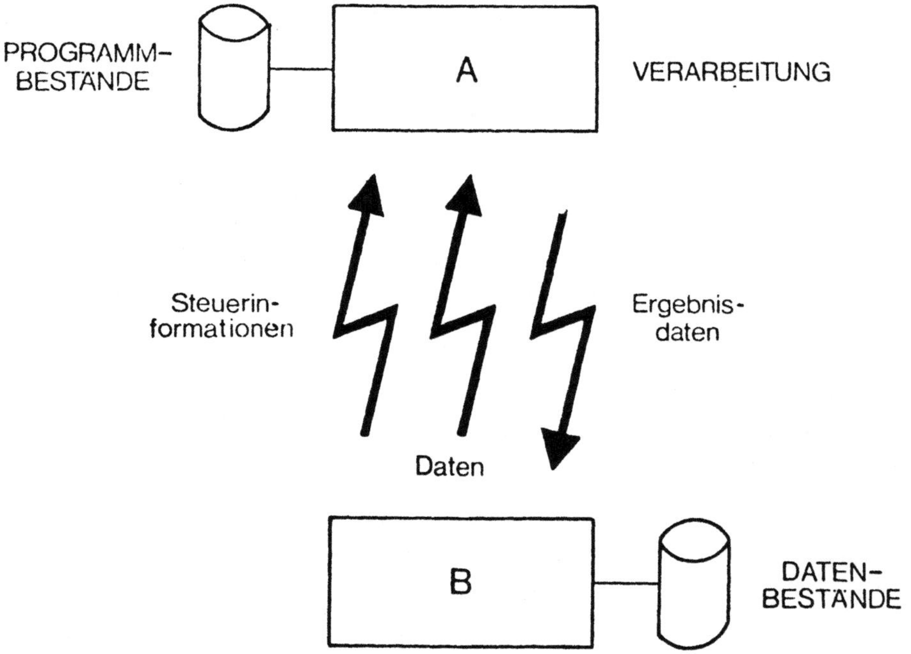

ABB. 29: RESOURCE-SHARING

Diese Anwendungsform des Ressourcen-Verbundes (Resource-Sharing), der auf die gemeinsame Nutzung spezieller Hardware-Betriebsmittel abzielt, ist für hierarchische Systeme mit MDT-Anlagen typisch, wobei die Vorverarbeitung durch die MDT-Anlage (Datenstation B) einer Hauptverarbeitung durch den Großcomputer (Datenstation A) vorausgeht. Von Fall 1 (Datenverbund) unterscheidet sich diese Verbundform dadurch, daß Vor- und Hauptverarbeitung hier zu einem umfassenden Aufgabenkomplex gehören, und nicht - wie im Falle des Datenverbundes - die für mehrere Anwendungen benötigten Daten untereinander ausgetauscht werden. Das Resource-Sharing kommt der Verbundform des Special-Purpose-Networks sehr nahe.

Fall 4 schließlich unterscheidet sich von dem vorhergehenden Fallbeispiel darin, daß neben Daten auch Programme an eine entfernte Datenstation (im Beispiel wieder A) übertragen und dort abgearbeitet werden (Lastverbund oder Load-Sharing)[1]. Beim Resource-Sharing war dies nicht notwendig, da hierbei die auf bestimmte Verarbeitungsfunktionen spezialisierten Computersysteme in der Regel auch die notwendigen Anwendungsprogramme in unmittelbarem Zugriff halten. Das allein auf den Belastungsausgleich abzielende Load-Sharing basiert dagegen jedoch auf dem Prinzip einer Ad-hoc-Zuordnung von Verarbeitungsaufgaben, die eine Übertragung von Daten und Programmen an das ausführende Computersystem erforderlich macht[2] (Abb. 30).

Anlagen der Mittleren Datentechnik kommt im Rahmen dieser Verbundform, die weitgehend der des General-Computer-Networks entspricht, kaum Bedeutung zu.

---

1) Vgl. DENNIS, Jack B.: A Position Paper ..., a.a.O., p. 374.

2) Vgl. Abschnitt B II. b) 1.

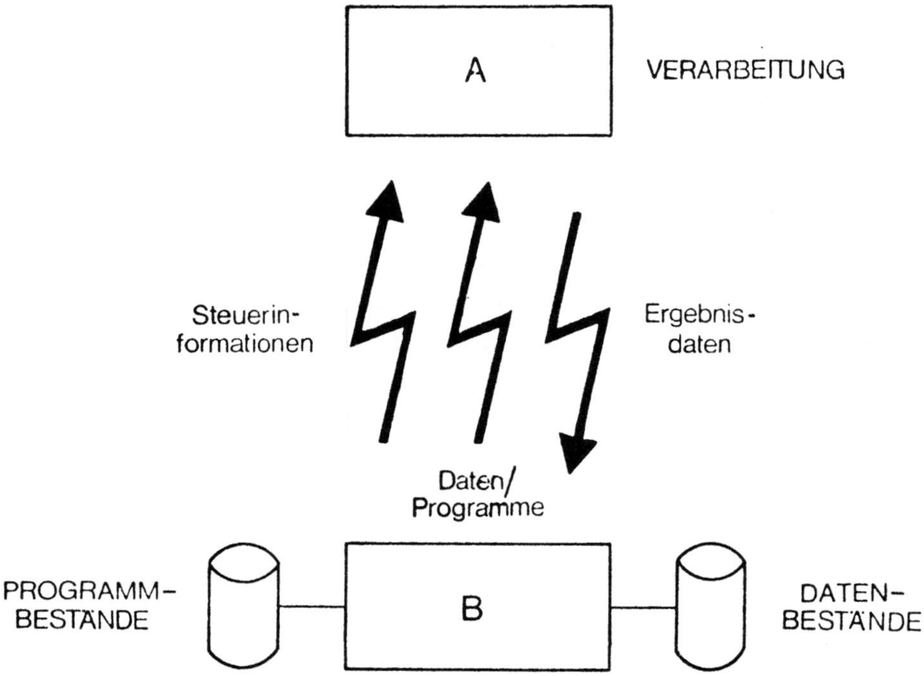

ABB. 30: LOAD-SHARING

Aus den vier dargestellten Fallbeispielen wird ersichtlich, daß die Beanspruchung des Übertragungssystems stark ansteigt, sobald ein Verbundsystem über den reinen Daten- oder Programmverbund hinausgeht und zu einem Verbund der Verarbeitungskapazitäten wird, da bei diesem zusätzlich der gesamte Verarbeitungsoutput zum Benutzer rückübertragen werden muß. Einsparungen, die durch Zentralisierung der Verarbeitungskapazität, der Programme und der Daten innerhalb eines Verbundsystems realisierbar sind (Kostendegression bei Installation von Großcomputern, Reduzierung des Speicherbedarfs bei Einmalspeicherung von Daten und Programmen) sind dem zusätzlichen Aufwand für die Übertragung gegenüberzustellen. Diese beiden Kostenfaktoren weisen somit eine gegenläufige Tendenz auf, wie sie in Abb. 31 zum Ausdruck kommt:

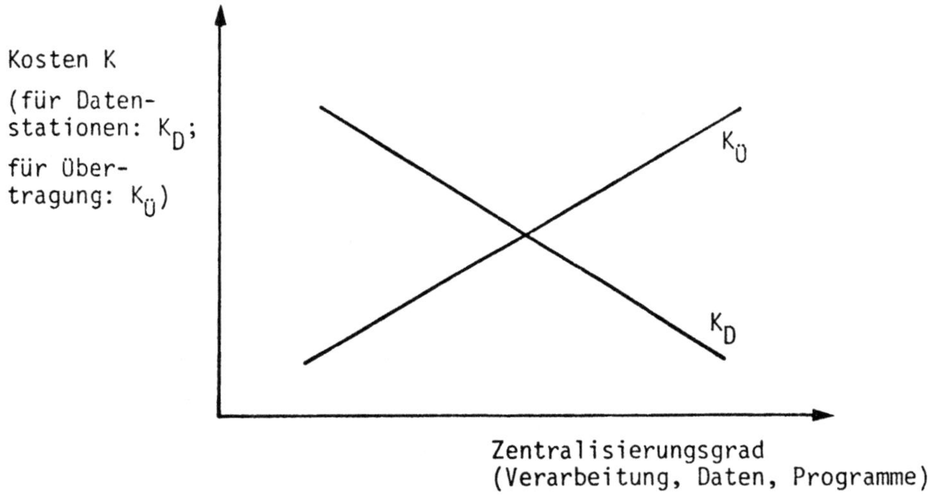

ABB. 31: KOSTEN UND ZENTRALISIERUNGSGRAD

Der Anstieg der Übertragungskostenkurve wird jedoch nicht allein von der Konfigurierung der Datenstationen und den hieraus resultierenden Anforderungen an das Übertragungssystem bestimmt. Auch wenn sämtliche für diese Anforderungen ursächlichen Bedingungen - vor allem die Übertragungsvolumina, die Standorte der Sende- und Empfangsstationen sowie die Entfernungen zwischen diesen - fest vorgegeben sind, ist mittels spezifischer Techniken eine Optimierung des Übertragungssystems möglich, die die Konfigurierung der Datenstationen weitgehend unberücksichtigt läßt.

Die prinzipielle Vorgehensweise bei einer derartigen Optimierung, die als Leitungsnetz-Design bezeichnet wird, läßt sich recht einfach darstellen, wenn man sich die grundsätzliche Struktur der Gebühren für Übertragungsleitungen bei fast allen europäischen Postgesellschaften vergegenwärtigt[1]. Diese Gebührenstruktur läßt zwei Ansatzpunkte für mögliche Kostendegressionseffekte erkennen; das ökonomische Ziel des Leitungsnetz-Design ist es, beide Möglichkeiten bei der Gestaltung des Übertragungssystems auszuschöpfen:

- Zum einen wird bei hohen Übertragungsraten die Übertragung auf Leitungen mit hoher Bandbreite kostengünstiger. Eine 200-Baud-Telegraphenleitung der Deutschen Bundespost kostet im Fernbereich nur etwa das Doppelte einer 50-Baud-Leitung, obwohl sie eine viermal schnellere Übertragung zuläßt. Indem also mehrere Einzelverbindungen zu einer leistungsfähigeren Sammelverbindung zusammengefaßt werden, lassen sich die auf ein Zeichen bezogenen Übertragungskosten reduzieren. Allerdings müssen, um eine solche Leitungsbündelung vom Volumen her zu ermöglichen, unter Umständen auf einzelnen Teilstrecken eines Verbundes Umwegübertragungen hingenommen werden.

- Auf der anderen Seite machen die auf den Kilometer bezogenen Kostenzuwächse im Fernbereich nur einen Bruchteil der Kosten pro Kilometer im Nahbereich aus. Der Teil eines Telegraphenstromweges, der über die 100-km-Grenze hinausgeht, kostet weniger als ein Zehntel der gleichen Teilstrecke im Bereich bis 10 km. Insofern muß sich also eine Umwegübertragung nicht unbedingt kostensteigernd auswirken - insbesondere dann nicht, wenn dieser Umweg nicht aus mehreren kurzen Teilstrecken besteht, sondern eine (etwa schon existierende) Verbindung in Form einer zusammenhängenden Teilstrecke einbezieht oder mitbenutzt.

---

1) Vgl. dazu ausführlich Anhang B. I.

Mit zunehmendem Verzicht auf Einzelverbindungen zwischen Netzknoten (bei Umwegübertragung auf gemeinschaftlich benutzten Teilstrekken) verringert sich die Gesamtlänge des Streckennetzes; gleichzeitig aber nimmt das Volumen der zu übertragenden Zeichen auf den aufrechterhaltenen Teilstrecken zu, so daß die Übertragung mit fortschreitender Leitungsreduzierung insgesamt kostengünstiger werden kann, die Leistungs- oder Servicebereitschaft des Netzes aber nachläßt. Es wird einen Punkt geben, von dem an dieser Nachteil die Kosteneinsparungen übersteigt; für die Design-Methode erfüllt dieser Punkt somit die Funktion eines Abbruchkriteriums. Kriterien, die zur Ermittlung einer Kompromißlösung - das heißt, einer Netzstruktur, die bei annehmbarer Kostensituation einem definierten Anspruchsniveau genügende Servicebereitschaft garantiert - herangezogen werden können, sind außerordentlich zahlreich. Je mehr restriktive Kriterien in ein Leitungsnetz-Design-Verfahren einbezogen werden, umso relevanter und brauchbarer wird dieses Verfahren für die Praxis.

Eine anhand der - überwiegend angelsächsischen - Fachliteratur durchgeführte Untersuchung von Network-Design-Methoden, zum Teil in Form von Softwarepaketen vorliegend, führte zu den nachfolgend dargestellten Ergebnissen.

Der weitaus größte Teil derartiger Methoden und Software-Pakete ist für die Auslegung zentralisierter Terminalsysteme bestimmt, bei denen die Übertragung ausschließlich zwischen einem zentralen Computersystem und jeweils einem Terminal stattfindet, nicht dagegen zwischen den Terminals. Die Vorgehensweise der entwickelten Verfahren ist vorwiegend analytisch, d.h., in mehreren iterativen Schritten wird nach einem fest vorgegebenen Algorithmus eine optimale bzw. suboptimale (Näherungs-)Lösung ermittelt. Die praktische Relevanz dieser Lösungen, die von der Anzahl der einbezogenen Design-Parameter und Restriktionen abhängig ist, ist sehr unterschiedlich. Auf diese 'Güte der Problemlösung' wird weiter unten eingegangen.

Die in der Literatur beschriebenen analytischen Verfahren zur Optimierung von Übertragungssystemen dezentralisierter Computerverbundsysteme sind weit weniger zahlreich und weisen zudem weniger direkte Brauchbarkeit für die Praxis auf. Teilweise führen derartige Verfahren noch nicht einmal zur Ermittlung einer (sub-)optimalen Netzstruktur, sondern berechnen lediglich die notwendigen Leitungskapazitäten für ein vorgegebenes in seiner Struktur nicht zu modifizierendes Übertragungsnetz[1]. So wird zum Beispiel im Rahmen der Darstellung einer analytischen Methode zum Network-Design für dezentralisierte Computerverbundsysteme explizit bestätigt, daß die eigentlichen Probleme bei der Netzauslegung - etwa Fragen der optimalen Routing-Procedure, des Einsatzes von Datenkonzentratoren und des Multiplexing - analytisch nicht gelöst werden können, und daß Simulationsmethoden hierfür wesentlich besser geeignet seien[2].

In der Tat ermöglichen Simulationsmethoden sehr viel mehr Design-Kriterien und -Restriktionen in die Gestaltung einzubeziehen. Erhebliche Verbesserungen ergeben sich allerdings bereits bei solchen analytischen Verfahren, die den Designer als kreatives und innovatives Element in die Problemlösung einbeziehen (interaktive Systeme). In bestimmten Entscheidungssituationen, die nicht strukturierbar und damit programmierbar sind, kann der Systemgestalter dann über die Tastatureingabe neue Parameter für den weiteren Programmablauf setzen[3].

In jedem Fall notwendige Eigabeinformationen für eine Softwarelösung der Netzauslegung sind

---

1) Vgl. KLEINROCK, Leonard: Survey of Analytical Methods in Queueing Networks. In: Rustin, Randall (ed.): Computer Networks, Englewood Cliffs 1972, p. 196.

2) Vgl. KLEINROCK, Leonard: Survey of ..., a.a.O., p. 203.

3) Vgl. BREWSTER, Robert L.: Designing optimum data networks. In: Data Processing Magazine, Vol. 13 1971 No. 1, p. 26.

- die Standorte von zentralen Computersystemen und Datenstationen sowie
- das geschätzte bzw. gemessene Übertragungsvolumen zwischen diesen Knoten.

Für die Bestimmung der Standorte liegen - auf nationaler Ebene - Tabellen sogenannter Horizontal-Vertikal-Koordinaten (H-V-Koordinaten) für alle mittleren und großen Städte vor. Mit Hilfe dieser Koordinaten können die Luftlinien-Entfernungen zwischen sämtlichen Netzknoten bestimmt werden. Die geschätzten bzw. gemessenen Übertragungsraten gehen entweder selbst in das Verfahren ein (bei analytischen Methoden) oder stecken den Rahmen für die in Simulationen generierten Übertragungsprozesse ab. Ergänzend zu den Übertragungsraten werden meist weitere Informationen über die Übertragungstechnik eingegeben, - die sich ja ebenfalls auf die Leitungsnetzbeanspruchung auswirkt (hierdurch wird zum Beispiel der zusätzliche Anteil von Steuerzeichen bestimmt). Bei Verfahren, die als Ergebnis exakte Übertragungskosten für ein Leitungsnetz liefern sollen, sind dem System zudem die jeweils gültigen Gebührentabellen anzugeben.

Die oben genannten Eingabeinformationen erfüllen in gewisser Weise bereits die Funktion von Design-Parametern, da sie innerhalb bestimmter Grenzen variierbar sind und ihre Variation Einfluß auf die Struktur des optimalen Netzes hat. Design-Parameter im eigentlichen Sinne sind

- die in vielen Fällen notwendige Vorgabe eines bestimmten Mindest-Antwortzeitverhaltens bzw. einer maximal zulässigen prozentualen Leitungsbelastung,
- die Bestimmung einer maximalen Leitungskapazität sowie
- die mögliche Vorgabe eines Mindestmaßes an Zuverlässigkeit des Übertragungssystems.

Mit zunehmender Leitungsnetzreduzierung und Übertragungskonzentration nimmt - unter der Bedingung, daß die Kapazität der aufrechterhaltenen Kanäle konstant gehalten wird - die Wahrscheinlichkeit zu, daß auf einem der Übertragungskanäle eine kurzfristige 'Besetzt'-Situation auftritt, die sich negativ auf das gesamte Antwortzeitverhalten auswirkt. Während deshalb die erste Parameterangabe für Real-Time-Anwendungen ein wichtiges Gestaltungskriterium darstellt, ist der Grund für die Vorgabe einer maximalen Leitungskapazität weniger ersichtlich, da in der Praxis die Kapazität des Übertragungssystems wohl in den seltensten Fällen eine wirkliche Beschränkung bedeutet. Es ist anzunehmen, daß die Möglichkeit - bzw. Notwendigkeit - einer entsprechenden Angabe daraus resultiert, daß fast alle der untersuchten Verfahren von einem über das gesamte System einheitlichen Leitungstyp (in sämtlichen Merkmalsausprägungen) ausgehen: Es lassen sich also nur solche Netze planen, die auf sämtlichen Kanälen Leitungen gleicher Kapazität verwenden[1]. Durch diese gewichtige Einschränkung wird die Vorgabe einer maximalen Leitungskapazität notwendig.

Die 'Zuverlässigkeit' des Übertragungssystems läßt sich aus der maximal an eine Leitung anschließbaren Terminalanzahl ermitteln. Ausgangsüberlegung ist dabei, daß, je mehr Datenstationen über eine gemeinsam benutzte Leitung an die Zentrale angeschlossen sind, desto mehr Terminals auch durch Ausfall dieser Leitung vom zentralen Computersystem getrennt werden. Durch die Reduzierung der über eine Leitung übertragenden Terminals läßt sich dieses Ausfallrisiko vermindern[2]. Zunehmende Übertragungskonzentration und der verstärkte Ein-

---

1) Vgl. ESAU, L.R.; WILLIAMS, K.C.: A method for approximating the optimal network. In: IBM Systems Journal, Vol. 5 1966 No. 3, p. 144 f.

2) Vgl. CHANDY, K.M.; RUSSAL, Robert A.: The Design of Multipoint Linkages in a Teleprocessing Tree Network. In: IEEE Transactions on Computers, Vol. C-21 1972 No. 10, p. 1062.

satz spezieller damit notwendiger Leitungssteuereinrichtungen gehen ebenfalls zu Lasten der Übertragungssicherheit. Je mehr Zwischenstationen eine Nachricht auf ihrem Weg zum Bestimmungsort durchlaufen muß und je mehr Veränderungen an ihrem formalen Aufbau vorgenommen werden, umso größer wird der Aufwand zur Erhaltung der auf Einzelverbindungen realisierten Übertragungssicherheit.

Die bereits erwähnte 'Güte der Problemlösung' bestimmt sich bei einem Network-Design-Verfahren allerdings nicht allein durch Anzahl und Art der frei wählbaren Design-Parameter, sondern vor allem durch die Genauigkeit und Wirklichkeitstreue, mit der reale Sachverhalte im Modell abgebildet werden. Ein diesbezüglicher Mangel ist bei sehr vielen der analysierten Verfahren die schon angeführte Restriktion, daß alle im Netz bestehenden Leitungsverbindungen hinsichtlich sämtlicher Merkmale (Übertragungsgeschwindigkeit, -kapazität etc.) gleich sein müssen. Zudem sieht fast keine der Methoden die Möglichkeit von Konzentratorverbindungen (und damit von Unternetzen) vor. Werden die exakten Kosten der Datenübertragung nicht mit Hilfe gespeicherter Gebührentabellen ermittelt, so finden bei der Suche nach optimalen Netzstrukturen auch die existierenden Kostendegressionseffekte (verringerte Kostenzuwächse im Fernbereich sowie bei zunehmender Leitungskapazität) keine entsprechende Berücksichtigung. Der Aufwand für die Datenübertragung (als zu minimierende Größe) wird dann als lineare Funktion der Entfernungen zwischen den Datenstationen angenommen.

Die zahlreichen Möglichkeiten, Engpaßsituationen im Übertragungssystem kurzfristig durch Modifikation der Routing-Procedure zu begegnen, lassen sich bei analytischen Verfahren ebenfalls nicht berücksichtigen. Ein hierin flexibles Übertragungssystem kann dagegen auf dem Wege der Simulation abgebildet werden.

Besondere Schwierigkeiten bereitet es, in eine Network-Design-Methode die Gebührenstruktur der jeweiligen Post-Gesellschaft derart einzubeziehen, daß sämtliche Möglichkeiten von Kosteneinsparungen erfaßt und die günstigste Alternative für den praktischen Fall ermittelt werden kann. Die Hauptschwierigkeit liegt darin, daß beispielsweise die Gebührenpolitik der Deutschen Bundespost zwischen

- verschiedenen Entfernungszonen (gestaffelt nach 10, 50, und 100 km),
- verschiedenen Übertragungszeiträumen (Tag-/Nachttarife),
- verschiedenen Leitungstypen (Fernsprech-, Telex-, Datexnetz, HfD),
- verschiedenen möglichen Übertragungsgeschwindigkeiten (von 50 bit/sec bis 48.000 bit/sec) und
- verschiedenen Benutzungsmodalitäten (Stand-/Wählleitung)

differenziert. Eine Fülle derartiger Parameter ist nur schwer in einem Verfahren zur Leitungsnetzoptimierung zu berücksichtigen. Insgesamt betrachtet bietet die Untersuchung entwickelter Methoden und verfügbarer Software zum Network-Design Anlaß zu erheblicher Skepsis hinsichtlich ihres Nutzens für die Praxis. Bei relativ einfachen Anwendungsfällen ist es meist möglich, annähernd gleiche Ergebnisse manuell durch systematisches Probieren zu erzielen; hingegen erscheinen bei komplexeren Anwendungsfällen die in der jeweiligen Methode berücksichtigten Parameter, Kriterien und Restriktionen immer noch unbefriedigend gegenüber der Realität. Die mangelnde Abbildungsgenauigkeit wirkt sich vornehmlich bei analytischen Verfahren aus, da hier die Optimierung meist in einer festgelegten Abfolge von Programmschritten erfolgt, in die der Designer nicht mehr korrigierend eingreifen kann. Simulationsmethoden lassen dagegen eine Synthese aus der menschlichen Kreativität und den kombinatorischen Fähigkeiten der ADV zu.

II. KOMPATIBILITÄT

a) Grundlagen und Terminologie

Sowohl für mehrere Unternehmen, die bei der Erfüllung gemeinsamer Teilaufgaben auf dem Wege des Computerverbundes kooperieren, als auch für Einzelunternehmen, bei denen Datenverarbeitungsaufgaben dezentral wahrgenommen werden, steht die gestalterische Forderung nach integrierten Lösungen der Anwendungsprobleme im Vordergrund. Im Fall der überbetrieblichen ADV-Kooperation wird von externer Integration gesprochen. In Abschnitt C.I. (Systemauslegung) wurde bereits dargestellt, daß in fast allen Fällen eine 'Ex-ante-Integration' als Ergebnis einer vollkommenen Umstrukturierung der Verarbeitungsvorgänge aufwandsmäßig nicht tragbar ist. Zudem wären hiervon mitunter auch solche organisatorischen Einzelkonzeptionen betroffen, die sich als 'running systems' bewährt haben und daher nicht völlig aufgegeben werden sollen. Eine 'Ex-post-Anpassung' zwischen bestehenden Einzelkonzeptionen ist vom wirtschaftlichen Standpunkt aus in der Regel angemessener und kommt dem Wunsch der meisten Anwender nach gradueller Eigenständigkeit entgegen. Sie führt jedoch nicht immer zu der höchstmöglichen Gestaltungseffizienz.

Im folgenden soll die mehr idealtypische Form der 'Ex-ante-Integration' vernachlässigt werden, um auch der Tatsache Rechnung zu tragen, daß bei der Gestaltung von Computerverbundsystemen wirtschaftliche Restriktionen für das Ziel der organisatorischen Zweckmäßigkeit eine große Rolle spielen, zumindest eine größere als bei der Planung von ADV-Systemen in der Stand-alone-Version. Das Integrationsziel beinhaltet neben der organisatorischen eine systemtechnische Komponente, so daß der erweiterte Integrationsbegriff sich auf die folgenden drei Beziehungsgruppen in Computerverbundsystemen erstreckt:

- Verknüpfung nicht deckungsgleicher Anwendungskonzeptionen der Datenverarbeitung zu einer übergeordneten Anwendungskonzeption im Rahmen von Datenfernverarbeitung und Computerverbund (organisatorische Integration)[1],

- arbeitsteiliges Zusammenwirken der in einen Verbund eingegliederten Computersysteme (systemtechnische Integration),
- Auswirkungen der Dezentralisierung der automatisierten Datenverarbeitung auf die Organisationsstruktur[2] (Abb. 32).

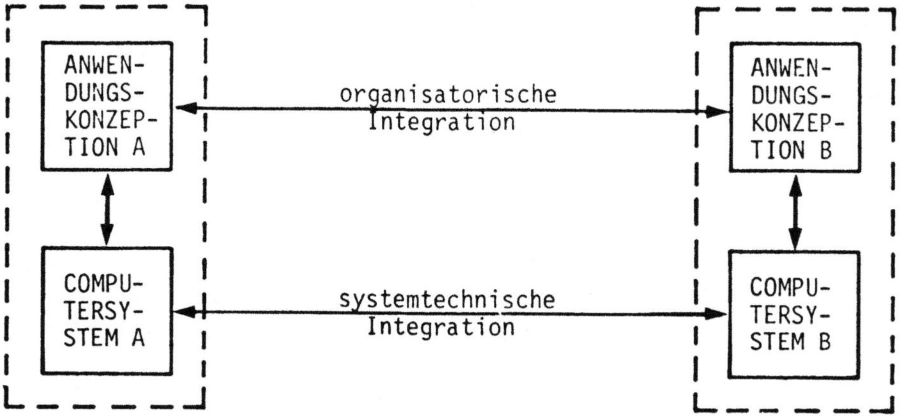

ABB. 32: INTEGRATIONSBEZIEHUNGEN

---

1) Der Begriff 'Integration' beinhaltet, daß aus sich gegenseitig ergänzenden Teilen eine neue umfassende Einheit entsteht. Vgl. LEHMANN, Helmut: Integration. In: Handwörterbuch der Organisation ..., a.a.O., Sp. 768.

2) Vgl. hierzu die von LEHMANN unterschiedenen Integrationsbeziehungen im Rahmen der Automatisierten Datenverarbeitung:
- maschinelle Verflechtungen zwischen einzelnen Aggregaten eines Datenverarbeitungssystems,
- Beziehungen zwischen Datenverarbeitungssystem und Organisationssystem,
- die mit dem Einsatz der automatisierten Datenverarbeitung verbundenen intensiveren organisatorischen Verknüpfungen zwischen den Elementen der betrieblichen Aufgabenerfüllung.

LEHMANN, Helmut: Integration ..., a.a.O., Sp. 768 f.

Die an dritter Stelle genannten Auswirkungen der über eine Sachmittelgesamtheit verteilten ADV auf die Organisationsstruktur können im folgenden vernachlässigt werden, da dieser Aspekt im Rahmen der ersten Beziehungsgruppe mitbehandelt wird. Unmittelbare Auswirkungen der Lokalisierung von Datenverarbeitungskapazität auf Organisationsstrukturen gibt es nicht (außer denjenigen auf die Struktur der Datenverarbeitungsabteilung selbst), es zeigen sich lediglich mittelbare Auswirkungen über die Wirkungskette 'Zentralisierung/Dezentralisierung der ADV' - 'Analyse des Aufgabensystems mit(evtl. Revision der Aufgabenverteilung und -zuordnung)' - 'Modifikationen in Organisationsstruktur und Abläufen'.

Sowohl an der Schnittstelle zwischen unterschiedlichen Anwendungskonzeptionen (organisatorische Integration) als auch im Schnittstellenbereich der Computersysteme (systemtechnische Integration) sind Vorkehrungen zu treffen, die auf eine Anpassung und Abstimmung der integrierten Teilsysteme hinwirken. Die Notwendigkeit der Kompatibilisierung resultiert einerseits aus dem breiten Spektrum individueller Problemlösungsalternativen, andererseits aus unvollkommener Normierung und Standardisierung bei Hardware und Software (fehlende Verträglichkeit zwischen Erzeugnissen verschiedener Hersteller).

Je größer der Beziehungsreichtum zwischen bisher isolierten Teilsystemen durch die Implementierung eines umfassenden Gesamtsystems wird, umso mehr treten Probleme organisatorischer und systemtechnischer Kompatibilität in Erscheinung. Reduzieren lassen sich Kompatibilitätsprobleme, indem das Aufgabensystem derart aufgeteilt wird, daß Aufgabenteilsysteme entstehen, die untereinander möglichst wenig Austauschbeziehungen aufweisen, innerhalb derer jedoch intensive Kommunikationsbeziehungen bestehen. Die für eine Integration der Datenverarbeitung notwendige Kommunikation zwischen Teilsystemen (Anwendungsprogrammsystemen, Computersystemen) ist also auf ein Mindestmaß zu reduzieren; zum Teil ist dies durch Intensivierung des innerhalb der Teilsysteme stattfindenden Informationsaustausches möglich (vgl. Abb. 33).

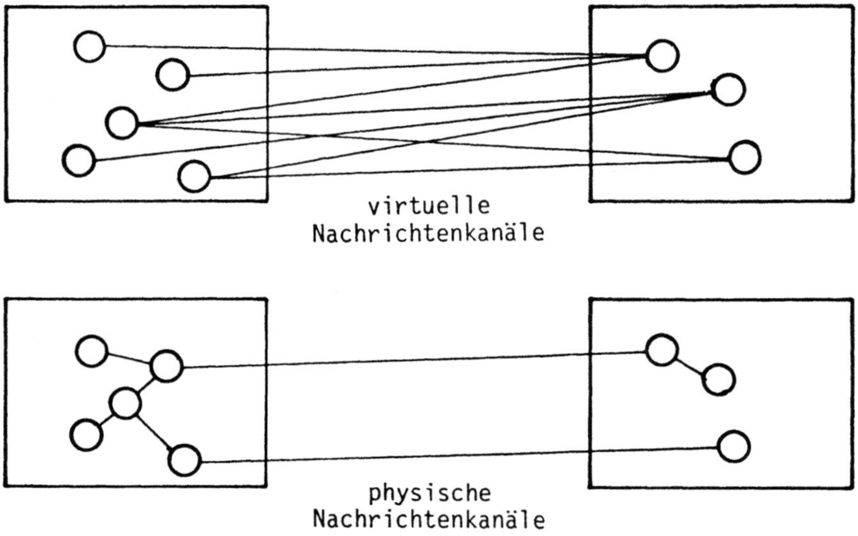

ABB. 33: VIRTUELLE UND PHYSISCHE NACHRICHTENKANÄLE

Die zwischen Elementen verschiedener Teilsysteme existierenden Kommunikationsbeziehungen (virtuelle Nachrichtenkanäle) lassen sich durch Zusammenschluß gleichartiger Informationen (Nachrichtenverdichtung) oder verschiedenartiger Informationen (Nachrichtenverknüpfung) zu neuen Informationseinheiten auf weniger zahlreiche reale Kommunikationsbeziehungen (physische Nachrichtenkanäle) reduzieren. Die Anzahl der Schnittstellen verringert sich in gleichem Maße wie die Zahl der physischen Nachrichtenkanäle[1].

1) Zum Problem der Subsystembildung allgemein vergleiche die Darstellung von: GAGSCH, Siegfried: Probleme der Partitionierung und Subsystembildung in betrieblichen Informationssystemen. In: GROCHLA, Erwin; SZYPERSKI, Norbert (Hrsg.): Management-Informationssysteme. Eine Herausforderung an Forschung und Entwicklung. Wiesbaden 1971, S. 623-652.

Die Hardware-Einrichtungen und die hierzu komplementären software-mäßigen Vorkehrungen, die an der Schnittstelle zwischen Teilsystemen zur Herstellung (organisatorischer wie systemtechnischer) Kompatibilität erforderlich sind, werden als 'Interface' bezeichnet. Ebenso kennzeichnet der Begriff 'Interface' die Funktion, die derartige auf Kompatibilität hinwirkende Aggregate und Vorkehrungen ausüben.

Standardisierungsmaßnahmen, die das gleiche Ziel verfolgen wie individuelle Interfaces, jedoch über den Einzelfall hinausgehen, münden in Abmachungen und Vereinbarungen auf nationaler oder internationaler Ebene zur Erzielung externer Integration.

Im folgenden soll zunächst auf organisatorische und systemtechnische Kompatibilitätsprobleme und deren Lösungsmöglichkeiten eingegangen werden, um anschließend zu prüfen, in welchen Bereichen Standardisierungsmaßnahmen möglich oder bereits realisiert sind.

b) Organisatorische Kompatibilität

Der Wechsel von einer ausschließlich zentralen Datenverarbeitung zur Datenverarbeitung im Computerverbund erfordert auf inner- wie überbetrieblicher Ebene eine Umstrukturierung des Aufgabensystems. Diese kann - aus unterschiedlichen Gründen - zu einer partiellen Aufgabenzentralisierung und -dezentralisierung führen. Eine partielle Aufgabenzentralisierung (etwa bei Gemeinschaftslösungen) erfordert eine klar definierte Nahtstelle zu vor- und nachgelagerten Datenverarbeitungsaufgaben. So muß vor allem die Schnittstelle zur Vorverarbeitung - d.h. zu sämtlichen Einzellösungen, die gemeinschaftlich den Input für die Gemeinschaftslösung liefern - vereinheitlicht werden. Ebenso sind zwischen dezentralen arbeitsteiligen Lösungen überlappungsfreie Nahtstellen zu definieren, um Doppelarbeiten zu verhindern.

Schnittstellen lassen sich festlegen durch eine genaue Abgrenzung der Verarbeitungsprozeduren (Programme) sowie durch die Bestimmung der Input-Output-Relationen (Daten). Einerseits müssen also die logischen Operationen von parallelen und aufeinanderfolgenden Problemlösungen aufeinander abgestimmt sein, andererseits soll der Output einer Verarbeitungsprozedur in unveränderter Form als Input in die nächstfolgende Prozedur eingehen können.

Aus der Anordnung von Teilaufgaben zueinander bei Gemeinschaftslösungen und bei arbeitsteiligen Lösungen ergeben sich zwei Arten von Schnittstellen (Abb. 34).

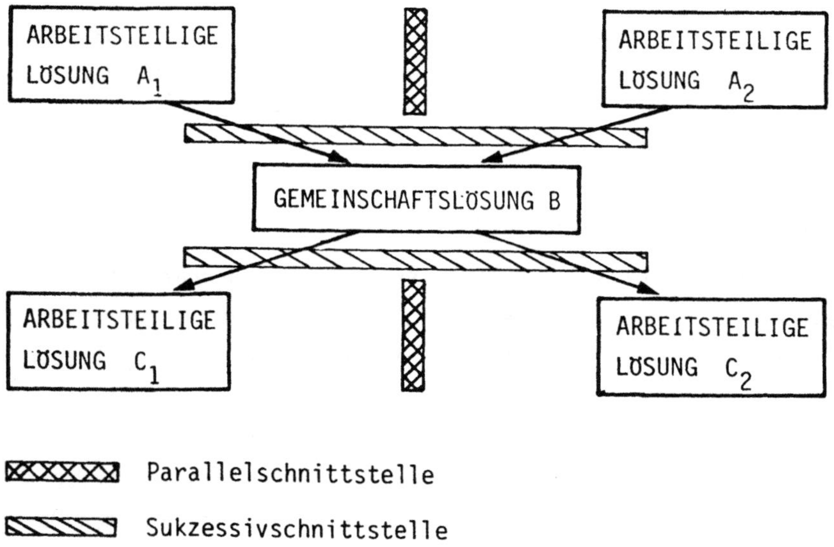

ABB. 34: SCHNITTSTELLEN

Organisatorische Kompatibilität zwischen zwei Verarbeitungsprozeduren - z.B. aus A_1 und B - kann durch Änderung eines der sich an der Schnittstelle berührenden Verfahren bewirkt werden. Die zu ändernde Prozedur wird im Beispiel sinnvollerweise nicht die Gemeinschaftslösung B sein, da diese eine Mehrfachschnittstelle (zu A_1 und A_2) besitzt, die von der Änderung der Verarbeitungsprozedur betroffen würde. Ist auch die Teillösung A_1 nicht variierbar - etwa weil hierdurch die Kompatibilität zu anderen Teillösungen zerstört würde - so ist an der Schnittstelle zwischen A_1 und B eine Hilfs- (oder Überbrückungs-)Prozedur einzufügen, die die notwendige Verträglichkeit herstellt. Derartige Verarbeitungsprozeduren können von einem Verbundrechner oder einem speziellen Interface-Rechner übernommen werden. Sie beinhalten beispielsweise eine Datenkomprimierung, eine Datenumformatierung oder einen Sortiervorgang, der notwendig wird, um die Outputdaten eines Verarbeitungsganges im darauffolgenden Verarbeitungsgang als Input verwenden zu können.

Bei Verbundsystemen, in denen statt einer direkten Kommunikation zwischen getrennt voneinander durchgeführten Verarbeitungsprozessen eine indirekte Kommunikation über eine gemeinsam benutzte Datenbank stattfindet (datenbankorientierte Verbundsysteme oder data base networks), lassen sich Kompatibilitätsprobleme dieser Art einfacher lösen. Die gemeinsame Datenbank fungiert dadurch als Kompatibilisierungsmedium, daß sie Einspeicherung und Abruf inhaltlich gleicher Daten unter Zugrundelegung unterschiedlicher logischer Strukturen gestattet. So können beispielsweise index-sequentielle Dateien vollständig oder selektiv nach solchen Suchbegriffen ausgewertet werden, die von den zuvor verwendeten Ordnungskriterien abweichen. Diese Verfahrensweise verlangt, daß neben dem Primärindex weitere Sekundärindices vereinbart sind.

c) Systemtechnische Kompatibilität

Systemtechnische Kompatibilitätsprobleme resultieren aus einer unterschiedlichen Systemphilosophie und -architektur verschiedener Computerhersteller. Aufbau und Funktionsweise von Computersystemen werden durch deren Einsatzschwerpunkte (technisch-wissenschaftlich, kommerziell) bestimmt. Je stärker Verbundrechner voneinander abweichen (Anlagen verschiedener Größenklassen, verschiedener Hersteller, verschiedener Betriebssystemtypen), umso schwerwiegender sind die auftretenden Kompatibilitätsprobleme. Jedoch wird die Intensität dieser Probleme in zumindest gleichem Maße durch den Grad der Arbeitsteilung sowie durch Art und Ausmaß der Kommunikationsbeziehungen innerhalb des Verbundes beeinflußt.

Grundvoraussetzung für jede Computer-Computer-Kommunikation ist die Einigung auf einen beiderseitig übereinstimmenden Übertragungsmodus: Hierunter sind die Festlegung eines Übertragungscodes und des Übertragungsrhythmus sowie Vereinbarungen von Verfahrensregeln für die Kommunikation zu subsumieren. Sind die kommunizierenden ADV-Anlagen direkt bzw. über ihre Übertragungssteuereinheit miteinander verbunden, so muß zumindest auf der Seite eines Computersystems eine diesbezügliche Anpassung (beispielsweise eine Code-Umsetzung) vorgenommen werden. Bei Zwischenschaltung eines Netzrechners (Vermittlungs-, Knotenrechner) läßt sich die Anpassung in dessen Bereich verlagern. Systemtechnische Anpassungsmaßnahmen dieser Art stellen in der Regel keine gravierenden Probleme dar - am wenigsten diejenigen im Bereich der Code-Anpassung. Da nahezu ausschließlich standardisierte Codes zur Anwendung kommen, können die Hersteller von Computersystemen und Übertragungssteuereinrichtungen Vorkehrungen für die interne Anpassung an diese Codes treffen und standardisierte Schnittstellen implementieren.

Weitere Probleme treten auf, wenn über den Datenaustausch hinaus ein Programmaustausch vorgesehen ist. Die Austauschbarkeit von Objektprogrammen ist innerhalb von Anlagen einer Systemfamilie häufig gegeben (Aufwärtskompatibilität), die Austauschbarkeit zwischen Anlagen verschiedener Hersteller ist ohne Emulation oder Simulation nahezu ausgeschlossen[1]. Die Verfahren der Emulation und Simulation sind jedoch auf lange Sicht unwirtschaftlich. Die Gründe für die Programm-Inkompatibilität liegen vor allem in den Unterschieden des Befehlsaufbaus, des Speicheraufbaus, der Adressierung und der Wort- bzw. Byteorientierung. Der Austausch von Quellprogrammen ist dagegen bei Änderung des Steuerkartendecks meist möglich, sofern durch die Systemsoftware ausreichende Unterstützung erfolgt (Hilfs- und Dienstprogramme). In diesem Fall ist allerdings eine erneute Compilierung vorzunehmen.

d) Standardisierung

Der für die Datenfernverarbeitung wichtigste Gegenstand von Normungs- und Standardisierungsbestrebungen ist der Übertragungscode[2]. Auf internationaler Ebene sind die Organisationen ECMA (European Computer Manufacturers Association), CCITT (Comité Consultatif International Télégraphique et Téléphonique) und ISO (International Standards Organization) zu nennen, auf nationaler Basis der Deutsche Normenausschuß (DNA) mit dem Fachnormenausschuß Informationsverarbeitung (FNI)[3]. Die am weitesten verbreiteten Codes sind der Fernschreibcode CCITT Nr. 2 (5 Bits) sowie mehrere standardisierte 7-Bit-Codes (ISO-7-Bit-Code, CCITT Nr.5,

1) Vgl. hierzu GROCHLA, Erwin; MELLER, Friedrich: Datenverarbeitung ..., a.a.O., S. 224.

2) Vgl. zum folgenden die ausführliche Darstellung in Abschnitt B. II. a) 2.

3) Vgl. DROPMANN, Elmar: Technische Probleme eines Datenverbundsystems. In: ÖVD, 4. Jg. 1974 Heft 1, S. 25.
SCHUTZ, Gerald; CLARK, George E.: Data Communication Standards. In: Computer, Vol. 7 1974 No. 2, p. 33 f.
BÖCKMANN, Hans-Georg: Der Code ..., a.a.O., S. 195 f.

USASCII-Code, DIN 66003), die nur in einigen wenigen Zeichen voneinander abweichen[1].

Standardisierungsbemühungen für Programmiersprachen haben zum Ziel, Anwendungsprogramme auf Anlagen verschiedener Hersteller ablauffähig zu machen. Eine vollständige Austauschbarkeit von Programmen läßt sich in der Realität nicht erreichen, da von den Herstellern immer wieder erweiterte Versionen von Programmiersprachen freigegeben werden, die zwar den einmal definierten Standard-Befehlsvorrat als Untermenge beinhalten, darüberhinaus aber nicht genormt sind. Somit ist Programmkompatibilität nur bei Verwendung des standardisierten Subsets gegeben[2].

Eine Standardisierung der Datenbankorganisation wäre von besonderem Interesse für die bisher schon zahlreich implementierten datenbankorientierten Verbundsysteme. Standardisierungen sind sowohl für die Beschreibung einer Datenbankstruktur (data description language) möglich als auch für den Datenbankzugriff (data manipulation language). Die Datenbankzugriffssprache stellt das Interface zwischen der Datenbank und dem Benutzerprogramm dar. Ihre Anweisungen sind in das in allgemeinen problemorientierten Sprachen codierte Anwendungsprogramm eingebettet und steuern Dateizugriffe jeder Art (Abfrage, Änderung, Erweiterung usw.). Die Bestrebungen von CODASYL (Conference On Data Systems Languages) sind darauf gerichtet, zwischen einer unabhängigen Dateibeschreibungssprache und den Anwendungsprogrammen ein Interface zu spezifizieren, das einen Da-

---

1) Vgl. BÖCKMANN, Hans-Georg: Der Code ..., a.a.O., S. 196 ff.

Speziell zum ISO-7-Bit-Code und zu hiervon abgeleiteten Versionen vgl. McGREGOR, Ross H.: The British Standard Data Code and how to exploit it. In: The Computer Journal, Vol. 13 1970 No. 3, p. 224 ff.
TIETZ, Walter: 7-Bit-Code zur Datenübermittlung. In: Der Erfolg, 22. Jg. 1973 Heft 6, S. 51.

2) Vgl. dazu ausführlich GROCHLA, Erwin; MELLER, Friedrich: Datenverarbeitung ..., a.a.O., S. 115 ff.

tenbankzugriff mit solchen Anweisungen gestattet, die entweder mit dem Befehlsvorrat einer allgemeinen Programmiersprache übereinstimmen oder sich an sie anlehnen (Abb. 35). Zuerst soll dieses Interface für COBOL, danach auch für andere Sprachen geschaffen werden. Diese Entwicklungstendenzen könnten für die Zukunft bedeuten, daß auf eine genormte Datenbankstruktur über einen gemeinsamen oder über mehrere parallele Interface-Bereiche mit Hilfe eines erweiterten Befehlsvorrates sämtlicher wichtiger Programmiersprachen zugegriffen werden kann[1].

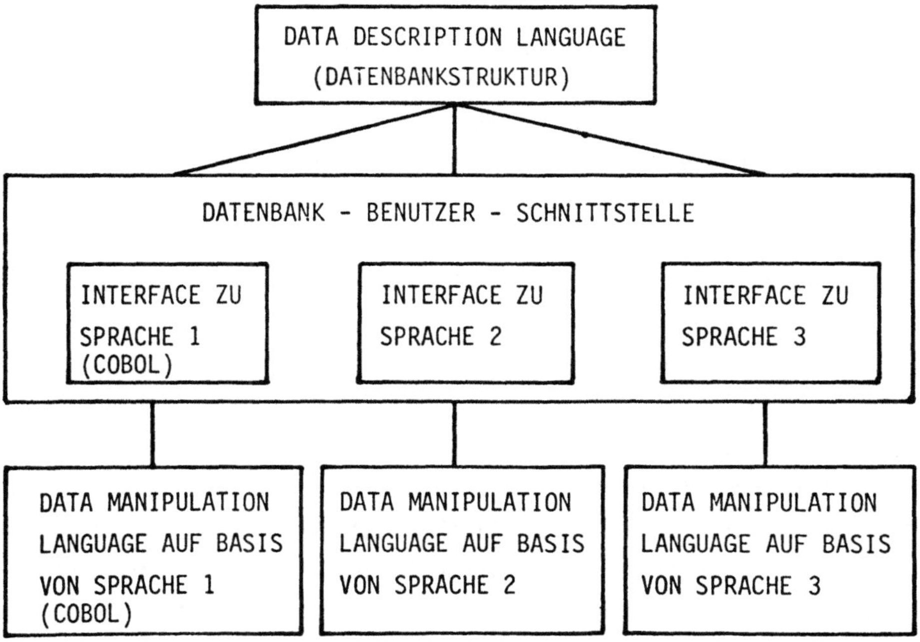

ABB. 35: PRINZIP EINER STANDARDISIERTEN DATENBANKSCHNITTSTELLE

1) Vgl. ABEL, Horst; KLIMESCH, Herbert: Kompatible Datenbankschnittstellen (KDBS) ..., a.a.O., S. 399 f.

Stärker anwendungsorientierte Normierungsbestrebungen sind beim Datenträgeraustausch festzustellen. Der Datenträgeraustausch zwischen Industrie- und Handelsunternehmungen einerseits und ihren Banken andererseits ist heute bereits mit Erfolg realisiert. Aufgrund des hohen Daten- bzw. Beleganfalls im zwischenbetrieblichen Verkehr sind zahlreiche Unternehmungen darüberhinaus daran interessiert, den Datenträgeraustausch auch auf ihren Lieferanten- und Abnehmerkreis auszudehnen[1]. Rationalisierungsbestrebungen dieser Art sind auf die Anwendung einheitlicher Artikel-Codes und auf die Verwendung einer einheitlichen Symbolik gerichtet. 'Diese Bestrebungen sind zu einem Teil auf einzelne Wirtschaftszweige begrenzt, aber auch nationale und übernationale Bestrebungen gewinnen an Bedeutung. Von ihnen seien das deutsche System der bundeseinheitlichen Artikelnumerierung (ban-System) genannt und der Universal Product Code (UPC-System) der USA. Ähnliche Bestrebungen in Frankreich sind dort unter der Bezeichnung Groupement d'études, de Normalisation et de Codification bekannt (Gencod), und in Großbritannien wird über ein Standard Product Numbering System (SPNS) diskutiert'[2].

Als 1969 das ban-System in der BRD eingeführt wurde, beschränkte sich die Vergabe der ban-Artikelnummern auf das Handelssortiment, das im herkömmlichen Lebensmittel-Einzelhandel angeboten wurde. Die Aufteilung der Sortimente erfolgte dabei nach dem dekadischen System: Gegliedert wurde im wesentlichen nach Warenherkunft, Warenart und Warentechnik. Die wichtigste Aufgabe bestand darin, einen Schlüssel zu finden, der einerseits eine Gruppierung, andererseits eine Kontrolle ermöglichte: "Zwei der wichtigsten Eigenschaften einer funktionsfähigen Sortennummer bzw. eines Nummernsystems. Das

1) Vgl. WAGENER, Günter: 'Genormter' Datenträgeraustausch in der Lebensmittelwirtschaft. In: data report, 10. Jg. 1975 Heft 3, S. 22.

2) BENGELSDORF, Reinhold: Automatisch kassieren mit Einheits-Code und Einheits-Symbol. In: ZfürO, 43. Jg. 1974 Heft 1, S. 38 f.

bedeutet weiterhin, daß es einen qualifizierenden Teil der Artikelnummer geben muß, der ein Sortiment für alle Beteiligten überschaubar und kontrollierbar auf- und untergliedert"[1].

Das folgende Beispiel zeigt die Aufgliederung einer Artikelnummer bei der Warenauszeichnung im ban-System (Abb. 36):

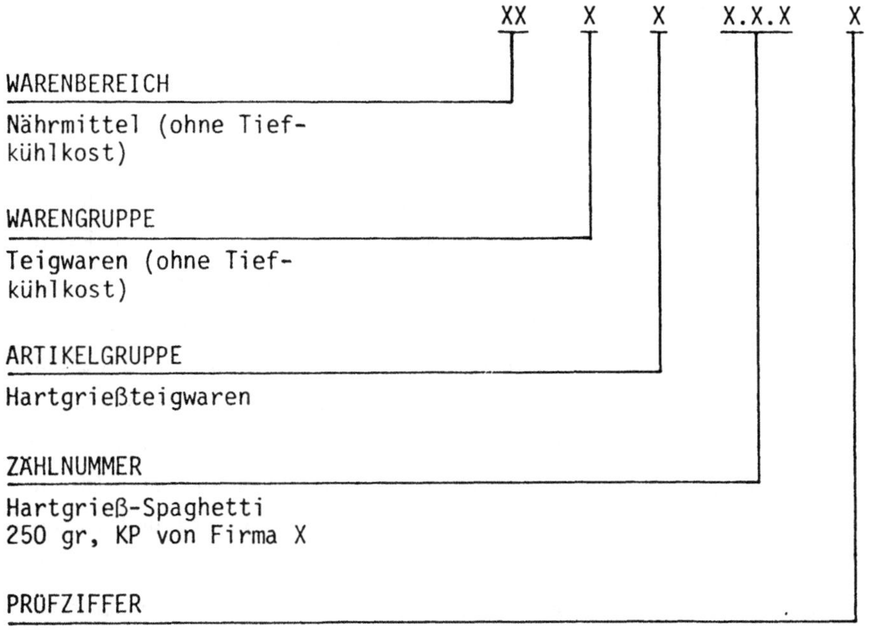

ABB. 36: BAN-SYSTEM: BEISPIEL EINER ARTIKELNUMMER

Über den zwischenbetrieblichen Rationalisierungseffekt hinaus lassen sich auch innerorganisatorische Vorteile aus dem ban-System ableiten. Die Zusammenfassung der einzelnen Warengruppen ermöglicht es, die Vorteile einer Spartenorganisation zu nutzen: "Ausgehend

1) WAGENER, Günter: Ein Nummernsystem für alle. In: data report, 3. Jg. 1968 Heft 3, S. 4.

vom Artikelstammsatz, in dem Daten wie ban-Nr., Artikelbezeichnung, Gewicht und Volumen pro Einheit, Verkaufs- und Einkaufspreis sowie sämtliche Konditionen gespeichert sind, lassen sich für den Spartenleiter und auch die Unternehmensleitung wichtige Erkenntnisse gewinnen[1]. Umsatz und Umsatzentwicklung, Bruttogewinn, Lagerbestände und Lagerumschlag können aktuell ermittelt werden und Grundlage für eine aktuelle Dispositions- und Sortimentsplanung bilden. Über eine einheitliche Numerierung hinaus umfaßt das ban-System auch eine bundeseinheitliche Betriebsnumerung (bbn), bei der alle dem ban-Zentrum gemeldeten Betriebe über eine Zählnummer zu identifizieren sind[2].

Für die Zukunft ist ein Ausbau des ban-Codes auf weitere Handelswaren geplant, an dem bereits seitens des ban-Zentrums der Rationalisierungsgemeinschaft des Handels in Verbindung mit dem Statistischen Bundesamt, dem Handel und der Industrie gearbeitet wird. Auf supranationaler Ebene wurde 1974 ein Europäischer Artikelnummernrat mit der Aufgabe gegründet, die Koordination der verschiedenen bestehenden Nummerungssysteme und die Lösung der damit verbundenen Kompatibilitätsproblematik in Angriff zu nehmen. In diese Koordinationsbestrebungen soll auch der in den USA und in Kanada eingeführte Universal Product Code (UPC) mit einbezogen werden. Das speziell für das automatische Kassieren in der Lebensmittelindustrie entwickelte UPC-Verfahren besteht aus 10 numerischen Zeichen; die ersten 5 Ziffern bezeichnen den Hersteller, die letzten 5 Ziffern die Produkte. Um in Zukunft alle Verkaufsbranchen erfassen zu können, läßt sich der Code auf 11 oder 12 Ziffern erweitern. 'Das Symbol stellt sogar ein Format dar, mit dem 13-30 Ziffern codiert werden können, um auch den Bedürfnissen von Warenhäusern ge-

---

1) RUTWALT, M.: ban als Organisationsinstrument. In: Rationeller Handel, 15. Jg. 1972 Heft 8, S. 34.

2) Vgl. BENGELSDORF, Reinhold: Vereinheitlichung von Nummern-Systemen. In: bürotechnik, 21. Jg. 1973 Heft 11, S. 1168.

recht zu werden'[1]. Während die einheitlich festgelegte Hersteller- bzw. Lieferantennummer von einer Zentralstelle, der Distribution Codes, Inc., festgelegt wird, ist der Hersteller in der Wahl seiner internen Zählnummer frei.

UPC wurde ausschließlich im Hinblick auf eine Rationalisierung des Check-out-Systems konzipiert. Die Ziele des ban-Systems richten sich darüberhinaus auf eine wirtschaftlichere Gestaltung des gesamten Bestell-, Liefer- und Abrechnungswesens zwischen Industrie und Handel[2].

In Frankreich führten die Normierungsbemühungen um ein einheitliches Nummernsystem zum 'Gencod'. Von seiner Konzeption her wird dabei nicht nur der Bestell- und Lieferverkehr berücksichtigt, sondern auch die durch die Geschäftsverbindungen entstehenden administrativen Vorgänge. "So enthält dieses 'System der Kommunikation' eine Reihe von Codes, die einmal die Ware betreffen, zum anderen die administrativen Vorgänge und die Art ihrer 'Botschaft', die sie beinhalten"[3], wobei die Codes einerseits auf nationaler, andererseits auf betriebsinterner Ebene festgelegt sind. Die Artikelidentifikation wird einerseits durch eine zentral vergebene 5stellige Lieferantennummer und andererseits durch eine 6stellige betriebsinterne Artikelnummer des Lieferanten erreicht; auf eine Prüfziffer wird dabei verzichtet.

---

1) OECHSLI, Hermann; RASCHLE, René: Automatische Datenerfassung im Handel. In: Industrielle Organisation, 44. Jg. 1975 Heft 7, S. 329.

2) Vgl. O.V.: UPC kontra oder mit ban ? In: Rationeller Handel, 17. Jg. 1974 Heft 6, S. 30.

3) O.V.: Artikelnummern-Systeme im internationalen Vergleich. In: Rationeller Handel, 15. Jg. 1972 Heft 6, S. 38.

Abschließend seien die Artikelidentifikations-Verfahren der verschiedenen Systeme gegenübergestellt (Abb. 37).

Stellenzahl \ Artikelnummern-System	ban	UPC	Gencod
Klassifikation	4	-	-
Lieferanten-Nr.	-	5	5
Zählnummer	3	5	6
Prüfziffer	1	-	-
$\sum$	8	10	11

ABB. 37: ARTIKELNUMMERN-SYSTEME

III. ZUVERLÄSSIGKEIT

Mit einem wachsenden gesamtwirtschaftlichen ADV-Anteil an der Aufgabenerfüllung gewinnt die Problematik der ADV-Sicherung und des Datenschutzes mehr und mehr an Bedeutung. Eine Besonderheit dieser Problematik ist die im Vergleich zu konventionellen Sachmitteln wesentlich größere Anfälligkeit von ADV-Geräten und -Verfahren gegenüber Fehlern und Störungen[2]: Magnetbänder und ihr Inhalt lassen sich leichter vernichten als Aktenstapel.

---

1) Quelle: O.V.: Artikelnummern-Systeme ..., a.a.O., S. 38.

2) Vgl. MILLER, Arthur R.: Der Einbruch in die Privatsphäre. Datenbanken und Dossiers. Neuwied - Berlin 1973, S. 33 f.

Eine auf den ersten Blick plausible Wechselbeziehung besteht zwischen der System-Sicherheit und dem Zentralisationsgrad von ADV-Systemen. Durch die räumliche Verteilung von Daten, Programmen und Ressourcen und die zwischen ihnen realisierten Verbindungen bietet der Computerverbund mehr und leichter zugängliche Angriffsflächen gegenüber externen Störeinflüssen als dies beim Closed-Shop-Rechenzentrum der Fall ist. Da der Ausfall einzelner System-Elemente zum Ausfall des Gesamtsystems führen kann, wird die Zuverlässigkeit (reliability) von Verbundsystemen häufig als gleichgewichtige Leistungskenngröße neben Eigenschaften wie Antwortzeit-Verhalten und Durchsatz gestellt.

a) Übertragungssicherung

Eine wesentliche Fehlerquelle im Verbund mit Datenfernübertragung bildet der Übertragungsweg. Die zur Datenübertragung genutzten herkömmlichen Leitungsnetze waren ursprünglich für die analoge Übertragung menschlicher Sprache (Fernsprechnetz) bzw. die digitale Übertragung schriftlicher Sprachdarstellung (Fernschreibnetz) vorgesehen. Da die natürliche Sprache - sowohl in akustischer wie in visueller Darstellung - eine hohe Redundanz besitzt, ist es nicht erforderlich, auf diesen Leitungen eine vollkommen unverfälschte Nachrichtenübertragung zu garantieren. Technische Störgrößen wie Schrittverzerrung, Dämpfungs- und Laufzeitverzerrung, Geräuschspannung und Störimpulshäufigkeit können zu Übertragungsfehlern führen[1], ohne die Kommunikation zu stören, da die Korrektur vom Menschen unmittelbar bei der Informationsaufnahme vorgenommen wird.

Dagegen ist für die Kommunikation zwischen ADV-Anlagen eine fehlerfreie Datenübertragung erforderlich. Da vollkommen ungestörte Leitungen technisch nicht realisierbar sind, muß die Übertragung re-

1) Vgl. VILLIGER, Robert Markus: Möglichkeiten, Probleme und Auswirkungen der Datenfernverarbeitung. Hamburg - Berlin 1969, S. 64 ff.

dundant gestaltet werden, um mangelnde Übertragungsqualität auszugleichen. Als Kenngröße für die Qualität von Übertragungsleitungen dient deren Fehlerhäufigkeit oder Fehlerrate. Diese Meßgröße gibt den Anteil der Zahl falsch übertragener Bits, Zeichen oder Blöcke an der Gesamtzahl der gesendeten Bits, Zeichen oder Blöcke an. Entsprechend werden Bit-, Zeichen- und Block-Fehlerrate unterschieden. Eine Bitfehlerrate von 5×10^{-5} oder 1/20.000 für einen 200-Baud-Fernsprech-Kanal bedeutet also, daß unter 20.000 gesendeten Bits eines fehlerhaft übertragen wird. Die Übertragungsqualität ist bei Standleitungen höher als im öffentlichen Wählnetz; die derzeit maximal erreichbare Qualität bieten nach Angaben der Deutschen Bundespost überlassene Telegrafen- und Fernsprechstromwege für 50 bis 200-Baud bei einer durchschnittlichen Bit-Fehlerrate von bis zu 1×10^{-7} [1].

Das Erkennen auftretender Übertragungsfehler wird - wie die Fehlererkennung innerhalb von ADV-Systemen - durch die Verwendung redundanter Codes ermöglicht[2]. Die Korrektur aufgedeckter Fehler geschieht in der Regel durch eine Wiederholung des Übertragungsvorgangs. Wo dies unwirtschaftlich wäre, können Codes verwendet werden, die über komplexe Algorithmen eine automatische Korrektur gestatten[3]. Während die technische Absicherung der Übertragung gegenüber Störgrößen somit weitgehend gelöst ist, stellt die Verhinderung bewußter Manipulationen an der Übertragungsstrecke (z.B. 'Anzapfen' von Leitungen) ein ernstzunehmendes Problem dar[4], das aber bereits in das Gebiet der Datensicherung reicht.

---

1) Vgl. FERNMELDETECHNISCHES ZENTRALAMT (Hrsg.): Datel-Dienste der Deutschen Bundespost. Merkblatt Z: Datenübertragung ..., a.a.O., S. 12.

2) Vgl. hierzu ausführlich Abschnitt B. II. b) 2.

3) Vgl. KUHRT, Paul-Friedrich; GIESECKE, Rolf; MAURER, Valentin: Datenfernübertragung. Dresden 1967, S. 100 ff.

4) Vgl. MILLER, Arthur R.: Der Einbruch in die Privatsphäre ..., a.a.O., S. 193 ff.

b) Datensicherung

Unter Maßnahmen zur Datensicherung seien alle Vorkehrungen verstanden, die den Schutz der Informationen im ADV-System vor systemtechnischen, organisatorischen und Benutzer-Fehlern sowie vor bewußt herbeigeführten Eingriffen und vor systemexternen Störeinflüssen bezwecken. Die externen Einwirkungen umfassen klimatische Bedingungen, Stromausfall, Feuer, Wasser etc., denen durch energie- und bautechnische Maßnahmen entgegenzuwirken ist.

An systemtechnischen Fehlern sind der Ausfall von Geräten sowie deren fehlerhaftes Funktionieren zu nennen. Bei Ausfall einzelner Peripheriegeräte oder dem Zusammenbruch des Systems ist durch entsprechende Systemprogramme, die nach dem Auftreten von Unterbrechungen aktiviert werden (z.B. Wiederanlaufroutinen), für ein reibungsloses Weiterarbeiten des Systems zu sorgen[1]. Bei Ausfall einzelner Anlagen eines Computerverbundes können solche Programmroutinen die Funktionen der gestörten Anlagen auch auf andere Verbundcomputer übertragen. Eine wichtige Präventivmaßnahme ist es, zu verhindern, daß durch den Ausfall Daten verloren gehen. Systemfehler, die zu verfälschten Daten führen, werden durch Codeprüfungen, Plausibilitätskontrollen und Kontrollziffern aufgedeckt. Zum einen sind dadurch effektive Verfälschungen zu verhindern, zum anderen muß bei mehrfach auftretenden Fehlern durch deren systemtechnische Rückverfolgung eine Rekonstruktion des Anlagenfehlers möglich sein.

Organisatorische Maßnahmen der Datensicherung zielen vor allem auf die Erhaltung von Datenbeständen. Hierzu zählt die Duplizierung besonders wichtiger Daten auf andere Datenträger und deren von den ursprünglichen Datenträgern getrennte Aufbewahrung. Ähnlichen Zwecken dient die Anwendung des Generationsprinzips (Großvater-Vater-Sohn-Prinzip): Nach dem Updaten eines Datenbestandes (Sohn) wird der vor-

1) Vgl. GROCHLA, Erwin; MELLER, Friedrich: Datenverarbeitung ..., a.a.O., S. 214 ff.

herige Datenbestand (Vater) einschließlich der Veränderungs- bzw. Bewegungsdaten weiterhin aufbewahrt. Gleiches gilt für den Datenbestand und die entsprechenden Änderungs- bzw. Bewegungsdaten, die zuvor den aktuellen Bestand darstellten (Großvater) und die erst nach einer erneuten Datenpflege zu anderen Verwendungen freigegeben werden[1].

Unbeabsichtigten Benutzer-Fehlern - v.a. falscher manueller Eingabe am Terminalcomputer - wird überwiegend durch Plausibilitätskontrollen begegnet. Auch die bei der Eingabe selbst erfolgende Sichtkontrolle durch den Benutzer - etwa über ein Display - kann als Datensicherungsmaßnahme gesehen werden[2]. Die benutzerorientierte Datensicherung richtet sich jedoch ebenso gegen vorsätzliche Manipulationen wie Diebstahl oder Zerstörung von Informationen - sei es zu Zwecken des Betrugs, der Sabotage oder der Industriespionage. Gerade die durch den Verbund von Computern und durch Terminalsysteme gegebene Dezentralisierung von Daten- und Programmbeständen, zumindest aber die dezentrale Zugriffsmöglichkeit zu diesen Beständen erleichtern deren Mißbrauch durch nicht autorisierte Benutzer oder durch unternehmungsexterne Personen in besonderem Maße. Als Schutzmaßnahmen kommen einmal organisatorische Zugangsregelungen und die Einrichtung besonderer Institutionen - etwa eines speziellen ADV-Sicherheitsdienstes[3] - in Frage. Allerdings ist dabei zu beachten, daß jede zusätzliche Kontrollmaßnahme dieser Art mit steigenden Kosten und mit einer wachsenden Belästigung der Benutzer ver-

---

1) Vgl. GROCHLA, Erwin; MELLER, Friedrich: Datenverarbeitung ..., a.a.O., S. 82.

2) Vgl. etwa HEINRICH, Lutz J.: Zur Frage der Datensicherung bei direkter Datenverarbeitung. In: ZfD - Zeitschrift für Datenverarbeitung, 10. Jg. 1972 Heft 4, S. 306 ff.

3) Vgl. IBM Deutschland (Hrsg.): Datenfernverarbeitung - Betriebsablaufsicherung, Datenschutz, Systemauslegung, Installationsplanung. IBM Form A 12-2016-0, 1973, S. 17.

bunden ist[1]. Zum anderen sind als wichtigste Schutzmaßnahme softwaremäßige Zugriffsregelungen - wie Benutzer-Kennwörter, Speicherschutzschlüssel, Installationsroutinen[2] - und einige Hardware-Vorkehrungen wie Schlösser, Kennunggeber, Ausweisleser etc.[3] zu nennen. Die Daten- und Programmschutzregelungen des Betriebssystems verhindern gleichzeitig ein irrtümliches Verändern von Dateien oder Anwendungsprogrammen anderer Benutzer und bilden somit für Verbundsysteme eine unverzichtbare Datensicherungsmaßnahme. Die Übertragung besonders vertraulicher Informationen über Leitungen kann schließlich durch Scrambling[4] gegen unberechtigtes Abhören geschützt werden.

c) Datenschutz

Im Gegensatz zur Sicherung vor irrtümlich oder auch bewußter Manipulation von Daten ist das Ziel des Datenschutzes - in der heute geläufigen Begriffsauslegung - die Wahrung der verfassungsmäßigen Persönlichkeitsrechte. Durch Datenschutzvorkehrungen sollen natürliche und juristische Personen vor Eingriffen in ihre Individualsphäre geschützt werden: Durch die Sammlung personenbezogener Daten darf das Verhalten von Menschen und Organisationen nicht so transparent werden, daß dies zu Nachteilen für die Betroffenen führt[5].

---

1) Vgl. CASTILLO del, Fermin Caro: Control in Time Sharing Systems. In: Computers + Automation, Vol. 22 1973 No. 11, p. 11.

2) Vgl. FISCHER, Ulrich E.: TSO - universeller Teilnehmerbetrieb auf IBM-Systemen/370 und /360 (Teil 2). In: IBM-Nachrichten, 21. Jg. 1971 Heft 207, S. 831.

3) Vgl. IBM Deutschland (Hrsg.): Datenfernverarbeitung - Betriebsablaufsicherung ..., a.a.O., S. 17.

4) Zufallsgeneriertes Zerlegen von Nachrichten, die erst beim Empfänger wieder sinnvoll zusammengesetzt werden.

5) Vgl. o.V.: Der Computer als Komplize ? Kriminalität und ihre Abwehr in der Datenverarbeitung. In: Handelsblatt, 28. Jg. 1973 Heft 228, S. 17.

Zu einem besonders gewichtigen Problem wird der Datenschutz zunächst im Bereich der staatlichen Administration durch die hier bereits realisierten bzw. in Planung befindlichen Computerverbundsysteme. In der Bundesrepublik weitgehend realisiert sind Datensammel- und Auskunftssysteme für den Anwendungsbereich der Kriminalpolizei[1]; geplant und teilweise in Angriff genommen ist der Aufbau von Verbundsystemen auf der Ebene der Bundesländer (unter Einbeziehung der Kommunen)[2], eines statistischen Datenbanksystems und integrierten Spezial-Datenbanken auf Bundesebene unter Einbeziehung von Arbeitsämtern, Ausländerzentralregister, Kraftfahrtbundesamt, Sozialversicherungsträgern etc.[3]. In Vorbereitung befindet sich eine Reform des Melderechts, die insbesondere ein standardisiertes Personenkennzeichen und die Vereinheitlichung von Datendarstellungs- und Übermittlungsregeln für den Datenaustausch zwischen Einwohnermeldeämtern und anderen Behörden vorsieht[4]. Angesichts der Tatsache, daß mit den Melderegistern etwa 90 % des Verwaltungsbedarfs an personenbezogenen Daten abgedeckt ist[5], wird deutlich, welche Möglichkeiten einer umfassenden Personenkontrolle auf dieser Basis integrierte Datenbank-Verbundsysteme bieten.

---

1) Vgl. WIESEL, G.: Fragen der Datenerfassung beim Aufbau eines Kriminalpolizeilichen Informationssystems. In: ÖVD, 4. Jg. 1974 Heft 7, S. 343 ff.
PÜTTNER, Paul S.: EDV-Einsatz bei der Polizei in Nordrhein-Westfalen. In: ÖVD, 2. Jg. 1972 Heft 10, S. 433-439.

2) Vgl. GAHLEN, Hans-Georg; SCHMITZ, Hans-Joachim: Das Verbundsystem der automatisierten Datenverarbeitung in Nordrhein-Westfalen. In: ÖVD, 4. Jg. 1974 Heft 7, S. 328 ff.

3) Vgl. HÖLDER, Egon u.a.: Das Informationsbankensystem ..., a.a.O.

4) Vgl. KNEBEL, Josef: Die Vergabe des Personenkennzeichens und damit verbundene Rationalisierungsziele in Nordrhein-Westfalen. In: ÖVD, 2. Jg. 1972 Heft 4, S. 146 ff.
FRITZ, Kurt: Datenverbund ..., a.a.O., S. 16.

5) Vgl. FRITZ, Kurt: Datenverbund ..., a.a.O., S. 17.

Um eine mißbräuchliche Verwendung der öffentlichen Datenbestände zu verhindern, wird eine gesetzliche Verankerung des Datenschutzes auf Bundesebene angestrebt[1]. Hierbei sind Auskunfts- und Berichtigungsrechte und - bei bestimmten Voraussetzungen - Löschungsrechte der betroffenen Bürger hinsichtlich der Speicherung sie betreffender Daten vorgesehen. Eine Aufsichtsbehörde soll die notwendigen Kontrollfunktionen ausüben; das Bundesland Hessen hat dagegen diese Funktionen einem dem Parlament verantwortlichen Datenschutzbeauftragten zugeordnet[2]. Dies erscheint sinnvoll, da neben der Ebene des Bürgers im Verhältnis zum Staat die Datenschutzproblematik im öffentlichen Bereich ebenso das Verhältnis der staatlichen Gewalten Exekutive und Legislative untereinander berührt[3]: Der ohnehin bestehende Informationsvorsprung der staatlichen Administration gegenüber den Parlamenten vergrößert sich durch die Implementierung integrierter Verbundsysteme weiter.

Die Problematik des Datenschutzes im Bereich der öffentlichen Verwaltung besteht in dem Dilemma zwischen einer sinnvollen Integration automatisierter Einzellösungen einerseits und dem Anspruch der Bürger auf einen schutzwürdigen Individualbereich andererseits. Eine Möglichkeit, die zweite Zielsetzung wirkungsvoll zu erreichen, läge darin, jede Integration personenbezogener Daten schlechthin zu verbieten, und würde somit eine rationale Automatisierung über Verbundlösungen vollkommen verhindern[4].

---

1) Vgl. Entwurf eines Gesetzes zum Schutze vor Mißbrauch personenbezogener Daten bei der Datenverarbeitung (Bundes-Datenschutzgesetz). Bundestags-Drucksache VII/1027 vom 21. 9. 1973.

2) Vgl. Datenschutzgesetz des Landes Hessen vom 7. Oktober 1970, Zweiter Abschnitt, §§ 7-15.

3) Vgl. Das Informationsrecht des Parlaments. Anhang zur Antwort der Bundesregierung auf die kleine Anfrage der Fraktionen der SPD und FDP - BT Drs VI/3711 - Schutz der Privatsphäre. Bundestags-Drucksache VI/3826 vom 9. 9. 1972.

4) Vgl. RUCKRIEGEL, Werner: Quo vadis, ADV ? In: ÖVD, 3. Jg. 1973 Heft 1, S. 12.

Die Notwendigkeit zum Datenschutz besteht auch im privatwirtschaftlichen Bereich: Personenbezogene Datenbanken werden beispielsweise im Kreditauskunftei- und Bankenwesen, im betrieblichen Personalsektor, bei Adressenverlagen, in der Marktforschung und in der Gesundheitsversorgung eingesetzt[1]. Durch die heutigen Möglichkeiten der Datenübermittlung und die im Rahmen der Verbundentwicklungen zunehmende Standardisierung von Datenorganisation und Kommunikationsverfahren zwischen heterogenen ADV-Anlagen ergibt sich hier ein weiteres Potential persönlichkeitsverletzender Transparenz im zwischenbetrieblichen Bereich. Die Umstände einiger bekanntgewordener Deliktsfälle und die retrospektive Funktionsweise des Rechtssystems lassen als Datenschutzmaßnahmen im privatwirtschaftlichen Sektor vorwiegend nachträgliche Sanktionen, jedoch kaum vorbeugende Regelungen zu[2]. Das geplante Datenschutzgesetz bezieht sich auch auf diesen Bereich; u.a. sieht es betriebliche Datenschutzbeauftragte vor[3].

d) Systemsicherung

Zur Aufrechterhaltung und Sicherung der Funktionsfähigkeit eines Computerverbundsystems stehen - neben den auf einzelne Funktionen oder Objekte gerichteten systemtechnischen Sicherungsmaßnahmen - organisatorische Gestaltungsmöglichkeiten zur Verfügung. Ihr Ziel ist es, den von der Aufgabenstellung her erforderlichen Grad an Zuverlässigkeit des Verbundsystems zu erreichen. Eine solche gestalterische Maßnahme ist beispielsweise der Einzelanschluß von Termi-

---

1) Vgl. SEIDEL, Ulrich: Datenbanken und Persönlichkeitsrecht, Köln 1972, S. 3 ff.

2) Vgl. SCHUBERT, Ulf: Gesetzgebung und Datensicherung. In: Datenschutz und Datensicherung bei automatisierter Datenverarbeitung, von Erwin Grochla u.a., BIFOA-Arbeitsbericht Nr. 73/4, Köln 1974, S. 135 und S. 142 f.

3) Vgl. o.V.: Datenschutz wird teuer. In: die computerzeitung, 29. Oktober 1975.

nalcomputern an den Zentralrechner, wenn das Gruppenverbindungs-Risiko eines Ausfalls sämtlicher Terminals durch eine Leitungsunterbrechung nicht vertretbar ist. Eine Aufgabenerfüllung mit Echtzeitverarbeitung bei einem Kreditinstitut erfordert hierbei einen höheren Zuverlässigkeitsgrad als etwa die wöchentliche Stapelübertragung von Abrechnungsdaten eines industriellen Zweigbetriebs.

Die wirkungsvollste Systemsicherung wird erreicht, indem die zur Aufgabenerfüllung benötigten ADV-Ressourcen zwei- oder mehrfach zur Verfügung gestellt werden. Die mehrfache Bereitstellung von Hardware- und Software-Funktionen ist nur da anzutreffen, wo absolute Zuverlässigkeit das am höchsten bewertete Ziel bildet (beispielsweise in der Raumfahrt[1)]). Dagegen ist bei hohen Sicherheitsanforderungen eine redundante Auslegung durch Verdoppelung von ADV-Ressourcen häufiger realisiert. Die einfachste Ausprägung derartiger Systeme ist das Ersatz-, Ausweich- oder Zwillings-System[2)]. Hierbei ist nur ein Prozessor im Verbundsystem aktiv, der zweite erledigt parallel dazu andersartige Arbeiten und übernimmt nur bei Störung oder Ausfall des Netz-Rechners dessen Funktionen. Eine höhere Redundanz bieten Reserve- oder Duplex-Systeme[3)]: Beide Rechner sind an das Verbundnetz angeschlossen und erfüllen parallel dieselben Funktionen. Allerdings nimmt nur ein Rechner die echte Kommunika-

---

1) Vgl. McLAUGHLIN, R.A.:NASCOM: NASA's Communications Network for APOLLO. In: Datamation, Vol. 14 1968 No. 12, p. 45.

2) Die Begriffe 'Ersatz-' und 'Ausweich-System' (mit Unterschieden im Begriffsinhalt, die für die hier verfolgten Zwecke jedoch unerheblich sind), finden sich bei IBM Deutschland (Hrsg.): Computer-Netzwerke. Einführung. IBM-Form 70158, 1970, S. 7; den Begriff des 'twinning' hierfür verwendet BENNETT, Mark: The front-end-processor ..., a.a.O., p. 157.

3) Vgl. IBM Deutschland (Hrsg.): Computer-Netzwerke ..., a.a.O., S. 7 ('Reservesystem'); BENNETT, Mark: The front-end-processor ..., a.a.O., p. 157 ('duplexing').

tion mit dem Netz und der Ausgabeperipherie wahr; dies geht bei Auftreten eines Fehlers unmittelbar an den zweiten Prozessor über. Häufig wird für alle Formen derartiger Unterstützungs-Kooperation (back-up) der Begriff des 'Duplex-Systems' verwandt[1].

Eine Hauptschwierigkeit für den Systemgestalter bildet die unzureichend gelöste Operationalisierung des Zuverlässigkeitsgrades von Computerverbundsystemen. Da die Zuverlässigkeit (reliability) und damit die Verfügbarkeit (availability) eines Verbundes abhängig sind von der Zuverlässigkeit seiner Netzknoten und deren Verbindungen, kann in einem ersten Schritt die Häufigkeit des fehlerhaften Arbeitens und des Ausfalls dieser Verbundelemente ermittelt werden. Die Zuverlässigkeit des Verbundsystems läßt sich dann als zusammengesetzte Wahrscheinlichkeitsgröße angeben, wobei die unterschiedlichen Konstellationen eines Elemente-Ausfalls und als Gewichtungsfaktor die Bedeutung einzelner Knoten für das Gesamtnetz zu berücksichtigen sind[2]. Die Messung des Zuverlässigkeitsgrades in Abhängigkeit von der topologischen Netzstruktur wird durch graphentheoretische Modelle ermöglicht[3]. Auch sind erste Ansätze zu verzeichnen, die sehr wesentliche Relation zwischen Zuverlässigkeit und Kosten analysieren und Algorithmen für die Optimierung der Kosten/Zuverlässigkeits-Funktion zu entwickeln[4].
Um der Zuverlässigkeit die Qualität eines praktikablen Gestaltungs-

---

1) Vgl. IBM Deutschland (Hrsg.): Computer-Netzwerke ..., a.a.O., S. 7.

2) Vgl. FRANK, Howard; HOPEWELL, Lynn: Network Reliability. In: Datamation, Vol. 20 1974 No. 8, p. 85.

3) Vgl. WILKOV, R.S.: Reliability ..., a.a.O., p. 36 ff; FRANK, Howard; FRISCH, Ivan T.: Communication Transmission, and Transportation Networks. Reading, Massachusetts - Menlo Park, California - London - Don Mills, Ontario 1971, p. 300 ff.

4) Vgl. MERCADO, John de: Minimum cost-reliable ..., a.a.O., p. 553 ff.

zieles zu geben, sind jedoch mehrdimensionale Ansätze notwendig, die das Sicherheitsziel in seinen Beziehungen zu anderen Gestaltungszielen wie Wirtschaftlichkeit, Durchsatz, Zeitverhalten des Systems etc. untersuchen. Erst auf dieser Basis sind Zielsystem-Optimierungen möglich, die es gestatten, die Systemsicherheit oder Zuverlässigkeit in rationalen Gestaltungsentscheidungen zu berücksichtigen.

D. KRITERIEN UND METHODEN BEI DER ENTWICKLUNG VON ANWENDUNGSKONZEPTIONEN FÜR COMPUTERVERBUNDSYSTEME

I. GRUNDPROBLEME DER ENTWICKLUNG VON ANWENDUNGSKONZEPTIONEN

Die Gestaltung von Computerverbundsystemen besteht wie jede organisatorische Gestaltung in der Verbindung verschiedener Elemente zu einem System, das in der Lage ist, vorgegebene Ziele zu erfüllen. Organisatorische Gestaltung kann als Problemlösungsprozeß verstanden werden, bei dem organisatorische Ausgangszustände in gewünschte Ziel- oder Endzustände überführt werden. Diese Überführung beinhaltet zwei Problemklassen:

(1) Probleme des Entwurfs der Systeme (bzw. des Entwurfs von Teilsystemen, Maßnahmen, Zuständen und

(2) Probleme der Realisierung und Implementierung der Systeme (bzw. der Teilsysteme, Maßnahmen, Zustände).

Im Gestaltungsablauf selbst läßt sich eine klare - vor allem zeitliche - Trennung zwischen Problemlösungsaktivitäten des Entwurfes und solchen der Implementierung häufig nicht aufrechterhalten. Dennoch ist eine Unterscheidung der Problemklassen zweckmäßig, da sich die Objekte und die Lösungsmethoden der beiden Problemklassen voneinander unterscheiden.

Bei der Gestaltung von ADV-Systemen hat sich häufig gezeigt, daß Unzulänglichkeiten in Formulierung und methodischer Bewältigung des Entwurfs dieser Systeme zu suboptimalen Lösungen führten, obwohl technisch leistungsfähige Geräte zur Verfügung standen und die Implementierung fehlerfrei verlief. Die Ursachen liegen vor allem in einer unangemessenen Problemerkennung und Problemdefinition, die den breiten Lösungsraum, der sich mit den modernen Informationstechnologien bot, auf 'zu kleine' Probleme bezogen. Häufig wurden auch die 'falschen' Probleme gelöst, weil die Zielstrukturen der Organisation nicht entsprechend offengelegt wurden. Dadurch war die Identifizierung der zielrelevanten Probleme der Informationsverarbeitung nicht möglich oder aber die Analyse des Ausgangszustandes beachtete weniger bedeutende Merkmale zu stark. Die Folge war, daß in der wissenschaftlichen Auseinandersetzung mit der organisatorischen Gestaltung von ADV-Systemen das Problem der 'Anwendung' mehr und mehr in den Vordergrund trat. Dieser Begriff impliziert die ständige Beachtung des mit Hilfe der ADV-Technologie gegebenen Problemlösungsraumes bei allen Phasen der Systemgestaltung. Zugleich wurde das Interesse an einer verstärkten konzeptionellen Vorbereitung der Gestaltung geweckt. Beide Funktionen kommen der 'Anwendungskonzeption' zu: Sie stellt das Ergebnis des Problemlösungsprozesses beim Entwurf informationsverarbeitender organisatorischer Systeme dar und beinhaltet Aussagen über die Zuordnung von Struktur und Leistungsfähigkeit der anzuwendenden Technologie auf Datenverarbeitungsaufgaben.

Wenngleich sich die Akzente zugunsten einer verstärkten konzeptionellen Aktivität bei der Systemgestaltung verschoben haben, existiert gegenwärtig keine allgemeine Theorie des organisatorischen Entwurfes von ADV-Systemen, geschweige denn eine Theorie zum Entwurf von Computerverbundsystemen. Bemühungen in dieser Richtung werden außerordentlich erschwert, weil es sich beim Computerverbund - vor allem beim Verbund mit MDT - um eine neue ADV-Einsatzform handelt, implementierte Systeme noch recht selten sind und verallgemeinerungsfähige Erfahrungen noch nicht vorliegen. Die empirisch fundierte Entwicklung einer Theorie der Gestaltung von Computerverbundsystemen war aus diesen Gründen bislang nicht möglich.

Es scheint deshalb notwendig, zunächst den allgemeinen Problemlösungscharakter des System-Entwurfs herauszuarbeiten[1].

a) Der Entwurf als Problemlösungsprozeß

Eine Problemlösungssituation läßt sich durch die Problemdefinition und die Existenz eines Problemlösungsprogramms kennzeichnen[2]. Das Problem kann durch einen Vektor mit den drei Komponenten Anfangszustand, Endzustand und Transformationsvorgang dargestellt werden[3]. Der Transformationsvorgang wiederum umschließt die Menge möglicher Prozesse der Überführung vom Anfangs- zum Endzustand. Ein Problem ist wohl-definiert, wenn Regeln und Kriterien intersubjektiv eindeutig bestimmen, was als Lösung des Problems gilt[4]. Andernfalls ist das Problem schlecht-definiert. Ein weiteres Merkmal ist, ob Lösungsprogramme - vor allem Algorithmen - bekannt sind, deren Ausführung wirtschaftlich vertretbar ist. Ist kein wirtschaftlicher Algorithmus vorhanden, so wird von einem 'unvollständig formulierten' Problem gesprochen[5].

Das Problem des Entwurfs von Anwendungskonzeptionen ist als schlecht-definiert und im Sinne algorithmischer Lösbarkeit unvoll-

---

1) Ein Überblick über die verschiedenen wissenschaftlichen Ansätze des Entwurfs von Informationssystemen findet sich bei DEBONS, Anthony; MONTGOMERY, K.Leon: Design and Evaluation of Information Systems. In: Annual Review of Information Science and Technology, ed. by Carlos A. Cuadra, Ann W. Luke and Jessica L. Harris, Vol. 9, Washington, D.C. 1974, p. 25-55.

2) Vgl. GABELE, Eduard: Die Entwicklung komplexer Systeme. Elemente einer Theorie der Gestaltung von Informations- und Entscheidungssystemen in Organisationen. Diss. Mannheim 1972, S. 27.

3) Vgl. KLEIN, Heinz: Heuristische Entscheidungsmodelle. Neue Techniken des Programmierens und Entscheidens für das Management, Wiesbaden 1971, S. 92.

4) Vgl. GABELE, Eduard: Die Entwicklung ..., a.a.O., S. 28.

5) Vgl. KLEIN, Heinz: Heuristische Entscheidungsmodelle ..., a.a.O., S. 31 ff.

ständig definiert zu betrachten. Da algorithmische Lösbarkeit nicht vorhanden ist, wird die Anwendung anderer Methoden, vor allem heuristischer Methoden[1], erforderlich.

Die Qualität ('heuristische Kraft') eines Entwurfs wird wesentlich bestimmt durch die Ausgangsinformationen über Anfangs-Zustand, Ziel-Zustand (Objekte) und über die Mittel (Operatoren), mit denen der zunächst noch unbekannte Transformationsprozeß konstruiert werden kann. Darüberhinaus ist von entscheidender Bedeutung, wie aus dem Möglichkeitsraum der Merkmale der Objekte (Ausgangszustände, Zwischen- und Endzustände) relativ wenige als die 'wesentlichen' herausgehoben werden, und wie deren Unterschieden 'relevante' Operatoren gegenübergestellt werden können: Bezieht man vorhandene Erfahrung (know how) mit ein, so läßt sich daraus eine heuristisch zweckmäßige Relation zwischen bestimmten Merkmalen der Objekte und relevanten Operatoren herstellen. Die Zweckmäßigkeit dieser Zuordnung wird durch die beiden folgenden Eigenschaften bestimmt[2]:

---

1) In der allgemeinsten Auslegung bedeutet 'heuristisch' etwa 'zum Finden geeignet'. Zur Definition heuristischer Methoden vgl. NEWELL, Allen; SHAW, J.C.; SIMON, H.A.: The Processes of Creative Thinking. In: Contemporary Approaches to Creative Thinking, ed. by Howard E. Gruber et al., New York 1962, p. 78: 'We use the term heuristic to denote any principle or device that contributes to the reduction in average search to solution'. Nach KLEIN ist wesentliches Unterscheidungsmerkmal zwischen algorithmischen und heuristischen Methoden das Fehlen der Lösungsgarantie bei der Heuristik, vgl. KLEIN, Heinz: Heuristische Entscheidungsmodelle ..., a.a.O., S. 36.

2) Umfassend dargestellt bei NEWELL, Allen; SHAW, J.C.; SIMON, H.A.: A Variety of Learning in a General Problem Solver. In: Self Organizing Systems. Proceedings of an Interdisciplinary Conference 5 and 6 May 1959, ed. by M.G. Jovits and B. Cameron, Oxford 1960, p. 175 f.

(1) Auf jeden Unterschied zwischen den Objekten sollten sich möglichst wenige Operatoren beziehen, jedoch mindestens einer.

(2) Jeder Operator sollte möglichst wenige Merkmale (Unterschiede) beeinflussen, jedoch mindestens eines.

Die Schwierigkeit bei der Lösung komplexer Probleme liegt nun darin, daß diese beiden Eigenschaften in den seltensten Fällen vorliegen. Nicht jedes Merkmal läßt sich durch genau einen Operator behandeln - meist werden mehrere Objekt-Eigenschaften tangiert -, und nicht jeder Operator ist unmittelbar auf ein Merkmal anzuwenden. 'Das Problem besteht darin, Verbindungsglieder zu entdecken, die sich zwischen das entfernte Ziel und die vorhandenen Tatsachen so einschalten lassen, daß sie die zwei Fakten in Einklang bringen'[1].

Wesentliches Merkmal von Entwurfs-Problemen bei Anwendungskonzeptionen ist ihr Planungscharakter[2]. Ziel der Planung ist das Aufstellen einer Planungs-Projektion, die auf die Herstellung eines gewünschten zukünftigen Zustandes gerichtet ist. Planung kann als eine spezielle Problemlösungsmethode aufgefaßt werden, die neben der Zweck-Mittel-Analyse zu den grundlegenden heuristischen Methoden zu rechnen ist[3]. Die für die Konzeptionsentwicklung bedeutsame Planungsheuristik sieht folgende Schritte vor[4]:

---

1) DEWEY, John: Wie wir denken. In: Denken, hrsg. v. Carl-Friedrich Graumann, Köln 1966, S. 116 ff.

2) Vgl. GABELE, Eduard: Die Entwicklung ..., a.a.O., S. 31 f.

3) Vgl. KLEIN, Heinz: Heuristische Entscheidungsmodelle ..., a.a.O., S. 102 ff.

4) Vgl. KLEIN, Heinz: Heuristische Entscheidungsmodelle ..., a.a.O., S. 119 f.

(1) Bildung eines abstrahierten Aufgabenrahmens[1], wobei nur die wesentlichen Unterschiede der Objekte herangezogen werden: Jedem ursprünglichen Objekt P_i wird ein Objekt P_i' derart zugeordnet, daß sich die Objekte P' im abstrahierten Aufgabenrahmen nur noch durch die wesentlichen Unterschiede voneinander abheben. Entsprechend werden aus der Menge der usprünglichen Operatoren nur diejenigen für den abstrahierten Aufgabenrahmen gewonnen, die auch die wesentlichen Objekte beeinflussen.

(2) Zwischen dem ursprünglichen und dem abstrahierten Aufgabenrahmen besteht eine Korrespondenzbeziehung, die durch Abstraktionsregeln definiert ist. Mit Hilfe dieser Regeln wird ein vereinfachtes Modell des ursprünglichen Aufgabenrahmens gebildet. Bei dem individuellen Problemlösungsprozeß werden häufig anstelle des vereinfachten Modells bereits bekannte Modelle von anderen Aufgabenrahmen analog verwendet. Meist sind dies solche Modelle, die von dem Problemlöser bereits öfter mit Erfolg angewandt wurden.

(3) Die für den abstrahierten Aufgabenrahmen entwickelte Lösung - die Operatorenfolge - wird mittels der Korrespondenzbeziehung auf die ursprüngliche Problemstellung rückübertragen. Damit liegt ein 'Plan' vor.

(4) Die Ausführung des Planes im ursprünglichen Aufgabenrahmen erfordert im allgemeinen zusätzliche Operatoren, weil im Planungsraum zahlreiche Eigenschaften des Lösungsraumes vernachlässigt werden.

Die mangelnde Strukturierbarkeit des Anwendungsproblems von Computerverbundsystemen und die Komplexität der Konzeptionsentwicklung läßt die Übertragung der genannten Problemlösungs-Heuristik geeignet erscheinen:

---

1) Informationen über Objekte (Ausgangs-, Zwischen-, Endzustände), die Operatoren (Maßnahmen), die Menge der Merkmale bzw. Merkmalsunterschiede der Objekte und die heuristisch zweckmäßige Relation zwischen Merkmalsunterschieden und Operatoren charakterisieren den Aufgabenrahmen.

(1) Die für das Problem 'Anwendung von Computerverbund-Systemen' erforderlichen Informationen sind zu ermitteln:

(a) über die problemspezifischen Fakten (generelle Operatoren, Objekt-Merkmale und deren Relationen)[1],

(b) über die 'wesentlichen Objekt-Merkmale' und die 'relevanten Operatoren' dieses Entwurfsproblems und Verfahren ihrer Gewinnung[2],

(c) über den individuellen Anwendungsfall[3].

(2) Der allgemeine Lösungsweg ist vorzugeben, mit Hilfe dessen mögliche Alternativen der Verbundanwendung herausgearbeitet und gegen andere ADV-Alternativen abgehoben werden können. Ebenso sind die Lösungsweg-Phasen zu beschreiben, die sich aus der Zerlegung des Gesamtentwurf-Problems ergeben. Im wesentlichen handelt es sich dabei um Prozesse zur Verknüpfung der gewonnenen Informationen.

Die übergeordnete Zielsetzung des in der Anwendungskonzeption enthaltenen Problemlösungsprozesses ist die Steigerung der Effizienz der Informationsverarbeitung unter Hervorhebung des Maßnahmenbündels, das sich mit dem Einsatz von Computerverbundsystemen ergibt. Die Einbettung dieser Zielsetzung in das Gesamt-Zielsystem einer Unternehmung und die Vielzahl der im Computerverbund möglichen Ziel-/Mittelrelationen machen es erforderlich, das Zielgesamt des Anwenders gesondert zu behandeln.

b) Die Anwendungskonzeption als Ergebnis des Entwurfs-Prozesses

Die Anwendungskonzeption als das angestrebte Ergebnis des Problemlösungsprozesses kann als einmaliger Entwurf (sog. 'Prototyp')

---

1) Dies ist für die vorliegende Forschungsarbeit Inhalt von Teil A. bis C. des Berichtes sowie seiner Anhänge.

2) Das ist überwiegend Inhalt dieses Teils (D.).

3) Diese sind vom Anwender selbst zu gewinnen.

oder als dynamischer Entwurf betrachtet werden[1]. Der einmalige Entwurf ist für eine bestimmte Ausgangssituation (ein bestimmter Ausgangszustand - ein bestimmter Zielzustand) gedacht und dient ohne wesentliche Veränderung als Gestaltungsvorlage ('fixiertes Design').

Ziele, Randbedingungen und Einflußfaktoren bei der Gestaltung von Computerverbundsystemen können kaum als unveränderlich gelten. Vielmehr ist mit technologischen Verbesserungen zu rechnen, mit einer Ausweitung der externen Integration und einer Verbesserung der Kommunikations-Infrastruktur. Der dynamische Entwurf kann mehrere, sich verändernde Faktoren berücksichtigen: sowohl bei den Zielen und Randbedingungen als auch bei dem Entwurfsprozeß selbst. Im idealen Fall wird eine 'permanente' Anwendungsplanung betrieben, deren Zwischenergebnisse zu Modifikationen und damit zu einer flexiblen Anwendungskonzeption führen. Da die technische Komplexität von Verbundsystemen eine Stichtag-Implementierung ausschließt, ergeben sich bereits aus der notwendigen schrittweisen Implementierung günstige Voraussetzungen für einen in bezug auf bestimmte Größen dynamischen Systementwurf.

Das Entwurfs-Ergebnis sind Aussagen über Zuordnungsbeziehungen von Aufgaben zu den Ressourcen des Computerverbundes. Diese Aussagen sind meist so detailliert und komplex, daß ihre Dokumentierung unumgänglich ist, um die Umsetzung des Entwurfsergebnisses in konkrete Implementierungs-Handlungen zu ermöglichen. Die Anwendungskonzeption sollte demnach folgende Anforderungen erfüllen:

---

1) DEBONS, Anthony; MONTGOMERY, K. Leon: Design and Evaluation ..., a.a.O., p. 30 f. and p. 46.

- Dokumentation des Ergebnisses der Konzeptionsentwicklung,
- Dokumentation des Entwicklungsprozesses,
- Transformierbarkeit der konzeptionellen Aussagen in Gestaltungsmaßnahmen,
- Flexibilität bei Änderungen bis zur Implementierung (beim statischem Entwurf) bzw. Flexibilität bei Änderungen auch über die Implementierung hinaus (beim dynamischen Entwurf).

c) Der Ablauf der Konzeptionsentwicklung

Ergebnis der Konzeptionsentwicklung sind - wie dargestellt - Zuordnungsaussagen über die Datenverarbeitungsaufgaben und Ressourcen-Strukturen. Der Zuordnungsprozeß wird gesteuert durch Ziele, daraus abgeleitete Gestaltungskriterien sowie auf Kosten-/Leistungsvergleichen basierende Nutzwerte.

Bestandteile der Anwendungskonzeptionen sind somit Datenverarbeitungsaufgaben, Computerverbund-Ressourcen und Ziele. Diese werden verschiedenen konzeptionellen Operationen unterzogen, um über verschiedene Zwischenzustände (z.B. die Partition des gesamten Aufgaben-Systems in für den einzelnen Anwender überschaubare Subsysteme) in den Zielzustand überführt zu werden - mit dessen Zuordnungsaussagen der Problemlösungsprozeß seinen Abschluß findet.

Um einerseits mit einem großen Lösungsraum arbeiten zu können (Berücksichtigung des gesamten Aufgaben-Systems, Berücksichtigung aller möglichen Verbundalternativen), andererseits aber den heuristischen Wert der Anwendungskonzeption nicht einzuschränken, erscheint folgender Lösungsweg zweckmäßig:

(1) Ermittlung des individuellen Zielsystems einschließlich Zielhierarchie (Zielordnungen),

(2) Ermittlung (Ist-Aufnahme/Ist-Analyse) des Datenverarbeitungs-Aufgabensystems (anhand verbund-relevanter Merkmale),

(3) Zielorientierte Partition des Datenverarbeitungs-Aufgabensystems in Subsysteme (Aufgabenkomplexe),

(4) Detaillierung der Subsysteme (Aufgabenkomplexe),

(5) Ermittlung möglicher Computerverbund-Strukturen (sowie autonomer ADV-Varianten) anhand mehrdimensionaler Merkmale,

(6) Entwurf zielorientierter Grob-Alternativen des Computerverbundes,

(7) Zuordnung von Verbund-Alternativen und Aufgabenkomplexen unter Berücksichtigung von Ziel- und Nutzen-Kriterien,

(8) Auswahl und Dokumentation der am höchsten bewerteten Zuordnungs-Variante.

Diesen Lösungsweg zeigt - nach Aufgaben, Zielen und Ressourcen aufgeteilt - Abbildung 38:

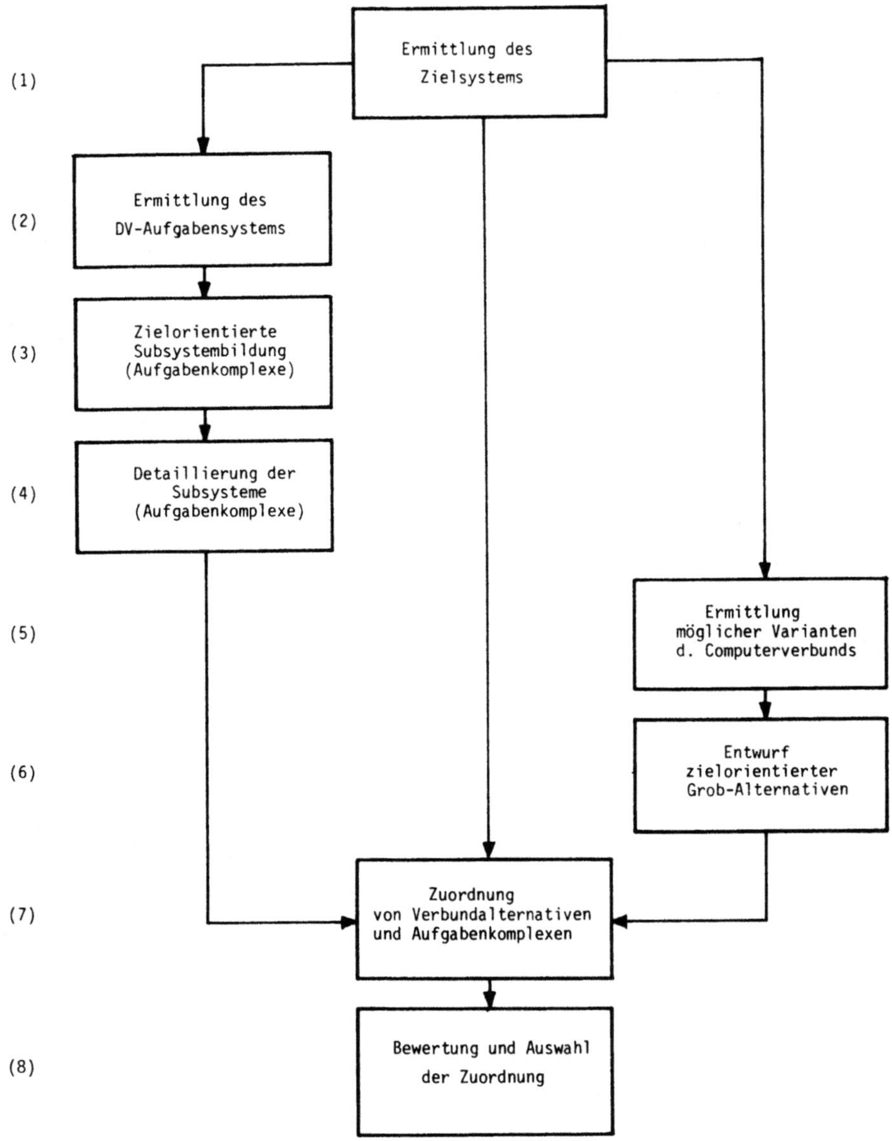

ABB. 38: GROBABLAUF DER KONZEPTIONS-ENTWICKLUNG

II. DAS ZIELSYSTEM FÜR DIE ENTWICKLUNG VON ANWENDUNGSKONZEPTIONEN

Wird die Unternehmung als soziotechnisches Aktionssystem gesehen, so besteht die sachliche Zielsetzung des Aktionsablaufs in der Leistungserstellung durch Menschen und Sachmittel. Der Ablauf selbst und seine Voraussetzungen sind unter einer formalen Zielsetzung zu gestalten. Entsprechend sind Konzeptionen der ADV-Anwendung - als spezifische Gestaltungskonzepte - ebenfalls gemäß dieser formalen Zielsetzung zu entwickeln. Die eingehende Erörterung der allgemeinen Zielproblematik ist deshalb unerläßlich, um die Voraussetzungen für eine zielorientierte Gestaltung von Verbundsystemen zu klären.

Eine Untersuchung des Gestaltungsprozesses zeigt, daß diesem nicht ein einziges abgrenzbares Ziel zugrundeliegt. Vielmehr orientiert der Gestalter die Entwicklung einer Anwendungskonzeption an mehreren Zielsetzungen. Als wichtigste sind zu nennen:

- ökonomische Effizienz des realisierten Systems,
- System-Sicherheit,
- System-Flexibilität,
- 'Benutzerfreundlichkeit' des Systems[1].

Daneben treten in der Regel sonstige unternehmerische Ziele, die nicht rational begründbar sind - wie beispielsweise das Streben nach Prestige oder soziale und ethische Bestrebungen. Das für die Computerverbund-Gestaltung wichtigste dieser sonstigen Ziele ist das

- Streben nach Autonomie.

Die Vielzahl unterschiedlicher Ziele bei der Gestaltung widerlegt nicht die Vermutung einer monokausalen Zielsetzung. Erst eine Ana-

---

1) Dieses Gestaltungsziel kann als weitgehend friktionsfreie Gestaltung der Mensch-Maschine-Kooperation unter bestmöglicher Nutzung der komparativen Vorteile beider Aktionsträger definiert werden.

lyse der vertikalen und horizontalen Relationen im Zielsystem kann - in Zusammenhang mit einer Untersuchung der Zielerreichungsproblematik - ergeben, ob die Annahme eines einzigen formalen Oberziels der Realität gerecht wird[1].

a) Zielrelationen

1. Zielhierarchie

Zweck von Aktionen im System Unternehmung ist die Erreichung bestimmter Ziele. Zur Zielerreichung sind aber bestimmte Mittel - im allgemeinsten Sinne - einzusetzen[2]. Zweckprogramme - die einen Teilaspekt betrieblicher Aufgabensysteme bilden - enthalten dann die Zwecke und Mittel als 'programmatische Festlegungen von Entscheidungs-'[3] oder allgemein Aufgabenerfüllungs-Prämissen. Solche Zweckprogramme können auch als Input-/Output-Modelle gesehen werden, deren Output das erreichte Ziel und deren Input die zur Zielerreichung (d.h. zur Aufgabenerfüllung) eingesetzten Mittel bilden[4].

Ebenso wie das Aufgabensystem weist das System der Zweckprogramme eine hierarchische Struktur auf: Entsprechend der Ableitung von Teilaufgaben aus der betrieblichen Oberaufgabe lassen sich aus den Oberzielen der Unternehmung Teilziele (Zwischen- und Unterziele) ableiten, deren Erreichung Voraussetzung für die Erreichung der hierarchisch höhergelagerten Ziele ist. Mit anderen Worten ist die

---

1) Die Hypothese eines derartigen 'obersten Unternehmerziels' vertritt etwa BIDLINGMAIER, Johannes: Unternehmerziele und Unternehmerstrategien. Wiesbaden 1964, S. 81 ff.

2) Dies entspricht der Zerlegung von Aktionen in Ziel- und Mittelentscheidungen bei KOSIOL, Erich: Grundlagen und Methoden der Organisationsforschung. Berlin 1959, S. 32.

3) LUHMANN, Niklas: Zweckbegriff und Systemrationalität. Über die Funktion von Zwecken in sozialen Systemen. Tübingen 1968, S.177.

4) Vgl. LUHMANN, Niklas: Zweckbegriff ..., a.a.O., S. 178.

Zwischen- und Unterziel-Erreichung Mittel zur Erreichung der Oberziele als dem eigentlichen Systemzweck. Die vertikale Rangordnung der Ziele folgt auf jeder Stufe der Hierarchie einem derartigen Zweck-Mittel-Schema: Zwischen- und Unterziele, die auch als derivative, mittelbare oder provisorische Ziele bezeichnet werden, haben Mittelcharakter im Verhältnis zu jeweils höheren Zielen (Zweck-Mittel-Umschlag)[1].

Oberziele von Unternehmungen sind selbst wiederum derivative Ziele, sie resultieren aus den außerökonomischen menschlichen Primärzielen als den 'Endzielen menschlichen Handelns', die u.a. die 'Triebfedern des Wirtschaftens' darstellen[2]. Als monofunktionales oberstes Unternehmungsziel läßt sich aus dem Rationalprinzip der ökonomische Erfolg als Aufwands-/Leistungs-Differenz ableiten[3]. Alle anderen als Oberziele auftretenden Bestrebungen können diesem Erfolgsziel untergeordnet werden: So ist beispielsweise das Streben nach Umsatzmaximierung langfristig nur dann zu realisieren, wenn der ökonomische Erfolg nicht permanent negativ ist; andererseits sichert die Erfolgsmaximierung am besten jegliches Unternehmungserhaltungs-Streben ('Überlebensziel'). Daraus wird bereits deutlich, daß mit der hierarchischen Einordnung von Zielen deren zeitlicher Bezugshorizont steigt: Ein Zwischenziel- wie etwa die Maximierung des Umsatzes - mag kurzfristig dem Erfolgsziel zuwiderlaufen können, auf lange Sicht dominiert jedoch die Notwendigkeit, eine Aufwandsdeckung durch die Erlöse zu erzielen[4].

Im Gegensatz zur Fristigkeit nimmt die Operationalisierbarkeit von Zielen mit sinkender Rangstufe zu: Die Zielforderung 'Wirtschaftlich-

1) Vgl. BIDLINGMAIER, Johannes: Unternehmerziele ..., a.a.O., S. 76.

2) Vgl. BIDLINGMAIER, Johannes: Unternehmerziele ..., a.a.O., S. 75.

3) Vgl. BIDLINGMAIER, Johannes: Unternehmerziele ..., a.a.O., S. 80.

4) Vgl. etwa GUTENBERG, Erich: Grundlagen der Betriebswirtschaftslehre, 2. Bd. Der Absatz, 14. Auflage. Berlin - Heidelberg - New York 1973, S. 10.

keit des ADV-Systems' ist weniger operational als die der Wirtschaftlichkeit eines bestimmten Abrechnungsprozesses.

Da die Ziele der organisatorischen Gestaltung nur Mittel (d.h. Zwischenziele) für das betriebliche Oberziel des ökonomischen Erfolgs sind, ist das Gestaltungszielsystem bei der Entwicklung von ADV-Anwendungskonzeptionen in das gesamte Gestaltungszielbündel eingebettet. Hierarchisch eine weitere Stufe tiefer sind die Gestaltungsziele für den Computerverbund als organisatorische Zwischenziele anzusiedeln.

2. Horizontale Zielbeziehungen

Durch die hierarchiebedingte Auffächerung in Zwischen- und Unterziele ergeben sich eine Reihe von horizontalen Beziehungen auf den jeweiligen Zielhierachie-Ebenen. Die Art dieser Beziehungen bestimmt die Auswirkungen, die sich bei der Verfolgung mehrerer Ziele nebeneinander auf den Umfang der Zielerreichung (den Zielerreichungsgrad) ergeben.

Zwei Ziele weisen dann eine komplementäre Zielbeziehung auf, wenn der Zielerreichungsgrad eines Zieles mit dem Verfolgen des anderen ebenfalls steigt. Beispielsweise wird das Anstreben einer hohen Liquidität gleichzeitig das Sicherheitsstreben der Unternehmung unterstützen. Das ADV-Gestaltungsziel der Anwendungsflexibilität kann in seiner Ausprägung als Anpassungsfähigkeit an steigende Verarbeitungsbedürfnisse (etwa durch ausbaufähige Anlagenkonfigurierung) auch einem vorhandenen Autonomiebedürfnis dienen (da in der Zielperiode dann keine Ausgliederung von ADV-Funktionen notwendig wird). Aus den Beispielen wird deutlich, daß Zielkomplementarität nicht nur auf einer Hierarchiestufe möglich ist, sondern meist zwischen rangmäßig unterschiedlich einzuordnenden Zielen vorliegt, da die hierarchische Zweck-Mittel-Beziehung aus einleuchtenden Gründen zumindest eine partielle Komplementarität voraussetzt[1].

Im Gegensatz zur wechselseitig unterstützenden Komplementarität bedeutet die Konkurrenz von Zielen, daß das Verfolgen eines Zieles sich negativ auf den Zielerreichungsgrad eines anderen auswirkt. Konkurrierende oder konfliktäre Ziele erlauben es also nicht, unbegrenzt nebeneinander angestrebt zu werden. Der Zielkonflikt erfordert als Voraussetzung für eine Mittelentscheidung eine Gewichtung der konkurrierenden Ziele. Damit aber entsteht eine weitere horizontale Zielbeziehung: nämlich die zwischen Haupt- und Nebenzielen. Ist eine Zielgewichtung quantitativ möglich, so läßt sich eine Prioritäten-Ordnungsbeziehung zwischen den Zielen herstellen. Die Summe der gewichteten Zielerreichungsgrade aller konkurrierenden Ziele gibt dann den Nutzen der jeweiligen Entscheidungsalternative wieder[2]. Bei erfolgsbezogenen und quantitativ bewertbaren Zielen ist eine eindeutig anzugebende Mittelentscheidung möglich. Anders ist dies hingegen, wenn konkurrierende Ziele hinzutreten, die sich nicht auf den ökonomischen Erfolg beziehen, wie beispielsweise Unabhängigkeits- und Prestigeziele.

b) Zielerreichung

Gestaltungshandlungen führen zu bestimmten Handlungsfolgen (Konsequenzen). Werden diese in Beziehung zum Gestaltungs-Zielsystem gesetzt, so sind Aussagen über den Grad der Erreichung der verschie-

---

1) Vgl. HEINEN, Edmund: Grundlagen betriebswirtschaftlicher Entscheidungen. Das Zielsystem der Unternehmung, 2. Aufl., Wiesbaden 1971, S. 103 f.

2) Vgl. HEINEN, Edmund: Grundlagen ..., a.a.O., S. 147.

nen Ziele möglich. Ziele können in der Erreichung einer vorgegebenen Größe bestehen (Zufriedenheits- oder Anspruchsniveau); der Grad der Zielerreichung entspricht dann dem Anteil der realisierbaren an der vorgegebenen Größe. Mit der Verfolgung zahlreicher Ziele wird jedoch die Maximierung oder Minimierung bestimmter Grössen angestrebt; da die entsprechenden Extremwerte nicht angegeben werden können, ist auf ihrer Grundlage keine Messung von Zielerreichungs<u>graden</u> möglich. Eine unbegrenzte Zielsetzung erfordert daher zur Erfolgsbewertung den Vergleich alternativer Handlungskonsequenzen: Die Konsequenz, die zur höchsten Zielerreichung führt, kann als Bezugsbasis für die Messung der Zielerreichungsgrade anderer Handlungsalternativen dienen.

Die Zielerreichung läßt sich auf quantitativen oder auf komparativen Skalen abbilden und messen. Zu den quantifizierbaren Zielen gehören etwa die Zwischen- und Unterziele der System-Sicherheit: Die Vorgabe einer Fehlerwahrscheinlichkeit von beispielsweise $1 \cdot 10^{-6}$ (d.h. dem Auftreten eines Fehlers bei einer Million Vorgänge) und die bei einer Gestaltungskonsequenz zu erwartende Fehlerwahrscheinlichkeit von $2 \cdot 10^{-6}$ ordnen der entsprechenden Gestaltungsalternative einen Zielerreichungsgrad von 50 % zu. Wird absolute Sicherheit angestrebt, so ist dies nicht als Vorgabe einer Wahrscheinlichkeit von 0 zu verstehen, sondern als unbegrenzte Zielsetzung mit der Minimierung einer Wahrscheinlichkeitsgröße. Zielerreichungsgrade können hierbei nur durch den Vergleich der verschiedenen Fehlerwahrscheinlichkeiten mit der kleinsten realisierbaren bestimmt werden.

Da die meisten Ziele sich nicht quantifizieren lassen, kommt den komparativen Merkmalen bei der Zielbewertung besondere Bedeutung zu. So können verschiedene Gestaltungsalternativen in ihrer Benutzerfreundlichkeit etwa durch ein Punktsystem bewertet werden, die verschiedenen Punktwerte führen dann zu ordinal unterschiedenen Zielerreichungsgraden, d.h. zu Aussagen wie: Der Zielerreichungsgrad der Alternative a_1 ist größer als der von a_2.

Ein weiterer Bewertungsschritt wird bei der Einbeziehung verschiedenartiger Ziele erforderlich. Um eine einheitliche Bezugsbasis für die Zielerreichungsgrade zu schaffen, sind diese entsprechend dem Nutzen, der ihnen zugeordnet wird, zu gewichten. Ergebnis kann wiederum nur eine komparative Ordnung der Erreichungsgrade kombinierter Ziele sein, da zwar quantitative Werte in ordinale umwandelbar sind, der umgekehrte Vorgang aber - wegen der damit verbundenen Erhöhung des Informationsgehalts - nicht möglich ist. Ein Verfahren zur Homogenisierung der Zielerreichung für Zielbündel ist die Nutzwertanalyse[1].

c) Zielinhalte

Ohne auf die Frage näher einzugehen, ob die inhaltlich unterschiedlichen Ziele ihre monokausale Erklärung in der Existenz eines obersten Unternehmungszieles finden, werden im folgenden die Hauptziele der Systemgestaltung als gegeben vorausgesetzt. Sie erhalten damit - obwohl sie hierarchisch Zwischenziele sind[2] - den Charakter von Oberzielen. Ihre weitere Differenzierung führt zu Gestaltungs-Zwischen- und -Unterzielen und schließlich - am Ende der Hierarchie - zu Zielkriterien. Diese Kriterien bilden die wichtigsten Instrumente für eine zielbezogene Analyse der Aufgaben und Aufgabenkomplexe sowie der Computerverbund-Alternativen. Im folgenden werden die wesentlichen inhaltlich unterscheidbaren Gestaltungsziele aufgeführt,

---

1) Vgl. dazu Abschnitt D. V. c) (Bewertung von Zuordnungsalternativen).

2) So ist etwa die Benutzerfreundlichkeit von ADV-Systemen ein abgeleitetes Ziel: Ranghöher ist das Ziel einer Humanisierung aller betrieblichen Arbeitsprozesse. Dieses Ziel aber sowie seine Einbettung in ein weiteres übergeordnetes Ziel (z.B. ökonomische Effizienz der Aufgabenerfüllung) sind für die Zwecke dieser Untersuchung ohne Belang.

aus denen sich dann die - weiter unten zu beschreibenden - Zielkriterien[1] herleiten lassen.

(1) Ökonomische Effizienz

Das Gestaltungsziel der ökonomischen Effizienz des gesamten ADV-Systems und einzelner Abläufe im ADV-System richtet sich auf die Erreichung von Kosten-/Leistungs-Verhältnissen in diesem System, die jeweils einer der beiden Ausprägungsformen des ökonomischen Prinzips entsprechen. Ökonomische Effizienz beinhaltet also kein Streben nach Kostendeckung der ADV-Abläufe oder gar nach Erzielung von Überschüssen durch das ADV-System. Exakte Berechnungen der mengen- und wertmäßigen Wirtschaftlichkeit stellen in diesem Bereich - vor allem aufgrund der schwierigen Leistungsmessung und -bewertung - ohnehin ein bislang ungelöstes Problem dar[2]. Vielmehr liefert das Effizienz-Ziel operationale Kriterien für Gestaltungsentscheidungen, bei denen unter leistungsäquivalenten Alternativen die kostengünstigste bzw. unter kostengleichen die leistungsfähigste Alternative auszuwählen ist. Zur Veranschaulichung sei hierbei auf Entscheidungssituationen bei der Auslegung des Übertragungssystems (Leitungsnetz-Design) hingewiesen[3].

Das Ziel ökonomischer Effizienz der ADV ist aus dem Unternehmungs-Oberziel der Gewinn-Maximierung ableitbar - wobei die Definitionsproblematik des Gewinnbegriffs für Gestaltungszwecke unbeachtlich ist. Die Gewinn-Maximierung ist zwar in ihrer Ausschließlichkeit als oberste Zielsetzung umstritten, stellt aber nachweislich das

1) Vgl. dazu insbesondere die Abschnitte D. III. b) 1. (Kriterien der Aufgabenerfüllung) und D. IV. c) (Kriterien für die Computerverbund-Alternativen).

2) Vgl. GROCHLA, Erwin: Grundprobleme der Wirtschaftlichkeit in automatisierten Datenverarbeitungssystemen. In: Die Wirtschaftlichkeit automatisierter Datenverarbeitungssysteme, hrsg. v. Erwin Grochla, Wiesbaden 1970, S. 15-33.

3) Vgl. dazu Abschnitt C. I. b) (Auslegung des Übertragungssystems).

wichtigste Oberziel dar[1]. Folglich nimmt auch das entsprechende Gestaltungsziel gegenüber den anderen eine dominierende Stellung ein. Aus dieser hierarchischen Überordnung erklärt sich die nur teilweise Konkurrenz zu den übrigen Hauptgestaltungszielen, die bei einer Ausdehnung des zeitlichen Bezugs deren tatsächliche Komplementarität erkennen läßt: So verursacht beispielsweise eine kapazitätsmäßige Überdimensionierung aus Flexibilitätsgründen zunächst höhere Kosten, denen langfristig allerdings - bei wachsenden Anforderungen - Einsparungen gegenüberstehen.

(2) Sicherheit

Die Bedeutung des Sicherheitszieles ist in hohem Maße vom Charakter des betrieblichen Sachziels - also der Aufgabenstellung - abhängig[2]: Daten- und Übertragungssicherheit ist bei unternehmungsübergreifenden monetären Transaktionen - vor allem im Bereich der Kreditinstitute - stärker zu gewichten als bei der Erstellung innerbetrieblicher Statistiken, die nachträgliche Korrekturen zulassen. Datenschutzmaßnahmen sind eine absolute Notwendigkeit bei der Behandlung umfassender personenbezogener Dateien (z.B. Versandhandel, Auskunfteien), sie sind jedoch bei anderen Anwendungen kaum von Bedeutung (z.B. in Verbundsystemen der Meterologie). Die wichtigsten Konkurrenzbeziehungen des Sicherheitsziels bestehen zum Ziel der ökonomischen Effizienz (Kostenbelastung durch Übertragungs-Redundanz u.ä.) und zum Ziel der Benutzerfreundlichkeit (Zugriffserschwernis bei gesicherten Datenbeständen).

(3) Weitere Ziele der Verbundgestaltung

Das Ziel der Flexibilität des ADV-Systems erfordert Gestaltungsmaßnahmen, die eine weitgehend reibungslose Anpassung des Systems an

1) Vgl. HEINEN, Edmund: Grundlagen ..., a.a.O., S. 28 ff., insbesondere die hier angeführten empirischen Studien.

2) Vgl. dazu ausführlich Abschnitt C. III. (Zuverlässigkeit).

veränderte Umweltsituationen gewährleisten. Die wichtigste Reaktion auf die Änderung von Aufgabenanforderungen im Zeitablauf (z.B. langfristig wachsende Datenmengen) ist die Ausweitung bzw. Verminderung der Kapazitäten von Verbund-Ressourcen. Hierfür bietet der Computerverbund eine Reihe günstiger Voraussetzungen.

Benutzerfreundlichkeit der Geräte und Verfahren ist eine Zielsetzung, deren Bedeutung mit der Weiterentwicklung der ADV-Sachmittel generell zunimmt. Speziell Verbundsysteme erleichtern auch die Erreichung dieses Ziels: Die Verteilung der Verbundressourcen führt zu benutzernahen Aufgabenabläufen, die durch Sachmittelgestaltung nach ergonomischen Gesichtspunkten und durch Verwendung einfach erlernbarer Interaktionssprachen den Eigenschaften des menschlichen Aktionsträgers besonders gut angepaßt werden können.

Autonomie in der Aufgabenerfüllung ist dagegen ein Ziel, dessen Erreichung durch unternehmungsübergreifende Verbundsysteme notwendigerweise erschwert wird. Die übergewichtige Präferenz eines globalen Autonomieziels kann damit bereits im Stadium der Verfahrensauswahl das Ausscheiden jeglicher Verbundlösung aus dem Alternativenraum bedeuten. Der Systemgestalter hat jedoch - auch nach einer generellen Verfahrensentscheidung für den Computerverbund - die bei der Erfüllung einzelner Aufgabenkomplexe verfolgten unterschiedlichen Autonomieziele zu berücksichtigen.

III. BILDUNG ZIELORIENTIERTER SUBSYSTEME VON DATENVERARBEITUNGS-AUFGABEN (AUFGABENKOMPLEXE)

Die Bildung zielorientierter Datenverarbeitungs-Aufgabenkomplexe stellt den nächsten Hauptabschnitt der Konzeptionsentwicklung dar. Ergebnis dieses Schrittes sind Ausschnitte aus dem Datenverarbeitungs-Aufgabensystem, die im Hinblick auf das Erfüllungspotential von Computertechnologien im Verbund aufbereitet wurden: Gelenkt wird dieser Prozeß durch Kriterien, deren konkrete Rangordnung und Detaillierung von der individuellen Situation des einzelnen Anwenders abhängen. Ebenso wie bei der Bildung zielorientierter Verbundalternativen enthalten solche Kriterien noch keine vollständigen Wirtschaftlichkeitsanforderungen. Sie berücksichtigen vielmehr nur deren eine Komponente: die organisatorisch-technische Leistungsfähigkeit, der die konzeptionell geforderte Qualität der Aufgabenerfüllung entspricht.

Die Bildung zielorientierter Aufgabenkomplexe ist im heuristischen Zusammenhang des Entwurfes deshalb notwendig, weil über Datenverarbeitungs-Aufgabensysteme als ganze kaum Zuordnungsaussagen möglich sind. Konzeptionelle Aussagen über den geschätzten Grad der Erreichung geplanter Zielzustände durch Computerverbund-Ressourcen sind nur möglich, wenn abgegrenzte und aufbereitete Datenverarbeitungs-Komplexe auf ihre Erfüllbarkeit hin beurteilt wurden. Das Aufgabenerfüllungspotential des Computerverbundes kann nicht im Hinblick auf einzelne Datenverarbeitungs-Aufgaben oder auf Gruppen von Einzelaufgaben, die durch einfache Aggregation gewonnen wurden, beurteilt werden. Meist führen Aufgabenzusammenhänge, v.a. die Besonderheit der Beziehungen zwischen den Aufgaben eines bestimmten Subsystems zu besonders 'günstigen' Anwendungsvoraussetzungen für den Computerverbund.

Eine Schnittstelle zwischen Datenverarbeitungs-Aufgaben und Datenverarbeitungs-Aufgabenerfüllung durch die Computerverbund-Ressourcen herzustellen, ist Voraussetzung für die Beurteilung der Aufgabenkomplexe. Die Ziel-Kriterien, mit denen eine derartige Angleichung der Merkmalsdimensionen von Aufgaben und Ressourcen erreicht werden kann, sind:

- Örtliche Gebundenheit der Aufgabenerfüllung,
- Schnelligkeit der Aufgabenerfüllung,
- Sicherheit der Aufgabenerfüllung
- Flexibilität der Aufgabenerfüllung,
- Autonomie der Aufgabenerfüllung.

Für die Umsetzung der Kriterien in 'zielorientierte' Subsysteme sind verschiedene Methoden verfügbar, die auf folgenden beiden Voraussetzungen basieren[1]:

(1) Es ist möglich, reale Aufgabensysteme in Modellen abzubilden, die ihre Struktur beschreiben und formale Veränderungen der Struktur zulassen. Zur strukturellen Analyse und Manipulation geeignete formal-quantitative Modelle können aus derartigen Beschreibungsmodellen gewonnen werden (durch Operationalisierung, Abstraktion und ggf. zusätzliche Determination).

(2) Der Manipulation (zur Bildung von Komplexen) liegt das Prinzip der Integration zugrunde. Das Prinzip der Integration beinhaltet hier die zielgerichtete Verringerung der Systemkomplexität: Das Ergebnis der Subsystembildung weist hinsichtlich bestimmter Strukturmerkmale geringere Komplexität als die Ausgangsstruktur auf.

Dem Schritt der Bildung von Datenverarbeitungs-Aufgabensubsystemen vorgelagert ist die Ist-Aufnahme des Anwender-Aufgabensystems. Die

1) Vgl. GROCHLA, Erwin und Mitarbeiter: Integrierte Gesamtmodelle der Datenverarbeitung. Entwicklung und Anwendung des Kölner Integrationsmodells (KIM). München 1974.

dabei ermittelten Daten werden aufbereitet und in einem ersten Beschreibungsmodell zusammengefaßt. Dieser Abbildungsvorgang wird hier - obgleich Voraussetzung jeglicher Konzeptionsentwicklung - nicht gesondert behandelt, da die Verfahren, die bei der Ist-Aufnahme angewendet werden, weithin bekannt sind. Das trifft nicht auf die bei der Ist-Aufnahme zu ermittelnden relevanten Merkmale zu, die für die Verbundkonzeptionsentwicklung spezifisch sind[1].

Die Bildung von Subsystemen besteht aus zwei Phasen:

(1) der Partition des gesamten Aufgabensystems, die eine Vereinfachung des Gestaltungsproblems bewirken soll,

(2) der Detaillierung, die in einer 'Lupenbetrachtung' die Subsysteme bezüglich weiterer Merkmale präzisiert und die Zweckmäßigkeit des Partitions-Ergebnisses zu überprüfen erlaubt.

Kriterien und Methoden von Subsystembildung und Subsystemdetaillierung bilden den Schwerpunkt dieses Schrittes der Entwicklung von Anwendungskonzeptionen. Bevor jedoch im konkreten Fall mit Bildung und Detaillierung von Subsystemen begonnen werden kann, ist ein wichtiges Problem zu lösen: das der Einfügung neuer Aufgaben in das vorhandene - mit der Ist-Aufnahme ermittelte - Aufgabensystem. Die Anwendungsbreite von Computerverbund-Technologien ermöglicht die Erfüllung auch solcher Datenverarbeitungs-Aufgaben oder -gebiete, die für den Anwender neu sind. Die Antizipation solcher Anwendungsmöglichkeiten vor der Aufgabenkomplexbildung ist unbedingt erforderlich, da ein nachträgliches Einfügen neuer Aufgaben die Wirksamkeit der Komplexbildung einschränken kann.

---

1) Diese Merkmale, die der Operationalisierung der Entwurfs-Kriterien dienen - wie z.B. der Input-/Output-Verzögerungen, der Verfügbarkeitsorte, der Periodizität etc. -, werden in Abschnitt D. III. b)1. (Kriterien) dargestellt.

a) Das Problem der Einfügung neuer Aufgaben

Inwieweit eine Aufgabe 'neu' ist, läßt sich nur in bezug auf den einzelnen Anwender beurteilen. Auch eine neue Aufgabe muß sich sinnvoll dem Sachziel und dem Formalziel einer Unternehmung unterordnen. Eine Aufgabe ist dann insoweit neu, als sie in Form eines expliziten Aktionsprogramms im definierten Aufgabensystem des Anwenders noch nicht vorhanden war - sei es als ganze oder in verteilten Handlungsschritten. So kann beispielsweise die durch ADV mögliche Abwicklung einer komplexen Planungsrechnung in einem für das Aufgabensystem des Anwenders neuen Aktionsprogramm fixiert werden.

Die Möglichkeiten einer systematischen Suche nach neuen Aufgaben sind relativ begrenzt. Eine erste Möglichkeit besteht im Vergleich mit anderen bereits implementierten Verbund-Anwendungen. Die Fragestellung lautet dann: Welche Aufgaben sind im Vergleichssystem formuliert, die im eigenen System noch nicht anzutreffen sind. Die Bedeutung der aufgefundenen Aufgaben wächst mit der Vergleichbarkeit der anderen mit der eigenen Organisation.

Die Formulierung der neuen Aufgaben erfolgt nach den Anforderungen der Konzeptionsentwicklung, insbesondere nach den Merkmalen, die bei Subsystembildung und -detaillierung herangezogen werden. Besondere Genauigkeit und Detailliertheit des neuen Aktionsprogramms sind dabei zunächst nicht erforderlich; es genügt eine knappe Beschreibung als Voraussetzung für die Einbindung in die vorhandene Aufgabenstruktur: So müssen vor allem die Beziehungen abgeleitet werden, die die neue Aufgabe zur Gewinnung ihrer Verarbeitungsdaten (Inputs) und zur Weitergabe ihrer Verarbeitungsergebnisse (Outputs) unterhalten soll. Häufig sind jedoch die Voraussetzungen für diese neuen Beziehungen - z.B. bei vorgelagerten Aufgaben mit Verdichtungs- oder Dokumentationsfunktion - in einer zusätzlichen Ist-

Aufnahme zu untersuchen und durch Einfügung neuer sekundärer Aufgaben in einigen Fällen überhaupt erst zu schaffen.

b) Kriterien und Bedingungen bei der Bildung von Aufgabenkomplexen

1. Kriterien der Aufgabenerfüllung

Die im folgenden entwickelten Kriterien sind aus dem Anwender-Zielsystem abgeleitet; im Vergleich zu den globalen Gestaltungszielen sind sie differenzierter und für die Zwecke der Konzeptionsentwicklung operationaler. Es ist nicht möglich, die Kriterien simultan und mit gleicher Gewichtung (ohne Prioritäten) für die Komplexbildung einzusetzen[1]: Vom Anwender sollte jeweils eines als das im individuellen Zusammenhang wichtigste bestimmt und sollten die übrigen entsprechend ihrer Rangfolge als Ergänzungskriterien angewendet werden. Im Zuge der gesamten Entwicklung sind jedoch alle Kriterien zu berücksichtigen. Die im folgenden verwandte Reihenfolge der Kriterien richtet sich allein nach ihrer Operationalität.

1.1 Schnelligkeit

Die Schnelligkeit drückt sich in der für die Aufgabenerfüllung vorhandenen Zeit aus. Die Aufgabenerfüllung ist determiniert durch einen Anfangs- und einen Endpunkt; diese wiederum durch den Input-/Output-Zusammenhang der Aufgaben. Anfangs- und Endpunkt bilden die formalen Beziehungszusammenhänge unter Einbeziehung zusätzlicher Daten in der temporalen Dimension ab und stellen damit Verfügbarkeitszeitpunkte von Inputs und Outputs dar. Das Beispiel dreier transitiv gekoppelter Aufgaben möge dies verdeutlichen (Abb. 39):

1) Vgl. GILLNER, Reinhard: Kriterien zur Prioritätenermittlung bei der Automatisierung von Datenverarbeitungsprozessen mit Hilfe unternehmungsindividueller Gesamtmodelle. In: Integrierte Gesamtmodelle ..., von Erwin Grochla und Mitarbeiter, a.a.O., S. 153 ff.

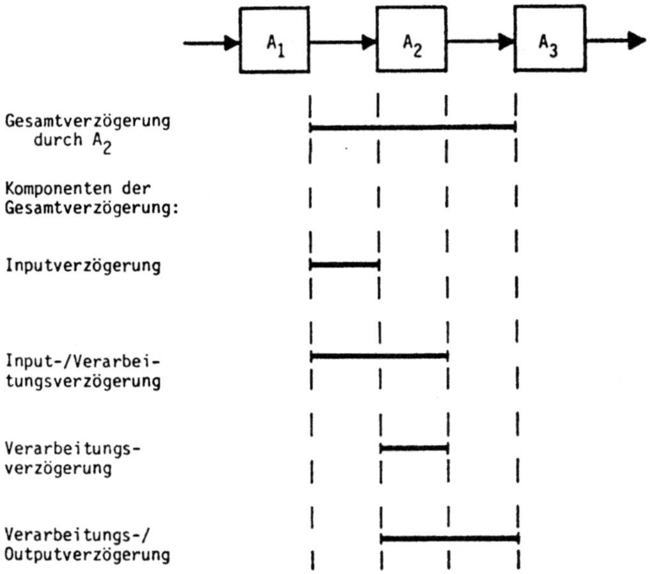

ABB. 39: KOMPONENTEN DER VERZÖGERUNGSZEIT

Wird nun eine bestimmte Schnelligkeit der Erfüllung einzelner Aufgaben oder ganzer Aufgabenkomplexe vorgegeben, so sind retrograd - ausgehend von den Verfügbarkeitszeiten des logisch 'letzten' Verarbeitungs-Outputs - maximale Verzögerungszeiten zu bestimmen. Die Zeitbasis (Minute, Stunde, Tag etc.) ist dabei abhängig von der Erfüllungs-Schnelligkeit besonders wichtiger ('kritischer') Aufgaben.

Die Bedeutung des Zeit- bzw. Schnelligkeitskriteriums zeigt sich vor allem in der Rolle, die Zeitbedingungen für die Qualität bestimmter Informationen spielen: Aktualität ist ein qualitatives Merkmal von Informationen.

Die Besonderheiten automatisierter Aufgabenerfüllung durch den Computerverbund (räumliche Verteilung) geben dem Schnelligkeitskriterium eine äußerst wichtige Position - insbesondere für die zeitorientierte Aufgliederung von Aufgabenkomplexen zur Übertragung auf die räumlich verteilten Ressourcen. Entscheidungsvariable sind dabei die Zuordnung der Verarbeitungsfunktionen auf bestimmte Ressourcen sowie die Auslegung des Übertragungssystems (On-Line-, Off-Line-, Umweg-Übertragung etc.).

1.2 Örtliche Gebundenheit

Örtlich gebunden sind Datenverarbeitungs-Aufgaben an die konkrete Lokalität, wo sie erfüllt werden. Im Computerverbund ist die Aufgabenerfüllung grundsätzlich zunächst von den konkreten Lokalitäten unabhängig. Entscheidend ist, daß Input- bzw. Output-Daten einer Aufgabe (im Beispiel A_2) an konkreten Lokalitäten entstehen (im Beispiel O_I) bzw. verfügbar sein müssen (im Beispiel O_O) und/oder daß räumliche Bedingungen auch bei der Aufgabenerfüllung selbst berücksichtigt werden müssen (im Beispiel $O_E = O_I$). Diese beiden Ausgangspunkte räumlicher Determination einer Datenverarbeitungs-Aufgabe (A_2) verdeutlicht Abb. 40.

Ursachen für diese räumliche Determinierung von Aufgaben können sein:

- die permanente Verfügbarkeit von Input- oder Output-Daten, wodurch der Entstehungsort der Inputdaten oder der Verfügbarkeitsort der Outputdaten mit dem Aufgabenerfüllungs-Ort zusammenzulegen sind
  oder
- die permanente Kontrollierbarkeit von Aufgabenerfüllungsprozessen, die unmittelbaren Zugang zu den Aggregaten voraussetzen kann.

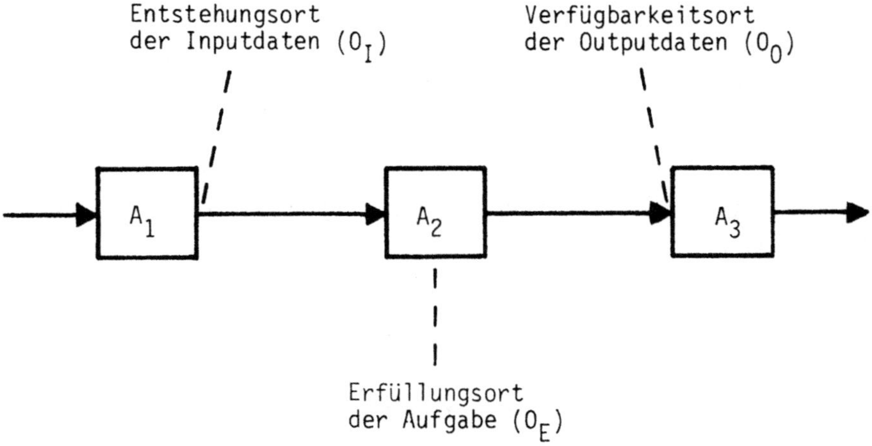

ABB. 40: LOKALE AUFGABENDETERMINIERUNG

1.3 Sicherheit

Die Sicherheit der Aufgabenerfüllung hängt von der Wirkung unvermeidlicher Störgrößen auf die Aufgabenerfüllungsprozesse ab. Die Störung von Aufgabenerfüllungsprozessen kann sich in Fehlern (fehlerhafte Verarbeitungsergebnisse oder fehlerhafte Übertragung) oder Ausfällen (die Aufgabenerfüllung findet nicht statt) äußern: Mit diesem Kriterium werden Probleme des Datenschutzes nicht berücksichtigt.
Zwei Gruppen von Störungen sind zu unterscheiden:

- Störungen beim Verarbeitungsprozeß,
- Störungen beim Übertragungsvorgang.

Zu untersuchen ist, die Erfüllung welcher Aufgaben oder Aufgabenkomplexe störanfällig ist und welche Bedeutung deren Anfälligkeit für das gesamte ADV-System hat. Die Partition in verschiedene Subsysteme führt zu bestimmten (minimalen) Zuverlässigkeitsanforderungen für diese Subsysteme. Ebenso kann sich die Zuverlässigkeitsanforderung auf Subsystemübergänge (Beziehungen) erstrecken, wobei die internen Zuverlässigkeitsanforderungen der Subsysteme nur noch von sekundärer Bedeutung sind.

1.4 Flexibilität

Flexibilität äußert sich in der Fähigkeit des Aufgabenerfüllungssystems, sich auf Parameter-Änderungen einstellen zu können, d.h. sie ohne externe organisatorische Eingriffe bewältigen zu können. Flexibilitätsanforderungen an die Aufgabenerfüllung entstehen aus der Bedeutung antizipierter Änderungen der Aufgabenerfüllungsbedingungen, die sich im Zeitablauf ergeben. Diese Veränderungen treten an räumlichen, zeitlichen oder inhaltlichen Merkmalen von Aufgaben und -beziehungen auf. Sie können sich in kurz-, mittel- und langfristigem Zeitbezug ergeben, wobei der Auswahl und Operationalisierung relevanter Flexibilitätsmerkmale ein bestimmter Zeitbezug zugrunde gelegt werden muß. Dabei sind zwei wesentliche Änderungen zu unterscheiden:

- Änderungen bei konstantem Beziehungsgefüge (z.B. der Kontinuität der Aktivierung von Aufgabenbeziehungen, der Datenmengen etc.),
- Änderungen bei gleichzeitiger Veränderung von Beziehungsgefügen (z.B. bei Hinzufügung oder Weglassen von Aufgaben, Beziehungen oder bestimmten Eigenschaften).

Die Partition kann zu Subsystemen führen, die jeweils verschiedene Flexibilitätsanforderungen stellen und deshalb verschiedenen Aggregaten bzw. Teilsystemen des Verbundes zugeordnet werden können.

1.5 Autonomie

Autonomie der Aufgabenerfüllung bedeutet die Möglichkeit der unmittelbaren Einflußnahme des Anwenders auf die Erfüllungsprozesse einschließlich seines Zugangs zu den Ressourcen. Der Bereich des autonomen Anwenders kann dabei einzelne Abteilungen, eine ganze Unternehmung oder auch überbetriebliche Kooperative umfassen. Autonomie bildet für den Computerverbund-Entwurf ein abgeleitetes Kriterium: Unmittelbare Einflußnahme ist nur dann objektiv erforderlich, wenn die organisatorischen Regelungen Ausnahmebedingungen der Aufgabenerfüllung nicht mehr erfassen, so z.B. wenn besondere Anforderungen an die Geheimhaltung von Daten bestehen oder wenn besondere Sicherungsanforderungen für den Ausfall von Prozessen - etwa zusätzliche autonome Einrichtungen - gestellt werden.

Zusätzliche Autonomie-Anforderungen an Einzelaufgaben werden ausschließlich vom individuellen Anwender artikuliert. Die formalen Aufgabenstrukturen weisen nur in ganz begrenztem Umfang darauf hin.

Für jede Autonomieanforderung ist festzustellen, ob von ihr stärker Aufgaben (Verarbeitungsprozesse) oder Aufgaben-Beziehungen (v.a. Übertragungsprozesse und die davon bedingte Speicherung) betroffen sind. Besondere Relevanz hat das Autonomiekriterium für den Entwurf von Verbundsystemen, die durch mehrere Anwender gemeinschaftlich getragen werden (überbetrieblicher Verbund).

2. Bedingungen der Aufgabenerfüllung

Neben den verbundorientierten Kriterien, mit denen das Zielbündel in Gestaltungsparameter umgesetzt werden kann, sind auch Randbedingungen zu beachten, da jede Subsystembildung die ausgetauschten Informationen und die Art der an ihnen ausgeführten Operationen berücksichtigen muß. Randbedingungen sind die in den Aufgabenbeziehungen ausgetauschten Datenmengen und die Aktivierungshäufigkeit der Beziehungen einerseits sowie die Komplexität der Operation bei der Erfüllung einer Aufgabe andererseits. Die Operationalisierung dieser Bedingungen und die Zusammenhänge der Bedingungen untereinander sowie mit den Kriterien sind Gegenstand der folgenden Abschnitte (Abb. 41):

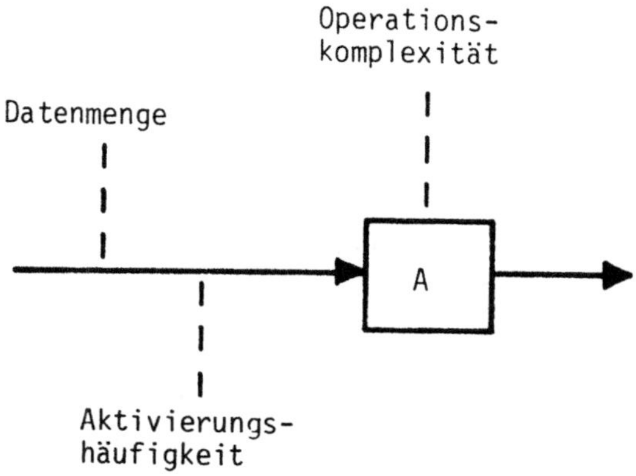

ABB. 41: BEDINGUNGEN DER AUFGABENERFÜLLUNG

2.1 Datenmenge

Unter der Datenmenge ist hier die für die einzelne Ausführung einer bestimmten Aufgabe notwendige Menge der Inputdaten zu verstehen, die von den unmittelbar vorgelagerten Aufgaben bereitgestellt wird.

Die Datenmenge kann durch die Zahl der ausgetauschten Zeichen, Sätze oder auch Bits gemessen werden. Die Entscheidung darüber ist u.a. abhängig vom Detaillierungsgrad der Aufgaben-Kriterien und vom Ist-Aufnahme-Aufwand. Im allgemeinen ist die Wahl des Zeichens als Maßstab am zweckmäßigsten.

Die Datenmenge beeinflußt - wie die nachfolgend beschriebene Aktivierungshäufigkeit - sowohl die Auslegung des Übertragungssystems als auch die Auslegung der Verarbeitungskapazität. Außerdem induzieren die beiden Größen Anforderungen an Datenerfassungskapazitäten und an die Konzeption von Datenspeichern und deren Kapazität.

2.2 Aktivierungshäufigkeit

Eine andere - mit der Datenmenge in Verbindung stehende - Bedingung ist die Häufigkeit, mit der eine Informationsbeziehung zwischen zwei Aufgaben aktiviert wird, um der nachgelagerten Aufgabe den für ihre Erfüllung notwendigen Dateninput zuzuführen. Die Aktivierungshäufigkeit hängt von der Häufigkeit ab, mit der eine Aufgabe zu erfüllen ist[1]. Zur formal-quantitativen Operationalisierung der Aktivierungshäufigkeit ist eine einheitliche Basis-Periode zu bestimmen: z.B. ein halber Tag, ein ganzer Tag oder eine Woche. Die Aktivierungshäufigkeit wird dann in der Zahl der Aktivierungen pro Periode ausgedrückt. Zur Vereinfachung können - ebenso wie bei den anderen Größen - Häufigkeits-Klassen gebildet werden: z.B. bis zu 10malige Aktivierung (pro Woche) = Klasse A; 10- bis 50malige Aktivierung = Klasse B; über 50malige Aktivierung = Klasse C.

2.3 Komplexität der Operationen

Die unterschiedliche Komplexität der notwendigen Verarbeitungs-Operationen ist für die Bildung verbundspezifischer Aufgabenkomplexe deshalb von großer Bedeutung, weil die Aggregate des Verbundes einerseits Restriktionen aufweisen (z.B. MDT-Anlagen für mathematische Funktionen höheren Grades bei technisch-wissenschaftlichen Be-

1) Sie muß dieser Häufigkeit jedoch nicht proportional sein, da die Möglichkeit lokaler Datenspeicherung bei mehrfacher Aufgabenerfüllung eine mehrfache Aktivierung ersparen kann.

rechnungen), andererseits bezüglich ihrer Effizienz überdimensioniert sind (z.B. Großcomputer für einfache arithmetische Verdichtungsoperationen).

Eine Bestimmung der Operationskomplexität ist problematisch weil neben der Art des Algorithmus auch die Menge der zu verarbeitenden Daten zu berücksichtigen ist. Vielfach wird über die sehr globale Unterscheidung zwischen rechen- und ein-/ausgabeintensiven Operationen nicht hinausgegangen. Eine erste Operationalisierung der Komplexität sollte jedoch reine Code-Umsetzungsoperationen, Verdichtungsoperationen, einfache arithmetische und logische Operationen sowie komplizierte Algorithmen mit den verschiedenen Verarbeitungsdaten-Mengen kombinieren. Wegen der nicht geringen Heterogenität der im Verbund einsetzbaren Technologien sollten wenigstens vier Komplexitäts-Klassen unterschieden werden (Abb. 42):

Kompliziertheit des Algorithmus \ Datenmenge je Ausführung	klein	groß
niedrig	1	2
hoch	3	4

ABB. 42: BILDUNG VON KLASSEN DER OPERATIONSKOMPLEXITÄT (BEISPIEL)

c) Formal-quantitative Methoden der Analyse und Manipulation von Aufgabensystemen

Die Darstellung formal-quantitativer Methoden an dieser Stelle ist sinnvoll, da mit ihrer Hilfe eine vom Aufgabeninhalt losgelöste Untersuchung des Aufgabensystems möglich wird. Die Methoden sind allgemeingültig und somit auf jedes Aufgabensystem anwendbar. Dabei sind zwei Gruppen zu unterscheiden:

- Methoden (Instrumente), mit denen das Aufgabensystem analytisch so aufbereitet werden kann, daß eine zielorientierte Manipulation erleichtert wird (Manipulationshilfsmittel),
- Methoden, mit deren Hilfe direkte manipulative Veränderungen am Aufgabensystem durchgeführt werden können (Manipulationsmethoden).

Ansatzpunkte formal-quantitativer Methoden können einmal die Elemente des Aufgabensystems sein, zum andern die zwischen den Elementen bestehenden Beziehungen. Dementsprechend werden elemente- und beziehungsorientierte Methoden unterschieden. Die hier vorgestellten elementeorientierten Methoden sind ausschließlich Analysemethoden. Sie können insbesondere bei der Bildung von Zuordnungsalternativen herangezogen werden. Einzelne von ihnen finden bei den Überlegungen zur Kriterien-Operationalisierung Anwendung (z.B. Zentralität). Die wichtigste beziehungsorientierte Methode ist die Partition, die hier als einzige Manipulationsmethode beschrieben wird. Sie wird bei der Subsystembildung angewendet.

1. Beziehungsorientierte Methoden

Ansatzpunkt beziehungsorientierter Methoden sind die zwischen den einzelnen Aufgaben bestehenden Informationsbeziehungen. Diese sind folgenden beiden formal-quantitativen Methoden zugänglich:

- der Methode der Partition von Systemen zu Subsystemen und
- der Methode zur Bestimmung von Informationsrückflüssen.

Die für die Bildung von Aufgabensubsystemen verwendete Partition geht von einem modellmäßig abgebildeten Aufgabensystem aus, in dem die Aufgabenbeziehungen hinsichtlich der relevanten Kriterien und Bedingungen beschrieben sind. Voraussetzung für die Anwendung des Verfahrens ist eine Formalisierung dieser Beziehungsmerkmale.

Auf der Grundlage des Modells kann eine Matrix erstellt werden, aus der hervorgeht, zwischen welchen Aufgaben Informationsbeziehungen welcher Merkmalsausprägungen bestehen. Zweck der Partition ist es, Aufgaben bzw. Aufgabenbeziehungen hinsichtlich eines bestimmten Kriteriums zusammenzufassen.

Die Partition ist ein iteratives Verfahren, bei dem durch Vertauschung der Matrix-Zeilen und -Spalten - bezogen auf das Partitionsziel (z.B. Minimierung der zwischen den Subsystemen bestehenden Beziehungen) - optimale Subsysteme gewonnen werden können. Im folgenden wird der formale Ablauf der Partition dargestellt. Der Einfachheit halber wird eine Matrix zugrundegelegt, deren Zellen lediglich zwei unterschiedliche Werte annehmen können.

Gegeben sei eine Ausgangsmatrix, die in ihren Zellen entweder eine 1 oder eine 0 enthält, wobei '1' bedeutet, daß zwischen zwei Aufgaben eine Beziehung besteht, und '0' bedeutet, daß zwischen zwei Aufgaben keine Beziehung besteht.

	x_1	x_2	x_3	x_4	x_5
x_1	0	1	1	0	1
x_2	1	0	1	0	0
x_3	1	0	0	1	0
x_4	0	1	1	0	1
x_5	1	1	1	0	1

Als Ziel der Subsystembildung wird angestrebt, die einzelnen Aufgaben und Aufgabenbeziehungen so zusammenzufassen, daß zwischen den entstehenden Subsystemen möglichst wenig Informationsbeziehungen vorhanden sind. Zunächst ist die Anzahl der Subsysteme festzulegen sowie zu entscheiden, ob die Mächtigkeit der Subsysteme[1] konstant oder variabel sein soll.

Die formale Umstrukturierung des Aufgabensystems vollzieht sich in k-1 Stufen, wenn k die Anzahl der zu bildenden Subsysteme ist. Innerhalb der ersten Stufe ist die Ausgangsmatrix in zwei Submatrizen M_1 und M_2 derart zu unterteilen, daß M_1 die vorgegebene Zahl der Elemente und M_2 alle übrigen Elemente enthält. Für Submatrix M_1 ist nun zu ermitteln:

- die Anzahl der Outputs eines Zeilenelements, die Input für subsystemexterne Elemente des Aufgabensystems sind (R_E-Wert),
- die Anzahl der Outputs eines Zeilenelements, die Input für subsysteminterne Elemente sind (R_I-Wert).

Verfahrenstechnisches Ziel ist es, die R_I-S_{R_E}-Werte(S_{R_E}=Summe al-

1) Darunter wird die Zahl der in einem Subsystem enthaltenen Elemente verstanden.

ler R_E-Werte) durch Vertauschung von Zeilen und Spalten zu minimieren. Dieser Umgruppierungsprozeß orientiert sich an den Differenzen R_E-R_I der jeweiligen Aufgabe: Es sind diejenigen Elemente zeilen- und spaltenweise zu vertauschen, die den höchsten positiven Differenzbetrag aufweisen. Bei der modifizierten Matrix M_1 wird dieser Vorgang wiederholt. Dieser Umgruppierungsprozeß endet, wenn bestimmte Bedingungen erfüllt sind, die jedoch hier nicht näher betrachtet werden[1)]. In der zweiten Stufe wird die nun bereits veränderte Matrix in zwei Submatrizen zerlegt, an denen die entsprechenden Operationen durchgeführt werden. Gleiches gilt für die restlichen Stufen[2)].

Die Bestimmung von Informationsrückflüssen hat im Gegensatz zur Partition eine vorwiegend analytische Funktion. Gegenüber der relativ einfachen Ermittlung direkter Rückflüsse bereitet die Ermittlung indirekter Rückflüsse verfahrenstechnische Probleme[3)]. In Aufgabensystemen vorhandene Informationsrückflüsse sind für die System-Manipulation von großer Bedeutung, da sie häufig zu Konsequenzen für die Integration von Aufgabenkomplexen führen. Die Ermittlung von Rückflüssen ist deshalb bei der Bildung von Zuordnungsalternativen sinnvoll.

---

1) Zu den Bedingungen siehe GAGSCH, Siegfried: Probleme der Partitionierung ..., a.a.O., S. 638.

2) Eine detaillierte Beschreibung des gesamten Verfahrens anhand formaler Beispiele findet sich bei GAGSCH, Siegfried: Probleme der Partitionierung ..., a.a.O., S. 623-652.

3) Direkter Informationsrückfluß : $A_1 \rightleftarrows A_2$
indirekter Informationsrückfluß : $A_1 \rightarrow A_2 \rightarrow A_3 \rightarrow A_4$ (Rückfluss von A_3 zu A_1).
Auf die anwendbaren Verfahren soll hier nicht näher eingegangen werden; vgl. dazu GROCHLA, Erwin; LEHMANN, Helmut; FUCHS, Herbert; GAGSCH, Siegfried: Grundlagen und Methoden einer element- und beziehungsorientierten Analyse betrieblicher Informationssysteme, BIFOA-Arbeitsbericht Nr. 72/1, Köln 1972, S. 82 ff.

2. Elementeorientierte Methoden

Die elementeorientierten Analysemethoden setzen an den formalen Aufgaben-Merkmalen an. Ein wesentliches formales Merkmal sind die Input-/Output-Beziehungen einer Aufgabe zu anderen Aufgaben oder Systemen (Umwelt, Basissystem). Mit Hilfe formal-quantitativer Methoden können folgende Merkmalsdimensionen bestimmt werden:

(1) die Relation zwischen der Zahl der Inputbeziehungen und der Zahl der Outputbeziehungen einer Aufgabe,

(2) die Art der Inputherkunfts- und der Outputverwendungs-Bereiche,

(3) die Position der Aufgabe in der Struktur.

<u>Zu (1):</u> Ausgangsgrundlage für die Ermittlung der benötigten Relationsmengen ist das Aufgabensystem, das etwa in Form eines graphischen Modells vorliegen kann. Auf dieser Grundlage kann nun eine Matrix entworfen werden, die in Spalte und Zeile die einzelnen Aufgaben sowie die Teilsysteme Umwelt und Basis enthält. Die Matrixzellen sind mit einer '1' zu versehen, wenn eine informationelle Relation zwischen den beiden Elementen besteht. Ob es sich um eine Input- oder Output-Funktion handelt, geht aus der Stellung in der Matrix hervor. Die Zeilensumme entspricht der Mächtigkeit der Menge der Output-Beziehungen, die Spaltensumme der Mächtigkeit der Menge der Inputbeziehungen. Formal kann die Matrix folgendermaßen dargestellt werden (Abb. 43):

M	$x_1 \quad x_2 \,..\, x_j \,..\, x_n$	U B	
x_1 x_2 . . x_i . . x_n	a_{ij}		$\sum_{j=1}^{n} a_{ij} + a_{iU} + a_{iB}$
U B			
$\sum_{i=1}^{n} \sum_{j=1}^{n} a_{ij}$	$\sum_{i=1}^{n} a_{ij} + a_{Uj} + a_{Bj}$		

M = $x_1 \ldots x_n$ = Menge der Elemente des Aufgabensystems

n = Anzahl der im Aufgabensystem vorhandenen Aufgaben

U = Umwelt

B = Basis

a_{ij} = Beziehung zwischen Aufgabe x_i (Output) und x_j (Input)

a_{Uj} = Beziehung zwischen Umwelt (Output) und x_j (Input) (Informationen mit externem Entstehungsort)

a_{iU} = Beziehung zwischen x_i (Output) und Umwelt (Input) (Informationen mit externem Verwendungsort)

a_{Bj} und a_{iB} = Basisbeziehungen der Elemente x_i und x_j

$\sum_{i=1}^{n} a_{ij}$ = Summe der Inputbeziehungen des Elementes x_j

$\sum_{j=1}^{n} a_{ij}$ = Summe der Outputbeziehungen des Elementes x_i

ABB. 43: MATRIX DER AUFGABENBEZIEHUNGEN

Der Quotient Q_{x_i} aus der Mächtigkeit der Menge der Output-Relationen einer Aufgabe und der Mächtigkeit der Menge der Input-Relationen einer Aufgabe läßt sich wie folgt berechnen:

<u>Output-Input-Quotient</u> $$Q_{x_i} = \frac{\sum_{j=1}^{n} a_{ij}}{\sum_{j=1}^{n} a_{ji}} \qquad \text{Voraussetzung: } \sum_{j=1}^{n} a_{ji} = 0$$

Folgende Fälle können unterschieden werden:

- Wenn der Zähler gleich 0 ist (oder der Nenner den Wert 0 annehmen würde) bestehen bei der betrachteten Aufgabe nur Inputbeziehungen (oder nur Outputbeziehungen). Solche Elemente nennt man <u>relativ isolierte Elemente</u>. Für die Analyse sind sie bedeutungslos, da in der Praxis kaum Aufgaben dieses Typs vorzufinden sind. Die weitaus größte Zahl von Aufgaben sind gleichzeitig durch Input- und Outputbeziehungen gekennzeichnet.
- Ist die Zahl der Outputbeziehungen kleiner als die Zahl der Inputbeziehungen ($Q_{x_i} < 1$), so erfüllt die Aufgabe formal eine Sammlerfunktion (<u>Aufgabe mit Sammlerfunktion</u>).
- Ist die Zahl der Outputbeziehungen gleich der Zahl der Inputbeziehungen ($Q_{x_i} = 1$), so erfüllt die Aufgabe formal eine Verbinderfunktion (<u>Aufgabe mit Verbinderfunktion</u>).
- Ist die Zahl der Outputbeziehungen größer als die Zahl der Inputbeziehungen ($Q_{x_i} > 1$), so erfüllt die Aufgabe formal eine Verteilerfunktion (<u>Aufgabe mit Verteilerfunktion</u>).

Zu (2): Merkmal einer jeden Aufgabe ist der Bereich,

- aus dem sie ihre Informations-Inputs erhält, und der Bereich,
- an den sie ihre Informations-Outputs abgibt.

Eine Aufgabe kann ihren Input von anderen Aufgaben, von der Umwelt oder vom Basissystem erhalten. Die entsprechenden Mengen können bezeichnet werden mit:

$$I_{Int}(x_j);\ I_U(x_j);\ I_B(x_j).$$

$I_{Int}(x_j)$ stellt also die Menge der von anderen Elementen des Systems stammenden und in das Element x_j eingehenden Inputs dar. Entsprechend wurden die einzelnen Output-Mengen bezeichnet mit:

$$O_{Int}(x_i);\ O_U(x_i);\ O_B(x_i).$$

Für jede Aufgabe sind demnach 7 verschiedene Input-Konstellationen[1], 7 verschiedene Output-Konstellationen und damit 49 Input-Output-Konstellationen möglich. Jede dieser Input-Output-Konstellationen kann als Aufgabenmerkmal verwandt werden. Durch die Hervorhebung kennzeichnender Konstellationen lassen sich drei wesentliche Aufgaben unterscheiden:

1) Eine Aufgabe kann Inputs (1) systemintern, (2) von der Umwelt, (3) aus dem Basissystem, (4) systemintern und von der Umwelt, (5) systemintern und aus dem Basissystem, (6) aus Umwelt und Basissystem oder (7) aus allen drei Herkunftsbereichen erhalten.

- interne Elemente (der Informationsaustausch vollzieht sich ausschließlich innerhalb des Informationssystems),
- umweltspezifische Elemente (der Informationsaustausch vollzieht sich ausschließlich mit der Umwelt),
- basisspezifische Elemente (der Informationsaustausch vollzieht sich ausschließlich mit dem Basissystem).

Zu (3): Der einzelnen Informationsverarbeitungsaufgabe kann eine bestimmte Position innerhalb der Struktur des Gesamtsystems zugeordnet werden. Diese Positionierung läßt sich formal bestimmen durch:

- Zentralität (bzw. Peripheralität) und
- Artikulationspunkt[1].

Der Artikulationspunkt verbindet zwei Teilstrukturen so miteinander, daß bei seinem Wegfall die beiden Teilstrukturen isoliert werden. Artikulationspunkte können insbesondere zur Beurteilung der Störanfälligkeit einer Aufgabenstruktur herangezogen werden: Je mehr Artikulationspunkte ein Aufgabensystem besitzt, desto größer ist der Grad der Störanfälligkeit:

$$S = \frac{a}{n} \cdot 100$$

wobei

a = Anzahl der isolierten Teilstrukturen (primär durch die Anzahl der Artikulationspunkte bestimmt),
n = Anzahl der Elemente des Aufgabensystems .

---

1) Außer Zentralität und Artikulationspunkt gibt es eine Reihe weiterer Maße (z.B. Distanzwert), die hier nicht weiter behandelt werden. Vgl. dazu ausführlich BÖSSMANN, Eva: Die ökonomische Analyse von Kommunikationsbeziehungen in Organisationen. Berlin Heidelberg - New York 1967, S. 63 ff.

Die Zentralität einer Aufgabe läßt Aussagen über ihre Bedeutung innerhalb der Aufgabenstruktur zu[1]. Ausgehend von einer Quantifizierung der Informationswege ist zunächst die sogenannte Gruppenverteilung zu berechnen. Die Zellen der Distanzenmatrix enthalten die Werte $d\ (x_i \rightarrow x_j) = d_{ij}$, die die Länge des kürzesten Weges zwischen den Aufgaben x_i und x_j bei deren Erfüllung angeben. d_{ij} entspricht dabei der geringsten Anzahl von Graphen (Verarbeitungsvorgängen), die Output-Informationen von x_i zurücklegen müssen, bis sie Input-Informationen für x_j werden. Formal hat die Distanzenmatrix folgendes Aussehen (Abb. 44):

M	$x_1 \ldots\ldots x_j \ldots\ldots x_n$	$\sum_{j=1}^{n} d_{ij}$
x_1 . . . . x_j . . . . x_n	d_{ij}	
$\sum_{i=1}^{n} d_{ij}$		$\sum_{i=1}^{n} \sum_{j=1}^{n} d_{ij}$

ABB. 44: DISTANZENMATRIX

1) Vgl. zum folgenden GROCHLA, Erwin; LEHMANN, Helmut; FUCHS, Herbert; GAGSCH, Siegfried: Grundlagen und Methoden ..., a.a.O., S. 59 ff.

Die Größe $\sum_{i=1}^{n} \sum_{j=1}^{n} d_{ij}$ wird als Gruppenverteilung bezeichnet. Sie 'entspricht der Summe aller kürzesten Wege, auf denen jedes Element einer Aufgabenstruktur mit jedem anderen Element Informationen austauschen kann'[1].

Die Zentralität Z_i einer Aufgabe x_i läßt sich mit Hilfe der Gruppenverteilung wie folgt berechnen:

$$Z_i = \frac{\sum_{i=1}^{n} \sum_{j=1}^{n} d_{ij}}{\sum_{j=1}^{n} d_{ij}}$$

In Umkehrung der Sichtweise kann die relative Randposition der Aufgabe x_i mit Hilfe des Peripheralitätswertes ermittelt werden:

$$P_i = Z_{max} - Z_i$$

Die Peripheralität einer Aufgabe ergibt sich also aus der Differenz zwischen dem größten Zentralitätswert und der Zentralität der Aufgabe x_i.

d) Der Prozeß der Bildung von Subsystemen

Nach der Darstellung von Methoden zur Analyse und Manipulation von Aufgabensystemen ist nun die Vorgehensweise bei diesem Entwurfs-Teilschritt zu skizzieren. Der dafür vorgeschlagene Prozeß stellt nur eine von vielen Möglichkeiten der zielorientierten Aufbereitung

---

1) GROCHLA, Erwin; LEHMANN, Helmut; FUCHS, Herbert; GAGSCH, Siegfried: Grundlagen und Methoden ..., a.a.O., S. 74.

des Datenverarbeitungs-Aufgabensystems dar und kann weder Allgemeingültigkeit noch Endgültigkeit beanspruchen. Wenngleich formal-quantitative Verfahren teilweise nur eine Operationalisierung weniger Werte zulassen, erscheint ihre Anwendung zweckmäßiger als eine intuitive Beurteilung der Vorteilhaftigkeit von Verbundstrukturen.

Das hier vorgeschlagene Konzept der Bildung von Subsystemen sieht drei Schritte vor:

(1) Die Auswahl, Gewichtung und Operationalisierung von Kriterien dient der Entwicklung individueller Steuergrößen für den Entwurf von Aufgabenkomplexen.

(2) Die Partition des gesamten Datenverarbeitungs-Aufgabensystems verfolgt eine Reduktion der Komplexität sowie die Gewinnung erster verbundorientierter Subsysteme. Dieser Partition liegt das Kriterium höchster Rangordnung zugrunde.

(3) Die Detaillierung dient einer weiteren Differenzierung der gewonnenen Teilstrukturen nach den übrigen Kriterien und den Bedingungen. Die Rangfolge der Kriterien legt die Abfolge der Detaillierungsschritte fest. In zwischengeschalteten Schritten wird die Konsistenz des jeweiligen Detaillierungsergebnisses mit der Ausgangsstruktur überprüft. Bei Inkonsistenz wird eine Umstrukturierung vorgenommen.

Den gesamten Ablauf zeigt Abbildung 45.

1. Bewertung und Operationalisierung der Kriterien

In einem ersten Schritt ist - ausgehend von der Analyse des Zielsystems - festzustellen, welche der oben aufgeführten Kriterien angewendet werden sollen. Auf die Kriterien Schnelligkeit und örtliche Gebundenheit kann allerdings bei der Aufgabenkomplexbildung nicht

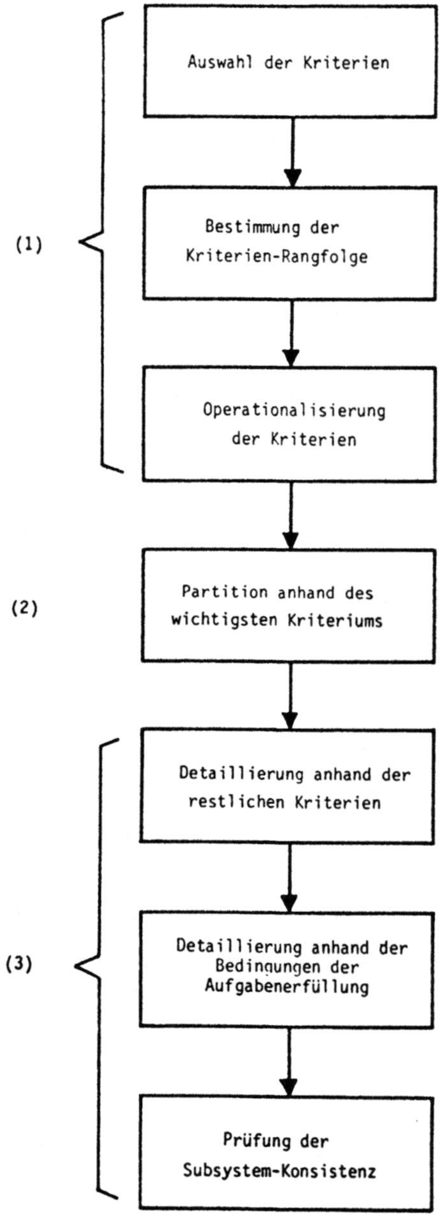

ABB. 45: ABLAUF BEI DER SUBSYSTEMBILDUNG

verzichtet werden, da sie den für die Aufgabenbestimmung notwendigen Determinanten Zeit und Raum entsprechen.

Die ausgewählten Kriterien sind in einem zweiten Schritt ordinal zu bewerten: durch Einschätzung ihrer Gestaltungsrelevanz. Die gewonnene Kriterien-Rangfolge steuert die Abfolge der Arbeitsschritte bei Partition und Detaillierung. Die Bewertung ist ebenso wie die Auswahl der Kriterien am Zielsystem des Anwenders ausgerichtet. Da die Rangfolge für den Ablauf des Komplex-Bildungsprozesses von großer Bedeutung ist, sollten die Kriterien durch mehrere Personen bewertet werden. Bei großen Diskrepanzen ist dann eine neue Auswahl oder die Hinzufügung zusätzlicher Kriterien notwendig.

Die auf Auswahl und Bewertung folgende Operationalisierung der Kriterien ist mit Problemen verbunden, da keines der Kriterien eindeutig quantitativ fixierbar ist. Flexibilität und Autonomie machen es erforderlich, Subkriterien in Form von Indikatoren zu bestimmen. Dagegen enthalten Schnelligkeit und Ort eine quantitative Dimension. Eine weitergehende Operationalisierung muß hier zur Anwendbarkeit formal-quantitativer Methoden wenigstens - wie bei der Schnelligkeit durch die verschiedenen Verzögerungszeiten deutlich wurde - den Umfang und die Rasterung des Anwendungsproblems eindeutig festlegen.

Hinzu kommt eine Abbildung der zur Operationalisierung einzelner Kriterien verwandten Maßgrößen (z.B. Sekunde oder Quartal als Verzögerungszeiten)auf ordinalen Skalen, die bei der Partitionsmethode leichter zu handhaben sind[1]. Sämtliche Elemente und Elementbezie-

1) Dies kann etwa über die Bildung von Klassen oder Durchschnittswerten erreicht werden. Ordinal skalierte Ausprägungen sind keine notwendige Bedingung zur Anwendung der Methode, da Klassen-Bildungen mit nominaler Skalierung bereits ausreichen. Ordinalzahlen sind jedoch zweckmäßiger, da sie anschaulicher sind und leichter umgesetzt werden können.

hungen der aufzubereitenden Aufgabenstrukturen sind mit ordinal skalierten Merkmals-Ausprägungen zu versehen. Der Detaillierungsgrad der Skalen (Zahl der Klassen) ist deshalb in Abhängigkeit vom Bearbeitungsaufwand zu bestimmen: Je differenzierter die Rasterung ist, umso größer wird der Aufwand für die Beurteilung sämtlicher Elemente und Elementbeziehungen der zu untersuchenden Aufgabenstrukturen.

Die den Elementen und ihren Beziehungen schließlich zugeordneten Werte sind als Sollwerte zu verstehen: Sie beinhalten Zielvorgaben bezüglich der einzelnen Kriterien. Auf die Operationalisierungsmöglichkeiten der verschiedenen Kriterien wird bei der Darstellung von Partition und Detaillierung noch im einzelnen eingegangen.

2. Partition in Aufgabensubsysteme bezüglich einzelner Kriterien

Der erste Schritt bei der Bildung von Aufgabenkomplexen ist die Partition des Datenverarbeitungs-Aufgabensystems in Subsysteme. Diese sollen unterscheidbar im Hinblick auf ihre Computerverbund-Relevanz sein; sie sollen überschaubar und dadurch aufbereitungsfähig sein.

Das Vorgehen bei der individuellen Konzeptionsentwicklung hängt von den Kriterien ab, die der Anwender beim Entwurf benutzt. Steht z.B. an erster Stelle das Kriterium der Schnelligkeit der Verarbeitung, dann sollte die erste Partition zu Subsystemen führen, die bestimmte subsystem-interne sowie -überschreitende Zeitbedingungen berücksichtigen. Daran schließt sich eine Präzisierung dieser Subsysteme etwa hinsichtlich der Mächtigkeit von Aufgaben-Mengen mit bestimmten Zeitcharakteristika an.

Die Partition von Subsystemen ist als logische Konsequenz der im

Konzeptionsentwurf angewandten Planungs-Heuristik zu sehen: Durch Reduzierung der großen Zahl möglicher Aufgaben- und Beziehungsmerkmale auf die verbundrelevanten wird eine Vereinfachung erreicht, die Analyse und Manipulation von Aufgabenstrukturen ermöglicht. Da diese Reduktion nur unter dem Aspekt erfolgt, auf operationale Kriterien formal-quantitative Methoden anwenden zu können, ist eine starke Abstraktion in Kauf zu nehmen. Dies kann zwar durch die anschließende Detaillierung teilweise wieder ausgeglichen werden, jedoch bleibt das Ergebnis der Subsystembildung im wesentlichen von den wenigen Kriterien und Subkriterien abhängig, die als entscheidend angesehen wurden.

Im folgenden sind zunächst die verbundspezifischen aus dem individuellen Zielsystem abzuleitenden Partitions-Kriterien zu analysieren. Weiterhin werden die Methoden und Vorgehensweisen vorgestellt, mit deren Hilfe die Kriterien präzisiert und zur Subsystem-Partition angewandt werden können.

Das formale Ziel der Partition ist es, für die einzelnen Subsysteme als alternative Strukturen zu erreichen, daß

(1) alle <u>intrastrukturellen</u> Beziehungen eines Subsystems dieselben Eigenschaften aufweisen und ebenso

(2) alle <u>interstrukturellen</u> Beziehungen dieselben Eigenschaften aufweisen.

<u>Zu (1)</u>: Die Bildung von Subsystemen, deren interne Elementbeziehungen durch dieselben Eigenschaften gekennzeichnet sind, dient dazu, das gesamte Aufgabensystem für Analyse und Manipulation aufzubereiten, sodaß für die Elemente und Elementbeziehungen des entstandenen Aufgabenkomplexes die Bedingungen der Umgruppierung und Umpositionierung artikuliert werden können. Durch eine derartige Partition kön-

nen keine Aufgabenkomplexe gewonnen werden, denen Computerverbundalternativen direkt zuzuordnen sind.

Zu (2): Dagegen stellt die Bildung von Subsystemen, die untereinander Beziehungen gleicher Eigenschaften unterhalten, eine unmittelbar auf den Verbund orientierte Partition dar. Das Aufgabensystem wird dabei in Teilstrukturen zerlegt, die es erlauben, bei der Verbundrealisierung die Aufgabenbeziehungen etwa dem Übertragungssystem zuzuordnen. Diese Art der Partition ist mit den verwendeten Methoden nicht durchführbar, jedoch kann ihr Ergebnis durch die mehrfache Partition der ersten Art erreicht werden.

2.1 Partition unter dem Aspekt der Schnelligkeit

Die Schnelligkeitsanforderungen von Aufgabenerfüllungsprozessen können in Sollwerten ausgedrückt werden, die der zur Erfüllung einer Aufgabe im Prozeßzusammenhang vertretbaren Zeit entsprechen (vertretbare Verzögerungszeit). Die unterschiedlichen Verzögerungszeiten erfordern eine Festlegung[1]: Für die vorliegende Problematik ist die Input-Verzögerung von besonderer Bedeutung. Deshalb ist für jede Elementbeziehung die vertretbare Input-Verzögerung zu ermitteln und in eine Matrix zu übertragen. Welche Verzögerungszeit als vertretbar gelten kann, muß im konkreten Einzelfall entschieden werden. Dabei ist jedoch vor allem die zeitliche Determiniertheit nachgelagerter Aufgabenerfüllungsprozesse zu berücksichtigen.

Um die Übersichtlichkeit der Matrix zu gewährleisten und um zu vermeiden, daß zu viele, sich nur geringfügig unterscheidende Subsysteme entstehen, können Verzögerungszeit-Klassen gebildet werden und diesen quantitative Werte zugeordnet werden.

---

1) Vgl. zu den unterschiedlichen Arten Abbildung 39.

Dies ist etwa folgendermaßen möglich:

- Klasse A: Verzögerungszeiten im Minutenbereich (Wert: 1),
- Klasse B: Verzögerungszeiten im Stundenbereich (Wert: 2),
- Klasse C: Verzögerungszeiten im Tagesbereich (Wert: 3),
- Klasse D: Verzögerungszeiten im Wochenbereich (Wert: 4),
- Klasse E: Verzögerungszeiten im Monats- oder Jahresbereich (Wert: 5).

Dadurch ist die Konstruktion einer Matrix wie in Abbildung 46 möglich:

	x_1	x_2	x_3	x_4	x_5	x_6
x_1		1	4		3	
x_2			1	4		
x_3		2				2
x_4	1	3			2	1
x_5			5			3
x_6	5	1				

$x_1, x_2, x_3, x_4, x_5, x_6$ = Menge der Elemente des Aufgabensystems

ABB. 46: MATRIX DER VERZÖGERUNGSZEITEN

Die Matrix der Verzögerungszeiten stellt die Ausgangsmatrix für die Partition unter dem Aspekt der Schnelligkeit dar. Ergebnis der Partition sind fünf Subsysteme (bei angenommenen fünf Zeitklassen), deren Elementbeziehungen durch die jeweiligen Verzögerungszeiten gekennzeichnet sind.

2.2 Partition unter dem Aspekt der örtlichen Gebundenheit

Die Partition bezüglich örtlicher Gebundenheit geht von der Frage aus, ob für einzelne Elemente bzw. Elementbeziehungen des Aufgabensystems räumliche Restriktionen bestehen. Sind solche vorhanden, so bedarf es in einem zweiten Schritt der Festlegung der realen Lokalitäten sowie der Zuordnung der Elemente und Elementbeziehungen zu diesen Lokalitäten. Orte können etwa durch Stellen, Abteilungen oder Zweigstellen im unternehmungsinternen sowie durch Einzelbetriebe im externen Bereich angegeben werden. Die Abgrenzungstiefe der realen Lokalitäten hängt von der angestrebten Spezifität ab; in den meisten Fällen wird die Abteilungsebene ausreichen.

Verfahren für die Bestimmung von Raum-Restriktionen sind nicht bekannt. Im konkreten Fall ist jede einzelne Elementbeziehung zu untersuchen. Als Ergebnis einer solchen Untersuchung sind folgende Restriktionen denkbar:

(1) Es sind Elementbeziehungen vorhanden, bei denen nur ein Element eine Raum-Restriktion aufweist.

(2) Es sind Elementbeziehungen vorhanden, bei denen beide Elemente Raum-Restriktionen aufweisen:

  (2.1) Die beiden Elemente weisen dieselbe Raum-Restriktion auf.

  (2.2) Die beiden Elemente weisen unterschiedliche Raum-Restriktionen auf.

Für die Abbildung von Raum-Restriktionen mit Hilfe von Matrizen (Abb.47) können folgende formale Festlegungen getroffen werden:

(1) 1, 2, 3,.., .., k, .., n = Menge der realen Lokalitäten, an denen Raum-Restriktionen ermittelt wurden.

(2) Besetzung der Matrix-Zellen:

0/0 = Es liegen keine Raum-Restriktionen vor.

k/0 (0/k) = Der Output (Input) des Elementes x_i (x_j) ist an den Ort k gebunden: Restriktion (1).

k/k = Der Output des Elementes x_i und der Input des Elementes x_j sind an denselben Ort gebunden: Restriktion (2.1).

k/l = Der Output von x_i und der Input von x_j sind an verschiedene Orte gebunden ($k \neq l$): Restriktion (2.2).

Auch diesen Zellenbesetzungen sind quantitative Werte zuzuordnen.

	x_1	x_2	x_3	x_4	x_5	x_6
x_1		(1/2)				(1/3)
x_2				(2/0)		
x_3	(0/0)					
x_4			(0/0)			(0/3)
x_5						(1/3)
x_6	(0/0)			(0/0)		

ABB. 47: MATRIX DER RAUM-RESTRIKTIONEN

Ergebnis der räumlichen Partition sind drei Subsystem-Arten:

(1) Subsysteme ohne Raum-Restriktion,

(2) Subsysteme mit einer räumlichen Festlegung (dies umschließt den Fall zweier identischer Raum-Restriktionen für Subsystem-Input und -Output),

(3) Subsysteme, deren Input- und Output-Relationen zwei verschiedenen räumlichen Restriktionen unterliegen.

2.3 Partition unter dem Aspekt der Sicherheit

Für die Partition von Aufgabensystemen unter Sicherheitsaspekten sind den einzelnen Elementen und Elementbeziehungen bestimmte Sicherheitsgrade zuzuordnen. Ansatzpunkt hierzu ist die Frage, zu welchen Auswirkungen auf den gesamten Prozeß der Aufgabenerfüllung der Ausfall oder die Störung einzelner Aufgabenerfüllungsprozesse führt. Die Auswirkungen wachsen mit der Bedeutung einzelner Elemente und Elementbeziehungen im Rahmen der gesamten Aufgabenerfüllung. Da die Auswirkungen des Ausfalls einer Aufgabe und deren relative Bedeutung nicht quantitativ fixierbar sind, ist die Operationalisierung des Kriteriums der Sicherheit mit erheblichen Schwierigkeiten verbunden.

Als Hilfsmittel für die Festlegung von Sicherheitsgraden können einige analytische Instrumente dienen: Die Stellung einer Aufgabe innerhalb der Aufgabenstruktur kann Aufschluß über ihre Bedeutung und somit über die Auswirkungen eines eventuellen Ausfalls geben. Analytische Hilfsmittel sind also Strukturparameter wie

- der Artikulationspunkt oder
- die relativen Zentralitätsmaße.

Diese Größen gestatten jedoch keinen zwingenden Schluß auf die Bedeutung einer Aufgabe. Sie können lediglich Hinweise geben.

Für die Analyse ist es zweckmäßig, grobe Sicherheitsgrade festzusetzen, die den einzelnen Elementen und Elementbeziehungen zugeordnet werden. Häufig wird folgende Einteilung genügen:

- Sicherheitsgrad A wird den Elementen und Beziehungen mit hohen Sicherheitsanforderungen zugeordnet,
- Sicherheitsgrad B denen mit mittleren Anforderungen und
- Sicherheitsgrad C wird schließlich den Elementen und Beziehungen mit niedrigen Sicherheitsanforderungen zugeordnet.

Die auf dieser Basis festgelegten Werte sind in eine Matrix zu übertragen, die als Ausgangspunkt auch dieser Partition dient.

2.4 Partition unter dem Aspekt der Flexibilität

Bei einer dynamischen Betrachtung des Aufgabensystems sind die den einzelnen Aufgaben und Aufgabenbeziehungen zugeordneten Kriterienanforderungen und Bedingungen als variabel anzusehen. Daraus resultieren bestimmte Flexibilitätsanforderungen an die zu realisierenden Verbundstrukturen.

Für eine Partition hinsichtlich der Flexibilität sind den einzelnen Aufgaben und Aufgabenbeziehungen zunächst Variabilitätswerte für ihre Kriterien und Bedingungen zuzuordnen, wobei die Änderungen von Kriterien und Bedingungen innerhalb eines festgelegten Zeitraumes zu ermitteln sind. In einem zweiten Schritt sind diese Variabilitätswerte auf ihre Bedeutung für eine flexible Verbundstruktur hin zu untersuchen und - den Anforderungen entsprechend - in Flexibilitätsgrade umzuformen. Flexibilitätsgrade sind also ein Maß dafür, wie stark die Variabilität der Aufgaben und ihrer Beziehungen bei der Realisierung von Verbundstrukturen zu berücksichtigen sind.

Eine Schwierigkeit bei der Ermittlung von Variabilitätswerten und Flexibilitätsgraden besteht darin, die Veränderungen der Datenmengen, der Aktivierungshäufigkeit, der Operationskomplexität sowie der kriterienbedingten Anforderungen zu prognostizieren. Die Flexibilitätsgrade sind aber auch an der Bedeutung des jeweiligen Aufgabenerfüllungsprozesses für die gesamte Aufgabenerfüllung orientiert. Für eine Relevanzanalyse können Artikulationspunkt und Zentralitätsgrad herangezogen werden; ein gravierendes Problem ist jedoch die Verknüpfung von Relevanz und Variabilitätswert[1].

---

1) So kann die Bedeutung einer Aufgabe innerhalb des Aufgabenerfüllungsprozesses relativ gering sein, ihre Datenmengen jedoch innerhalb von zwei Monaten um 100% ansteigen.

Sind den Aufgabenbeziehungen Flexibilitätsgrade zugeordnet - wobei eine Einteilung in niedrige, mittlere und hohe Flexibilität in der Regel ausreicht - so ist die Matrix, deren Zellen die einzelnen Flexibilitätsgrade enthalten, Grundlage für die Partition unter dem Flexibilitätsaspekt.

2.5 Partition unter dem Aspekt der Autonomie

Soll ein Aufgabensystem hinsichtlich der Autonomie partitioniert werden, so sind zunächst Autonomiegrade für die einzelnen Elemente und Elementbeziehungen zu ermitteln: Für einzelne Aufgaben und Aufgabenbeziehungen ist festzulegen, welche Abhängigkeit von einer anderen Unternehmung oder Abteilung bei einer Ausgliederung aus der Unternehmung oder aus einzelnen Abteilungen entsteht. Den Aufgaben und Aufgabenbeziehungen auf dieser Basis Autonomiegrade zuzuordnen,ist mit erheblichen Schwierigkeiten verbunden und kann nur durch grobe Schätzungen erfolgen. Ausgangspunkt ist wiederum die Bedeutung einer Aufgabe im gesamten Aufgabenerfüllungsprozeß - mit ihren Indikatoren Artikulationspunkt und relativer Zentralität.

Zweckmäßigerweise sollten für die Analyse zunächst wieder Klassen von Autonomiegraden gebildet werden, die dann den einzelnen Aufgaben und Aufgabenbeziehungen zuzuordnen sind. Die Vorgehensweise bei der Partition ist analog der beim Sicherheitsaspekt.

3. Detaillierung der Subsysteme

Gegenstand der Detaillierung sind die bei der Partition entstandenen Subsysteme. Jedes dieser Subsysteme wird in mehreren Schritten so analysiert und zerlegt, daß neue, stärker spezifizierte Subsysteme entstehen. Dieser Detaillierungsprozeß vollzieht sich in zwei Phasen:

(1) Jedes Subsystem wird sukzessiv weiteren Partitionsschritten unterzogen, bei denen die bei der ersten Partition nicht berücksichtigten Kriterien angewandt werden. Es entstehen dadurch Subsysteme höherer Ordnung, deren Aufgabenbeziehungen durch mehrere Eigenschaften gekennzeichnet sind.

(2) Die Subsysteme höchster Ordnung werden auf ihre Aufgabenbedingungen hin untersucht. Dadurch werden die Aufgaben und Aufgabenbeziehungen soweit spezifiziert, daß bei der Zuordnung von Verbundalternativen zu Aufgabenkomplexen bereits Aussagen über die notwendigen Kapazitäten der Aggregate möglich werden.

3.1 Detaillierung hinsichtlich weiterer Kriterien

Ausgangspunkt der Detaillierung sind die bei der Partition entstandenen Subsysteme. Diese werden weiteren Partitionsschritten unterworfen, wobei die Kriterien angewandt werden, die bei der ersten Partition nicht berücksichtigt wurden. Es ist jeweils das Kriterium mit der nächsthöheren Priorität zu wählen. Bei jedem Partitionsschritt entstehen neue Subsysteme, innerhalb derer jede Aufgabenbeziehung durch ein zusätzliches Merkmal spezifiziert ist. Durch diese zunehmende Spezifizierung wird erreicht, daß für einzelne Aufgaben und Aufgabenbeziehungen schrittweise die Anforderungen an Verbundstrukturen konkretisiert werden und somit indirekt bestimmte Verbundalternativen festgelegt werden.
Jeder Partitionsschritt grenzt also den Alternativenraum ein und bereitet eine Umgruppierung einzelner Aufgaben und Aufgabenbeziehungen dadurch vor, daß sich aus jedem Partitionsschritt bestimmte Konsequenzen für Integration und Trennung von Subsystemen bzw. Aufgabenkomplexen ergeben. Jede Umgruppierung hat die bis zu dem jeweiligen Partitionsschritt bereits zugeordneten Kriterien zu berücksichtigen, damit keine den Kriterien widersprechenden Kom-

plexbildungen auftreten. Deshalb ist nach jedem Partitionsschritt eine Überprüfung der entstandenen Aufgabenkomplexe vorzunehmen, um Kriterienkonflikte aufzudecken und zu beseitigen.
Das Verfahren der schrittweisen Partition beginnt mit der Partition der jeweiligen Subsysteme hinsichtlich des Kriteriums, das in der Prioritätenrangfolge an zweiter Stelle steht. Sind n Subsysteme in jeweils k Subsysteme zu unterteilen, so ergeben sich nach der Partition n·k Subsysteme, wobei den Aufgabenbeziehungen eines jeden einzelnen eine bestimmte Merkmalskombination zugeordnet ist: Nach dem ersten Partitionsschritt innerhalb der Detaillierung ist jede Aufgabenbeziehung eines der n·k Subsysteme durch die Kombination von zwei konkreten Merkmalsausprägungen gekennzeichnet. Diese Subsysteme sind Grundlage der nächsten Partition, bei der das rangnächste Kriterium berücksichtigt wird. Sie bilden den Ausgangspunkt für verbundorientierte Umgruppierungen, die zwar noch zu keinem eindeutigen Ergebnis sondern zu einer Vielzahl alternativer Aufgabenkomplexe führen, welche jedoch in Partitionsschritten höherer Stufe zunehmend determiniert werden. Die sukzessive Spezifizierung der Aufgaben und Aufgabenbeziehungen führt schließlich zu einer relativ kleinen Zahl alternativer Aufgabenkomplexe. Die Umgruppierungen können nach jeder Partition erfolgen; es erscheint jedoch häufig sinnvoll, sie erst nach Abschluß aller Partitionsschritte vorzunehmen, da sich dann Alternativen deutlich abgrenzen lassen.

Eine Überprüfung ist nach jedem Partitionsschritt notwendig, um Systeminkonsistenzen bei den nachfolgenden Schritten berücksichtigen zu können: Beispielsweise kann eine durch formale Transformationen entstandene Aufgabenbeziehung zwischen zwei Subsystemen bei der Partition unter Berücksichtigung eines anderen Kriteriums bestimmte Umgruppierungen erfordern. Würden solche Inkonsistenzen unberücksichtigt bleiben, so könnten Aufgabenkomplexe entstehen, innerhalb derer einzelne Aufgabenerfüllungsprozesse nicht den kriterienbedingten Anforderungen genügen.

Die schrittweise Partition von Subsystemen im Rahmen der Detaillierung zeigt in ihrem formalen Ablauf Abbildung 48:

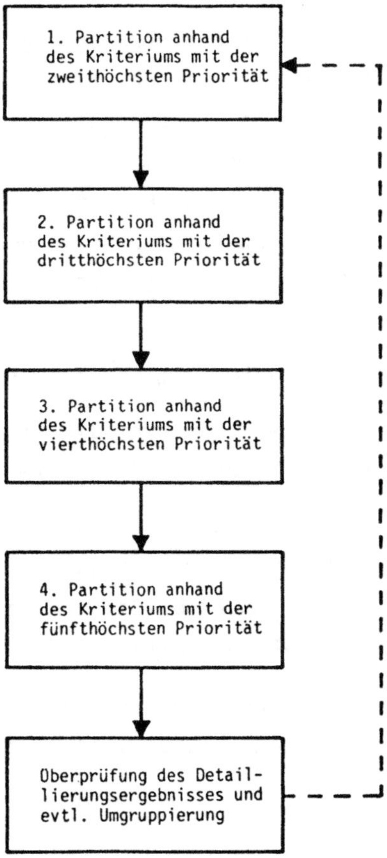

ABB. 48: SCHRITTWEISER PARTITIONSABLAUF IM ZUGE DER DETAILLIERUNG

3.2 Detaillierung hinsichtlich der Aufgabenbedingungen

In der zweiten Phase der Detaillierung sind die einzelnen Subsysteme hinsichtlich der Bedingungen der Aufgabenerfüllung zu untersuchen. Datenmengen, Aktivierungshäufigkeit und Komplexität der Operation sind für jede Aufgabe bei der Ist-Analyse zu ermitteln. Diese Bedingungen beeinflussen die qualitative und quantitative Dimensionierung von Verbundaggregaten: Die Verbundauslegung muß so erfolgen, daß sie den kapazitativen Anforderungen der Aufgabenerfüllung genügt. Dabei bestimmen die Datenmengen die Auslegung des Verbundsystems hinsichtlich seiner Erfassungs-, Verarbeitungs-, Speicherungs- und Übertragungskapazität. Die Häufigkeit der Aktivierung von Aufgabenbeziehungen hat primär auf die Bestimmung der Übertragungskapazitäten Einfluß:

- unter einem rein mengenmäßigen Aspekt (Wie oft wird eine bestimmte Beziehung im betrachteten Zeitraum aktiviert ?),
- unter dem Aspekt der Periodizität (Wird die Beziehung regelmäßig oder unregelmäßig aktiviert ?),
- unter dem Aspekt der Ballung von Aktivierungsprozessen (Ist die Aktivierungshäufigkeit in bestimmten Zeitabschnitten unterschiedlich, d.h. ergeben sich verschiedene Aktivierungs-Dichtewerte ?).

Die Komplexität der Operation ist schließlich für die qualitative Auslegung von Verbundaggregaten ausschlaggebend, etwa für die mögliche Betriebsart.

Eine wichtige zusammengesetzte Größe stellt schließlich das zu übertragende Datenvolumen pro Periode dar (= Datenmenge x Aktivierungshäufigkeit): Diese Größe muß besonders bei der Dimensionierung von Übertragungskapazitäten berücksichtigt werden. Verfahrenstechnisch können die ermittelten Größen wiederum in Matrizen dargestellt werden. Dabei sind zwei Arten zu unterscheiden:

(1) Matrizen für die einzelnen Subsysteme, deren Zellen die für die jeweiligen Aufgabenbeziehungen ermittelten Werte enthalten. Jede Zelle enthält die beiden Werte der beziehungsspezifischen Bedingungen (Datenmenge und Aktivierungshäufigkeit).

(2) Matrizen, bei denen die einzelnen Subsysteme selbst Zeilen- und Spaltenelemente sind. Die Zellen dieser Matrizen sind besetzt mit den Werten, die sich bei der Ist-Analyse für die Beziehungen zwischen den Subsystemen ergeben haben.

IV. BILDUNG ZIELORIENTIERTER ALTERNATIVEN DES COMPUTERVERBUNDES

Die Beschreibung der Organisationsformen des Computerverbundes bewegte sich auf der Meta-Ebene einer Kombinatorik von Aufgaben- und Aktionsträger-Typen[1]. Während diese allgemeinen Organisationsformen den Bedingungsrahmen für die Gestaltung darstellten, sind im Zuge der Entwicklung von Anwendungskonzeptionen konkrete, an den Gestaltungszielen orientierte Verbund-Alternativen zu bilden, deren Aggregate schließlich den - im vorigen Abschnitt behandelten - Aufgabenkomplexen zugeordnet werden können.

Zunächst muß hierfür der Alternativenvorrat von Computerverbundsystemen bestimmt werden, wie er sich für einen späteren Auswahlprozeß in Hinblick auf die individuelle Anwendung und unter Berücksichtigung individueller Zielvorstellungen darstellt. Eine analytische Vorstufe ist die Bestimmung relevanter Merkmale des Verbundes und die Ermittlung von deren Bedeutung für das Gesamtsystem. Eine Ordnung dieser Merkmale und ihre Zusammenfassung zu Merkmalsgruppen bilden wiederum die Voraussetzung für eine Synthese zu Verbund-Alternativen, die durch die Ausprägungen von Merkmals-Kombinationen determiniert werden.

Die Vorgehensweise bei der Forschungsarbeit bestand aus vier Phasen:

(1) Sammlung von Determinanten und Merkmalen anhand von Computerverbundsystemen in der Planungs-, Implementierungs- oder Anwendungsphase,

(2) Auflösung komplexer in elementare Merkmale mit möglichst polaren Merkmalsausprägungen,

(3) eindeutige Abgrenzung der Merkmale bei Korrektur einzelner Merkmalsausprägungen,

---

1) Vgl. Abschnitt B. III. (Organisationsformen).

(4) Ordnung der Merkmale und Bildung von Merkmalsgruppen.

Während in der ersten Phase eine unsystematische Sammlung allgemeiner Bestimmungsgrößen[1] von Computerverbundsystemen durchgeführt wurde, mußten diese im zweiten Schritt in Einzelmerkmale aufgelöst und hinsichtlich des Detaillierungsgrades angeglichen werden: Bestimmungsgrößen wie Sternnetz oder dezentralisiertes Netz sind zu global für eine präzise Abgrenzung alternativer Computerverbundsysteme. Darauf wurde der entstandene Merkmalskatalog auf Überschneidungen zwischen einzelnen Merkmalsausprägungen hin überprüft. Schließlich wurden die Einzelmerkmale so angeordnet, daß jeweils mehrere zu einer Merkmalsgruppe zusammengefaßt werden konnten.

Die Bildung von vier Merkmalsgruppen erwies sich als sinnvoll:

(1) Sachmittel: Diese Merkmalsgruppe umfaßt alle Bestimmungsfaktoren eines Computerverbundsystems, die die maschinellen Aktionsträger, deren Anordnung zueinander sowie deren Verbindung untereinander betreffen.

(2) Funktion: Hierunter sind alle originären und derivativen Funktionen von Sachmitteln im Verbund zu verstehen.

(3) Zeit: Die zeitliche Dimension überlagert die beiden ersten Merkmalsgruppen, indem sie angibt, in welcher Zeitspanne bzw. bis zu welchem Zeitpunkt die auf die Sachmittel des Verbundsystems verteilten Funktionen wahrgenommen werden.

(4) Raum: Mit Hilfe dieser Merkmalsgruppe werden sowohl die Standorte der einzelnen Sachmittel als auch die alternativen Möglichkeiten einer Verteilung von Funktionen bestimmt.

---

1) Zu diesen vgl. ausführlich Abschnitt B. III. (Organisationsformen).

a) Analyse von Computerverbundsystemen nach Einzelmerkmalen

Die Auswahl von Merkmalen mit zwei konträren Ausprägungsformen vereinfacht die Analyse alternativer Computerverbundsysteme, da je Merkmal nur eine binäre Zuordnung notwendig wird. Dies war jedoch nicht durchgängig zu realisieren, so daß in Einzelfällen drei oder vier Ausprägungsformen für ein Merkmal zugelassen werden mußten.

1. Sachmittelbezogene Merkmale

(1) Sachmittelart

Nach der Art der Sachmittel des Verbundes lassen sich beim Computerverbund mit MDT

- der gleichrangige MDT-Verbund und
- der hierarchische MDT-/Groß-ADV-Verbund

als Merkmalsausprägungen unterscheiden.

(2) Sachmitteleignung

Die Begriffe der Homogenität bzw. Heterogenität von Computersystemen eines Verbundes werden hier nicht gebraucht, um gleiche bzw. verschiedene Hersteller oder Größenklassen zu kennzeichnen. Vielmehr besagen diese Eigenschaften, ob die eingesetzten Computersysteme in ihrer funktionellen Eignung gleich sind oder voneinander abweichen. Lediglich der durch die Spezialisierung von Sachmitteln mögliche aufgabenadäquate Einsatz von Computersystemen wird durch die Merkmalsausprägungen

- funktional homogene Sachmittel und
- funktional heterogene Sachmittel

ausgedrückt.

(3) Verbindungsart

Dieses Merkmal dient der Unterscheidung zwischen

- Datenfernübertragung und
- Datenträgeraustausch

unter dem Sachmittelaspekt, ohne dabei zeitliche, räumliche oder anwendungsbezogene Aspekte zu berühren.

2. Funktionsbezogene Merkmale

(1) Lokalisierung der Verarbeitungsfunktion

Dieses Merkmal unterscheidet Verbundsystene danach, ob lediglich Vorverarbeitungsfunktionen dezentralisiert werden, um eine effizientere zentrale Hauptverarbeitung zu erreichen, oder ob die Dezentralisierung des Verbundes auch Hauptverarbeitungsaufgaben selbst umfaßt. Die anwendungsbezogenen Gründe für

- eine Haupt-Verarbeitungsdezentralisierung bzw. für
- eine Vor-Verarbeitungsdezentralisierung

gehen aus einer isolierten Betrachtung dieses Merkmals nicht hervor.

(2) Lokalisierung der Dateiführung

Die alternativen Möglichkeiten der Ansiedlung von Datenbeständen sind die

- einer dezentralisierten Dateiführung und
- einer zentralisierten Dateiführung.

Unter zentralisierter Dateiführung ist zu verstehen, daß Daten (Stamm- und Bestandsdaten) auf eine Stelle konzentriert dauerhaft gespeichert werden und daß dezentral nur eine Zwischenspeicherung von Änderungs- und Bewegungsdaten vorgesehen ist. Zentrale Dateiführung in hierarchischen Verbundsystemen bedeutet nicht unbedingt, daß die zentrale Datei dem Computersystem der höchsten hierarchischen Ebene zugeordnet ist. Das Attribut 'zentral' bezieht sich allein auf die räumliche Anordnung von Dateien zueinander, nicht dagegen auf die Zuordnung von Dateien zu Verbundaggregaten. Bei dezentraler Dateiführung werden dementsprechend verbundweit genutzte Dateien oder Teile von ihnen räumlich getrennt geführt.

(3) Lokalisierung der Initiativfunktion

Eine wesentliche Funktion im Rahmen der Steuerung von Verbundsystemen ist die Initiierung der Kommunikationsprozesse und der Verarbeitungsprozeduren, die mehr als ein Computersystem berühren. Die Zentralisierung bzw. Dezentralisierung von (Haupt- oder Vor-) Verarbeitungsfunktionen führt nicht notwendigerweise zu einer entsprechenden Zuordnung der Initiativfunktionen. Das Merkmal

- zentralisierte Initiativfunktion oder
- dezentralisierte Initiativfunktion

ist deshalb als eigenständiges Kriterium zur Alternativenbildung geeignet.

(4) Zweck der Datenübermittlung

Die Funktionen des Übertragungssystems innerhalb eines Verbundes hängen vor allem von der Zwecksetzung ab, unter der die Datenübermittlung erfolgt. Ein formaler Zweck der Datenübermittlung ist entweder die Verteilung von Daten eines Verbundelements an mehrere andere oder die Zulieferung von Daten durch mehrere Verbundelemente an ein empfangendes Verbundelement. Schließlich können Daten innerhalb des Verbundes ausgetauscht werden, wobei sämtliche Verbundelemente gleichermaßen Sender und Empfänger sein können. Die drei Merkmalsausprägungen

- Verteilsystem
- Zuliefersystem
- Austauschsystem

sind deshalb notwendig, weil der Verbundtyp 'Austauschsystem' keine übergeordnete Merkmalsausprägung für die charakteristischen Eigenschaften von Verteil- und Zuliefersystem darstellt. Unterscheidungskriterium ist nicht die Übertragungsrichtung allein: Charakteristisch für das Verteilsystem ist vielmehr, daß an einer Stelle geführte Datenbestände mehreren Benutzern (oder Sachmitteln) zugänglich gemacht werden. Entsprechend werden an mehreren Stellen entstandene Daten im Rahmen eines Zuliefersystems an eine zentrale Stelle übermittelt. Dagegen vollzieht sich die Kommunikation in Austauschsystemen zwischen Elementen, die einander nicht unter- oder übergeordnet sind und die sich nicht auf eine Sende- bzw. Empfangs-Funktion beschränken.

(5) Variabilität der übermittelten Daten

Für die Ausprägungsformen dieses Merkmals gilt die bereits an anderer Stelle[1)] vorgenommene Unterteilung der Daten in

- Stammdaten
- Änderungsdaten
- Bestandsdaten
- Bewegungsdaten.

3. Zeitbezogene Merkmale

(1) Frequenz der Datenübermittlung

Erfolgt die Datenübermittlung nach einem fest vorgegebenen weder durch den jeweiligen Datenanfall noch durch die Art der zu übertra-

1) Vgl. Abschnitt B. I. a) 1. (Objekte der Aufgabenerfüllung).

genden Daten beeinflußbaren Zeitplan mit regelmäßigen Abständen, so wird von periodischer Datenübermittlung gesprochen. Wenn dagegen Übermittlungsprozesse durch bestimmte Ereignisse (z.B. Anfragen an eine Datenbank, Verbuchung einer Kontenbewegung) ausgelöst werden, liegt eine ereignisorientierte Datenübermittlung vor. Damit ergeben sich für den Verbund die Alternativen

- periodische Datenübermittlung und
- ereignisorientierte Datenübermittlung.

(2) Frequenz der Verarbeitung

Analog zur Übermittlung erhält auch das Merkmal 'Verarbeitungsfrequenz' die Ausprägungsformen

- periodische Verarbeitung und
- ereignisorientierte Verarbeitung.

Hierbei bleibt der Übertragungsaspekt unberücksichtigt; die Unterscheidung bezieht sich ausschließlich auf die Transformation von Daten (Verarbeitung nach einem vorgegebenen Zeitplan oder unmittelbar bei bestimmten auslösenden Ereignissen).

4. Raumbezogene Merkmale

(1) Räumliche Ausdehnung des Verbundes

Nach der räumlichen Anordnung der kooperierenden Computersysteme läßt sich die Ausdehnung eines Computerverbunds unterscheiden in

- Nahbereich und
- Fernbereich.

Ein Computerverbund im Nahbereich ist dann gegeben, wenn die Kommunikationsbeziehungen zwischen den ADV-Anlagen über ihre Ein-/ Ausgabekanäle oder über private Leitungsverbindungen realisiert werden können. Dagegen liegt ein Verbund im Fernbereich immer dann vor, wenn Stromwege der Deutschen Bundespost in Anspruch genommen werden müssen. Dieser Abgrenzung liegt also weniger eine systemtechnische Unterscheidung zugrunde als vielmehr das Problem der Eigen- oder der Fremdverantwortung für das Übertragungssystem.

Die gleiche Abgrenzung besitzt auch für den Verbund mit Datenträgeraustausch Gültigkeit und Aussagegehalt: Der Benutzung privater Leitungen (bzw. der direkten Verbindung von Computersystemen über ihre Ein-/Ausgabekanäle) entspricht der Datenträgeraustausch über einen eigenen Kurierdienst, während der Übertragung über Post-Leitungen die Versendung von Datenträgern über den normalen Postweg gleichkommt. In jedem Fall eines Verbundes im Fernbereich sind bei der Gestaltung des Übertragungssystems die Post als Träger und die von ihr gesetzten Randbedingungen einzubeziehen.

(2) Anwendungsbereich

Eine weitere Differenzierung von Verbundsystemen, die mit der räumlichen Anordnung korrespondiert, ist nach dem Kriterium der Leitung möglich, unter der die Teilsysteme stehen. In Abhängigkeit davon, ob ein Verbundsystem nur eine Unternehmung oder mehrere juristisch und finanzwirtschaftlich selbständige Unternehmungen umfaßt, wird der Computerverbund als

- unternehmensintern oder
- unternehmensübergreifend

bezeichnet. Vor allem Probleme der organisatorischen Kompatibilität von Anwendungskonzeptionen sind beim unternehmensübergreifenden Verbund wesentlich gravierender als beim unternehmensinternen. Zusätzlich treten beim unternehmensübergreifenden Verbund Durchsetzungsprobleme auf, die ihre Ursache in Kompetenzüberschneidungen und mehrfachen Zuständigkeiten haben.

b) Synthese zu merkmalsspezifischen Computerverbund-Alternativen

Nachdem die ein Computerverbundsystem determinierenden Merkmale mit ihren Ausprägungen einzeln analysiert wurden, sind sie nun miteinander zu verknüpfen, um schrittweise eine Synthese zu zwei-, drei und vierdimensionalen Computerverbund-Mustern vorzunehmen. Mit zunehmender Merkmals-Anzahl erhöht sich der Determinierungsgrad der erfaßten Computerverbund-Alternativen, umso größer wird auch die Zahl theoretisch möglicher Merkmalskombinationen, also der Alternativenvorrat. Dem wirkt jedoch folgendes entgegen:

- Nicht jede Kombination von Merkmalsausprägungen ist zulässig: Einerseits können sich zwei Ausprägungen logisch ausschließen (zum Beispiel 'periodische Datenübermittlung' und 'ereignisorientierte Verarbeitung' der Daten), andererseits gibt es Kombinationen, die für die Praxis nicht relevant sind (zum Beispiel 'ereignisorientierte Datenübermittlung' und 'Datenträgeraustausch'). Solche nicht zulässigen Kombinationen scheiden von vornherein aus der Betrachtung aus.
- Darüberhinaus verringert sich die Gesamtzahl der relevanten Kombinationen dadurch, daß in der letzten Stufe nur zwischen den Verbundalternativen zu differenzieren ist, die signifikante Abweichungen aufweisen. Beispielsweise kann für einige Computerverbund-Alternativen der Einsatz im Nah- oder Fernbereich ein mehr oder weniger zu vernachlässigender Aspekt sein, der das 'Typische' der Alternative nicht tangiert.

Zur Gegenüberstellung von jeweils zwei Merkmalsausprägungen erweist die Darstellungsform in Abb. 49 sich als nützlich, da durch Eintragung entsprechender Symbole die zulässigen und die nicht zulässigen (d.h. die nicht möglichen und die nicht sinnvollen) Merkmalskombinationen aufgezeigt werden können.

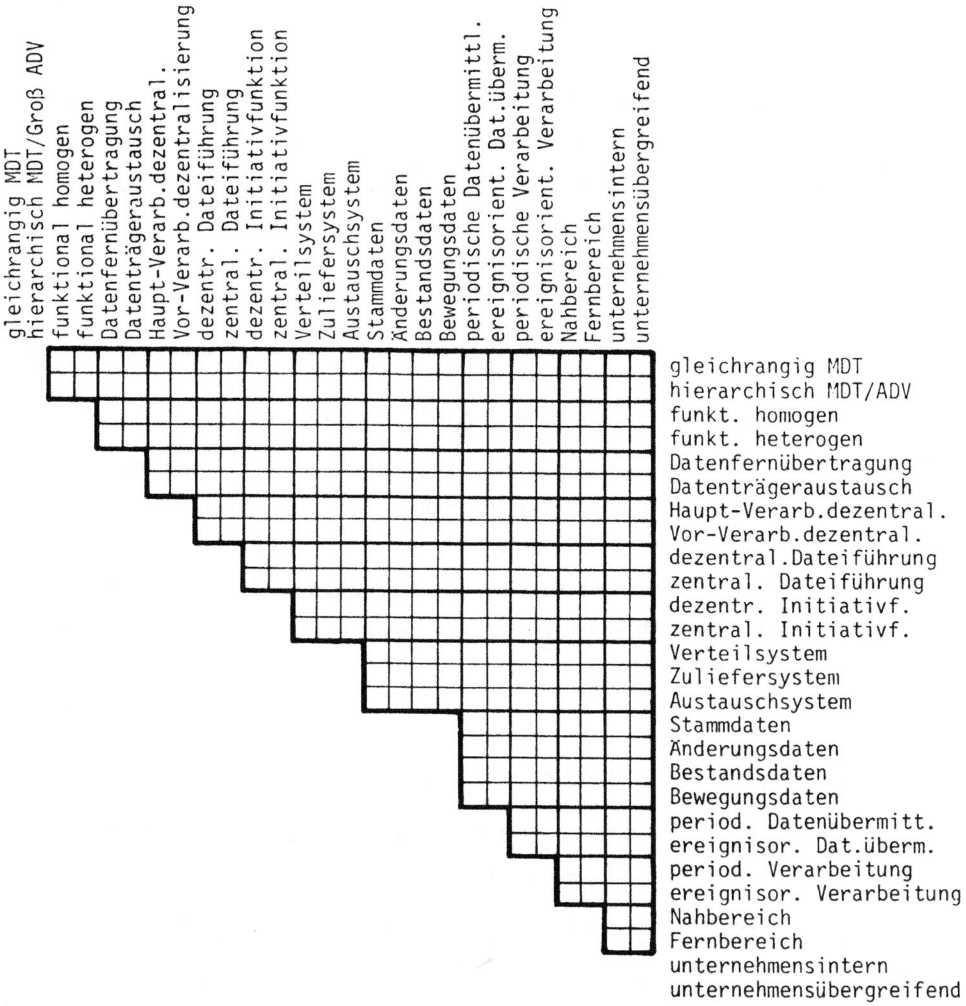

ABB. 49: ZWEIDIMENSIONALE MERKMALS-KOMBINATIONEN (SCHEMA)

Nach der Eliminierung nicht zulässiger Merkmalskombinationen sind die verbleibenden zulässigen Kombinationen in einem weiteren Schritt zu Kombinationen höherer Ordnung zusammenzufassen. Diese Zusammenfassung wird zweckmäßigerweise zuerst innerhalb der Merkmalsgruppen, sodann zwischen gruppenfremden Ausprägungsformen vorgenommen.

1. Ermittlung nicht zulässiger Merkmalskombinationen

Aus der Abbildung 50 wird ersichtlich, welche Merkmalskombinationen unzulässig sind. Die Zahlen in den Feldern der Matrix kennzeichnen die Alternativen, die entweder nicht auftreten können - da ein logischer Widerspruch zwischen den beiden Merkmalsausprägungen besteht oder aber nicht auftreten werden - da sie für die Praxis bedeutungslos sind.

1.1 Nicht realisierbare Kombinationen

Ihrer logischen Widersprüche wegen nicht realisierbar sind die Kombinationen der nachfolgenden Merkmalsausprägungen:

(1) Vor-Verarbeitungsdezentralisierung - gleichrangig MDT

Eine Computerverbundform, die ausschließlich für die Dezentralisierung von Vor-Verarbeitungsfunktionen konzipiert ist, kann nur hierarchisch und nicht gleichrangig sein. Die beiden Merkmalsausprägungen widersprechen sich und sind somit in ihrer Kombination unzulässig.

(2) Ereignisorientierte Verarbeitung - Datenträgeraustausch

Da bei Datenträgeraustausch keine ereignisorientierte, d.h. innerhalb einer festgelegten kurzen Zeitspanne abgeschlossene Übermittlung von Daten möglich ist, ist auch keine ereignisorientierte Verarbeitung dieser Daten möglich.

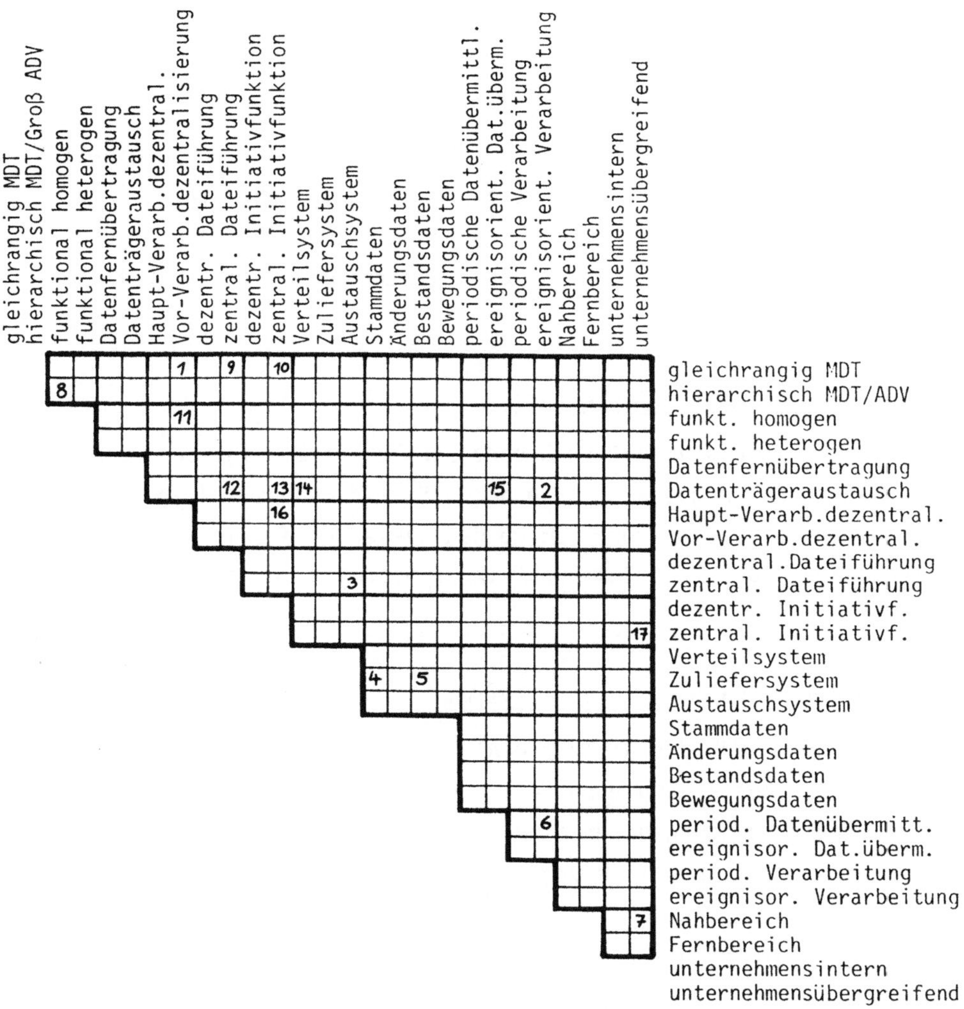

ABB. 50: NICHT ZULÄSSIGE MERKMALS-KOMBINATIONEN

(3) Austauschsystem - zentralisierte Dateiführung

Nach der Definition eines Austauschsystems ist dessen Kombination mit dem Merkmal 'zentrale Dateiführung' unmöglich: Die Bedingung eines Datenaustausches zwischen einander nicht unter- oder übergeordneten Datenbeständen ist bei Systemen mit Dateizentralisierung nicht erfüllt.

(4) Stammdaten - Zuliefersystem

Werden an eine stammdatenführende Stelle - z.B. eine zentrale Datenbank - Daten gesendet, die deren Stammdatenbestand ändern oder ergänzen (aktualisieren), so werden diese Daten zwar zu Stammdaten, sind jedoch zum Zeitpunkt ihrer Übermittlung noch Änderungsdaten.

(5) Bestandsdaten - Zuliefersystem

Der Nachweis für die Widersprüchlichkeit dieser Kombination besteht in einer Analogie zu (4): Bestandsdaten können nur durch zugelieferte Bewegungsdaten aktualisiert werden, die erst mit dem Zeitpunkt der Einspeicherung zu Bestandsdaten werden.

(6) Ereignisorientierte Verarbeitung - periodische Übermittlung

Wie aus der Begründung von (2) hervorgeht, widersprechen sich auch ereignisorientierte Verarbeitung und periodische Übermittlung der hierfür benötigten Daten.

(7) Unternehmensübergreifend - Nahbereich

Da für zwei juristisch eigenständige Unternehmen von der Deutschen Bundespost keine private Leitungsverbindung zugelassen ist, kann die entsprechende Merkmalskombination ausgeschlossen werden.

1.2 Nicht sinnvolle Kombinationen

Unzulässig, da für die Praxis bedeutungslos, sind die im folgenden aufgeführten Merkmalskombinationen:

(8) Funktional homogen - hierarchisch MDT/Groß-ADV

Diese Kombination besitzt keine praktische Bedeutung, da ein hierarchischer Verbund gerade auf die Kooperation solcher Anlagen abzielt, die sich in ihrer unterschiedlichen Eignung gegenseitig ergänzen.

(9) Zentralisierte Dateiführung - gleichrangig MDT

Ein gleichrangiger MDT-Verbund, bei dem sämtliche langfristig gespeicherten Daten auf eine der beteiligten Datenstationen konzentriert sind, ist zwar theoretisch möglich, für die Praxis jedoch ohne Bedeutung. Eine Ausnahme hierzu bildet ein gleichrangiger MDT-Verbund im Nahbereich, bei dem der gemeinsame Zugriff zu einer Datenbank bedingt sinnvoll sein kann. Diese Einsatzform tendiert jedoch stark zur Organisationsform des Multiprozessorsystems, ist somit kein Computerverbund im eigentlichen Sinne.

(10) Zentralisierte Initiativfunktion - gleichrangig MDT

Unrealistisch ist auch ein gleichrangiger Verbund, bei dem die Initiativfunktion einem einzigen Computersystem zugeordnet ist. Die Initiierung von Kommunikationsprozessen sowie von Verarbeitungsprozessen, die in einem anderen Computersystem stattfinden, muß durch eine Vielzahl der beteiligten Rechner erfolgen können, um die Bezeichnung 'gleichrangig' bei dieser Verbundform zu rechtfertigen.

(11) Vor-Verarbeitungsdezentralisierung - funktional homogen

Da die Übertragung von zentral wahrgenommenen Haupt-Verarbeitungsfunktionen und dezentral wahrgenommenen Vor-Verarbeitungsfunktionen auf funktional homogene Computersysteme dem ökonomischen Prinzip widerspricht, wird die obige Merkmalskombination ebenfalls aus der weiteren Untersuchung ausgeschlossen.

(12) Zentralisierte Dateiführung - Datenträgeraustausch

Datenverarbeitungs-Prozesse sind in der Praxis nicht möglich ohne einen - irgendwie realisierten - Zugriff zu Daten, die zwar nicht modifiziert zu werden brauchen, jedoch beispielsweise für Vergleichs- oder Spezifizierungszwecke unumgänglich sind. Bei zentraler Dateiführung sind diese Daten ausschließlich im Bereich einer Datenstation gespeichert und müssen im Bedarfsfall von dieser geliefert werden. Da sich dies durch Datenträgeraustausch nicht innerhalb sinnvoller Zeitspannen realisieren läßt, ist die Merkmalskombination unzulässig.

(13) Zentralisierte Initiativfunktion - Datenträgeraustausch

Ebensowenig läßt sich der bei zentraler Initiativfunktion unerläßliche intensive Austausch von Steuerinformationen über Datenträgeraustausch realisieren.

(14) Verteilsystem - Datenträgeraustausch

Die Verteilung zentral gespeicherter Daten an mehrere Empfänger ist auf dem Wege des Datenträgeraustausches aufgrund ihrer umständlichen Handhabung und des Zeitaufwandes praktisch ohne Bedeutung. Bei einer großen Zahl von Empfängern gleicher Daten ist die Übermittlung über Leitungen zweckmäßiger als die Erstellung und Versendung mehrerer Dateikopien. Dies gilt in verstärktem Maße, wenn je Empfänger nur geringe Datenmengen zu senden sind.

(15) Ereignisorientierte Übermittlung - Datenträgeraustausch

Diese beiden Merkmalsausprägungen schließen sich zwar theoretisch nicht aus, da auch beim Datenträgeraustausch die Übermittlung unmittelbar nach einem auslösenden Ereignis beginnen kann. Da der

Übermittlungsprozeß jedoch in aller Regel nicht innerhalb kurzer Zeit abgeschlossen ist, wird diese Kombination in der Praxis nicht anzutreffen sein.

(16) Zentralisierte Initiativfunktion - Haupt-Verarbeitungsdezentralisierung

Haupt-Verarbeitungsdezentralisierung ist typisch für gleichrangige Verbundsysteme und mit einer Zentralisierung der Initiativfunktion (Kennzeichen hierarchischer Systeme) nicht zu vereinbaren, ohne daß ein Merkmal den Effekt des anderen schmälern würde.

(17) Unternehmensübergreifend - zentralisierte Initiativfunktion

Die Unzulässigkeit dieser Verknüpfung resultiert aus der damit verbundenen Einschränkung der Unabhängigkeit des einzelnen Unternehmens, die in der Praxis kaum akzeptiert würde.

2. Bestimmung zulässiger Merkmalskombinationen

Nach der Einschränkung des Alternativenspielraums durch Eliminierung nicht zulässiger Merkmalskombinationen ist die Menge der zulässigen Kombinationen zu differenzieren. Hierzu gehören:

- die möglichen Merkmalskombinationen,
- die typischen Merkmalskombinationen sowie
- die Kombinationen voneinander unabhängiger Merkmale.

Alle kombinatorisch und logisch möglichen Alternativen im folgenden einzeln zu behandeln, würde den Rahmen sprengen. Die Darstellung beschränkt sich daher auf die bedingt möglichen Merkmalskombinationen - wobei die jeweiligen Bedingungen angegeben sind. Die typischen Merkmalskombinationen werden - ihrer Bedeutung entsprechend - einzeln aufgeführt. Die Kombinationen zwischen voneinander unabhängigen Merkmalen wiederum werden nur pauschal begründet.

In der Abbildung 51 sind die Felder, die (bedingt) möglichen Kombinationen entsprechen, durch Kleinbuchstaben gekennzeichnet, während die typischen Kombinationen durch arabische Ziffern ausgewiesen sind. Die leeren Felder repräsentieren voneinander unabhängige Merkmalsausprägungen; das Symbol 'N' steht für die bereits angeführten nicht zulässigen Kombinationen.

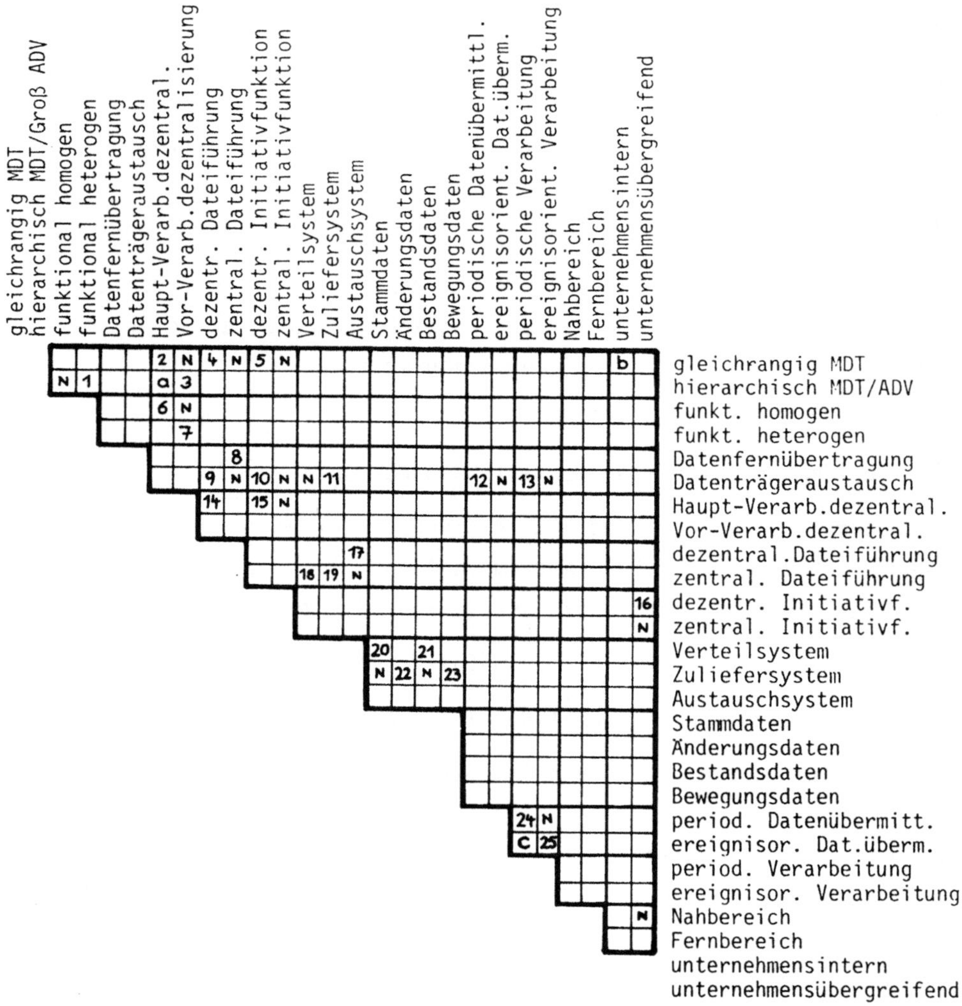

ABB. 51: ZULÄSSIGE MERKMALSKOMBINATIONEN

2.1 Mögliche Kombinationen

Im folgenden sind einige in der Praxis mögliche Merkmalskombinationen mit den an sie geknüpften Bedingungen aufgeführt.

(a) Haupt-Verarbeitungsdezentralisierung - hierarchisch MDT/Groß-ADV

Bei Haupt-Verarbeitungsdezentralisierung in einem hierarchischen MDT/Groß-ADV-Verbund werden von MDT-Anlagen Aufgaben erfüllt, die selbst zur direkten Abgabe von Outputinformationen an die Benutzer führen. Zwar ist eine exakte Trennung von Vor- und Haupt-Verarbeitung auch hierbei nur sehr schwer möglich; als Unterscheidungskriterium kann jedoch dienen, daß die an den Benutzer ausgegebenen Informationen Ergebnis eines eigenständigen Verarbeitungsprozesses sind und nicht als Nebenprodukt der Vorverarbeitung anfallen. Wie bereits dargestellt, bildet der hierarchische Verbund mit Vor-Verarbeitungsdezentralisierung durch MDT die Regel. Die Anwendungen vor allem im Handel und Bankwesen belegen dies. Durch die MDT erfolgende Hauptverarbeitung (= Weiterverarbeitung) von Daten, die Output zentral durchgeführter Verarbeitungsprozeduren sind, ist auf wenige Anwendungsfälle beschränkt.

(b) Unternehmensintern - gleichrangig MDT

Ein gleichrangiger MDT-Verbund scheint auf unternehmensinterner Ebene nur in zwei Fällen zweckmäßig: zwischen MDT-Anlagen, die in mehreren Zweigstellen oder Zweigwerken einer Unternehmung installiert sind, oder beim Einsatz funktionell heterogener Computersysteme. Dieser Anwendungsfall setzt voraus, daß hier die Erreichung bestimmter organisatorischer Ziele (z.B. Problemlösungsqualität, Benutzerfreundlichkeit) Vorrang gegenüber dem Ziel ökonomischer Effizienz hat.

(c) Periodische Verarbeitung - ereignisorientierte Übermittlung

Ereignisorientierte Übermittlung von Daten, die in periodischen

Abständen verarbeitet werden, ist dann sinnvoll, wenn eine Zwischenspeicherung zu sendender Daten im Bereich der sendenden Datenstation nicht möglich ist oder zu aufwendig wäre. Diese Verbundform erfordert zur Überbrückung des Zeitraums zwischen Entstehung und Verarbeitung der Daten eine Zwischenspeicherung beim Empfänger.

2.2 Typische Kombinationen

Eine Merkmalskombination wird hier als typisch bezeichnet, wenn die Umkehrung einer ihrer Merkmalsausprägungen zu einer unzulässigen Kombination führt. Zur Verdeutlichung: Wenn die Kombination der Merkmale a und b mit den Merkmalsausprägungen a_1/b_1 typisch ist, wird eine der Kombinationen a_2/b_1 oder a_1/b_2 unzulässig sein. Die Beschreibung der im folgenden aufgeführten typischen Kombinationen setzt im Regelfall an einer unzulässigen Kombination an.

(1) Funktional heterogen - hierarchisch MDT/Groß-ADV

Ein aus funktional homogenen Sachmitteln bestehender hierarchischer Computerverbund zwischen MDT und Groß-ADV ist - wie dargestellt wurde - unzulässig. Dagegen ist der hierarchische Verbund aus heterogenen Sachmitteln eine typische Verbundform. Da in einem hierarchischen Verbund auf den verschiedenen Ebenen andersgeartete Funktionen wahrzunehmen sind, werden dafür zweckmäßigerweise auch solche Computersysteme eingesetzt, die für diese spezifischen Funktionen ausgelegt sind.

(2) Haupt-Verarbeitungsdezentralisierung - gleichrangig MDT
und
(3) Vor-Verarbeitungsdezentralisierung - hierarchisch MDT/Groß-ADV

Die Merkmalsausprägungen 'gleichrangig' und 'Haupt-Verarbeitungsdezentralisierung' einerseits sowie 'hierarchisch' und 'Vor-Verarbeitungsdezentralisierung' andererseits entsprechen jeweils gleichen Sachverhalten: einmal der Struktur des Verbundes, zum anderen einer hieraus ableitbaren Funktionszuordnung. Die Kombination 'Vor-Verarbeitungsdezentralisierung' und 'gleichrangig MDT' ist logisch widersprüchlich und somit unzulässig.

(4) Dezentralisierte Dateiführung - gleichrangig MDT
und
(5) Dezentralisierte Initiativfunktion - gleichrangig MDT

Sowohl zentrale Dateiführung als auch zentralisierte Initiativfunktion in einem gleichrangigen Verbund treten in der Praxis nicht auf, da diese beiden Kombinationen nicht sinnvoll sind. Dagegen ist die Dezentralisierung von Dateiführung und Initiativfunktion in gleichrangigen Verbundsystemen typisch, wenn nicht sogar notwendige Bedingung für einen vollkommen - also auch in dieser Hinsicht - gleichrangigen Verbund.

(6) Haupt-Verarbeitungsdezentralisierung - funktional homogen

Diese Kombination ist typisch, da ein aus funktional homogenen Rechnern bestehender Verbund mit Dezentralisierung von Vor-Verarbeitungsfunktionen unzulässig ist.

(7) Vor-Verarbeitungsdezentralisierung - funktional heterogen

Vor-Verarbeitungsdezentralisierung bei Einsatz funktional homogener Sachmittel wurde als unzulässig erklärt. Vor-Verarbeitungsaufgaben sind dezentralen Computersystemen zu übertragen, die sich in ihrer Eignung von der des zentralen Computersystems unterscheiden.

(8) Zentralisierte Dateiführung - Datenfernübertragung
und
(9) Dezentralisierte Dateiführung - Datenträgeraustausch

Bei ausschließlich zentraler Dateiführung ist der Zugriff auf die gespeicherten Daten nur durch Datenfernübertragung möglich, wenn bestimmte enge zeitliche Anforderungen an den Zugriff gestellt werden. Auf der anderen Seite ist bei Datenträgeraustausch in der Regel eine dezentrale Dateiführung notwendig, so daß auch diese Kombination typisch ist.

(10) Dezentralisierte Initiativfunktion - Datenträgeraustausch

Eine Dezentralisierung der Initiativfunktion ist in Verbundsystemen mit Datenträgeraustausch notwendig und typisch, da die Steuerung des Gesamtsystems von einer zentralen Stelle aus zu einem unvertretbaren Aufwand führen würde.

(11) Zuliefersystem - Datenträgeraustausch

Den typischen Charakter dieser Kombination zeigen die zahlreichen Beispiele von Datensammelsystemen mit Magnetbandkassetten in der Praxis sowie die Unzulässigkeit des Verteilsystems mit Datenträgeraustausch.

(12) Periodische Übermittlung - Datenträgeraustausch

Da eine ereignisorientierte Übermittlung von Daten auf dem Wege des Datenträgeraustausches für die Praxis irrelevant ist, stellt die periodische Übermittlung von Daten auf diesem Wege in der Praxis die Regel dar.

(13) Periodische Verarbeitung - Datenträgeraustausch

Da eine ereignisorientierte Übermittlung fehlt, ist ereignisorientierte Verarbeitung bei Datenträgeraustausch nicht möglich. Somit ist bei dieser Anwendungsform die periodische Verarbeitung typisch.

(14) Dezentralisierte Dateiführung - Haupt-Verarbeitungs-
dezentralisierung

und

(15) Dezentralisierte Initiativfunktion - Haupt-Verarbeitungs-
dezentralisierung

Dezentrale Dateiführung und Initiativfunktion einerseits sowie Haupt-Verarbeitungsdezentralisierung andererseits wurden als Merkmale gleichrangiger Verbundsysteme dargestellt. Deshalb bilden auch ihre Kombinationen miteinander typische Alternativen.

(16) Unternehmensübergreifend - dezentralisierte Initiativfunktion

Für einen unternehmensübergreifenden Verbund ist die dezentralisierte Initiativfunktion typisch, da aus Gründen der Autonomie - wie dargestellt - die Zentralisierung der Initiativfunktion nicht sinnvoll ist.

(17) Austauschsystem - dezentralisierte Dateiführung

und

(18) Verteilsystem - zentralisierte Dateiführung

und

(19) Zuliefersystem - zentralisierte Dateiführung

Der typische Charakter dieser drei Kombinationen ergibt sich aus ihrem Anwendungszweck (vgl. die entsprechenden Definitionen) sowie aus der Unzulässigkeit der Kombination 'Austauschsystem - zentralisierte Dateiführung'.

(20) Stammdaten - Verteilsystem,

(21) Bestandsdaten - Verteilsystem,

(22) Änderungsdaten - Zuliefersystem

und

(23) Bewegungsdaten - Zuliefersystem

Verteil- und Zuliefersysteme sind dadurch gekennzeichnet, daß Daten eines zentralen Datenbestandes an mehrere dezentrale Stellen übermittelt oder - umgekehrt - von diesen zusammengetragen werden. Typisch sind die vier Kombinationen deshalb, weil zentrale Datenbestände ausschließlich Stamm- und Bestandsdaten an dezentrale Stellen senden und selbst mit Änderungs- und Bewegungsdaten von diesen dezentralen Stellen versorgt werden.

(24) Periodische Verarbeitung - periodische Übermittlung
und

(25) Ereignisorientierte Verarbeitung - ereignisorientierte Übermittlung

Diese beiden Merkmalspaare sind typisch, da bei ihnen die Frequenzen von Verarbeitung und Übermittlung übereinstimmen. Die Ausschließlichkeitsbedingung ist erfüllt, da die Kombination 'ereignisorientierte Verarbeitung - periodische Übermittlung' unzulässig ist.

2.3 Unabhängige Merkmale

Zahlreiche Merkmale können in ihren Ausprägungen zwar - gemeinsam mit anderen - zur Beschreibung realisierter und realisierbarer Computerverbundsysteme herangezogen werden, weisen jedoch untereinander keinen Beziehungszusammenhang auf. Während die im einzelnen aufgeführten zulässigen Kombinationen möglich und 'sinnvoll' sind, können die Kombinationen unabhängiger Merkmale als möglich im Sinne von 'realisierbar' gelten.

Die freien Zellen in der Matrix der Abbildung 51 repräsentieren die Kombinationen zweier voneinander unabhängiger Merkmalsausprägungen. In der Regel führen die unabhängigen Merkmale zu Kombinationen, über deren praktische Relevanz a priori keine Aussagen möglich sind.

3. Verknüpfung zu Merkmalskombinationen höherer Ordnung

Die schrittweise aus den Einzelkombinationen zu entwickelnden Kombinationen höherer Komplexität zielen auf eine umfassende Beschreibung und Klassifizierung der sinnvoll unterscheidbaren Verbundalternativen. Ihre Erarbeitung setzt an den typischen Merkmalskombinationen an, indem diese mit den möglichen Kombinationen verbunden werden.

Dies wird zweckmäßigerweise zunächst innerhalb der vier Merkmalsgruppen geschehen, bevor - in einem zweiten Schritt - gruppenfremde Merkmale miteinander verknüpft werden.

3.1 Verknüpfung innerhalb von Merkmalsgruppen

Entsprechend der Merkmalseinordnung in die vier Kategorien

- sachmittelbezogener,
- funktionaler,
- zeitlicher und
- räumlicher Merkmale

werden die in Abb. 52 kenntlich gemachten Dreieck-Felder gesondert untersucht:

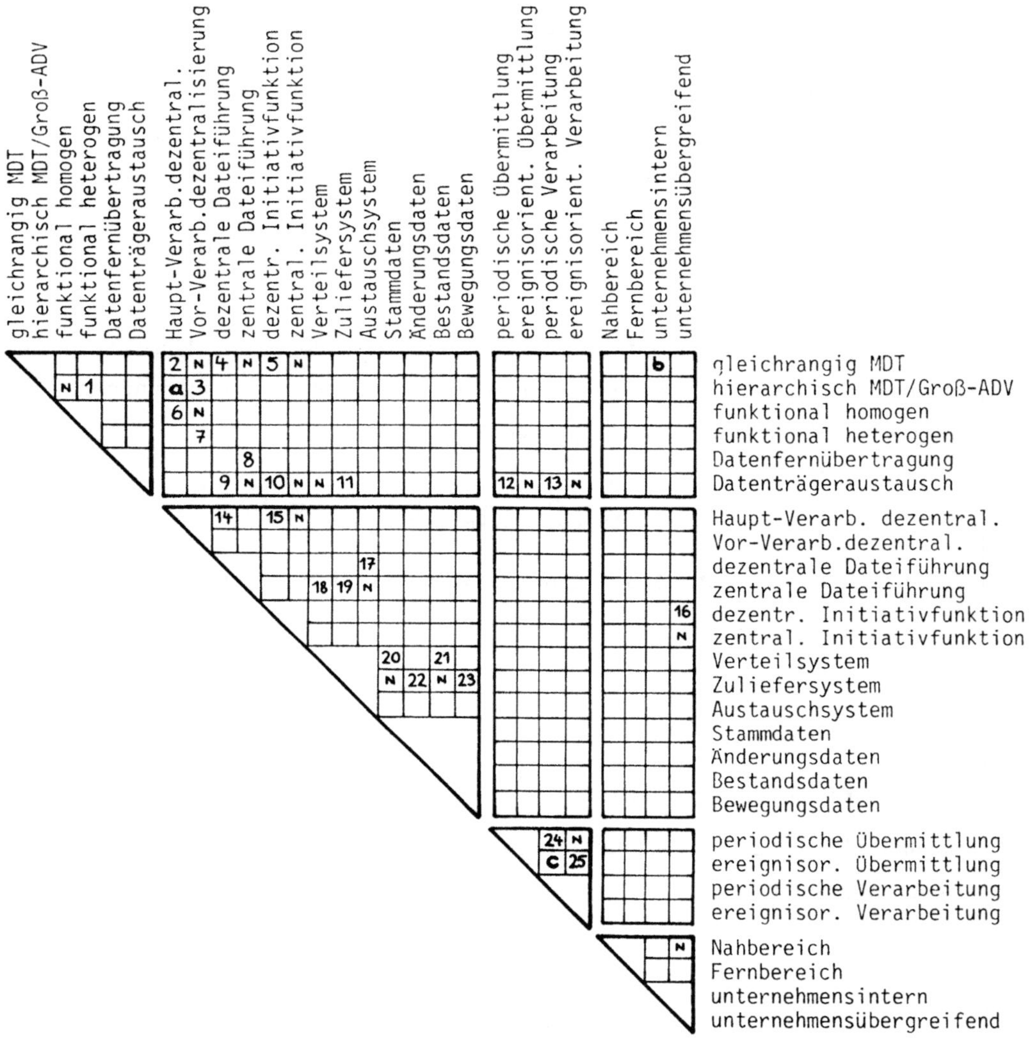

ABB. 52: KOMBINATIONEN HÖHERER ORDNUNG (SCHEMA)

(1) Sachmittelbezogene Alternativen

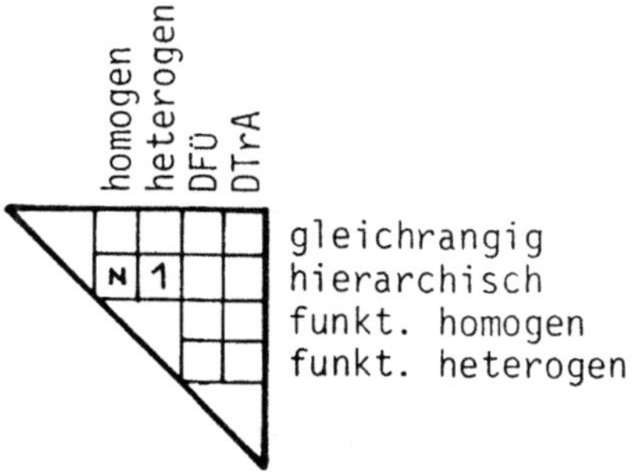

ABB. 53: KOMBINATIONEN SACHMITTELBEZOGENER MERKMALE

Aus den möglichen und typischen Kombinationen zwischen den Ausprägungsformen der 'Sachmittelart und 'Sachmitteleignung' sowie der hiervon unabhängigen Verbindungsart ergeben sich die folgenden sechs Alternativen innerhalb der Merkmalsgruppe:

(1) gleichrangiger Verbund zwischen funktional homogenen Sachmitteln mit Datenfernübertragung,

(2) gleichrangiger Verbund zwischen funktional heterogenen Sachmitteln mit Datenfernübertragung,

(3) gleichrangiger Verbund zwischen funktional homogenen Sachmitteln mit Datenträgeraustausch,

(4) gleichrangiger Verbund zwischen funktional heterogenen Sachmitteln mit Datenträgeraustausch,

(5) hierarchischer Verbund zwischen funktional heterogenen Sachmitteln mit Datenfernübertragung und

(6) hierarchischer Verbund zwischen funktional heterogenen Sachmitteln mit Datenträgeraustausch.

(2) Funktionale Alternativen

Die starken Wechselbeziehungen zwischen der Lokalisierung der Dateiführung, dem Zweck der Datenübermittlung, dem Inhalt der übermittelten Daten und anderen Merkmalen lassen innerhalb dieser Merkmalsgruppe fundierte Aussagen über typische multivariable Kombinationen zu.

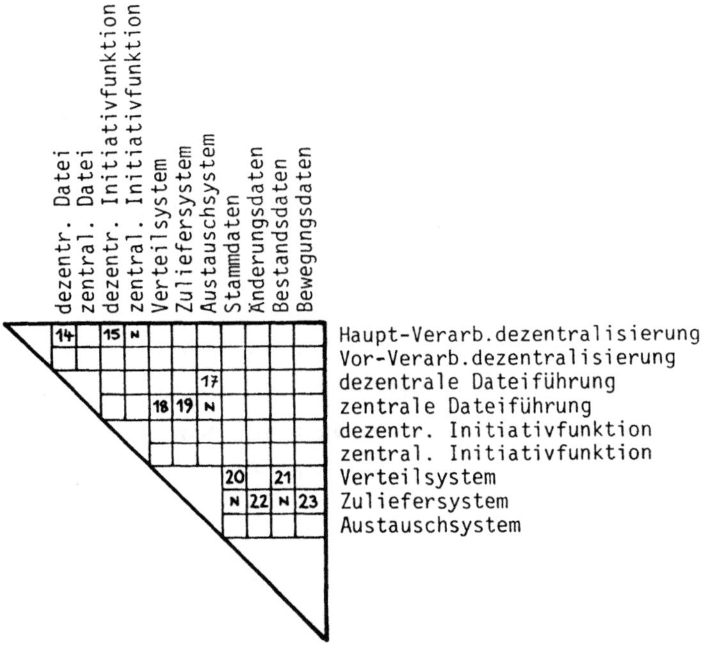

ABB. 54: KOMBINATIONEN FUNKTIONALER MERKMALE

Aus den Beziehungen innerhalb der Matrix ergeben sich folgende Mehrfachkombinationen:

(1) Haupt-Verarbeitungsdezentralisierung / dezentrale Datei / dezentralisierte Initiativfunktion / Austauschsystem / Stammdaten/Bestandsdaten,

(2) Haupt-Verarbeitungsdezentralisierung / dezentrale Datei / dezentralisierte Initiativfunktion / Austauschsystem / Änderungsdaten/Bewegungsdaten,

(3) Vor-Verarbeitungsdezentralisierung / zentrale Datei / zentralisierte Initiativfunktion / Zuliefersystem / Änderungsdaten/ Bewegungsdaten,

(4) Vor-Verarbeitungsdezentralisierung / zentrale Datei / zentralisierte Initiativfunktion / Verteilsystem / Stammdaten/Bestandsdaten,

(5) Vor-Verarbeitungsdezentralisierung / dezentrale Datei / zentralisierte Initiativfunktion / Austauschsystem / Änderungsdaten/Bewegungsdaten,

(6) Vor-Verarbeitungsdezentralisierung / dezentrale Datei / dezentralisierte Initiativfunktion / Austauschsystem / Änderungsdaten/Bewegungsdaten,

(7) Vor-Verarbeitungsdezentralisierung / zentrale Datei / dezentralisierte Initiativfunktion / Zuliefersystem / Änderungsdaten/ Bewegungsdaten und

(8) Vor-Verarbeitungsdezentralisierung / zentrale Datei / dezentralisierte Initiativfunktion / Verteilsystem / Stammdaten/Bestandsdaten.

(3) Zeitliche Alternativen

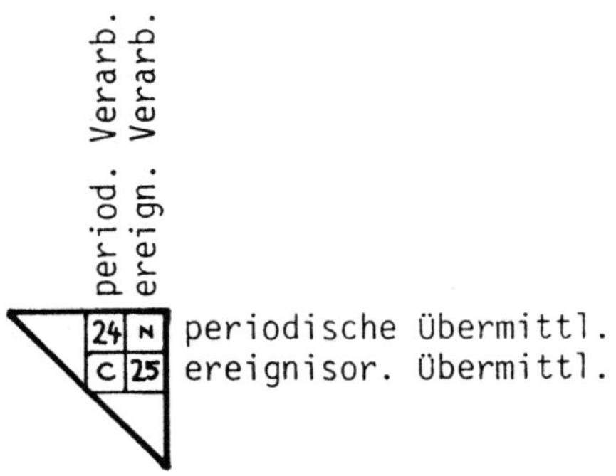

ABB. 55: KOMBINATIONEN ZEITLICHER MERKMALE

Da die Gruppe nur zwei Merkmale umfaßt und eine der vier Kombinationsmöglichkeiten unzulässig ist, verbleiben die drei folgenden Verbundalternativen

(1) periodische Übermittlung mit periodischer Verarbeitung,

(2) ereignisorientierte Übermittlung mit periodischer Verarbeitung und

(3) ereignisorientierte Übermittlung mit ereignisorientierter Verarbeitung.

(4) Räumliche Alternativen

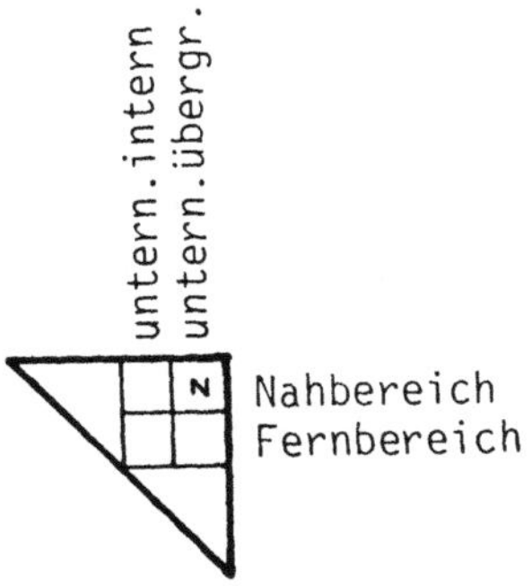

ABB. 56: KOMBINATIONEN RÄUMLICHER MERKMALE

Hinsichtlich der räumlichen Dimension von Computerverbundsystemen lassen sich ebenfalls nur drei Alternativen unterscheiden:

(1) unternehmensübergreifend im Fernbereich,

(2) unternehmensintern im Fernbereich und

(3) unternehmensintern im Nahbereich.

3.2 Verknüpfung gruppenfremder Merkmale

Vor der weiteren Zusammenfassung der auf Merkmalsgruppen beschränkten Alternativen zu solchen Verbundtypen, die alle Aspekte eines Computerverbundsystems berücksichtigen, sind Widersprüche zwischen den Gruppenkombinationen zu beseitigen. Deshalb sind die Kombinationsmöglichkeiten gruppenfremder Merkmale - in Abbildung 52 durch die hervorgehobenen Rechteck-Felder repräsentiert - auf unzulässige Einfachkombinationen zu überprüfen, die im Rahmen gruppenübergreifender Mehrfachkombinationen auftreten könnten.

(1) Sachmittelbezogene und funktionale Alternativen

Da die Kombination des Datenträgeraustausches mit den Merkmalsausprägungen 'zentrale Dateiführung', zentralisierte Initiativfunktion' und 'Verteilsystem' unzulässig ist, kommen alle entsprechenden gruppenübergreifenden Mehrfachkombinationen nicht in Betracht. Darüberhinaus sind die restriktiven Bedingungen für gleichrangige MDT-Verbundsysteme hinsichtlich der Funktionszuordnung zu beachten (keine Vor-Verarbeitungsdezentralisierung sowie keine Zentralisierung der Datei und der Initiativfunktion).

(2) Sachmittelbezogene und zeitliche Alternativen

Bei der Verknüpfung dieser Merkmalsgruppen sind die unzulässigen Kombinationen des Datenträgeraustausches mit den Ausprägungen 'ereignisorientierte Übermittlung' und 'ereignisorientierte Verarbeitung' zu eliminieren.

(3) Räumliche und funktionale Alternativen

Da für den unternehmungsübergreifenden Verbund eine Zentralisierung der Initiativfunktion nicht zugelassen wurde, sind die gruppenübergreifenden Mehrfachkombinationen, die diese Merkmalsausprägungen aufweisen, miteinander unvereinbar.

(4) Sachmittelbezogene und räumliche Alternativen,

(5) Zeitliche und funktionale Alternativen
und

(6) Zeitliche und räumliche Alternativen

Bei diesen Merkmalsklassen-Zuordnungen bestehen keine Restriktionen für Mehrfachkombinationen höherer Ordnung. Die zwischen den Merkmalsgruppen bestehenden Unvereinbarkeiten reduzieren den kombinatorisch möglichen Alternativenvorrat bereits erheblich. Eine weitere Vereinfachung wird erreicht, wenn die drei möglichen - aber nicht unbedingt relevanten - Merkmalskombinationen[1] ebenfalls berücksichtigt werden. Die entsprechende Vorgehensweise veranschaulicht Tabelle 13:

Merkmalsklassen	Alternativen	Raum			Zeit			Funktion							
		1	2	3	1	2	3	1	2	3	4	5	6	7	8
Sachmittel	1		m	m		m				u	u	u	u	u	u
	2		m	m		m				u	u	u	u	u	u
	3		m	m		u	u			u	u	u	u	u	u
	4		m	m		u	u			u	u	u	u	u	u
	5					m		m	m						
	6					u	u	m	m	u	u	u		u	u
Raum	1									u	u	u			
	2														
	3														

u = unzulässige Alternativenkombination

m = mögliche, aber nicht typische Alternativenkombination

TABELLE 13: ELIMINIERUNG VON ALTERNATIVEN-KOMBINATIONEN

Die aus der Synthese typischer Merkmalskombinationen sich ergebenden typischen Computerverbund-Alternativen sind der Tabelle 14 zu entnehmen:

---

1) Es waren dies die Kombinationen 'Dezentralisierung der Hauptverarbeitung - hierarchischer MDT-Groß-ADV-Verbund', 'unternehmensinterner Verbund - gleichrangiger MDT-Verbund' und 'periodische Verarbeitung - ereignisorientierte Datenübermittlung'.

	Sachmittel			Funktion					Zeit	Raum	
	Sachmittelart	Sachmitteleignung	Verbindungsart	Lokalis.d. Verarbtg.-funktion	Lokalis.d. Dateiführung	Lokalis.d. Initiativfunktion	Zweck der Datenübermittlung	Variabil. d.übermittelt.Daten	Frequenz d. D.übermittl u.d.Verarb.	Räumliche Ausdehnung d.Verbundes	Anwendungsbereich
(1)									periodisch		
(2)		homogen									
(3)			Datenfernübertragung						ereignisabhängig		
(4)	gleichrangig	heterogen		dezentrale Hauptverarbeitung				alle Daten			Fernbereich
(5)			Datenträgeraustausch							unternehmensübergreifend	
(6)		homogen									
(7)					dezentral				periodisch		
(8)							Austauschsystem				
(9)											
(10)										unternehmensintern	Nahbereich
(11)											
(12)											
(13)								Änderungs- u. Bewegungsdaten	ereignisabhängig	unternehm. übergreif.	Fernbereich
(14)						dezentral					
(15)											
(16)							Zuliefersystem			unternehmensintern	Nahbereich
(17)											
(18)											
(19)									periodisch	unternehm. übergreif.	Fernbereich
(20)											
(21)	hierarchisch	heterogen	Datenfernübertragung								
(22)				dezentrale Vorverarbeitung	zentral					unternehmensintern	Nahbereich
(23)											
(24)							Verteilsystem	Stamm- u. Bestandsdaten	ereignisabhängig		
(25)										u. übergreif.	Fernbereich
(26)											
(27)											Nahbereich
(28)											
(29)									periodisch		Fernbereich
(30)											
(31)						zentral	Zuliefersystem			unternehmensintern	Nahbereich
(32)											
(33)									ereignisabhängig		Fernbereich
(34)								Änderungs- u. Bewegungsdaten			
(35)											Nahbereich
(36)					dezentral		Austauschsystem				
(37)									periodisch		
(38)			Datenträgeraustausch			dezentral				u. übergreif.	Fernbereich
(39)										unternehmensintern	Nahbereich

TABELLE 14: TYPISCHE COMPUTERVERBUND-ALTERNATIVEN

Das Prädikat 'typisch' besagt nichts über die Häufigkeit der tatsächlich realisierten Systeme; es bedeutet vielmehr, daß die Merkmale der einzelnen Alternativen besonders gut aufeinander abgestimmt sind. Um die Eignung einer Alternative für einen konkreten Anwendungsfall beurteilen zu können, sind neben den Aufgabenkriterien und -bedingungen die aus dem individuellen Zielsystem abgeleiteten Kriterien für die Computerverbund-Alternativen heranzuziehen.

c) Kriterien für die Computerverbund-Alternativen

Im folgenden werden Zielkriterien in die Systematik eingearbeitet, um Aussagen über Eignung und Brauchbarkeit der alternativen Computerverbundformen zu ermöglichen.

(1) Ökonomische Effizienz

Generelle Aussagen darüber, welche konkreten Merkmalsausprägungen von Verbundsystemen zum Erreichen des Wirtschaftlichkeitszieles zweckmäßig sind, lassen sich nicht treffen: Die Beantwortung der Frage, ob bspw. Kommunikation durch Datenfernübertragung unter Effizienzgesichtspunkten sinnvoll ist, ist nur unter Einbeziehung der speziellen Anwendung möglich. Ebenso muß etwa die Wahl zwischen zentraler und dezentraler Dateiführung letztlich auf der Grundlage der speziellen Anwendung getroffen werden.

(2) Sicherheit

Ausprägungsformen von Computerverbundsystemen, die sich förderlich auf die Erreichung des Sicherheitszieles auswirken können, sind im einzelnen:

- 'Funktional homogene Sachmittel': Die Verwendung funktional homogener Sachmittel im Verbund kann einer Erhöhung der Systemzuverlässigkeit dienlich sein, da die gegenseitige Austauschbarkeit von Sachmitteln gefördert wird.

- 'Zentrale Initiativfunktion': Wegen des hohen Koordinierungsaufwandes und der zunehmenden Fehleranfälligkeit, die bei dezentraler Initiativfunktion auftreten, ist die Zentralisierung der Initiativfunktion unter dem Sicherheitsaspekt generell vorzuziehen.
- 'Periodische Übermittlung' und 'periodische Verarbeitung': Weniger Steuerungs- und Koordinierungsaufwand fällt bei periodisch durchgeführter Verarbeitung und der hierfür meist ausreichenden periodischen Übertragung an.

(3) Flexibilität

Flexibilitätsfördernde Merkmalsausprägungen sind:

- 'Haupt-Verarbeitungsdezentralisierung': Mehrere dezentrale Verarbeitungssysteme lassen sich problemloser modifizieren als ein zentrales System mit Terminals, weil sie weniger Beziehungen untereinander aufweisen und im allgemeinen autonom arbeitsfähig sind.

- 'Ereignisorientierte Übermittlung' und 'ereignisorientierte Verarbeitung': Diese Ausprägungsformen begünstigen die Flexibilität von Abläufen, indem sie eine unmittelbare Reaktion auf betriebliche Ereignisse erlauben, die Informationsverarbeitungsaufgaben auslösen. Beispiele hierfür sind: Vermeidung von Leerlaufzeiten und Kapitalbindung durch zeitnahe Informationsverarbeitung im Rahmen der Fertigungsplanung/-steuerung; Zinsgewinne durch schnelle Disposition im Finanzbereich; Sicherung hoher Lieferbereitschaft durch zeitpunktorientiertes Bestellwesen.

(4) Autonomie

Die entsprechenden Merkmalsausprägungen sind:

- 'Haupt-Verarbeitungsdezentralisierung': Diese führt zu einer verfahrensmäßigen Unabhängigkeit, im Gegensatz zur Vor-Verarbeitungsdezentralisierung, die für den Benutzer, dem ausschließlich Vor-Verarbeitungsfunktionen zugeordnet sind, eine weitgehende Abhängigkeit von anderen Benutzergruppen bedeutet.

- 'Gleichrangiger Verbund': Diese Merkmalsausprägung wirkt generell in der gleichen Richtung, sie führt jedoch zu sachmittelbezogener Unabhängigkeit.
- 'Dezentralisierte Dateiführung' und 'dezentrale Initiativfunktion': Diese Merkmalsausprägungen sichern dem einzelnen Verbundteilnehmer eine weitgehende Eigenständigkeit in den entsprechenden Funktionen.

(5) Benutzerfreundlichkeit

Einer benutzernahen und benutzerfreundlichen Gestaltung von Computerverbundsystemen dienen folgende Merkmalsausprägungen:

- 'Funktional heterogene Sachmittel': Indem für unterschiedliche Teilaufgabenkomplexe spezialisierte Sachmittel eingesetzt werden, können deren qualitative Leistungsunterschiede besser genutzt werden; dies wirkt sich letztlich auf die Güte der Problemlösung günstig aus.
- 'Datenfernübertragung', 'ereignisorientierte Übermittlung' und 'ereignisorientierte Verarbeitung': Ergebnisinformationen können dem Benutzer schneller in adäquater Form zugestellt werden.
- 'Haupt-Verarbeitungsdezentralisierung', 'dezentralisierte Dateiführung' und 'dezentrale Initiativfunktion': Die Möglichkeit dezentraler Verarbeitung mit Hilfe separat geführter Datenbestände und unter eigener Steuerung dient ebenfalls dem Ziele der 'Benutzerfreundlichkeit'.

V. ZUORDNUNG VON AUFGABENKOMPLEXEN UND COMPUTERVERBUND-ALTERNATIVEN

Zentraler Bestandteil einer Anwendungskonzeption für den Computerverbund sind Zuordnungs-Aussagen, die zu erfüllende Datenverarbeitungs-Aufgaben und Sachmittel des Verbundes unter Beachtung des individuellen Zielsystems miteinander verknüpfen. An Aufgaben und Verbundtechnologie als den Komponenten der Zuordnung wurden innerhalb der ersten Schritte der Konzeptionsentwicklung eine Reihe konzeptioneller Aktivitäten vorgenommen, die vor allem der zielorientierten Reduktion von Alternativenräumen und ihrer Präzisierung dienten. Das Datenverarbeitungs-Aufgabensystem wurde anhand von Gestaltungskriterien und Erfüllungsbedingungen aufbereitet und in Subsysteme (Aufgabenkomplexe) zerlegt; aus der Vielzahl möglicher Verbundalternativen wurde mittels bestimmter Merkmalsausprägungen die Menge der relevanten ermittelt.

Ein wesentlicher Grund für die Komplexität des Zuordnungs-Problems ist der Mangel an nomologischen Aussagen über die Anwendung bestimmter Verbund-Konfigurationen für bestimmte Aufgaben-Strukturen (unter bestimmten Randbedingungen). Auch bei einer Beschränkung auf plausible Wahrscheinlichkeits-Aussagen, die aus Hypothesen über Tendenzen gewonnen werden können, ist der gegenwärtige Wissensstand hinsichtlich empirisch abgesicherter Gesetzmäßigkeiten als sehr gering einzuschätzen. Deshalb sind auch in diesem Stadium des Entwurfes nur Aussagen über die organisatorisch-technische <u>Plausibilität</u> möglicher Zuordnungen und Vorschläge für nutzwertanalytische Bewertungs- und Auswahlprozesse möglich.

a) Analyse der Datenverarbeitungs-Prozesse in den Aufgaben-Subsystemen

Während die Bildung von Aufgaben-Subsystemen an Leistungskriterien der Aufgabenerfüllung und an deren Bedingungen ausgerichtet ist

(Schnelligkeit, Zuverlässigkeit, Datenmenge etc.), müssen die Aufgabenerfüllungsprozesse in der Zuordnungsphase - auf ADV-Technologien bezogen - differenziert werden. Diese Differenzierung ist Voraussetzung für die Zuordnung von Aufgaben auf bestimmte in den Verbund-Alternativen enthaltene Aggregate. Sie führt zu einer weiteren Angleichung der formalen Aufgabenstrukturen an die organisatorisch-technischen Bedingungen des Computerverbundes. Ferner kann auf der Grundlage dieser Analyse die integrative Wirkung von Technologien des Computerverbundes genauer ermittelt und bei der Zuordnung besser genutzt werden.

Eine prozeßbezogene Analyse von Aufgabensystemen wird jedoch heuristischen Wert nur besitzen, wenn sie auf bereits aufbereitete Aufgaben-Subsysteme zurückgreifen kann. Partition und Detaillierung sollten deshalb bereits abgeschlossen sein, um die Kriterien auf möglichst umfassende Input-Output-Strukturen anwenden zu können. Andernfalls würde zwar auch eine gewisse Selektionswirkung eintreten, der Analyse-Aufwand wäre jedoch wesentlich höher und einige Lösungsmöglichkeiten könnten unterdrückt werden.

Eine exakte Trennung von Subsystem-Bildung und Prozeß-Phasen-Analyse ist dennoch nicht aufrechtzuerhalten. So ging die Bildung der Input-/Output-Strukturen implizit von einer Unterscheidung von Verarbeitung und Übertragung aus. Diese Unterscheidung war besonders bei der Behandlung der Subsystemübergänge (derjenigen Beziehungen, die Aufgaben beider Subsysteme verknüpfen) wesentlich, wobei bestimmte Merkmale dieser Übergänge (z.B. Verzögerungszeiten) beachtet werden mußten. Ohne diese Unterscheidung wäre eine zweckgerichtete Partition für den Computerverbund nicht möglich gewesen, da dieser ja auf der Verbindung (mit Übertragung von Informationen) von ADV-Kapazitäten (zur Verarbeitung von Informationen) beruht.

Im folgenden werden deshalb die Analysegrößen dargestellt und - wo dies sinnvoll ist - um die Methoden ergänzt, mit denen sie für die Zuordnung aufbereitet werden können. Diese Methoden entsprechen denen der Subsystembildung.

1. Erfassung

Die Datenerfassung umschließt alle Aktionen, die der erstmaligen Bereitstellung von Inputdaten als maschinell lesbaren und/oder eingabefähigen Daten dienen[1]. Dies kann auf drei Wegen erreicht werden:

- durch Überführung der auf maschinell nicht lesbaren Datenträgern fixierten Inputdaten in eine maschinell eingabefähige Form,
- durch unmittelbare Fixierung der Inputdaten auf maschinell lesbaren Datenträgern,
- durch die datenträgerlose Eingabe, die eine Fixierung einschließt.

Daraus wird bereits erkennbar, daß der Erfassungsprozeß sowohl an den Entstehungsprozeß der Inputdaten als auch an ihren Verarbeitungsprozeß herangeführt werden kann. Dies hat für die Zuordnung der Erfassungsphase auf bestimmte Elemente der Verbundstrukturen wichtige - insbesondere raum-zeitliche - Konsequenzen.
Für die Beurteilung der technischen Anforderungen und die Lokalisierung der Aggregate, die Erfassungsprozesse übernehmen sollen, sind beispielsweise folgende Fragen zu beantworten:

- Welcher Art sind die subsystemexternen Aufgaben, von denen subsysteminterne Aufgaben Informationen erhalten:
  - Sind sie Elemente der Umwelt oder
  - des Basis-Systems ?

---

1) Vgl. dazu Abschnitt B. I. a) 2. (Verrichtungen bei der Aufgabenerfüllung).

- Sind die Randelemente des Subsystems Elemente mit Sammler- oder Elemente mit Verbinderfunktion ?
- Welches Datenvolumen (Inputdatenmenge und Aktivierungshäufigkeit) passiert diese Subsystemeingänge ?

Damit wird eine formal-quantitative Beschreibung von Daten für eine Erfassungs-Zuordnung möglich. Wenn die Daten aus konzeptionell bereits bearbeiteten Subsystemen stammen, ist die Untersuchung auf die entsprechenden Inputs des sachlogisch vorgelagerten Subsystems rückzubeziehen. Die zur formal-quantitativen Beschreibung anwendbaren Methoden zählen zu den oben[1] beschriebenen elementeorientierten Methoden.

2. Transformation

Die Phase der Transformation - der Ausführung von Operationen an den Inputdaten einer Aufgabe - war als 'Verarbeitungs'-Phase bereits Gegenstand der konzeptionellen Aufbereitung der Subsysteme. Die Aufgabendefinition und die Komplexität der Operationen wurden bei der Bildung von Subsystemen herangezogen: Damit ist die Transformationsart der einzelnen Subsysteme für Konzeptionszwecke ausreichend bestimmt; zu untersuchen sind allerdings noch die Abhängigkeiten zu den Prozessen der Speicherung und Übertragung.

Bei der Zuordnung von Subsystemen auf einzelne Verbund-Aggregate ist davon auszugehen, daß alle Transformationsprozesse eines Subsystems auf ein Aggregat übertragen werden können: Dies wird zum einen durch eine Zusammenfassung zu Operationstypen erleichtert, zum anderen durch die Abstimmung von Zeit- (Ausführungszeitpunkt und -häufigkeit einer Aufgabe) und Mengenabhängigkeiten (Input-

1) Vgl. Abschnitt D. III. c) 2. (Elementeorientierte Methoden)

Datenmengen der einzelnen Aufgaben). Die ermittelten Größen dienen einer groben konzeptionellen Bestimmung der Kapazitätsanforderungen des jeweiligen Aufgaben-Subsystems.

3. Speicherung

Die vorhandenen Input-/Output-Beziehungen sind unmittelbar Determinanten für die Speicherungsanforderungen eines Aufgaben-Subsystems. Dabei sind zu unterscheiden:

- kurze Zwischenspeicherung (mit Pufferungs-Charakter), wenn die zwischen der Erfüllung zweier Aufgaben zulässigen Verzögerungszeiten sehr gering sind (ähnlich den Zwischenspeicherungen bei der Ausführungssequenz von Teiloperationen einer Aufgabe),
- längerfristige Speicherung, die den Aufbau von Dateien voraussetzt.

Wird der Output einer Subsystem-Aufgabe zum Input mehrerer anderer Aufgaben innerhalb des gleichen Subsystems, so kann es zweckmäßig sein, hierfür eine zusätzliche abgeleitete Datenverarbeitungs-Aufgabe einzuführen: Inhalt dieser Aufgabe sind dann die Organisation der Abspeicherungsaktivitäten, die Regelung des Zugriffs auf diese Datei und die Pflege des Datenbestandes. Wo mehrere speicherungsintensive Beziehungen zu anderen Subsystemen vorliegen, kann es sinnvoll sein, eine derivative Speicherungsaufgabe für Datenbanken zu schaffen, wodurch mehrere Dateien einer übergreifenden Speicher- und Zugriffsorganisation unterworfen werden.

Die Speicherung größerer Datenmengen in Dateien mit maschinellem Zugriff ist für die konzeptionelle Zuordnung auf Computersysteme grundsätzlich in Verbindung mit der Transformation zu analysieren. Im Verbund mit Datenfernübertragung wird jedoch häufig für Transformationsprozesse auch auf die in anderen Computersystemen gespeicherten Dateien zugegriffen. Dieses 'Splitting' von Speicherungsaktivitäten ist besonders von Bedeutung, wo ein zwischenbetrieblicher Verbund von Dateien oder Datenbanken angestrebt wird, der etwa durch die Entwicklung einer gemeinsamen Datenbank realisiert werden kann.

Besonders sind bei der Analyse der Speicherphase die Möglichkeiten datenbezogener Integration bei den verschiedenen Verbund-Alternativen aufzudecken. Vor allem für Konzeptionen, die zentrale Datenbanken oder einen Datenverbund vorsehen, ist eine detaillierte Speicherungs-Analyse notwendig, wobei die Subsysteme, die den Anwendungsschwerpunkt bilden, entsprechend umzustrukturieren sind.

4. Übermittlung

Der Transport von Datenträgern oder die Übertragung von Daten dienen der kommunikativen Verbindung von verschiedenen Aggregaten des Verbundes, die an verschiedenen Orten Operationen an den Verarbeitungsdaten ausführen. Bei der Subsystembildung wurde die Übertragungsphase bereits einbezogen; die Subsystemübergänge bildenden Beziehungen wurden anhand ihrer wichtigsten Eigenschaften definiert. Diesen Beziehungen können nun - sofern die Subsysteme verschiedenen Aggregaten zugeordnet werden - die Aggregat-Varianten der Übermittlung gegenübergestellt werden: Aktivierungshäufigkeit der Beziehung, Datenmengen, Verzögerungszeit und örtliche Gebundenheit der Subsystem-Randaufgaben (bzw. der Subsysteme selbst) ermöglichen dann eine Bewertung der Verbund-Alternativen hinsichtlich ihrer Eignung (z.B. on-line oder off-line, Kanalkapazität etc.).

b) Bildung von Zuordnungsalternativen

Ziel dieses konzeptionellen Schrittes ist, diejenigen Verbund-Varianten zu ermitteln, die die Erfüllung der vorliegenden Aufgaben-Subsysteme überhaupt zulassen. Inhalt des Schrittes sind mehrere Prozesse einer Beurteilung auf organisatorisch-technische Plausibilität. Bei diesen Beurteilungsprozessen wird geprüft, ob den Anforderungen entsprochen wird, die die Erfüllung der Aufgaben eines Subsystems an die Sachmittel stellt. Die Anforderungen eines Aufgaben-Subsystems ergeben sich aus den erarbeiteten konzeptionellen Aufgabenerfüllungs-Determinanten (Merkmalen) des Subsystems:

- Schnelligkeit,
- Örtliche Gebundenheit,
- Sicherheit,
- Flexibilität,
- Autonomie,
- Datenmenge,
- Aktivierungshäufigkeit,
- Operationskomplexität.

Die Bearbeitungsschritte folgen heuristisch zweckmäßig dieser Reihenfolge der Datenverarbeitungsprozesse:

(1) Verarbeitungsprozesse,

(2) Speicherungsprozesse,

(3) Übertragungsprozesse (Subsystemübergänge),

(4) Erfassungsprozesse (Subsystemübergänge für Primärdaten).

Die Erfassungsprozesse gehören nur bedingt in die Anwendungsbeurteilung des einzelnen Subsystems. Ihre Beurteilung schließt sich sinnvoll an die Beurteilung mehrerer Subsysteme hinsichtlich der ersten dre

Phasen an. Ebenso ist bei der Speicherungsphase eine umfassende Beurteilung erst am Ende der Einzelbeurteilung mehrerer Subsysteme angebracht, um dann die um mögliche Integrationswirkungen erweiterten Speicherungsanforderungen mit den organisatorisch-technischen Möglichkeiten der Verbundalternativen vergleichen zu können.

Zu Beginn steht die Anwendungsbeurteilung desjenigen Aufgaben-Subsystems, das im Rahmen der ersten Partition als besonders relevant bestimmt wurde. Hierfür wird ein zunächst bezüglich der Verarbeitungsanforderungen geeignetes Computersystem innerhalb der Verbundalternativen 'gesucht'. Sodann wird geprüft, ob auch die Speicherungsanforderungen dieses Subsystems durch das Computersystem erfüllbar sind. Weiterhin ist festzustellen, ob seine Übermittlungsmöglichkeiten die Anforderungen der Subsystemübergänge erfüllen. Eine Beurteilung der Erfassungsanforderungen ist nur dann anzuschließen, wenn eine relativ große Zahl der Subsystemeingänge umweltbezogen ist, eine hohe Aktivierungshäufigkeit und große Datenmengen vorliegen. In den anderen - überwiegenden - Fällen ist erst später ein erfassungsfähiges Verbund-Element zu bestimmen, das die Erfassungsanforderungen des Aufgaben-Subsystems mit zu erfüllen vermag.

Beim nächsten Subsystem wird analog vorgegangen. Welches Subsystem als nächstes ausgewählt wird, bestimmt sich etwa aus der Umgebung des ersten Subsystems: Bei <u>orts</u>bezogenen Partitionsergebnissen beispielsweise ist es ein Subsystem mit abweichender örtlicher Gebundenheit. In dieser Weise werden die weiteren Subsysteme und Computerverbund-Alternativen beurteilt. Abschließend werden die aggregierten Anforderungen der Erfassungs- und Speicherphasen den entsprechenden Verbundaggregaten gegenübergestellt, wobei diese zu modifizieren oder zu ergänzen sind.

Diese Beurteilung der Anwendungs-Alternativen liefert Zuordnungen, die sich in den organisatorisch-technischen Varianten des Computerverbundes und in ihrer 'Anwendungsbreite' unterscheiden. Plausibilitätsaussagen über die Zweckmäßigkeit einer Zuordnung erfordern ein hohes Maß an organisatorischer Erfahrung. Es ist nicht möglich, die Gesamtheit der notwendigen Plausibilitätsaussagen generell abzugrenzen und darzustellen, da die ihnen zugrundeliegenden Aufgaben und Verbundalternativen einen zu großen Variationsbereich aufweisen: Jeder Kombination der Determinanten Ausprägungen entspräche eine plausible Zuordnung. Deshalb kann die Beurteilung der Frage, ob ein bestimmtes Subsystem auf einem bestimmten Verbundelement ausgeführt werden sollte,nur individuell durch den Anwender bzw. dessen Berater erfolgen.

c) Bewertung von Zuordnungsalternativen mit Hilfe der Nutzwertanalyse

Grundlage für eine Auswahlentscheidung sind alternative Zuordnungen von Aufgabenkomplexen zu Verbundalternativen, die jeweils bestimmten Kriterien gerecht werden. Bisher wurden ausschließlich Leistungskriterien betrachtet; in eine ökonomisch fundierte Entscheidung sind jedoch auch Kostenkriterien einzubeziehen. Das multivariable oder auch mehrdimensionale Zielsystem kann also generell in Leistungs- und Kostenziele gegliedert werden.

Da für ein Entscheidungsproblem mit mehrdimensionalem Zielsystem die Nutzwertanalyse ein geeignetes Verfahren zur rationalen Durchdringung der Entscheidungssituation und zur Vorbereitung der Auswahl i.e.S. (Entscheidung) darstellen kann, soll deren allgemeine Problemstellung im folgenden kurz erläutert werden. Dabei werden Ansatz und Vorgehensweise in groben Zügen skizziert und auf dieser Basis die Anwendung der Nutzwertanalyse bei der Auswahl von Zuordnungsalternativen behandelt.

Die Nutzwertanalyse ist ein Verfahren zur Bewertung von Alternativen einer Entscheidungssituation[1]. Die Entscheidung besteht in der Auswahl einer unter vorgegebenen Zielen optimalen Alternative. Diese Auswahl wird vorbereitet, indem die Alternativen derart in eine Präferenzordnung gebracht werden, daß die Alternative mit dem größten Nutzwert die ranghöchste bildet. Der Nutzwert ist ein Maß für den Zielerreichungsgrad einer Alternative. Bei der Entscheidung im engeren Sinne wird die Alternative mit dem höchsten Nutzwert, also mit dem höchsten Zielerreichungsgrad, ausgewählt.

Die Nutzwertanalyse ist anwendbar, wenn folgende Bedingungen erfüllt sind:

- Es sind mehrere Alternativen vorhanden.
- Es ist ein multidimensionales Zielsystem gegeben.
- Der Entscheidungsträger besitzt eine Präferenzstruktur hinsichtlich der Ziele.

Voraussetzung für die Erstellung einer Präferenzordnung sind demnach die Generierung von Alternativen, die Definition des Zielsystems sowie die Bewertung anhand einer Präferenzstruktur. Für die einzelnen Alternativen werden zunächst Zielerträge ermittelt und in einer Matrix abgebildet. Diese Matrix der Zielerträge wird bewertet, indem die einzelnen Zielpräferenzen auf die Ziele bezogen werden. Aus der so entstehenden Zielwert-Matrix lassen sich die Nutzwerte der jeweiligen Alternativen durch einfache arithmetische Operationen ermitteln und in eine Präferenzordnung bringen.

Die Erstellung einer Präferenzordnung für die Alternativen ist mit zwei Hauptproblemen verbunden: Einmal muß das Zielsystem operatio-

---

1) Vgl. hierzu und zum folgenden ZANGEMEISTER, Christof: Nutzwertanalyse in der Systemtechnik. Eine Methodik zur multidimensionalen Bewertung und Auswahl von Projektalternativen, 2. Aufl., Berlin 1971.

nal derart formuliert werden, daß der Zielertrag bzw. der Zielerreichungsgrad meßbar wird. Die zweite Schwierigkeit liegt in der Gewichtung der Ziele untereinander.

Die Zuordnung von Aufgabenkomplexen zu Verbundstrukturen führte zu alternativen Lösungen (Zuordnungsalternativen), unter denen die optimale Lösung auszuwählen ist. Um die Nutzwertanalyse anwenden zu können, ist eine adäquate Definition von drei Problemdimensionen notwendig:

- die Definition des Alternativenraumes,
- die Definition der Zielkriterien,
- die Definition der Kriterienentwicklung.

Die Bildung einer Präferenzenordnung der Zuordnungsalternativen baut auf diesem definitorischen Gerüst auf.

Die Zuordnungsalternativen wurden im Zuge der Subsystembildung und der Plausibilitätsbeurteilung generiert und sind somit in dieser Phase als gegeben anzusehen. Dagegen sind die kostenorientierten Zielkriterien aus dem Wirtschaftlichkeitsziel abzuleiten.

Kostenorientierte Zielkriterien drücken sich in monetären Größen aus, die sich gliedern in:

(1) einmal entstehende Kosten (Implementierungskosten)

- Installationskosten von Hardware-Elementen,
- Raumkosten,
- Programmierungskosten,
- Ausbildungskosten für Personal etc.

(2) laufende Kosten pro Rechnungsperiode

- fixe Kosten (Personalkosten; Mietkosten für Standleitungen etc.),
- variable Kosten (Systembenutzungskosten; Kosten pro Beleg, pro Programmlauf, pro Buchungszeile etc.).

Leistungsorientierte Zielkriterien sind einmal die bei der Partition und Detaillierung angewendeten Kriterien und Bedingungen. Hinzu können zusätzliche aus dem Zielsystem abgeleitete Kriterien kommen (z.B. Benutzerfreundlichkeit).

Den nächsten Schritt bei der Bewertung der Zuordnungsalternativen bildet die Operationalisierung der Zielkriterien, die stets im Zusammenhang mit der Meßbarkeit des Zielerreichungsgrades bei den verschiedenen Zuordnungsalternativen zu sehen ist. Außerdem muß es möglich sein, unter angemessenem Aufwand ausreichend sichere Informationen über die Auswirkungen der verschiedenen Alternativen auf die einzelnen Zielkriterien zu erhalten. Dabei ist die Operationalisierung kostenorientierter Zielgrößen insofern nicht problematisch, als ihr Zielertrag durch monetäre Größen quantifiziert werden kann; schwierig ist allerdings die Schätzung der in der Zukunft tatsächlich durch die verschiedenen Alternativen verursachten Kosten.

Schwieriger ist die Operationalisierung leistungsorientierter Zielkriterien, da sie größtenteils qualitative Aspekte der Verbundstrukturen berühren. Das Kriterium der Schnelligkeit ist noch relativ einfach operationalisierbar: Es basiert auf Übertragungsgeschwindigkeit und Verarbeitungsgeschwindigkeit, die in bit/sec gemessen werden. Deshalb ist eine quantitative Messung der Erfassungsgeschwindigkeit wie auch der Speicherungszeit relativ unproblematisch. Für das Kriterium der örtlichen Gebundenheit ist wesentlich, ob Erfassungs-, Verarbeitungs- und Speicherkapazitäten an bestimmten Orten verfügbar sind. Die Dezentralität von Zuordnungsalternativen kann etwa an der Zahl der Terminals - gewichtet mit deren Kapazität - gemessen werden. Die quantitative Messung der Zuverlässigkeit einer bestimmten Alternative ist zwar relativ einfach; jedoch sind Störanfälligkeitsgrade und Datenschutzrisiken nur als Wahrscheinlichkeitsgrade auf der Grundlage statistischer Erfahrungswerte oder Schätzungen zu ermitteln. Die Untersuchung der Zuordnungsalternativen auf ihre Flexibilität setzt an der kapazitativen Auslegung der Verbundstrukturen an. Flexibilität besteht jedoch nicht nur in einer ausreichenden Dimensionierung etwa der Speicher- und Verarbeitungskapazitäten; sie beinhaltet vielmehr die auf zukünftige Veränderungen ausgerichtete Überdimensionierung bestimmter Kapazitäten an bestimmten Stellen der Verbundstruktur. Deshalb ist eine exakte Operationalisierung sehr problematisch. Noch weniger ist das Autonomiekriterium einer differenzierten Operationalisierung zugänglich. Hier können häufig nur plausible Überlegungen angestellt werden, inwieweit eine Alternative den Autonomieanforderungen gerecht wird. Anhaltspunkt für derartige Überlegungen ist vor allem die Verfügbarkeit ausgegliederter Verbundkapazitäten. Ebenso problematisch ist die Operationalisierung der Benutzerfreundlichkeit: Auch dafür können keine quantitativen Werte ermittelt, sondern kann lediglich die Erfüllung bestimmter Anforderungen bewertet werden.

Die angeführten Probleme machen die Operationalisierungsschwierigkeiten bei der Anwendung der Nutzwertanalyse deutlich. Jedoch ist es für die Ermittlung von Zielerreichungsgraden notwendig, jeder Alternative hinsichtlich jedes relevanten Kriteriums einen eindeutigen Wert zuzuordnen. Der Zielerreichungsgrad wird dann gemessen, indem die Ergebnisse der Alternativen-Analyse mit vorgegebenen Sollwerten (den zu definierenden Optimalzuständen hinsichtlich der Kriterien) verglichen werden. Auf dieser Grundlage können den einzelnen Alternativen Zielerträge zugeordnet werden.

Die Bedingungen der Aufgabenerfüllung (Datenmenge, Operationskomplexität und Aktivierungshäufigkeit) werden bei der Nutzwertanalyse nur indirekt berücksichtigt. Zunächst wird davon ausgegangen, daß bei der Zuordnung die Mindestanforderungen an die kapazitative Auslegung der Verbundstruktur bereits erfüllt sind. Diese Mindestanforderungen lassen sich aber auf die Aufgabenbedingungen zurückführen. So ergibt sich beispielsweise die Mindestspeicherkapazität aus der Zahl der zu speichernden Daten. Da sie somit implizit berücksichtigt wurden, brauchen die Aufgabenbedingungen bei der Auswahl einer Alternative nicht mehr beachtet zu werden.

Die Überdimensionierung einzelner Verbundstrukturen kann - wie dargelegt - aus Flexibilitätsgründen sinnvoll sein. Eine zu hohe Überdimensionierung ist jedoch aus Kostengründen nicht mehr vertretbar. Nutzwertanalytisch wird einem derartigen Zielkonflikt dadurch Rechnung getragen, daß die Kostenkriterien steuernd auf den Nutzwert einer Alternative einwirken. Ein hoher Zielerreichungsgrad beim Flexibilitätsziel hat in diesem Falle einen niedrigen Zielerreichungsgrad beim Wirtschaftlichkeitsziel zur Folge.

Nach ihrer Operationalisierung sind die für das Zielprogramm schließlich ausgewählten Zielkriterien zu gewichten. Das zunächst ungeordnete Zielbündel wird entsprechend der Bedeutung, die der Entscheidungsträger den einzelnen Zielkriterien beimißt, in eine Präferenzordnung gebracht. Dadurch können die einzelnen kosten- und leistungsorientierten Zielkriterien in dem vom Anwender gewünschten Umfang berücksichtigt werden. Beispielsweise lassen sich Alternativen mit überwiegend laufenden Verarbeitungskosten auf diese Weise gegenüber Alternativen mit hohen Anfangsinvestitionen stärker hervorheben.

E. ENTWICKLUNGSPERSPEKTIVEN

Angesichts der dargestellten organisatorischen Ansätze scheint es gerechtfertigt, von einer grundlegenden Umwälzung der ADV-Anwendungsphilosophie zu sprechen: Das Konzept der "Systems Distribution" hebt die ausschließliche Zentralisierung der ADV in Großcomputer-Rechen"zentren" zusehends auf. Dabei erfaßt dieses Konzept zwei Entwicklungen:

(1) Zum einen erfüllen Mikroprozessoren und Minicomputer als Bestandteile von Computersystemen heute Funktionen, die zuvor von - teuren und komplexitätssteigernden - Systemsoftware-Teilen wahrgenommen wurden [1)]

(2) Zum anderen entspricht dem eine generelle Tendenz organisatorischer Dezentralisierung der ADV innerhalb von computer-gestützten Informationssystemen.

Kleincomputer - und hierin liegt die organisatorische Besonderheit ihrer Anwendung - ermöglichen es,

- mittelständischen Betrieben, ADV im eigenen Hause einzusetzen, und
- Großunternehmungen, ihre Informationsverarbeitung dezentral zu automatisieren.

Es ergibt sich damit das Bild einer Verteilung maschineller Intelligenz

- über die kleinen und mittleren Betriebe eines Wirtschaftszweiges sowie
- innerhalb des ADV-Systems eines großen Betriebes.

Deshalb wird diese organisatorische Ausprägung (2) der "Systems Distribution"-Konzeption häufig als Prinzip der "Verteilten Intelligenz" (distributed intelligence [2)]) bezeichnet.

---

1) Diese Art eines "Distributed System" wird auch als "Distributed Computing" bezeichnet, vgl. JONES, P.D.; LINCOLN, N.R.; THORNTON, J.E.: Whither Computer Architecture? In: IFIP Congress 71, Hardware and Systems, Amsterdam 1971, p. TA-4-163 ff.

2) Vgl. etwa AMSTUTZ, Stanford: Distributed Intelliegence in Data Communication Networks. In: Computer, Vol. 4 1971 No. 6, p. 27-32 .

Kleincomputer bringen vor allem als aktive Terminals Computerleistung an den Arbeitsplatz. Aber auch die Automatisierung anderer Bürotechniken macht in jüngster Zeit große Fortschritte: Augenfälligstes Beispiel hierfür ist die Textverarbeitung. Mit automatischen Textverarbeitungssystemen erschließt sich das immense Rationalisierungspotential des konventionellen Schriftverkehrs. Entsprechendes gilt für Mikroverfilmung, Vervielfältigungsverfahren, Faksimile-Übertragung, Fernkopieren und andere Arten der Telekommunikation.

Miniaturisierung der Computerelemente und die Technik des "Distributed Computing" ermöglichten erst eine Automatisierung dieser Bereiche. Von entscheidender Bedeutung für die organisatorische Gestaltung im Büro ist jedoch das Problem der Integration verschiedenartiger Bürotechniken mit dem Computer am Arbeitsplatz. Über den Verbund von Computern hinaus muß ein Verbund aller am Arbeitsplatz anfallenden und automatisierbaren Bürotätigkeiten hergestellt werden, um die Rationalisierungsreserven des administrativen Sektors voll auszuschöpfen. Gerade diese Aufgabe der Zukunft stellt die "Distributed Intelligence"-Philosophie vor ihre endgültige Bewährungsprobe.

Brauchbare Indikatoren für eine Prognose der Entwicklung von Computerverbundsystemen liefern Erhebungen, die bei den staatlichen Fernmeldeverwaltungen bzw. bei privaten Nachrichtengesellschaften im Hinblick auf ihre langfristigen Investitionsplanungen durchgeführt wurden. So kommt eine Studie der Data Transmission Corporation (DATRAN) für den Bereich der Vereinigten Staaten zu folgenden Ergebnissen [1]:
Die Zahl der in den USA eingesetzten Terminals (ca. 820 000 im Jahre 1975) wird sich innerhalb eines 5-Jahres-Zeitraums nahezu

---

1) Zitiert nach KIMBEL, Dieter: Computer und das Fernmeldewesen. Wirtschaftspolitische, technisch-technologische und organisatorische Aspekte. OECD-Informatik-Studien 2, hrsg. von der Gesellschaft für Mathematik und Datenverarbeitung mbH Bonn, Bonn-Bad Godesberg 1974, S. 187 ff.

verdreifachen (1980: 2 425 000 Terminals). Die Anzahl der durchgeführten Übertragungsvorgänge wird im gleichen Zeitraum sogar auf den fünffachen Wert steigen (von 50 Mrd. auf 250 Mrd. Transaktionen).

Bemerkenswert ist die Aufteilung der Terminals nach Wirtschaftszweigen (allerdings ohne Berücksichtigung des öffentlichen Sektors): Im Bereich der Kreditinstitute sind demnach 1975 nahezu die Hälfte aller Terminals eingesetzt (385 000 oder 47%), es folgt die Branche der Informationsdienste mit 207 000 Terminals (25%) und schließlich der Einzelhandel mit 90 000 oder 11%.

In der Prognose erreichen die Informationsdienste 1980 bereits einen Anteil von 33% an den eingesetzten Terminals, der Einzelhandel erhöht seine Einsatzzahl auf 380 000 (15%), führend bleiben die Banken - wenn auch mit einem auf 38% gesunkenen Anteil am Terminaleinsatz. Insgesamt finden sich also über 80% aller Terminals in diesen drei Wirtschaftszweigen. Ebenso wickeln sie nahezu 90% des derzeitigen wie des prognostizierten Verkehrsvolumens ab. Allerdings sind hier die gegenseitigen Proportionen genau umgekehrt: Es dominiert der Einzelhandel mit 25 Mrd. Transaktionen (54%) heute und 134 Mrd. (53%) im Jahre 1980. Im Bankbereich fallen jedoch 1975 nur 20%, 1980 nur noch 12% aller Transaktionen an. Die Informationsdienste steigern die Zahl ihrer Übertragungsvorgänge von 5 Mrd. (11%) auf 57 Mrd. (23%).

Auch wenn diese für die USA berechneten Zahlen mit der Vorsicht zu bewerten sind, die Interessengruppen dienenden Erhebungen gegenüber immer geboten ist, so läßt sich doch nicht leugnen [1], daß sie die aus den Anwendungshypothesen gewonnene positive Einschätzung der Verbund-Entwicklung eindeutig untermauern. Wird nun als Indikator für den informationstechnologischen Entwicklungsstand einer Volks-

---

1) Besonders auch angesichts ähnlicher Prognosen von anderen Institutionen (z.B. EURODATA-Studie).

wirtschaft die Terminaldichte pro Einwohner herangezogen, so scheint der für die Bundesrepublik Deutschland prognostizierte noch weitaus stärkere Trend plausibel: Die BRD bildet 1975 mit einer Dichte von ca. 7600 Einwohnern pro Terminal das Schlußlicht unter den hochindustrialisierten OECD-Mitgliedstaaten (zum Vergleich: USA 250, Großbritannien 976, Italien 4153 [1]). Der Zuwachs an Terminals wird demgemäß bis 1980 auf 750% geschätzt (von 8 000 auf 68 000). 1980 wäre dann eine Dichtezahl von 900 Einwohnern pro Terminal erreicht (USA 84).

Um einen Eindruck von der wertmäßigen Dimension dieser Entwicklungen zu vermitteln, seien abschließend folgende Zahlen angeführt: Die 1970 weltweit installierten ca. 70 000 ADV-Anlagen verkörperten einen Investitionswert von etwa 100 Mrd. Dollar. Die im folgenden Jahrzehnt allein für die USA erwarteten Investitionen belaufen sich auf ca. 160 Mrd. Dollar in Computersysteme und weitere 100 Mrd. Dollar in Fernmeldesysteme [2]. Rechnet man diese Werte für einen entsprechenden Bedarf der Bundesrepublik um, so ergeben sich für den Zeitraum 1970 - 1980 etwa 48 Mrd. Dollar Investitionen in ADV-Anlagen und 30 Mrd. Dollar Kapitalbedarf für den Fernmeldebereich [3]. Es ist allerdings kaum anzunehmen, daß die deutsche Entwicklung diese Größen erreicht.

Auch qualitativ wird die verfügbare Kommunikations-Infrastruktur großen Änderungen unterliegen. Neben der besseren Auslastung vorhandener Datenleitungen - etwa durch die Technik der Pulscodemodulation - werden andere Nachrichtenträger wie Koaxialkabel, Hohlleiter, Mikrowellen oder Laserstrahlen für die Übertragung von Daten zukünftig stark an Bedeutung gewinnen [4]. Nachrichtensatelliten schließlich stellen schon heute wichtige Elemente von Übertragungssystemen für interkontinentale Computerverbindungen dar [5].

---

1) KIMBEL, Dieter: Computer..., a.a.O., S. 202.

2) KIMBEL, Dieter: Computer..., a.a.O., S. 50.

3) KIMBEL, Dieter: Computer..., a.a.O., S. 196.

4) Zu diesen Entwicklungen vgl. Anhang B.

5) Vgl. dazu Anwendungsfälle in Anhang C. II.

Besonders die Fortschritte der Kommunikations-Infrastruktur rükken die Chance einer umfassenden Informationsversorgung näher. Langfristig verbirgt sich dahinter das Konzept der "Information Utility", in der die dezentralisierte Computeranwendung zum Bestandteil der volkswirtschaftlichen Infrastruktur und damit zu einer gesamtgesellschaftlichen Aufgabe wird. Ob dies eines Tages zu einer "Checkless Society" führen wird - einer "beleglosen" Gesellschaft, in der jedermann ein Terminal in seinem geschäftlichen und privaten Bereich hat - ist heute noch nicht in allen Konsequenzen zu übersehen. Eines aber scheint sicher: Die Entwicklung der verbundorientierten Kommunikationssysteme nach dem "Systems-Distribution"-Konzept wird ähnlich expansiv verlaufen wie die des Stand-Alone-Computers in der Vergangenheit.

ABKÜRZUNGEN IM LITERATUR-VERZEICHNIS

ACM	=	Association for Computing Machinery
AFIPS	=	American Federation of Information Processing Societies (FJCC - Fall Joint Computer Conference, SJCC - Spring Joint Computer Conference)
AWV	=	Ausschuß für wirtschaftliche Verwaltung in Wirtschaft und öffentlicher Hand e.V.
BTA	=	Bürotechnik und Automation
BTO	=	Bürotechnik und Organisation
bürotechnik	=	vereinigte BTA und BTO (ab 1972)
HWO	=	Handwörterbuch der Organisation
IEEE	=	Institute of Electrical and Electronics Engineers
IFIP	=	International Federation for Information Processing
ÖVD	=	Öffentliche Verwaltung und Datenverarbeitung
RDO	=	Rechnungswesen, Datentechnik, Organisation
ZfB	=	Zeitschrift für Betriebswirtschaft
ZfD	=	Zeitschrift für Datenverarbeitung (seit 1973: Online)
ZfürO	=	Zeitschrift für Organisation

LITERATUR

I. BIBLIOGRAPHIEN

BIFOA-FORSCHUNGSGRUPPE MICOM: Bibliographie Computerverbund. BIFOA-Forschungsbericht Nr. 75/3. Köln 1975.

BLANC, R.P.; COTTON, J.W.; PYKE, T.N.; WATKINS, S.W.: Annoted Bibliography of the Literature on Resource Sharing Computer Networks. U.S. Department of Commerce, National Bureau of Standards. Washington, D.C. 1973.

GROOMS, David W.: Computer Networks. A Bibliography with Abstracts. National Technical Information Service. Springfield, Pa. 1975.

II. SELBSTÄNDIGE SCHRIFTEN UND AUFSÄTZE

ABEL, Horst; AMSTÄDTER, Karl; KLIMSCH, Herbert: Kompatible Datenbankschnittstellen (KDBS). In: ÖVD, 3. Jg. 1973 Heft 9, S. 395-404.

ACKOFF, Russel L.: Management Misinformation Systems. In: Management Science, Vol. 14 1967 No. 4, p. B-147 ff. (Deutsche Fassung: ACKOFF, Russel L.: Management Misinformation Systems. In: GROCHLA, Erwin: Management. Aufgaben und Instrumente. Düsseldorf - Wien 1974, S. 370 ff.)

AKKOYUNLU, Eralp; BERNSTEIN, Arthur; SCHANTZ, Richard: Interprocess Communication Facilities for Network Operating Systems. In: Computer, Vol. 7 1974 No. 6, p. 46-55.

AMSTUTZ, Stanford R.: Distributed Intelligence in Data Communications Networks. In: Computer, Vol. 4 1971 No. 6, p. 27-32.

ASCHIM, Frode: Data Base Networks - An Overwiev. In: ISDOS working paper, No. 79, Ann Arbor, Mich. 1973.

ASHENHURST, R.L.; VONDEROHE, R.H.: A Hierarchical Network. In: Datamation, Vol. 21 1975 No. 2, p. 40-44.

AYDELOTTE, Walter M.: Communications Message Switching - An Analysis. In: Computers + Automation, Vol. 20 1971 No. 7, p. 8-13.

BACHER, Werner: Modems für die Serienübertragung von Daten über Fernsprechwege. In: Siemens-Zeitschrift, 43. Jg. 1969, Beiheft 'Datenfernverarbeitung', S. 69-75.

BAGINSKI, Peter: Knotenpunkt-Rechner in Datennetzen - eine Konzeption zum Aufbau von Real-Time-Computer-Verbundsystemen. In: adl-nachrichten, 15. Jg. 1970 Heft 62, S. 228-236.

BARGELLINI, P.L.: Considerations on Man versus Machines for Space Probing. In: Advances in Computers, ed. by Franz L. Alt, Vol. 6 1965, p. 195-227.

BARRET, Penelope J.: Economizing with Line Concentrators and Multiplexers. In: Modern Data, Vol. 6 1973 No. 10, p. 42-45.

BARTH, John: Using minicomputers in teleprocessing systems. In: Data Processing Magazine, Vol. 12 1970 No. 11, p. 43-47.

BARTHELMESS, Klaus: Meßverfahren. In: Einführung in die Methoden der System-Design-Analyse von IBM-Datenverarbeitungssystemen, hrsg. v. Kurt Gerich, IBM-Form F12-0003-1, S. 65 ff.

BAUMGARTNER, Cyrill; GEHRIG, Bruno: Möglichkeiten der computerabhängigen Datenfernverarbeitung. In: Büro + Verkauf, 42. Jg. 1973 Heft 504, S. 253-266.

BECKER, J.; WOIT, G.; ZAJONC, H.: Der Einsatz der elektronischen Datenverarbeitung in der Bundesrepublik Deutschland 1970. Karlsruhe 1971.

BELL, C. Gordon: More power by networking. In: IEEE spectrum, Vol. 11 1974 No. 2, p. 40-45.

BEMER, R.W.: A Survey of Coded Character Set Representation. In: Communications of the ACM, Vol. 3 1960, p. 639-641.

BENGELSDORF, Reinhold: Vereinheitlichung von Nummern-Systemen. In: bürotechnik, 21. Jg. 1973 Heft 11, S. 1168 ff.

BENGELSDORF, Reinhold: Automatisch kassieren mit Einheits-Code und Einheits-Symbol. In: ZfürO, 43. Jg. 1974 Heft 1, S. 38-40.

BENNETT, Mark: The front-end-processor: the cost effective approach to communications systems for data processing. In: Datafair 73 Conference Papers, London 1973, p. 151-158.

BERTHEL, Jürgen: Informationen und Vorgänge ihrer Bearbeitung in der Unternehmung. Eine programmatische Problem- und Aussagenanalyse. Berlin 1967.

BHUSHAN, Abhay K.; STOTZ, H.: Procedures and standards for inter-computer communications. In: AFIPS SJCC, Vol. 32 1968, p. 95-104.

BIFOA-FORSCHUNGSGRUPPE MICOM: MDT-Einsatz im Computerverbund. Ansätze zur 'Distributed Intelligence'. BIFOA-Forschungsbericht Nr. Nr. 75/2, Köln 1975.

BIFOA-STUDIENKREIS DR. RAUEISER: Einsatzkriterien für Anlagen der Mittleren Datentechnik.
In: bürotechnik, Teil I: 20. Jg. 1972 Heft 10, S. 1204-1208;
Teil II: 20. Jg. 1972 Heft 11, S. 1333-1335;
Teil III: 20. Jg. 1972 Heft 12, S. 1450-1454;
Teil IV: 21. Jg. 1973 Heft 2, S. 126- 128.

BIFOA-STUDIENKREIS DR. RAUEISER: Mittlere Datentechnik und Magnetplatte. In: ZfD, 11. Jg. 1973 Heft 3, S. 153-159.

BIFOA-STUDIENKREIS DR. RAUEISER: 'Mittlere Datentechnik' lebt weiter. Zur Definition und Abgrenzung des Begriffes. In: BTO, 19. Jg. 1971 Heft 11, S. 1002-1008.

BININDA, Norbert; JURK, Rolf: Fernsprechtechnik und Datenverarbeitung. In: Data report, 8. Jg. 1973 Heft 3, S. 4-7.

BISANI, Fritz: Datenverarbeitungspraxis für Führungskräfte. München 1970.

BJØRNER, Dines: Finite state automation - Definition of data communication line control procedures. In: AFIPS FJCC, Vol. 37 1970, p. 477-491.

BÖCKMANN, Hans-Georg: Der Code beim Austausch von Informationen. In: ÖVD, 3. Jg. 1973 Heft 5, S. 195-203.

BÖCKMANN, Hans-Georg: Datenaustausch mittels Magnetbändern. In: ÖVD, 4. Jg. 1974 Heft 6, S. 274-280.

BIDLINGMAIER, Johannes: Unternehmerziele und Unternehmerstrategien. Wiesbaden 1964.

BOEHM, B.W.; SEVEN, M.J.; WATSON, R.A.: Interactive problem-solving - An experimental study of 'lockout' effects. In: AFIPS SJCC, Vol. 38 1971, p. 205-210.

BÖSSMANN, Eva: Die ökonomische Analyse von Kommunikationsbeziehungen in Organisationen. Berlin - Heidelberg - New York 1967.

BOTTLER, Jörg: Die Strukturierung eines branchenorientierten Systems informationeller Beziehungen der Unternehmung. In: ZfürO, 41. Jg. 1972 Heft 7, S. 339-349.

BOWIE, J.A.: Software for telecommunications. In: Data Systems, Vol. 13 1972 No. 10, p. 22-25.

BREME, Hans J.: Data Terminal Control and Partial Retransmission by Mini-Computer. In: IEEE Trans. Commun. Technol., Vol. COM-18 1970, p. 646-650.

BREWSTER, Robert L.: Designing optimum data networks. In: Data Processing Magazine, Vol. 13 1971 No. 1, p. 23-26.

BURNER, H. Blair; MILLION, Richard P.; RECHARD, Ottis W.; SOBOLEWSKI, John S.: A Programmable Data Concentrator for a Large Computing System. In: IEEE Trans. Comput., Vol. COM-18 1969, p. 1030-1038. (Abgedruckt in: Schoeffler, James D.; Temple, Ronald H. (eds.): Minicomputers: Hardware, Software, and Applications, New York 1972, p. 319-327.)

CANNING, Richard (ed.): Software Factors For Remote Terminals. In: EDP-Analyzer, Vol. 7 1969 No. 5, p. 1-14.

CANNING, Richard (ed.): In Your Future: Distributed Systems ? In: EDP-Analyzer, Vol. 11 1973 No. 8, p. 1-13.

CARDWELL, D.W.: Interactive telecommunications access by computer to design characteristics of the nation's nuclear power stations. In: AFIPS FJCC, Vol. 33 1968, p. 243-253.

CARR, C. Stephen; CROCKER, Stephen D.; CERF, Vinton G.: HOST-HOST communication protocol in the ARPA network. In: AFIPS SJCC, Vol. 36 1970, p. 589-597.

CASEY, R.G.: Allocation of Copies of a File in an Information Network. In: AFIPS SJCC, Vol. 40 1972, p. 617-625.

CASHMAN, M.W.: Studies in Small Scaled Computing. In: Datamation, Vol. 20 1974 No. 6, p. 42-47.

CASTILLO del, Fermin Caro: Control in Time Sharing Systems. In: Computers + Automation, Vol. 22 1973 No. 11, p. 10-13.

CHANDY, K.M.; RUSSAL, Robert A.: The Design of Multipoint Linkages in a Teleprocessing Tree Network. In: IEEE Transactions on Computers, Vol. C-21 1972 No. 10, p. 1062-1066.

CHERRY, C.E.: Kybernetik. In: Arbeitsgemeinschaft für Forschung des Landes Nordrhein-Westfalen. Heft 38, Köln - Opladen 1967, S. 33-79.

CHU, Wesley W.: Optimal File Allocation in a Multicomputer Information System. In: Proceedings of IFIP Congress 1968 Vol. II, Amsterdam 1969, p. 1219-1225.

CHU, Wesley W.: A study of asynchronous time division multiplexing for time-sharing computer systems. In: AFIPS FJCC, Vol. 35 1969, p. 669-678.

CORBATO, F.J.; VYSSOTSKY, V.A.: Introduction and Overview of the MULTICS System. In: AFIPS FJCC, Vol. 27/1 1965, p. 185-196.

CROCKER, Stephen D.; HAEFFNER, John F.; METCALFE, Robert A.; POSTEL, Jonathan B.: Function-oriented protocols for the ARPA Computer Network. In: AFIPS SJCC, Vol. 40 1972, p. 271-279.

CZERANOWSKY, G.; DIEDERICHS, B.: Entwicklung der Marktstruktur externer Rechenzentren. In: ZfD, 13. Jg. 1975 Heft 7/8, S. 483-488.

Datenschutzgesetz des Landes Hessen vom 7. Oktober 1970, zweiter Abschnitt §§ 7-15.

DAVIES, D.W.: Packet Switching in a Public Data Network. In: IFIP Congress 71, Vol. TA-4, Ljubljana 1971, p. 69-73.

DEBONS, Anthony; MONTGOMERY, K. Leon: Design and Evaluation of Information Systems. In: Annual Review of Information Science and Technology, ed. by Carlos A. Cuadra; Ann W. Luke; Jessica L. Harris, Vol. 9, Washington, D.C. 1974, p. 25-55.

De MERCADO, John: Minimum Cost-Reliable Computer Communications Networks. In: AFIPS FJCC, Vol. 41/1 1972, p. 553-559.

DENES, Jozsef; SZOKOLAY, Mihaly: Theoretische und praktische Probleme der Datenübertragung. Berlin 1974.

DENNIS, Jack B.: A Position Paper on Computing and Communications. In: Communications of the ACM, Vol. 11 1968 No. 5, p. 370-377.

DEUTSCHE BUNDESBANK (Hrsg.): Zur zukünftigen Automation des unbaren Zahlungsverkehrs bei der Deutschen Bundesbank durch beleglosen Datenträgeraustausch. In: Bank-Betrieb, 13. Jg. 1973 Heft 2, S. 53-56.

DEWEY, John: Wie wir denken. In: Denken, hrsg. v. Carl-Friedrich Graumann, Köln 1966, S.116-123.

DICK, R.; KUHN, K.: Zur Bestimmung der optimalen Blockgröße bei Datenübertragung. In: Elektronische Datenverarbeitung, 11. Jg. 1969 Heft 9, S. 424-430.

DIEBOLD DEUTSCHLAND GmbH: Der Markt für Datenerfassungsgeräte, Terminals und Kleincomputersysteme in der Bundesrepublik Deutschland - Teil III - Der Markt für Kleincomputersysteme. April 1972, Frankfurt a.M. 1972.

DIEBOLD DEUTSCHLAND GmbH: Diebold-Statistik der installierten Rechenanlagen in der Bundesrepublik Deutschland, Stand 1. 1. 1975. Frankfurt a.M. 1975.

DNA (Deutscher Normenausschuß): DIN 44300 Informationsverarbeitung. Begriffe, Nr. 153 Abruftechnik, Nr. 154 Anforderungsbetrieb. Berlin - Köln März 1972.

DNA (Deutscher Normenausschuß): DIN 66004, Blatt 1, Lochstreifen. Berlin - Köln März 1974; Blatt 2,Lochkarten (Entwurf). Berlin - Köln Juli 1970.

DNA (Deutscher Normenausschuß): DIN 66007. Berlin - Köln Nov. 1967.

DNA (Deutscher Normenausschuß): DIN 66008. Berlin - Köln April 1969.

DNA (Deutscher Normenausschuß): DIN 66011, Blatt 1, Berlin - Köln März 1970.

DNA (Deutscher Normenausschuß): DIN 66211, Blatt 1, Blatt 2. Berlin - Köln 1974.

DOLKOS, Paul G.: Multiplexing: communications cost cutter. In: Data Processing Magazine, Vol. 12 1970 No. 6, p. 34-40.

DOLL, Dixon R.: Planning effective data communications systems. In: Data Processing Magazine, Vol. 12 1970 No. 11, p. 27-30.

DOLL, Dixon R.: Controlling data transmission errors. In: Data Processing Magazine's Data Dynamics, Vol. 13 1971 No. 7, p. 17-22.

DOLL, Dixon R.: Selecting an error control technique. In: Data Processing Magazine's Data Dynamics, Vol. 13 1971 No. 8/9, p. 17-22.

DOLL, Dixon R.: Multiplexing and Concentration. In: Proceedings IEEE, Vol. 60 1972 No. 11, p. 1313-1321.

DROPMANN, Elmar: Technische Probleme eines Datenverbundsystems. In: ÖVD, 4. Jg. 1974 Heft 1, S. 25-28.

ECKERT, D.; SCHÖNAUER, W.; MICKEL, K.-P.: Ein universeller Netzknoten für den Verbund von Hochschul-Rechenzentren. In: Elektronische Rechenanlagen, 16. Jg. 1974 Heft 6, S. 216-226.

EISENBIES, J.L.: Conventions for digital data communication link design. In: IBM Systems Journal, Vol. 6 1967 No. 4, p. 267-302.

ELTON, Michael J.: Message switching techniques in digital telecommunication networks. In: Data Systems, Vol. 9 1968 No. 11, p. 22-25.

Entwurf eines Gesetzes zum Schutze vor Mißbrauch personenbezogener Daten bei der Datenverarbeitung. (Bundes-Datenschutzgesetz). Bundestags-Drucksache VII/1027 vom 21.9.1973.

ENZINGER, A.: Analogdatenbanken. In: Online, 11. Jg. 1973 Heft 4, S. 256-261.

ESAU, L.R.; WILLIAMS, K.C.: A method for approximating the optimal network. In: IBM Systems Journal, Vol. 5 1966 No. 3, p. 142-147.

FANO, R.M.; CORBATO, F.J.: Time-Sharing on Computers. In: Scientific American, Vol. 215 1966 No. 3, p. 129-140.

FARBER, David J.: Networks: An Introduction. In: Datamation, Vol. 18 1972 No. 4, p. 36-39.

FARBER, David J.: A Ring Network. In: Datamation, Vol. 21 1975 No. 2, p. 44-46.

FERNMELDETECHNISCHES ZENTRALAMT (Hrsg.): Datel-Dienste der Deutschen Bundespost. Merkblatt A: Datenübertragung zwischen Telexanschlüssen. Darmstadt 1972.

FERNMELDETECHNISCHES ZENTRALAMT (Hrsg.): Datel-Dienste der Deutschen Bundespost. Merkblatt B: Datenübertragung auf überlassenen Telegrafenleitungen. Darmstadt 1970.

FERNMELDETECHNISCHES ZENTRALAMT (Hrsg.): Datel-Dienste der Deutschen Bundespost. Merkblatt D: Datenübertragung zwischen Anschlüssen des öffentlichen Fernsprechnetzes. Darmstadt 1972.

FERNMELDETECHNISCHES ZENTRALAMT (Hrsg.): Datel-Dienste der Deutschen Bundespost. Merkblatt E: Datenübertragung zwischen Datexanschlüssen. Darmstadt 1970.

FERNMELDETECHNISCHES ZENTRALAMT (Hrsg.): Datel-Dienste der Deutschen Bundespost. Merkblatt F: Datenübertragung im öffentlichen Direktrufnetz. Darmstadt 1974.

FERNMELDETECHNISCHES ZENTRALAMT (Hrsg.): Datel-Dienste der Deutschen Bundespost. Merkblatt Z: Datenübertragung über Fernmeldewege der Deutschen Bundespost. Probleme und Möglichkeiten. Darmstadt 1971.

FERNMELDETECHNISCHES ZENTRALAMT (Hrsg.): Datel-Dienste der Deutschen Bundespost. Technische Vorschriften a, b1, b2, d1-d4 und e. Darmstadt 1969-1973.

FETTEL, G.: Die Betriebsgröße. In: Betriebsgröße und Unternehmungskonzentration, hrsg. v. Hanns Linhardt, Berlin 1959, S. 61 ff.

FICK, Herbert; SCHWARZ, Joachim: Übertragungsprozeduren für den Direktverkehr mit Datenverarbeitungsanlagen. In: Siemens-Zeitschrift, 43. Jg. 1969, Beiheft 'Datenfernverarbeitung', S. 136-140.

FISCHER, Günther; GRUNOW, Dankwart: Modems für die Parallelübertragung von Daten über Fernsprechwählnetze. In: Siemens-Zeitschrift, 43. Jg. 1969, Beiheft 'Datenfernverarbeitung', S. 76-82.

FISCHER, Ulrich E.: TSO - universeller Teilnehmerbetrieb auf IBM-Systemen/370 und /360 (Teil 2). In: IBM-Nachrichten, 21. Jg. 1971 Heft 207, S. 829-834.

FISCHER, Ulrich E.: Teilnehmerbetrieb unter TSO - Eine moderne Nutzungsform von Rechensystemen (Teil 1). In: ÖVD, 2. Jg. 1972 Heft 7, S. 251-260.

FRANK, H.: Informationspsychologie. In: Kybernetik. Brücke zwischen den Wissenschaften, hrsg. v. H. Frank, 6. Aufl., Frankfurt a.M. 1966, S. 259-271.

FRANK, Howard; FRISCH, Ivan T.: Communication, Transmission, and Transportation Networks. Reading, Mass. - Menlo Park, Cal. - London - Don Mills, Ont. 1971.

FRANK, Howard; HOPEWELL, Lynn: Network Reliability. In: Datamation, Vol. 20 1974 No. 8, p. 85-91.

FRITZ, Kurt: Datenverbund zwischen Bundes- und Landesbehörden. Möglichkeiten, Vorteile, Grenzen. In: Data report, 9. Jg. 1974 Heft 3, S. 13-17.

GABELE, Eduard: Die Entwicklung komplexer Systeme. Elemente einer Theorie der Gestaltung von Informations- und Entscheidungssystemen in Organisationen. Diss. Mannheim 1972.

GAGSCH, Siegfried: Probleme der Partitionierung und Subsystembildung in betrieblichen Informationssystemen. In: Management-Informationssysteme. Eine Herausforderung an Forschung und Entwicklung, hrsg. v. Erwin Grochla u. Norbert Szyperski, Wiesbaden 1971, S. 623-652.

GAHLEN, Hans-Georg; SCHMITZ, Hans-Joachim: Das Verbundsystem der automatisierten Datenverarbeitung in Nordrhein-Westfalen. In: ÖVD, 4. Jg. 1974 Heft 7, S. 328-335.

GARBE, Helmut: Die Diskrepanzen zwischen Informationsbedarf und Informationsangebot. Instrumente einer Beeinflussung und ihre Konsequenzen. In: Fortschrittliche Unternehmungsführung und Verwaltung durch rationelle Datenverarbeitung, AWV-Schriftenreihe Nr. 342, Köln 1972, S. 120-157.

GERMAIN, C.B.: Das Programmierhandbuch der IBM/360. München 1969.

GILLNER, Reinhard: Kriterien zur Prioritätenermittlung bei der Automatisierung von Datenverarbeitungsprozessen mit Hilfe unternehmungsindividueller Gesamtmodelle. In: Integrierte Gesamtmodelle der Datenverarbeitung. Entwicklung und Anwendung des Kölner Integrationsmodells (KIM), von Erwin Grochla und Mitarbeiter, München 1974, S. 153-167.

GOYDKE, H.; SCHROEDER, H.J.; SCHUMNY, H.: Zur Standardisierung magnetischer Datenträger unter besonderer Berücksichtigung von Bezugsmedien. In: Angewandte Informatik, 16. Jg. 1974 Heft 8, S. 367-373.

GRAF, Otto: Arbeitsphysiologie. Wiesbaden 1960.

GRAF, Winfried: Vermittlungen in Fernschreib- und Datennetzen. In: Siemens-Zeitschrift, 43. Jg. 1969, Beiheft 'Datenfernverarbeitung', S. 23-26.

GRAY, J.P.: Line control procedures. In: Proceedings IEEE, Vol. 60 1972 No. 11, p. 1301-1312.

GROCHLA, Erwin: Automation und Organisation. Die technische Entwicklung und ihre betriebswirtschaftlich-organisatorischen Konsequenzen. Wiesbaden 1966.

GROCHLA, Erwin: Betriebsverbindungen. Berlin 1969.

GROCHLA, Erwin: Automation. In: HWO, hrsg. v. Erwin Grochla, Stuttgart 1969, Sp. 249-257.

GROCHLA, Erwin: Grundprobleme der Wirtschaftlichkeit in automatisierten Datenverarbeitungssystemen. In: Die Wirtschaftlichkeit automatisierter Datenverarbeitungssysteme, hrsg. v. Erwin Grochla, Wiesbaden 1970, S. 15-33.

GROCHLA, Erwin: Die Kooperation von Unternehmungen aus organisationstheoretischer Sicht. In: Theorie und Praxis der Kooperation, Schriften zur Kooperationsforschung, A. Studium, Bd. 3, Tübingen 1971, S. 1-18.

GROCHLA, Erwin: Unternehmungsorganisation. Neue Ansätze und Konzeptionen. Reinbek bei Hamburg 1972.

GROCHLA, Erwin: Das Engagement der Unternehmensführung bei der Gestaltung computer-gestützter Informationssysteme. In: Fortschrittliche Betriebsführung, 22. Jg. 1973 Heft 2, S. 65-72.

GROCHLA, Erwin: Gegenwärtige Bedeutung und Entwicklungstendenzen der MDT. In: bürotechnik, 21. Jg. 1973 Heft 5, S. 478-488.

GROCHLA, Erwin: Mittlere Datentechnik als Terminalcomputer im Computerverbund. In: bürotechnik, 22. Jg. 1974 Heft 9, S. 932-937.

GROCHLA, Erwin: Konzeptionen für Informationszentren. In: Lecture Notes in Computer Science, ed. by G. Goos; J. Hartmanis, IV. 9, Berlin - Heidelberg - New York 1974, p. 7-17.

GROCHLA, Erwin: The Economics of Small Computers. In: Proceedings of International Symposium on Economics of Informatics. 16.-20. Sept. 1974 in Mainz, ed. by A.B. Frielink, Rom 1974, S. 84-95.

GROCHLA, Erwin: Datenverarbeitung. In: Handwörterbuch der Betriebswirtschaft, 4. Aufl., hrsg. v. Erwin Grochla und Waldemar Wittmann, Stuttgart 1974, Sp. 1117-1129.

GROCHLA, Erwin; GARBE, Helmut; GILLNER, Reinhard: Gestaltungskriterien für den Aufbau von Datenbanken. Forschungsberichte des Landes Nordrhein-Westfalen, Nr. 2292. Opladen 1973.

GROCHLA, Erwin; MELLER, Friedrich: Datenverarbeitung in der Unternehmung. Grundlagen. Reinbek bei Hamburg 1974.

GROCHLA, Erwin; LEHMANN, Helmut; FUCHS, Herbert; GAGSCH, Siegfried: Grundlagen und Methoden einer element- und beziehungsorientierten Analyse betrieblicher Informationssysteme, BIFOA-Arbeitsbericht Nr. 72/1, Köln 1972.

GROCHLA, Erwin; RAUEISER, Horst; WEBER, Helmut; GÜRTH, Hans (Hrsg.): Anwendung der Mittleren Datentechnik. Problemlösungen mit autonomen Computern und Terminalsystemen. München 1974.

GROCHLA, Erwin; SZYPERSKI, Norbert; SEIBT, Dietrich: Ausbildung und Fortbildung in der Automatisierten Datenverarbeitung. München - Wien 1970.

GROCHLA, Erwin und Mitarbeiter: Integrierte Gesamtmodelle der Datenverarbeitung. Entwicklung und Anwendung des Kölner Integrationsmodells (KIM). München 1974.

GÜRTH, Hans; HAMMEL, Rolf; WEBER, Helmut: Der Einsatz der Mittleren Datentechnik. Grundlage und Voraussetzung rationeller Organisationsabläufe. In: Handbuch Organisation, hrsg. v. Peter Linnert, Gernsbach/Baden 1975, S. 497-523.

GUTENBERG, Erich: Grundlagen der Betriebswirtschaftslehre. 2. Bd. Der Absatz,14. Aufl., Berlin - Heidelberg - New York 1973.

HAMMEL, Rolf; WEBER, Helmut: 'Intelligente' Datenerfassung nach dem Prinzip der 'distributed intelligence'. In: Angewandte Informatik, 16. Jg. 1974 Heft 4, S. 165-170.

HAVERMANN, Hermann; HINZ, Dieter; SCHMIDT, Johann Friedrich: Die Anwendung von System-Design-Verfahren in einer Datenfernverarbeitungsanwendung. In: IBM-Nachrichten,23. Jg. 1973 Heft 217, S. 793-798.

HEART, F.E.; KAHN, R.E.; ORNSTEIN, S.M.; CROWTHER, W.R.; WALDEN, D.C.: The Interface Message Processor for the ARPA Computer Network. In: AFIPS SJCC, Vol. 36 1970, p. 551-567.

HEGNER, Klaus: Büromaschinen. In: HWO, hrsg. v. Erwin Grochla, Stuttgart 1969, Sp. 328-340.

HEILMANN, Wolfgang: Auswahlkriterien für Datenverarbeitungsanlagen. In: ZfürO, 40. Jg. 1971 Heft 8, S. 413-422.

HEINEN, Edmund: Grundlagen betriebswirtschaftlicher Entscheidungen. Das Zielsystem der Unternehmung, 2. Aufl., Wiesbaden 1971.

HEINRICH, Lutz J.: Die Betriebsgröße im Sinne der Computertechnik. In: ZfD, 5. Jg. 1967 Heft 1, S. 8-12.

HEINRICH, Lutz J.: Gemeinsame Computerbenutzung in der Industrie. Datenverarbeitung außer Haus. Wiesbaden 1969.

HEINRICH, Lutz J.: Zur Frage der Datensicherung bei direkter Datenverarbeitung. In: ZfD, 10. Jg. 1972 Heft 4, S. 306-309.

HEINRICH, Lutz J.: Mittlere Datentechnik. Hardware, Software und Anwendung tastaturorientierter Computer. 3. Aufl., Köln 1972.

HEINRICH, Lutz J.: Mittlere Datentechnik - einige Überlegungen zur Standortbestimmung und Bezeichnung. In: Computer Praxis, 6. Jg. 1973 Heft 3, S. 65-70

HOCHREITER, Werner: Stärken und Schwächen des Front-End-Processing. In: die computerzeitung Mai 1974, S. 22.

HÖLDER, Egon u.a.: Das Informationsbankensystem. Vorschläge für die Planung und den Aufbau eines allgemeinen arbeitsteiligen Informationsbankensystems für die Bundesrepublik Deutschland. Köln - Berlin - Bonn - München 1971.

HÖRLE, R.; IRRO, F.; SCHAAL, H.; SIEBERT, H.; WEVERS, J.: Ein Verfahren zur synchronen, code-unabhängigen Datenübertragung. In: Elektronische Rechenanlagen, 12. Jg. 1970 Heft 2, S. 59-70.

HOFER, Herbert: Datenfernverarbeitung. Außenstelle - Datenfernübertragung - Rechenzentrum - Betriebsabwicklung. Berlin - Heidelberg - New York 1973.

HOFFMANN, Hans-Jürgen: On Linguistic Aspects of Communication Line Procedures. In: ACM, European Chapters, International Computing Symposium, Bonn 1970, p. 422-440.

HOFFMANN, Michael J.A.: Datenfernverarbeitung. Verkehrsarten und Wirtschaftlichkeit der Datenübertragung. Berlin - New York 1973.

HÜRTEN, Robert: Maschinell lesbare Schriftbelege. In: RDO, 16. Jg. 1970 Heft 4, S. 98-102.

IBM DEUTSCHLAND (Hrsg.): Computer-Netzwerke. Einführung. IBM-Form 70158, 1970.

IBM DEUTSCHLAND (Hrsg.): Datenfernverarbeitung - Betriebsablaufsicherung, Datenschutz, Systemauslegung, Installationsplanung. IBM-Form A 12-2016-0, 1973.

IBM DEUTSCHLAND (Hrsg.): Das moderne Konzept der Datenfernverarbeitung. IBM-Form GA 12-2043-0, 1973.

IBM DEUTSCHLAND (Hrsg.): Datenfernverarbeitung in Tabellen und Stichworten. IBM-Form A 12-2017-0, o.J.

Das Informationsrecht des Parlaments. Anhang zur Antwort der Bundesregierung auf die kleine Anfrage der Fraktionen der SPD und FDP. - BT Drs. VI/3711 - Schutz der Privatsphäre. Bundestags-Drucksache VI/3826 vom 1. 9. 1972.

INFRATEST (Hrsg.): ISIS Software Report - Computerprogramme in Deutschland, Österreich und Schweiz. Kurzbeschreibung, Hardware und Preise. München 1975.

INGERMANN, Donald: Simulating Communication Systems. In: Datamation, Vol. 20 1974 No. 10, p. 54-56.

JILEK, Peter; FELTL, Herbert: Systemprogramme für die Datenfernverarbeitung. In: Siemens-Zeitschrift, 43. Jg. 1969, Beiheft 'Datenfernverarbeitung', S. 124-130.

JILEK, Peter; JOKAY, Z.: Design and Implementation of Telecommunication Software Systems. In: Elektronische Rechenanlagen, 13. Jg. 1971 Heft 4, S. 162-167.

JONES, P.D.; LINCOLN, N.R.; THORNTON, J.E.: Whither Computer Architecture? In: IFIP Congress 71, Hardware and Systems, Amsterdam 1971, p. TA-4-162-167

JOTZOFF, R.; LANGER, W.; MÜLLER, B.; WINKLER, H.: Über Theorie und Technik von Rechnerverbundsystemen. In: Angewandte Informatik, 15. Jg. 1973 Heft 9, S. 373-383.

JUTILA, S.T.; BARAM, G.A.: User-Oriented Evaluation of a Time-Shared Computer System. In: IEEE Transaction on Systems, Man, and Cybernetics, Vol. SMC-1 1971, p. 344-349.

KIMBEL, Dieter: Computer und das Fernmeldewesen. Wirtschaftspolitische, technisch-technologische und organisatorische Aspekte. OECD-Informatik-Studien 2, hrsg. von der Gesellschaft für Mathematik und Datenverarebitung mbH Bonn, Bonn-Bad Godesberg 1974.

KLEIN, Heinz: Heuristische Entscheidungsmodelle. Neue Techniken des Programmierens und Entscheidens für das Management. Wiesbaden 1971.

KLEIN-BLENKERS, F.: Die Leitung in kleinen und mittleren Betrieben als Ansatzstelle für Rationalisierungsmaßnahmen. In: ZfB, 36. Jg 1966 Heft 6, S. 368-380.

KLEINROCK, Leonard: Analytic and Simulation Methods in Computer Network Design. In: AFIPS SJCC, Vol. 36 1970, p. 569-579.

KLEINROCK, Leonard: Survey of Analytical Methods in Queueing Networks. In: Computer Networks, ed. by Randall Rustin, Englewood Cliffs, N.J. 1972, p. 185-205.

KLEINROCK, Leonard: Resource Allocation in Computer Systems and Computer-Communications Networks. In: Proceedings of IFIP Congress 74, Amsterdam 1974, p. 11-18.

KLIX, F.: Information und Verhalten. Kybernetische Aspekte der organismischen Informationsverarbeitung. Bern - Stuttgart - Wien 1971.

KNEBEL, Josef: Die Vergabe des Personenkennzeichens und damit verbundene Rationalisierungsziele in Nordrhein-Westfalen. In: ÖVD, 2. Jg. 1972 Heft 4, S. 146-156.

KÖHLER, R.: Mikro-Computer und Mittlere Datentechnik. Zur Einteilung und Begriffsabgrenzung der Mikro-, Midi- und Mini-Computer. In: Online, 11. Jg. 1973 Heft 4, S. 235-239.

KÖHLER, R.: Von der Datenübertragung zur integrierten Datenverarbeitung. In: Online, 12. Jg. 1974 Heft 9, S. 556-559.

KOSIOL, Erich: Grundlagen und Methoden der Organisationsforschung. Berlin 1959.

KOSIOL, Erich: Organisation der Unternehmung. Wiesbaden 1962.

KRAMER, Rolf: Information und Kommunikation. Betriebswirtschaftliche Bedeutung und Einordnung in die Organisation der Unternehmung. Berlin 1965.

KRAUSHAAR, Roland; JAKOB, Leo; GOTH, Dieter: Datenfernverarbeitung. Berlin - München 1972.

KRAUSHAAR, Roland; VOLLMEYER, Werner: Datensicherung beim Erfassen, Übertragen und Ausgeben von Daten. In: Siemens-Zeitschrift, 43. Jg. 1969, Beiheft 'Datenfernverarbeitung', S. 27-31.

KUHRT, Paul-Friedrich; GIESECKE, Rolf; MAURER, Valentin: Datenfernübertragung. Dresden 1967.

LAUFS, Paul: Modellverfahren. In: Einführung in die Methoden der System-Design-Analyse von IBM-Datenverarbeitungssystemen, hrsg. v. Kurt Gerich, IBM-Form F12-0003-1, S. 14 ff.

LEHMANN, Helmut: Integration. In: HWO, hrsg. v. Erwin Grochla, Stuttgart 1969, Sp. 768-774.

LEIFFER, J.: Entlastung des zentralen Rechners durch frei programmierbare Nachrichtenübertragungssteuerung ? In: bürotechnik, 20. Jg. 1972 Heft 11, S. 1348-1356.

LETSCHE, Dieter: Datenübertragung. In: IBM-Nachrichten, 19./20. Jg. 1969/70, Heft 197-201 (Sonderdruck).

LEUE, Günther: Entwicklungstendenzen der Informationsverarbeitung. In: adl-nachrichten, 18. Jg. 1973 Heft 78, S. 12-14.

LUHMANN, Niklas: Zweckbegriff und Systemrationalität. Über die Funktion von Zwecken in sozialen Systemen. Tübingen 1968.

LOHSE, Peter: Lochkartenanlagen. In: HWO, hrsg. v. Erwin Grochla, Stuttgart 1969, Sp. 939-952.

McGREGOR, Ross H.: The British Standard Data Code and how to exploit it. In: The Computer Journal, Vol. 13 1970 No. 3, p. 223-229.

McLAUGHLIN, R.A.: NASCOM: NASA's Communications Network for Apollo. In: Datamation, Vol. 14 1968 No. 12, p. 42-45.

MARILL, Thomas; ROBERTS, Lawrence G.: Toward a Cooperative Network of Time-Shared Computers. In: AFIPS FJCC, Vol. 35 1966, p. 425-431.

MARTIN, James: Programming Real-Time Computer Systems. Englewood Cliffs, N.J. 1965.

MARTIN, James: Introduction to Teleprocessing. Englewood Cliffs, N.J. 1972.

MARTIN, James: Die Organisation von Datennetzen. München 1972.

MARTIN, James: Systems Analysis for Data Transmission. Englewood Cliffs, N.J. 1972.

MERTENS, Peter: Die zwischenbetriebliche Kooperation und Integration bei der automatisierten Datenverarbeitung. Meisenheim am Glan 1966.

MILLER, Arthur R.: Der Einbruch in die Privatsphäre. Datenbanken und Dossiers. Neuwied - Berlin 1973.

MILLER, G.A.: The Magical Number Seven, plus or minus two: Some Limits on our Capacity for Processing Information. In: The Psychological Review, Vol. 63 1956 No. 2, p. 81-97.

MILLER, Robert B.: Response time in man-computer conversational transactions. In: AFIPS FJCC, Vol. 33 1968 No. 1, p. 267-277.

MILLS, D.L.: Communications software. In: Proceedings IEEE, Vol. 60 1972 No. 11, p. 1333-1341.

MURPHY, John A.: Floppy Disk Drives & Storage. In: Modern Data, Vol. 7 1974 No. 2, p. 47-52.

NEWELL, Allen; SHAW, J.C.; SIMON, H.A.: A Variety of Learning in a General Problem Solver. In: Self Organizing Systems. Proceedings of an Interdisciplinary Conference 5 and 6 May 1959, ed. by M.G. Jovits und B. Cameron, Oxford 1960, p. 175 ff.

NEWELL, Allen; SHAW, J.C.; SIMON, H.A.: The Processes of Creative Thinking. In: Contemporary Approaches to Creative Thinking, ed. by Howard E. Gruber et al., New York 1962, p. 78 ff.

NEWPORT, C.B.; RYZLAK, J.: Communication Processors. In: Proceedings IEEE, Vol. 60 1972 No. 11, p. 1321-1332.

NIESCHLAG, Robert: Binnenhandel und Binnenhandelspolitik. Berlin 1972.

NOLLE, Friedrich: Datenfernverarbeitung. Systeme, Betriebsweisen, Anwendungen. Köln 1970.

NOLLE, Friedrich: Datenfernverarbeitung. Systeme, Betriebsweise, Anwendungen. Teil III-2: Arbeitsweise und Steuerung der Datenstation. In: ZfD, 8. Jg. 1970 Heft 1, S. 24-30.

NOLLE, Friedrich K.: Datenfernverarbeitung. Systeme, Betriebsweise, Anwendungen. Teil IV: Technik und Programmierung der Datenfernverarbeitungsanlage. In: ZfD, 8. Jg. 1970 Heft 2, S. 77-82.

OECHSLI, Hermann; RASCHLE, René: Automatische Datenerfassung im Handel. In: Industrielle Organisation, 44. Jg. 1975 Heft 7, S.329 ff.

OPP, Karl-Dieter: Methodologie der Sozialwissenschaften. Einführung in Probleme ihrer Theorienbildung. Reinbek bei Hamburg 1970.

PACK, Charles D.: The Effects of Multiplexing on a Computer-Communications System. In: Communications of the ACM, Vol. 16 1973 No.3, p. 161-168.

PERKOWITZ, Sandra: Telecommunications Control Programs - What and Why. In: Modern Data, Vol. 5 1972 No. 10, p. 32-35.

PETERSEN, Jack J.; VEIT,A.: Survey of Computer Network. McLean, Virginia 1971.

POSTLEITFADEN: Dateldienste. (Der Dienst bei der Deutschen Bundespost. Band 6: Fernmeldetechnik, 11. Teil: Datenübertragung - Datenfernverarbeitung I). Hamburg - Berlin 1971.

POSTLEITFADEN: Datenübertragungstechnik. (Der Dienst bei der Deutschen Bundespost. Band 6: Fernmeldebetrieb, 11. Teil: Datenübertragung - Datenfernverarbeitung II). Hamburg - Berlin 1971.

PÜTTNER, Paul S.: EDV-Einsatz bei der Polizei in Nordrhein-Westfalen. In: ÖVD, 2. Jg. 1972 Heft 10, S. 433-439.

RICHTER, Lutz: Aspekte der Standardisierung des Datenaustausches. In: ÖVD, 4. Jg. 1974 Heft 3, S. 105-108.

ROBERTS, Lawrence G.; WESSLER, Barry D.: Computer-Networks development to achieve resource sharing. In: AFIPS SJCC, Vol. 36 1970, p. 543-549.

ROGOWSKI, M.; KOHLE,T.: Datenverarbeitung außer Haus für Klein- und Mittelbetriebe. Stuttgart 1971.

ROHDE, P.; TIETZ, W.: Etiketten als Datenträger. In: bit, 9. Jg. 1974 Heft 4, S. 26 ff.

ROOME, W.D.; TORNG, H.C.: Modelling and Design of Computer Networks with Distributed Computation Facilities. In: Proceedings of the 1974 Symposium Computer Networks: Trends and Applications. Gaithersburg, Maryland 1974, p. 30-38.

RUCKRIEGEL, Werner: Aspekte des DV-Verbundes. In: ÖVD, 4. Jg. 1974 Heft 1, S. 14-24.

RUCKRIEGEL, Werner: Quo vadis, ADV ? In: ÖVD, 3. Jg. 1973 Heft 1, S. 3-16.

RUSS, Adolf S.: Beleglesende Maschinen. In: das rationelle büro, 22. Jg. 1971 Heft 2, S. 15-21.

RUTWALT,M.: ban als Organisationsinstrument. In: Rationeller Handel, 15. Jg. 1972 Heft 8, S. 33-34.

SACHVERSTÄNDIGEN-ARBEITSGRUPPE: ADV-Verbund im Hochschulbereich NW. In: ÖVD, 4. Jg. 1974 Heft 2, S. 69-72.

SACKMAN, H.: Man-Computer Problem Solving, Experimental Evaluation of Time-Sharing and Batch Processing. Princeton, N.J. 1970.

SCHACHTSCHNABEL, Hans G.: Automation in Wirtschaft und Gesellschaft. Reinbek bei Hamburg 1961.

SCHLEUDER, G.: Periphere Geräte in der Datenverarbeitung. München 1972.

SCHRÖDER, Konrad: Überbetrieblicher Datenträgeraustausch zur Rationalisierung der Datenerfassung. In: Rechentechnik Datenverarbeitung, 11. Jg. 1974 Heft 11, S. 41-43.

SCHUBERT, Ulf: Gesetzgebung und Datensicherung. In: Datenschutz und Datensicherung bei automatisierter Datenverarbeitung, von Erwin Grochla u.a., BIFOA-Arbeitsbericht Nr. 73/4, Köln 1974, S. 127-148.

SCHULZE, Hans Herbert: Zum Problem der Computernutzung für mittlere und kleinere Betriebe. In: adl-nachrichten, 17. Jg. 1972 Heft 77, S. 22-25.

SCHUTZ, Gerald; CLARK, George E.: Data Communication Standards. In: Computer, Vol. 7 1974 No. 2, p. 32-37.

SCHWENK, Dieter; WEINERT, Willi: Die Datenübermittlungsverordnung (DÜVO). Das Verfahren und seine Anwendung in der Praxis, hrsg. vom Verband Deutscher Rechenzentren. Hannover 1973.

SCOTT MORTON, M.S.: Management-Entscheidungen im Bildschirmdialog. Essen 1972.

SEIDEL, Ulrich: Datenbanken und Persönlichkeitsrecht. Köln 1972.

SHAW, R.T.: Basic Control Procedures for Digital Data Transmission. In: Information Processing. Proceedings of IFIP Congress 1968, Vol. II, ed. by A.J.H. Morrell, Amsterdam 1969, p. 728-733.

SIEG-PRESS GmbH: Fachdokumentation MDT '73. Kreuztal 1973.

STELMACH, Edward V.: Introduction to Minicomputer Networks. o. Ort 1974.

STOLT, Jürgen: Entwicklungsperspektiven der europäischen Computerindustrie. Diss. Hamburg 1972.

STUCKY, W.; KRIEGER, R.; SCHLAGETER, G.: Tendenzen in der Anwendungssoftware der Mittleren Datentechnik. In: Online, 12. Jg. 1974 Heft 7/8, S. 454 ff.

STUDIENKREIS PROF. DR. MELLER: Grundlagen und organisatorische Möglichkeiten der Datenerfassung. Wiesbaden 1972.

STUDIENKREIS P. SCHMITZ: Die Wirksamkeit von Programmiersprachen. Wiesbaden 1972.

STUTZMANN, Byron W.: Data Communication Control Procedures. In: Computing Surveys, Vol. 4 1972 No. 4, p. 197-220

SZYPERSKI, Norbert: Informationsverarbeitung in kleinen und mittleren Unternehmen. MDT-Anlagen als geeignete informationstechnische Instrumente. In: BTO, 19. Jg. 1971 Heft 10, S. 902-906.

SZYPERSKI, Norbert: Gegenwärtiger Stand und Tendenzen der Entwicklung betrieblicher Informationssysteme. In: Probleme beim Aufbau betrieblicher Informationssysteme. Beiträge zum Wirtschaftssymposium 1972 der IBM Deutschland, hrsg. von H.R. Hansen und M.P. Wahl, München 1973, S. 25-48.

THEIS, D.J.: Communications processors. In: Datamation, Vol. 18 1972 No. 8, p. 31-44.

THÜRBACH, Ralf-Peter: Betriebsführung und elektronische Datenverarbeitung im Einzelhandel. Möglichkeiten und Erfahrungen beim Einsatz der EDV zur Verbesserung der Betriebsführung in Klein- und Mittelbetrieben. Göttingen 1974.

TIETZ, Walter: Kluge Karten. In: bit, 7. Jg. 1971 Heft 4, S. 229-230.

TIETZ, Walter: Übertragungswege, Fernmeldeleitungen und Fernmeldenetze im Hinblick auf die Übertragung von Daten. In: HMD 10/11, 1971.

TIETZ, Walter: 7-Bit-Code zur Datenübermittlung. In: Der Erfolg, 22. Jg. 1973 Heft 6, S. 49-53.

VILLIGER, Robert Markus: Möglichkeiten, Probleme und Auswirkungen der Datenfernverarbeitung. Hamburg - Berlin 1969.

WAGENER, Günter: Ein Nummernsystem für alle. In: Data report, 3. Jg. 1968 Heft 3, S. 2-6.

WAGENER, Günter: 'Genormter' Datenträgeraustausch in der Lebensmittelwirtschaft. In: Data report, 10. Jg. 1975 Heft 3, S. 22-23.

WEBER, Helmut: Entwicklungsstand und -tendenzen der Mittleren Datentechnik. In: Informationsstelle für Datentechnik (Hrsg.): Mittlere Datentechnik in der Kommunalverwaltung, Saarbrücken 1974, S. 5-17.

WEBER, Helmut: Kriterien zum Einsatz von Systemen der Mittleren Datentechnik. In: Mittlere Datentechnik - Stand und Entwicklungstendenzen, hrsg. von GMD, Gesellschaft für Mathematik und Datenverarbeitung, Birlinghoven 1974, S. 31-51.

WEBER, Helmut: MDT - Gegenwart und Zukunft (I). In: der arbeitgeber, 26. Jg. 1974 Heft 16, S. 605-606.

WEBER, Helmut: MDT - Gegenwart und Zukunft (II). In: der arbeitgeber, 26. Jg. 1974 Heft 17, S. 646-649.

WEGNER, Gertrud: Systemanalyse und Sachmitteleinsatz in der Betriebsorganisation. Wiesbaden 1969.

WEGNER, Gertrud: Systemanalyse. In: HWO, hrsg. v. Erwin Grochla, Stuttgart 1969, Sp. 1610-1617.

WEIZENBAUM, J.: A Backward Look over Compatible Time-Sharing System (CTSS). In: Teilnehmer-Rechensysteme, Vorträge der Fachtagung der Nachrichtentechnischen Gesellschaft im VDE (NTG) in Erlangen vom 20. bis 22. 9. 1967, hrsg. v. W. Händler, München - Wien 1968, S. 29-46.

WHISLER, Thomas L.: Information Technology and Organizational Change. Belmont, Cal. 1970.

WIESEL, G.: Fragen der Datenerfassung beim Aufbau eines Kriminalpolizeilichen Informationssystems. In: ÖVD, 4. Jg. 1974 Heft 7, S. 343-347.

WILD, Jürgen: Grundlagen und Probleme der betriebswirtschaftlichen Organisationslehre. Entwurf eines Wissenschaftsprogramms. Berlin 1966.

WILKOV, R.S.: Reliability Considerations in Computer Network Design. In: IFIP Congress 71, Vol. TA-4 Ljubljana 1971, p. 36-40.

WITHINGTON, Frederick G.: Beyond 1984: A Technology Forecast. In: Datamation, Vol. 21 1975 No. 1, p. 54 ff. (Deutsche Bearbeitung: Blau,H.; Hoffmann, K.: Nach 1984: Eine technologische Voraussage. In: Blau, H.: Der technologische und organisatorische Wandel in der Datenverarbeitung bis 1985. München 1975.)

WITTMANN, Waldemar: Unternehmung und unvollkommene Information. Köln - Opladen 1959.

WITTMANN, Waldemar: Information. In: HWO, hrsg. v. Erwin Grochla, Stuttgart 1969, Sp. 699-707.

ZANGEMEISTER, Christof: Nutzwertanalyse in der Systemtechnik. Eine Methodik zur multidimensionalen Bewertung und Auswahl von Projektalternativen, 2. Aufl., Berlin 1971.

ZSCHAU, Edwin V.W.: The IBM Diskette and its Implications for Minicomputer Systems. In: Computer, Vol. 6 1973 No. 6, p. 21-26.

O.V.: Artikelnummern-Systeme im internationalen Vergleich. In: Rationeller Handel, 15. Jg. 1972 Heft 6, S. 38 ff.

O.V.: Codierrichtlinien für den zwischenbetrieblichen Zahlungsverkehr vor der Verabschiedung. In: Bank-Betrieb, 12. Jg. 1972 Heft 7/8, S. 304-305.

O.V.: Der Computer als Komplize ? Kriminalität und ihre Abwehr in der Datenverarbeitung. In: Handelsblatt, 28. Jg. 1973 Heft 228, S. 17.

O.V.: Datenerfassung mit Farbcode. NCR System 280. In: selbstbedienung und supermarkt, o.Jg. 1971 Heft 4, S. 52-55.

O.V.: Datenschutz wird teuer. In: die computerzeitung vom 29.Okt. 1975.

O.V.: Investitionszulage brachte Auftragsboom. In: Computerwoche, o. Jg. 1975 Heft 41, S. 1 f.

O.V.: Kleincomputer: Duell zwischen MDT und Mini ? In: Diebold Management Report, o. Jg. November 1973, S. 2-4.

O.V.: UPC kontra oder mit ban ? In: Rationeller Handel, 17. Jg. 1974 Heft 6, S. 30-31.

SCHLAGWORT-VERZEICHNIS

ANHANG A

Empirische Erhebung

KENNGRÖSSEN MASCHINELLER RESSOURCEN DES COMPUTER-VERBUNDES MIT KLEINCOMPUTERN (MDT)

INHALT Seite

VERZEICHNIS DER ABBILDUNGEN

VERZEICHNIS DER TABELLEN

Die Fragestellung im Anhang A lautet, inwieweit Verbundsysteme mit Datenfernübertragung zu realisieren sind und welche Funktionen dabei von MDT-Konfigurationen übernommen werden können. Ausgangspunkt bilden dabei die systemtechnischen Konsequenzen der Datenfernübertragung (DFÜ) und die von fast allen MDT-Herstellern angegebene DFÜ-Fähigkeit ihrer Systemfamilien.

Dementsprechend war das Ziel dieser Untersuchung vorgezeichnet: auf der einen Seite die wesentlichen Merkmale der an der DFÜ beteiligten Elemente herauszufinden, auf der anderen Seite zu untersuchen, in welcher Weise MDT-Anlagen diesen Erfordernissen entsprechen.

Von besonderem Interesse war die Frage, ob der MDT-Einsatz sich auf den Bereich der Datenstation beschränkt, oder ob auch die Übernahme von Leitungssteuerfunktionen möglich, bzw. ob dies sinnvoll ist d.h. also, ob die MDT nicht nur für den Einsatz als aktives Terminal, sondern auch für die Verwendung als Netzrechner, Konzentratoren etc. geeignet ist. Damit sollte eine empirische Basis für die Zuordnung der in Computerverbundsystemen zu erfüllenden Aufgaben auf das Sachmittel MDT geschaffen werden.

Zunächst wurden Anlagenbeschreibungen, Systemhandbücher und Marktübersichten auf Informationen über Anlagenkenngrößen hin ausgewertet[1]. Sie bildeten die Hauptquelle für die tabellarisch aufgebauten Leistungsmerkmale[2]: Es dominieren Aussagen über die Hardware - wie Hauptspeicherkapazitäten, Zykluszeiten und andere Merkmale der Zentraleinheit, sowie Angaben zur Peripherie. Wenig Informationen waren über die Software verfügbar - insbesondere über die

1) Vgl. dazu das Literaturverzeichnis am Schluß dieses Anhangs.

2) Vgl. Abschnitt 4.

hier interessierende Datenfernübertragungs-Software und die notwendig werdenden Erweiterungen des Betriebssystems. Daher muß auf empirisch abgesicherte Software-Aussagen weitgehend verzichtet werden.

Im weiteren Verlauf der Untersuchung erwies es sich als notwendig, Gespräche mit Vertretern von MDT-Herstellerfirmen zu führen, um zu einer weiteren Untermauerung der Daten zu gelangen. Kennzeichnend für hierbei geäußerte Meinungen war die große Vorsicht, aus der Universalität von MDT-Anlagen auf mögliche Einsatzformen im Verbund zu schließen. Dies ist z.T. darin begründet, daß es an Implementierungen, die Gegenstand einer empirischen Analyse sein könnten, weitgehend fehlt, andererseits liegt es an der nicht einfachen und überdies nicht einheitlichen Abgrenzung der MDT-Anlagen gegenüber anderen informationstechnologischen Sachmitteln.

Das Verbund-Aufgabensystem läßt sich in 2 Subsysteme unterteilen: das System zur Primäraufgabenerfüllung, das die eigentlichen Anwendungsaufgaben enthält, und das System zur Erfüllung der derivativen Datenübermittlungs- und Verarbeitungs-Aufgaben. Beide bestimmen in gegenseitiger Abhängigkeit die Anforderungen an die Ressourcen (Abb. 1).

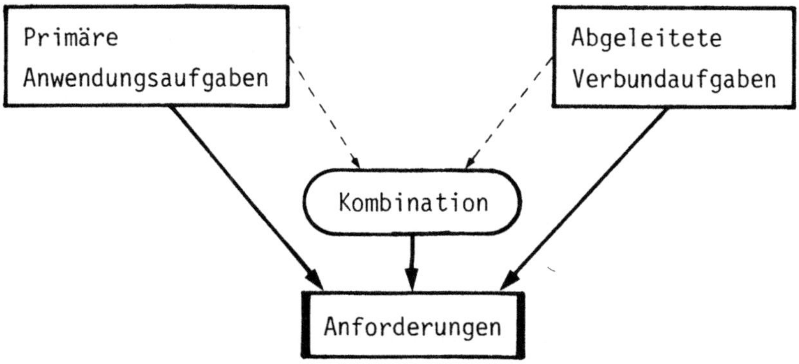

ABB. 1: ABLEITUNG VON AUFGABENLOGISCHEN ANFORDERUNGEN

Die Verknüpfung erfolgt über ein Modell, das nicht nur aus den Aufgaben logisch abgeleitete Anforderungskriterien berücksichtigt, sondern sich in starkem Maße an der real verfügbaren Hardware orientiert (Abb. 2).

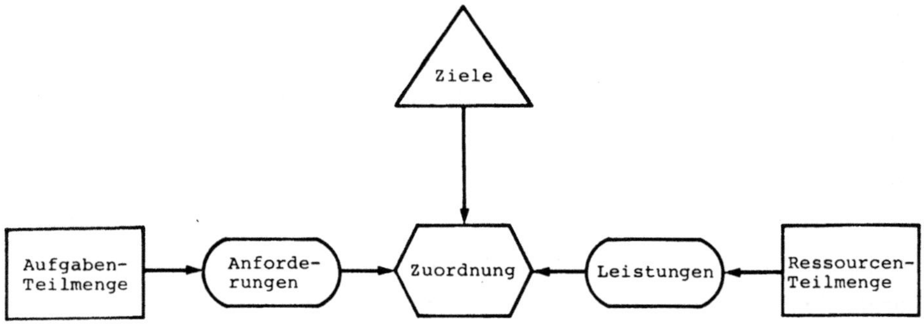

ABB. 2: STRUKTUR DER ZUORDNUNG

1. Interdependenzen zwischen Leistungskenngrößen und Aufgaben

Beispielhaft sei die Abfolge der Konsequenzen aufgeführt, die sich aus der Festlegung einer Übertragungsaktion zwischen zwei Punkten im Verbundnetz ergeben.

Von der Anwendungsaufgabe her sind als Anforderungskriterien bestimmend:

(1) Menge der zu übertragenden Daten (Objekt),

(2) Übertragungsverfahren (Verrichtung),

(3) Länge des Übertragungswegs (räumliche Dimension),

(4) maximale Verzögerung (zeitliche Dimension).

Anhand dieser vier Kriterien folgt in einer ersten Stufe die Festlegung der erforderlichen minimalen Leitungs- bzw. Übertragungskapazität (Abb. 3).

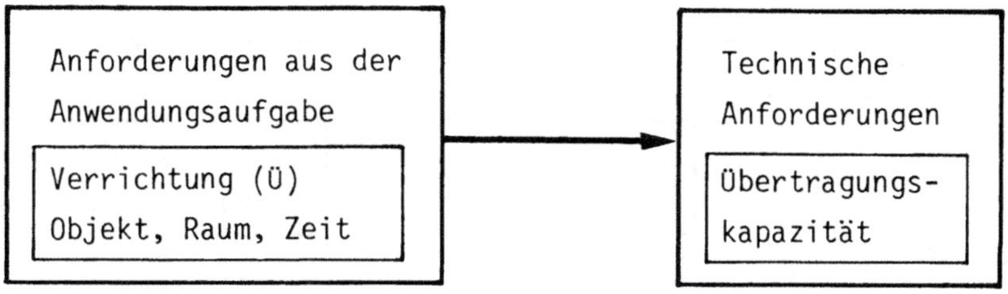

ABB. 3: TECHNISCHE UND AUFGABEN-ANFORDERUNGEN

Die konkrete Ausprägung der Ressourcen, durch die der in seiner Kapazität nun festgelegte Übertragungsweg realisiert werden kann, ist damit noch nicht bestimmt.

Als weitere Bestimmungsgrößen treten hinzu:

(1) technische Interdependenzen: Beispielsweise impliziert die festgelegte Übertragungsgeschwindigkeit Mindestanforderungen an die Qualität von Modems, Steuereinheiten einerseits und an die Übertragungsverfahren (z.B. Synchron-/Asynchron-Übertragung) andererseits. Diese wiederum haben Auswirkungen auf die Anforderungen an Geräte zu ihrer Realisation (Abb. 4).

(2) weitere Spezifikation der Aufgaben-Merkmale, wie z.B.
    (a) Daten-Struktur,
        erforderliche Qualität,
        Format,
        Code (Objekt) sowie

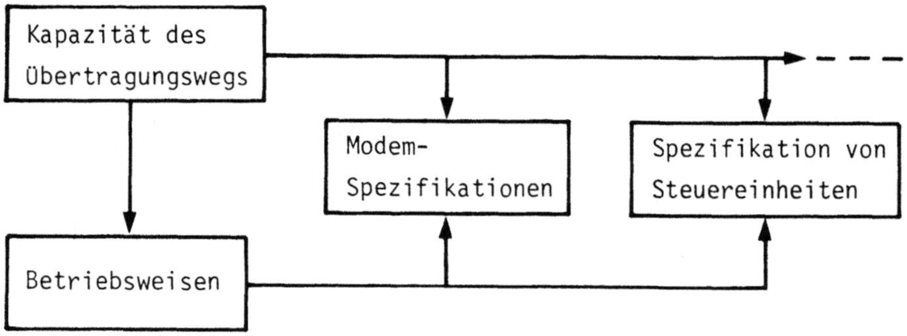

ABB. 4: INTERDEPENDENZEN TECHNISCHER ANFORDERUNGEN

(b) Zeitpunkt und Frequenz des Datenanfalls (Zeit).

Hieraus resultieren Spezifikationen derivativer Verbundaufgaben wie Übertragungssicherung, Formatierung, Code-Umsetzung, Wahl der Verbindungs-/Leitungsart, Verbindungsaufbau, Verbindungsweg etc.. Diese haben wiederum weitreichende Konsequenzen für das Network Design und sind damit ihrerseits nicht nur von der in diesem Beispiel gewählten 'Ausgangs-Aufgabe', sondern vom gesamten Aufgabensystem abhängig.

Die Zahl und Komplexität der insgesamt zu berücksichtigenden Restriktionen und Abhängigkeiten lassen somit die eindeutige Isolierung 'verbundspezifischer' Merkmale nicht zu. Allenfalls können einzelne Restriktionen und Möglichkeiten aufgezeigt werden, die sich aus Verbund-Anforderungen ergeben.

2. Abgeleitete Funktionen im Computerverbund

Der Einsatz von MDT-Großcomputer-Verbundsystemen ist die Folge einer qualitativen und quantitativen Aufgabenteilung, die zu einer hierarchischen Netzauslegung führt. Vielfach sind die zu verbindenden Geräte nicht kompatibel. Zur Herstellung systemtechnischer und organisatorischer Kompatibilität ist in den meisten Fällen eine Codeumwandlung notwendig, die jedoch heute keine Probleme mehr bringt und hardware- wie auch softwaremäßig gelöst werden kann. Gleiches gilt für andere Schnittstelleninkongruenzen (z.B. Übertragungsverfahren).

2.1 Prioritätensteuerung

Eine Prioritätensteuerung wird jeweils dann nötig, wenn von 2 Stationen gleichzeitig eine Verbindung zu einer dritten aufzubauen ist. Daraus lassen sich Anforderungen an das Hardware- und Software-System ableiten - in Abhängigkeit von der gewählten organisatorischen Lösung. Ist die Verbindung nicht realisierbar, da die Leitung belegt ist, können folgende Zustände eintreten (Abb. 5):

Konsequenzen für / Prioritäten-verteilung	Anlage 1	Anlage 2	Anforderungen an Verfahren
Anlagen sind gleichberechtigt	Verbindung zu Anlage 3 abhängig vom Zustand des Multiplexers		Steuerung durch Multiplex-Verfahren
Anlage 1 hat Priorität	Verbindungsaufbau zu Anlage 3	Abbruch der Verbindung zu Anlage 3; Unterbrechung des Sendens/Empfangens	Prioritätensteuerung durch Interrupt
Anlage 1 hat Priorität	Verbindungsaufbau zu Anlage 3	Abbruch der Verbindung zu Anlage 3; weitere Kommunikation mit Vermittlungsrechner	wie oben; zusätzliche Speicher-Peripherie erforderlich

ABB. 5: VERFAHRENSANFORDERUNGEN

Welche Lösung gewählt wird, hängt von der Formulierung der Primäraufgabe und deren Lösungsverfahren ab. Mit steigender Anzahl der Kommunikationsteilnehmer vergrößert sich noch stärker die Zahl der kombinatorischen Verbindungsmöglichkeiten. Beim Einsatz von Vermittlungsrechnern müssen Nachrichten eine Kennzeichnung tragen, die eine Identifizierung des Empfängers zuläßt und durch deren Entschlüsselung die nötigen Maßnahmen zur Herstellung der Kompatibilität eingeleitet werden können.

2.2 Konzentration

Zur Datenfernverarbeitung steht eine Vielzahl von Leitungs- und Übertragungsarten zur Verfügung, deren Auswahl sich an der zu erfüllenden Primäraufgabe orientiert. So sind Antwortzeit, Sicherheit des Übertragungsweges, Verbindungsaufbauzeit, Datenprofil, Dateiverfügbarkeit etc. Determinanten für das Netzdesign. Der hierarchischen Struktur entsprechen 'Verarbeitungsklassen': Die Datenmenge erreicht auf der Konzentratorebene ein derartiges Volumen, daß die bis zu dieser Stufe verwendete Übertragungsgeschwindigkeit $Ü_E$ nicht mehr ausreicht und durch die höhere Übertragungsgeschwindigkeit $Ü_A$ abgelöst wird; aus der Annahme $Ü_E$ kleiner $Ü_A$ folgt, daß für die Übertragung der gleichen Datenmenge weniger Zeit beansprucht wird und die weiterführende Leitung für andere Aufgaben genutzt werden kann. Hardwaretechnische Voraussetzung ist die Verfügbarkeit entsprechend schneller Peripheriegeräte zum Schreiben eingehender Daten und die Verfügbarkeit zeitlich lückenloser Ausgabedaten. Die Möglichkeit zum Anschluß unterschiedlicher Leitungsarten ist dabei ebenso selbstverständliche Voraussetzung wie die Fähigkeit, die Übertragungsverfahren zu variieren.

Neben die technische tritt eine organisatorische Konzentration: Damit sei die Aufbereitung der Eingabedaten für die Übertragung an hierarchisch übergeordnete Datenstationen bezeichnet. Derartige

Datenmanipulationen bestehen in Umformatierung, Up-Daring etc. der im eigenen System gespeicherten Dateien. Im Remote-Job-Einsatz initiiert die Station die anderweitige Verarbeitung, für deren Durchführung sie die benötigten Daten in aufbereiteter Form bereithält. Nach Job-Ende werden die Ergebnisse zurückübermittelt. Beim Remote-Batch-Einsatz dagegen werden neben dieser Übertragung eigene Aufgabenbereiche autonom abgearbeitet. Die Fähigkeit zum Multiprogramming ist Voraussetzung, da eine Vielzahl von Ein-/Ausgabe-Kanälen bedient werden muß. Interrupt-Routinen sind ebenso notwendig wie generell ein Maximum an systemtechnischer und organisatorischer Betriebssicherheit.

2.3 Front-End-Processing

Bei der Gestaltung des Front-End-Processing steht die Frage im Vordergrund, von welchen Aufgaben der Zentralcomputer sinnvoll entlastet werden kann. Da die durch die Datenfernübertragung realisierten Ein-/Ausgabe-Operationen des Zentralrechners mit sehr viel Systemverwaltungsaufwand verbunden sind, liegt es nahe, zunächst alle Funktionen auszugliedern, die aus der Datenfernübertragung erwachsen. Sie können an einen programmierbaren Vorfeldrechner (Front-End-Processor) übertragen werden, der quasi als Ein-/Ausgabe-Peripherie des Hauptrechners operiert.
Das gesamte Aufgabenspektrum kann in zwei Gruppen unterschieden werden:[1])

- reine Übertragungsaufgaben, wie Leitungssteuerung, Code-Wandlung, Leitungskontrolle mit Fehlerbehandlung, Datenkonzentration und
- abgeleitete Funktionen wie Aufzeichnung von Nachrichten, Übertragungsstatistik, Leitungsprüfung und Fehlerlokalisierung.

---

1) Vgl. HOCHREITER, Werner: Stärken und Schwächen des Front-End-Processing. In: die computerzeitung, 29. Mai 1974, S. 22.

Grundsätzlich können diese Leistungen von einem festverdrahteten Gerät erbracht werden - wenn auch z.T. nur mit erheblichem technischen Aufwand und entsprechenden Kosten -, organisatorische Gesichtspunkte sprechen jedoch für die Alternative eines programmierbaren Rechners. Besonders die Systemflexibilität kann durch die kapazitativen Erweiterungsmöglichkeiten - Aufstockung des Hauptspeichers, Erweiterung der Peripherie - ebenso wie durch die Anpassungsfähigkeit an neuartige Aufgaben verstärkt werden. Eine hohe Flexibilität wird weiter durch Modularität der Hardware und Software erreicht (einfache Austauschbarkeit von Elementen und Änderung von Verfahren ohne Eintreten unübersehbarer Folgekosten).

Aufgrund seiner zentralen Funktionen sollte der Vorfeldrechner über Einrichtungen verfügen, die das Gesamt-System gegen Ausfall schützen. So sollte es beispielsweise möglich sein, einen Stromausfall zu erkennen und Sicherungsroutinen einzuleiten, die die anderen Systemelemente so wenig wie möglich belasten. Dazu gehört die Umschaltung auf andere Anlagen, wenn nach dem Stand-by-Prinzip gearbeitet wird, sowie die Fehlererkennung im eigenen System, mit der Möglichkeit, auf redundante Hardware[1] auszuweichen.

Ein generelles Kriterium bei der Datenfernverarbeitung ist die Antwortzeit des Systems. Diese ist in jedem Fall an der zu erfüllenden Primär-Aufgabe - also an der Anwendung - zu orientieren.

Wie paßt sich nun die MDT in dieses Aufgabenspektrum ein ? Aufgrund der schweren begrifflichen Standortbestimmung von MDT-Anlagen war es nicht möglich, ein Zuordnungsschema zu entwickeln, das es ermöglicht hätte, Funktionen im Verbund und Ausstattungsmerkmal der Anlage in gegenseitiger Abhängigkeit einander eindeutig zuzuordnen. So wird es nötig sein, auf einzelne Schwerpunktaufgaben im Verbund hinzuweisen und zu prüfen, ob MDT-Anlagen das geeignete Sachmittel darstellen.

---

1) Vgl. HOCHREITER, Werner: Stärken und Schwächen ..., a.a.O.,S. 22.

2.4 Übertragungssteuerung

Das Datenübertragungssystem besteht zumindest aus einer Datenübertragungseinrichtung (DÜE: wie Modem oder Fernschaltgerät) und einem Übertragungskanal. Eine Erweiterung des Systems kann aus zahlreichen Gründen sinnvoll sein, beispielsweise um spezielle Funktionen, wie etwa den automatischen Verbindungsaufbau[1] zu ermöglichen. Für die Beurteilung der DFÜ-Fähigkeit einer MDT-Anlage (die ja Voraussetzung ihrer Terminalfähigkeit ist) ist hier lediglich die Schnittstelle zwischen DEE und DÜE von Interesse. Da diese genormt ist, genügt die Realisierbarkeit der Norm, etwa der CCITT Empfehlung V. 24, um grundsätzlich Übertragungsfähigkeit zu gewährleisten. Erst bei der Einbeziehung weiterer Merkmale der Datenfernübertragung ergeben sich spezifische Anlagen-Merkmale. Es ist darauf hinzuweisen, daß eine kurze Darstellung die Zusammenhänge nur andeuten kann, da die Entscheidungsvariablen multidimensional verknüpft sind.

(1) Übertragungsrichtung

Die Simplexübertragung als einfachste Form der Datenübertragung, stellt an die Geräte nur geringe Anforderungen. Die einseitige Übertragungsrichtung ist unveränderbar festgelegt. Ein Dialog ist nicht möglich, es werden nur Daten in einer Richtung empfangen oder gesendet. Senden und Empfangen sind im Halbduplex-Betrieb wechselseitig möglich. Dies bedingt eine Umschaltungsmöglichkeit zwischen Senden und Empfangen. Wichtiger ist jedoch die organisatorische Konsequenz. Die Datenstation ist zum Dialog fähig, sodaß die Richtigkeit des Datenaustausches jeweils bestätigt werden kann. So wird es möglich, aufgetretene Fehler sofort zu korrigieren. Senden und Empfangen laufen beim Vollduplex-Verkehr zeitlich synchron ab, wodurch ein hoher Datendurchsatz ermöglicht wird. Voraussetzung ist eine für Empfang und Senden nahezu gleich verteilte Datenmenge,

---

1) Vgl. LETSCHE, Dieter: Datenübertragung. In: IBM-Nachrichten, 19. und 20. Jg. 1969/70, Heft 197-201 (Sonderdruck).

die Leerlauf in einer Richtung vermeidet. Für die Anlagenauswahl bedeutet dies die Notwendigkeit schneller Peripheriegeräte - wie Magnetplatte, Schnelldrucker o.ä. - um einen schnellen Datenaustausch zu ermöglichen. Gleichzeitig erhöhen sich die Ansprüche an die Software, die adäquate Prüfroutinen zulassen muß.

(2) Übertragungsrhythmus

Mit Zunahme der Kommunikationsintensität tendiert das Übertragungsverfahren zur Synchronübertragung, da die dritte Bestimmungsgröße, die Übertragungsgeschwindigkeit, zunehmend an Einfluß gewinnt. Es läßt sich folgendes Beziehungsgefüge isolieren (Abb. 6):

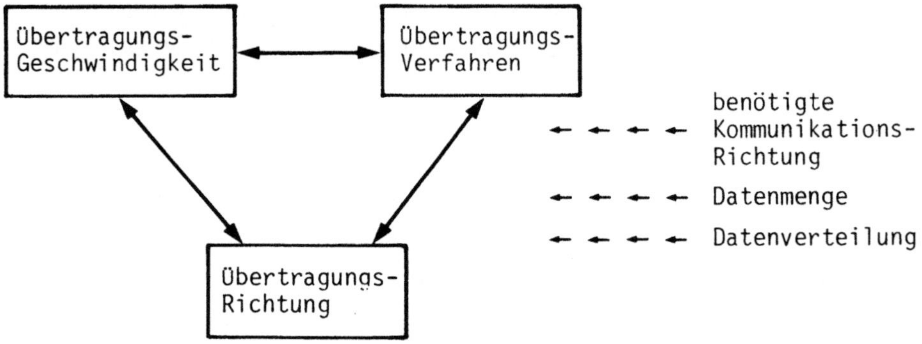

ABB. 6: ÜBERTRAGUNGS-DETERMINANTEN

Mit der Synchron-Übertragung wird ein qualitativer Sprung derart sichtbar, daß mit ihr die Übertragung größerer Datenmengen - zumindest eines physischen Datensatzes statt nur einzelner Zeichen - ermöglicht wird. Dazu muß ein genügend großer Übertragungspuffer zur Verfügung stehen. Bei gleichzeitiger Anwendung des Vollduplex-Verfahrens müssen jeweils zwei separate Bereiche (zur Ein- und Ausgabe) bereitgehalten werden. Somit wird die Hauptspeicherkapazität ebenso zur Einflußgröße wie das Vorhandensein schneller Peripheriespeicher.

(3) Übertragungssicherung

Die Übertragungsgeschwindigkeit ist Bestimmungsgröße z.B. für das Übertragungsverfahren und wird beeinflußt von der Anwendungsaufgabe, v.a. der Datenmenge und den an die Übertragungssicherheit gestellten Anforderungen. Für die Datenstation ist somit zu fordern, daß sie Fehler erkennen und analysieren kann, um eine sich daran anschließende Fehlerbehandlung zu ermöglichen.

3. Betriebsarten im Computerverbund

Bei der Remote-Batch-Verarbeitung, die den häufigsten Anwendungsfall darstellt, werden Bewegungsdaten gesammelt, übertragen, én bloc in einem Job verarbeitet, und die Ergebnisdaten zurückübertragen. Was bedeutet dies für die MDT ? Auf der einen Seite stellt sie das geeignete Sachmittel für die Datenverarbeitung dar, auf der anderen Seite ist sie für Funktionen im Rahmen der Datenübertragung geeignet. Es sind also zwei Aufgabenbereiche zu erledigen, die normalerweise getrennt abgearbeitet werden: Zu Anfang wird die Primäraufgabe erfüllt und deren Ergebnisdaten gespeichert. Dies erfordert Hardware mit entsprechenden peripheren Speichereinheiten, deren Leistungsfähigkeit jedoch noch mit dem zweiten Arbeitsbereich der Stapelfernverarbeitung abzustimmen ist. Wird von dieser Verarbeitungsprozedur abgewichen - soll also eine quasi-simultane Arbeitsweise zwischen Primär- und Sekundäraufgabe erreicht werden - so steigen die Anforderungen an das System: Im Normalfall bedeutet dies, zwei Aufgaben gleichzeitig zu erledigen, mit der Konsequenz, daß die MDT-Anlage im Multiprogrammbetrieb, aber zumindest im Zwei-Programmbetrieb, eingesetzt werden könnte. Einige Hersteller bieten derartige Versionen bei ihren größeren Systemfamilien an. Realisiert wird dies durch Partitionierung des Hauptspeichers, der jedem Einzelprogramm zugeteilt wird, und über ein Zeitteil-Verfahren (time-slicing), bei dem jedem Programmteil eine bestimmte Rechenzeit eingeräumt wird. Programmwechsel erfolgen zum Ende der Zeitscheibe oder bei Zugriffen auf die Peripherie.

Werden MDT-Anlagen als Master-Stationen eingesetzt, so erfolgt die Zeitzuteilung an die Terminals ebenfalls über eine Zeitscheibe. Auf diesem Wege ist es aber nicht möglich, Aufgaben mit Priorität zu versehen. Allerdings ist es möglich, hardwaremäßig bestimmten Kanälen Priorität einzuräumen, so daß sich hierarchische Arbeitsfolgen ergeben. Dies hat jedoch nur für die Lösung der Primäraufgabe praktische Relevanz. Zu einer echten Prioritätenvergabe bedarf es der Warteschlangenverarbeitung, die im Bereich der MDT noch nicht angeboten wird.

In der Software ist nach wie vor die Konzentration auf Assemblersprachen für die MDT kennzeichnend. Sofern problemorientierte Sprachen anwendbar sind, verfügen sie entweder über typische MDT-Kennzeichen oder sind Subsets bestehender Sprachen. Aus diesem Grund kann Kompatibilität nicht gewährleistet sein. Somit muß das Konzept der Kapazitätsverteilung zurückgestellt werden, im Zuge des Verbunds Programmteile auszutauschen bzw. auszulagern. Auch ist der Zugriff auf zentrale Dateien und deren Bearbeitung im Zuge der Primäraufgabenerfüllung nicht realisierbar, da Dateibeschreibungen und Zugriffsmethoden nicht einheitlich sind.

Bei den weiteren Funktionen im Verbund ist folgende Tendenz zu konstatieren: Die eingesetzten Anlagen müssen zunehmend Leitungsverwaltungsaufgaben übernehmen: Transformationen (Code-, Daten-), Prüfungen (logische und technische), Steuerung und Dokumentation. Hardware und Software müssen die Realisierungsmöglichkeiten schaffen: umfangreiche Ein-/Ausgabe- und Speicherperipherie, Multiprogramming, Prioritätensteuerung, Schutz von Speicherbereichen und Programmen,

Dynamisierung der Anwenderspeicher. Weiterhin ist der Forderung nach fortschreitender Automatisierung des Arbeitsablaufs zu entsprechen: Ausfälle müssen frühzeitig erkannt werden, damit die nötigen Gegenmaßnahmen eingeleitet werden können, sei dies durch Datensicherung und Fehlerdokumentation oder durch automatische Umschaltung auf Reservesysteme. Ziel muß sein, das Gesamtsystem so weit wie möglich in seiner Funktionsfähigkeit aufrechtzuerhalten, ohne daß manuelle Eingriffe nötig werden. Dies alles kann durch den Einsatz von Mikro-Prozessoren erfüllt werden, die mit entsprechender Peripherie ausgestattet werden und bei denen Speicherstruktur und Befehlsvorrat auf die direkte Verarbeitung von Prozeßdaten abgestimmt sind. Doch auch hier ist es schwierig, Differenzierungs-Merkmale zu finden, da die Technologie zunehmend vereinheitlicht wird und es somit zu einer Hardware-Angleichung der Systeme kommt. Als Unterscheidungskriterium kann wohl bald nur noch die historische Entwicklung der Systemfamilien herangezogen werden, denn auf dem Markt erscheinen bereits zunehmend 'klassische MDT-Hersteller', die eine Anlage aus ihrem Angebotsspektrum isolieren und durch Ausstattung mit einem neuen Prozessor einer speziellen Aufgabe im Verbund anpassen.

4. Tabellarische Darstellung

Die Erhebungsergebnisse sind in den folgenden Tabellen dargestellt: Der kurzgefaßten Ergebnis-Auswertung (Tab. 1 bis 24) folgt die Dokumentation sämtlicher Erhebungs-Einzeldaten (Tab. 25 bis 38). Hinweise auf zusätzliche Informationsquellen finden sich im Literaturverzeichnis.

Art	KSP		MOS		Pl	Σ
	nur KSP	KSP +FSP	nur MOS	MOS +FSP		
n	53	21	7	6	4	91
%	58	23	8	7	4	100
n	74		13		4	91
%	81		15		4	100

KSP - Magnetkernspeicher
MOS - Monolithischer Halbleiterspeicher
Pl - Magnetplatte
FSP - Festwertspeicher

TABELLE 1: TECHNOLOGISCHE HAUPTSPEICHER-AUSFÜHRUNG

In der Mehrzahl der Fälle - 74 von 91, also 81 % - wird ein Magnetkernspeicher als (homogener) Daten- und Programmspeicher eingesetzt. Zusätzlich dazu ist bei insgesamt 27 Typen von KSP oder MOS die Verwendung eines Fest- bzw. Festwertspeichers (ROM: Read-Only-Memory / PROM: Programmable Read-Only-Memory) z.B. in Form eines Fädelspeichers oder einer Magnetbandkassette möglich oder fest vorgegeben.
Dabei ergibt sich die folgende Verteilung:

	KSP + FSP	MOS + FSP	Σ
FSP als Zusatz	14	-	14
feste Aufteilung	7	6	13
Σ	21	6	27

TABELLE 2: EINSATZ VON FESTWERTSPEICHERN

In 14 Fällen wird ein Festwertspeicher als Ergänzung eines homogenen KSP oder MOS angeboten; in 13 Fällen besteht eine feste Aufteilung von Daten- und Programmbeständen auf die unterschiedlichen Speicherarten. Der Festwertspeicher dientdabei in 2 Fällen zur Aufnahme eines Betriebssystems, in den übrigen zur Speicherung von Anwendungsprogrammen.

Die folgenden Tabellen 3 und 4 beruhen auf den Angaben über die jeweils niedrigste bzw. höchste Speicherausbaustufe. Systeme/Systemfamilien ohne Möglichkeit des Speicherausbaus sind in beiden Tabellen berücksichtigt. Die größere Grundgesamtheit (113 gegenüber 91) ergibt sich aus der getrennten Aufführung unterschiedlicher Speicherarten.
Die verfügbaren Angaben wurden, soweit nötig, in KiloByte umgerechnet, um vergleichbare Werte zu erhalten.[1)]

Art \ Kapazität (KiloByte)	0-1	1-2	2-4	4-8	8-16	16-32	32-64	Σ
KSP	17	5	22	17	10	5	2	78
MOS	6	1	2	-	2	2	-	13
Pl	-	1	2	1	-	-	-	4
FSP	2	5	5	4	2	-	-	18
Σ	25	12	31	22	14	7	2	113
%	22	11	27,5	19,5	12	6	2	100

TABELLE 3: MINIMALE HAUPTSPEICHER-KAPAZITÄT

1) Die umgerechneten Werte sind wegen des fehlenden Bezugs zur Speicherorganisation nur begrenzt aussagefähig.

Art	Kapazität (KiloByte) 0-2	2-4	4-8	8-16	16-32	32-64	64	Σ
KSP	14	5	12	13	17	15	2	78
MOS	6	-	3	-	1	3	-	13
Pl	-	-	4	-	-	-	-	4
FSP	4	4	4	1	1	4	-	18
Σ	24	9	23	14	19	22	2	113
%	21	8	20,5	12	17	19,5	2	100

TABELLE 4: MAXIMALE HAUPTSPEICHER-KAPAZITÄT

	BYTE-STRUKTUR	WORTSTRUKTUR Stellen/Wort (Bit/Stelle)				
		12-15 (4)	16 (4)	16 (12)	var.	Σ
n	35	9	36	1	10	91
%	38	10	40	1	11	100

TABELLE 5: SPEICHERSTRUKTUR

Zykluszeit (s)	1-2	2-4	4-8	8	Σ
n	33	11	11	7	62
%	53	18	18	11	100

TABELLE 6: ZYKLUSZEIT

Die folgende Tabelle 7 gibt einen Überblick über die Zahl von Anlagen/Anlagengruppen, an die jeweils ein bestimmter Typ von Peripheriegeräten anschließbar ist. Angaben über Möglichkeiten der Konfigurierung sind der Tabelle im zweiten Teil dieses Anhangs zu entnehmen.

Gerät	n	%	Gerät	n	%
T	91	100	LKLS	4	4
LKL	53	58	LSLS	6	7
LSL	60	66	B	29	32
LSKL	18	20	MKV	44	48
MarkL	5	5	MKL	21	23
D1	91	100	MBK	61	67
D2	54	59	Pl	37	41
LKS	43	47	FD	21	23
LSS	72	79	MB	18	20
LSKS	19	21			

TABELLE 7: ANSCHLIESSBARE EINHEITEN

T - Tastatur
LKL - Lochkarten-Leser
LSL - Lochstreifen-Leser
LSKL - Lochstreifenkarten-Leser
MarkL - Markierungs-Leser
D1 - Drucker 1 (Konsoldrucker)
D2 - Drucker 2 (Zusatz-, ggf. Zeilendrucker)
LKS - Lochkarten-Stanzer
LSS - Lochstreifen-Stanzer
LSKS - Lochstreifenkarten-Stanzer
LKLS - Lochkarten-Lesestanzer
LSLS - Lochstreifen-Lesestanzer

B - Bildschirm
MKV - Magnetkonten-Verarbeitungseinheit
MKL - Magnetkonten- (Stapel-) Leser
MBK - Magnetbandkassette
Pl - Magnetplatte
FD - Floppy Disc (Diskette)
MB - Magnetband

Art	num + an	zusätzl. num.
n	90	81
%	100	90

num + an Numerische und alphanumerische Tastatur
zusätzl. num - Zusätzliche numerische (Zehner-) Tastatur

TABELLE 8: EINGABETASTATUR

Neben der Eingabetastatur ist in 43 = 48 % der Fälle eine Steuer-/ Funktionstastatur zur Modifikation des Programmablaufs bzw. zum Aufruf bestimmter Funktionen vorhanden. Die Zahl der - z.T. frei programmierbaren Tasten liegt zwischen 2 und 28, im Mittel bei 20.

LK/Min	30	90-150	200	300	400	800	o.A.[1]	Σ
n	1	12	2	10	3	1	2	31
%	3	39	6	33	10	3	6	100

LK/Min - Lochkarten/Minute

TABELLE 9: GESCHWINDIGKEITEN VON LOCHKARTEN-LESERN

Z/s	20-50	50-100	100-150	150-300	300	o.A.[1]	Σ
n	9	2	9	6	5	1	32
%	28	6	28	19	16	3	100

Z/s - Zeichen/Sekunde

TABELLE 10: GESCHWINDIGKEITEN VON LOCHSTREIFEN-LESERN

Die Extremwerte der Leseleistung liegen bei 20 sowie bei 650 Zeichen/Sekunde. In 6 Fällen ist das Lesen von Lochstreifenkarten möglich.

1) Nähere Angaben waren nicht zu ermitteln.

Art	n	%	Z/s min.	Z/s max.
S[1)]	7	9	15	40
T	17	20,5	16	60
K	17	20,5	12	60
M	41	50	15	440
ΣS	82	100	12	440
B	2	-	38	60
ΣS+B	84	-	15	440

Z/s - Zeichen/Sekunde

S - Serialdrucker (ohne nähere Spezifizierung)

- T - Typenhebeldrucker
- K - Kugelkopfdrucker
- M - Mosaikdrucker

B - Blockdrucker

TABELLE 11: VERTEILUNG UND GESCHWINDIGKEITS-EXTREMA VON SERIAL- UND BLOCKDRUCKERN

Der Mosaikdrucker wird gegenwärtig in der MDT aufgrund der mit ihm erzielbaren hohen Druckleistung zunehmend auch als Zweitdrucker eingesetzt. Bei der Mehrzahl der Mosaikdrucker liegt die Druckleistung im Bereich zwischen 100 und 180 Z/s mit 165 Z/s als häufigstem Wert.

---

1) Serialdrucker ohne nähere Spezifizierung

Z/s	15 -25	25 -50	50 -100	100 -150	150 -200	330	440	Σ
n	36	7	11	11	15	2	1	83
%	43,5	8	13,5	13,5	18,5	2	1	100

Z/s - Zeichen/Sekunde

TABELLE 12: DRUCKGESCHWINDIGKEITEN VON SERIAL- UND BLOCKDRÜCKERN

Zl/Min	50-100	100-200	200-300	400-450	450	Σ
n	6	14	4	4	2	30
%	20	47	13	13	7	100

Zl/Min - Zeilen/Minute

TABELLE 13: DRUCKGESCHWINDIGKEITEN VON ZEILENDRUCKERN

LK/Min	20	20-40	40-100	o.A.[1)]	Σ
n	3	8	4	4	19
%	16	42	21	21	100

LK/Min - Lochkarten/Minute

TABELLE 14: GESCHWINDIGKEITEN VON LOCHKARTEN-STANZERN

---

1) Nähere Angaben waren nicht zu ermitteln.

Z/s	15-25	25-50	50-100	100-150	o.A.[1)]	Σ
n	10	10	8	3	5	36
%	28	28	22	8	14	100

Z/s - Zeichen/Sekunde

TABELLE 15: GESCHWINDIGKEITEN VON LOCHSTREIFEN-STANZERN

Acht der Geräte gestatten das Stanzen von Lochstreifenkarten.

Stellen	512	512-1024	1024-2000	Σ
n	6	8	7	21
%	29	38	33	100

TABELLE 16: DARSTELLUNGSKAPAZITÄT VON BILDSCHIRMEN

In 6 Fällen stehen Leuchtanzeigen mit einer Anzeigekapazität zwischen 6 und 32 Stellen (Zeichen) zur Verfügung.

St/Kts	64-256	256-512	512-1024	1024-1522	Σ
n	9	10	11	4	34
%	26	29,5	32,5	12	100

St/Kts - Stellen/Kontenseite

TABELLE 17: SPEICHERKAPAZITÄT VON MAGNETKONTEN

---

1) Nähere Angaben waren nicht zu ermitteln.

Kt/h	1500	2400-2800	3000	o.A.[1)]	Σ
n	2	4	4	5	15
%	13	27	27	33	100

Kt/h - Konten/Stunde

TABELLE 18: GESCHWINDIGKEITEN VON MAGNETKONTEN-STAPELLESERN

KB/Ka	100	100-200	200-300	300	o.A.[1)]	Σ
n	8	7	7	7	2	31
%	25,8	22,6	22,6	22,6	6,4	100

KB/Ka - KiloByte/Kassette

TABELLE 19: SPEICHERKAPAZITÄT VON MAGNETBANDKASSETTEN

max. LW	2	3	4	o.A.[1)]	Σ
n	11	7	2	11	31
%	35,5	22,6	6,4	35,5	100

max. LW - Maximale Laufwerk-Zahl

TABELLE 20: ZAHL DER MAXIMAL ANSCHLIESSBAREN MAGNETBAND-KASSETTEN-LAUFWERKE

In 17 Fällen ist der Anschluß von Magnetband-Einheiten (Groß-ADV-kompatibel) möglich.

---

1) Nähere Angaben waren nicht zu ermitteln.

Kap/LW (MioB)	1	1-2,5	2,5-5	5-10	10	o.A.[1]	Σ
n	3	4	14	20	6	1	48
%	6	8,5	29	42	12,5	2	100

Kap/LW (MioB) - Kapazität/Laufwerk (Millionen Byte)

TABELLE 21: SPEICHERKAPAZITÄT VON MAGNETPLATTEN

Die höchste vorkommende Speicherkapazität liegt bei 25 MioB, die Zugriffszeit zwischen 17 und 450 ms (Millisekunden).
Von 30 angebbaren Platteneinheiten sind 8 als Fest-, 5 als Wechselplatten-, 17 als Einheit mit geteiltem Plattenstapel (Fest-/Wechselplatteneinheit) gestaltet.

Die Zahl der maximal anschließbaren Einheiten (Laufwerke) ergibt sich zu (31 verfügbare Angaben):

max.LW	1	2	4	5	8	10	Σ
n	5	10	12	1	1	2	31
%	16,5	32,5	39	3	3	6	100

max. LW - Maximale Laufwerk-Zahl

TABELLE 22: ZAHL DER MAXIMAL ANSCHLIESSBAREN MAGNETPLATTEN-LAUFWERKE

1) Nähere Angaben waren nicht zu ermitteln.

Kap (KB/Pl)	205-262	262-315	315	o.A.[1]	Σ
n	7	7	1	1	16
%	44	44	6	6	100

Kap (KB/Pl) - Speicherkapazität (KiloByte/Platte)

TABELLE 23: SPEICHERKAPAZITÄT VON FLOPPY DISCS

Die Zugriffszeit liegt i.a. unter 900 ms (Millisekunden), die Übertragungsrate bei ca. 250.000 Bit/Sekunde.

max. LW	1	2	3	4	8	Σ
n	1	7	1	6	1	16
%	6	44	6	38	6	100

max. LW - Maximale Laufwerk-Zahl

TABELLE 24: ZAHL DER MAXIMAL ANSCHLIESSBAREN FLOPPY-DISC-LAUFWERKE

1) Nähere Angaben waren nicht zu ermitteln.

TABELLE 25: ZENTRALEINHEIT

Hersteller	Systemfamilie/ Anlagentyp	Technologische Hauptspeicher-Ausführung	Speicher-struktur	Kapazitäts-Ausbaustufen (KB)	Kapazitäts-Ausbaustufen (Datenworte)	Datenwort-Aufbau	Befehlswort-Aufbau	Speicher-aufteilung	Zykluszeit (s)	Besonderheiten	Preisbereich
A	a	KSP	Wort	6,3 12,7 19,04 25,4	1K 2K 3K 4K	13/4	13/4	homogen			ab 96.700 ab 108.700
	b	RAM KSP	Byte	1-2 16-48				DSP PSP		Multi-User-System	ab 37.000 (ZE)
B	a1	Pl.	Wort	2 4 6	256 512 768	16/4	4/4	homogen	4,6		ab 25.000 ab 33.000 ab 37.200
	a2	Pl.	Wort	4 6	512 768	16/4	4/4	homogen	4,6		ab 36.000
	a3	Pl.	Wort	4 6	512 768	16/4	4/4	homogen	4.23		ab 39.850
	a4	Pl.	Wort	'4,75	608	16/4	4/4	homogen	4.33		ab 52.500
	b	MOS	Byte	4 6		16/4	4-6/4	homogen	3	inkl.10KB Mikro-Sp	ab 39.950
	c	MOS	Byte	4 6		16/4	4-6/4	homogen		inkl.10KB Mikro-Sp	ab 44.400
	d	KSP	Byte	32 + je 8 bis 96				homogen			ab 64.450 - 130.300
C	a	KSP	Wort	4 8	8 K Stellen 16 K Stellen	16/4	4/4	homogen	8		ab 24.850

Anmerkung: Ein Verzeichnis der Hersteller (Symbole A,B) und Anlagen/Systemfamilien (Symbole a,b,c) findet sich im Anschluß an Tabelle 38.

noch: Tabelle 25

Hersteller	Systemfamilie/ Anlagentyp	Technologische Hauptspeicher-Ausführung	Speicherstruktur	Kapazitäts-Ausbaustufen (KB)	Kapazitäts-Ausbaustufen (Datenworte)	Datenwort-Aufbau	Befehlswort-Aufbau	Speicheraufteilung	Zykluszeit (s)	Besonderheiten	Preisbereich
	b	KSP	Wort	4 8	8 K Stellen 16 K Stellen	16/4	4/4	homogen	8		ab 27.250
	c	KSP	Wort	4 8	8 K Stellen 16 K Stellen	16/4	4/4	homogen	8		ab 34.100
	d	KSP	Wort	4 16	8 K Stellen 32 K Stellen	16/4	4/4	homogen	8		ab 35.000
	e	KSP	Wort	4 16	4 K Stellen 32 K Stellen	16/4	4/4	homogen	8		ab 44.000
D	a	KSP	Byte	16 + je 16 bis 64				homogen	1,1	Parallelverarbtg.; bis 16 Terminals	77.600 (ZE) - 131.100
E	a	KSP	Byte	4 + je 4 bis 32				homogen	750 f.2B		ab 33.000 - 81.000
	b	KSP	Byte	4 + je 4 bis 32				homogen	750 f.2B		ab 32.500 - 80.500
	c	KSP	Byte	4 + je 4 bis 32				homogen	750 f.2B		ab 33.000 - 81.000
	d	KSP	Byte	16 + je 4 bis 32				homogen	750 f.2B		ab 56.900 - 84.900

noch: Tabelle 25

Hersteller	Systemfamilie/ Anlagentyp	Technologische Hauptspeicher-Ausführung	Speicher-struktur	Kapazitäts-Ausbaustufen (KB)	Kapazitäts-Ausbaustufen (Datenworte)	Datenwort-Aufbau	Befehlswort-Aufbau	Speicher-aufteilung	Zykluszeit (s)	Besonderheiten	Preisbereich
F	a	KSP FSP	Wort	- 0,5 1,875	8+je8 bis 64 256	16/4	60 bit	DSP PSP	1		ab 18.000 - ca 28.000
	b	KSP	Byte	2 + je 2 bis 10				homogen	1		ab 39.000 - ca 66.000
G	a	MOS		0,25-1 0,5				DSP KSP	1		a.ca 16.500 - ca 38.000
	b	KSP FSP FSP/KSP	Wort	0,125-2 5 5	16-256 10 K Stellen 10 K Stellen	16/4	5/4	DSP/PSP PSP PSP	4	FSP od.KSP als Zusatz	a.ca 28.500 - ca 42.500
	c	KSP FSP FSP/KSP	Wort	0,125-2 10 10-20	16-256 20 K Stellen 20-40 K Stellen	16/4	5/4	DSP/PSP PSP PSP	4	FSP od.KSP als Zusatz	a.ca 45.000 - ca 62.000
	d	KSP FSP	Wort	10-40 5	20-80 K Stellen 10 K Stellen	16/4	5/4	homogen PSP	4	inklusiv	a.ca 58.300 - ca 72.600
	e	KSP	Wort	20-30	40-60 K Stellen	16/4	5/4	homogen	4		ab 114.500
	f	KSP FSP	Wort	5-40 5	10-80 K Stellen 10 K Stellen	16/4	5/4	homogen PSP			a.ca 64.500

noch: Tabelle 25

Hersteller	Systemfamilie/ Anlagentyp	Technologische Hauptspeicher-Ausführung	Speicher-struktur	Kapazitäts-Ausbaustufen (KB)	Kapazitäts-Ausbaustufen (Datenworte)	Datenwort-Aufbau	Befehlswort-Aufbau	Speicher-aufteilung	Zykluszeit (s)	Besonderheiten	Preisbereich
	g	KSP	Wort	8-64		16/4	5/4	homogen	0,25	virtueller Speicher b.1 Megabyte Parallelverarbtg. b.z.16 Programme	ca 73.200 - ca 110.000
	h	KSP	Wort	4		16/4	5/4	homogen			ab 44.500
H	a	KSP FSP	Byte	2,5-7,5 4				homogen PSP	10/7,9	inklusiv	a.ca 109.500
	b	KSP FSP	Byte	2,5-7,5 4				homogen PSP	10/7,9	inklusiv	a.ca 125.600
I	a	KSP	Byte	8-16				homogen	1,52		a.ca 95.600 - ca 117.600
	b	MOS	Byte	16-32				homogen	0,6		a.ca 93.400
J	a	MOS	Byte	16-64				homogen	1		a.ca 89.000
K	a	KSP	Wort	4		variabel	3 Byte	homogen			a.ca 26.000
	b	KSP FSP	Wort	ca.0,1-0,4 3,75	16-64	12/4	15 bit	DSP PSP	5		a.ca 19.000
	c	KSP	Wort	3-12	4-16 K Stellen	1-63/6	3/6	homogen	2,5		a.ca 38.000
	d	KSP	Wort	3-12	4-16 K Stellen	1-63/6	3/6	homogen	2,5		a.ca 49.000

noch: Tabelle 25

Hersteller	Systemfamilie/ Anlagentyp	Technologische Hauptspeicher-Ausführung	Speicher-struktur	Kapazitäts-Ausbaustufen (KB)	Kapazitäts-Ausbaustufen (Datenworte)	Datenwort-Aufbau	Befehlswort-Aufbau	Speicher-aufteilung	Zykluszeit (s)	Besonderheiten	Preisbereich
	e	KSP	Wort	6-12	8-16 K Stellen	1-63/6	3/6	homogen	2,5		a.ca 60.000
	f	KSP	Wort	6-18	8-24 K Stellen	1-63/6	3/6	homogen	1,0		a.ca 83.000
	g	KSP	Wort	18-24	24-32 K Stellen	1-63/6	3/6	homogen	1,2		a.ca 85.000
L	a	MOS/KSP	Byte	1,25-4,25				homogen	1,2		a.ca 30.000
	b	KSP	Byte	8-16				homogen	1,2		a.ca 53.000
	c	KSP	Byte	8-16				homogen	1,2		a.ca 40.000
	d	KSP	Byte	8-24				homogen	1,2		a.ca 44.000
	e	KSP	Byte	8-24				homogen	1,2		a.ca 46.000
	f	KSP	Byte	8-32				homogen	1,2		a.ca 49.000
M	a	KSP	Wort	8		16/4	1-6/8	homogen	6		ab 68.000 - ca 130.000
N	a	KSP FSP	Byte	8-48				homogen PSP(OS)	1 0,2	Time-Sharing, Multi-programming, b.zu 8 Terminals; FSP f. Betriebssystem	a.ca 115.000 (ZE)
	b	KSP FSP	Byte	16-48				homogen PSP(OS)	1 0,2	siehe oben	a.ca 205.000

noch: Tabelle 25

Hersteller	Systemfamilie/ Anlagentyp	Technologische Hauptspeicher-Ausführung	Speicher-struktur	Kapazitäts-Ausbaustufen (KB)	Kapazitäts-Ausbaustufen (Datenworte)	Datenwort-Aufbau	Befehlswort-Aufbau	Speicher-aufteilung	Zykluszeit (s)	Besonderheiten	Preisbereich
O	a1	KSP	Wort		65 Ba 10- 50 DW	16/4	64 bit	homogen			a.ca 20.000
	a2	KSP	Wort		64-126 BW 30-100 DW	16/4	64 bit	homogen			a.ca 23.000
	b1	KSP	Byte	16-32		1-16/4	variabel	homogen	0,6		a.ca 66.200 - ca 82.200
	b2	KSP	Byte	10		1-16/4	variabel	homogen	0,6		ca 80.000
	c	KSP LS od. KSP	Wort	2/4	12-48 4-8 K Stellen	12/4	3/8 3/8	DSP PSP PSP	150	Lochstreif.Schleif. LS zur Eingabe	a.ca 22.000
	d	KSP	Wort	ca.1,2-4,7	200-800	12/4	12/4	homogen			a.ca 80.000
P	a	KSP FSP	Wort	0,125-12 ca1,25-36	16-1536 ca.562-16384	16/4	18 bit 18 bit	homogen PSP	2		a.ca 28.500 - ca 93.000
	b	KSP FSP	Wort	0,75-24 ca.1,7-36	96-3072 768-16384	16/4	18 bit 18 bit	homogen PSP	2		a.ca 50.000 - ca 141.000
	c	KSP	Wort	12-24	8-16 K Stellen	16/12	18 bit	homogen	2		a.ca 135.000
	d	KSP	Wort	6	12 K Stellen	16/4	18 bit	homogen	2		a.ca 80.000
	e	KSP	Wort	32-40				homogen	1,1	Terminalsystem	

noch: Tabelle 25

Hersteller	Systemfamilie/ Anlagentyp	Technologische Hauptspeicher-Ausführung	Speicher-struktur	Kapazitäts-Ausbaustufen (KB)	Kapazitäts-Ausbaustufen (Datenworte)	Datenwort-Aufbau	Befehlswort-Aufbau	Speicher-aufteilung	Zykluszeit (s)	Besonderheiten	Preisbereich
Q	a	KSP	Wort	2	4 K Stellen	15/4	12 bit	homogen			a.ca 17.000
	b	KSP MBK	Wort	ca 0,2 2,5	30 1280	15/4	4/4	DSP PSP		Magnetband-Kassette	a.ca 22.000
	c	KSP MBS	Wort	ca 0,2 2,5	30 9.500	15/4	4/4	DSP PSP		Magnetbandschleife	ab 36.000
	d	KSP	Wort	1-2		15/4	12 bit	homogen			a.ca 13.000 - ca 24.000
	e	KSP	Byte	4-16				homogen			a.ca 40.000 - ca 55.000
R	a1	KSP	Wort	2		variabel	variabel	homogen		Kapazität f.Anwend. Programme	ca 24.000
	a2	KSP	Wort	3		variabel	variabel	homogen		Kapazität f.Anwend. Programme; Preis incl.Magnet-konteneinheit	ca 43.000
	a3	MOS	Byte	24-64				homogen	0,88	Multiprogr.b.zu 4 Progr.	
	b	KSP	Wort	3,125-36,8 36,8	ab 400	16/4	16/4	homogen	3,2		a.ca 56.000 - ca 120.000
	c	KSP	Wort	3,125-36,8 36,8	ab 400			homogen	3,2	inkl.Magnetkonten-einheit	ab 66.500 - ca 136.500

noch: Tabelle 25

Hersteller	Systemfamilie/ Anlagentyp	Technologische Hauptspeicher-Ausführung	Speicher-struktur	Kapazitäts-Ausbaustufen (KB)	Kapazitäts-Ausbaustufen (Datenworte)	Datenwort-Aufbau	Befehlswort-Aufbau	Speicher-aufteilung	Zykluszeit (s)	Besonderheiten	Preisbereich
S	a1	KSP	Byte	48				homogen		Time-Sharing,Multi-progr.Terminal-Syst. (bis 64)	169.500 (ZE)
	a2	KSP	Byte	64				homogen		siehe oben	225.000 (ZE)
	b	KSP	Byte	16-128		16+2 bit			0,8		
T	a	KSP FSP	Wort	0,125-8 3,3-36	16-1024 1500-16384	16/4	18 bit	DSP+PSP PSP	2		a.ca 29.000 - ca 96.000
	b	KSP FSP	Wort	0,125-8 3,3-36	16-1024 1500-16384	16/4	18 bit	DSP+PSP PSP	2		a.ca 41.000 ca 100.000
	c	KSP	Wort	4-8	8-16 K Stellen	16/4	18 bit	homogen	2		a.ca 135.500 ca 194.200
	d	KSP	Wort	6-12		16/4	3-21/4	homogen		virtueller Speicher b. 384 KB	118.000 - 134.500
U	a	MOS PROM	Wort	0,25-2	32-64 0,5-4 K Stellen	16/4	variabel	DSP PSP			ca 15.000 - ca 21.000
	b	MOS	Byte	24-64				homogen			89.000 - ca 134.000
V	a	KSP	Byte	4-64			1-7Byte	homogen	1		49.100 - ca 150.000

noch: Tabelle 25

Hersteller	Systemfamilie/ Anlagentyp	Technologische Hauptspeicher-Ausführung	Speicher-struktur	Kapazitäts-Ausbaustufen (KB)	Kapazitäts-Ausbaustufen (Datenworte)	Datenwort-Aufbau	Befehlswort-Aufbau	Speicher-aufteilung	Zykluszeit (s)	Besonderheiten	Preisbereich
W	a	KSP	Wort		26-90 1-4 K Stellen	16/4	1-16/6	DSP PSP			a.ca 34.000 - ca 54.000
	b	KSP	Byte	20-30					3,3	Terminalsystem;Pa-rallelverarbeitg.	a.ca 120.000 - ca 211.000
X	a	MOS MOS/MBK	Wort		15	16/4	15 bit	DSP PSP	600	Magnetband-Kasset.	16.400
	b	MOS PROM	Wort		15 1024	16/4	15 bit	DSP PSP	600	Magnetband-Kasset.	26.400
	c	KSP PROM	Byte	4-64		variabel	1-7Byte	homogen PSP	1,2	wahlweise	a.ca 21.000 - ca 50.000
Y	a	MOS MOS/MBK	Wort		15	16/4	15 bit	DSP PSP	600	Magnetband-Kasset.	ab 10.000
	b	MOS PROM	Wort		15 1024-2048	16/4	15 bit	DSP PSP	600	Magnetband-Kasset.	26.400
	c	KSP FSP	Wort		16-100	14/4	variabel	DSP PSP			a.ca 22.000 ca 46.000
	d	KSP PROM	Byte	4-40		variabel	1-7Byte		1,2	wahlweise	a.ca 21.000 - ca 106.000
Z	a	KSP	Byte	8-32				homogen		Dialogsystem; b.z. 11 Peripheriegeräte	a.ca 28.000 - ca 71.000

TABELLE 26: TASTATUR

Hersteller	Typ	alphanum. Tab.	zusätzl. num. Tab.	Funktions-/ Steuertastatur	Zahl d.Funkt.-/ u. Steuert.	Besonderheiten
A	a	x	x	x	2/7	
	b	x	x	x	5-16	Terminals
B	a1	x	x	x	24+4	
	a2	x	x	x	24+4	
	a3	x	x	x	24+4	
	a4	x	x	x	24+4	
	b	x	x	x	24+4	
	c	x	x	x	24+4	
	d	x	x			Mehrfunkt. Konsole
C	a	x				
	b	x				
	c	x				
	d	x				
	e	x				
D	a	x	x			Terminals
E	a	x	x			
	b	x	x			
	c	x	x			
	d	x	x			
F	a	x	x			
	b	x	x			
G	a	x	x			
	b	x	x	x	19	
	c	x	x	x	27	
	d	x	x	x	27	
	e	x	x			

noch: Tabelle 26

Hersteller	Typ	alphanum. Tab.	zusätzl. num. Tab.	Funktions-/ Steuertastatur	Zahl d.Funkt.-/ u. Steuert.	Besonderheiten
G	f	x	x	x	8	
	g	x	x			
	h	x	x			
H	a	x	x			
	b	x	x			
I	a	x	x	x	8	
	b	x	x			
J	a	x	x	x	12	
K	a	x	x			
	b	x	x			
	c	x	x			
	d	x	x	x	14	
	e	x	x			
	f	x	x			
	g	x	x	x	18	
L	a	x	x	x	16	
	b	x	x	x	16	
	c	x	x	x	16	
	d	x	x	x	16	
	e	x	x	x	16	
	f	x	x	x	16	
M	a	x	x			
N	a	x	x			i.Bildschirm-Terminal
	b	x	x			i.Bildschirm-Terminal

noch: Tabelle 26

Hersteller	Typ	alphanum. Tab.	zusätzl. num. Tab.	Funktions-/ Steuertastatur	Zahl d.Funkt.-/ u. Steuert.	Besonderheiten
O	a1	x	x			
	a2	x	x			
	b1	x	x			
	b2	x	x			
	c	x	x			
	d	x	x			
P	a	x	x	x	25	freiprogr.
	b	x	x	x	25	freiprogr.
	c	x	x	x	25	freiprogr.
	d	x	x	x		
Q	a	x	x			
	b	x	x	x	6/3	
	c	x	x	x	6	
	d	x	x			
	e	x	x			
R	a1	x	x			
	a2	x	x			
	a3	x	x			
	b	x	x	x	4	
	c	x	x	x	7	
S	a1	x	x	x		Terminals
	a2	x	x	x		Terminals
	b	x	x	x		
T	a	x	x	x	25	
	b	x	x	x	25	
	c	x	x			
	d	x	x			

noch: Tabelle 26

Hersteller	Typ	alphanum. Tab.	zusätzl. num. Tab.	Funktions-/ Steuertastatur	Zahl d.Funkt.-/ u. Steuert.	Besonderheiten
U	a	x	x			
	b	x	x			
V	a	x	x	x	18	
W	a	x	x			
	b	x	x			Terminal
X	a	x	x	x	6	
	b	x	x	x	6	
	c	x	x	x	18	
Y	a	x	x	x	6	
	b	x	x	x	6	
	c	x	x	x		
	d	x	x	x	18	
Z	a	x	x			

TABELLE 27: LOCHKARTEN-LESER

Hersteller	Typ	LK-Art	LK/Min	Spalten/sec	Besonderheiten
A	a,b	80	150		
B	a1-a4	80	100		
	b-d	80	200		Lesestanz.
	b-d	96	300		Lesestanz.
E	b-d	80	150	200	
G	b-e		200		
	g		300		
H	a		100		
	b		150		
I	a				in:Leser/ Stanzer/Be- schrifter
J	a		300		
	a		800		
K	b-g	80	110		
L	b-f		400		
N	a,b	80	400		
	a,b	80/96	400/ 800		
O	b1		300		
	d		100		
	d		300		
P	a-d		90		
Q	c	80	30	40	
	e				möglich

noch: Tabelle 27

Hersteller	Typ	LK-Art	LK/Min	Spalten/sec	Besonderheiten
R	b,c	80	300		
T	a-c		90		
	d		300		m.Markiergs. Leser
U	b		300		
W	a	80	150	200	
	b	80	300		
X	c	80	150	200	
Y	c,d	80	150	200	
Z	a		300		m.Mark.-Leser mögl.

TABELLE 28: LOCHSTREIFEN-LESER

Hersteller	Typ	Zeichen/sec	auch LSK	Besonderheiten
A	a	125		
	a	400		
	b	100		
B	a1-d	40	x	
C	a-e	70	x	
D	a	500		
E	b-d	200	x	
G	b-e	50		
H	a,b	125		
I	a	120		
J	a	300		
K	c-g	150		
L	b-f	200		
N	a,b	300		
O	b1	125		
	c	150		
	c	25	x	
	d	50		
	d	400		
	d	600		
	d	650		
P	a-c	140		
Q	a	20		
	c	50	x	
	d,e	20		
R	b,c	50		
S	a1-b			vorhanden
T	a-c	140		
	d	200		
V	a	150		
W	a	20	x	
	a,b	300		

TABELLE 29: DRUCKER

Hersteller	Typ	Erst-u.Zweitdrucker	Druckerart S:T	K	M	B	Z	Endlos-Formularführg.	Druckbreite Z/Zl	Geschwindigkeit Z/sec	Geschwindigkeit Zl/Min
A	a	1	x					x	250	22,5	
	b	1	x							60	
	b	2					x	x	132		400
B	a1-a2	1		x				x	150	20	
	a3,a4	1		x				x	255	20	
	b,c	1		x				x	150	20	
	b,c	1		x				x	255	20	
	b,c	1		x				x	255	30	
	b,c	2					x		132		85
	b,c	2					x		132		160
	b,c	2					x		132		250
	c	1		x					150	60	
	c	1		x					255	60	
	d	1/2					x	x	132		90
	d	1/2					x	x	132		180
	d	1/2					x	x	132		250
	d	1/2					x	x	132		400
C	a-c	1		x				x	131	15	
	d,e	1			x			x	288	144	
D	a	1			x				80	15	
	a	2			x				132	165	
	a	2			x				132	440	
E	a-d	1/2			x				158	140	
	b	1		x					131	15	

noch: Tabelle 29

Hersteller	Typ	Erst-u.Zweitdrucker	Druckerart S	T	K	M	B	Z	Endlos-Formularführg.	Druckbreite Z/Zl	Geschwindigkeit Z/sec	Geschwindigkeit Zl/Min
F	a	1		x						127	18	
	a	1		x						147	18	
	a	1		x						174	18	
	b	1				x			x	192	60	
G	a-e	1			x					131	15	
	b-e	2				x				131	160	
	b-e	2				x				118	160	
	b-e	2						x		131		200
	f-h	1				x				128	140	
	f-h	1				x				236	140	
	g	2						x	x	132		600
H	a,b	1	x							128	40	
	a,b	2						x		96		83
	a,b	2						x		128		83
	b	2						x		96		200
	b	2						x		128		200
I	a	1				x				132	85	
	a	1				x				220	85	
	b	1				x				132	40	
	b	1				x				132	80	
	b	1						x		132		50
	b	1						x		132		100
	b	1						x		132		155
J	a	1/2				x				132	180	
	a	2						x		132		200
	a	2						x		132		400

noch: Tabelle 29

Hersteller	Typ	Erst-u.Zweitdrucker	Druckerart S:T		K	M	B	Z	Endlos-Formularführg.	Druckbreite Z/Zl	Geschwindigkeit Z/sec	Geschwindigkeit Zl/Min
K	a	1				x				201	100	
	b	1		x						123	18	
	b-g	1/2					x			135	60	
	e-f	1				x				220	80	
	g	2						x	x	144		150
L	a	1				x			x		100	
	b-f	1				x			x	156	140	
	b-f	2				x			x	156	180	
M	a	1			x					140	16	
	a	2				x			x	132	165	
N	a,b	1				x				132	165	
	a,b	2						x	x	132		200
O	a1,a2	1			x					220	15	
	b1,b2	1			x					265	24	
	b1	2						x	x			200
	c	1			x				x	130	15	
	d	1			x					96	12	
	d	2					x		x	260	38	
	d	2						x	x	96		125
	d	2						x	x	132		300
P	a-e	1/2	x						x	131	16	
	a-e	1				x			x	178	50	
	a-e	2				x			x	132	165	
Q	a	1	x							172	15	
	a	2				x				132	180	
	b,c	1	x							260	15	
	d	1	x						x	180	16	
	e	1	x						x	256	40	

noch: Tabelle 29

Hersteller	Typ	Erst-u.Zweitdrucker	Druckerart S:T	Druckerart K	Druckerart M	Druckerart B	Druckerart Z	Endlos-Formularführg.	Druckbreite Z/Zl	Geschwindigkeit Z/sec	Geschwindigkeit Zl/Min
R	a1-a3	1			x			x	239	30	
	b,c	1	x					x	164	22	
	b,c	1	x					x	258	22	
	b,c	2			x			x	128	175	
	b,c	2					x	x	132		200
S	a1,a2	1/2					x	x	132		300
	a1,a2	1/2					x	x	132		1250
T	a,c	1/2		x				x	131	16	
	b,c	1/2			x			x	178	50	
	a-c	2			x			x	132	165	
	a-c	2			x			x	132	330	
	d	1/2			x			x	132	145	
	d	2					x	x	132		200
U	a	1		x				x	131	15	
	b	1			x			x	132	180	
V	a	1/2			x			x	132	180	
	a	1/2			x			x	132	140	
W	a	1	x						175	25	
	b	1			x			x	132	165	
	b	1					x	x	132		125
	b	2					x	x	132		450
X	a,c	1	x					x	126	18	
	a,c	1	x					x	170	18	
	a	1	x					x	237	18	
	b,c	1	x						171	16	
	c	1/2			x				132	140	
	c	1			x			x	276	140	

noch: Tabelle 29

Hersteller	Typ	Erst-u.Zweitdrucker	Druckerart						Endlos-Formularführg.	Druckbreite	Geschwindigkeit	Geschwindigkeit
			S	T	K	M	B	Z		Z/Zl	Z/sec	Zl/Min
Y	a,c,d	1		x					x	126	18	
	a,c,d	1		x					x	170	18	
	a	1		x					x	238	18	
	b	1		x					x	170	16	
	c,d	1/2				x			x	132	140	
	c,d	1/2				x			x	276	140	
Z	a	1	x							131	15	
	a	2				x				132	165	
	a	2				x				132	330	

TABELLE 30: LOCHKARTEN-STANZER

Hersteller	Typ	LK-Art	LK/Min	Spalten/sec	Besonderheiten
A	a				möglich
B	a1-c	80	(19)	25	
	b-d	80	45		Lesestanz./ Drucker/Prüf.
	b-d	96	60		Lesestanzer
G	b-e				möglich
H	a,b		(30)	40	
I	a				in:Leser/ Stanzer/Be- schrifter
K	b		20		
	c-g		27		
L	b-f		30		
O	b1		26		Beschrifter
	d		100		
P	a-c		35		wahlweise m. Beschriftung
Q	c,e		(19)	25	
R	a1-a3		(38)	50	
	b,c		(38)	50	wahlweise m. Beschriftung
T	a-c		(38)	50	wahlweise m. Beschriftung
W	a				möglich
	b	80	100		

TABELLE 31: LOCHSTREIFEN-STANZER

Hersteller	Typ	Zeichen/sec	auch LSK	Besonderheiten
A	a	35		
	b	75		
B	a1-a4	40		
	b-d	40	x	
C	a-e	70	x	
D	a	75		
E	a-d	40		
F	a			möglich
G	a-e	20		
H	a,b	105		
J	a	40		
	a	70		
K	b	18		
	c-f	70		
	g	50		
L	a-f	35		
N	b	75		
O	a1,a2			möglich
	b1	75		
	c	20	x	
	d	30		
	d	120		
P	c	15		
Q	a			möglich
	b	15		
	c	50	x	
	d,e	20		
R	a1-c	50		
S	a1-b			möglich
T	a,b	15	x	
U	a	70		
W	a	20	x	
	b	150		
X	a,b	20	x	
	c			möglich
Y	a-d	20	x	

TABELLE 32: BILDSCHIRM/LEUCHTANZEIGE

Hersteller	Typ	Darstellungskapazität Leuchtanzeige (Zeichen)	Darstellungskapazität Bildschirm (Zeichen od. Zeilen x Zeichen/Zeile)	Besonderheiten
A	b		12x80 = 960	
B	b		8x32 = 256	
D	a		16x64 = 1024	
	a	16		
F	a	vorhanden		Funktionsanzeige
G	g,h		8x32 = 256	
	g	12		
	g		1024	
H	a,b	6		
I	a		15x64 = 960	
	b		6x40 = 240	
J	a	vorhanden		
K	a	32		Funktionsanzeige
	g		25x80 = 2000	
L	e		22x40 = 880	
M	a		16x64 = 1024	
N	a,b		24x80 = 1920	
	b		16x32 = 512	
P	b		256	
	b		960	
Q	e	16		
S	a1,a2		27x64 = 1998	
T	c,d		8x32 = 256	
U	b	32		

noch: Tabelle 32

Hersteller	Typ	Darstellungskapazität Leuchtanzeige (Zeichen)	Darstellungskapazität Bildschirm (Zeichen od. Zeilen x Zeichen/Zeile)	Besonderheiten
V	a		1408	
W	b		24x80 = 1920	
X	c		1056	
Y	d		1056	
Z	a		16x64 = 1024	

TABELLE 33: MAGNETKONTEN-VERARBEITUNGSEINHEIT

Hersteller	Typ	Kapazität num. Stellen/ Kontenseite	Stapelleser vorhanden/ anschließb.	Stapelleser Konten/ Stunde
A	a	1040	x	3000
B	a4,b,c	352	x	3000
	b,c	704	x	3000
C	c	256		
	e	1024		
E	a,c	1024		
F	a	128		
	b	400		
G	b-e	512		
	b-f	1024		
K	a	512		
	e-g	795	x	3000
L	d,e	192		
O	a2	272		
	b1,b2	1522	x	2800
	d	216	x	2500
	d	432	x	2500
P	a-d	1024	x	2400
Q	a	900	x	
	b	128		
	c	300		
	d,e	1024	x	
R	a2	256		
	c	672	x	1500
	c	1344	x	1500

noch: Tabelle 33

Hersteller	Typ	Kapazität num. Stellen/ Kontenseite	Stapelleser vorhanden/ anschließb.	Stapelleser Konten/ Stunde
T	a	1024	x	
V	a	1024		
W	a	440	x	
X	b	64		
	c	342		
	c	1200		
Y	b	64		
	c	130		
	d	342		
	d	600	x	

TABELLE 34: MAGNETBANDKASSETTE

Hersteller	Typ	Kapazität/Kassette (KB)	Kapazität/Kassette (K Stellen (num.))	Zahl max. anschließbarer Laufwerke	Besonderheiten
A	b	256		2	
B	a1-c	237		4	
	d				möglich
C	a-c	(8)	16		f.Programm-Laden
D	a	(125)	250		
E	b,c	200		4	
F	b	(30)	60		
G	a	342			
	b-e	684		2	
	f,g	360		2	
	h	360		3	
K	a,c-g	(8)	16		f.Programm-Laden
	a	250		2	
	c-g	183		2	250 KSt á 6 bit
L	a-f	180		3	
M	a	180		2	
O	a2	320			
	b1,b2	320		2	
P	a-e	140		2	
Q	a	(34)	67	3	
	a	256		2	
	b	(2,5)	5		Programmspeicher
	c	(29)	57	3	
	d	256			
	e	256		2	

noch: Tabelle 34

Hersteller	Typ	Kapazität/Kassette (KB)	Kapazität/Kassette (K Stellen (num.))	Zahl max.anschließbarer Laufwerke	Besonderheiten
R	a1-c	(530)	1060		
	b,c	(250)	500	3	
T	a-d	140		2	
V	a				Programm-Eingabe u. Datensicherung
X	c	(75)	150	3	
Y	c,d	(75)	150	3	

TABELLE 35: MAGNETPLATTE

Hersteller	Typ	Fest-/Wechselplatte	Kapazität (MioByte)	Anschließbare Laufwerke	Besonderheiten
A	b	F/W	12		
B	a1-a4	F		1	Hauptspeicher
	d	W	4,6	2	
	d	W	9,2	2	
D	a		5	4	je 2x2,5 MioB
	a		10	4	je 2x5 MioB
E	d	F/W	6	2	
	d	F/W	12	1	
G	e	F/W	4,9	4	
	g	F/W	5		2x2,5 MioB
	g	F/W	10		2x5 MioB
I	a	F/W	2,45		
	a	F/W	4,91		
	a		7,37		
	a		9,8		
	b	F	5		
	b	F	9,1		
J	a	F/W	4,4	4	2x2,2 MioB
	a	W	2,2	4	
K	g		4,95	1	2x3,3 MioSt á 6 bit
	g		12,3	2	2x8,2 MioSt á 6 bit
L	b-e	W	1,4	4	
	f	F/W	5	4	2x2,5 MioB
	f	F/W	10	4	2x5 MioB

noch: Tabelle 35

Hersteller	Typ	Fest-/Wechselplatte	Kapazität (MioByte)	Anschließbare Laufwerke	Besonderheiten
M	a	F/W	3,84	1	
N	a,b	F/W	4,2	4	
	a,b	F/W	8,4	2	
	b		10	2	
O	b1		9,7		
	d		1,95		
P	c	F/W	5,8	1	
	c	F	7,24	2	
Q	a	F	0,08		
	a,e	F	0,16		
R	b,c		0,25	5	
	b,c	F/W	4,6	2	
S	a1		4,9	2	
	a1		9,8	8	
	a2,b	F	25	4	
	b	W	6,2		
T	c		5,6		
	c		7,0	2	
	d		12,5	4	
V	a	F/W	10	4	
W	b	F/W	8	10	
	b	F	10	10	
Z	a		4,9		
	a		10,1		

TABELLE 36: FLOPPY DISC

Hersteller	Typ	Kapazität (KB)	Anschließbare Laufwerke
C	a-c	256	3
E	d	256	4
F	b	256	8
G	f,h	315	2
I	b	303	1
J	a	308	2
K	f	311	4
L	b-e	250	4
M	a	205	2
P	d	315	2
T	b	315	2
U	b	256	4
V	a	300	4
Y	d		4
Z	a	262	2
	a	524	2

TABELLE 37: MAGNETBAND

Hersteller	Typ	Spuren	bit per inch	anschließbare Laufwerke
A	b	9	800	4
B	d	9	800	
D	a		800	
E	a-d	9	800	
K	g		800	4
	g		1600	4
L	d-f	9	800	
N	a,b	7	800/556	
	a,b	7	800/200	
	a,b	7	556/200	
	a,b	9	800	
P	b		800	
S	a1,a2	9	800	2
	a1,a2	9	800/1600	2
	b	7/9		
W	b	7/9	800	
	b	7/9	800/556	

TABELLE 38: KONFIGURATION

		T	LKS	LSL	LSKL	Mark L	D 1	D 2	LKS	LSS	LSKS	LKLS	LSLS	B	MKV	MKL	MBK	P1	FD	MB
A	a	x	x	x			x		x	x					x	x				
	b	x	x	x			x	x		x				x			x	x		x
B	a1	x	x	x	x		x		x	x							x	x		
	a2	x	x	x	x		x		x	x							x	x		
	a3	x	x	x	x		x		x	x							x	x		
	a4	x	x	x	x		x		x	x					x	x	x	x		
	b	x	x	x	x		x	x	x	x	x	x		x	x	x	x			
	c	x	x	x	x		x	x	x	x	x	x			x	x	x			
	d	x	x	x	x		x	x	x	x	x	x					x	x		x
C	a	x		x	x		x			x	x						x		x	
	b	x		x	x		x			x	x						x		x	
	c	x		x	x		x			x	x				x		x		x	
	d	x		x	x		x			x	x									
	e	x		x	x		x			x	x				x					
D	a	x		x			x	x		x				x			x	x		x
E	a	x					x	x		x			x		x					x
	b	x	x	x	x		x	x		x			x				x			x
	c	x	x	x	x		x	x		x			x		x		x			x
	d	x	x	x	x		x	x		x			x					x	x	x
F	a	x					x			x				x	x					
	b	x					x								x		x		x	
G	a	x					x			x							x			
	b	x	x	x			x	x	x	x					x		x			
	c	x	x	x			x	x	x	x					x		x			
	d	x	x	x			x	x	x	x					x		x			
	e	x	x	x			x	x	x	x					x		x	x		
	f	x					x								x		x		x	
	g	x	x				x	x						x			x	x		
	h	x					x							x			x		x	
H	a	x	x	x			x	x	x	x			x	x						
	b	x	x	x			x	x	x	x			x	x						

Anmerkung: Ein "x" bedeutet jeweils das Vorhandensein bzw. die Möglichkeit des Anschlusses eines entsprechenden Peripheriegeräts.

noch: Tabelle 38

	I		J	K							L						M	N		O						P					Q
	a	b	a	a	b	c	d	e	f	g	a	b	c	d	e	f	a	a	b	a1	a2	b1	b2	c	d	a	b	c	d	e	a
T	x	x	x	x	x	x	x	x	x	x	x	x	x	x	x	x	x	x	x	x	x	x	x	x	x	x	x	x	x	x	x
LKL	x		x		x	x	x	x	x	x		x	x	x	x	x		x	x			x			x	x	x	x	x		
LSL	x		x			x	x	x	x	x		x	x	x	x	x		x	x			x		x	x	x	x	x			x
LSKL																								x							
Mark L																											x	x			
D 1	x	x	x	x	x	x	x	x	x	x	x	x	x	x	x	x	x	x	x	x	x	x	x	x	x	x	x	x	x	x	x
D 2			x		x	x	x	x	x	x		x	x	x	x	x	x	x	x			x			x	x	x	x	x	x	x
LKS	x				x	x	x	x	x	x		x	x	x	x	x						x			x	x	x	x			
LSS			x		x	x	x	x	x	x	x	x	x	x	x	x			x	x	x	x		x	x			x			x
LSKS																								x							
LKLS	x																														
LSLS																															
B	x	x	x	x						x					x		x	x	x								x				
MKV				x				x	x	x				x	x						x	x	x		x	x	x	x	x		x
MKL								x	x	x												x	x		x	x	x	x	x		x
MBK				x		x	x	x	x	x	x	x	x	x	x	x	x				x	x	x			x	x	x	x	x	x
PL	x	x	x							x		x	x	x	x	x	x	x	x			x			x		x				x
FD		x	x						x			x	x	x	x		x												x		
MB										x				x	x	x		x	x								x				

noch: Tabelle 38

		T	LKL	LSL	LSKL	Mark L	D 1	D 2	LKS	LSS	LSKS	LKLS	LSLS	B	MKV	MKL	MBK	PL	FD	
Z	a	x	x			x	x	x						x				x	x	
	d	x	x				x	x		x	x			x	x	x	x		x	
	c	x	x				x	x		x	x				x		x			
	b	x					x			x	x				x					
Y	a	x					x			x	x									
	c	x	x				x	x		x				x	x					
	b	x					x			x	x				x					
X	a	x					x			x	x									
	b	x	x	x			x	x	x	x				x				x		x
W	a	x	x	x	x		x		x	x	x				x	x				
V	a	x		x			x	x						x	x		x	x	x	
	b	x	x				x							x					x	
U	a	x					x			x										
	d	x	x	x			x	x						x			x	x		
	c	x	x	x			x	x	x					x			x	x		
	b	x	x	x			x	x	x	x	x						x		x	
T	a	x	x	x			x	x	x	x	x				x	x	x			
	b	x		x			x	x		x								x		x
	a2	x		x			x	x		x				x				x		x
S	a1	x		x			x	x		x				x				x		x
	c	x		x		x	x	x	x	x					x	x	x	x		
	b	x		x		x	x	x	x	x							x	x		
	a3	x					x		x	x							x			
	a2	x					x		x	x					x		x			
R	a1	x					x		x	x							x			
	e	x	x	x			x		x	x				x	x	x	x	x		
	d	x		x			x			x					x	x	x			
	c	x	x	x	x		x		x	x	x				x		x			
Q	b	x					x			x					x		x			

Verzeichnis der Hersteller sowie der Systemfamilien/Anlagentypen[1)]

A	-	ANKER	a	-	ADS 2100
			b	-	ADS Modulflex
B	-	BURROUGHS	a1	-	L 6200
			a2	-	L 6300
			a3	-	L 6400
			a4	-	L 6500
			b	-	L 8000
			c	-	L 9000
			d	-	B 700
C	-	COMPUDATA	a	-	500
			b	-	510
			c	-	550
			d	-	503 S
			e	-	553 S
D	-	DATASAAB (FACIT)	a	-	TEAM Computer 6501
E	-	DIEHL/CTM	a	-	70/300
			b	-	70/400
			c	-	70/500
			d	-	70/600
F	-	HERMES (PRECISA)	a	-	Data System F 5
			b	-	Data System 209,210,211
G	-	HOHNER GDC	a	-	GDC
			b	-	2000
			c	-	5000
			d	-	6000
			e	-	9000
			f	-	60/10
			g	-	HC 1
			h	-	DATAKET

1) Aus erhebungstechnischen Gründen wurden in einzelnen Fällen Anlagengruppen/Systemfamilien zu jeweils einer Erhebungseinheit zusammengefaßt.

H	-	HONEYWELL BULL	a	-	Serie 50: Modell 53
			b	-	Serie 50: Modell 55
I	-	IBM	a	-	System 3/6
			b	-	System 32
J	-	ICS	a	-	755
K	-	KIENZLE	a	-	2000
			b	-	4000
			c	-	5000
			d	-	5600
			e	-	6000
			f	-	6600
			g	-	6100
L	-	LOGABAX	a	-	2600
			b	-	4100
			c	-	4200
			d	-	4300
			e	-	4400
			f	-	4600
M	-	MAEL	a	-	Serie 4800 (4820-4855)
N	-	MAI	a	-	Basic/Four 350,400,500
			b	-	Basic/Four 600
O	-	NCR	a1	-	299/100
			a2	-	299/200
			b1	-	399
			b2	-	399/KOMMERZ
			c	-	446
			d	-	500
P	-	NIXDORF	a	-	820/15, 820/35
			b	-	840
			c	-	880/55
			d	-	8830
			e	-	8870

Q	-	OLIVETTI	a -	P 652
			b -	Auditronic 730
			c -	Auditronic 770
			d -	Audit 5
			e -	Audit 7
R	-	PHILIPS	a1 -	Unidata 310
			a2 -	Unidata 320
			a3 -	Unidata 450
			b -	P 351, P 352, P 356
			c -	P 354, P 355, P 358, P 359
S	-	RANK XEROX	a1 -	DBS-K
			a2 -	DBS-P
			b -	RX 530
T	-	RUF	a -	S. 70
			b -	S. 72
			c -	S. 80/82
			d -	S. 30
U	-	SAMMETINGER	a -	ISE 10/32, ISE 10/64
			b -	ISE 40/24
V	-	SCHREM	a -	OMNICOMP 2000
W	-	SINGER	a -	S. 5800
			b -	S. 10 (10/110-3, -4, -5)
X	-	TAYLORIX	a -	510/3
			b -	510/4
			c -	S. 9 (9/1 - 9/5)
Y	-	TRIUMPH-ADLER	a -	TA 10/3
			b -	TA 10/4
			c -	TA 100
			d -	TA 1000
Z	-	WANG	a -	2200 S, 2200 C

LITERATUR

Die angegebene Literatur diente zum Teil als Quellenmaterial, zum Teil kann sie als Hinweis für weiterführende Angaben angesehen werden (deshalb: Verlagsangabe bei verschiedenen Publikationen).

AGI, M.; MAKKARU, S.: Datensammelsysteme. - Marktübersicht - hrsg. von der Gesellschaft für Mathematik und Datenverarbeitung mbH. 5205 St. Augustin 1, Schloß Birlinghoven. Überarbeitete und erweiterte Fassung. Juli 1975.

AUERBACH-Guide to: Communications Terminals. Published by Auerbach Publishers Inc. 121 N. Broad Street, Philadelphia, Pa. 19107 USA, 1974.

AUERBACH-Guide to: Intelligent Terminals, published by Auerbach Publishers Inc. 121 N. Broad Street, Philadelphia, Pa. 19107 USA, 1974.

BOWERS, Dan M.: Small-Scale Computing. Part 2: Data Entry. In: Modern Data, Vol. 8 1975 No. 6, p. 43-49.

BTS. Bürotechnische Sammlung. Zeitschrift und Lexikon für die gesamte Büro- und Datentechnik. Büro- und Organisationstechnik Verlagsgesellschaft Dr. H. Benad. 2000 Hamburg 1, Spaldnigstr. 64. Diverse Exemplare.

CASHMAN, Michael: The IBM System/32. In: Datamation, Vol. 21 1975 No. 2, p. 67-68.

CASWELL, Stephen A.: Floppy Disc Drives and Systems. In: Modern Data, Vol. 8 1975 No. 8, p. 32-41.

CASWELL, Stephen A.: Tape Cartridge Drives and Systems. In: Modern Data, Vol. 8 1975 No. 9, p. 35-44.

COMPUTER-LEISTUNGSVERGLEICH: (Bürocomputer, Systeme der Mittleren Datentechnik, kleine und mittlere Computer) in der Reihe 'Bürotechnische Sammlung' Schilling-Verlag für Informationstechnik,4690 Herne, Friedrichstraße 16-22. 5. Aufl. 1973/74. (jetzt auch: Büro- und Informationstechnik Verlagsgesellschaft Dr. H. Benad, 2000 Hamburg 1, Spaldnigstraße 64).

FISCHBACH, Franz: MDT in CEBIT - Wandel einer Technik. In: Online, 13. Jg. 1975 Heft 5, S. 313-321.

GRANHOLM, Jackson W.: Interactive Hardcopy Terminals. In: Datamation, Vol. 21 1975 No. 11, p. 51-61.

GREVE, R.: Mittlere Datentechnik bestätigt. In: bürotechnik, 23. Jg. 1975 Heft 6, S. 627-632.

HABERLAND, Rainer: Schalterterminals und Bargeldautomation. In: Geldinstitute, o.Jg. 1975 Heft 3, S. 25-31.

HANDBUCH DER MODERNEN DATENVERARBEITUNG hrsg. v. H.E. Littmann, erscheint im Forkel-Verlag, 7000 Stuttgart 70, Postfach 104.

HANNOVER-MESSE 1975. Katalog. Hannover 1975.

HOCHREITER, Werner: Stärken und Schwächen des Front-End-Processing. In: die computerzeitung, 29. Mai 1974, S. 22.

INFORMATIONSDIENST DATAPRO 70, hrsg. von Datapro Research Corp., Delran, N.J. 08075, USA.

INSTITUT FÜR SELBSTBEDIENUNG Rationalisierungsgesellschaft des Handels mbH & Co. Kassenterminals. Möglichkeiten der Anwendung elektronischer Datenerfassungssysteme im Lebensmitteleinzelhandel unter besonderer Berücksichtigung der Filialsysteme. Köln 1971.

JAKOB, Helmut: Übersicht über die Kleincomputerentwicklung. In: Der Erfolg, 24. Jg. 1975 Heft 6, S. 24-30.

JAKOB, Helmut: Mittlere Datentechnik im Wandel. Neuheiten und Weiterentwicklungen im Kleincomputer-Angebot, 2. Teil. In: Der Erfolg, 24. Jg. 1975 Heft 7/8, S. 13-20.

McLAUGHLIN, R.A.: Alphanumeric Display Terminal Survey. In: Datamation, Vol. 19 1973 No. 11, p. 71-92.

LETSCHE, Dieter: Datenübertragung. In: IBM-Nachrichten, 19. und 20. Jg. 1969/70 Heft 197-201 (Sonderdruck).

LOESCHER, A.H.: Datenerfassung. Angebot '75 in Europa. Eine Fachdokumentation. UBL-Unternehmensberatung. 6078 Neu-Isenburg, Frankfurter Straße 172.

MIERZOWSKI, K.: Messe-Nachlese 1975. In: Elektronische Rechenanlagen, 17. Jg. 1975 Heft 4, S. 193-197.

MURPHY, J.A.: Floppy Disc Drives and Storage. In: Modern Data, Vol. 7 1974 No. 2, p. 47-52.

MURPHY, J.A.: Small Business Systems. What's Available. In: Modern Data,Vol. 6 1973 No. 11, p. 57-65.

ORGATECHNIK 1975. Katalog. Köln 1975.

POWER, W.D.: Retail Terminals ... a POS Survey. In: Datamation,Vol. 17 1971 No. 14, p. 22-31.

ROSENTHAL, Klaus: Noch einmal CEBIT: Software - unter bröckelndem Dach immer mehr Programm-Bausteine. In: Online, 13. Jg. 1975 Heft 7/8, S. 470-475.

SCHRAMM, H.F.W.: Hard- und Software auf der CEBIT-Fachschau der Hannover-Messe 75. In: Online 13. Jg. 1975 Heft 4, S. 214-220.

SIEG-PRESS GmbH (Hrsg.): DE'74 Datenerfassung
TER'74 Terminals
MDT'73 Mittlere Datentechnik
Daten-Fachdokumentationen. 5910 Kreuztal, Postfach 229.

SMYTHE, Clare (ed.): Choosing a Computer 1975. Published by Embankment Press Ltd. 3 Aledonian Road, London N 1 9 DX.

THEIS, D.J.: Communications Processors. In: Datamation, Vol. 18 1972 No. 8, p. 31-34.

WEBER, Helmut; HAMMEL, Rolf; GÜRTH, Hans: Bibliographie Mittlere Datentechnik und angrenzende Gebiete, BIFOA-Arbeitsbericht 73/3, Köln 1973: Deskriptor 'Mittlere Datentechnik - Marktübersicht'.

ZEIDLER, Helmut: Terminals für Banken und Betriebe. In: bürotechnik, 23. Jg. 1975 Heft 7/8, S. 757-763.

o.V.: IBM hat jetzt auch Computer für den kleinen Geldbeutel. In: bit, 11. Jg. 1975 Heft 5, S. 20-22.

o.V.: IBM - Computer auch für kleinere Unternehmen: System/32 angekündigt. In: Elektronische Rechenanlagen, 17. Jg. 1975 Heft 3, S. 146-148.

o.V.: Informationserfassung und -verarbeitung. In: adl-nachrichten, 20. Jg. 1975 Heft 91, S. 6-38.

o.V.: Nachschau Hannover-Messe 75. In: adl-nachrichten, 20. Jg. 1975 Heft 92, S. 44-49.

o.V.: Nixdorf Systemfamilie 8800 - die vorweggenommene Antwort auf IBM-System/32. In: bit, 11. Jg. 1975 Heft 5, S. 24-28.

o.V.: System 32 sieht sich starker Konkurrenz gegenüber. In: Online, 13. Jg. 1975 Heft 10, S. 633-638.

o.V.: Für die Zukunft geplant - die neue Nixdorf-Serie 88. In: Elektronische Rechenanlagen, 17. Jg. 1975 Heft 2, S. 91.

o.V.: Klein, fein - und gar nicht teuer. In: Büro + EDV. Zeitschrift für Büroorganisation und Datentechnik, 26. Jg. 1975 Heft 7/8, S. 28-19.

ANHANG B

Kommunikations - Infrastruktur

I. BUNDESREPUBLIK DEUTSCHLAND

INHALT Seite

VERZEICHNIS DER ABBILDUNGEN

VERZEICHNIS DER TABELLEN Seite

Ein Datenübertragungssystem wird determiniert durch verschiedene Verfahren und Geräte. Jede dieser Bestimmungsgrößen kann in unterschiedlichen Ausprägungen auftreten. Die daraus resultierenden Kombinationsmöglichkeiten lassen zahlreiche alternative Gestaltungsansätze für ein Übertragungssystem zu. Einige der Determinanten sind unabhängig von den anderen und nur im Hinblick auf die geplante Übertragung auszuwählen. Andere, wie z.B. Übertragungsgeschwindigkeit und Leitungsverbindung, sind nur im Zusammenhang und unter Einbeziehung ökonomischer Aspekte zu gestalten.

Die im folgenden dargestellte Vorgehensweise ist ein Konzept zur Festlegung aller notwendigen Komponenten eines Übertragungssystems. Die Gestaltung erfolgt schrittweise, denn simultane Lösungsansätze für alle Komponenten sind wegen der Komplexität der Zusammenhänge kaum möglich. Für die unterschiedlichen Ausprägungen der einzelnen Komponenten werden Vor- und Nachteile aufgezeigt. Daneben sind betriebswirtschaftliche Überlegungen berücksichtigt, bezüglich eines günstigen Verhältnisses von notwendigen Kosten und gewünschter Leistung - vor allem bei der Auswahl der Übertragungsgeschwindigkeit und Leitungsverbindung.

a) Übertragungskosten

Den Entscheidungshilfen zur Gestaltung der Komponenten des Übertragungsbereichs wird eine kurze Zusammenfassung der wichtigsten Kostenarten vorangestellt.

Einmalige Kosten entstehen bei der Einrichtung des Übertragungsbereichs und laufende Kosten durch den Betrieb der Übertragung. Kosten, die nicht eindeutig dem Übertragungsbereich zurechenbar sind - z.B. Kosten für Personal, Sachmittel, Raum, Klimatisierung, Energie etc. - sollen hier außerhalb der Betrachtung bleiben, da sie durch ADV generell verursacht werden.

1. Einmalige Kosten

Einerseits fallen hierunter die einmaligen Kosten der Deutschen Bundespost, andererseits treten einmalige Kosten beim Kauf von Geräten für den Übertragungsbereich auf. Eine Zusammenstellung der wichtigsten Gebühren gibt das Beiblatt Z der Dateldienste. Vollständig und rechtlich verbindlich sind die Gebühren in folgenden Verordnungen enthalten:

- Fernmeldeverordnung,
- Verordnung über den Fernschreib- und Datexdienst,
- Verordnung über das öffentliche Direktrufnetz für die Übertragung digitaler Nachrichten,
- Bestimmungen über private Drahtfernmeldeanlagen.

Die Kosten für gekaufte Geräte sind nach Ausstattung und Hersteller unterschiedlich, ihre Höhe kann deshalb nicht generell angegeben werden.

2. Laufende Kosten

Zu den laufenden Kosten gehören solche, die durch die Dauer und den Zeitpunkt der Übertragung nicht beeinflußt werden. Diese werden als fixe monatliche Kosten angesehen. Dagegen werden die Kosten, die sich nach Entfernungsbereich, Dauer und Tageszeit der Übertragung ändern, als monatlich variable Kosten gekennzeichnet. Die Unterscheidung nach fixen und variablen Kosten bezieht sich also auf Leistungszeit und -menge.

Zu den <u>fixen</u> monatlichen Kosten zählen Grund- und Gerätegebühren bei Wähl- und Standleitungen sowie die nach Entfernungsklassen und Geschwindigkeitsbereichen gestaffelten Gebühren bei Standleitungen (vgl. Abb. 1, entsprechende Werte vgl. Tabelle 10).

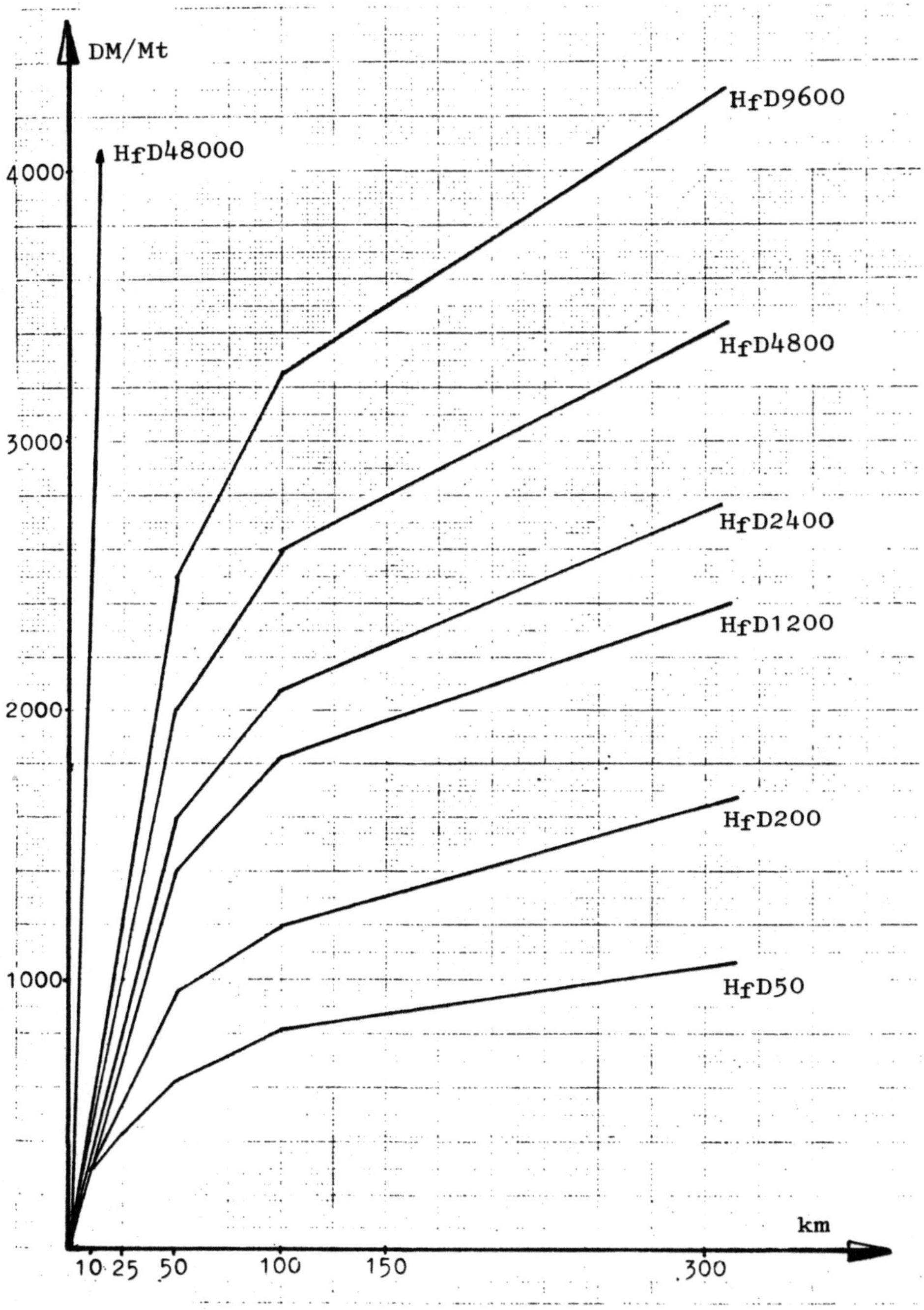

ABB. 1: KOSTENVERLÄUFE DER VERKEHRSGEBÜHREN VON STANDLEITUNGEN IN ABHÄNGIGKEIT VON DER ENTFERNUNG

Als variable Kosten sind die Verbindungsgebühren in Wählnetzen anzusehen. Diese errechnen sich aus dem Preis je Gebühreneinheit und der Verbindungsdauer in Sekunden pro Gebühreneinheit. Die Länge der Verbindungsdauer pro Einheit ist gestaffelt nach Vermittlungsstellenbereich bzw. Entfernung und Tageszeit Die variablen Kosten der Wählleitungen sind abhängig

- von der Verbindungsdauer (linearer Anstieg - vgl. Abb.2) und
- von der Entfernung (treppenartiger Anstieg - vgl. Abb.3).

Zu diesen variablen Kosten sind noch die monatlichen Grund- und Gerätegebühren zu addieren. Die zugrundeliegenden Werte sind in den Tabellen 10 und 11 zusammengestellt[1].

Das Telexnetz und Datexnetz kennen zwei Tageszeiten:

- 6.00 - 18.00 Uhr und
- 18.00 - 6.00 Uhr sowie

zwei Entfernungsstufen:

- innerhalb eines Zentralvermittlungsstellenbereichs (bis 50 km)
- zwischen verschiedenen Zentralvermittlungsstellenbereichen.

Im Fernsprechwählnetz unterscheidet man drei Tagesabschnitte:

- 6.00 - 18.00 Uhr (12 Stunden),
- 18.00 - 22.00 Uhr (4 Stunden),
- 22.00 - 6.00 Uhr (8 Stunden).

Die Entfernungen sind nach

- Nahbereich innerhalb eines Knotenvermittlungsstellenbereichs und
- Fernbereich zwischen den Knotenvermittlungsstellen mit 4 Zonen
  1. Zone: bis 25 km,
  2. Zone: bis 50 km,
  3. Zone: bis 100 km,
  4. Zone: über 100 km unterteilt.

1) Die Tabellen finden sich am Ende des Textes (S. B 50 ff.).

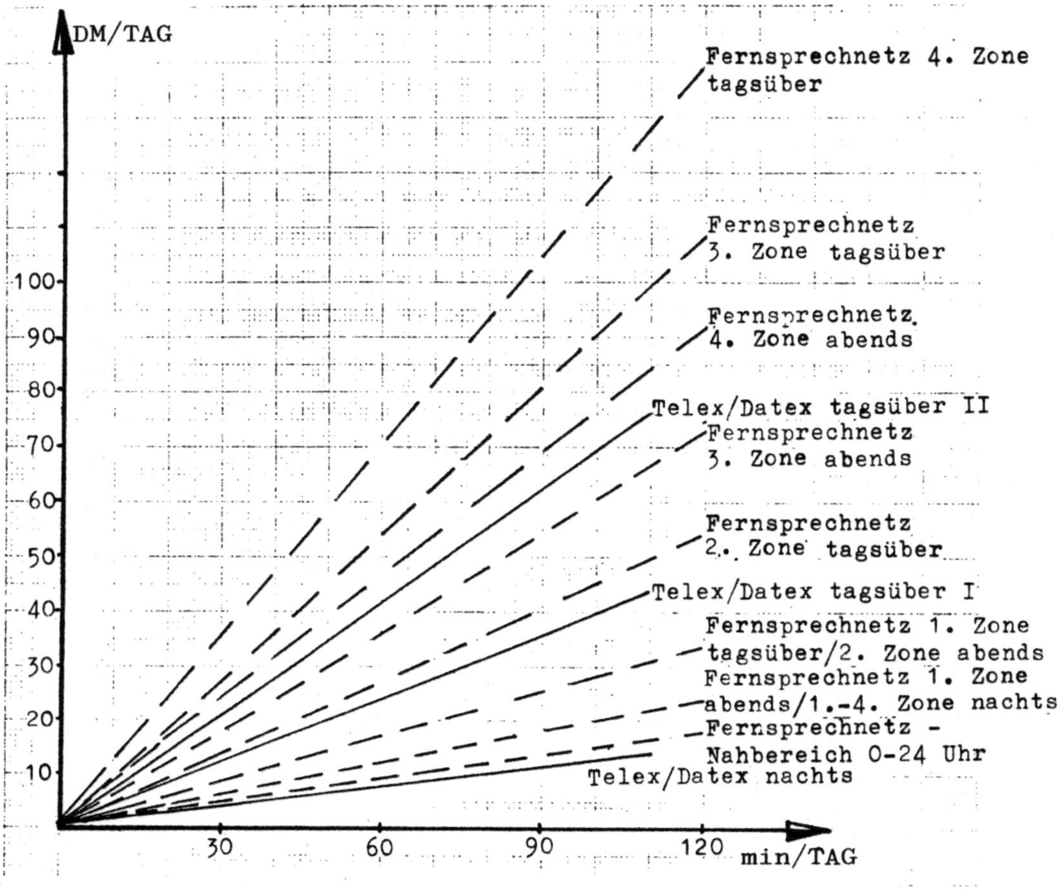

ABB. 2: KOSTENVERLÄUFE IN ABHÄNGIGKEIT VON DER VERBINDUNGSDAUER

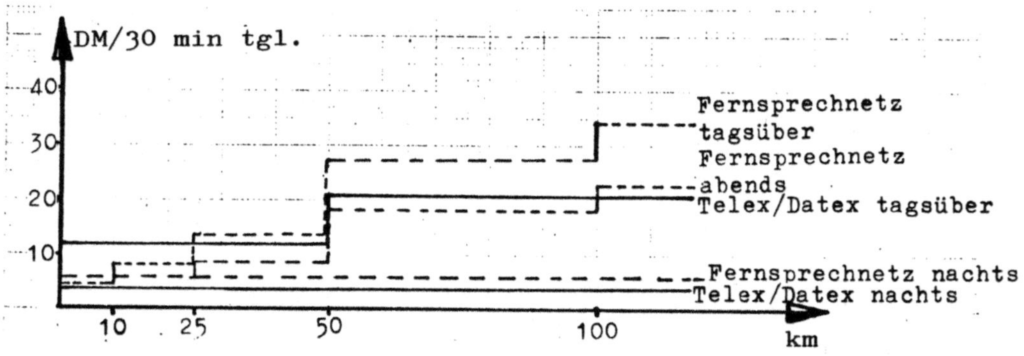

ABB. 3: KOSTENVERLÄUFE IN ABHÄNGIGKEIT VON DER ENTFERNUNG

b) Entscheidungsgrundlagen für die Gestaltung des Übertragungssystems

Die für Planung und Gestaltung eines Übertragungsbereichs angestellten Überlegungen, die dafür notwendigen Informationen und Entscheidungshilfen sind zum großen Teil in Form von Diagrammen und Tabellen erstellt worden. Sie sollen eine schnelle und einfache Entscheidungsfindung unterstützen.

1. Netzstruktur

Datenstationen können über Einzelverbindungen oder Gruppenverbindungen verbunden sein. In bestimmten Fällen führt die Gruppenverbindung zu einer Verminderung der Kosten. Deshalb soll anhand bestimmter Merkmale geprüft werden, ob eine Gruppenverbindung möglich und kostengünstiger ist. In Tabelle 1 sind die tendenziellen Einsatzmöglichkeiten aufgezeigt:

Gestaltungsalternativen / Merkmale	Einzelverbindung	Gruppenverbindung
Datenmenge	groß	klein
Dringlichkeit	hoch	gering
Standorte	ungünstig verstreut	günstig gelegen

TABELLE 1: EINSATZMÖGLICHKEITEN VON EINZEL- UND GRUPPENVERBINDUNGEN

Eine Gruppenverbindung ist gegenüber einer Einzelverbindung dann vorteilhafter, wenn

- bei kleinem Datenvolumen pro Übertragung die Übertragungswege besser ausgelastet werden,
- der geographische Standort eine Zusammenfassung von Datenstationen ermöglicht,
- die Anforderungen an die zeitliche Bereitschaft der angeschlossenen Datenstation und die Dringlichkeit der Datenübertragung nicht zu hoch sind und Wartezeiten in Kauf genommen werden können.

Da die Anzahl der Datenstationen und die Datenmenge nicht voneinander unabhängig die Entscheidung beeinflussen, müssen ihre möglichen Kombinationen betrachtet werden (Tab. 2):

Datenmengen \ Anzahl der Datenstationen	viele	wenige
große	Einzelverbindung	Gruppenverbindung (oder Einzelverbindung)
kleine	Gruppenverbindung	Gruppenverbindung

TABELLE 2: EINFLUSS VON DATENSTATION UND DATENMENGE AUF DIE ENTSCHEIDUNG

Unter der Voraussetzung, daß die geographische Anordnung der Datenstationen dies zulassen, sprechen kleine Datenmengen prinzipiell für Gruppenverbindungen. Große Datenmengen hingegen legen Einzelverbindungen nahe, es sei denn, nur wenige Datenstationen sind betroffen und behindern sich nicht gegenseitig. Werden die Vor- und Nachteile im konkreten Fall untersucht, dann sind folgende Einflüsse auf die Kosten zu erwarten: Eine Gruppenverbindung verringert die Kosten für Übertragungswege und Geräte, weil einmal die Entfernung bis zu der am weitesten entfernten Datenstation jeweils auf einem Leitungsweg alle anderen Entfernungen mit einschließt und weil zum anderen die Zentralstation nur eine Datenübertragungseinrichtung benötigt. Dagegen erfordert die Übertragungssteuerung der Gruppenverbindung einen höheren Hardware- und Software-Aufwand.

Bei Gruppenverbindung muß die günstigste Streckenführung ermittelt werden. Dazu sind Angaben über das Ein- und Ausgabevolumen der Datenstation notwendig. Die Deutsche Bundespost gibt eine Broschüre über alle Fernsprechortsnetze heraus, in der ein Koordinatensystem zur Berechnung von Leitungsführung und Entfernung angegeben ist.

2. Übertragungsrhythmus

Die beiden Gleichlaufverfahren (synchron und asynchron) haben verschiedene bevorzugte Anwendungsbereiche (Tab. 3):

Gestaltungskomponenten / Merkmale	Asynchronübertragung	Synchronübertragung
Datenmenge	klein	groß
Datenanfall	unregelmäßig	regelmäßig

TABELLE 3: ANWENDUNGSGEBIETE DER GLEICHLAUFVERFAHREN

Die Synchronübertragung mit ihrem festen Zeitraster führt bei mittleren und großen Datenmengen zu einem spürbaren Rückgang der Übertragungsdauer. Werden z.B. 500 Zeichen im 7-Bit-Code bei asynchroner Übertragung mit 2 1/2 Start-Stop-Schritten und einer Geschwindigkeit von 200 bit/sec übertragen, so dauert die Übertragung 24 sec. Bei synchroner Übertragung unter sonst gleichen Bedingungen werden dagegen nur 18 sec. benötigt. Die Übertragung im Synchronverfahren verkürzt in diesem Fall die Übertragungszeit um 33 %; die Leistung steigt um 30 %. Um das notwendige Zeitraster einhalten zu können, muß die Übertragung gepuffert sein.

In Tabelle 4 sind die zu den Informationsmengen hinzutretenden Mengen an Synchronzeichen bei der Asynchronübertragung aufgeführt.

Code	Start-Stop-Schritte	Zusatzdaten in %
5er, 6er, 7er	1 und 1	34
6er, 7er, 8er	1 und 1 1/2	36
7er, 8er	1 und 2	41

TABELLE 4: SYNCHRONZEICHEN-ANTEIL BEI ASYNCHRON-ÜBERTRAGUNG[1])

Beim Synchronverfahren müssen bei der üblichen blockweisen Übertragung einige Synchronzeichen je Block hinzugerechnet werden. Diese zusätzlichen Mengen können bei Datenübertragungseinrichtungen mit eigenem Taktgeber 3 Zeichen und bei Datenübertragungseinrichtungen ohne Taktgeber 7 Zeichen betragen[2]). Unter Zugrundelegung dieser

1) Es werden Durchschnitte für 5-, 6-, 7- und 8-Bit-Codes errechnet.

2) Vgl. NOLLE, Friedrich K.: Datenfernverarbeitung. Systeme, Betriebsweisen, Anwendungen. Köln 1970, S. 70.

Werte erhöht sich die Nutzdatenmenge bei verschiedenen Blocklängen entsprechend den in Tabelle 5 aufgeführten Werten.

Blocklänge in Zeichen	Zusatzmenge in % bei 3 Zeichen	Zusatzmenge in % bei 7 Zeichen
50	6	14
60	5	11.6
70	4.3	10
80	3.7	8.7
90	3.3	7.7
100	3	7

TABELLE 5: SYNCHRONZEICHEN-ANTEIL BEI SYNCHRON-VERFAHREN IN ABHÄNGIGKEIT VON DER BLOCKLÄNGE

3. Übertragungsrichtung

Die in der Aufgabenstellung geforderte ein- oder zweiseitige Datenflußrichtung bestimmt die Auswahlentscheidung des Datenhauptkanals. Die Entscheidung über einen zusätzlichen Hilfskanal muß auch die Arten der Datensicherung und die Datenmenge mit einbeziehen, denn neben der Übertragung kleiner Datenmengen können Hilfskanäle zur Übersendung von Quittungssignalen und Fehlermeldungen verwendet werden.

Auf 2-Drahtleitungen ist es möglich, alle Betriebsarten durchzuführen. Die Aufteilung einer Leitung in zwei Hauptkanäle verschlechtert jedoch die Übertragungsqualität. Wird dagegen nur ein schmaler Hilfskanal abgetrennt, so bleiben fast das gesamte Frequenzband und die Qualität der Übertragung erhalten. Mit der Leistungsfähig-

keit und Qualität steigen auch die Kosten. Die Einrichtung einer Verbindung mit 2-Drahtleitungen gehört zu der normalen Ausstattung der Netze in der Bundesrepublik Deutschland. Ausnahmen bilden der HfD 48000 bit/s und schnelle Breitbandwege, die mit 4-Drahtleitungen ausgerüstet sind. Ansonsten werden für 4-Drahtleitungen und die Möglichkeit des Frequenz-Multiplexing von der Deutschen Bundespost erhebliche Zuschläge erhoben[1].
Im Halbduplexbetrieb müssen die Datenübertragungseinrichtungen von Sendung und Empfang und umgekehrt geschaltet werden. Die Zeiten für das Umschalten hängen vom Modem, von der Datenübertragungssteuereinheit, von der Leitungsausstattung und von der Entfernung ab und liegen in Größenordnungen zwischen 8,2 und 1700 ms[2]. Für die häufige Rückmeldung von Quittungssignalen und Fehlermeldungen bietet sich daher bei Halbduplexbetrieb nicht der Haupt- sondern der Hilfskanal an.

4. Übertragungssteuerung

Die Datenübertragung muß mit Hilfe von Prozeduren gesteuert werden: Es wird zwischen Konkurrenz- und Aufrufbetrieb unterschieden. Mehrere Kriterien gehen in die Auswahl der Prozeduren ein. Kurzdarstellung in Tabelle 6:

---

1) Vgl. FERNMELDETECHNISCHES ZENTRALAMT (Hrsg.): Datel-Dienste der Deutschen Bundespost, Darmstadt 1974. BEIBLATT Z: Zusammenstellung der wichtigsten Gebühren im Zusammenhang mit der Benutzung von Fernmeldewegen zur Übertragung von Daten. o.S.

2) Vgl. LETSCHE, Dieter: Datenübertragung. In: IBM-Nachrichten, 19. und 20. Jg. 1969/70, Heft 197-201 (Sonderdruck).

Komponente / Merkmale	Aufrufbetrieb	Konkurrenzbetrieb
Datenanfall	planbar	unregelmäßig, unbestimmt
Dringlichkeit	Leitstation: - hoch; Trabantenstation: - niedrig	hoch
Priorität	niedrig	hoch
Sicherheit	hoch	gering

TABELLE 6: EINFLUSSGRÖSSEN DER ÜBERTRAGUNGSSTEUERUNGS-AUSWAHL

Fallen die zu übertragenden Daten im Zeitablauf zu unbestimmten und unregelmäßigen Zeitpunkten an, so muß jede Datenstation in der Lage sein, die Initiative zur Übertragung zu ergreifen. Während sich in diesem Fall der Konkurrenzbetrieb anbietet, ist der Aufrufbetrieb dann günstiger, wenn der Zeitpunkt der Übertragung vorauszusehen und damit planbar ist.

Wenn nach erfolgtem Datenanfall die Übertragung mit hoher Dringlichkeit erfolgen muß, so ist bei einer guten Bereitschaft des Übertragungsbereichs auch ein Konkurrenzbetrieb möglich. Ist die Bereitschaft einer Datenstation zur Übertragung nicht mit Priorität ausgelegt, so kann bei Aufrufbetrieb nur die Leitstation mit hoher Dringlichkeit ihre Informationen senden. Liegt die Dringlichkeit einer Sendung jedoch bei einer Trabantenstation, so ist nicht sichergestellt, daß eine Leitstation diese Dringlichkeit erkennt. Im Hinblick auf die Sicherheit erweist sich als Vorteil für den Aufruf-Betrieb, daß gestörte Leitungen sofort erkannt werden können[1].

Neben dieser Steuerung der Leitungsbenutzung sind weitere Steuerungen der Übertragung mit Hilfe von Steuerzeichen nötig. Eine Datenstation muß die notwendigen Steuerzeichen[2] und die Stationsadresse erkennen, verarbeiten und aussenden können.

Wenn Wählleitungen verwandt werden und die Übertragungsdauer für die Kostenberechnung von Bedeutung ist, müssen die Steuerzeichen der zu übertragenden Informationsmenge zugerechnet werden. Jedes Steuerzeichen besteht aus einem Codezeichen, soweit in den Übertragungscodes dafür Kombinationen vorgesehen sind[3]. Die genaue Anzahl der Steuerzeichen während einer Übertragung läßt sich erst im Einzelfall ermitteln. Für einen Datenblock können im Durchschnitt drei Steuerzeichen angenommen werden:

- STX = Beginn des Textes,
- ETB = Ende des Übertragungsblockes,
- ACK = positive oder
- NAK = negative Bestätigung.

Dies ergibt je nach Blocklänge eine zusätzliche Datenmenge von 3-6 % der Nutzdatenmenge (vgl. Tab. 7):

---

1) Vgl. NOLLE, Friedrich K.: Datenfernverarbeitung ..., a.a.O., S. 66 ff.

2) Die Steuerzeichen sind international genormt, vgl. zu einer Aufstellung der nötigen Zeichen KRAUSHAAR, Roland; JAKOB, Leo; GOTH, Dieter: Datenfernverarbeitung. Berlin - München 1972, S. 157 f.

3) Der Fernschreibcode CCITT Nr. 2 enthält lediglich drei freie Kombinationen für Steuerzeichen; im 7-Bit-Code sind über 30 Steuerzeichen und im 8-Bit-Code über 50 Steuerzeichen festgelegt.

Blocklänge in Zeichen	Steuerzeichen-Anteil in %
50	6
60	5
70	4.3
80	3.7
90	3.3
100	3

TABELLE 7: SYNCHRONZEICHEN-ANTEIL IN ABHÄNGIGKEIT VON DER BLOCKLÄNGE

5. Übertragungssicherung

Da es notwendig ist, die Datenübertragung gegen Fehler zu sichern, müssen Verfahren wie Vertikal- und Längsprüfung oder Echoverfahren, und Geräte wie Verzerrungsmesser, Datentester oder Störimpulszähler vorgesehen sein. Die einzelnen Möglichkeiten der Übertragungssicherung verursachen unterschiedliche Kosten, die sich auf die Übertragungsdauer - beispielsweise über Codelänge und Wiederholungsblöcke - und auf spezielle Geräte zurückführen lassen.

Aus der großen Anzahl der Sicherungsverfahren wird ein übliches und häufig angewendetes Verfahren hier beispielhaft hinsichtlich seiner Auswirkungen auf die Datenzunahme beschrieben: die kombinierte Vertikal- und Längsprüfung , die oftmals bei blockweiser Datenübertragung angewandt wird. Jedem Zeichen des Blockes wird ein Prüfbit im Rahmen der Vertikalprüfung hinzugefügt. Außerdem wird dem gesamten Block noch ein Blockprüfzeichen (Längsprüfung) angehängt. Die Anzahl der Prüfbits je Block der Vertikalprüfung hängt von der Blocklänge ab, die der Längsprüfung von dem verwendeten Code.

In Tabelle 8 werden die Größenordnungen für einen 5er und 7er Coderahmen und unterschiedliche Blocklängen von 50 bis 110 Zeichen aufgezeigt:

Zeichen je Block	50	60	70	80	90	100	110
Bits je Block:							
beim 5er Code	250	300	350	400	450	500	550
beim 7er Code	350	420	490	560	630	700	770
Prüfbits je Block bei Vertikalprüfung	50	60	70	80	90	100	110
Bits je Blockprüfzeichen:							
beim 5er Code	5	5	5	5	5	5	5
beim 7er Code	7	7	7	7	7	7	7
Gesamtprüfbits:							
beim 5er Code	55	65	75	85	95	105	115
beim 7er Code	57	67	77	87	97	107	117
Anteil der Prüfbits an den Blockbits (%):							
beim 5er Code	**22.0**	**21.7**	**21.4**	**21.3**	**21.1**	**21.1**	**20.9**
beim 7er Code	**16.3**	**15.9**	**15.7**	**15.5**	**15.4**	**15.3**	**15.2**

<u>TABELLE 8:</u> PRÜFBITBERECHNUNG BEI VERTIKAL- UND LÄNGSPRÜFUNG

Grundsätzlich wird die Intensität der Datensicherungsmaßnahmen durch die Art der Daten (Alpha- oder numerische Daten) bestimmt. Außerdem spielen die Tageszeit und die Wahl der Netze eine entscheidende Rolle für das Auftreten von Fehlern.

Die durchschnittliche Anzahl der Wiederholungen bei fehlerhaften Übertragungen richtet sich nach der durchschnittlichen Bit-Fehlerhäufigkeit der Netze. (Vgl. Tab. 9.)

Netz- bzw. Leitungsart	fehlerhafte Bits	auf Gesamtbitmenge
Telexnetz	1 bis 10	10^6
Datexnetz	2 bis 8	10^6
Überlassene Te-Leitung	2 bis 10	10^7
Fernsprechwählnetz:		
- 200 b/s	5 bis 10	10^5
- 1200 b/s	2 bis 10	10^4
- 2400 b/s	2 bis 10	10^4
Überlassene Fe-Leitung	1 bis 10	10^6
Breitbandweg	1	10^6
HfD	1	10^6

TABELLE 9: BIT-FEHLERHÄUFIGKEIT DER NETZE[1]

1) FERNMELDETECHNISCHES ZENTRALAMT (Hrsg.): Datel-Dienste der Deutschen Bundespost, Darmstadt 1971. MERKBLATT Z: Datenübertragung über Fernmeldewege der Deutschen Bundespost. Probleme und Möglichkeiten. S. 12.

Bei einer Übertragungsgeschwindigkeit von 1200 bit/s über eine Fernsprechwählleitung muß entweder jeder 18. Block wiederholt werden (bei 7er Code und 80 Zeichen/Block, wenn alle Fehler: 2 bis 10 in einem Block auftreten) oder als Extrempunkt jeder 2. Block, wenn 10 Bitfehler über verschiedene Blocks verteilt sind. Die niedrigere Bit-Fehlerhäufigkeit bei Standleitungen (HfD) macht nur die Wiederholung jedes 1.785. Blocks (bei sonst gleichen Bedingungen) notwendig.

6. Übertragungscode

Nach den Bestimmungen der Deutschen Bundespost ist der Übertragungscode in der Regel frei wählbar. Häufig ist er aber durch den Hersteller der Datenstationen festgelegt. Die meisten Geräte sind von den Herstellern für ASCII (7-Bit-Code) oder EBCDIC (8-Bit-Code) ausgelegt.
Nur in den wenigen Fällen eines besonders großen Sicherheitsbedürfnisses werden spezielle fehlerkorrigierende Codes, wie zyklische Codes, eingesetzt. Diese Codes führen zu einer sehr viel längeren Übertragungsdauer und dadurch zu vermehrten Kosten.

7. Verbindungsaufbau

Die Entscheidung für manuellen oder automatischen Ablauf hängt von der personellen und maschinellen Ausstattung der jeweiligen Datenstation ab. Bei einem hierarchischen Verbundaufbau arbeitet beispielsweise die Zentralstation häufig automatisch und und die Aussenstellen werden manuell bedient. Dagegen spricht die Bevorzugung der Abend- und Nachtstunden wegen der geringeren Übertragungskosten der Deutschen Bundespost für einen vollautomatischen Betrieb.

Die Zeit des Verbindungsaufbaus muß bei der Berechnung der Transfergeschwindigkeit und eventuell bei der Übertragungsdauer berücksichtigt werden, fällt aber nur bei kleinen Datenmengen bzw. kurzen Übertragungszeiten ins Gewicht.

8. Übertragungsgeschwindigkeit

8.1 Vorgehensweise

Die Entscheidung für eine Übertragungsgeschwindigkeit und Leitungsverbindung, vor allem der Wahl zwischen einer Wähl- oder Standleitung, erfolgt unter dem Gesichtspunkt, die Gesamtkosten zu minimieren. Die bereits behandelten Elemente des Übertragungssystems (Netzstruktur, Gleichlaufverfahren, Betriebsart, Übertragungssteuerung, Datensicherung, Übertragungscode und Verbindungsaufbau) gehen in die Gestaltung mit ein. Dies geschieht zum Teil über eine Beeinflussung der zu übertragenden Bitmenge und der Übertragungsdauer, die durch die Wahl des Codes, der Sicherungsart, der Betriebsart, der Übertragungssteuerung und des Gleichlaufverfahrens in einer in jedem Einzelfall nachweisbaren Quantität verändert werden. Zum anderen stellen Dringlichkeit der Übertragung und Bereitschaft der Datenstationen Anforderungen an die Übertragungsgeschwindigkeit. Diese Einflußgrößen werden im folgenden berücksichtigt, aber nicht einzeln ausgewiesen; so z.B. die Zunahme der Übertragungsmenge um Prüfbits, Synchron- und Steuerzeichenmenge. Demgegenüber sind die Entfernung zwischen den Stationen, die Tageszeit der Übertragung und die Übertragungsmenge bzw. Übertragungsdauer Entscheidungsparameter, die quantitativ mit unterschiedlichen Werten in die Entscheidung für eine kostenoptimale Auslegung eingehen.

Der Entscheidungsprozeß wird entsprechend Abbildung 4 ablaufen. Voraussetzung sind die Entfernungen zwischen den zu verbindenden Stationen und die gewünschte Tageszeit. Für alle weiteren Betrachtungen wird entweder von der zu übertragenden Bitmenge oder von der

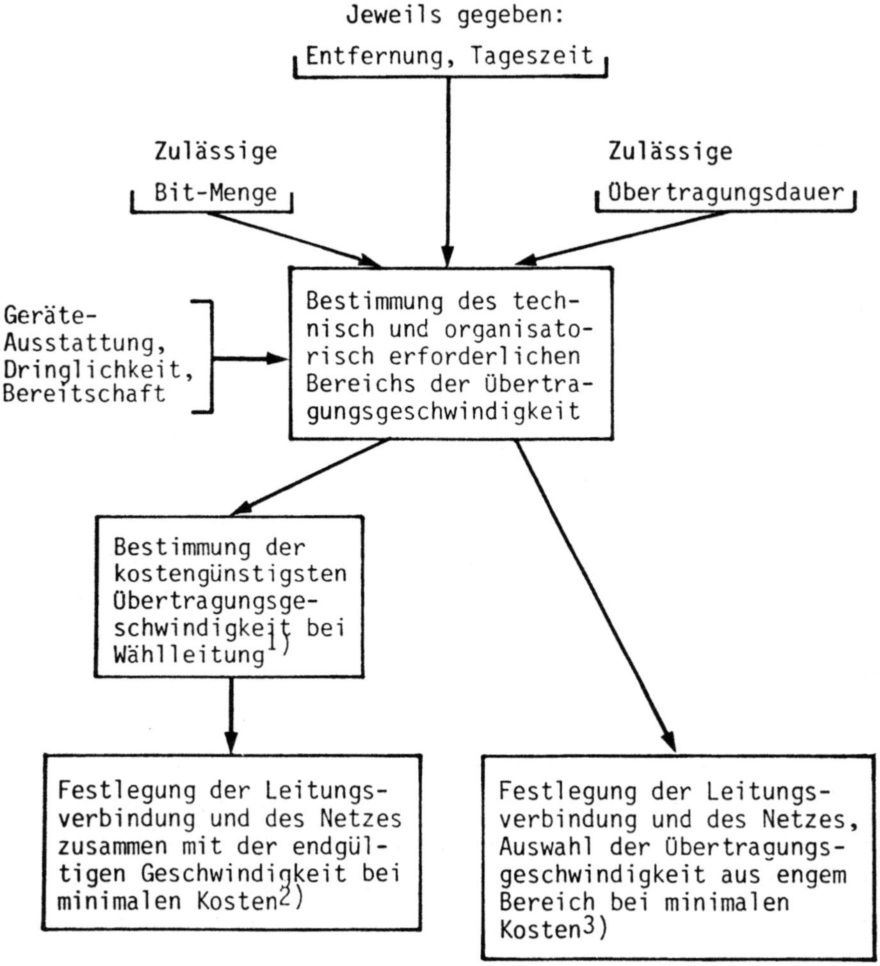

ABB. 4: VORGEHENSWEISE BEI DER AUSWAHL VON ÜBERTRAGUNGSGESCHWINDIGKEIT UND LEITUNGSVERBINDUNG

---

1) Vgl. Abschnitt 8.1.1

2) Vgl. Abschnitt 8.1.2

3) Vgl. Abschnitt 8.1.3

erforderlichen Übertragungsdauer ausgegangen. In beiden Fällen wird aufgrund technischer und organisatorischer Erfordernisse in einer Grobabstimmung der notwendige Geschwindigkeitsbereich festgelegt. So können z.B. bereits vorhandene oder geplante Geräteausstattungen (Fernschreiber, Datenerfassungsgeräte) und Leitungsanschlüsse, die notwendige Schnelligkeit der Datenübermittlung und die erwartete Antwortzeit maßgebliche Bedingungen setzen. Von diesen Informationen ausgehend wird die jeweils kostengünstigste Ausprägung von Leitungsverbindung und Netz für die geforderte Leistung festgelegt[1]. Ist die Bitmenge der Ausgangspunkt, so wird zuvor die kostenoptimale Übertragungsgeschwindigkeit im Falle einer Wählleitung gesucht[2]. Diese Betrachtung entfällt bei der Wahl von Standleitungen, bei denen die Kosten unabhängig von der Übertragungsdauer sind. Die Kosten steigen mit wachsender Übertragungsgeschwindigkeit sowohl für die Leitung wie die Geräte. Wenn nur die Gesamtkosten für die Übertragung betrachtet werden, so ist stets die langsamste Standleitung die kostengünstigste.

8.1.1 Vorauswahl der Übertragungsgeschwindigkeit

Nach erfolgter Grobabstimmung der erforderlichen Geschwindigkeit wird bei gegebener Bitmenge detailliert die kostengünstigste Geschwindigkeit für eine Wählleitung bestimmt. Eine Optimierung ist wegen gegenläufiger Kostentendenzen notwendig: Je höher die Übertragungsgeschwindigkeit ist, desto kürzer ist die Übertragung und desto weniger Kosten fallen für Gebühreneinheiten an (K_v). Andererseits steigen mit zunehmender Übertragungsgeschwindigkeit die fixen laufenden Betriebskosten (Grund- und Gerätegebühren = K_f). Aus dieser Gegenläufigkeit läßt sich in den meisten Fällen über die Optimierung der Gesamtkosten die günstigste Geschwindigkeit finden (vgl. Abb. 5).

---

1) Vgl. Abschnitte 8.12 und 8.13.

2) Vgl. Abschnitt 8.11.

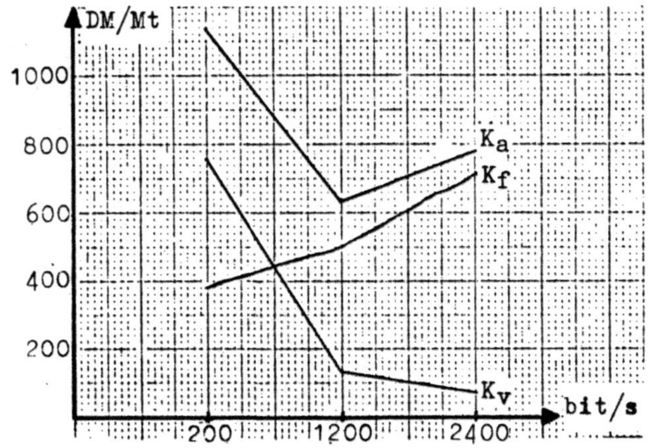

ABB. 5: OPTIMIERUNG DER GESAMTKOSTEN

Dem Beispiel in Abbildung 5 liegt die Annahme einer Übertragungsmenge von 1.000.000 Bit/Tag bei 20 Tagen pro Monat zugrunde (Entfernung 50 km, Zeit 6.00 - 18.00 Uhr). Verglichen wurden die Geschwindigkeiten 200, 1200 und 2400 b/s über das Fernsprechwählnetz (Werte s. Tabelle 19). Mit Veränderung der Bitmenge und/oder anderer Annahmen verschiebt sich die Gesamtkostenkurve nach oben oder unten. Bei geringen Übertragungsmengen fallen die variablen Kosten so wenig ins Gewicht, daß die Gesamtkostenkurven mit wachsenden Geschwindigkeit stark ansteigen. Erst bei größeren Mengen verlaufen sie flacher. Die Kostenverläufe für unterschiedliche Entfernungen und Tageszeiten sind in den Abbildungen 6 bis 10 (in Abschnitt 8.2) dargestellt[1]. Als Vergleichsgröße zur Beurteilung der günstigsten

1) Die zugrundegelegten Werte finden sich in den Tabellen 13 -18 (Abschnitt 8.4), berechnet mit Hilfe der Formel (1.1).

Geschwindigkeit sind die Kosten je 1000 Bit gewählt worden. Auf den Abszissen der Abbildungen 6 bis 10 sind die Geschwindigkeiten verschiedener Wählnetze aufgetragen:

- 50 bit/s im Telexnetz,
- 200 bit/s im Datexnetz und Fernsprechwählnetz ,
- 1200 bit/s im Fernsprechwählnetz und
- 2400 bit/s im Fernsprechwählnetz.

Es sind für mehrere Übertragungsmengen zwischen 50.000 und 5.000.000 Bit/Tag die Kostenverläufe aufgetragen.

Die Entfernungen und Tagesabschnitte richten sich nach den geltenden Tarifgruppen.

Aus jeder Abbildung läßt sich für eine gegebene Datenmenge die kostengünstigste Geschwindigkeit ablesen. Wenn die Kostenverläufe bei steigenden Geschwindigkeiten fallen, dann macht sich die Kostendegression des steigenden Durchsatzes bemerkbar. Steigende Kosten werden durch die teueren Gerätekosten bei höheren Geschwindigkeiten infolge aufwendigerer Verfahren verursacht. Verändern sich die Kosten pro 1000 Bit nur geringfügig, so muß die Auswahl der Geschwindigkeit durch weitere Merkmale (z.B. Dringlichkeit oder technische Begrenzung) festgelegt werden.

8.1.2 Festlegung der Leitungsverbindung und des Netzes bei gegebener Datenmenge

An die Vorauswahl der kostenoptimalen Geschwindigkeit schließt sich die Festlegung der Leitungsverbindung und des entsprechenden Netzes an, wobei die vorausgewählte Geschwindigkeit überprüft wird. Es interessiert nun, ob Wählleitungen oder Standleitungen günstiger sind. Während die monatlichen Gesamtkosten für eine Standleitung unabhängig von der Übertragungsmenge sind, steigen sie bei Benutzung einer Wählleitung. Trägt man die Gesamtkosten oder die Kosten pro 1000 Bit in einem Diagramm über der Übertragungsmenge auf, so schneiden sich die Kurven für Stand- und Wählleitungen (Abb. 11). Dieser Schnittpunkt der beiden Kurven bezeichnet die Datenmenge, bei der sich der Übergang von Wählleitung auf Standleitung anbietet, d.h. bei geringeren Datenmengen ist eine Wählleitung und bei höheren eine Standleitung zu empfehlen.

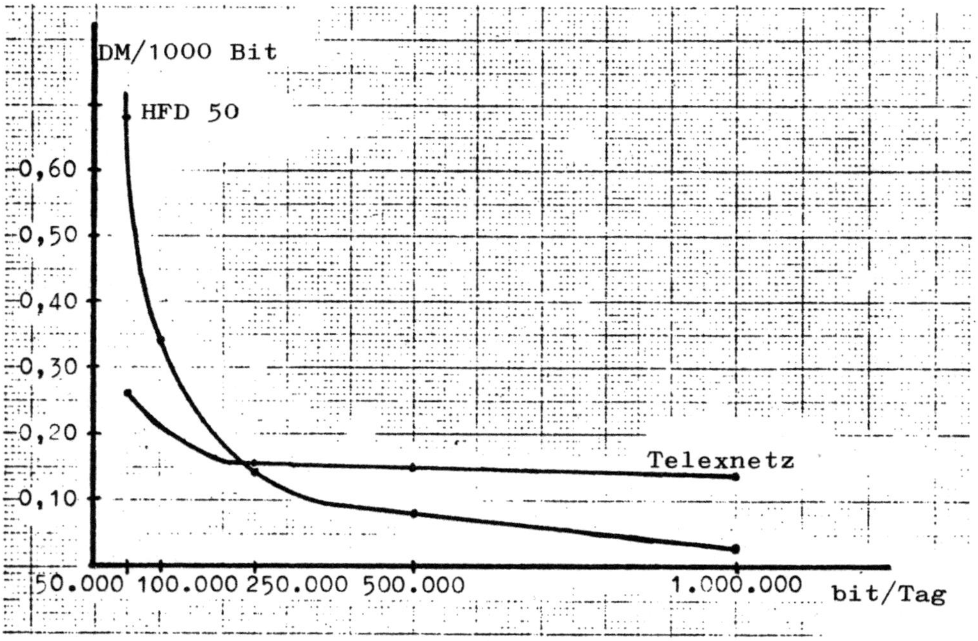

ABB. 11: KOSTENKURVEN FÜR TELEXNETZ UND HFD 50[1)]

---

1) Diese Abbildung gibt ein Beispiel für den Vergleich zwischen einer Wählleitung (Telexnetz) und einer Standleitung (HfD 50) bei einer Entfernung von 50 km tagsüber wider. Die entsprechenden Werte sind den Tabellen 13 und 20 entnommen.

Da sich die Kosten für Standleitungen in 100-m Abständen verändern, gilt eine Darstellung wie Abb. 11 nur für einen sehr engen Entfernungsbereich. Es wird daher als praktische Entscheidungshilfe eine Darstellung verwandt, in der eine Kurve alle Übergangspunkte von Wähl- auf Standleitungen in Abhängigkeit von der Entfernung verbindet. In den Abbildungen 12 bis 16 (Abschnitt 8.2) sind die 'Übergangskurven' für die Wahl zwischen Wähl- und Standleitungen jeweils gleicher Geschwindigkeit und für verschiedene Tageszeiten aufgezeigt[1]. Auf den Abszissen sind die Entfernungen in km aufgetragen, die Ordinaten geben die Übertragungsmenge in Millionen Bit/Tag an. Als zusätzliche Hilfe wurde eine zweite Ordinate aufgeführt, die die Übertragungs-Dauer in Stunden/Tag zeigt. Diese Diagramme sind in folgender Weise als Entscheidungshilfe zu benutzen: Man zieht das Diagramm für die vorausgewählte Geschwindigkeit heran. Für die gegebene Entfernung und die erwartete Übertragungsmenge wird ein Koordinatenpunkt ermittelt. Liegt dieser unterhalb (oberhalb) der 'Übergangskurve' für die geplante Tageszeit, so ist die jeweilige Wählleitung (Standleitung) vorteilhafter.

Diese Vergleiche zwischen Wähl- und Standleitungen wurden für einzelne und gleichbleibende Übertragungsgeschwindigkeiten angestellt. Ist aus technischen und/oder organisatorischen Gesichtspunkten eine Senkung der Geschwindigkeit möglich, so sollte geprüft werden, ob die Wahl einer Standleitung mit der nächstniedrigen Geschwindigkeit eine Kosteneinsparung erbringt. Dies kann mit Hilfe der Abbildungen 17 und 18 geschehen: Sie fassen die Übergangskurven der Abbildungen 12 bis 16 für einen weiten Bereich der Übertragungsmenge von 10^5 bis 10^8 bit/Tag zusammen. Zusätzlich sind die Übergangskurven für die Wahl zwischen einer Wählleitung und der Standleitung mit jeweils niedrigerer Geschwindigkeit eingetragen. Die Abszissen repräsentieren die Bitmenge pro Tag,

---

1) Die entsprechenden Werte finden sich in den Tabellen 20 bis 24.

die Ordinaten die Entfernung in km. Liegt der Koordinatenpunkt für die geplante Übertragungsmenge und die gegebene Tageszeit links von der Übergangskurve, so ist die Wählleitung günstiger; liegt er rechts davon, dann ist eine Standleitung vorteilhafter, je nach Kurve entweder für den gleichen Geschwindigkeitsbereich oder für die nächstniedrigere Geschwindigkeit (vgl. dazu auch die Beschriftung der Einzelkurven in den Abbildungen 17 und 18).

Ein Beispiel mag dies veranschaulichen: Für eine Übertragung (tagsüber) von 6 x 10^6 Bit/Tag über eine Entfernung von 200 km wurde das Fernsprechnetz mit 1200 Bd vorausgewählt (vgl. Abb. 15, tagsüber). Eine Standleitung bei gleicher Geschwindigkeit erweist sich als ungünstiger. Jedoch läßt sich aus Abbildung 17, Kurve 6 Fe 1200/ HfD 200 (Fe) ersehen, daß ein HfD mit 200 bit/s über eine Fernsprechleitung kostengünstiger ist, wenn man die langsamere Geschwindigkeit benutzen kann. Die Absolutbeträge der Kostendifferenz zwischen der Wählleitung Fernsprechnetz bei 1200 bit/s und der Standleitung HfD bei 200 bit/s lassen sich auf folgende Weise überschlägig berechnen: Die Verkehrsgebühren der Standleitungen ergeben sich aus Abb. 1 zu rd. 1500,- DM. Die Grund- und Gerätegebühren betragen für einen HfD 200 bit/s (über eine Fernsprechleitung) 515,- DM. Die Kosten für die Wählleitung können aus den 1000-Bit-Kosten (vgl. Tabelle 15) nach folgender Formel berechnet werden:

$$G_w = 0.02 \cdot m_p \cdot k_w$$

dabei bedeuten:

G_w = Gesamtkosten der Wählleitung (DM/Mt) (Monat = 20 Tage)

m_p = geplante tägliche Übertragungsmenge (Bit/Tag)

k_w = Kosten pro 1000 Bit (DM/1000 Bit)

Für den untersuchten Fall ergeben sich für die Wählleitung 2400,- DM/Monat. Die Kostendifferenz beträgt somit in diesem Fall rund 400,- DM im Monat.

8.1.3 Festlegung der Leitungsverbindung und des Netzes bei gegebener Übertragungsdauer

Der bisher dargestellte Entscheidungsprozeß basierte auf einer gegebenen Datenmenge. Ist jedoch die Übertragungsdauer vorgegeben, so wird die Wahl der Übertragungsgeschwindigkeit vorwiegend durch technische und organisatorische Gesichtspunkte bestimmt. Eine Vorauswahl der Übertragungsgeschwindigkeit - wie sie für den Fall einer gegebenen Übertragungsmenge vorgesehen ist - entfällt, weil eine derartige Kostenoptimierung nur bei variabler Übertragungsdauer möglich ist. Nach der Eingrenzung eines Geschwindigkeitsbereiches können deshalb unmittelbar Leitungsverbindung und Netz festgelegt werden.

Als Entscheidungshilfen können wiederum die Abbildungen 12 bis 16 herangezogen werden, dabei wird die zusätzliche Ordinate (h/Tag) für die Auswahl herangezogen. Für den Fall, daß die Übertragungsgeschwindigkeit nicht aufgrund technischer und organisatorischer Erfordernisse sondern erst mit der Leitungsverbindung festgelegt werden soll, bieten sich als Entscheidungsunterlagen Abb. 19 und 20[1]. In diesen Diagrammen sind die Übergangskurven von Wähl- zu Standleitungen für jeweils eine Geschwindigkeit dargestellt. Die Entfernungen sind auf den Kurven selbst angegeben.

Bei den Abbildungen 19 und 20 kann von zwei Fragestellungen ausgegangen werden:

---

1) Die entsprechenden Werte sind in den Tabellen 25 und 26 aufgeführt.

(1) Übertragungsdauer und Entfernung sind gegeben; gesucht werden die Übertragungsgeschwindigkeiten, bei denen Wähl- bzw. Standleitung vorteilhafter ist. Befindet sich die gegebene Entfernung auf einer Übergangskurve links (rechts) vom Abszissenwert (Übertragungsdauer), dann ist bei der entsprechenden Geschwindigkeit eine Standleitung (Wählleitung) zu bevorzugen.

(2) Die Übertragungsgeschwindigkeit ist bereits festgelegt, die Übertragungsdauer ist jedoch nur ungefähr bekannt. Wenn auf der betreffenden Übergangskurve weiterhin die Entfernung festgelegt wird, dann kann die Übertragungsdauer bestimmt werden, von der ab eine Standleitung vorteilhafter ist als eine Wählleitung. In beiden Abbildungen gibt die Ordinate die monatlichen Gesamtkosten des jeweiligen HfD an. Es läßt sich somit unmittelbar erkennen, ob durch eine Veränderung der Übertragungsgeschwindigkeit ein Kostenvorteil oder ein Kostennachteil zu erwarten ist.

8.2 Diagramme

Im folgenden sind die als Entscheidungsunterlagen verwendbaren Diagramme zusammengefaßt:

- Übertragungskosten-Kurven zur Auswahl der kostengünstigsten Geschwindigkeit:
  Abb. 6 bis 10
- Übergangskurven zwischen Wähl- und Standleitung für gleiche Geschwindigkeiten und verschiedene Tageszeiten:
  Abb. 12 bis 16
- Ihre Zusammenfassung nach Tag und Nacht:
  Abb. 17 und 18
- Übergangskurven mit Ausgangspunkt Übertragungsdauer:
  Abb. 19 und 20.

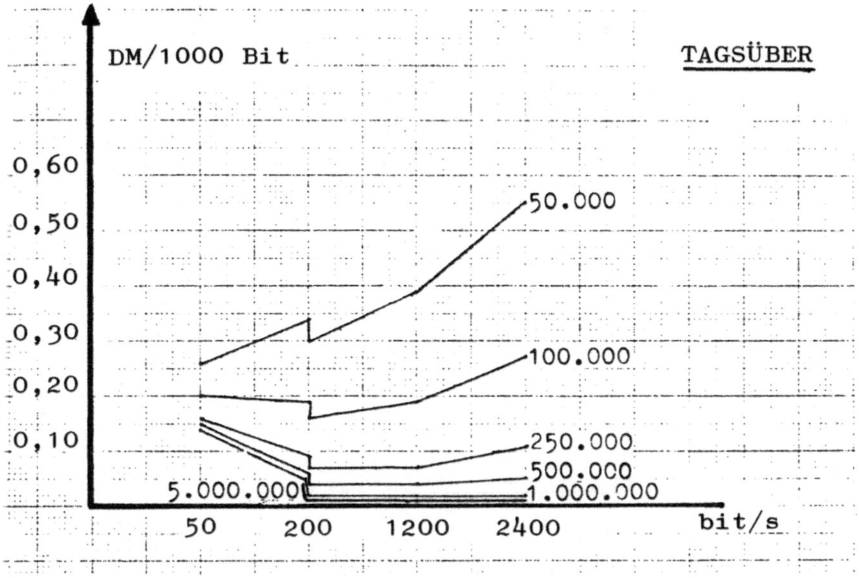

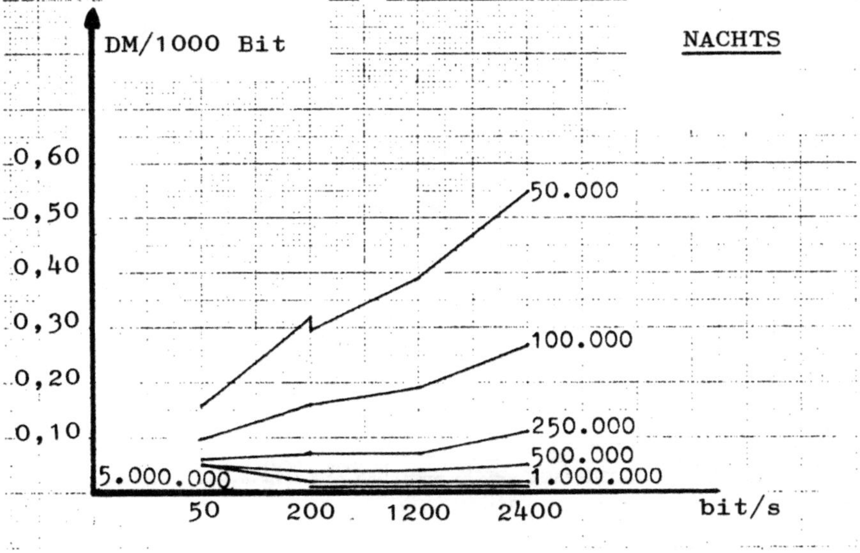

ABB. 6: ÜBERTRAGUNGSKOSTEN BIS 10 KM

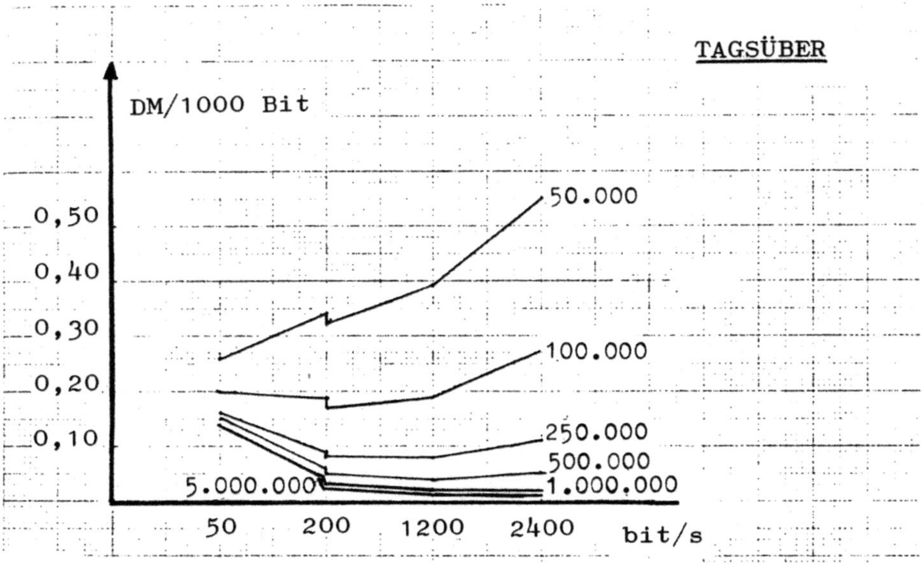

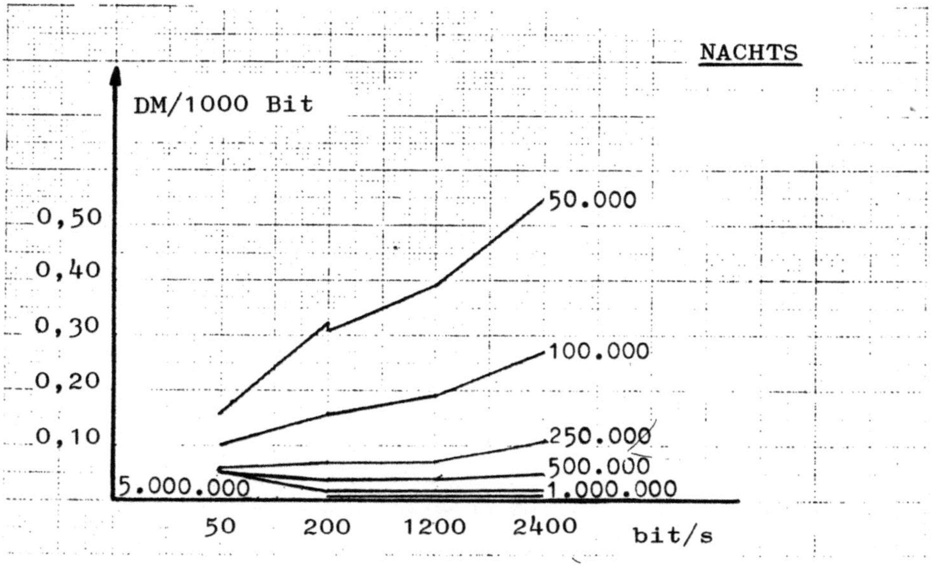

ABB. 7: ÜBERTRAGUNGSKOSTEN BIS 25 KM

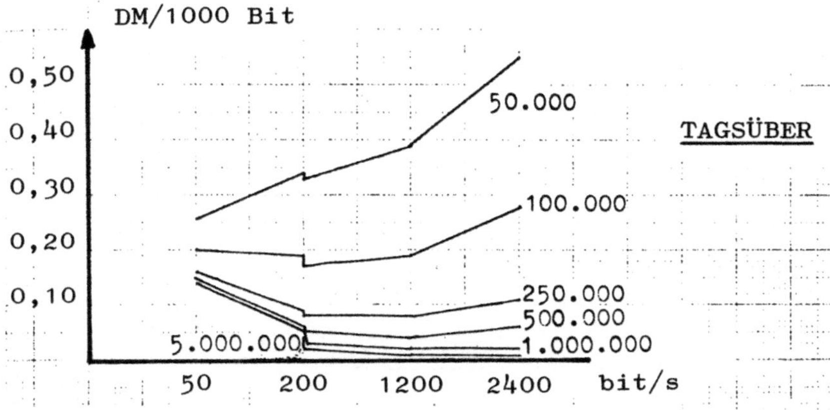

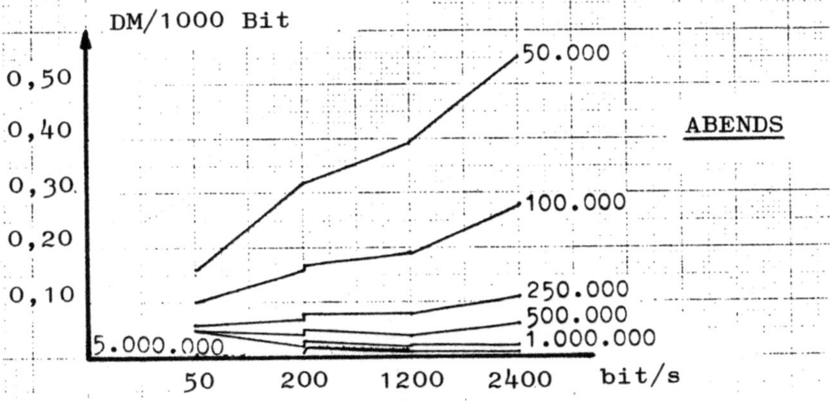

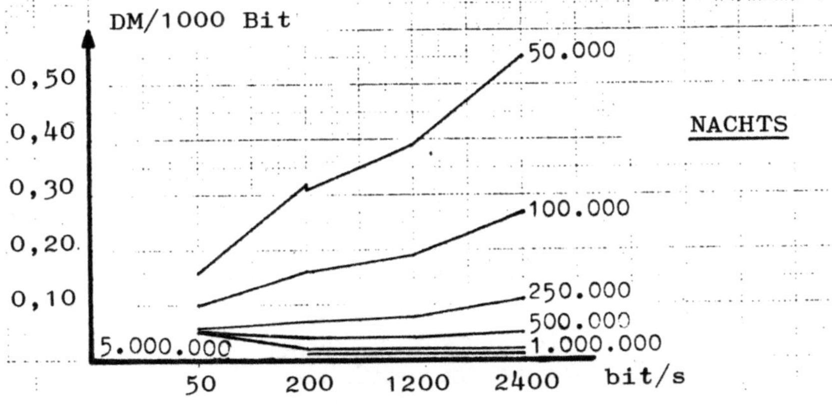

<u>ABB. 8:</u> ÜBERTRAGUNGSKOSTEN 25 - 50 KM

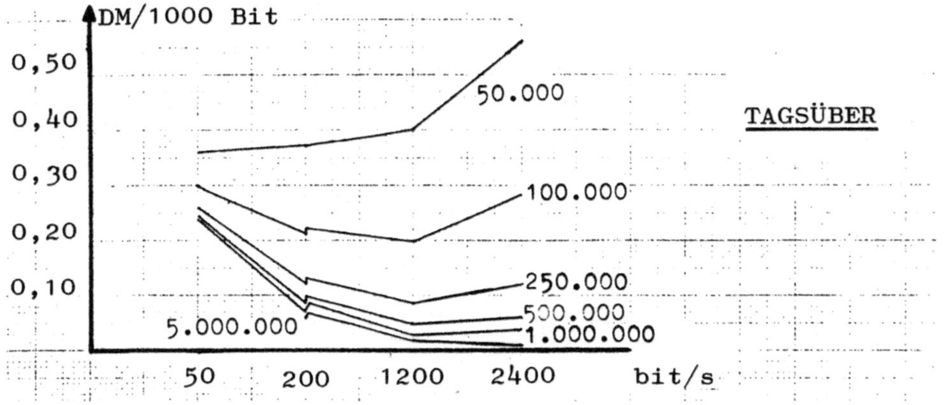

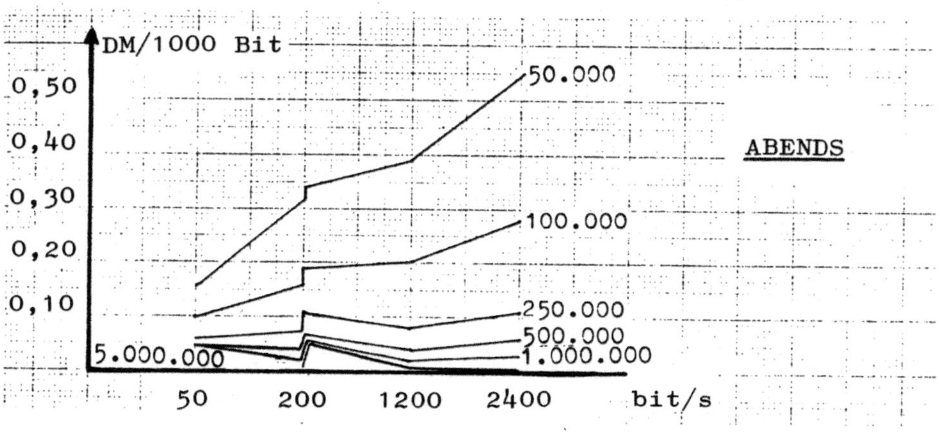

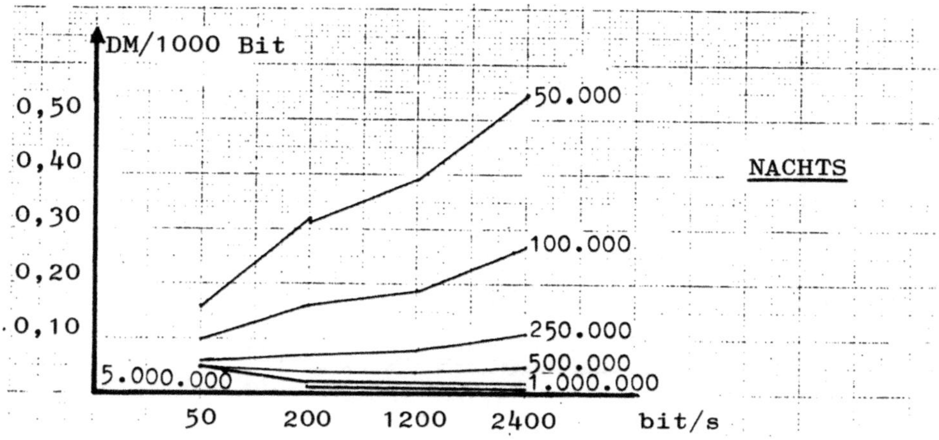

ABB. 9: ÜBERTRAGUNGSKOSTEN 50 - 100 KM

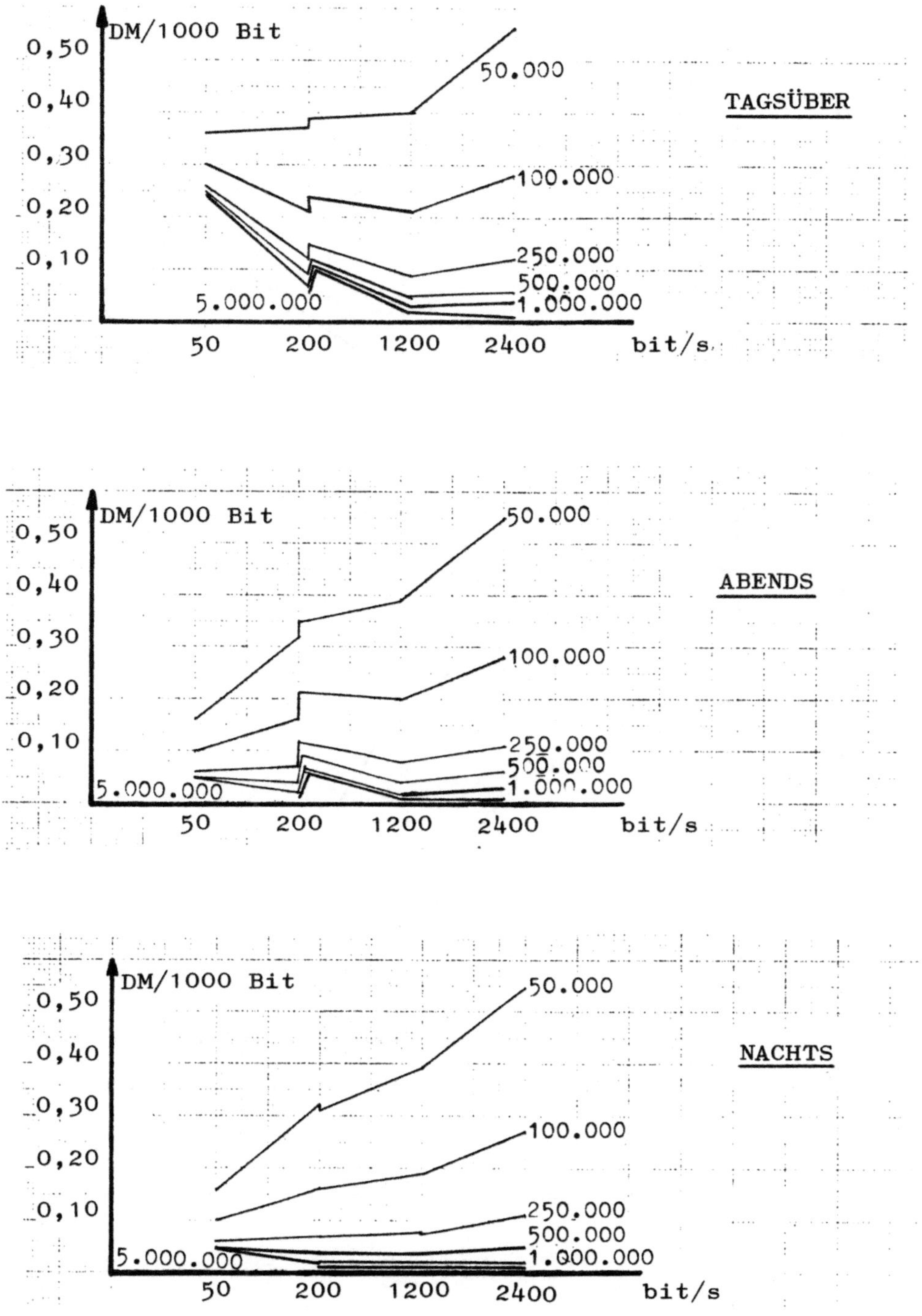

ABB. 10: ÜBERTRAGUNGSKOSTEN ÜBER 100 KM

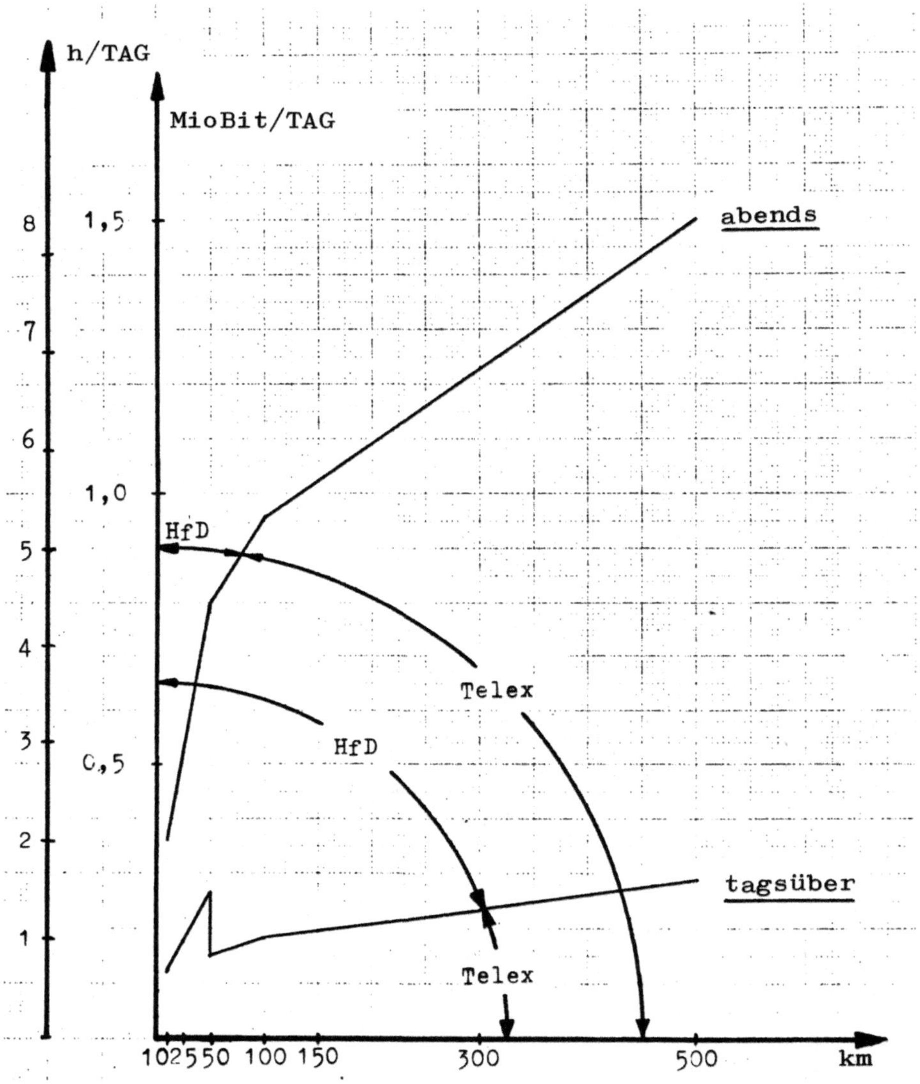

ABB. 12: ÜBERGANGSKURVEN TELEXNETZ ZU HFD 50

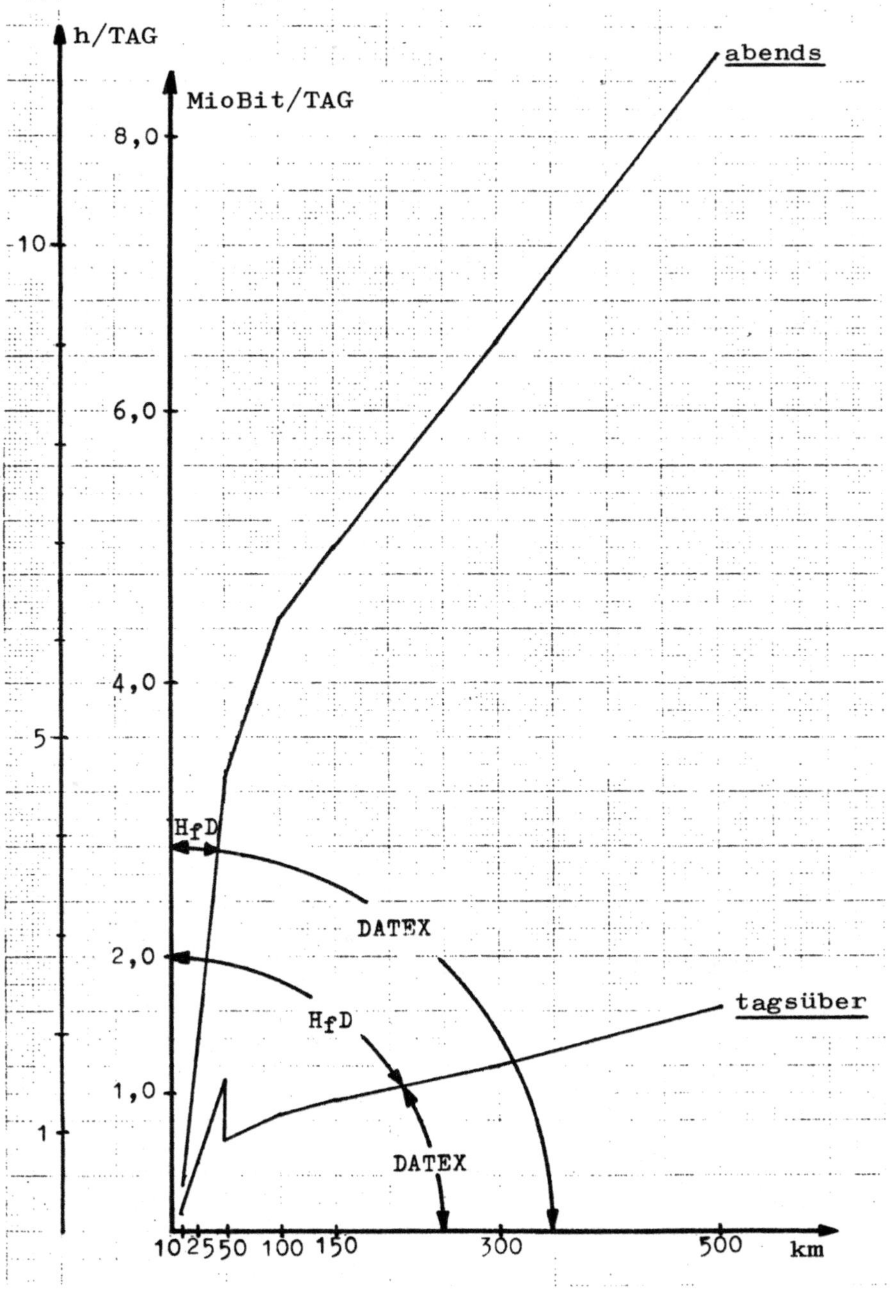

ABB. 13: ÜBERGANGSKURVEN DATEXNETZ ZU HFD 200 (TE)

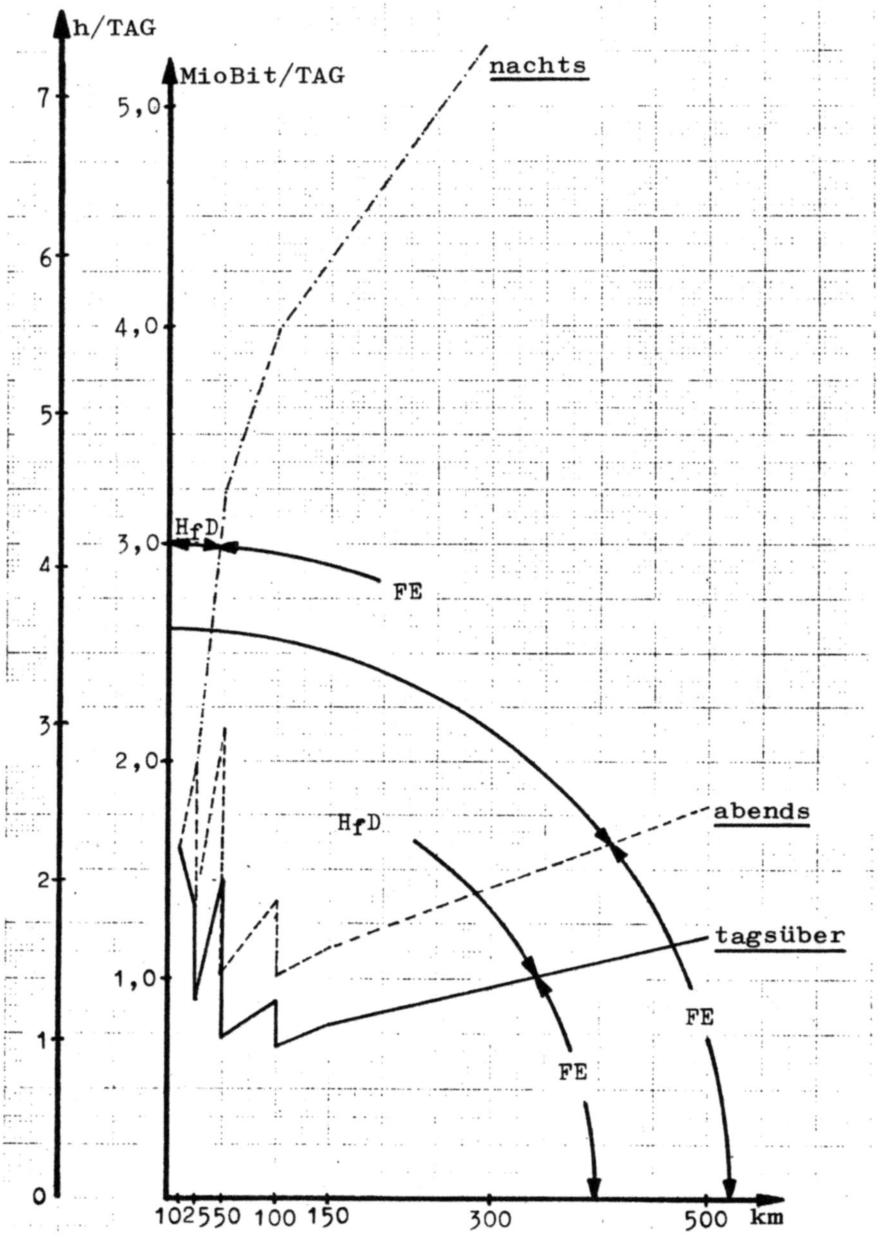

ABB. 14: ÜBERGANGSKURVEN FERNSPRECHNETZ 200 ZU HFD 200 (FE)

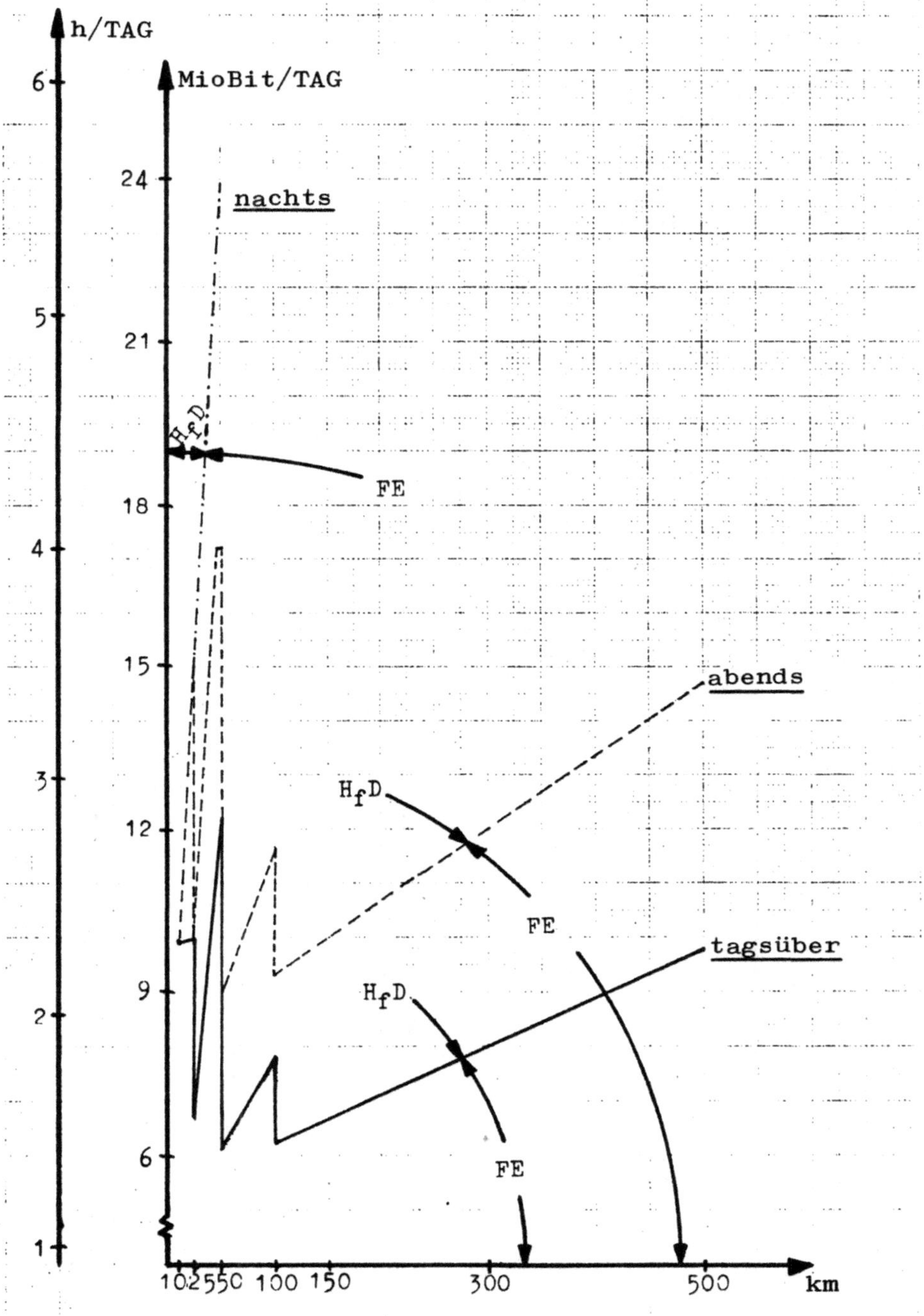

ABB. 15: ÜBERGANGSKURVEN FERNSPRECHNETZ 1200
ZU HFD 1200

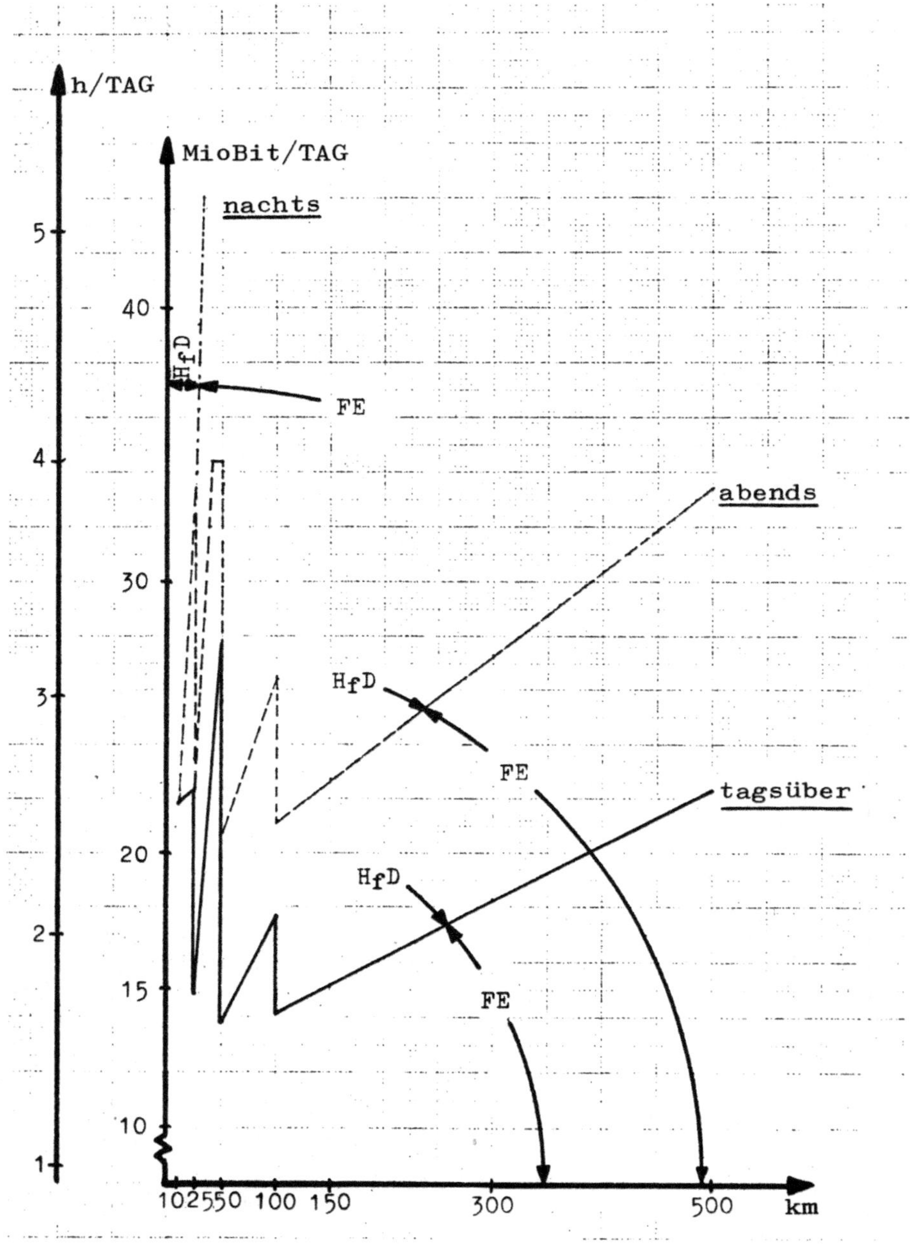

ABB. 16: ÜBERGANGSKURVEN FERNSPRECHNETZ 2400
ZU HFD 2400

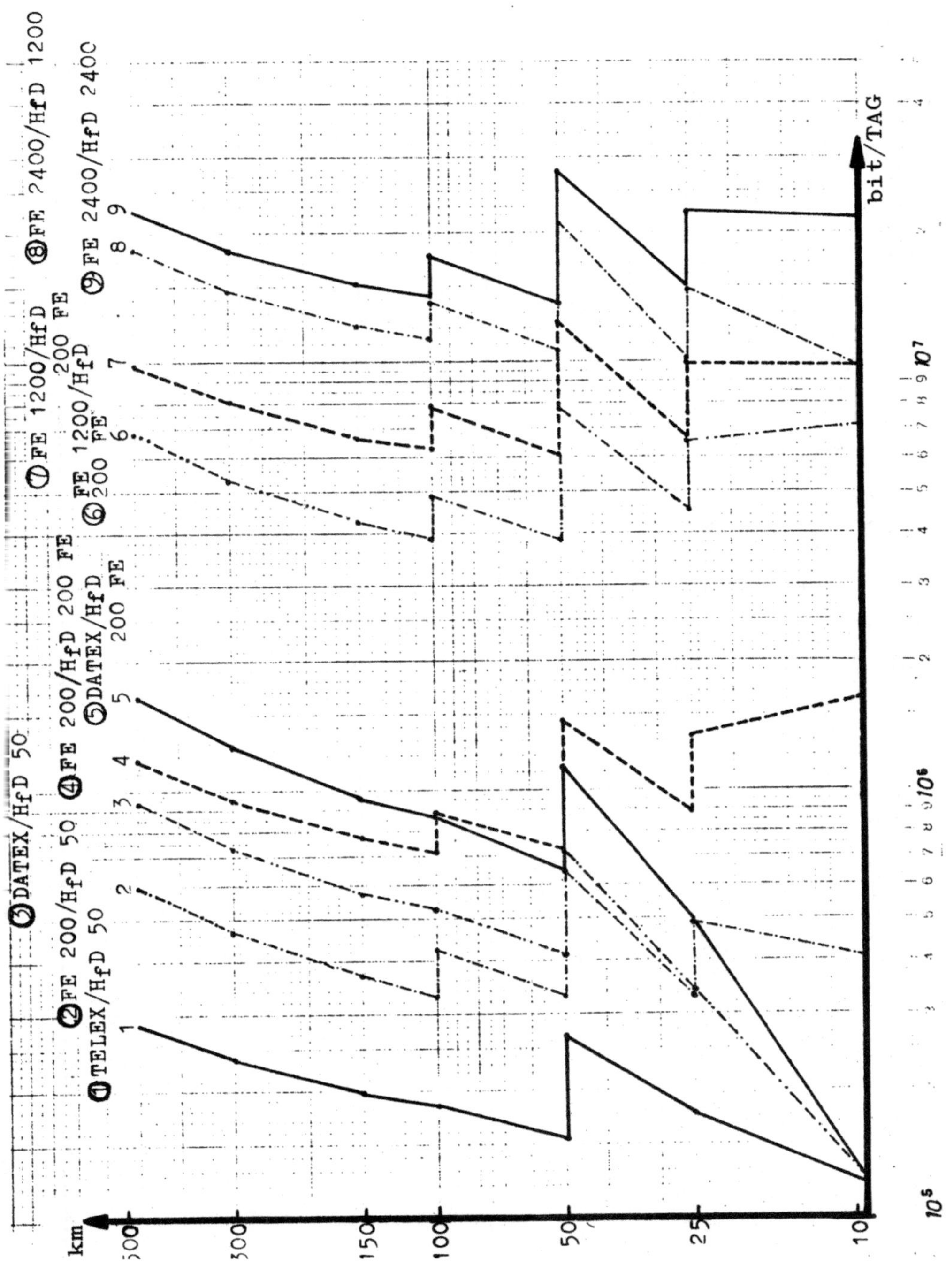

ABB. 17: ZUSAMMENFASSUNG DER ÜBERGANGSKURVEN, TAGSÜBER

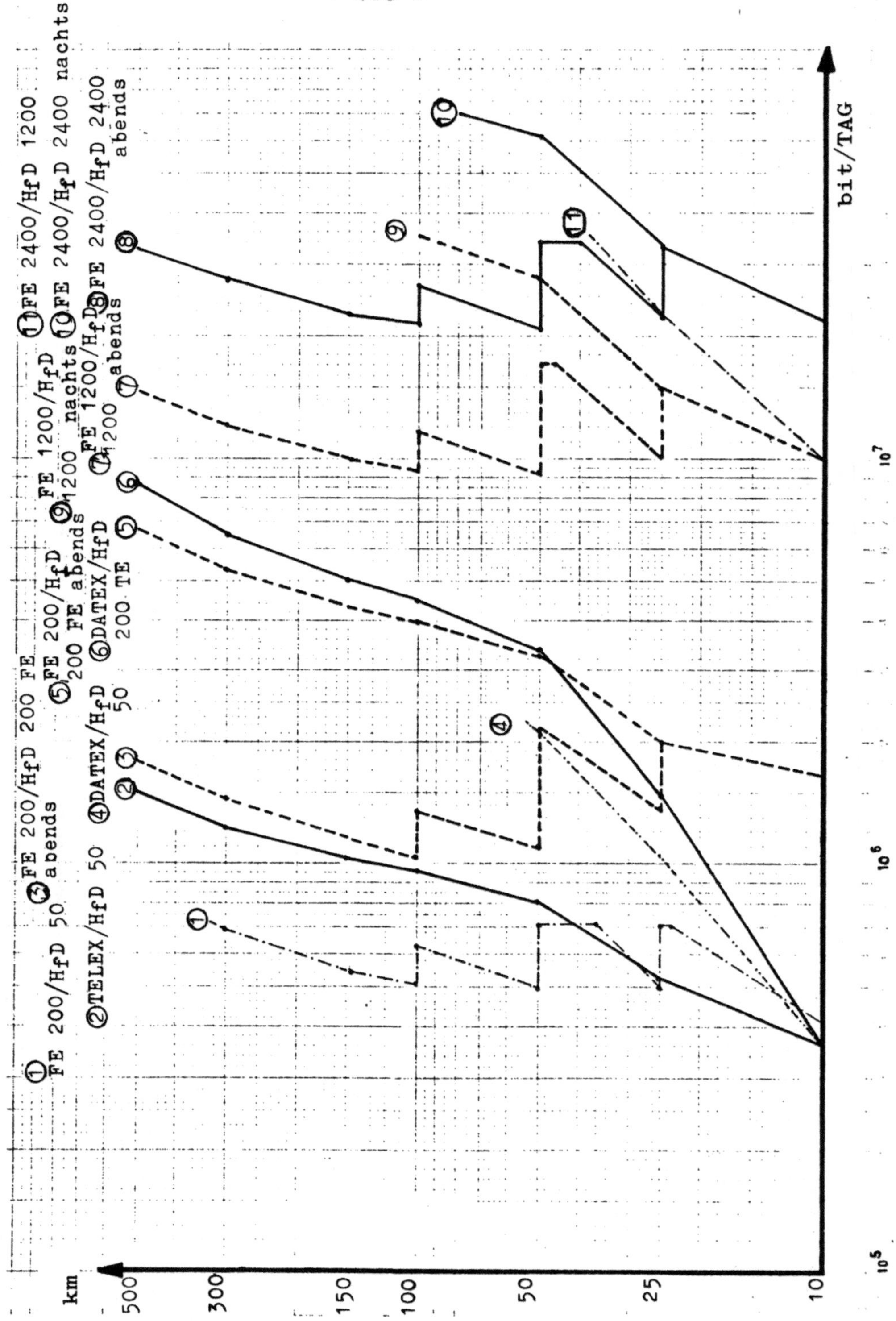

ABB. 18: ZUSAMMENFASSUNG DER ÜBERGANGSKURVEN, NACHTS

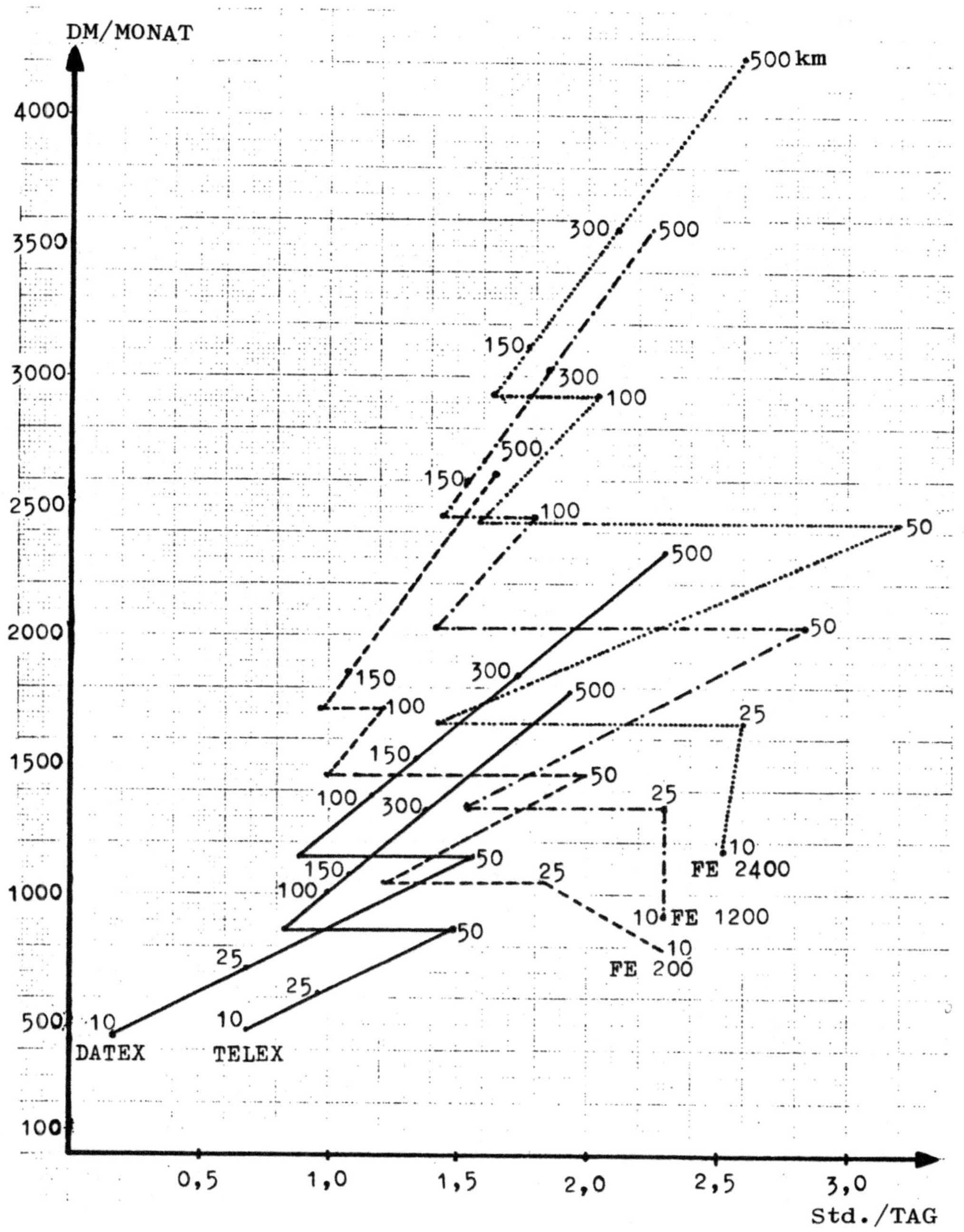

ABB. 19: ÜBERGANGSKURVEN MIT AUSGANGSPUNKT ÜBERTRAGUNGSDAUER, TAGSÜBER

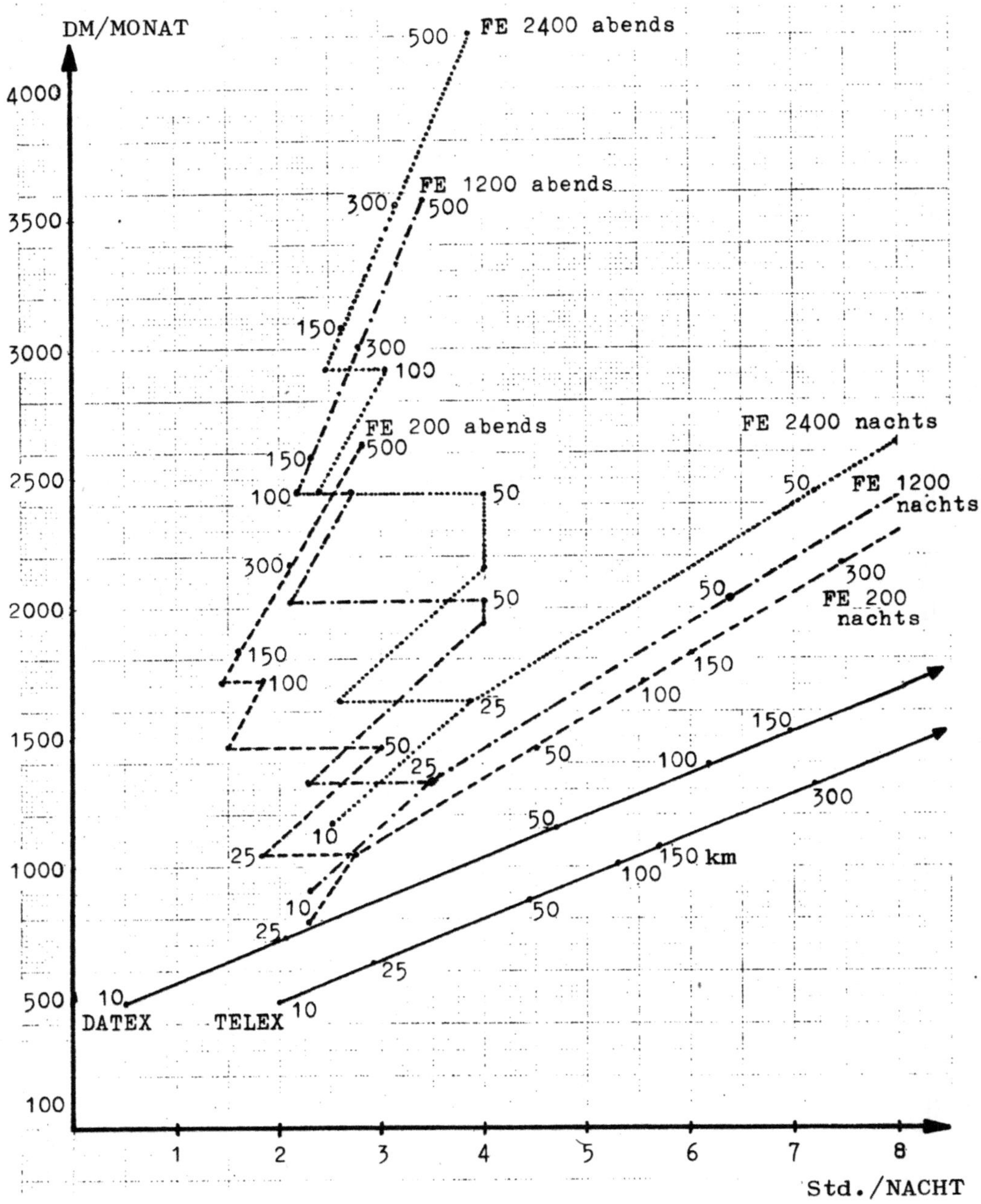

ABB. 20: ÜBERGANGSKURVEN MIT AUSGANGSPUNKT ÜBERTRAGUNGSDAUER, NACHTS

8.3 Gleichungen und Annahmen zur Berechnung der Kurvenwerte

Bisher wurden eine Vorgehensweise und die notwendigen Diagramme vorgestellt. Die folgenden Gleichungen zeigen, wie die Werte für die Kurven zu berechnen sind und welche Annahmen in sie eingehen. Numerische Grundlagen sind die Tarife der Deutschen Bundespost (Stand Juli 1974).

Zur Vorauswahl der kostengünstigsten Übertragungsgeschwindigkeit werden die 1000-Bit-Kosten verglichen (Abschnitt 8.1.1). Mit folgender Gleichung lassen sich für die in Wählnetzen möglichen Geschwindigkeiten bei unterschiedlichen Übertragungsmengen die anfallenden Bitkosten berechnen:

$$k_w = \frac{\left[\frac{m}{r \cdot g} \cdot b\left(1 - \frac{n}{100}\right) + \frac{f}{10}\right] \cdot 1000}{m} \qquad (1.1)$$

Dabei bedeuten:

k_w	: Kosten pro 1000 Bit/Tag	
m	: Tägliche Übertragungsmenge	(bit/tag)
r	: Dauer der Gebühreneinheit	(sec/E)
g	: Übertragungsgeschwindigkeit	(bit/sec)
b	: Gebühr pro Einheit	(DM/E)
n	: Nachlaß bei Fernsprechwegen = 1 %	
	Telegrafenwegen = 0 %	
f	: Geräte- und Grundgebühren (Monat = 20 Tage)	(DM/Mt)

Diese Gleichung und die folgenden schließen die Kosten für die Übertragungseinrichtungen (f) auf beiden Seiten einer Einzelverbindung ein.

Die 1000-Bit-Kostenkurven schneiden sich mit den entsprechenden Kurven für Standleitungen.

Die Schnittstellenbedingung ist erfüllt, wenn die 1000-Bit-Kosten für Wählleitungen (k_w) gleich den entsprechenden Kosten einer Standleitung (k_s) sind:

$$k_w = k_s \qquad (1.2)$$

Die Kosten k_w wurden in Gleichung (1.1) ermittelt.

Die 1000-Bit-Kosten für Standleitungen k_s ergeben sich aus:

$$k_s = 50 \cdot \frac{G_s}{m} \qquad (1.3)$$

Dabei bedeuten:

m	= Tägliche Übertragungsmenge	(Bit/Tag)
G_s	= Gesamtkosten für eine Standleitung (Monat = 20 Tage)	(DM/Mt)
k_s	= Kosten pro 1000 Bit.	

Nach den Gleichungen (1.1), (1.2), (1.3) läßt sich die Übertragungsmenge ($\hat{m}$) für den Übergangspunkt berechnen:

$$\hat{m} = \frac{(G_s - 2f)r \cdot g}{20b(1-n/100)} \qquad (1.4)$$

Dabei bedeuten:

$\hat{m}$	= Datenmenge am Übergangspunkt von Wähl- auf Standleitungen	(Bit/Tag)
G_s	= monatliche Gesamtkosten einer Standleitung	(DM/Mt)
f	= monatliche Geräte- und Grundgebühren einer Wählleitung	(DM/Mt)
r	= Dauer der Gebühreneinheit	(sec/E)
g	= Übertragungsgeschwindigkeit	(bit/sec)
b	= Gebühr je Einheit	(DM/E)
n	= Nachlaß bei Fernsprechwegen = 1 %	
	Telegrafenwegen = 0 %	

Die Verbindung solcher Schnittpunkte ergibt die Übergangskurven der Abb. 12 bis 16. Die Dokumentation der Werte findet sich in den Tabellen 20 bis 24.

Die Gleichung für die Berechnung der Zeitpunkte läßt sich aus der Gleichung (1.4) und der Beziehung $m = d \cdot g$ ableiten:

$$\hat{d} = \frac{(G_S - 2f)\ r}{20\ b\ (1-n/100)} \qquad (1.5)$$

Dabei bedeuten:

$\hat{d}$	= Übertragungsdauer am Übergangspunkt von Wähl- zu Standleitung	(sec/Tag)
G_S	= monatliche Gesamtkosten einer Standleitung	(DM/Mt)
f	= monatliche Geräte- und Grundgebühren einer Wählleitung	(DM/Mt)
r	= Dauer der Gebühreneinheit	(sec/E)
b	= Gebühr je Einheit	(DM/E)
n	= Nachlaß bei Fernsprechwegen = 1 % Telegrafenwegen = 0 %	

Die errechneten Werte finden sich in den Tabellen 25 und 26.

8.4 Tabellen

km	Verkehrsgebühren in DM/Mt Hauptanschluß für Direktruf (in bit/s) 50	200	1200	2400	4800	9600	48000
10	280	280	280	320	400	500	2.600
25	427	532	700	800	1000	1250	6.500
50	627	952	1400	1600	2000	2500	10.920
100	812	1197	1820	2080	2600	3250	18.720
150	872	1312	1960	2240	2800	3500	20.995
300	1052	1657	2380	2720	3400	4259	27.820
500	1292	2117	2940	3360	4200	5250	36.920

TABELLE 10: MONATLICHE VERKEHRSGEBÜHREN IN ABHÄNGIGKEIT VON ENTFERNUNG UND GESCHWINDIGKEIT

Tägl. Ü-Dauer in Min.	Telex- und Datexnetz tags. 1 6-18 Uhr	tags. 2 6-18 Uhr	nachts 18-6 Uhr
1	DM 0,40	DM 0,70	DM 0,125
30	DM 12,--	DM 21,--	DM 3,75
60	DM 24,--	DM 42,--	DM 7,50
90	DM 36,--	DM 63,--	DM 11,25
120	DM 48,--	DM 84,--	DM 15,00

TABELLE 11: VERBINDUNGSGEBÜHREN IM TELEX- UND DATEXNETZ

Tägl. Ü-Dauer in Minut.	Fernsprechwählnetz				
	Nahbereich (bis 10 km) 0-24 Uhr	Tagsüber von 6 - 18 Uhr			
		I-Zone bis 25 km	II-Zone bis 50 km	III-Zone bis 100 km	IV-Zone über 100 km
1	DM 0,15	DM 0,28	DM 0,46	DM 0,91	DM 1,14
30	DM 4,55	DM 8,54	DM 13,66	DM 27,32	DM 34,16
60	DM 9,11	DM 17,o8	DM 27,32	DM 54,65	DM 69,51
90	DM 13,66	DM 25,61	DM 40,99	DM 81,97	DM1o4,27
120	DM 18,22	DM 34,15	DM 54,65	DM109,27	DM136,62

Tägl. Dauer in Minut.	nachts 22-6 Uhr I-IV Zone	abends von 18 - 22 Uhr			
		I Zone bis 25 km	II Zone bis 50 km	III Zone bis 100 km	IV Zone über 100 km
1	DM o,20	DM 0,2o	DM 0,28	DM 0,61	DM 0,76
30	DM 5,98	DM 5,98	DM 8,54	DM 18,21	DM 22,77
60	DM 11,96	DM 11,96	DM 17,08	DM 36,43	DM 45,53
90	DM 17,94	DM 17,94	DM 25,61	DM 54,64	DM 68,30
120	DM 23,92	DM 23,92	DM 34,15	DM 72,85	DM 97,07

TABELLE 12: TÄGLICHE VERBINDUNGSGEBÜHREN IN ABHÄNGIGKEIT VON ENTFERNUNG UND TAGESZEIT IM FERNSPRECHWÄHLNETZ

km / bit	Telexnetz		Datexnetz	
	50	über 50	50	über 50
50.000	0,26	0,36	o,34	0,37
100.000	0,20	0,30	0,19	0,21
250.000	0,16	0,26	0,09	0,12
500.000	0,15	0,25	0,06	0,09
1.000.000	0,14	0,24	o,o5	0,07
5.000.000	--	--	0,04	0,06

TABELLE 13: 1000-BIT-KOSTEN, TAGSÜBER

Bit	Telexnetz	Datexnetz
50.000	0,16	o,32
100.000	0,10	0,16
250.000	0,06	0,07
500.000	0,05	0,04
1.000.000	0,05	0,02
5.000.000	----	0,01

TABELLE 14: 1000-BIT-KOSTEN, NACHTS

Bit \ km	10	25	50	100	über 100
6a: Fe 200					
50.000	0,30	0,32	o,33	0,37	0,39
100.000	0,16	0,17	0,19	0,22	0,24
250.000	0,07	0,08	0,10	0,13	0,15
500.000	0,04	0,05	0,06	0,10	0,12
1.000.000	0,02	0,03	0,05	0,09	0,11
5.000.000	0,01	0,02	0,04	0,07	0,10
6b: Fe 1200					
50.000	0,39	0,39	0,39	0,40	0,40
100.000	0,19	0,19	0,20	0,20	0,21
250.000	0,07	0,08	0,08	0,09	0,09
500.000	0,04	0,04	0,04	0,05	0,05
1.000.000	0,02	0,02	0,03	0,03	0,03
5.000.000	0,01	0,01	0,01	0,02	0,02
6c: Fe 2400					
50.000	0,55	0,55	0,55	0,56	0,56
100.000	0,27	0,27	0,28	0,28	0,28
250.000	0,11	0,11	0,11	0,12	0,12
500.000	0,05	0,05	0,06	0,06	0,06
1.000.000	0,02	0,02	0,03	0,04	0,04
5.000.000	0,01	0,01	0,01	0,01	0,01

<u>TABELLE 15:</u> FERNSPRECHNETZ 1000-BIT-KOSTEN, TAGSÜBER

Bit \ km	10	25	50	100	über 100
7a: Fe 200					
50.000	0,30	0,31	0,32	0,34	0,35
100.000	0,16	0,16	0,17	0,19	0,21
250.000	0,07	0,07	0,08	0,11	0,12
500.000	0,04	0,04	0,05	0,07	0,09
1.000.000	0,02	0,02	0,03	0,06	0,07
5.000.000	0,01	0,01	0,02	0,05	0,06
7b: Fe 1200					
50.000	0,39	0,39	0,39	0,39	0,39
100.000	0,19	0,19	0,19	0,20	0,20
250.000	0,07	0,08	0,08	0,08	0,08
500.000	0,04	0,04	0,04	0,04	0,04
1.000.000	0,02	0,02	0,02	0,02	0,02
5.000.000	0,01	0,01	0,01	0,01	0,01
7c: Fe 2400					
50.000	0,55	0,55	0,55	0,55	0,55
100.000	0,27	0,27	0,28	0,28	0,28
250.000	0,11	0,11	0,11	0,11	0,11
500.000	0,05	0,05	0,06	0,06	0,06
1.000.000	0,02	0,02	0,02	0,03	0,03
5.000.000	0,01	0,01	0,01	0,01	0,01

TABELLE 16: FERNSPRECHNETZ 1000-BIT-KOSTEN, ABENDS

Bit \ km	10	ab 25
8a: Fe 200		
50.000	0,30	0, 31
100.000	o, 16	0, 16
250.000	0, 07	0, 07
500.000	0, 04	0, 04
1.000.000	0, 02	0, 02
5.000.000	0, 01	0, 01
8b: Fe 1200		
50.000	0, 39	0, 39
100.000	0, 19	0, 19
250.000	0, 07	0, 08
500.000	0, 04	0, 04
1.000.000	0, 02	0, 02
5.000.000	0, 02	0, 02
8c: Fe 2400		
50.000	0, 55	0, 55
100.000	o, 27	0, 27
250.000	0, 11	0, 11
500.000	0, 05	0, 05
1.000.000	0, 02	0, 02

TABELLE 17: FERNSPRECHNETZ 1000-BIT-KOSTEN, NACHTS

Bit	DM
50.000	0,68
100.000	o,34
250.000	0,14
500.000	o,o7
1.000.000	o,o3

TABELLE 18: 1000-BIT-KOSTEN BEI 50 KM FÜR HFD 50, TAGSÜBER

	Variable Kosten für 10^6 B/Tg	Fixe Kosten (je 2x Grund- u. Gerätegebühr)
Fe 200	759.--	384,--
Fe 1200	127.--	503.--
Fe 2400	63.--	714.--

TABELLE 19: VARIABLE UND FIXE KOSTEN IM FERNSPRECHNETZ

Entfernung in km	Kosten in DM/Mt	Menge in Bit tagsüber	abends
10	481	121.000	361.000
25	628	176.000	527.000
50	873	267.000	802.000
		153.000	
100	1013	183.000	960.000
150	1073	196.000	1.027.000
300	1253	234.000	1.230.000
500	1493	286.000	1.500.000

TABELLE 20: MENGENWERTE TELEXNETZ ZU HFD 50

Entfernung i km	Kosten in DM/Mt	Menge in Bit tagsüber	abends
10	481	122.000	364.500
25	733	499.000	1.498.500
50	1153	1.129.000	3.398.500
		645.000	
100	1398	855.000	4.491.000
150	1513	954.000	5.008.500
300	1858	1.249.000	6.561.000
500	2318	1.644.000	8.631.000

TABELLE 21: MENGENWERTE DATEXNETZ ZU HFD 200 (TE)

Entfernung in km	Kosten in DM/Mt	Menge in Bit tagsüber	abends	nachts
10	795	1.656.000	1.656.000	1.656.000
25	1047	1.331.000	1.997.000	1.997.000
		890.000	1.331.000	---
50	1467	1.446.000	2.169.000	3.254.000
		723.000	1.085.000	---
100	1712	886.000	1.329.000	3.987.000
		709,000	1.063.000	---
150	1827	770.000	1.155.000	4.331.000
300	2172	954.000	1.430.000	5.364.000
500	2632	1.198.000	1.798.000	6.741.000

TABELLE 22: MENGENWERTE FERNSPRECHNETZ 200 ZU HFD 200 (FE)

Entfernung in km	Kosten in DM/Mt	Menge in Bit tagsüber	abends
10	914	9.938.000	9.938.000
25	1334	9.998.000	14.997.000
		6.689.000	9.998.000
50	2o34	12.253.000	
		6.126.000	9.189.500
100	2454	7.8o3.000	11.704.000
		6.242.000	9.363.000
150	2594	6.689.000	10.034.000
300	3014	8.030.000	12.045.000
500	3574	9.818.000	14.727.000

TABELLE 23: MENGENWERTE FERNSPRECHNETZ 1200 ZU HFD 1200

Entfernung in km	Kosten in DM/Mt	Menge in Bit tagsüber	abends	nachts
10	1165	21.792.000	21.792.000	21.792.000
25	1645	22.390.000	33.585.000	33.585.000
		14.975.000	22.390.000	--
50	2445	27.698.000	(41.548.000)	62.322.000
		13.849.000	20.774.000	
100	2925	17.681.000	26.521.000	
		14.145.000	21.217.000	
150	3085	15.166.000	22.749.000	
300	3565	18.232.000	27.347.000	
500	4205	22.318.000	33.478.000	

TABELLE 24: MENGENWERTE FERNSPRECHNETZ 2400 ZU HFD 2400

Entfernung	Dauer in Stunden/Minuten/Sek tagsüber	abends	nachts	Kosten
Fe 200				
10 km	2/18/o2	2/18/02	2/18/02	DM 795,-
25 "	1/50/55	2/46/22	2/46/12	" 1047,-
26 "	1/13/56	1/50/55		
50 "	2/00/30	3/00/45	4/31/07	" 1467,-
51 "	1/00/15	1/30/22		
100 "	1/13/49	1/50/45	5/32/15	" 1712,-
101 "	0/59/03	1/28/36		
150	1/04/10	1/36/15	6/00/56	" 1827,-
300 "	1/19/28	2/06/50	7/27/42	" 2172,-
500 "	1/39/50	2/49/48	(9/21/45)	" 2632,-
Fe 1200				
10 km	2/18/01	2/18/01	2/18/01	DM 914,-
25 km	2/18/51	3/28/18	3/28/18	" 1334,-
26 km	1/32/32	2/18/51		
50 km	2/50/08	(4/15/15)	6/22/54	" 2034,-
51 km	1/25/04	2/07/36		
100 km	1/48/22	2/42/32	(8/07/40)	" 2454,-
101 km	1/26/42	2/19/02		
150 km	1/32/54	2/19/20	(8/42/35)	" 2594,-
300 km	1/51/30	2/47/17	(10/27/20)	" 3014,-
500 km	2/16/20	3/24/32	(12/47/02)	" 3574,-
Fe 2400				
10 km	2/31/18	2/31/18	2/31/18	DM 1165,-
25 km	2/35/28	3/53/14	3/53/14	" 1645,-
26 km	1/43/39	2/35/28		
50 km	3/12/20	(4/48/30)	7/12/47	" 2445,-
51 km	1/36/10	2/24/15		
100 km	2/02/46	3/04/10	(9/12/30)	" 2925,-
101 km	1/38/12	2/27/20		
150 km	1/45/18	2/37/58	(9/52/25)	" 3085,-
300 km	2/06/36	3/09/54	(11/52/9)	" 3565,-
500 km	2/34/58	3/52/28	(14/31/48)	" 4205,-

TABELLE 25: ZEITWERTE FÜR DEN ÜBERGANG: FERNSPRECHNETZ

Entfernung	Dauer in Stunden/Minuten/Sek		Kosten
	Telexnetz - HfD 50		
	tagsüber	nachts	
10 km	00/40/07	2/00/22	DM 481,-
25 "	00/58/30	2/55/30	" 628,-
50 "	1/29/06	4/27/22	" 873,-
	0/50/55		
100 "	1/00/54	5/19/48	" 1013,-
150 "	1/05/12	5/42/24	" 1073,-
300 "	1/22/20	7/12/22	" 1313,-
500 "	1/56/36	10/12/24	" 1793,-
	Datexnetz - HfD 200 Fe-Leitung		
	tagsüber	nachts	
10 km	0/10/07	0/30/22	DM 481,-
25 "	0/41/36	2/o4/52	" 733,-
50 "	1/34/o7	4/42/22	DM 1153,-
"	0/53/46		
100 "	1/11/16	6/14/15	DM 1398,-
150 "	1/19/28	6/57/22	" 1513,-
300 "	1/44/07	9/o6/45	" 1858,-
500 "	2/16/58	11/59/15	" 2318,-

TABELLE 26: ZEITWERTE FÜR DEN ÜBERGANG: TELEX- UND DATEXNETZ

LITERATUR

FERNMELDETECHNISCHES ZENTRALAMT (Hrsg.); Datel-Dienste der Deutschen Bundespost, Darmstadt 1974 und 1971

- Beiblatt Z: Zusammenstellung der wichtigsten Gebühren im Zusammenhang mit der Benutzung von Fernmeldewegen zur Übertragung von Daten.
- Merkblatt Z: Datenübertragung über Fernmeldewege der Deutschen Bundespost. Probleme und Möglichkeiten.

KRAUSHAAR, Roland; JAKOB, Leo; GOTH, Dieter: Datenfernverarbeitung. Berlin - München 1972

LETSCHE, Dieter: Datenübertragung. In: IBM-Nachrichten, 19. und 20. Jg. 1969/70, Heft 197 bis 201 (Sonderdruck).

NÖLLE, Friedrich K.: Datenfernverarbeitung. Systeme, Betriebsweisen, Anwendungen. Köln 1970

II. USA

INHALT

VERZEICHNIS DER ABBILDUNGEN Seite

Die Gestaltung von Computer-Netzen hat zahlreiche Zielkriterien zu berücksichtigen, wobei die Effektivität als Verhältnis von Einsatz und Ertrag letztlich über eine Implementierung entscheidet. Die Bewertung aller einzusetzenden Ressourcen - wie ADV-Hardware, existierende Datenübertragungsmedien und -verfahren, Personalausstattung etc.[1] - auf einer gemeinsamen Basis ist beim heutigen Stand der Forschung nicht möglich. Aus diesem Grunde werden verschiedene Verfahren bei der Gestaltung angewendet, wie die Graphen-Theorie bei der Festlegung der Struktur von Kommunikationswegen oder heuristische Verfahren für die Konfigurationsauswahl[2]. Implizit werden dabei Entscheidungen über den Zentralisationsgrad der Verbundsysteme getroffen. Zunehmende Dezentralisierung führt zu einem tendenziellen Anwachsen der Kommunikationstätigkeit durch steigendes Datentransfer-Volumen: Damit wird die Verfügbarkeit von Datenübertragungswegen zu einem bestimmenden Faktor bei der Alternativenauswahl.

In den USA hat sich eine Infrastruktur von Kommunikationswegen herausgebildet, die von der gewohnten europäischen in wesentlichen Eigenschaften abweicht. Grundsätzliches Unterscheidungsmerkmal ist das Vorherrschen des Konkurrenzprinzips auf dem gesamten Kommunikationssektor. Welche Einzelmerkmale die Kommunikations-Infrastruktur der USA aufweist und wie Interessenkonflikte vermieden oder wie zwischen diesen vermittelt wird, wird im folgenden dargestellt.

a) Die Federal Communications Commission (FCC)

Bei der privatwirtschaftlichen Ausprägung des Anbietermarktes, auf dem es de jure keine Zugangsbeschränkung für Kommunikationsträger

---

1) Vgl. LIENTZ, Bennet P.: Cost Tradeoffs Between Local and Remote Computing. In: Computer Communication Networks, ed.by R.L.Grimsdale and Franklin F. Kuo, Noordhoff-Leyden 1975, p. 470 (Sonderdruck).

2) Vgl. CADY, G.M.; LIENTZ, B.P.; WILLMORTH, N.E.: Experiments in Communication Networks. o.O., o.J., p. 107 ff. (Sonderdruck der University of California, Los Angeles).

(die sogenannten Common Carriers) gibt, bedarf es einer Institution, die die Tätigkeiten der einzelnen Unternehmungen im volkswirtschaftlichen Gesamtinteresse koordiniert und kontrolliert. Diese Notwendigkeit besteht umso mehr, als der Markt oligopolistisch ist.

Aus diesen Gründen wurden im Jahre 1934 durch den 'Communications-Act'[1] sämtliche Kommunikationsdienste als sog. 'regulated services' deklariert und den Regelungsinstanzen anvertraut. Der föderativen Staatengliederung der USA entsprechend wurden zwei Regelungsebenen geschaffen:

- auf Bundesstaaten-Ebene für den 'intra-state'-Kommunikationsverkehr, mit jeweils einer Staatsbehörde und
- auf Bundesebene für den 'inter-state'-Verkehr mit der Federal Communications Commission (FCC) als Träger.

Die den Regelungsaktivitäten zugrundeliegende Politik ist ebenfalls im Communications-Act mit der Zielsetzung definiert '...to make available, so far as possible, to all the people of the United States a rapid efficient, nationwide, and worldwite wire and radio communications service with adaequate facilities at reasonable charges ...'[2].

1. Aufgaben der FCC

Der Communications-Act bildet die Grundlage dafür, daß die FCC eine Mittlerstellung in den Beziehungen zwischen

- Kunde und Kommunikationsträger,
- Kommunikationsträger untereinander und
- Kommunikationsträger und Datenverarbeitungsindustrie

einnehmen kann.

---

1) Vgl. The Communications Act of 1934, with Amendments and Index Thereto.

2) The Communications Act ..., a.a.O.

In der Beziehung von Kunde und Common Carrier (CC) steht das öffentliche Interesse im Vordergrund: Versorgung und Tarifbedingungen sollen einheitlich und möglichst umfassend gestaltet sein. Zum Ausgleich für diese Auflage wird einem Common Carrier die Ausübung eines 'regionalen Monopols' zugestanden[1], d.h. ein begrenztes Allein-Anbieter-Recht, solange die an ihn herangetragenen Übertragungswünsche erfüllt werden können. Aussicht auf Zulassung eines Neubewerbers als Common Carrier besteht dann, wenn das vorhandene Angebot nicht ausreicht oder andere Gründe für eine Zulassung sprechen, wie z.B. die im Communications-Act formulierte Bedingung 'at reasonable charges', die bei der Zulassung von Microwave Communications Inc. (MCI) mit eine Rolle spielte.

Die Entscheidungen der FCC sind gekennzeichnet durch ihre Orientierung am Communications-Act als gesellschaftlichem Orientierungsrahmen und durch aktuelle Informationssammlungen in Form von Hearings und Entgegennahme der Meinungen aller Betroffenen. Durch diese Ausrichtung soll die Dynamik der 'Kommunikations-Politik' gewahrt bleiben.

Zu den weiteren Aufgaben der Behörde gehört die Genehmigung und Kontrolle von Tarifen, d.h. von Gebühren und Vertragsbedingungen. Dies ist deshalb wichtig, da nur über diesen Weg der Gewinn der 'Monopolisten' kontrolliert werden kann. Die Gebühren werden von den CC formuliert, in Preislisten ('tariffs') aufgeführt und der Genehmigungsbehörde vorgelegt. Dies geschieht auf Bundes- wie auch auf Bundesstaaten-Ebene.

In der Vergangenheit zeigte sich mehrmals die Schwierigkeit, Datenverarbeitungsbelange zur Zufriedenheit aller Beteiligten zu regeln.

---

1) Vgl. GOLD, Michael M.; SELWYN, Lee L.: Real time computer communications and the public interest. In: AFIPS FJCC, Vol. 33/II 1968, p. 1473.

Für den sog. 'local'-Verkehr[1] gilt eine Pauschale für die Gebührenabrechnung im Telefon-Netz. Dies ist die traditionelle Methode mit dem Vorteil eines geringen Verwaltungs- und Ausstattungsaufwandes bei der Abrechnung - allerdings unter der Voraussetzung eines spezifischen Benutzerverhaltens, von dem das der Datenverarbeitungsanwender abweicht[2].

Die absolute Höhe der berechenbaren Gebühren wird von der FCC überwacht. Bei der Festsetzung gilt grundsätzlich das Kostendeckungs-Prinzip, wobei laufende Kosten, Abschreibungen, Gesamtinvestitionsvolumen und ein am Investitionsvolumen orientierter prozentualer Gewinn berücksichtigt werden können. Eine zusätzliche Forderung lautet, auch die einzelnen Dienstleistungssparten am Kostendeckungsprinzip zu orientieren. Dies erweist sich jedoch in der Praxis als kaum durchführbar, da die dazu notwendige Detaillierung der Kostenrechnung, insbesondere nach Kostenursachen, nicht zu verwirklichen ist. Hier sei auf die Möglichkeiten der CC hingewiesen, in einen Preiskampf mit einem neu in den Markt eintretenden Special Service Common Carrier (SSCC)[3] zu treten: Es kann eine Revision der alten Tarife mit dem Ergebnis vorgenommen werden, daß der Deckungsbeitrag einer konkurrierenden Dienstleistung über dem notwendigen Maß liegt und eine gezielte Tarifsenkung vorzunehmen ist. Die Kontrolle der Rechtmäßigkeit einer solchen Maßnahme durch die jeweilige Kontrollbehörde ist extrem schwierig, es sei denn, es läge offensichtliches 'cross subsidizing' vor[4].

---

1) Die dafür zuständige Genehmigungsbehörde ist bundesstaatlich.

2) So nehmen z.B. Time-Sharing-Anwendungen oftmals mehrere Stunden in Anspruch, im Gegensatz zu den im Telefonverkehr üblichen Minutengesprächen.

3) Vgl. Abschnitt II. b) (Anhang B).

4) 'cross subsidizing' = 'Gegenseitige Subventionierung': der Gewinn einer Sparte wird mit dem Verlust einer anderen verrechnet.

2. Regulated und unregulated Services

Die Abgrenzung eines reglementierten Übertragungsservice im Sinne des Communications-Act war bis zu dem Moment eindeutig möglich, als die Computer-Kommunikation technisch realisierbar wurde. Interessenkonflikte mußten zwangsläufig auftreten, denn

- die Common Carriers waren an der Übernahme der Datenübertragungs-Dienstleistungen interessiert und machten den Übermittlungscharakter der Datenfernverarbeitung geltend, während
- die Computer-Dienstleistungs-Firmen die Verarbeitung als das wesentliche Merkmal betrachteten.

So standen die beiden Interpretationen der Computer-Kommunikation - als 'regulated service' (Übertragung) und als 'unregulated service' (Verarbeitung) - nebeneinander. Doch dieser Gegensatz war durch Aufgabenteilung und Zuweisung zu den entsprechenden Trägern unter Beachtung der spezifischen Bedingungen überbrückbar. Verschärft wurde die Situation erst, als Time-Sharing-Unternehmen begannen, computer-gestützte Informationssysteme aufzubauen[1] und damit mehreren Anwendern den Zugriff zu einer gemeinsamen Datenbank zu verschaffen. Hierin sahen die CC eine Datenübermittlung, die als 'regulated service' aufzufassen und dementsprechend genehmigungspflichtig sei, zumal die Durchführung den Rückgriff auf Einrichtungen der CC notwendig machte[2]. Die Entscheidung der FCC fiel unter gewissen Vorbehalten[3] zugunsten der Time-Sharing-Anwender:

---

1) Vgl. MATHISON, Stuart L.; WALKER, Philip M.: Regulatory and Economics Issues in Computer Communications. In: Computer Communications, ed. by Paul E. Green; Robert W. Lucky, New York 1975, p. 5.

2) Vgl. FCC: Regulatory and Policy Problems Presented by the Interdependence of Computer and Communication Services and Facilities, Docket 16979, Section II, 5.

3) Die Vorbehalte bezogen sich auf das Recht der Revision des Urteils, wenn sich der Charakter des Time-Sharing ändern sollte.

... we (die FCC) see no need to assert regulatory authority over data processing activities whether or not such services employ communications facilities in order to bring the terminals of subscribers to centralized computers'[1]. Den CC wurde das Anbieten von Time-Sharing-Dienstleistungen untersagt, es sei denn, dies erfolge über selbständige Tochterunternehmen, die von der Muttergesellschaft Datenübertragungskapazität zu 'Marktpreisen' anmieten. Begründet wurde dieser Schritt damit, daß den CC bei einer anderen Regelung in einem Time-Sharing-Paket die Datenübertragungsleistung 'quasi kostenlos' zur Verfügung gestanden hätte, da eine kostenrechnungsmäßige Trennung nach 'Leistung für Kunden' und 'Leistungen für eigene Anwendungen' kaum durchführbar ist.

Mit dem zunehmenden Vordringen elektronischer Einrichtungen in der Vermittlungstechnik wandelte sich auch der Einsatz von Message-Switching-Systemen. Der ursprünglich erhebliche manuelle Aufwand wurde durch Verlagerung der Aktivitäten auf ADV-Systeme abgebaut[2], die darüber hinaus mit freien Kapazitäten für zusätzliche Anwendungsaufgaben zur Verfügung standen. Auf der anderen Seite beabsichtigten Datenverarbeitungs-Dienstleistungsunternehmen die Übernahme von Message-Switching-Serviceleistungen für ihre Kunden. So entstand ein Dienstleistungsangebot, das als 'Hybrid-Service' bezeichnet wird (Abb. 21).

---

1) WALKER, Philip M.: Regulatory developments in data communications - The past five years. In: AFIPS SJCC, Vol. 40 1972, p. 594.

2) Vgl. KAPLAN, Sidney J.: The Advancing Communication Technology and Computer Communication Systems. In: AFIPS SJCC, Vol. 32 1968, p. 123 f.

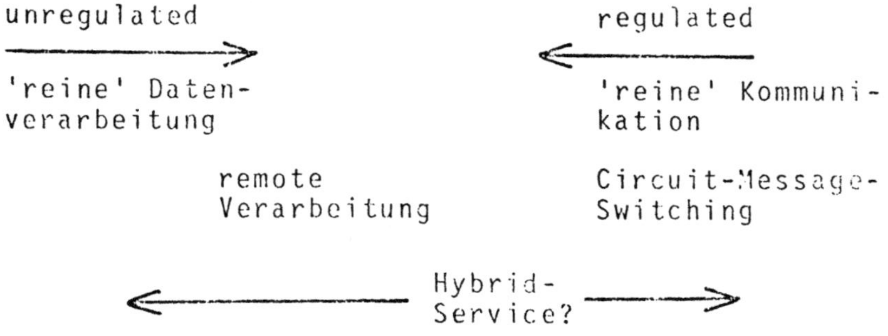

ABB. 21: EINORDNUNG DES 'HYBRID-SERVICE'[1]

Die Beurteilung dieses Hybrid-Service als einer Mischform der ursprünglich reglementierten und unreglementierten Dienstleistungen kann mittels des 'primary business test'[2] vorgenommen werden, der zwei Kriterien beinhaltet:

- Ersetzt der 'gekoppelte' Hybrid-Service den von einem CC vorgesehenen Message-Switching-Service, dann fällt auch diese Dienstleistung unter die Reglementierungsbestimmungen.
- Sind die beiden Dienstleistungen eng miteinander verknüpft, so bleiben sie unregulated; sind sie hingegen problemlos in die Prozesse Übertragung und Verarbeitung zu trennen, so

---

1) Skizze in Anlehnung an ENSLOW, Philip H.: Non-Technical Issues in Network Design - Economic, Legal, Social, and Other Considerations. In: IEEE Computer Society, Vol. 6 1973 (Aug.), p. 23.

2) Vgl. MATHISON, Stuart L.; WALKER, Philip M.: Computers and Telecommunications: Issues in Public Policy. Englewood Cliffs, N.J. 1970, p. 63 f.

werden sie genehmigungspflichtig. Unberücksichtigt bleibt dabei der jeweilige Anteil an der Aufgabenerfüllung. So kann auch ein primär übertragungsorientierter Service unreguliert angeboten werden.

Wünschenswert wäre eine präzisere Abgrenzung in ausgereifter Formulierung gewesen, mit dem Ziel, Operationalisierbarkeit zu erreichen. So führte die Definition zu einem hohen Maß an Unsicherheit, die im konkreten Fall nur durch Einleitung eines Genehmigungsverfahrens bei der FCC zu beseitigen ist[1].

3. Interconnection

Das Verhältnis der Carriers zur Datenverarbeitungsindustrie und zu den Zulieferern wurde mit der 'Carterfone-Entscheidung' des Jahres 1968[2] grundlegend verändert. Zur Diskussion stand die Frage, ob Fremdeinrichtungen an Einrichtungen der CC angeschlossen werden dürfen. Ohne auf die ausgetauschten Argumente einzugehen, sei hier nur das Ergebnis zitiert: 'A customer desiring to use an interconnecting device to improve the utility to him ... should be able to do so, so long as the interconnection does not adversely affect the telephone companies operation or the telephone system's utility for others. A tariff which prevents this is unreasonable'[3]. Von da an war es möglich, kundeneigene Modems an Wählleitungen und private Vermittlungseinrichtungen an das öffentliche Netz anzuschliessen.

---

1) Vgl. LEE, Robert E.: The Role of the Federal Communications Commission. In: Computer Communication - Impacts and Implications. The First International Conference on Computer Communication, Washington, Oct. 24-26, 1972, ed. by Stanley Winkler, p. 50.

2) Vgl. CANNING, Richard G. (ed.): Developments in Data Transmission. In: EDP-Analyzer, Vol. 11 1973 No. 3, p. 11.

3) FCC: Use of the Carterfone Device in Message Toll Telephone Service. 13 FCC 2 a 420 (1968), p. 424 f.

Die Revision der Tarife brachte jedoch nicht die gewünschte vollständige Freizügigkeit des Anschlusses und die Aufstellung von Standards, an denen sich Hersteller von Modems oder anderen für die Datenfernübertragung benötigten Einrichtungen hätten orientieren können, sondern führte nur zu neuen Restriktionen:

- Der Fremdanschluß ist nur über ein 'data access arrangement' (DAA) möglich, das von den CC bezogen werden muß. Dieses Gerät soll die Einhaltung bestimmter technischer Werte für das Übertragungsnetz garantieren.
- Auch die Signalisierung[1] muß durch CC-eigene Geräte erfolgen, wofür manuelle und automatische Versionen zur Verfügung stehen[2].

Trotzdem brachte dies für den Anwender die Vorteile eines sich auf dieser Grundlage entwickelten Marktes mit sich, etwa für Modems geringere Preise zu zahlen und zudem höhere Geschwindigkeiten durch verbesserte Ausführungen zu erzielen[3].
Neue Beschränkungen bestehen darin, daß an die CC Zusatzgebühren für das DAA-Gerät abzuführen sind und eine Integration der verschiedenen notwendigen Geräte in einem Gehäuse schwer möglich ist. Es existieren jedoch bereits Bestrebungen, diese relativ ungünstigen Bedingungen durch Normierung der 'Schnittstellen' zu vereinfachen, wodurch erst eine Wettbewerbssituation geschaffen wäre, die auch praktische Vorteile bringt.

---

1) Die Steuersignale für das Netz, wie 'Ruf', 'Besetzt' oder Wählsignale.

2) Vgl. LUCKY, Robert W.: Common-Carrier Data Communication. In: Computer-Communication Networks, ed. by Norman Abramson; Franklin F. Kuo, Englewood Cliffs, N.J. 1973, p. 192.

3) Vgl. CANNING, Richard G. (ed.): Developments ..., a.a.O., p.11.

b) Die Träger der Kommunikationseinrichtungen

Der heutige Anbietermarkt für Kommunikationsleistungen zerfällt in zwei große Gruppen: auf der einen Seite die 'Common Carriers (CC)', auf der anderen Seite die 'Special Service Common Carriers (SSCC)' - kurz auch 'Special Carriers (SC)' genannt.

1. Historische Entwicklung

Um die Frage beantworten zu können, wie es zu dieser Unterscheidung gekommen ist, ist die geschichtliche Entwicklung aufzuzeigen.

(1) Common Carriers

In den USA werden alle Übermittler von Informationen als 'Common Carriers' bezeichnet, da die ursprüngliche Informationsübermittlung mit Hilfe der Drahttelegraphie einen untergeordneten Dienstleistungsbereich der Transportgesellschaften (Carriers) - vor allem der Eisenbahngesellschaften - darstellte[1]. Entsprechend war die Verantwortlichkeit geregelt: Die Interstate Commerce Commission (ICC) betreute als Aufsichtsbehörde nicht nur die Transportdienste sondern ebenso die Telegraphenabteilungen. Dieser Zustand dauerte bis 1934: Mit dem Kommunikationsgesetz (Communications-Act) wurde in diesem Jahr die 'Federal Communication Commission' (FCC) geschaffen und durch den Gesetzgeber mit der Überwachung der Kommunikationsträger beauftragt[2]. Schließlich enthält die Bezeichnung (Common) die Berücksichtigung des öffentlichen Interesses, das eine qualitativ und quantitativ gleichmäßige Versorgung mit Kommunikationseinrichtungen verlangt, wogegen die Ressourcen-Allokation bei Zugrundelegung wettbewerbswirtschaftlicher Kriterien nach anderen Maßstäben vollzogen wird. Unter Berücksichtigung des Preises als

1) Vgl. MATHISON, Stuart L.; WALKER, Philip M.: Computers ..., a.a.O., p. 1 ff.

2) Zu ihren Aufgaben im einzelnen vgl. Abschnitt II. a) (Anhang B.).

Knappheitsindikator könnte der Forderung nach Aufbau einer wirklichen Infrastruktur, d.h. eines Netzes mit gleichmäßiger und gleichwertiger Versorgung, nicht entsprochen werden.

Vom Träger, der Dienstleistungen 'im öffentlichen Interesse' anbietet, sind daher zwei Anforderungen zu berücksichtigen:

(1) Es ist ein Preisgebaren zu verlangen, das dem öffentlichen Interesse gerecht wird.

(2) Marktbeherrschungstendenzen ist mit geeigneten Mitteln entgegenzuwirken.

(2) Special Service Common Carriers

Wie bei der Betrachtung der Marktverhältnisse noch genauer zu erläutern ist, war der amerikanische Kommunikationsmarkt einer starken Monopolisierungstendenz unterworfen. Dies gilt besonders für die Unternehmen, die zur Datenübertragung nutzbare Systeme anbieten. Unter diesen Verhältnissen ist der im Jahr 1963 gestellte Antrag der Firma Microwave Communications Inc. (MCI) auf Ausstellung einer Lizenz zur Datenübertragung zu sehen. In der Antragsbegründung wies die Firma auf ihre Absicht hin, 'to operate as a specialized, or alternatively, customized common carrier, offering a wide range of dedicated point-to-point or private line channels for business communications, with more flexible service features and lower prices then those available from the existing carriers'[1]. Zu diesem Zweck wollte sie eine Mikrowellen-Verbindung zwischen Chicago und St. Louis errichten und unterhalten. Mit der Genehmigung des MCI-Antrags durch die FCC-Behörde wurde ein Meilenstein der Marktöffnung gesetzt. Entsprechende Anbieter teilt MATHISON in

---

1) WALKER, Philip M.; MATHISON, Stuart L.: Regulatory Policy and Future Data Transmission Services. In: Computer-Communication Networks ..., a.a.O., p. 321.

drei Kategorien ein[1]:

- Der Anbieter offeriert einen speziellen Service mit darauf ausgerichteten Ressourcen.
- Es besteht eine regionale Beschränkung des Dienstleistungsangebots, das mit dem der CC konkurrieren kann.
- Unter Einsatz moderner Technologien verbessert der SSCC seine Marktposition und konkurriert über den Preis mit den CC.

Eine andere Einteilung ist die von GRABHORN[2], der

- Anbieter von Standleitungen (leased lines)
- Anbieter von digitalen Wählleitungen unterscheidet.

Diese Aspekte lassen die sonstigen Aktionsparameter des Anbieters unberücksichtigt, so daß etwa hinsichtlich der Tarifgestaltung, der Überlassung von Übertragungswegen oder des Umfangs des Dienstleistungsangebots weiterhin Gestaltungsfreiheit herrscht.

2. Aktuelle Wettbewerbssituation

Für die Darstellung des amerikanischen Marktes soll an der Gliederung nach den Trägern der Kommunikationseinrichtungen festgehalten werden.

2.1 Die Common Carriers (CC)

Aus historischen Gründen sind die Angebote der Common Carriers (CC), der Telefon- und Telegraphengesellschaften, von denen auf dem amerikanischen Markt ca. 2800 existieren, regional weit verbreitet.

---

1) Vgl. MATHISON, Stuart L.; WALKER, Philip M.: Computers ..., a.a.O., p. 114.

2) Vgl. GRABHORN, Edgar A.: Specialized Communications. In: Datamation, Vol. 19 1973 No. 8, p. 44.

2.1.1 Der Fernsprech-Markt

Entsprechend der Nachfrageentwicklung nach Kommunikationseinrichtungen, die einen Voll-Duplex-Informationsaustausch erlauben, entstanden Telefongesellschaften, die gegenwärtig und wohl auch in Zukunft über eine in jeder Hinsicht große Marktmacht verfügen.

Marktführer ist die Bell Telephone Company - die Hauptfirma eines Konzerns, der sich aus der Verwertung der Rechte am Bell-Telefon-System bildete. Durch horizontale und vertikale Diversifikation entwickelte sich ein Netz juristisch selbständiger Unternehmen, das in Abb. 22 skizziert wird:

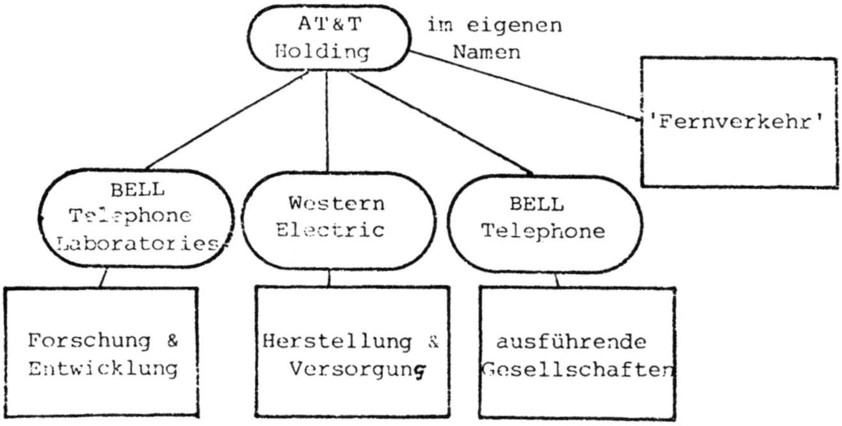

ABB. 22: DER AT&T-KONZERN

Unter der American Telephone & Telegraph Company (AT&T), die auch in eigenem Namen für den Kommunikations-Fernverkehr zuständig ist, zerfällt der Bell-Telephone-Komplex in eine Vielzahl weiterer Fir-

men, von denen z.B. Western Electric (WE) als Industrieunternehmen die Versorgung mit den notwendigen Kommunikationseinrichtungen gewährleistet.
Den Einflußbereich von AT&T mag eine wichtige Kenngröße weiter verdeutlichen: Das Telefon-Netz der USA wird zu 80 % von Bell beherrscht; erinnert man sich an die eingangs erwähnten 2800 als 'CC' bezeichneten Unternehmen und bedenkt dabei, daß 2100 davon auf dem Telefon-Sektor im Wettbewerb mit Bell stehen, dann kann die Position des AT&T-Konzerns sehr gut verdeutlicht werden: Durch seine Ausdehnung erreicht er 70 % der Gesamtbevölkerung der USA.

Neben dem Bell-System existiert das 'General System' der Firma General Telephone and Electronics Corp. (GT&E). Auch bei diesem Unternehmen handelt es sich um einen weit verzweigten Konzern, der sich eigene Produktionsbetriebe angegliedert hat. GT&E kann als Führer unter den 'unabhängigen Telefon-Gesellschaften' angesehen werden, wobei unter diese Kategorie sämtliche nicht von Bell beherrschten Systeme fallen. An dem Markt der 'Unabhängigen' hält GT&E einen Anteil von 40 %[1].

Die übrigen Common Carriers mit dem restlichen Marktanteil von ca. 12 % sind nur der Vollständigkeit halber zu erwähnen: Unter ihnen befinden sich die Unternehmen, die z.T. eine nur sehr regionale Bedeutung haben und vielleicht Anschlußzahlen von jeweils etwa 5000 Teilnehmern erreichen. Dies schließt nicht aus, daß ihre Rolle in einem anderen Sinne sehr bedeutend ist, nämlich unter dem Aspekt der gleichmäßigen und gleichartigen Versorgung der Bevölkerung mit Kommunikationseinrichtungen.
Als Repräsentations-Organisation dieser 'Unabhängigen' wurde die United States Independent Telephone Ass. (USITA) geschaffen, die eine Koordinationsfunktion sowohl in organisatorischer wie auch in

---

1) Vgl. MATHISON, Stuart L.; WALKER, Philip M.: Computers ..., a.a.O., p. 6.

systemtechnischer Hinsicht übernahm. Abb. 23 faßt die Situation der Telefon-Gesellschaften auf dem Markt der USA zusammen:

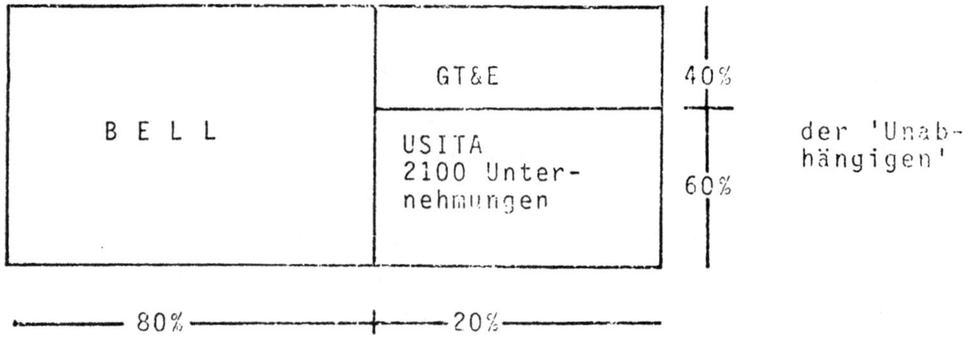

ABB. 23: DER FERNSPRECHMARKT

Die Trennung in die beiden Teilkomplexe 'Bell-Systeme' und 'Unabhängige' bedeutet für den Benutzer keine Beschränkung in der Auswahl seiner Kommunikationspartner, weil diese etwa anderen Netzen angeschlossen sind. Alle Teilnetze sind zu einem Gesamtnetz analoger Übertragungswege mit Fernsprechcharakteristik integriert und bilden damit den Hauptanteil an der gesamten Kommunikations-Infrastruktur.

2.1.2 Der Fernschreib-Markt

Insgesamt werden in den USA zwei Telex-Netze betrieben:Einmal das Western Union Telegraph Company (WU) Telex-Netz, das dem internationalen Standard entspricht, zum anderen der Teletypewriter Exchange Service (TWX). Der TWX-Service wurde bis 1971 von AT&T betrieben und erreichte ungefähr 60000 Teilnehmer; damit war er mehr als doppelt so groß wie das von Western Union betriebene Telex-Netz mit seinen 25000 Kunden[1]. Aus verständlichen Gründen versuchte WU, durch Verhandlungen mit AT&T zu erreichen, daß ein vollwertiger Datenaustausch zwischen den Netzen ermöglicht wurde. Die Übertragung vom WU-Netz in das AT&T-Netz war nämlich bereits gestattet. Erst das Eingreifen der Federal Communications Commission (FCC) führte zum Einlenken des AT&T-Konzerns, der sich zur Kooperation und schließlich zum Verkauf seiner TWX-Ausstattung an WU verpflichtete[2]. Dies geschah im Interesse einer Nicht-Diskriminierung einzelner Anwender, die jetzt in den Genuß der Vorteile eines einzigen Systems kamen: Kommunikationsfreiheit durch Maximierung der Zahl erreichbarer Teilnehmer, Realisierung von Kostendegressionseffekten, Möglichkeiten zur Anwendung der Mischkalkulation seitens des Anbieters, (da regional bedingte Investitions- und Betriebsverluste ausgeglichen werden konnten) und 'Preisstellung nach Wertschätzung'[3]. Für Western Union bedeutete dieser Schritt einen Ausbau des Anteils digitaler Datenübertragung am Gesamtumsatz auf über 50 %.

---

1) Vgl. MATHISON, Stuart L.; WALKER, Philip M.: Computers ..., a.a.O., p. 54.

2) Vgl. WALKER, Philip M.; MATHISON, Stuart L.: Regulatory Policy ..., a.a.O., p. 299.

3) Dieses Prinzip sei an der Nutzung von Telefoneinrichtungen verdeutlicht: Eine Unternehmung unterhält einen Anschluß weitgehend ohne Berücksichtigung der entstehenden Kosten, es liegt geringe Nachfrageelastizität vor. Im Gegensatz dazu reagiert der Privathaushalt empfindlich mit Nachfragerückgang auf steigende Preise. So kann die eine Sparte durch die andere subventioniert werden. Dieses Prinzip ist zwar angreifbar und kann nur am Maßstab der öffentlichen Nutzenschätzung gemessen werden. Der tatsächliche Effekt, nämlich die Erreichung einer maximalen Versorgung mit Kommunikationseinrichtungen ist jedoch unzweifelhaft. Vgl. dazu MATHISON, Stuart L.; WALKER, Philip M.: Computers ..., a.a.O., p. 55.

Im Bereich der Common Carriers steht also heute ein umfangreiches Netz analoger Datenübertragungswege zur Verfügung, das durch ein Fernschreibnetz ergänzt wird, auf dem zu mehr als 50 % digitale Datenübertragung realisiert wird. Allerdings muß diese sinnvolle Teilung vorsichtig eingeschätzt werden, da nach wie vor ein übergreifender Preiskampf herrscht, der WU empfindlich treffen kann. Denn AT&T vermietet auf der einen Seite Übertragungskapazität an WU, während der Konzern auf der anderen Seite mit Kunden direkt in Kontakt tritt und dabei den Preis als Aktionsparameter einsetzt. Die FCC sieht sich außerstande, hier regulierend einzugreifen, da eine Einflußnahme auf die Verrechnungspreise zwischen den Carriers nicht in ihren Regelungsbereich fällt[1].

2.2 Die Special Service Common Carriers (SSCC)

Der Begriff des SSCC ist zumindest in der Version von GRABHORN zu sehr auf Datenverarbeitungsbelange abgestimmt und deshalb zu eng gefaßt. Denn das SSCC-Konzept beinhaltet mehr Gesichtspunkte, wie z.B.:

- die Versorgung infrastrukturell unterversorgter Regionen mit zusätzlichen Kanalkapazitäten durch die Implementierung von Mikrowellen-Verbindungen oder Koaxialkabel-Verteilsystemen,
- die Installation von Vermittlungseinrichtungen für bewegliche Kommunikationssysteme und
- die Vermietung von Übertragungskapazität, die auf spezielle Anwenderbelange so genau wie möglich zugeschnitten ist.

Generell kann der Markt der SSCC als eine Ergänzung für die Telefon- und Telegraphen-Common Carriers angesehen werden, die notwendig ist,

---

1) Vgl. DUGGAN, Michael A.: Computers, Communications and Competition: A Frenetic Farrago. In: Law and Computer Technology, Vol.1 1968 No. 8, p. 8.

um Kommunikationsbedürfnisse jeglicher Art[1] zu befriedigen. Zwar kann prinzipiell jede Unternehmung derartige Dienste anbieten, jedoch muß sie zuvor in einem Genehmigungsverfahren vor der FCC ihre Qualifikation nachweisen, den Dienst technisch und finanziell aufnehmen zu können. Es müssen bei Bedarf - z.B. bei Funkübertragungen - Frequenzen zur Verfügung stehen, und es muß ein öffentliches Interesse für den Aufbau der Dienstleistung nachgewiesen werden[2]. Unter diesen Bedingungen ist die Zulassung von MCI als SSCC besonders hervorzuheben, da nie zuvor eine direkte Konkurrenz für AT&T und WU auf dem Datenübertragungs-Sektor genehmigt worden war.

In der Nachfolge wurden mehrere Unternehmungen gegründet, z.T. Tochtergesellschaften von MCI, die beabsichtigten, Datenübertragungswege von insgesamt ca. 80000 km[3] Länge aufzubauen. (Nähere Erläuterungen zu diesen Systemen folgen in Abschnitt c).

Bei der Darstellung der Konkurrenzsituation ist vor allem auf die regionale Begrenzheit eines Teils dieser Firmen hinzuweisen, so daß das angestrebte Ziel, die Einzelnetze zu einem nationalen Netz zu verbinden, verständlich wird. Hinzu kommt ein gewisser Zwang zur Kooperation, da die meisten Firmen die hohen Investitionskosten für die geplanten Projekte nicht allein aufbringen können. Diese werden allein für die Data Transmission Comp. (DATRAN) auf etwa 400 Mio. Dollar geschätzt[4]. Hinzu kommt, daß sowohl AT&T als auch WU ihre

---

1) Dies umfaßt sowohl einseitige Kommunikationsrichtungen (wie bei Fernsehen, Rundfunk, Personenrufsystemen etc.) als auch zweiseitige (wie bei Landfunk, Taxiruf etc.).

2) Vgl. FCC: Rules and Regulations. Part 21, Domestic Public Radio Service, Subpart I - Point to Point Microwave Radio Service, Sec. 21700 - Egligibility.

3) Vgl. MATHISON, Stuart L.; WALKER, Philip M.: Regulatory and Economic Issues ..., a.a.O., p. 17.

4) Vgl. MATHISON, Stuart L.; WALKER, Philip M.: Regulatory and Economic Issues ..., a.a.O., p. 17.

Bemühungen um eine Verbesserung ihres Service insbesondere in den Regionen verstärken, in denen die SSCC aktiv sind. Dabei stützt sich der Wettbewerb nicht nur auf eine Verringerung der Preisdifferenzen, sondern zunehmend auf die Anwendung neuer Technologien, wie etwa der Satellitenübertragung. Eine derartige Unternehmenspolitik wird von der FCC in neuerer Zeit unterstützt, indem sie - abweichend von ihrem sonstigen Verhalten - eine selektive Preisgestaltung zuläßt[1].

c) Ausgewählte Kommunikationsdienste

Die gegenüber den europäischen Ländern freizügigen Zugangsbedingungen auf dem Kommunikations-Sektor haben zu einer großen Zahl von Datenübertragungsanbietern geführt, die insgesamt ein sehr diversifiziertes Angebot bereitstellen. Diese Untersuchung beschränkt sich auf die Dienste, die einen gewissen Bekanntheitsgrad aufweisen sowie regional übergreifend sind und damit den Alternativenraum eines Anwenders tatsächlich beeinflussen können.
Es ist nicht möglich, Gestaltungsanweisungen für ein Datenübertragungsproblem aufzuzeigen, die den Anspruch erheben können, für die gesamten USA Gültigkeit zu besitzen. Allein durch die unterschiedliche Tarifpolitik ist eine Gestaltungsentscheidung erst nach der Durchführung von Optimierungsrechnungen unter Berücksichtigung spezifischer Unternehmungs-Parameter möglich[2]. Die Betrachtung beschränkt sich aus diesen Gründen auf die Angebote von AT&T, WU und einigen SSCC.

---

1) Vgl. HOPEWELL, Lynn: Public Data Communication Networks: Need, Technology and Policy. In: Computer Communication - Impacts and Implications ..., a.a.O., p. 51.

2) Vgl. GRIESINGER, Frank K.: The Whys and Wherefores of WATS. In: Administrative Management, Vol. 34 1973 No. 10, p. 27.

1. Dienste der Common Carriers

Die Übertragungsleistungen der CC werden auch heute noch zum größten Teil auf nicht spezifischen Datenübertragungswegen abgewickelt. Der Einsatz moderner Übertragungstechniken erfolgt insbesondere in den Regionen, in denen die Konkurrenzsituation gegenüber den SSCC es erfordert.

1.1 AT&T

Die Basis für AT&T-Leistungen bildet das 'Direct Distance Dialing (DDD)'-Netz, in dem Wähl- und Standverbindungen hergestellt werden. Die bereits in Abschnitt I. (Anhang B.) erwähnten Gründe beschränken die Übertragungsgeschwindigkeit bei Wählverbindungen auf den mittleren Geschwindigkeitsbereich (4800 bit/s), der nur durch den Einsatz privater Modems ausgeweitet werden kann.

Auf Standleitungen können Geschwindigkeit und Sicherheit durch das sog. 'conditioning'[1] variiert werden, das in fünf Stufen (C_1-C_5) zur Verfügung steht. Ein weiterer Gestaltungsvorteil der Standleitung besteht in der Möglichkeit, Datenendeinrichtungen ohne die Zwischenschaltung eines DAA[2] mit dem Netz verbinden zu können. Die Leitungen können entsprechend den dargestellten Konfigurationen gestaltet werden (Punkt-zu-Punkt-, Mehrpunkt-Verbindungen, Simplex-, Halb-Duplex- und Voll-Duplex-Verbindungen. Weiter steht eine große Zahl von Modems zur Auswahl, die sich in den Werten für Umschalt-

---

1) Conditioning = technische Maßnahme zur Verbesserung der Datenübertragungsqualität, die etwa zu einer Frequenzanpassung oder zu einer besseren Einhaltung der technischen Toleranzwerte führen.

2) Auf dieses Gerät wurde bereits in Abschn. a) 3. (Anhang B.) hingewiesen. Dadurch hatte AT&T eine neue Abhängigkeit des Anwenders von den CC geschaffen. Vgl. dazu MATHISON, Stuart L.; WALKER, Philip M.: Computers ..., a.a.O., p. 88 ff.

zeit, Equalizing[1] etc. derart unterscheiden, daß teilweise auf ein conditioning und somit auch auf ein Anmieten der Leitung verzichtet werden kann[2].

Wichtig ist der 'Telpak'-Service, der zu einem Begriff für Breitbandübertragung auf Standleitungen geworden ist, obwohl der Name aus den Tarifen gestrichen und durch die sog. '4700'-(=Telpak C) und '5800'-(=Telpak D) Typen ersetzt wurde[3]. Der Telpak-Tarif wurde von AT&T als Reaktion auf die preisgünstige Mikrowellenübertragung der SSCC eingeführt[4] und umfaßte ursprünglich vier Leistungsangebote (Telpak A-D), die in ihrer Übertragungskapazität denen von Mikrowellenübertragungen entsprachen. Ausgangsbasis ist die Fernsprechbandbreite von 4000 Hz, auf der eine Hierarchie von Übertragungskanälen aufgebaut ist. Die erste Zusammenfassung (Gruppe) umfaßte zwölf Sprachkanäle und somit 48 kHz. Die Zusammenfassung von 5 Gruppen (= 60 Sprachkanälen) bildete mit 240 kHz die Bandbreite einer Supergruppe, von denen wiederum 10 zur Mastergruppe mit 600 Sprachbändern zusammengefaßt werden. Für besondere Fernübertragungsaufgaben kann auch noch deren Kopplung vorgesehen werden (Vgl.Abb.24).

---

1) Equalizing = 'Glättung' der Übertragungswerte, die einer Verfälschung des Analogsignals durch Störimpulse entgegenwirkt.

2) Vgl. KRETZMER, E.R.: The New Look in Data Communications. In: Bell Laboratories Record, Oct. 1973, p. 259 f.

3) Vgl. MARTIN, James: Systems Analysis for Data Transmission. Englewood Cliffs, N.J. 1972, p. 237.

4) Vgl. MATHISON, Stuart L.; WALKER, Philip M.: Computers ..., a.a.O., p. 181 f.

Gruppe	Supergruppe	Mastergruppe	Telpak
1			A
2	0,4		B
5	1		C
20	4	0,4	D

ABB. 24: KLASSIFIZIERUNG DER TELPAK-DIENSTE[1)]

Die Gestaltung dieses Tarifs war nach Feststellung der FCC für kleine Anwender preisdiskriminierend, da mittlere und große Unternehmungen durch Anmietung von ein oder zwei Gruppen eine Kostenreduktion pro Sprachkanal-Kapazität erreichen konnten. Eine Revision führte daraufhin zur Streichung von Telpak A und B[2)].

Eine Besonderheit bei der Benutzungsordnung ist erwähnenswert: Die in der angemieteten Gruppe enthaltenen Fernsprechkanalkapazitäten müssen nicht in der zusammengefaßten Kapazität verwendet werden; vielmehr stellt jeder Unterkanal eine eigene Übertragungskapazität dar und ermöglicht somit dem Benutzer auch (zeitlich und räumlich nach Bestimmungsort) getrennte Übertragungen. Hauptziel war jedoch,

---

1) Vgl. CANNING, Richard G. (ed.): Current Status in Data Communications. In: EDP-Analyzer, Vol. 7 1969 No. 3, p. 5.

2) Vgl. GOETTEL, Harry J.: Bell System Business Communications Seminar. In: Data Processing, Vol. 4 1966 No. 6, p. 197.

durch Zusammenschluß von Leitungen niedriger Kapazität hohe Übertragungsraten (hier bis zu 5000 Zeichen/sec und pro Gruppe[1]) zu realisieren.

Nur begrenzt steht der 'Telpak-11000'-Service zur Verfügung: Mit ihm werden Teilnehmer in sieben Staaten erreicht, die das Privileg genießen, Line-Sharing ohne Restriktionen betreiben zu können. Das dabei angewandte Verfahren zur Kapazitätenteilung ist das 'channelizing', bei dem jedem Mitbenutzer ein Unterkanal zugewiesen wird, der ihm rund um die Uhr zur Verfügung steht. Nach wie vor ist das Line-Sharing durch Time-Sharing-Verfahren nicht erlaubt, da die von der FCC 1937 erlassene Genehmigung zur Tarifrestriktion nach wie vor Gültigkeit besitzt, die die quasi-simultane Nutzung eines Kanals verhindert. Eine zusätzliche Nutzungseinschränkung besteht de facto beim Telpak-D-Angebot. Die theoretisch mögliche Geschwindigkeit von annähernd 1 Mbit/s kann deshalb nicht ausgenutzt werden, weil Modems nur bis zu einer Geschwindigkeit von 230,4 kbit/s verfügbar sind und private Modems auf den Breitbandkanälen von den CC nicht zugelassen werden[2].

Als Reaktion auf den von WU angekündigten 'Switched Broadband Exchange Service' richtete AT&T einen auf fünf Städte begrenzten Wählservice mit einer Übertragungsleistung von 50 kbit/s ein: den Dataphone-50-Service[3]. Diese Geschwindigkeit läßt jedoch eher die Entwicklung des Spektrums zukünftiger Dienstleistungen ahnen, als daß sie bereits heute grundsätzlich in Planungsentscheidungen einzubeziehen wäre.

---

1) Vgl. CANNING, Richard G. (ed.): Data Transmission: What's in it for you ? In: EDP-Analyzer, Vol. 1 1963 No. 9, p. 6.

2) Vgl. WALKER, Philip M.; MATHISON, Stuart L.: Regulatory Policy ..., a.a.O., p. 299.

3) Vgl. JAMES, Richard T.; MUENCH, Paul E.: AT&T Facilities and Services. In: Computer Communications ..., a.a.O., p. 400.

Neben den analogen werden auch digitale Übertragungswege angeboten, so das 'Digital Data System (DDS)'. Hierbei handelt es sich um Punkt-zu-Punkt-Standleitungen, die synchrone Voll-Duplex-Übertragung mit den Geschwindigkeiten 2,4, 4,8, 9,6 und 56 kbit/s ermöglichen[1]. Die geringen Übertragungskosten werden durch die Nutzung von Übertragungssystemen des sog. 'T1'-Standards erreicht, bei denen es sich um puls-code-modulierte Übertragungswege von 1,544 Mbit/s Kapazität handelt[2]. Durch die begrenzte Reichweite von ca. 100 km bedarf es zur Überbrückung größerer Entfernungen der weiteren Umsetzung auf 'T2'-Systeme mit einer Übertragungsrate von 6,3 Mbit/s[3].

Für die Übertragung werden neben Draht- auch Koaxialkabel- und Mikrowellen-Verbindungen genutzt, die allerdings erst regional verfügbar sind: Ein Ausbauziel von hundert Städten wurde bis 1977 gesetzt[4].

Die Auslastung derart hoher Übertragungskapazitäten geschieht durch netzinterne TDM-Geräte[5], die jeweils 23 Kanäle von 56 kbit/s zusammenfassen. Ähnlich wird mit den niedrigeren Geschwindigkeiten von 2,4, 4,8 und 9,6 kbit/s verfahren.

---

1) Vgl. JAMES, Richard T.; MUENCH, Paul E.: AT&T Facilities ..., a.a.O., p. 401.

2) Vgl. DAVIES, Donald W.; BARBER, Derek L.A.: Communication Networks for Computers. London - New York - Sydney - Toronto 1973, p. 244.

3) Vgl. LUCKY, Robert W.: Common-Carrier ..., a.a.O., p. 194.

4) Das Angebot beschränkt sich derzeit hauptsächlich auf die Ostküste mit den Städten New York, Boston, Philadelphia, Washington etc.; vgl. CANNING, Richard G. (ed.): Developments ..., a.a.O., p. 6.

5) TDM = Time Division Multiplexing, vgl. Abschnitte B. II. b) 1.2.2.2.1 und 2.1.1.3 (des Textes).

Der Anwender wird durch eine 'Channel Service Unit' oder eine 'Data Service Unit' an das Netz angeschlossen, wobei letztere neben den Grundfunktionen - wie Test der Anschlußleitung und Aufrechterhaltung determinierter technischer Werte - außerdem Fähigkeiten zur Code-Transformation aufweist[1].

Die Sicherheitsvorkehrungen - wie automatische Fehlerüberwachungseinrichtungen - sollen die Übertragung auch dann sichern, wenn Netzkontrollen eine größere Fehlerrate als 10^{-7} erbringen. In diesem Fall wird automatisch auf 'Hot-Standby'-Kanäle umgeschaltet und den Anwendern ein Signal gesendet, dem der Fehlereintritt entnommen werden kann. Weitere Maßnahmen der Fehlerbehandlung stehen dann in der Verantwortung des Anwenders[2].

1.2 Western Union

Als klassischer Anbieter von Telegraphendiensten ist WU auch heute noch führend im Angebot von Fernschreibkanal-Kapazität. Seit Übernahme des TWX-Netzes von AT&T bietet WU auf dem US-Markt sowohl das für den internationalen Verkehr geeignete Telex-Netz an, das Informationsaustausch ohne jegliche Code-Übersetzung mit jedem anderen Telex-Teilnehmer der Welt erlaubt, als auch den US-internen 'Teletypewriter Exchange Service' (TWX), der größtenteils über das Telefonnetz abgewickelt wird. Entsprechend häufig erfolgt der Anschluß von Teilnehmern über die örtliche Telefonleitung unter Benutzung eines Modems. Die Übertragungsleistungen bewegen sich in dem auch im europäischen Bereich üblichen Rahmen.

Zu erwähnen ist das den Telex-Teilnehmern zugängliche Dienstleistungsangebot, der sog. 'Telex Computer Communications Service' (TCCS),

---

1) Vgl. JAMES, Richard T.; MUENCH, Paul E.: AT&T Facilities ..., a.a.O., p. 401.

2) Vgl. CANNING, Richard G. (ed.): Developments ..., a.a.O., p. 7.

der es dank der im Netz verteilten Datenverarbeitungskapazität ermöglicht,

- daß Teilnehmer des TWX-Netzes mit den Telex-Teilnehmern kommunizieren können (und umgekehrt), ohne auf Code- oder Geschwindigkeitstransformationen Rücksicht nehmen zu müssen,
- daß jeder Teilnehmer Nachrichten an bis zu 100 andere Teilnehmer senden kann und
- daß ein Telex-Computer-Interface zur Verfügung steht[1].

Dank der Store-and-Forward-Technik spielt es z.B. beim Senden von Nachrichten keine Rolle, ob das Empfänger-Terminal besetzt ist oder nicht. Bei Bedarf wird die Nachricht im Netz zwischengespeichert und weitergeleitet, sobald die Station frei wird. Die verfügbare Terminal-Computer-Schnittstelle ermöglicht jedem Telex-Teilnehmer den Zugriff zu Computerleistung über eine Wählleitung, wobei die Kompatibilität im Netz hergestellt wird. Die Gebührenberechnung erfolgt auf Entfernungs- und Zeichenbasis - allerdings ohne Mindestbetrag -, wodurch eine nutzungsproportionale Berechnung möglich ist.

Ein weiterer Übertragungsdienst ist der 'Switched Broadband Exchange Service'. Hierbei handelt es sich ebenfalls um einen Wähldienst, bei dem mit Beginn des Verbindungsaufbaus über eine Zehnertastatur

- der Teilnehmer,
- die gewünschte Bandbreite der Verbindung und
- die Art der Verbindung (Daten-, Sprach- oder Faksimileübertragung)[2]

bestimmt werden können. Für den Anwender bedeutet dies ein hohes

---

1) Vgl. CANNING, Richard G. (ed.): Future Trends in Data Communications. In: EDP-Analyzer, Vol. 7 1969 No. 4, p. 12.

2) Vgl. CANNING, Richard G. (ed.): Developments ..., a.a.O., p. 5.

Maß an Flexibilität, da etwa Spitzenbelastungen in der Übertragung durch die Wahl einer größeren Bandbreite aufgefangen werden können. Ähnlich anwenderfreundlich ist die kurze Gebührentaktzeit von 1/10 sec.. Grundlage für die Übertragungsleistungen von WU ist ein transkontinentales Mikrowellen-Netz, das durch von Telefon-Gesellschaften angemietete Breitbandübertragungswege ergänzt wird. Bei der Gewinnung von Unterkanälen werden die gleichen Leistungsklassen eingehalten, wie sie von AT&T verwendet werden. Ebenso sind die Fernübertragungswege mit Leistungen von 1,544 Mbit/s und 6,3 Mbit/s den 'T'-Systemen angepaßt. Dadurch steht einer späteren Integration zu einem einheitlichen nationalen digitalen Datennetz nichts im Wege.

Standleitungen werden von WU in einer den AT&T-Leitungen gleichen Qualität angeboten. Deshalb seien auch hier nur abweichende Service-Leistungen aufgeführt:

(1) Der 'Securities Industry Communications System Service' (SICOM)

existiert seit 1967 und ist ein branchenorientierter (auf Börsenmakler beschränkter) reiner Message-Switching-Service. Demgemäß fällt er als 'regulated service' unter die Kontrolle der FCC, ohne daß dies allerdings bei seiner Ankündigung den Protest anderer Unternehmungen ausschließen konnte. Der Teilnehmer wird mit einem Fernschreiber über eine Standleitung an einen Zeit-Multiplexer (DALCODE = data line combiner and demultiplexer[1]) angeschlossen, der die asynchrone Zeichenfolge zu einem synchronen Bitstrom zusammenfaßt und an einen der Hauptrechner über eine ebenfalls durch Zeitmultiplex gewonnene Leitung weiterleitet (Abb. 25):

1) Vgl. KAPLAN, Sidney J.: The Advancing Communication ..., a.a.O., p. 122.

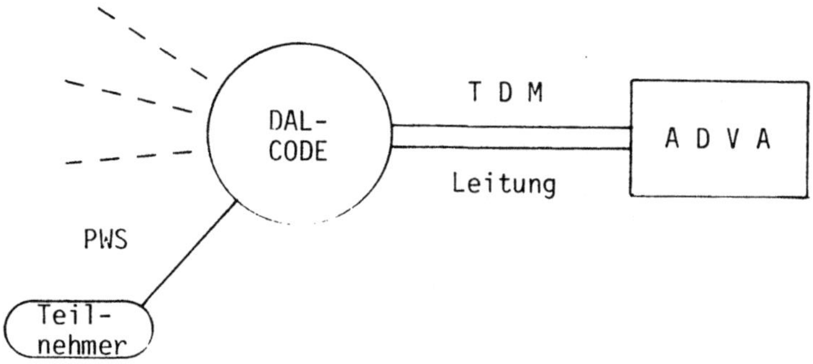

PWS = private wire system (Standleitung)

ABB. 25: SICOM-SERVICE

Umstritten ist bei diesem Service folgendes: Der Kunde bezahlt seinen Kanal-Anteil in Form einer Pauschale an WU, und zwar für die gesamte Länge seiner Verbindung. Da die TDM-Kanäle aus Fernsprech- oder Breitbandkanälen gewonnen werden, ergeben sich günstige Tarife für die 75 Baud-Leitung. Ein gleichartiger Tarif wird für andere Mieter von Standleitungen nicht angeboten, so daß die BUNKER-RAMO-Corp.[1] gegen die Aufnahme des WU-Dienstes Einspruch bei der FCC wegen preisdiskriminierenden Verhaltens einlegte. Die FCC ließ jedoch das Argument des Line-Sharings gelten und genehmigte den Service[2], allerdings beanstandete sie, daß WU diese Vorzüge nur 'im Paket' anbot.

1) BUNKER-RAMO bietet für Versicherungsgesellschaften einen Store-and-Forward-Dienst an. Damit es kein 'regulated service' wird, treten die einzelnen Teilnehmer als selbständige Mieter der Standleitungen auf.

2) Vgl. MATHISON, Stuart L.; WALKER, Philip M.: Computers ..., a.a.O., p. 75 f.

(2) INFO-COM

ist ebenso wie SICOM ein Netz von Privatleitungen, in dem nur Daten für eigene betriebliche Belange und über eigene Terminals ausgetauscht werden dürfen. Eine Restriktion auf einen bestimmten Benutzerkreis besteht nicht. Um sicherzustellen, daß keine nichtzugelassenen Verbindungen aufgebaut werden, ist für jeden Anwender im Verarbeitungszentrum die Gesamtheit der für ihn zulässigen Anwahl-Codes gespeichert, die mißbräuchlichen Verbindungsaufbau verhindern[1]. Eine Ausnahme bilden Teilnehmer, die im Telex- oder TWX-Netz adressiert werden sollen. An sie können Nachrichten wie Telexübermittlungen aus dem INFO-COM-Netz uneingeschränkt weitergeleitet werden[2]. Ansonsten bestehen rigide Beschränkungen für die Teilnahme: begrenztes Nachrichtenformat, fixierte Übertragungsprozeduren, Begrenzung der anschließbaren Terminals etc. .

Unter der Zielsetzung, eine auf digitaler Übertragung basierende Kommunikations-Infrastruktur aufzubauen, sind die Bemühungen von WU zu sehen, ihre gesamten Dienstleistungen zum 'Information Services Computer System (ISCS)'zusammenzufassen. Öffentliche und private Datennetze könnten sich dabei gegenseitig in ihren Vorteilen ergänzen, wobei der prinzipielle Aufbau wie in Abb. 26 aussehen könnte:

---

1) Vgl. KAPLAN, Sidney J.: The Advancing Communication ..., a.a.O., p. 125.

2) Vgl. MATHISON, Stuart L.; WALKER, Philip M.: Computers ..., a.a.O., p. 51.

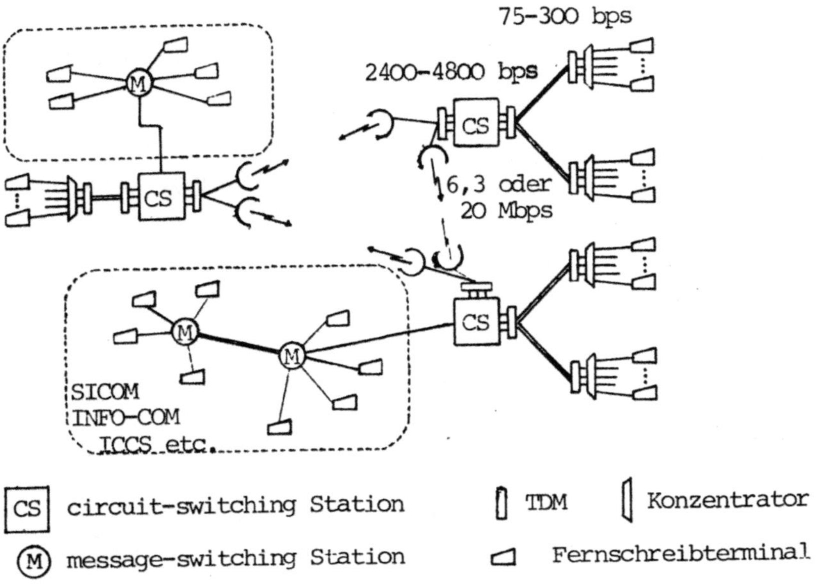

ABB. 26: MÖGLICHE INTEGRATIVE VERFLECHTUNG BESTEHENDER SYSTEME[1)]

In einer weiteren Ausbaustufe ist die Verknüpfung mit AT&T-Systemen denkbar, da heute bereits Verfahren und Geschwindigkeiten zum grossen Teil kompatibel sind.

Abschließend sei auf die generelle Tendenz hingewiesen, die Datenübertragungswege zunehmend zu 'digitalisieren'. Diese Übertragungsform bedeutet höhere Geschwindigkeiten, ein besseres Störverhalten und größere Rentabilität der Datenübertragung. Der Aufbau digitaler

---

1) Vgl. WALKER, Philip M.; MATHISON, Stuart L.: Regulatory Policy ..., a.a.O., p. 315.

Datenübertragungswege muß jedoch sukzessiv erfolgen, so daß sich für die nächste Zukunft nur ein langsames Verdrängen der Analog-Digital-Wandlung durch eine durchgängige Digitalisierung voraussagen läßt[1)].

2. Dienste der Special Service Common Carriers

Erst die Mikrowellen-Übertragung eröffnet den hier angeführten SSCC die Konkurrenzfähigkeit auf dem Markt der Datenübertragung. Es hätte bereits erhebliche juristische Probleme mit sich gebracht, Verbindungen über Erd- oder Freikabel herzustellen - abgesehen von den hohen Investitionskosten und dem Zeitaufwand. Auch die Überwachung der Frequenzbänder fällt in den Aufgabenbereich der FCC; deren Überlassung erfolgte zunächst nur an die CC. Erst die als 'ABOVE 890' bekannt gewordene Entscheidung, wonach jedem Benutzer erlaubt wurde, seine eigene Verbindung aufzubauen und zu unterhalten[2)], lieferte die Grundlage für den Aufbau weiterer und somit auch kommerziell genutzter Mikrowellen-Verbindungen.

Auf dieser Basis entwickelten sich zwei Gruppen von SSCC:

- Anbieter spezieller Übertragungs-Hardware und
- Anbieter zusätzlicher Übertragungsunterstützung, die Value-Added-Networks zur Verfügung stellen.

Dieser Unterteilung entsprechend sind auch die Genehmigungsverfahren bei der FCC unterschiedlich. Steht auf der einen Seite die Frage, ob der angekündigte Service im öffentlichen Interesse ist[3)] und deshalb mit den CC konkurrieren kann, so ist auf der anderen Seite die Entscheidung für oder gegen einen reglementierten Hybrid-Service zu fällen.

---

1) Vgl. WALKER, Philip M.; MATHISON, Stuart L.: Regulatory Policy ..., a.a.O., p. 310 f.

2) Vgl. WALKER, Philip M.; MATHISON, Stuart L.: Regulatory Policy ..., a.a.O., p. 320.

3) Siehe Abschnitt C. I.a).

Bei den SSCC handelt es sich zum größten Teil um Anbieter von Point-to-Point-Übertragungen, die der Erweiterung um einen Local-Loop-Service bedürfen, um so eine End-to-End-Verbindung[1] realisieren zu können. Erst dann ist die Kommunikation von Anwender zu Anwender möglich.

Im Zuge der 'Interconnection'-Entscheidung wurden die CC, und hier speziell die Telefon-Gesellschaften von der FCC aufgefordert '... to provide loop service...in the public interest'[2]. Das öffentliche Interesse bestand darin, Ressourcen-Verschwendung durch doppelte Verkabelung sowie juristische Schwierigkeiten bei der Installation zusätzlicher Freileitungen zu vermeiden. Weiterhin hätten nicht genügend Frequenzen für jeden Benutzer ohne die Gefahr von Interferenzen zur Verfügung gestanden[3].
Demnach ergibt sich folgende typische SSCC-Verbindung (Abb. 27):

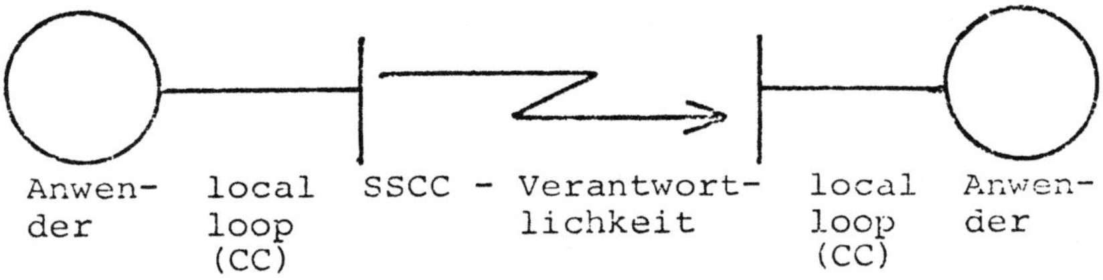

ABB. 27: VERANTWORTUNGSBEREICHE IM END-TO-END-SERVICE

---

1) Der SSCC übernimmt zumeist nur die Übermittlung zwischen zwei in seinem Verfügungsbereich stehenden Stationen (die Point-to-Point-Verbindung), an die der jeweilige Anwender über eine 'access-line' angeschlossen werden muß; die Summe der 'access-lines' in einem Gebiet heißt 'local-loop'. Point-to-Point-Verbindung plus access-line bilden die End-to-End-Verbindung (vgl. Abb. 27).

2) FCC Docket No. 16509 bis 16519, Decision of Commission, Issued Aug. 13, 1969, p. 16.

3) Dieser Beschluß unterstützte das Argument der CC gegen die Zulassung von SSCC, indem sie nun den Vorwurf des 'cream-skimming' erhoben: Danach schöpfen die SSCC nur 'den Rahm' ab, und überlassen den CC die Herstellung kostenträchtiger Endverbindungen.

2.1 Anbieter spezieller Übertragungshardware

Ein Teil der SSCC-Angebote wird im folgenden dargestellt - verbunden mit einer Überprüfung der These, daß die SSCC den Markt um wesentliche Leistungsangebote verbesserten, wie etwa:

- Differenziertheit der Bandbreiten,
- geringere Übertragungsfehlerraten,
- veränderte Tarifstrukturen und
- flexible Anpassung an übertragungstechnische Innovationen.

(1) Microwave Communications Inc. (MCI)

Seit Januar 1972 betreibt MCI eine Mikrowellen-Verbindung zwischen St. Louis und Chicago, die mittlerweile zu einem nationalen Netz mit mehr als 700 Stationen ausgebaut wurde. Grundsätzlich ist die von MCI angebotene Verbindung eine Punkt-zu-Punkt-Standleitungsverbindung. Deren Vervollständigung zum End-to-End-Service hat auf Initiative des Kunden zu geschehen, wobei ihm drei Möglichkeiten angeboten werden[1]:

(a) Er stellt die Verbindung über das Netz der CC her,

(b) er installiert eine private Leitung oder

(c) MCI übernimmt für ihn die Verknüpfung von Übertragungssystem und Anwenderausstattung.

Die Alternative (a) hat den Nachteil, daß eine erhöhte Fehlerrate zu befürchten ist und der Anwender sich mit einem zusätzlichen Vertragspartner auseinandersetzen muß. Bei den Alternativen (b) und (c) besteht entsprechend den örtlichen Verhältnissen eine Auswahlmöglichkeit zwischen Kabel-, Überlandleitungs-, Mikrowellen- und Infrarot-Verbindungen.

---

1) Vgl. HERSCH, Paul: Data Communications. In: IEEE spectrum, Vol. 8 1971 No. 2, p. 55.

Die Gestaltungsvorteile bei Nutzung des MCI-Angebots liegen für den Anwender darin, eine Anpassung der Kanalbreite an seine Aufgabenanforderungen vornehmen zu können. Zu diesem Zweck steht ein Angebot von 138 verschiedenen Bandbreiten (von 200 Hz bis ca. 1 kHz) zur Verfügung, die zu Simplex-, Duplex- und auch asymmetrischen Kanalkombinationen zusammengestellt werden können[1]. Jeder Anwender kann die angemietete Leitung ähnlich einer Privatleitung nutzen, indem er freie Kapazität in beliebiger Form an bis zu 5 andere Teilnehmer weitervermietet[2]. Die Kanalkapazität kann entweder über einen 'full-time'- oder über einen 'measured-time'-Zeitraum angemietet werden. 'Full-time' bedeutet einen 24-Stunden-Service während 7 Tagen in der Woche; der 'measured-time'-Zeitraum ist wählbar in den Zeiten von 18 - 6 Uhr oder 6 - 18 Uhr täglich, wobei eine - allerdings unterproportionale - Preisermäßigung von 25 % auf den Grundpreis gewährt wird[3].

Der größte Teil des Netzes ist auf analoge Übertragung ausgelegt, da ungefähr 70 % der Übertragungsvorgänge in dieser Form erfolgen[4]. Dadurch wird der Anschluß eines Modems für die Übertragung digitaler Daten nötig; in der Auswahl des Typs besteht völlige Freiheit. Ähnlich restriktionsfrei können systemfremde Datenübertragungssysteme an das MCI-Netz angeschlossen werden. Nach und nach werden die Strecken, auf denen dies sinnvoll ist, um digitale Wege erweitert. Dazu bedarf es lediglich einiger Ergänzungen in den Sende- und Empfangsanlagen während die Antennen gemeinsam benutzt werden können, um parallele Analog- und Digital-Übertragungen zu ermöglichen (Abb. 28):

---

1) Vgl. CANNING, Richard G. (ed.): Developments ..., a.a.O., p. 8.

2) Vgl. WALKER, Philip M.; MATHISON, Stuart L.: Regulatory Policy ..., a.a.O., p. 328.

3) Vgl. MATHISON, Stuart L.; WALKER, Philip M.: Computers ..., a.a.O., p. 193.

4) Vgl. HERSCH, Paul: Data Communications ..., a.a.O., p. 55.

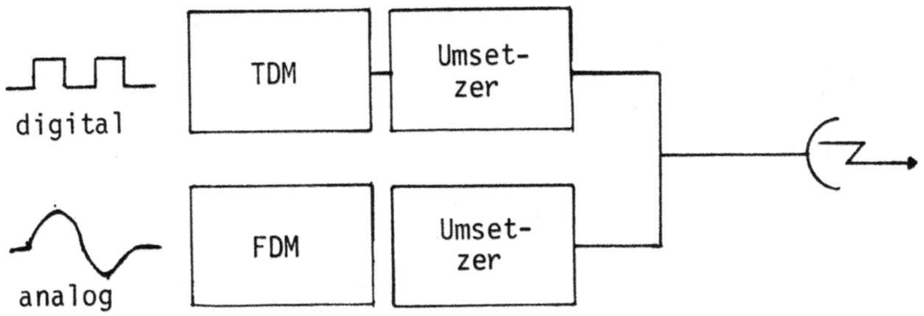

ABB. 28: DIGITAL-OVERBUILD-SYSTEM [1)]

Auf den bereits realisierten Digitalübertragungswegen hat sich die Übertragungssicherheit um ein bis zwei 10er-Potenzen besser erwiesen als in den bestehenden Telefon-Netzen, so daß bei der Auswahl des Local-Loops auf die erhöhten Anforderungen Rücksicht genommen werden sollte. Die System-Sicherheit wird durch Stand-by-Systeme gewährleistet, auf die bei Ausfall anderer Systeme umgeschaltet werden kann. Die Ausdehnung des Netzes kann Abb. 29 entnommen werden:

---

1) Aus WALKER, Philip M.; MATHISON, Stuart L.: Regulatory Policy ..., a.a.O., p. 316.

ABB. 29: MCI-NETZ [1]

Die Höhe der Gebühren ist grundsätzlich an der auf der entsprechenden Kanalbreite möglichen Übertragungsgeschwindigkeit orientiert.

(2) Data Transmission Corp. (DATRAN) [2]

Die Data Transmission Corp. baute ihr Kommunikationsnetz ebenso wie MCI auf der Basis von Mikrowellen-Übertragungswegen auf; nur wenige kleine Strecken sind davon aus technischen Gründen ausgenommen. Das Netz hat die Form eines liegenden W [3] und verbindet die Landesteile, die eine ökonomische Auslastung der Kapazitäten versprechen.

Basisgeschwindigkeit des Service sind 4800 bit/s, aus denen durch TDM 150, 9600, 14400 bit/s auf Wählleitungen und 19200, 48000 bit/s

---

1) Aus WALKER, Philip M.; MATHISON, Stuart L.: Regulatory Policy ..., a.a.O., p. 326.

2) Wie nach Abfassung der vorliegenden Arbeit bekannt wurde, geriet die Gesellschaft mittlerweile in große Finanzierungsschwierigkeiten, die sie zwangen, im September 1976 ihre Dienste einzustellen. Die hohen DATRAN-Verluste werden einer Dumping-Strategie der AT&T angelastet. Die DATRAN-Muttergesellschaft strengte ein Anti-Trust-Verfahren gegen AT&T an, in dem auf 285 Mill. Dollar Schadenersatz geklagt wird. Vgl. MAURER, G.: Ende für Datran. In: Computerwoche v. 10. 9. 1976, S. 1.

3) Vgl. WALKER, Philip. M.; MATHISON, Stuart L.: Regulatory Policy ..., a.a.O., p. 332.

auf Standleitungen gebildet werden[1]. Eine Ausweitung auf 1,344 Mbit/s ist in der Implementierungsphase[2].

Zur Aufrechterhaltung der ausgezeichneten Übertragungsqualität, die unter anderem durch eine enge Plazierung der Verstärkerstationen erreicht wird, strebt DATRAN einen unter eigener Kontrolle stehenden digitalen End-to-End-Übertragungsservice an. Zu diesem Zweck werden in den Local-Loops ähnlich moderne Technologien wie bei MCI eingesetzt. Resultat ist eine Fehlerrate, die 10^{-7} unterschreitet[3].

Trotz der Anfälligkeit optischer Übertragungssysteme gegenüber Witterungseinflüssen - so wirken Nebel, starker Regen und Schnee beeinträchtigend auf Laser- und Infrarot-Übertragungen - vertrauen die Netz-Designer auf diese Technologie, da sie durch Ihre Genehmigungsfreiheit und schnelle Installierbarkeit dem Anwender eine zügige Implementierung erlaubt. Durch den Einsatz zusätzlicher Sicherheitseinrichtungen (z.B. Notstrom-Batterie-Versorgung in den einzelnen Verstärkerstationen und ein integriertes Alarmsystem[4]) wird DATRAN eine System-Sicherheit von nahezu 100 % erreichen.

Im Wählverkehr garantiert die DATRAN ihren Kunden einen Verbindungsaufbau innerhalb von 3 sec nach Anwahl der letzten Ziffer in 99 % aller Fälle, mit einem Besetzt-Risiko von einem Prozent in Spitzenzeiten der Auslastung[5]. Ergänzt wird das Angebot durch:

---

1) Vgl. CANNING, Richard G. (ed.): Developments ..., a.a.O., p. 8.

2) Vgl. GAINES, Eugene C.: Specialized Common Carriers - Competition and Alternative. In: Computer Communications ..., a.a.O., p. 452.

3) Vgl. WALKER, Philip M.; MATHISON, Stuart L.: Regulatory Policy ..., a.a.O., p. 333.

4) Vgl. WORLEY, Allen R.: The Datran System. In: Computer Communications ..., a.a.O., p. 441.

5) Vgl. WORLEY, Allen R.: The Datran System. In: Computer Communications ..., a.a.O., p. 445; WALKER, Philip M.; MATHISON, Stuart L.: Regulatory Policy ..., a.a.O., p. 332.

- Kurzwahl anstelle der normalen 7-ziffrigen Teilnehmerzahl,
- Senden von Nachrichten an bis zu 6 Teilnehmer gleichzeitig,
- automatische Neuwahl nach dem Besetzt-Fall,
- kurzer Zeittakt von 6 sec für die Mindestgebühr,
- die Unabhängigkeit des Gebührentarifs von der Entfernung und
- die Überprüfung der Verbindung auf Kompatibilität der angeschlossenen Terminals beim Verbindungsaufbau aufgrund eines Benutzer-Codes.

Der Anschluß des Teilnehmers erfolgt über eine 'Digital Control Console' (DCC), die sich an der Schnittstelle zur Datenverarbeitungsanlage befindet und an den Anforderungen der EIA[1] ausgerichtet ist. Auch andere Schnittstellen sind verfügbar, so daß dem Anwender in jedem Falle ein Anschluß ohne Änderungen an Hardware und Software möglich ist. Neben einer Zehnertastatur ist die DCC mit Kontroll-Einheiten ausgerüstet, die eine Kommunikation mit dem Operator erlauben.

Für den Aufbau einer Infrastruktur durch Verknüpfung mit anderen Systemen ist die technische Auslegung in Form des PCM-Verfahrens wesentlich, das mit dem für die Satellitenübertragung verwendeten kompatibel ist.

2.2 Value-Added-Carriers

Zur zweiten Kategorie von SSCC gehören die 'Value-Added-Carriers (VAC)', die den bisher nicht berücksichtigten Bereich der Datenverarbeitung im Übertragungsnetz ausfüllen. Diese Anbieter übernehmen einen Teil der bei der Datenfernverarbeitung anfallenden sekundären

---

1) EIA = Electronic Industries Ass.
Vgl. WORLEY, Allen R.: The Datran System. a.a.O., p. 443.

Datenverarbeitungsaufgaben und entlasten auf diese Weise den Anwender. 'Value-Added-Service' ist übersetzbar mit 'werterhöhender Zusatzleistung', im Sinne einer Nutzensteigerung für den Anwender.

Die angebotene Übertragungsleistung steht häufig in direkter Konkurrenz mit der von SSCC und CC, denn das VAC-Konzept sieht nicht die Errichtung eigener Übertragungswege, sondern deren Anmietung von den CC und SSCC vor. Genau an diesem Punkt hatte VAC die Klippe zu überwinden, die die bisherige Politik der FCC aufgebaut hatte: Es war zu entscheiden, ob es sich um einen 'regulated' oder einen 'unregulated' Service handelte. Eine weit verbreitete Meinung ordnet diese Art von Übertragung dem Datenverarbeitungs-Sektor zu[1]: Die Nutzung durch den Datenübertragungsanwender ist dann nur auf 'joint-user'-Basis möglich - einer Nutzungsart, die im FCC-Tarif 260 unter Einhaltung gewisser Restriktionen - wie Beschränkung auf den Interstate-Verkehr unter Nutzung von Fernschreib- und Fernsprechbandbreite - vorgesehen ist[2]. In diesen Fällen ist es einem Kunden ('customer') der CC erlaubt, angemietete Übertragungskapazität einem Dritten (dem sog. 'joint-user') zur Nutzung zu überlassen. Die dem Tarif zugrundeliegende Entscheidung war allerdings an Kleinanwendern ausgerichtet, denen auf diese Weise eine Kapazitätsauslastung durch gemeinsame Nutzung ermöglicht werden sollte; folglich mußte die Berechtigung der Übertragung auf gewerbsmäßiges 'resale' angezweifelt werden. Derartige Beschränkungen wären bei der Einstufung als 'regulated service' entfallen, denn dann entstünde ein Carrier-Carrier-Verhältnis, das der freien Vertragsgestaltung unterliegt. Allerdings hätte sich ein Widerspruch zur bisher geübten Praxis ergeben, den CC die Übernahme von Datenverarbeitungsfunktionen nicht zu gestatten.

---

1) Vgl. CANNING, Richard G. (ed.): Developments ..., a.a.O., p. 12.

2) Vgl. CANNING, Richard G. (ed.): The Emerging Computer Networks. In: EDP-Analyzer, Vol. 11 1973 No. 1, p. 12.

Die Entscheidung der FCC für das 'regulated'-Prinzip fiel zugunsten der Firma TELENET, die seit dem 16. August 1975 ihr Netz als Communications Common Carrier betreibt. Konsequenzen aus dieser Entscheidung hat die AT&T bereits gezogen, indem sie ihren neuen Tarif 267 einführte, der die Vermietung von Datenübertragungswegen an VAC bis zu einer Geschwindigkeit von 56 bit/s vorsieht[1]. Welche weiteren Konsequenzen dieser Schritt der FCC haben wird, kann nur vermutet werden: Die heutigen CC werden auf jeden Fall versuchen, ebenfalls Datenverarbeitungskapazitäten in Form eines Added-Value anzubieten, da die Kapazitäten in den Vermittlungsstellen ohnehin vorhanden sind. Dann allerdings besteht die Gefahr, daß die neuen Anbieter wieder vom Markt verdrängt werden.

Somit stehen den CC, vor allem der AT&T, zwei Handlungsalternativen offen, die für die Zukunft eine grundsätzliche Wende bedeuten könnten: Auf der einen Seite ist es ihnen möglich, Tochterfirmen zu gründen, die mit den bereits existierenden VAC konkurrieren. Ein derartiges Vorgehen könnte jedoch auf der Grundlage der Anti-Trust-Gesetzgebung seitens staatlicher Stellen unterbunden werden. Andererseits ist ein grundsätzliches Aufgeben der Resale-Beschränkungen in den Tarifen möglich; Tendenzen hierzu zeichnen sich in bereits erwähnten neuen Tarifen von AT&T ab, der schon heute dem Anwender eine grundsätzliche Gestaltungsfreiheit zwischen

- konventioneller und
- 'progressiver', d.h. VAC-Datenübertragung

einräumt. Dies stellt den Anwender vor die Alternative

- einer Übernahme der gesamten Gestaltungsaufgabe für das Datenübertragungssystem - wie Auslegung des Netzes, Herstellung von Kompatibilität, Festlegung der Vermittlungsverfah-

1) Vgl. HOVEY, Richard B.: The user's role in connecting to a value added network. In: Data Communications, 1974 No. 5/6, p. 2 (Sonderdruck).

ren etc. - unter direkter Nutzung der CC- oder SSCC-Übertragungswege oder

- des Anschlusses an einen VAC, wodurch ein wesentlicher Teil der Gestaltungsaufgabe, nämlich die Gestaltung der sekundären Aufgabenerfüllung, erheblich reduziert wird.

Beim letzten Verfahren ist man dem Ziel, die Datenendeinrichtung 'nur noch mit einem Stecker' an das Netz anschließen zu müssen, bedeutend näher gekommen.

Derzeit existieren vier VAC-Gesellschaften: TELENET Communications Corp., Packet Communications Inc. (PCI), Graphnet Systems Inc. (Graphnet) und MCI Data Transfer Corp. (MDT). Hier wird nur auf die beiden ersten Firmen eingegangen, da sich an ihnen zeigen läßt, wie moderne Übermittlungstechniken kommerziell verwertet werden können.

Die PCI besitzt seit November 1973 die Genehmigung als VAC und stellt bereits ein sehr verzweigtes Netz zur Verfügung. Sie kann für sich beanspruchen, der erste kommerzielle Anwender des für das ARPA-Netz entwickelten Packet-Switching-Verfahrens zu sein. An das Netz ist jede Art von Terminal und Computer anschließbar. Der Abrechnungsmodus ('pro Packet') unterscheidet sich von den gängigen Verfahren.

Darauf sei im Zusammenhang mit TELENET näher eingegangen: Packet-Switching ist eine Nachrichtenvermittlung, bei der eine Information beliebiger Länge in Pakete von 128 Zeichen unterteilt wird[1]. In dem gesamten Paket sind mehrere Informationsarten enthalten: z.B. der Code des vorangegangenen Pakets, die Zieladresse, Bits für die horizontale Prüfung etc. (also Verwaltungsdaten) sowie die Nutzinformation. Ein solcher Informationsblock wird an das Netz übergeben, in dem selbständig für die Übermittlung an den Bestimmungsort ge-

1) 128 Zeichen entsprechen der Länge der Nutzinformation.

sorgt wird, an dem die Informationselemente wieder zur Gesamtinformation zusammengesetzt werden[1]. Daraus ergeben sich verfahrenstechnische Vorteile auch für den Anwender: Sicherheit, Preisgünstigkeit und Flexibilität durch leicht herstellbare Kompatibilität.

In jedem Paket sind Kontrollinformationen enthalten, die einen Fehler sofort erkennbar und korrigierbar werden lassen. Ist ein Paket vom Netz angenommen worden, so garantiert der Übermittler eine quasi fehlerfreie Übertragung[2]. Nicht nur die Übertragungs-, auch die Systemsicherheit erhöht sich: Da in jedem Paket die Ankunftsadresse codiert ist, besteht nur noch eine virtuelle Verbindung zwischen Sende- und Empfangsort, und Umleitungen können ohne Schwierigkeiten vorgenommen werden, falls Ausfälle innerhalb des Netzes auftreten. Gerade an diesem Prinzip der freien Wahl des Übermittlungsweges setzen Rentabilitätsüberlegungen an, die zu Kostenersparnissen gegenüber anderen Verfahren führen. Ist eine direkte Verbindungsstrecke nämlich überlastet, so erfolgt eine Umweg-Vermittlung, wodurch eine gleichmäßige Auslastung aller Teilstrecken und Vermittlungsknoten erreicht wird. Trotz des umständlich erscheinenden Verfahrens beträgt die durchschnittliche Übermittlungsdauer eines Pakets nur 1/3 Sekunde[3].

Der in der Regel günstige Preis resultiert aus der ausschließlich übertragungsorientierten Abrechnungsmethode 'pro Packet', die Verbindungszeit, Entfernung etc. nicht berücksichtigt[4]. So bezahlt

---

1) Näheres etwa bei ROBERTS, Lawrence G.: Data by the packet. In: IEEE spectrum, Vol. 11 1974 No. 2, p. 46-51.

2) Vgl. HOVEY, Richard B.: The user's role ..., a.a.O., p. 3.

3) Vgl. HOVEY, Richard B.: The user's role ..., a.a.O., p. 3.

4) Dies betrifft die Übertragungskosten; hinzu kommen Anschlußgebühren. Vgl. TELENET: The Telenet Report, Vol. 2 1975 No. 2, p. 5.

der Teilnehmer nur, was er tatsächlich nutzt. Voraussetzung für eine Kostenersparnis im einzelnen Anwendungsfall ist allerdings eine detaillierte Analyse des vorliegenden Datenmaterials, da jedes Paket ohne Rücksicht auf seine tatsächliche Zeichenmenge berechnet wird[1]. Deshalb muß eine sorgfältige Abstimmung der Übertragungsprozeduren auf die Paketübertragung erfolgen. Prinzipiell eignen sich Batch-Verarbeitungen durch den Charakter ihres Datenanfalls besonders gut. Doch finden auch Time-Sharing-Anwendungen günstige Bedingungen vor: bspw. die Verbindungsaufbauzeit des virtuellen Übertragungsweges innerhalb einer Sekunde[2].

Die Herstellung von Kompatibilität durch die 'Intelligenz' des Netzes bedeutet für den Anwender einen vereinfachten Anschluß an das Übertragungssystem und außerdem die Möglichkeit, Kommunikationspartner auszuwählen, ohne deren Datenverarbeitungskonfigurationen berücksichtigen zu müssen. Jedes Terminal und jeder Computer wird über einen programmierbaren 'Terminal Interface Processor (TIP)' mit dem Netz verbunden[3], der die Anschlußmöglichkeit für jedes Terminal gewährleistet. Die Dauer der Installationsphase ist lediglich davon abhängig, inwieweit das Terminal gängigen Standards (Code, Übertragungsverfahren etc.) entspricht, da bei Abweichungen eine entsprechende Umprogrammierung des TIP erfolgen muß.

Die Verbindung zwischen einer Benutzerstation und dem 'Central Office' als dem eigentlichen Einspeisungsort von Informationen in das TELENET wird durch öffentliche Wähl- oder Standleitungen sowie durch private Vermittlungswege realisiert, wobei zwei verschiedene Eingangsformen ('access ports') in das Netz unterschieden werden:

---

1) Vgl. MOULTON, Peter D.: value-added networks: An Analysis. In: Modern Data, Vol. 8 1975 No. 11, p. 29 ff.

2) Vgl. HOVEY, Richard B.: The user's role ..., a.a.O., p. 5.

3) Vgl. TELENET: The Telenet Report, Vol. 2 1975 No. 1, p. 6.

- Der 'single-connection-port': Nach Herstellung der virtuellen Verbindung ist eine weitere Adressierung während der nachfolgenden Übertragung nicht notwendig[1].
- Der 'multiple-connection-port': In diesem Fall können von einer Station 255 virtuelle Verbindungen gleichzeitig unterhalten werden; dabei sind jedoch von TELENET vorgeschriebene Kommunikationsprozeduren einzuhalten.

Die gewählten Eingänge können außer von den Kunden von TELENET noch von weiteren Personen ('authorized users') mitbenutzt werden.

Die Darstellung der Übertragungswege konnte nur schwerpunktmäßig erfolgen, wobei auf jeweils charakteristische Merkmale Rücksicht genommen werden sollte. Auf dem SSCC-Markt existiert noch eine grosse Zahl von Anbietern, die hochwertige Übertragungen - zum Beispiel über Fernseh-Koaxialkabel - anbieten (wie United Video Inc. (UVI), Western Telecommunication Inc. (WTCI))[2] oder die sich als Tochterunternehmen Wegerechte ihrer Muttergesellschaften zunutze machen (Southern Pacific Communications Comp. (SPCC)), um Übertragungssysteme zu installieren. Es erscheint jedoch zweifelhaft, ob alle dem Anspruch, ein übergreifendes nationales Kommunikationsnetz aufzubauen, gerecht werden. Hingegen scheint die Integration einiger Übertragungswege der SSCC durchaus denkbar; dies kann modellhaft den Abbildungen 30 bis 34 entnommen werden.

---

1) Vgl. TELENET: Schedule of Charges, o. Jg., o. Ort, p. 3.

2) Vgl. dazu z.B. GRABHORN, Edgar A.: Specialized Communications ..., a.a.O., p. 44-48.

ABB. 30: DATRAN-NETZ

ABB. 31: PCI-NETZ

ABB. 32: SPCC-NETZ

ABB. 33: UNITED-VIDEO-NETZ

ABB. 34: WTCI-NETZ

Geht man bei der Beurteilung der SSCC von dieser Integrationsmöglichkeit aus, so ist zweifelhaft, ob ein weiterer ungeplanter Ausbau der Kapazitäten aus Anwendersicht noch zusätzliche Vorteile bringt, da die heute bestehenden Probleme mit den zur Verfügung stehenden Ressourcen bereits größtenteils lösbar sind[1]. Sinnvoll wäre deshalb nach der hektischen Entwicklung der vergangenen Jahre im Kampf um Marktanteile eine Konsolidierung des Marktes, die die Möglichkeit bietet, heute bereits vorhandene Redundanz an Übertragungswegen abzubauen und frei werdende Übertragungssysteme für neue Anwendungen vorzubereiten.

3. Satellitenübertragung

Juristische Grundlage für den Betrieb von Kommunikations-Satelliten bildet der 'Communications Satellite Act' von 1962[2], dessen Erlaß

---

1) Vgl. CANNING, Richard G. (ed.): The Emerging Computer Networks ..., a.a.O., p. 10.

2) Vgl. Public Law 87-624, H.R. 11040, 87th Congress, August 31, 1962.

Aktivitäten bei allen führenden Carriers auslöste. Derart viele Planungen wurden mit dem Ziel der Errichtung eines 'domestic satellite communications system' eingeleitet, daß sich heute etwa 8 Unternehmen[1] intensiv mit dem Problem beschäftigen. Ob Konkurrenz zugelassen würde, stand nicht von vornherein fest; erwogen wurde auch, ausschließlich die Communications Satellite Corp. (COMSAT) zuzulassen: ein Gemeinschaftsunternehmen der vorhandenen Carriers und der öffentlichen Hand, das sich bereits mit internationaler Satelliten-Kommunikation beschäftigte.

Ein Satelliten-Einsatz auch für den innerstaatlichen Verkehr in den USA kann durchaus sinnvoll sein, da die Wirtschaftlichkeitsgrenze heute bei ca. 1000 km[2] Übertragungsentfernung gesehen wird. Zudem ist mit einem weiteren Anstieg der Rentabilität zu rechnen, da pro Satellit der nächsten Generation (ab 1978) wesentlich höhere Kapazitäten zur Verfügung stehen. So wird die Verfügbarkeit von 60.000 Sprachkanälen angekündigt, die nach dem Signalempfang mit bedeutend höheren Sendeleistungen weitergegeben werden als heute, was zu erheblich verminderten Investitionskosten für die Erdstationen führen wird. Prognostiziert sind ca. 800 Dollar je Bodenstation, wodurch 'die Antenne auf dem Dach' realisierbar erscheint[3].

Aus dieser Perspektive ist verständlich, daß Anbieter wie MCI, DATRAN, TELENET u.a. bemüht sind, bereits ihre heutigen Systeme satellitenkompatibel auszulegen. Dabei verspricht die Einbeziehung in ein Packet-Switching-Netz besondere Vorteile. Bei anderen Arten der Mehrfachnutzung von Übertragungskanälen schränkt etwa die steigende Zahl frequenzmodulierter Teilnehmer den nutzbaren Frequenzbereich

---

1) Vgl. WALKER, Philip M.: Regulatory developments ..., a.a.O., p. 606.

2) Vgl. CANNING, Richard G. (ed.): Developments ..., a.a.O., p. 9.

3) Vgl. MAURER, Gerhard: Satelliten verändern die Telekommunikation. In: computerwoche vom 19.3.1976, S. 4.

ein, da genügend interferenz-vermeidende Sicherheitsabstände vorgesehen werden müssen[1]. Außerdem kann der Nachteil der langen Laufzeit eines Datensignals (ca. 0,25 sec[2]) teilweise kompensiert werden, da anstelle von Quittungs-Signalen (die erst nach frühestens 0,5 sec beim Sender eintreffen) die 'Rundsende-Eigenschaft'[3] eines Satelliten-Kanals dazu benutzt wird, einen Abgleich von Sende- und Empfangsnachricht beim Sender vorzunehmen.

Die Satellitenübertragung ist sicherlich sehr zukunftsträchtig und wird auch den Anwendern Vorteile bringen. Am Ort des Bedarfs installierte Sende-/Empfangsanlagen werden eine von der Region unabhängige Datenübertragung ermöglichen. Eine Nutzung durch die heutigen SSCC wird die Kostenarten der Datenfernverarbeitung schließlich auf die

- der Datenverarbeitung,
- der Satellitenübertragung und
- der Anschlußgebühr für Sender/Empfänger

reduzieren.
Die fortgeschrittene Technologie der neuen Serien von Satelliten, die sich in höheren Kapazitäten und längerer Lebensdauer niederschlägt, führt zu einer generellen Senkung der Unterhaltskosten: Bezogen auf einen Sprachkanal werden sie sich von 23.000 Dollar in den Anfangsjahren auf ca. 58 Dollar in der nächsten Generation ermäßigen[4]. In Verbindung mit den bereits erwähnten sinkenden Kosten

1) Vgl. VERMA, S.N.: U.S. Domestic Communication System Using WESTAR Satellites. In: Conference Proceedings, World Telecommunication Forum, Technical Symposium, Geneva, Oct. 6-8, 1975, p. 2.4.3.2.

2) Vgl. ABRAMSON, Norman: Packet switching with satellites. In: Computer Communications ..., a.a.O., p. 504.

3) Das Satellitensignal kann von allen Stellen der Erde empfangen werden, die Sichtkontakt mit dem Satelliten haben.

4) Vgl. MAURER, Gerhard: Satelliten verändern ..., a.a.O., S. 4.

der Sende-/Empfangsanlagen ist die Satellitenübertragung demnach als ernsthafte Alternative zu den bestehenden Übertragungswegen anzusehen.

d) Die Tarifgestaltung

Die Tarife der Common Carriers werden in ihren 'schedules of charges' festgelegt und für den Interstate-Verkehr der FCC zur Genehmigung eingereicht. Für den Intrastate-Verkehr sind bundesstaatliche Behörden zuständig. Wesentlich ist, daß die Tarife einer Gesellschaft für beide Verkehrsarten nicht identisch sind. Aus diesem Grunde und der Vielfalt der Angebote wegen können hier die Kostenstrukturen der einzelnen Angebote nicht miteinander verglichen und keine Break-Even-Point-Übertragungswerte ermittelt werden. Vielmehr werden im folgenden verschiedene von den europäischen Verhältnissen abweichende Ansätze zur Gebührenberechnung mit ihren Auswirkungen auf die Übertragungskosten dargestellt.

Für den Anwender setzt die Planung seines Übertragungssystems im Rahmen eines Computerverbundes in jedem Fall eine genaue Analyse des Tarifgefüges voraus, wobei der Wettbewerb der Carriers zum Vorteil des Anwenders genutzt werden kann.

Ein erster Unterschied zur europäischen Tarifstruktur liegt in der Möglichkeit einer Pauschalabrechnung von Ortsverbindungen, die im Wählverkehr hergestellt werden. Da darin eine Bevorzugung der Datenübertragungs-Anwender gesehen wurde, wurden teilweise Umstellungen durchgeführt, die wie in der Bundesrepublik zu einer nutzungsabhängigen Gebührengestaltung führten (jede zustandegekommene Verbindung wird berechnet). Hingegen konnte sich eine Variante mit speziellen Gebühren für einen Datenübertragungsanschluß, der als 'Informations System Access Line (ISAL)' deklariert wurde, nicht durchsetzen[1]. Da die entsprechenden Regelungen nicht einheitlich sind -

1) Vgl. MATHISON, Stuart L.; WALKER, Philip M.: Regulatory and Economic Issues ..., a.a.O., p. 20.

sie fallen in die Genehmigungskompetenz des einzelnen Bundesstaates -, ergeben sich je nach Bundesstaat entweder Ortsverbindungs-Kosten, die fest sind, oder aber die von der Aktivierungshäufigkeit abhängen.

Als Hilfsmittel zur Berechnung entfernungsabhängiger Tarife - wie sie z.B. im Wähl-Fernverkehr gelten - stellt AT&T eine Liste zur Verfügung, in der die Orte der USA mit den Koordinaten ihrer Position verzeichnet sind. Durch eine einfache Rechenregel lassen sich die gebührenrelevanten Entfernungen berechnen: Sind die Orte O_1 und O_2 mit den Koordinaten (x_1/y_1) und (x_2/y_2) gegeben, so gilt für die Entfernung E:

$$E = (x_2 - x_1)^2 + (y_2 - y_1)^2$$

Eine Zuordnung zu der entsprechenden 'Gebührenklasse' ist nun ohne weitere Berechnung möglich.

In digitalen Netzen ist auch eine Berechnung nach der übertragenen Informationsmenge vorgesehen, bei der 'jedes Bit' bezahlt wird. Eine darüberhinausgehende Kombination mit anderen Parametern, wie z.B. Entfernung und Zeit, ist üblich.

Die Berechnung 'pro Packet' wurde bereits im Zusammenhang mit TELENET erwähnt. Normalerweise wird die Entfernung dabei nicht berücksichtigt, so daß der Anwender in den Genuß einer rein mengenproportionalen Gebührenberechnung kommt.

Eine Besonderheit stellt in den USA der sogenannte WATS-Tarif (Wide Area Telephone Service) dar[1]. Dieser bietet die Möglichkeit, mit einer 24-Stunden-Pauschale (täglich) oder einer Minimum-Zeit

1) Vgl. zum folgenden: GRIESINGER, Frank K.: The Whys and Wherefores ..., a.a.O., p. 26-27, p. 70-74.

von 10 Stunden pro Monat sämtliche Gebühren für Wählverbindungen abzugelten. Die Mietdauer von 24 Stunden/Tag kommt der Nutzung als Standleitung gleich, allerdings mit dem Vorteil, daß der Kommunikationspartner wechseln kann. Das WATS-Angebot bezieht sich nur auf die Gebührenabrechnung; im übrigen werden Leitungen des DDD-Netzes benutzt.

Die Pauschalberechnung entspricht praktisch einer Mindest-Gebühr, die auch bei Nicht-Nutzung anfällt. Die Festsetzung der Gebühr richtet sich nach einer WATS-Tabelle[1] oder einer Karte, die speziell für die Region eines Teilnehmers aufgestellt wird. Ausgehend vom Standort S des Benutzers wird das übrige Territorium der USA in 6 'Bänder' Z aufgeteilt, die praktisch 'Entfernungszonen' darstellen. Allerdings sind dies keine konzentrischen Kreise, vielmehr ist in jedes Band noch eine 'Aktivierungswahrscheinlichkeit' eingerechnet. Ergebnis ist eine Karte, die skizziert in Abb. 35 dargestellt ist:

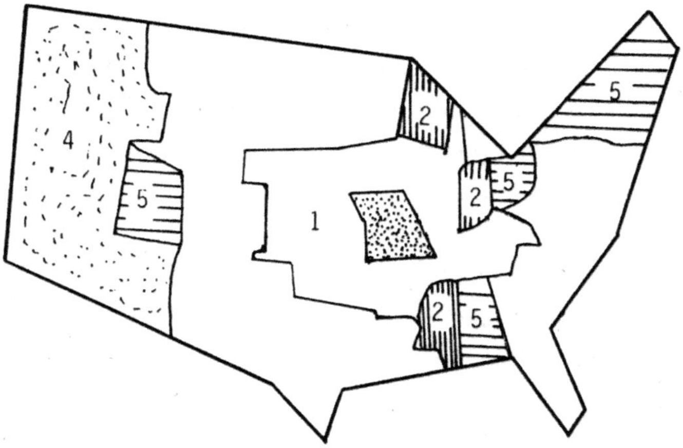

ABB. 35: WATS-GEBÜHREN-ZONEN

1) Vgl. NORDLING, Karl J.: Analysis of Common Carrier Tariff Rates. In: Computer Communications ..., a.a.O., p. 37.

Der Teilnehmer kann seine Reichweite festlegen, indem er die Zone auswählt, die er maximal erreichen muß. Dabei schließt die Auswahl einer 'hohen' Zone zugleich die Benutzung niedrigerer Zonen ein: Wird z.B. Zone IV gewählt, so sind darin die Zonen I, II und III enthalten. Innerhalb der festgelegten Zonen kann jeder Teilnehmer des DDD-Netzes erreicht werden. Zusätzlich ist die Zeitdauer der Anmietung (zwischen 10 Stunden/Monat[1]) und 24 Stunden/Tag) wählbar. Für den Fall einer Überschreitung der vereinbarten Nutzungsdauer erfolgt die Gebührenerrechnung für die zusätzliche Zeit nach der Taktzeit - bei WATS im Raster von 1/10 Minuten. Weiterhin kann vom Anwender bestimmt werden, ob ihm die Pauschalgebühr für eingehende oder für abgehende Verbindungen angerechnet wird[2]). Es kann also eine für den Kommunikationspartner kostenlose Verbindung hergestellt werden, indem INWATS[3]) benutzt wird.

Der WATS-Service gilt nur im Interstate-Verkehr, d.h. Anschlüsse im Bundesstaat des Teilnehmers selbst können nicht erreicht werden. Ebenso sind die Gebühren 'pro package' je nach Ursprungs-Bundesland unterschiedlich hoch und umfassen auch unterschiedliche Mindest-Mietdauern (z.B. kommen statt 10 auch 15 Stunden/Monat vor). Da WATS nur eine Gebührenabrechnungsmethode ist, sind die sonstigen Anschlußbedingungen für Datenübertragungseinrichtungen die bei AT&T üblichen (d.h. z.B. Modem von AT&T oder mit DAA).

Voraussetzung für eine Entscheidung zugunsten WATS ist eine genaue Analyse der notwendig werdenden Verbindungen nach ihrem Zeitpunkt, ihrer Zeitdauer und dem Ort des Kommunikationspartners. Ein idealer Anwendungsfall für INWATS ist dessen Nutzung durch eine Zentrale, an die täglich von den Filialen deren Umsatzbewegungen gemeldet werden. Innerhalb eines bestimmten Zeitraumes (nach Dienstschluß) könn-

---

1) Dies entspricht einem 'package'.

2) INWATS ermöglicht die Pauschalabrechnung für ankommende, OUTWATS die für ausgehende Verbindungen.

3) Vgl. NORDLING, Karl J.: Analysis of Common Carrier Tariff Rates. In: Computer Communications..., a.a.O., p. 34.

ten die Daten der einzelnen Stationen nacheinander im Batch-Betrieb übermittelt werden. Durch die bei der Zentrale summierte Übertragungszeit treten Kostendegressions-Effekte auf. Ungeeignet ist WATS dagegen für Belastungsspitzen, da eine WATS-Leitung nur einmal belegt werden kann. Ist beispielsweise die Datenübertragung vom definierten Zeitpunkt an in einem möglichst kurzen Zeitraum erforderlich, so wäre für jede Filiale eine eigene WATS-Leitung notwendig, für die im Einzelfall zu ermitteln ist, ob die Mindest-Mietdauer pro Leitung erreicht wird.

Eine weitere Variante im amerikanischen Tarif-System erschwert dessen Pauschalbeurteilung: der sog. 'High-Low-Density'-Tarif[1], der 1973 von AT&T eingeführt und später auch von WU übernommen wurde. Er bedeutet eine abgestufte Abkehr vom 'Gleichheits'-Tarif und wurde von der FCC genehmigt, um wiederum den CC eine Konkurrenzmöglichkeit gegenüber den SSCC einzuräumen, die durch ihre fortschrittlichen Technologien faktisch einen Marktvorsprung erlangt hatten. Der Tarif wird für sprachbandige Standleitungen sowohl im Intra- als auch im Interstate-Verkehr angeboten und enthält eine 'Dichte-orientierte' Preisgestaltung: Er basiert auf der Feststellung, daß das Ausmaß der Kommunikationsbeziehungen mit der Bevölkerungsdichte korreliert. Demgemäß werden Orte oder Gebiete als solche mit 'high-' oder 'low-density' eingestuft. Die Preisberechnung erfolgt pro Entfernungseinheit, wobei Entfernungen unterhalb einer bestimmten Grenze[2] zu einem Fixkostensatz abgerechnet werden. Für die Einstufung der Verbindung zwischen zwei Punkten, deren Entfernung größer als die Mindest-Entfernung ist, in die 'high-' oder 'low-'Tarifgruppe gilt folgende Regel der Tarifbestimmung (Abb. 36):

---

1) Vgl. GRIESINGER, Frank K.: How the 'Hi-Lo' Tariff Affects Private Line Usage. In: Administrative Management, Vol. 35 1974 No. 11, p. 38.

2) Normalerweise 25 Meilen.

B \ A	LOW	HIGH
LOW	L	L
HIGH	L	H

ABB. 36: TARIFBESTIMMUNG 'HI-LO'

In einem zweiten Schritt ergeben sich die Übertragungskosten als Produkt aus dem ermittelten Tarif T und der Entfernung. Werden im Zuge eines Netzes mehrere High/Low-Zentren berührt, so werden für jedes Ende von Teilstrecken Terminalgebühren fällig. In einem Beispiel soll eine Leitung von A nach S über B und zurück nach A laufen (Abb. 37):

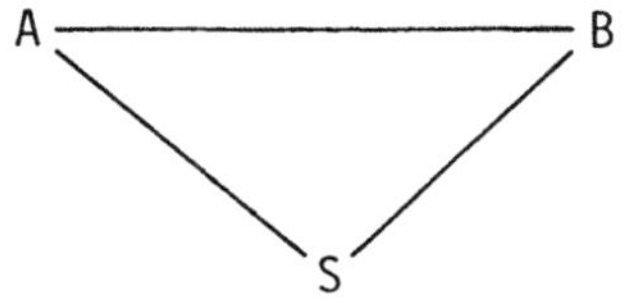

ABB. 37: 'HI-LO'-TEILSTRECKEN

Die drei Teilstrecken besitzen insgesamt 6 Endpunkte. Die Gebührengruppe der Endpunkte pro Teilstrecke wird nach der gleichen Entscheidungstabelle wie oben ermittelt und ist den Leitungskosten zu-

zuschlagen. Bei Anschluß von mehr als einem Terminal pro Leitungsendpunkt werden Zusatzgebühren fällig. Bei der Komplexität des Tarifs ist verständlich, daß es dem Anwender kaum möglich ist, aus der ca. 19000 Orte umfassenden Liste seinen Übertragungsweg zu optimieren. Deshalb bieten einige Dienstleistungsunternehmen computer-gestützte Berechnungen für die kostengünstigste Leitungsführung an.

Bei der Analyse der Kosten ist weiterhin zu berücksichtigen, daß neben den variablen Kosten der Übertragung Fixkosten wie

- Conditioning bei Standleitungen,
- Überlassen der DAA bei Anschluß fremder Datenübertragungseinrichtungen sowie deren Kauf oder Miete,
- Installationskosten etc.

anfallen.

e) Schlußbetrachtung

Das Rückgrat der amerikanischen Kommunikations-Infrastruktur bilden wie in Europa analoge Übertragungswege. Doch ist die Entwicklung nicht auf dieser Stufe stehen geblieben, und bereits heute sind alle Voraussetzungen für die digitale Datenübertragung gegeben. Daß die Übertragungsdienstleistungen den Anforderungen im Bereich der kommerziellen Datenverarbeitung weitgehend entsprechen, kann - jedenfalls aus europäischer Sicht - kaum bestritten werden. Das Angebot wird dem Computer-Computer-Verkehr ebenso gerecht wie den Bedürfnissen des kleineren Anwenders - etwa durch die Möglichkeit des Line-Sharing.

Die Existenz der SSCC bedeutet für den amerikanischen Markt einen innovativen Impuls, der Monopolisierungstendenzen im Kommunikationsmarkt entgegenwirkt. Die SSCC bieten attraktivere und stärker anwenderorientierte Dienste an als die CC - dies allerdings unter geographischer Beschränkung. Nur durch die Nutzung fremder Netze (der CC) ist es ihnen möglich, einen konkurrenzfähigen End-to-End-Service anzubieten. Die anspruchsvollen Dienstleistungen (z.B. Packet-Switching im Telenet) beruhen auf einer fortgeschrittenen Technologie, die nur in neuen Implementierungen angewandt werden kann. Denn allein die Umrüstung der Vermittlungsknoten im Bell-Netz (mehr als 22 000) auf voll-elektronische Elemente würde sich über 60 Jahre hinziehen, selbst wenn jeden Tag eine Einrichtung ersetzt würde. Dabei sind die notwendigen Testzeiten noch nicht berücksichtigt. Auch von der Kapitalseite her sind Schranken gesetzt: So prognostizierte Bell für das Jahrzehnt 1970 - 1980 einen Investitionsbedarf von ca. 5 Mrd. Dollar, der allein durch die Wachstumssparte der Datenübertragung entstehe [1].

Wahrscheinlich wird sich auch langfristig am Nebeneinander von SSCC und CC nichts ändern, da nur Spezialunternehmen die erforderliche Flexibilität garantieren können, diese ihrerseits aber auf Unterstützung durch die CC angewiesen sind - mag sie nun freiwillig erfolgen oder von der FCC angeordnet werden.

---

1) Vgl. LaBLANC, Robert E.; HIMSWORTH, W.E.: Data communications in 1980 - A capital market view. In: AFIPS SJCC, Vol. 40 1972, p. 612.

LITERATUR

ABRAMSON, Norman: Packet switching with satellites. In: Computer Communications, ed. by Paul E. Green; Robert W. Lucky, New York 1975, p. 501-508.

LaBLANC, Robert E.; HIMSWORTH, W.E.: Data Communications in 1980 - A capital market view. In: AFIPS SJCC, Vol. 40 1972, p. 611-616.

CADY, G.M.; LIENTZ, B.P.; WILLMORTH, N.E.: Experiments in Communication Networks. o.O., o.J. (Sonderdruck der University of California, Los Angeles).

CANNING, Richard G. (ed.): Data Transmission: What's in it for You ? In: EDP-Analyzer, Vol. 1 1963 No. 9, p. 1-9.

CANNING, Richard G. (ed.): Current Status in Data Communications. In: EDP-Analyzer, Vol. 7 1969 No. 3, p. 1-13.

CANNING, Richard G. (ed.): Future Trends in Data Communications. In: EDP-Analyzer, Vol. 7 1969 No. 4, p. 1-14.

CANNING, Richard G. (ed.): The Emerging Computer Networks. In: EDP-Analyzer, Vol. 11 1973 No. 1, p. 1-14.

CANNING, Richard G. (ed.): Developments in Data Transmission. In: EDP-Analyzer, Vol. 11 1973 No. 3, p. 1-14.

The Communications Act of 1934, with Amendments and Index Thereto.

DAVIES, Donald W.; BARBER, Derek L.A.: Communication Networks for Computers. London - New York - Sydney - Toronto 1973.

DUGGAN, Michael A.: Computers, Communications and Competition: A Frenetic Farrago. In: Law and Computer Technology, Vol. 1 1968 No. 8, p. 2-10.

ENSLOW, Philip H.: Non Technical Issues in Network Design - Economic, Legal, Social, and other Considerations. In: IEEE Computer Society, Vol. 6 1973 (Aug.), p. 21-30.

FCC: Rules and Regulations. Part 21, Domestic Public Radio Service, Subpart I - Point to Point Microwave Radio Service, Sec. 21700 - Egligibility.

FCC: Regulatory and Policy Problems Presented by the Interdependence of Computer and Communication Services and Facilities, Docket 16979.

FCC: Use of the Carterfone Device in Message Toll Telephone Service. 13 FCC 2 a 420 (1968).

GAINES, Eugene C.: Specialized Common Carriers - Competition and Alternative. In: Computer Communications, ed. by Paul E. Green; Robert W. Lucky, New York 1975, p. 449-457.

GOETTEL, Harry J.: Bell System Business Communications Seminar. In: Data Processing, Vol. 4 1966 No. 6, p. 188-197.

GOLD, Michael M.; SELWYN, Lee L.: Real time computer communications and the public interest. In: AFIPS FJCC, Vol. 33/II 1968, p.1473-1478.

GRABHORN, Edgar A.: Specialized Communications. In: Datamation, Vol. 19 1973 No. 8, p. 44-48.

GRIESINGER, Frank K.: The Whys and Wherefores of WATS. In: Administrative Management, Vol. 34 1973 No. 10, p. 26-27, p. 70-74.

GRIESINGER, Frank K.: How the 'Hi-Lo' Tariff Affects Private Line Usage. In: Administrative Management, Vol. 35 1974 No. 11, p.36-40, 44, 78.

HERSCH, Paul: Data Communications. In: IEEE spectrum, Vol. 8 1971 No. 2, p. 47-60.

HOPEWELL, Lynn: Public Data Communication Networks: Need, Technology and Policy. In: Computer Communication - Impacts and Implications. The First International Conference on Computer Communication, Washington, Oct. 24-26, 1972, ed. by Stanley Winkler, p. 51.

HOVEY, Richard B.: The user's role in connecting to a value added network. In: Data Communications, 1974 No. 5/6 (Sonderdruck).

JAMES, Richard T.; MUENCH, Paul E.: AT&T Facilities and Services. In: Computer Communications, ed. by Paul E. Green; Robert W. Lucky, New York 1975, p. 395-402.

KAPLAN, Sidney J.: The Advancing Communication Technology and Computer Communication Systems. In: AFIPS SJCC, Vol. 32 1968, p. 119-133.

KRETZMER, E.R.: The New Look in Data Communications. In: Bell Laboratories Record, Oct. 1973, p. 259-265.

LEE, Robert E.: The Role of the Federal Communications Commission. In: Computer Communication - Impacts and Implications. The First International Conference on Computer Communication, Washington, Oct. 24-26, 1972, ed. by Stanley Winkler, p. 49-50.

LIENTZ, Bennet P.: Cost Tradeoffs Between Local and Remote Computing. In: Computer Communication Networks, ed. by R.L. Grimsdale; Franklin F. Kuo, Noordhoff-Leyden 1975, p. 469-480 (Sonderdruck).

LUCKY, Robert W.: Common-Carrier Data Communication. In: Computer-Communication Networks, ed. by Norman Abramson; Franklin F. Kuo, Englewood Cliffs, 1973, p. 142-196.

MARTIN, James: Systems Analysis for Data Transmission. Englewood Cliffs, 1972.

MATHISON, Stuart L.; WALKER, Philip M.: Computers and Telecommunications: Issues in Public Policy. Englewood Cliffs 1970.

MATHISON, Stuart L.; WALKER, Philip M.: Regulatory and Economic Issues in Computer Communications. In: Computer Communications, ed. by Paul E. Green; Robert W. Lucky, New York 1975, p. 5-23.

MAURER, Gerhard: Satelliten verändern die Telekommunikation. In: computerwoche vom 19.3.1976, S. 4.

MOULTON, Peter D.: value-added networks: An Analysis. In: Modern Data, Vol. 8 1975 No. 11, p. 27-32.

NORDLING, Karl J.: Analysis of Common Carrier Tariff Rates. In: Computer Communications, ed. by Paul E. Green; Robert W. Lucky, New York 1975, p. 31-38.

Public Law 87-624, H.R. 11040, 87th Congress, August 31, 1962.

ROBERTS, Lawrence G.: Data by the packet. In: IEEE spectrum, Vol.11 1974 No. 2, p. 46-51.

TELENET: Schedule of Charges, o.O. o.J.

TELENET: The Telenet Report, Vol. 2 1975 No. 1.

TELENET: The Telenet Report, Vol. 2 1975 No. 2.

VERMA, S.N.: U.S. Domestic Communication System Using WESTAR Satellites. In: Conference Proceedings, World Telecommunication Forum, Technical Symposium, Geneva, Oct. 6-8, 1975, p. 2.4.3.1.-2.4.3.6.

WALKER, Philip M.: Regulatory developments in data communications -- The past five years. In: AFIPS SJCC, Vol. 40 1972, p. 593-609.

WALKER, Philip M.; MATHISON, Stuart L.: Regulatory Policy and Future Data Transmission Services. In: Computer-Communication Networks, ed. by Norman Abramson; Franklin F. Kuo, Englewood Cliffs, 1973, p. 295-370.

WORLEY, Allen R.: The Datran System. In: Computer Communications, ed. by Paul E. Green; Robert W. Lucky, New York 1975, p. 437-448.

ANHANG C

Anwendungsfälle

I. PRAKTISCHE ANSÄTZE ZU EXTERNER INTEGRATION MIT DATENTRÄGERAUSTAUSCH IN DER BUNDESREPUBLIK DEUTSCHLAND

INHALT Seite

VERZEICHNIS DER ABBILDUNGEN

Zahlreiche Unternehmungen haben den Datenaustausch mit ihren Banken einerseits und mit ihrem Lieferanten- und Kundenkreis andererseits erfolgreich rationalisiert, indem sie maschinen-lesbare Datenträger mit normierten Codes und einheitlicher Symbolik einsetzen[1]. Dabei werden zum Teil standardisierte Systeme - wie das ban-System oder das UPC-System - verwandt, zum Teil handelt es sich auch um individuelle Lösungen zwischen den Beteiligten.

Im folgenden werden einige Datenträgeraustausch-Systeme vorgestellt, deren Zustandekommen auf Gesetze, Verordnungen und Verfügungen oder aber auf die Initiative von Körperschaften des öffentlichen Rechts zurückgeht. Es wird dadurch in die Arbeitsabläufe öffentlich-rechtlicher Körperschaften eingegriffen - im Gegensatz zu den oben genannten Regelungen zwischen privaten Teilnehmern.

Durch den generellen Geltungsanspruch gesetzlicher Regelungen können individuelle Unterschiede und Wünsche nicht berücksichtigt werden, dafür ergeben sich jedoch bundesweit einheitlich angewandte Systeme. Diese Einheitlichkeit hat für den Benutzer (Unternehmung, Bürger) den Vorteil einer leichteren Orientierung; der öffentlichen Verwaltung wird eine verstärkte Möglichkeit zur Automatisierung und zur Integration von Abläufen gegeben und damit letztlich zu einer verbesserten Leistungsfähigkeit verholfen.

a) Das Klarschriftleseverfahren der Deutschen Bundespost

Die notwendige Umwandlung manueller in maschinell lesbare und verarbeitungsfähige Datenträger belastet den betrieblichen Ablauf in vielen Bereichen übermäßig stark. Diese Umwandlung stellt eine empfindliche Lücke in jeder maschinellen Belegverarbeitung dar[2]. Die

---

1) Vgl. zum folgenden die ausführliche Darstellung in Abschnitt C. II. d) (des Berichtes).

2) BEAUCLAIR, W. de; GAEDE, Günter: Das Klarschriftleseverfahren der Deutschen Bundespost. In: ZfD, 6. Jg. 1968 Heft 2, S. 97.

Deutsche Bundespost bietet deshalb ihren Kunden das Klarschriftleseverfahren an, um diesen Engpaß für Zahlkarten, Postüberweisungen und Einziehungsaufträge zu überwinden.

Vorläufer des heutigen Klarschriftleseverfahrens Post (amtlich Klarschriftleseverfahren I)[1] war das sog. Hastra-Verfahren[2], welches aber wegen zu offensichtlicher Mängel sehr bald nicht weiter benutzt wurde.

Zum Klarschriftleseverfahren kann jeder Postscheckteilnehmer auf Antrag zugelassen werden. Er muß folgende Voraussetzungen erfüllen:

(1) regelmäßig und in größerem Umfang Zahlkarten-Formblätter mit Eindruck der Kontobezeichnung an seine Kunden abgeben,

(2) am Einziehungsverfahren teilnehmen und Einziehungsaufträge in größerer Stückzahl ausstellen,

(3) die Gutschriftbelege und Einziehungsaufträge durch Schnelldrucker oder Tabelliermaschinen in einer optisch lesbaren, für die Bearbeitung im Klarschriftleseverfahren zugelassenen Schrift ausfertigen[3].

Die Teilnehmer am Klarschriftleseverfahren beschriften über die Drucker ihrer Computersysteme die Formblätter, die in Verbindung mit Rechnungen gefertigt und versandt werden können[4]. Hierbei müssen besondere Vorschriften der Deutschen Bundespost bezüglich des

---

1) BUNDESMINISTER FÜR DAS POST- UND FERNMELDEWESEN (Hrsg.): Verfügung zum Klarschriftverfahren Post vom 1. 7. 1966. In: Amtsblatt Nr. 76/1966.

2) Vgl. dazu z.B. GAEDE, Günter: Das Klarschriftleseverfahren im deutschen Postscheckdienst. In: BTO, 15. Jg. 1967 Heft 4, S. 258.

3) Vgl. BUNDESMINISTER FÜR DAS POST- UND FERNMELDEWESEN (Hrsg.): Anleitung für die Teilnahme am Klarschriftleseverfahren. o.O. 1966.

4) Vgl. o.V.: Das Klarschriftleseverfahren der Deutschen Bundespost. In: RDO, 15. Jg. 1969 Heft 1, S. 15.

Formats, der Druckeinteilung, der Schriftart[1], Schriftgröße und Druckfarbe sowie bestimmter Papiereigenschaften eingehalten werden. Der Klarschriftbeleg gelangt also - wie in Abb. 1 dargestellt - vom Computersystem des Rechnungsstellers (CS1) über den Belegkreislauf zum Computersystem der Post (CS2 = Postscheckamt mit 1418-Verarbeitung).

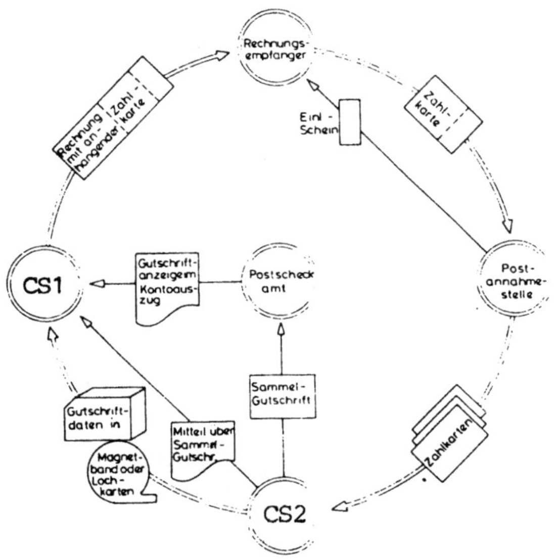

ABB. 1: BELEGKREISLAUF EINER KLARSCHRIFTLESER-ZAHLKARTE [2]

1) Im Verfahren zugelassene Schriften sind: OCR-A, OCR-B, IBM 407/1, Bull Gamma 115, Bull Gamma 10, Siemens nach DIN 1451.

2) Aus GAEDE, Günter: Das Klarschriftleseverfahren der Deutschen Bundespost im Fernmelderechnungsdienst. In: das rationelle büro, 22. Jg. 1971 Heft 2, S. 28.

Dort werden die Daten über Klarschriftleser erfaßt und anschliessend verarbeitet. Täglich oder an vorher vereinbarten Tagen erhält der Teilnehmer die Belegdaten wahlweise auf Magnetband[1] oder auf 80-stelligen Lochkarten[2]. Während die Lochkarten von der Deutschen Bundespost geliefert werden (die Kosten sind in den Bearbeitungsgebühren enthalten)[3], ist der Magnetbandbenutzer verpflichtet, eine ausreichende Menge an Magnetbandrollen zur Verfügung zu stellen. Der Versand sowohl der Magnetbänder als auch der Lochkarten zum Teilnehmer im Inland ist gebührenfrei.

Damit ist die zweite Off-Line-Verbindung - zwischen CS2 und CS1 - beschrieben (vgl. Abb. 2).

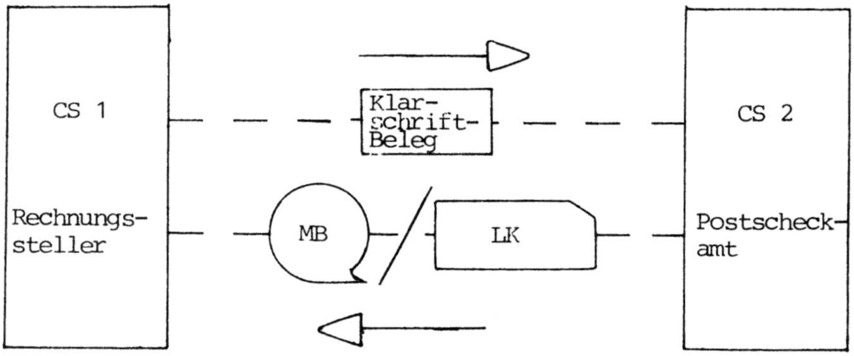

ABB. 2: STRUKTUR DES OFF-LINE-COMPUTERVERBUNDES BEIM KLARSCHRIFTLESEVERFAHREN DER DEUTSCHEN BUNDESPOST

---

1) Entweder im 7-Kanal-BCD-Code mit einer Zeichendichte von 556 bpi oder im 9-Kanal-EBCDIC-Code mit Zeichendichten von 800 bpi oder 1600 bpi.

2) Vgl. BEAUCLAIR, W. de; GAEDE, Günter: Das Klarschriftleseverfahren ..., a.a.O., S. 114.

3) Sie betragen bei Magnetbandaufzeichnungen je Belegsatz 2,5 Pf., bei der Erstellung von Lochkarten je Lochkarte 4,5 Pf.

Neben dem Fernmelderechnungsdienst der Deutschen Bundespost selbst nehmen an dem Verfahren eine große ständig steigende Zahl privater Kunden teil. Durch die lückenlose maschinelle Belegverarbeitung werden Einsparungen an Raum, Zeit und Personal möglich.

Eine Ergänzung und Weiterentwicklung des bisher beschriebenen Verfahrens ist das Sammelüberweisungsverfahren DV. Der Teilnehmer kann hierbei alle für Massenüberweisungen (Gutschriften) notwendigen Daten auf einem Magnetband (im 9-Spur-EBCDIC-Code bei einer Zeichendichte von 800 bpi oder 1600 bpi) an das Postscheckamt (z.Zt. Postscheckamt Köln) einsenden. Für den Empfänger notwendige Belege werden maschinell auf sogenannten Ersatzüberweisungsformblättern ausgedruckt. Entsprechend werden Sammeleinziehungsaufträge DV beim Postscheckamt Nürnberg bearbeitet[1].

In Vorbereitung befindet sich die Realisierung eines netzüberschreitenden Datenträgeraustausches (zwischen Post und Banken/Sparkassen). Als Leitvermerk für diesen netzüberschreitenden Verkehr soll die einheitlich eingeführte Bankleitzahl verwendet werden[2].

b) Datenträgeraustausch zwischen den Clearingstellen der Geldinstitute

Neben der seit langem üblichen Praxis des Datenträgeraustausch zwischen Kunden und Kreditinstituten war man im Kreditwesen auch bemüht, Verfahren zu entwickeln, die einen solchen Austausch zwischen den Geldinstituten selbst ermöglichen[3].

---

1) Vgl. KUNZ, Ingeborg; BOCKHOLDT, Hans: Vom Sammelauftrag zum Datenträgeraustausch. In: bürotechnik, 23. Jg. 1975 Heft 12, S. 1372.

2) Vgl. KUNZ, Ingeborg; BOCKHOLDT, Hans: Vom Sammelauftrag ..., a.a.O., S. 1373.

3) Vgl. SENDER, Jürgen: Datenträger-Austausch zwischen den Banken. In: bürotechnik, 20. Jg. 1972 Heft 4, S. 534.

Erschwert werden Austauschverfahren durch das Vorhandensein verschiedener selbständiger Clearingsysteme und deren unterschiedliche Interessenlagen. Neben der Post existieren

- das Landeszentralbank-System,
- das Girozentralsystem der Sparkassen,
- die drei Clearingsysteme der Großbanken Commerzbank, Deutsche Bank, Dresdner Bank,
- der Genossenschaftsring[1].

Das Girozentralsystem der deutschen Sparkassenorganisation bot als erstes Clearingringnetz mit dem sogenannten 'Data Clearing' die Möglichkeit zum Austausch maschinell lesbarer Datenträger. Die Institute schicken sich gegenseitig nicht mehr Belege zu, sondern erfassen die Daten auf Magnetbändern, die der Clearingstelle übersandt werden. Die einzelnen Clearingnetze tauschen diese Magnetbänder untereinander aus[2] (vgl. Abb. 3).

Beim beleglosen Clearingverkehr werden die Erläuterungen direkt auf den Auszug des Empfängers gedruckt, wenn sein Kreditinstitut nicht aus dem Datenträger einen Ersatzbeleg erstellt. Diese Rationalisierung vereinfacht den Verkehr zwischen den Clearingsystemen, eine wertvolle Unterstützung dabei liefert die Bankleitzahl.

c) Datenträgeraustausch zwischen Arbeitgebern und Sozialversicherungsträgern

Zu den Trägern des Sozialversicherungssystems in der BRD zählen die Bundesanstalt für Arbeit (mit 10 Landesarbeitsämtern und 146 Arbeitsämtern), 22 Rentenversicherungsträger, nahezu 2000 Krankenkassen unterschiedlicher Größe, fast 100 Unfallversicherungsträger und

---

1) Vgl. PRIEBE, Otto: Die Forderung an eine neue Bankleitzahl zur Automatisierung des Clearings im deutschen Kreditgewerbe. 1. Teil. In: BTA, 9. Jg. 1968 Heft 9, S. 419.

2) Vgl. SENDER, Jürgen: Datenträger-Austausch ..., a.a.O., S. 535.

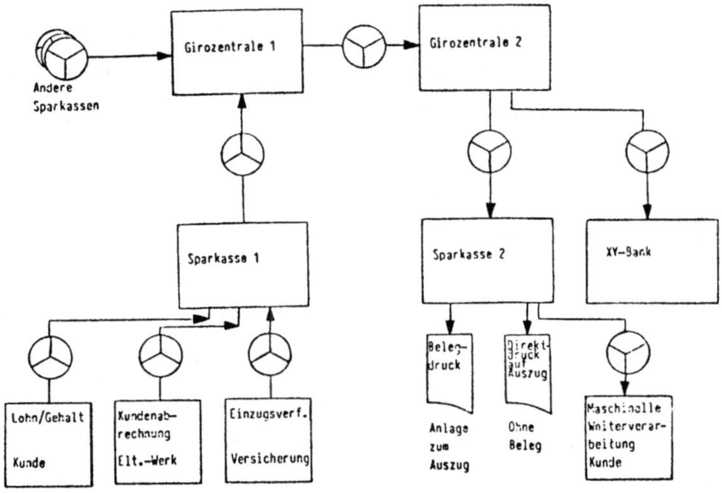

ABB. 3: DATA-CLEARING (VEREINFACHTE DARSTELLUNG)

etwa 30 Kassenärztliche Vereinigungen. Weitere Zweige der sozialen Sicherung, wie Sozialhilfe- oder Wohngeldämter, werden hier nicht berücksichtigt[2].

Diesen Trägern stehen ca. 2,2 Millionen Betriebe unterschiedlicher Größenordnungen gegenüber, bei denen jährlich etwa 2 Milliarden Zeichen mit neuen Beschäftigungs-, Entgelt- und sonstigen Angaben zur Erfassung anfallen[3].

---

1) Aus SENDER, Jürgen: Datenträger-Austausch ..., a.a.O., S. 534.

2) Vgl. dazu LENK, Klaus: Automation und Zentralisation im Bereich der sozialen Sicherung in der Bundesrepublik Deutschland. In: ÖVD, 5. Jg. 1975 Heft 7, S. 293 f.

3) Vgl. WINKLER, Paul: DÜVO - eine fortschrittliche Regelung. In: Data report, 6. Jg. 1971 Heft 4, S. 18 f.

Alle Daten - persönliche und versicherungstechnische - wurden im alten Verfahren beim Arbeitgeber jährlich oder bei Beendigung des Beschäftigungsverhältnisses manuell in die sogenannte Versicherungskarte[1] eingetragen und über die gesetzlichen Krankenkassen den Rentenversicherungsträgern zugeführt. Außerdem waren den Krankenkassen und den Arbeitsämtern auf vorgeschriebenen Formblättern weitere Angaben bei Arbeitsbeginn und -ende zu machen. Bei den Sozialversicherungsträgern war für die maschinelle Weiterverarbeitung wiederum eine manuelle Aufbereitung notwendig[2].

Um einerseits den erheblichen Arbeitsaufwand der Betriebe zu verringern und andererseits eine transparente und raumsparende Versichertenbestandsführung bei den Rentenversicherungen zu erreichen[3], wurde 1969 mit dem Dritten Rentenversicherungs-Änderungsgesetz[4] die Verwendung maschinell verwertbarer Datenträger zugelassen. Die Schecks der Versicherungs-Kartenhefte, die die alten Versicherungskarten ersetzten, mußten nun mit Schreibmaschine ausgefüllt werden, um bei den Rentenversicherungsträgern über entsprechende Lesegeräte direkt in die ADV-Anlage eingelesen zu werden. Um auch den Arbeitgebern mit eigener ADV oder Datenverarbeitung außer Haus eine Arbeitserleichterung zu verschaffen, wurde die 'Verordnung über die Datenübermittlung in den gesetzlichen Rentenversicherungen (DÜVO) vom 21. 4. 1971'[5] erlassen. Die Zulassung zur Datenübermittlung mit

---

1) Die Versicherungskarten dienen seit Einführung der gesetzlichen Rentenversicherung im Jahre 1891 als Nachweis für die Beiträge.

2) Vgl. BAUM, Karl-Heinz: Die automatisierte Rentenversicherung. In: ÖVD, 3. Jg. 1973 Heft 2, S. 65 f.

3) Vgl. WINKLER, Paul: DÜVO ..., a.a.O., S. 18.

4) Drittes Rentenversicherungs-Änderungsgesetz vom 28. 7. 1969. In: Bundesgesetzblatt I 1969, S. 956 ff.

5) In: Bundesgesetzblatt I 1971, S. 362 ff; heute in der Neufassung zu der Verordnung über die Datenübermittlung auf maschinell verwertbaren Datenträgern im Bereich der Sozialversicherung und der Bundesanstalt für Arbeit vom 18. 12. 1972.

Magnetbändern muß nach § 2 DÜVO beim zuständigen Rententräger beantragt werden. Die Vorschriften über Datenträger, Aufbau der Datensätze, Austausch der Magnetbänder etc. sind in der DÜVO enthalten. Dem Antrag auf Zulassung darf nur entsprochen werden, wenn die in der DÜVO festgelegten Voraussetzungen erfüllt sind und seitens der zuständigen Krankenkasse - in Absprache mit der Datenstelle des Versicherungsträgers - keine Bedenken gegen eine ordnungsgemäße Abwicklung bestehen[1].

Zur weiteren Vereinfachung hat der Bundesminister für Arbeit und Sozialordnung die Verordnung über die Erfassung von Daten für die Träger der Sozialversicherung und für die Bundesanstalt für Arbeit (DEVO) 1972 erlassen[2]. Die Daten werden für die Bereiche der Kranken- und Rentenversicherung und der Bundesanstalt für Arbeit vom Arbeitgeber nur einmal erfaßt und den als Dateneingangsstellen vorgesehenen Krankenversicherungen übermittelt. Diese müssen die Ordnungsmäßigkeit der Meldungen überprüfen und für die Weiterleitung an die anderen Sozialversicherungsträger zum gegenseitigen Datenaustausch sorgen[3].

Das Datenträgeraustausch-Verfahren läßt sich organisatorisch in zwei Grundformen unterteilen (vgl. Abb. 4):

- für Unternehmungen ohne ADV die Meldung auf Versicherungsnachweise mit maschinell lesbaren Schecks und

---

1) Vgl. FIGGE, Gustav: Datenübermittlung auf Magnetbändern zwischen Arbeitgebern und Rentenversicherungsträgern. In: Der Betrieb, 24. Jg. 1971 Heft 34, S. 1622 f. und die ausführliche Beschreibung der DÜVO bei SCHWENK, Dieter; WEINERT, Willi: Die Datenübermittlungsverordnung (DÜVO), Hannover 1973.

2) Verordnung über die Erfassung von Daten für die Träger der Sozialversicherung und für die Bundesanstalt für Arbeit (DEVO) vom 24. 11. 1972. In: Bundesgesetzblatt I 1972, S. 2159 ff.

3) Vgl. BAUM, Karl-Heinz: Die automatisierte Rentenversicherung ..., a.a.O., S. 67.

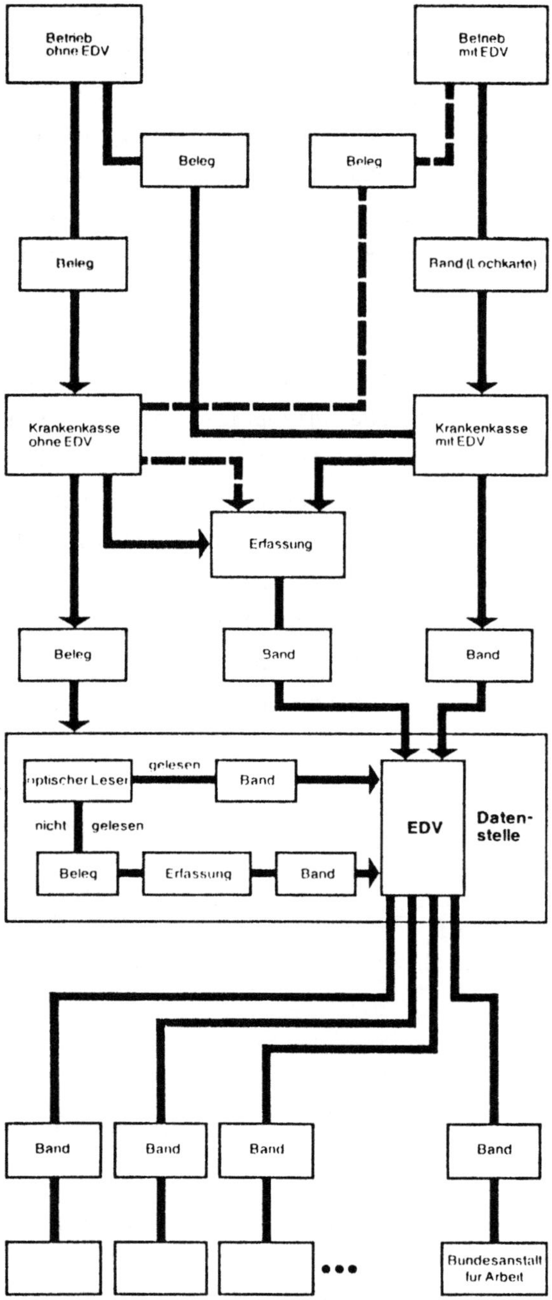

ABB. 4: DATENTRÄGERAUSTAUSCH ZWISCHEN ARBEITGEBERN UND SOZIALVERSICHERUNGSTRÄGERN

---

1) Aus PAPPAI, Friedrich; WINKLER, Paul: Die Versicherungsnummer macht's möglich. In: Data report, 7. Jg. 1972 Heft 6, S. 25.

- für Betriebe mit ADV die Meldung auf Magnetbändern oder Lochkarten, also die Realisierung eines Off-Line-Verbundes.

Die Realisierung des beschriebenen Datenaustausches zwischen Arbeitgebern und Sozialversicherungsträgern erforderte neben der Einhaltung der DÜVO-Vorschriften und den hardware-technischen Einrichtungen ein bundeseinheitliches Identifizierungsmerkmal. Jeder Versicherte erhielt deshalb eine unveränderliche und nur einmal vorkommende Versicherungsnummer[1].
Die Versicherungsnummer hat den in Abb. 5 gezeigten Aufbau.

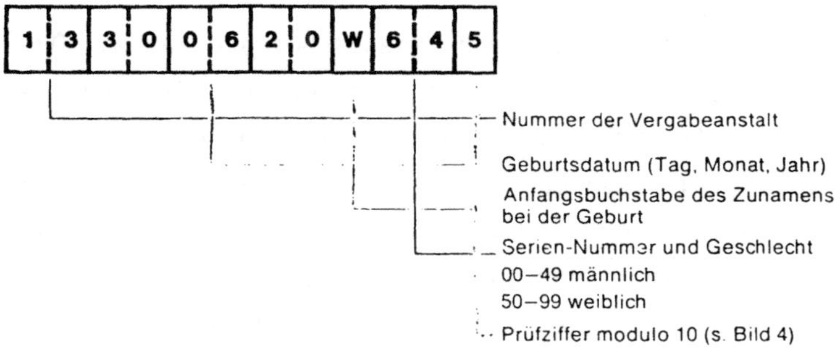

ABB. 5: AUFBAU DER VERSICHERUNGSNUMMER

Anhand dieser Nummer wird für jeden Versicherten ein 'Konto' eröffnet, das seine persönlichen und für die Rentenberechnung wesentlichen Daten erhält. Enthält dieses Konto vollständige Angaben, so kann der Rentenversicherungsträger dem Versicherten regelmäßige Auskünfte über den Rentenstand erteilen.

---

1) Gesetzliche Grundlage ist BUNDESMINISTER FÜR ARBEIT UND SOZIALORDNUNG (Hrsg.): Allgemeine Verwaltungsvorschrift zur Einführung einer Versicherungsnummer in der gesetzlichen Rentenversicherung von 1964, neu gefaßt am 27. 12. 1967. In: Bundesanzeiger Nr. 244/1967.

2) Aus WINKLER, Paul: DÜVO ..., a.a.O., S. 20.

Die Bundesanstalt für Arbeit als Träger der Arbeitslosenversicherung ist durch die maschinell verwertbaren Daten in der Lage, aktuellere Informationen zur Beschäftigtenstatistik und anderen volkswirtschaftlich relevanten Fragen bereitzustellen[1].

Die Krankenkassen sind wegen ihres noch überwiegend geringen Automationsgrades in das Datenverbundsystem (Arbeitgeber - Rentenversicherungsträger - Bundesanstalt für Arbeit) nur unvollkommen einbezogen, obwohl sie als Dateneingangsstellen bereits eine wichtige Rolle spielen. Erst bei ihrer vollen Beteiligung kann der Datenverbund als integriert bezeichnet werden[2].

Weiterhin ist geplant, die bereits vorhandenen Sozialdaten mit Daten der Unfallversicherung, der Kriegsopferversorgung, der Gewerbeaufsicht und des Arbeitsmarktes in einer Sozialdatenbank beim Bundesministerium für Arbeit zusammenzufassen. Aufgrund der gespeicherten Informationen sollen Prognose- und Alternativrechnungen für die Weiterentwicklung des Systems der sozialen Sicherung möglich werden und bei Vollständigkeit der Daten eine genauere Abbildung der Gesellschaftsstruktur liefern[3]. In Ergänzung dazu ist eine Sozialrechts-Datenbank beim Bundessozialgericht geplant, die jedermann zugänglich sein wird. Sie soll alle einschlägigen Gesetze, Verordnungen, Entscheidungen, Veröffentlichungen etc. enthalten.

Mit Einführung der direkten Datenübermittlung zwischen Arbeitgeber und Versicherungsträgern konnte erstmals im öffentlichen Sektor ein Datenaustausch größeren Umfangs wirtschaftlich effizient realisiert werden. Die Vorteile des Verfahrens sind in der erhöhten Transparenz der Rentenversicherung und der vereinfachten Datenerfassung

---

1) Vgl. BAUM, Karl-Heinz: Die automatisierte Rentenversicherung ..., a.a.O., S. 73.

2) Vgl. LENK, Klaus: Automation ..., a.a.O., S. 294.

3) Vgl. LENK, Klaus: Automation ..., a.a.O., S. 295.

bzw. den verkürzten Erfassungswegen zu sehen. Daneben fördert das Verfahren das Teilziel der Verwaltungsautomation, verbesserte Planungs- und Entscheidungshilfen für die politischen Instanzen zu gewinnen.

d) Das Personenkennzeichen als Integrationsmittel für verschiedenartige Datenbestände

Neben der beschriebenen Datenbank im Bereich der Sozialversicherung existieren bei anderen öffentlichen Trägern und für unterschiedliche Zwecke weitere personenbezogene Datenbestände, so z.B.

- bei den Einwohnermeldeämtern die Melderegister,
- bei den Finanzämtern die Listen der Steuerpflichtigen,
- bei den Kreiswehrersatzämtern die Listen der Wehrpflichtigen,
- beim Kraftfahrtbundesamt in Flensburg die entsprechenden Karteien,
- bei den Gerichten die Vorstrafenregister u.a.m.

Die Melderegister umfassen alle Bewohner der Bundesrepublik; die anderen Dateien erfassen je nach ihrem speziellen Zweck nur bestimmte Teile der Bevölkerung.

Eine Integration aller personenbezogenen Datensammlungen setzt ein gemeinsames Identifizierungsmerkmal voraus. Als solches Ordnungs- und Verknüpfungsmerkmal könnte das vorgeschlagene Personenkennzeichen - zusätzlich zum Namen eine zwölfstellige Nummer[1] - verwendet werden. Seine Einführung ist im Entwurf des Gesetzes über das Meldewesen (Bundesmeldegesetz) vorgesehen. Da die gesetzliche Verabschiedung des Bundesmeldegesetzes zusammen mit der des Bundesdatenschutzgesetzes beabsichtigt ist, wird die Einführung des Personenkennzei-

---

1) Sein Aufbau ist ähnlich dem der Versicherungsnummer: Das Personenkennzeichen soll aus Geburtsdatum, Geschlechtsangabe, Seriennummer und Prüfziffer bestehen.

chens noch einige Jahre dauern und voraussichtlich nicht vor 1978 realisiert werden[1].

Ein bundesweit einheitliches Personenkennzeichen gilt während der gesamten Lebensdauer eines Menschen und kann gleichzeitig als

- Paßnummer,
- Versicherungsnummer,
- Steuernummer,
- Wehrnummer etc. dienen[2].

Mit Hilfe dieses Identifizierungsmerkmals wäre es möglich, die in verschiedenen Datenbanken gespeicherten personenbezogenen Informationen unterschiedlichen Verwaltungseinheiten leichter zugänglich zu machen und den Einsatz der ADV in der öffentlichen Verwaltungsautomation verstärkt voranzutreiben. Zusätzlich ist es eine Vereinfachung für den Bürger, wenn dieser sich mit Anträgen, Anfragen etc. an alle Behörden unter einem Kennzeichen wenden kann[3]. Der für die Zukunft zu erwartende Austausch von Daten ist sowohl als Datenträgeraustausch wie auch als Datenübertragung (§§ 16 und 17 des Entwurfs) vorgesehen. Besonderen Raum bei den Beratungen der Bundestagsausschüsse nehmen Fragen des Datenschutzes ein, z.B. das Problem, wer Auskünfte einholen und über welche Daten Auskunft gegeben werden darf[4]. Das Personenkennzeichen selbst soll für Privatpersonen nicht zugänglich sein.

---

1) Vgl. HERTEL, Joachim: Zum Sachstand des Bundesmeldegesetzes - Vergabe des Personenkennzeichens im Jahre 1978 ? In: ÖVD, 5.Jg. 1975 Heft 5, S. 192.

2) Vgl. MAASS, Werner: Menschen im Computernetz. In: Plus, 2. Jg. 1968 Heft 1, S. 35.

3) Vgl. BAUM, Karl-Heinz: Die automatisierte Rentenversicherung ..., a.a.O., S. 66.

4) Vgl. HERTEL, Joachim: Zum Sachstand ..., a.a.O., S. 196 f.

LITERATUR

BAUM, Karl-Heinz: Die automatisierte Rentenversicherung. In: ÖVD, 3. Jg. 1973 Heft 2, S. 65-73.

BEAUCLAIR, W. de; GAEDE, Günter: Das Klarschriftleseverfahren der Deutschen Bundespost. In: ZfD, 6. Jg. 1968 Heft 2, S. 95-115.

BUNDESMINISTER FÜR ARBEIT UND SOZIALORDNUNG (Hrsg.): Allgemeine Verwaltungsvorschrift zur Einführung einer Versicherungsnummer in der gesetzlichen Rentenversicherung von 1964, neu gefaßt am 27. 12. 1967. In: Bundesanzeiger Nr. 244/1967.

BUNDESMINISTER FÜR DAS POST- UND FERNMELDEWESEN (Hrsg.): Anleitung für die Teilnahme am Klarschriftleseverfahren. o.O. 1966.

BUNDESMINISTER FÜR DAS POST- UND FERNMELDEWESEN (Hrsg.): Verfügung zum Klarschriftverfahren Post vom 1. 7. 1966. In: Amtsblatt Nr. 76/1966.

Drittes Rentenversicherungs-Änderungsgesetz vom 28. 7. 1969. In: Bundesgesetzblatt I 1969, S. 956 ff.

FIGGE, Gustav: Datenübermittlung auf Magnetbändern zwischen Arbeitgebern und Rentenversicherungsträgern. In: Der Betrieb, 24. Jg. 1971 Heft 34, S. 1622-1625.

GAEDE, Günter: Das Klarschriftleseverfahren der Deutschen Bundespost im Fernmelderechnungsdienst. In: das rationelle büro, 22. Jg. 1971 Heft 2, S. 27-34.

GAEDE, Günter: Das Klarschriftleseverfahren im deutschen Postscheckdienst. In: BTO, 15. Jg. 1967 Heft 4, S. 256-266.

HERTEL, Joachim: Zum Sachstand des Bundesmeldegesetzes - Vergabe des Personenkennzeichens im Jahre 1978 ? In: ÖVD, 5. Jg. 1975 Heft 5, S. 192-197.

KUNZ, Ingeborg; BOCKHOLDT, Hans: Vom Sammelauftrag zum Datenträgeraustausch. In: bürotechnik, 23. Jg. 1975 Heft 12, S. 1371-1373.

LENK, Klaus: Automation und Zentralisation im Bereich der sozialen Sicherung in der Bundesrepublik Deutschland. In: ÖVD, 5. Jg. 1975 Heft 7, S. 291-297.

MAASS, Werner: Menschen im Computernetz. In: Plus, 2. Jg. 1968 Heft 1, S. 33-35.

PAPPAI, Friedrich; WINKLER, Paul: Die Versicherungsnummer macht's möglich. In: Data report, 7. Jg. 1972 Heft 6, S. 24-28.

PRIEBE, Otto: Die Forderung an eine neue Bankleitzahl zur Automatisierung des Clearings im deutschen Kreditgewerbe. 1. Teil. In: BTA, 9. Jg. 1968 Heft 9, S. 418-432.

SCHWENK, Dieter; WEINERT, Willi: Die Datenübermittlungsverordnung (DÜVO), Hannover 1973.

SENDER, Jürgen: Datenträger-Austausch zwischen den Banken. In: bürotechnik, 20. Jg. 1972 Heft 4, S. 534-535.

Verordnung über die Datenübermittlung in den gesetzlichen Rentenversicherungen (DÜVO) vom 21. 4. 1971. In: Bundesgesetzblatt I 1971, S. 362 ff. (Neufassung vom 18. 12. 1972).

Verordnung über die Erfassung von Daten für die Träger der Sozialversicherung und für die Bundesanstalt für Arbeit (DEVO) vom 24. 11. 1972. In: Bundesgesetzblatt I 1972, S. 2159 ff.

WINKLER, Paul: DÜVO - eine fortschrittliche Regelung. In: Data report, 6. Jg. 1971 Heft 4, S. 18-24.

o.V.: Das Klarschriftleseverfahren der Deutschen Bundespost. In: RDO, 15. Jg. 1969 Heft 1, S. 15-16.

II. ÜBERSICHT ÜBER AMERIKANISCHE COMPUTER NETWORKS

INHALT Seite

a) Historische Entwicklung

Im Gegensatz zur Bundesrepublik, wo die Erforschung und Entwicklung von Computernetzen noch in den Anfängen steckt, ist in den Vereinigten Staaten seit Ende der sechziger Jahre ein stetiges Anwachsen der Zahl implementierter Computer-Networks - verbunden mit weiteren intensiven Forschungsbemühungen - zu verzeichnen. Dabei vollzog sich die Entwicklung von einfacher Datenfernübertragung zu Computerverbundsystemen in knapp 15 Jahren[1], nachdem 1952 zum ersten Mal Daten einer Lochkarte über eine 100 km lange Fernsprechleitung von Poughkeepsee nach New York übertragen wurden[2]. Und bereits 1975 war die Entwicklung soweit fortgeschritten, daß die weltweite Verbindung dreier großer Computernetze mit Hilfe der Satellitenübertragung von Frankreich (CYCLADES) über Großbritannien und Norwegen nach den USA (ARPANET) und von dort weiter über Alaska nach Japan und Australien (PACNET) möglich wurde[3].

Eine historische Vorstufe zu den eigentlichen Computer-Networks - in denen eine größere Anzahl von Computern mittels Datenfernübertragung miteinander kooperiert - bilden Teleprocessing- und Time-Sharing-Systeme. Eine der ersten Anwendungen übergreifender Bedeutung war im Jahre 1960 das MAC-Projekt (Multi-Access-Computer) des Massachusetts Institute of Technology (MIT) in Cambridge, USA. Weitere Installationen im Forschungssektor wurden z.B. bei der Rand Corporation, bei der System Development Corporation und beim Dartmouth College realisiert. Als erstes kommerzielles Rechenzentrum mit Time-Sharing-Betrieb trat 1965 die Keydata Corporation auf den Markt[4].

1) Die Übertragung von Daten wurde mit der Erfindung des elektromagnetischen Schreibtelegraphen durch S. Morse 1837 eingeleitet. Vgl. dazu auch HERSCH, Paul: Data Communications. In: IEEE spectrum, Vol. 8 1971 No. 2, p. 47 f.

2) Vgl. HOFFMANN, M.A.J.: Datenfernverarbeitung. Berlin - New York 1973, S. 7.

3) Vgl. Computerwoche vom 29. 8. 1975, S. 28.

4) Vgl. MERTENS, Peter: Zur neueren Entwicklung des Time-Sharing. In: BTA, 9. Jg. 1968 Heft 11, S. 556 ff.

Die Verbreitung von Time-Sharing-Service-Rechennetzen nahm seitdem in großem Umfang zu. Heute gibt es in den USA weit über 100 Firmen, die solche Serviceleistungen anbieten. Die größeren dieser Unternehmungen (wie z.B. NCSS, CDC, GE u.a.) sind seit einiger Zeit (1974/75) auch auf dem europäischen Markt vertreten.

Daneben wurde ab Mitte der 60er Jahre verstärkt mit der Entwicklung und Erforschung von Problemen und Möglichkeiten der Computer-Networks begonnen. Universitäten und eigenständige Forschungseinrichtungen widmeten sich - unterstützt von der öffentlichen Hand - intensiv dieser Aufgabe. Das Ergebnis sind zahlreiche realisierte Verbundsysteme im universitären, im öffentlichen und im militärischen Bereich. Außerdem entstanden im gleichen Zeitraum eine große Anzahl innerbetrieblicher, regionaler, überregionaler, firmen- und branchengebundener privater Computernetze.

Daraus ist bereits ersichtlich, daß die USA über die meisten Erfahrungen und das größte Fachwissen auf diesem Gebiet verfügen.

b) Ursachen des aktuellen Entwicklungsstandes

Insbesondere folgende Tatsachen scheinen für den im Vergleich zur Bundesrepublik höheren Entwicklungsstand der USA zu sprechen:

- In den Vereinigten Staaten wurden die Forschungs- und Entwicklungsaktivitäten frühzeitig und umfassend durch öffentliche Stellen und Stiftungen gefördert.
- Beim Aufbau experimentieller Netze waren nicht primär Wirtschaftlichkeitsaspekte zu beachten.
- Es fand eine sinnvolle Entwicklungskooperation zwischen Universitäten, anderen Forschungsinstitutionen, Softwarehäusern, Beratern, Herstellern sowie Anbietern von Datenverarbeitungs- und Datenübertragungsleistungen in einer Art Forschungsverbund statt.

- Das erarbeitete Know-How wurde durch zahlreiche Symposien, Seminare, Working-Papers und Fachaufsätze verbreitet.
- Die Computer- und Übertragungstechnologien sind auf einem hohen Entwicklungsstand und werden in der Praxis auch angewendet.
- Es erfolgt eine intensive Erforschung und teilweise Anwendung zukunftsweisender Technologien - insbesondere für den Informationstransfer, z.B. Mikrowellen-, Satelliten- oder Laserübertragung.
- Es besteht eine konkurrenzwirtschaftliche Situation auf dem Anbietermarkt für Datenübertragungsleistungen und eine verbundfreundliche Kommunikations-Infrastruktur[1].
- Die Notwendigkeit einer breit angelegten Standardisierung wurde frühzeitig erkannt.

c) Tabellarische Übersicht

Im folgenden wird eine Übersicht über in den USA vorhandene Computer-Networks gegeben. Die untersuchten Verbundsysteme sind nach ihrem Hauptanwendungsbereich in vier Gruppen unterteilt:

- wissenschaftlich-universitäre,
- kommerzielle,
- öffentliche und
- sonstige Netze.

In der ersten Gruppe finden sich solche Networks, die innerhalb von oder zwischen Universitäten, anderen Forschungsstätten oder Laboratorien angesiedelt sind. Ihre Hauptbenutzer sind Forscher, Lehrer und Studenten. Die Aufgaben, für die sie herangezogen werden, umfassen im allgemeinen zwei große Bereiche: Einmal sind besondere Ver-

---

1) Vgl. dazu ausführlich Abschnitt II. von Anhang B.

bund-Probleme, wie Kompatibilitäts- oder Integrationsfragen, zu untersuchen; zum anderen dienen die Systeme der Unterstützung von Lehre und Universitätsverwaltung.

Bei den kommerziellen Netzen können Computerverbundsysteme unterschieden werden,

- die die Organisationseinheiten eines Konzerns miteinander verbinden,
- die global als zentrale oder dezentrale Netze Verarbeitungskapazität anbieten, oder
- die für Unternehmungen einer Branche über ein gemeinsames Netz Dienstleistungen zur Verfügung stellen.

Neben der Partizipation des Staates an den von ihm subventionierten wissenschaftlichen Systemen, wurden im öffentlichen bzw. speziell im militärischen Sektor eigene Netze aufgebaut. Zum einen sollen damit die Aufgaben der öffentlichen Verwaltung besser erfüllt werden; zum anderen handelt es sich um anders gar nicht realisierbare militärische Anwendungen.

In der vierten und letzten Gruppe werden historische (nicht mehr in Betrieb) und gemischte (Benutzer aus dem wissenschaftlichen und aus dem kommerziellen Bereich) Computernetze aufgeführt.

Die tabellarische Darstellung soll einen ersten Überblick über einige Bestimmungsmerkmale der Netze geben. Neben Angaben über Träger und Netzart werden stichwortartig die geographische Verbreitung bzw. die Teilnehmer und die Hauptanwendungsgebiete beschrieben. Darüber hinaus enthält die Übersicht Angaben über das Datenübertragungssystem und die Netzknoten.

1. Wissenschaftlich-universitäre Netze

Netzname	1.1 ALOHA
Träger und Netzart	Computernetz der Universität von Hawaii, gefördert durch die Advanced Research Projects Agency und US-Air Force Office of Aerospace Research, entwickelt an den Abteilungen für Informatik und Elektrotechnik Zentralisierter Aufbau
Teilnehmer bzw. Verbreitung	Manoa Valley, Honolulu-Hauptcampus Hilo, Hawaii, 4-Jahres College Oahu, Kauai, Maui, Hawaii 2-Jahres Colleges (Radius ca. 350 km)
Anwendung	Forschungsaufgaben - bezüglich drahtloser Übertragung - bezüglich Lehre in Informatik und Elektrotechnik
Datenübertragungssystem	Zentrale UHF-Station: drahtlose Übertragung 2 100kHz Kanäle Senden bei 407350 MHz Empfang bei 413475 MHz Ü-Geschwindigkeit 24.000 Bd Small Interface Computer: Hewlett Packard 2115 A (genannt MENEHUNE) Message-Switching Multiplexing: bis zu 16 Terminals (Random Access)
Netzknoten	Zentral: IBM 360/65 + Peripherie Dezentral: rd. 50 aktive Terminals und Eingabestationen

Netzname	1.2 ARPA - Advanced Research Projects Agency
Träger und Netzart	gefördert durch das amerikanische Verteidungsministerium Verteiltes Netz General-Computer-Network
Teilnehmer bzw. Verbreitung	Realisierte und geplante Knoten: - Bolt, Beranek & Newman, Cambridge, Mass. - Harvard-University, Cambridge, Mass. - MIT, Cambridge/Lexington, Mass. - System Development Corp., Santa Monica, Cal. - Stanford Research Institute, Santa Monica, Cal. - NASA Ames Research Center, Santa Monica, Cal. - UCLA, Los Angeles; UCSB, Santa Barbara, Cal. - University of Southern California, Los Angeles - Rand Corporation, Santa Monica, Cal. - Case Western Research University, Cleveland, Ohio - Carnegie-Mellon University, Pittsburgh, Penn. - Metri Corp., McLean, Virg. - National Bureau of Standards, Gaithersburg, Md. - London-University, England - u.a.m.
Anwendung	Verbindung der unterschiedlichen Computer verschiedener Forschungseinrichtungen zur Ausweitung der Kapazitäten
Datenübertragungssystem	- In USA Mietleitungen mit 50 Kbps, 69 Kbps, 230,4 Kbps Nach Hawaii, Norwegen, England über Satellit - Verbindung Groß-ADV - Netz: IMP - Interface Message Processor: Honeywell DDP 516 Verbindung Terminals - Netz: TIP - Terminal Interface Message Processor - Message-Switching im Store-and-forward-Verfahren Synchron-, vollduplex-, analoge Übertragung
Netzknoten	- CDC 6600; 7600 - DEC PDP 1; 9; 10; 11; 15. - IBM 360/44; /65; /67; /75; /91; 370/145; /158; - XEROX Sigma 7 - Burroughs B 6700 - u.a.m.

Netzname	1.3 BROOKNET
Träger und Netzart	Netz der Brookhaven National Laboratories in Upton, Long Island, N.Y., gefördert durch die US Atomenergie-Behörde Special-Purpose-Netz
Teilnehmer bzw. Verbreitung	Mitarbeiter der einzelnen Fachabteilungen der Brookhaven National Laboratories
Anwendung	Unterstützung von wissenschaftlichen Experimenten auf den Gebieten der Physik, Biologie, Chemie, Medizin und Mathematik, Generierung und Verarbeitung sehr vieler Daten in kurzer Zeit
Datenübertragungssystem	- Koaxialkabel mit einer Übertragungsrate von 12.000.000 bps - Standard Interface (Hardware) - Übertragungssystem SCOPE
Netzknoten	Zentral: 2 CDC 6600 mit 20 Peripherieprocessoren, übl. Peripherie und große Datenbank ECS Dezentral: PDP 8, 9, 10, 11 XEROX Sigma 2, 7 CDC 3200 IBM 360/30

Netzname	1.4 CANUNET - Canadian University Network
Träger und Netzart	University of Quebec und 20 weitere Universitäten, gefördert durch die kanadische Bundesregierung und die Provinzialregierung von Quebec Zentralisiertes Netz
Teilnehmer bzw. Verbreitung	Universität Quebec in Quebec (Zentrale) Colleges und Campus in Chicoutimi Montréal Trois-Rivières Rimouski North Western Quebec Ottawa Valley
Anwendung	Anwendung durch - Studenten - Lehrer - Forscher - Verwaltungsangehörige Teilsysteme: Audio-Unterstützung von Konferenzen TUTOR: Hilfe beim Unterricht PERMAMA - Math. Unterricht CREN - Energiestudium BADADUQ - Datenbank
Datenübertragungssystem	Einzelverbindungen 4,8; 9,6 und 50 Kb/s über Leitungen oder Satellit (ANIK) zusätzlich angeschlossen an Telex TWX
Netzknoten	Zentral: 1 CDC 6400 Dezentral: 3 CDC 3150 3 CDC 200 außerdem Teletypes, Displays, Fernschreiber

Netzname	1.5 DCN - Distributed Computer Network
Träger und Netzart	Universität von Maryland, Office of Naval Research to the Computer Service Center, College Park, Md. im Auftrag des Marineministerium Verteiltes Netz
Teilnehmer bzw. Verbreitung	Universität von Maryland Fakultäten der Marineforschung und Informatik
Anwendung	Entwickelt, um Probleme der Interfaces zwischen Benutzerprogrammen und Systemressourcen bei Resource-Sharing zu untersuchen.
Datenübertragungssystem	Load Sharing Resource-Sharing Message-Switching
Netzknoten	DEC PDP 11/45 UNIVAC 1106 UNIVAC 1108

Netzname	1.6 DCS - Distributed Computer System
Träger und Netzart	Distributed Computer System, entwickelt vom Information and Computer Sciences Department der University of California in Irvine Verteiltes Netz Special-Purpose-Netz
Teilnehmer bzw. Verbreitung	6 Knoten auf dem Campus der Universität
Anwendung	Experimente mit dieser Anwendungsform eines Simplex-Ringnetzes: Zuordnung von Nachrichten zu Anwendungsprogrammen auf der Basis symbolischer Prozedurnamen
Datenübertragungssystem	Koaxial-Kabel 200.000 bps Ring-Interfaces zur Adress- (Programm-)erkennung Ringnetz: simplex-, synchrone-, digitale Übertragung Store-and-forward Message-Switching in einer Richtung
Netzknoten	3 LOCKEED SUF (ähnlich der PDP 11) 2 Varian 620 1 MICRO 800 6 Teletypes Peripherie: Platteneinheiten Drucker

Netzname	1.7 MERIT - Michigan Educational Research Information Triad
Träger und Netzart	Michigan Educational Research Information Triad, Inc., Zusammenschluß der 3 größten Universitäten von Michigan, unterstützt durch die Michigan State Legislature und die National Science Foundation Special-Purpose-Network Verteiltes Netz
Teilnehmer bzw. Verbreitung	Michigan State University, East Lansing (MSU) Wayne State University, Detroit (WSU) University of Michigan, Ann Arbor (UM)
Anwendung	Zusammenschluß zur besseren Ressourcenverteilung der Computerkapazitäten
Datenübertragungssystem	Fernsprechwählleitungen 2000 bps Als Communication Computer (CC) PDP 11/20 mit je 8 Leitungsanschlüssen Host Interface als Verbindung zwischen Computer und CC vollduplex, asynchron
Netzknoten	CDC 6500 IBM 360/67

Netzname	1.8 OCTOPUS
Träger und Netzart	Entwickelt von den Lawrence Radiation Livermore Laboratorien an der Universität von Kalifornien in Berkeley (UCB), unterstützt von der US-Atomenergiekommission Zentralisiertes Netz (Subnet Datenbank) dezentralisiertes Netz (Subnet Teletypes) Special-Purpose-Network
Teilnehmer bzw. Verbreitung	Knoten alle im Bereich der Laboratorien
Anwendung	- Administrative Datenverarbeitung - Technische Forschung - Physikalische Forschung - Medizinische Forschung - Nuklearwaffen - Forschung - der anderen Abteilungen der LRL-Laboratorien
Datenübertragungssystem	Koaxialkabel: 1.500.000 bps 12.000.000 bps - PDP 8 als Transport Control Computer bis zu 128 Teletypes (Teletype-Subnet) - PDP 11/45 Verbindung von 48 Remote Input/Output Terminals zu den Zentralrechnern - PDP 10 Steuerung der Datenbank - Message-Switching (Teletypes): Store-and-forward, Data- und Program-Sharing
Netzknoten	Zentral: CDC 6600; 7600 XEROX Sigma 7 Datenbank IBM Data Cell IBM Photo Store Platteneinheiten (10^{12} bit) Dezentral: ca. 300 Terminals - Displays - Teletypes - Monitors

Netzname	1.9 RCC - Regional Computing Center
Träger und Netzart	Multi-Campus Regional Computing Center in Western New York State zentralisiertes Netz
Teilnehmer bzw. Verbreitung	Campus und Colleges der State University of New York: - Headquarter in Buffalo - Brockport } Staats-Colleges - Buffalo } Staats-Colleges - Fredonia } Staats-Colleges - Geneco } Staats-Colleges - Eric Country Technical Institut - Jamestown } Community Colleges - Monroe } Community Colleges - Niagara } Community Colleges
Anwendung	Bessere Ausnutzung der zur Verfügung stehenden Computerressourcen in der Hauptsache für Ausbildungszwecke der rd. 30.000 Studenten
Datenübertragungssystem	
Netzknoten	Zentral in Buffalo: CDC 6400 Dezentral: CDC 8130 IBM 360/20 UNIVAC 920 Teletype Model 35

Netzname	1.10 TUCC - Triangle Universities Computing Center
Träger und Netzart	Triangle Universities Computing Center in North-Carolina zentrales Netz
Teilnehmer bzw. Verbreitung	- Duke University, Durham - North Carolina State University (NCSU), Raleigh - University of North Carolina, Chapel Hill - Schulen, Colleges und sonstige Lehreinrichtungen der Region
Anwendung	Zugriffsmöglichkeiten auf alle Computerressourcen größere Kooperation der Institutionen, Studenten und Lehrer der einzelnen Institutionen
Datenübertragungssystem	Breitband-Standleitungen 40800 bps (je 25 km) Fernsprechleitungen 1200-2400 bps 100- 300 bps Interfaces: IBM 2701 IBM 2703 Multiplexer IBM 2870 Program- und Data-Sharing
Netzknoten	Zentral: IBM 360/75 mit umfangreicher Peripherie dezentral bei den - Universitäten: 2 IBM 360/40 1 IBM 360/50 - Community Colleges, Technical Institutes, Secondary Schools: IBM 1050, 1130, 2741, 2770, 2780

2. Kommerzielle Netze

Netzname	2.1 BNR - Bell-Northern Research
Träger und Netzart	Bell-Northern Research Ottawa, Kanada Zentralisiertes Netz Time-Sharing-System
Teilnehmer bzw. Verbreitung	Headquarter in Ottawa Benutzer in den Provinzen Ontario und Quebec, hauptsächlich in den Gebieten von Ottawa, Montréal und Toronto
Anwendung	Erarbeitung von 2 Verfahren für ein Packet-Switching-System: - INP Internal Network Protocol: Übertragung von Zeichenpaketen zwischen den Terminals durch eine Kontrolleinheit gehandhabt, - NAP-Network Access Protocol: Kommunikationsverfahren zwischen Zentrale und Terminals
Datenübertragungssystem	Leitungen für 2400 bis 56.000 bps DEC PDP 11 als Vermittlungs- und Kontrolleinheit zwischen Terminals und Zentralrechner Packet-Switching-System Store-and-forward vollduplex, halbduplex synchron, seriell
Netzknoten	Zentral: IBM 370 Dezentral: aktive, aufgabenadäquate Terminalcomputer bei den Benutzern

Netzname	2.2 CALL/370
Träger und Netzart	The Service Bureau Company, Greenwich, Conn., a division of Control Data Corporation, Minneapolis, Minnesota. (Time-Sharing-Netz der amerikanischen IBM; im Zuge der Antitrust-Verfahren an Control Data Corp. übergegangen, in Europa weiterhin von IBM als IBM-CALL angeboten.) Time-Sharing-Netz Zentrales Netz
Teilnehmer bzw. Verbreitung	Headquarter in Cleveland, Ohio in 60 Städten der USA Vermittlungsrechner Forschungs- und Entwicklungseinrichtung in San José, Cal.
Anwendung	CALL/370 bietet über 100 verschiedene Programme für betriebswirtschaftliche Problemstellungen
Datenübertragungssystem	Leitungen: 100-300 bps für langsame Terminals 2500 bps für schnelle Terminals IBM System 7 als Vermittlungsrechner zur Zentrale Multiplexer (IBM 2780) Übertragungs-System: PROPHIT II
Netzknoten	Zentral: mehrere IBM 370/155 plus Datenbank- und sonstige Peripherie Dezentral: IBM System 7 als Vermittlungs- und Vorverarbeitungsrechner daran Anschluß der Benutzer-Terminals

Netzname	2.3 CYBERNET
Träger und Netzart	Netz der Control Data Corporation, Minneapolis, Minnesota, vereinigt 2 Netze: - für Batch-Verarbeitung: SCOPE - für Time-Sharing-Service: KRONOS Verteiltes Netz Time-Sharing-Netz
Teilnehmer bzw. Verbreitung	7 Zentren in Boston New York Washington Houston Minneapolis Palo Alto Los Angeles in ca. 50 amerik. und kanadisch. Städten dezentrale CYBERNET-Centers. In 30 Gebieten Zugriffsmöglichkeiten zum Time-Sharing Dialog, deutscher Anschluß über Frankfurt a.M.
Anwendung	Programme für - betriebswirtschaftliche - technische - informationstechnologische - elektrotechnische - mathematische etc. Probleme Zusätzlich für graphische Ausgabe
Datenübertragungssystem	Wähl- und Standleitungen über 100 - 300 bps 2000 - 4800 bps 40800 bps als Knotenrechner, Konzentrator und Front-End-Processor für Remote Job Entry CDC 3300 für Dialogverkehr CDC 6400 CYBERLINK als Umsetzer von SCOPE und KRONOS Packet-Switching, Store-and-Forward Load-, Data-, Program-Sharing
Netzknoten	13 CYBER 70 oder 6000 in 7 Zentren (10 für SCOPE, 3 für KRONOS) als Terminals CDC 160A, 1700, 200, 3150, 8090; IBM 1130, 360/30; UNIVAC 9200; HONEYWELL 200 u.a.m.

Netzname	2.4 CYPHERNET
Träger und Netzart	Netz der Cyphernetics Corporation, Ann Arbor, Michigan, eine Division der ADP Network Services (Automated Data Processing) zentrales Time-Sharing-Netz
Teilnehmer bzw. Verbreitung	Zentrale in Ann Arbor Vertreten in 28 Städten der USA, in Deutschland: Köln und Frankfurt
Anwendung	Umfangreiches Programmangebot für Probleme der - Dokumentation - Bankmanagement - Finanzplanung - Statistik - Mathematik und - technischen Anwendungen
Datenübertragungssystem	Übertragungsgeschwindigkeit - 1200 bis 4800 bps Konzentratoren PDP 8
Netzknoten	Zentral: rd. 10 Groß-ADV darunter DEC System 10 und IBM Computer 360 Dezentral: u.a. IBM 2780 TEKTRONIX

Netzname	2.5 GE - NETWORK/MARK III
Träger und Netzart	General Electric Company, Rockville, Maryland (in Europa und Australien in Lizenz von Honeywell angeboten) Time-Sharing-Netz Zentrales Netz
Teilnehmer bzw. Verbreitung	Zentrale in Cleveland, Ohio ('GE-Supercenter') 350 Anschlußpunkte in Amerika 50 in Japan, Europa, Australien
Anwendung	Time-Sharing-Angebot für Probleme der - Betriebswirtschaft - Technik - Forschung etc.
Datenübertragungssystem	Telefonleitungen 2400, 4800, 9600 bps über Satellit nach Japan, Australien über Transatlantikkabel und Satellit nach Europa Zentrale Konzentratoren (CC): GEPAC 4020 je Konzentrator bis 6 Zentralrechner Dezentrale Konzentratoren (RC): Honeywell 416 je CC bis zu 8 RC Message-Switching, Store-and-forward-Verfahren
Netzknoten	Zentral: Vordergrundrechner Honeywell 635 und 6000 (für On-Line und interaktives Time-Sharing) Hintergrundrechner Honeywell 6000 (für Batch Processing und Datenbankzugriff) Dezentral: - IBM 2780/1 + 2; - SCS REMCOM 2780; - IBM 1130/2 + 3; - HONEYWELL 115; - MDS System 2400; - HAZELTINE 2000 u.a.

Netzname	2.6 NASDAQ - National Association of Securities Dealers Automated Quotations
Träger und Netzart	entwickelt von der Bunker Ramo Corporation Zentrales Netz
Teilnehmer bzw. Verbreitung	Zentrale in Trumbull, Conn. Konzentratoren in New York Chicago San Francisco Atlanta Broker in ganz USA
Anwendung	Abfrage über Kurse durch die Broker Kauforder für Wertpapier (ca. 3000) Inanspruchnahme (Spitze): 1.262.000 pro lebhafter Tage 240.000 pro lebhafter Stunde 100 pro Minute: - 67 New York, - 12 San Francisco, - 14 Chicago, - 7 Atlanta.
Datenübertragungssystem	Mietleitungen 1600 bps zwischen Konzentrator und OCU (Over-the-Counter-Control-Unit), Wählleitungen je 27200 bps bzw. 50000 bps zwischen Konzentrator und Zentrale je Konzentrator 48 Leitungen je Leitung bis zu 32 OCU je OCU bis 24 Terminals Gruppenverbindung (multi drop)
Netzknoten	Zentralrechner: 2 UNIVAC 1108 Regionale Konzentratoren je 2 Honeywell DDP 516 dezentral Over-the-Counter-Terminals (OCU) Displays Terminals mit Tastatur

Netzname	2.7 NCSS - National Conversational Software-System
Träger und Netzart	National CSS Inc., Norwalk, Conn. General-Purpose-System Time-Sharing-Netz
Teilnehmer bzw. Verbreitung	zwei Zentren in Stamford, Conn. Sunnyvale, Cal. Jedes Center bis zu 400 Benutzer gleichzeitig
Anwendung	Programme für - industrielle - mathematische - wirtschaftliche - technische } Probleme
Datenüber-tragungs-system	Standleitungen von WATS, Anmietung in ein Communications Network Multiplexer vollduplex
Netzknoten	8 IBM 360/67 als Tandemsysteme 1 IBM 370/168

Netzname	2.8 SINGER
Träger und Netzart	Singer Worldwide Computer Network, The Singer Company, New York, N.Y. Zentrales Netz
Teilnehmer bzw. Verbreitung	7 Zentren: in USA 2 in Europa 4 in Südamerika 1
Anwendung	Datenverarbeitungsaufgaben der internationalen Singer Firmen z.B. Produktionskontrollen, Lagerverwaltung u.a.m.
Datenüber- tragungs- system	Leitungen über 1200 - 9600 bps, 40000 bps Message-Switching Interaktives Time-Sharing Hierarchischer Netzaufbau
Netzknoten	Zentral: IBM 370/165 oder 168 Dezentral: 1. Stufe: Singer System 10 bis zu 200 Terminals 2. Stufe: - Minicomputer mit bis zu 64K, - POS Terminals MDTS 900-925 3. Stufe: Passive Terminals

Netzname	2.9 I.P. SHARP
Träger und Netzart	I.P. Sharp Associates Limited, Toronto, Kanada Zentrales Netz Time-Sharing-Network
Teilnehmer bzw. Verbreitung	Zentrale in Toronto, Konzentrator-Anschlüsse in 18 Städten der USA und 11 Städten von Kanada, Europäische Anschlüsse in London, Amsterdam, Paris, Zürich, Düsseldorf
Anwendung	Spezialisiert auf APL, Weiterentwicklung zu APL PLUS (MASSAGER PLUS), Hauptanwendung für Corporate Planning und Modeling, Prognose-Modelle, Finanzierungsplanung, Statistiken und Dateien (OECD)
Datenübertragungssystem	Transatlantikkabel Toronto - London - Amsterdam Leitungen in Amerika und Europa bis zu 300 bps Düsseldorf - Amsterdam 134,5 bps (EBCDIC) Konzentratoren
Netzknoten	Zentral: IBM 360/75 als Tandemsysteme mit umfangreicher Datei-Peripherie Dezentral: Teletypes mit APL-Notation

Netzname	2.10 TYMNET
Träger und Netzart	Tymshare Inc., Cupertino, Cal. Time-Sharing-Netz General-Computer-Netz
Teilnehmer bzw. Verbreitung	Zentralen in Cupertino, Cal.; Englewood Cliffs, N.J.; Houston, Tex.; Buffalo, N.Y. europäischer Anschluß CETBET in Paris
Anwendung	Hauptsächliche Benutzer: - Forschungseinrichtungen - Fachgroßbüchereien - Unternehmungen u.a.m.
Datenübertragungssystem	110 - 300 bps 2400 - 4800 bps (evtl. bis 9600 bps) Entwicklung von TYMSAT mit VARIAN 620 als Communication Processor Packet-Switching vollduplex synchron, asynchron
Netzknoten	Hauptcomputer: XDS 940 weitere von IBM CDC DEC Burroughs Honeywell

3. Öffentliche Netze

Netzname	3.1 DLS - Data Link Support
Träger und Netzart	entwickelt durch IBM Corporation für die Defense Communications Agency (DCA)
Teilnehmer bzw. Verbreitung	Verbindung von - National Military Command System Support Center (NMCSSC) und - Alternate National Military Command Center (ANMCC)
Anwendung	Gemeinsamer Zugriff zu Datenbeständen
Datenübertragungssystem	40800 bps Standleitung, Einzelverbindung IBM 2701 zur Steuerung IBM 2870 als Multiplexer Einzelverbindung Data- und Program-Sharing synchron, halbduplex
Netzknoten	IBM 360/65 IBM 360/50

Netzname	3.2 INFONET
Träger und Netzart	Betrieb durch General Services Administration, entwickelt durch die Computer Sciences Corp.
Teilnehmer bzw. Verbreitung	Computerzentren in Washington,D.C. Chicago Los Angeles Remote Communications Centers verteilt über USA und teilweise Kanada
Anwendung	Anwender: Bundesbehörden Armeebehörden NASA-Institute etc.
Datenübertragungssystem	110 - 300 bps (ASCII) 134,2 bps (EBCDIC) 2000 und 4800 bps (Bell) (19200 bps) Konzentrator COMTEN 20 Multiplexer Interaktiver Verkehr synchron vollduplex
Netzknoten	8 UNIVAC 1108 in drei Computer Centers 25 Remote Communications Centers COMTEN 20 Dezentral: Dialogterminals RJE-Terminals

Netzname	3.3 NASCOM - NASA Communications Network
Träger und Netzart	NASA Communications Network Zentralisiertes System
Teilnehmer bzw. Verbreitung	Zentralen: - Goddard Space Flight Center Goddard, Maryland - Manned Spacecraft Center, Houston, Texas Dezentral: 18 Stationen auf dem Land (weltweit) 4 Stationen auf Schiffen (Atlantik, Pazifik)
Anwendung	Überwachung von Raumflügen
Datenüber-tragungs-system	Raumkapsel - Erde 51200 bps Erdstation - Zentrale 2400 bps innerhalb der beiden Zentralstationen 50000 Bd On-line, Real-time
Netzknoten	Zentral: 2 x 3 UNIVAC 494 Dezentral: - 48 UNIVAC 1230 (Empfang + Vorverarbeitung der Daten) - 33 UNIVAC 1218 (Überwachung der Antennen) - 2 IBM 360/75 (Real-Time Computer Center) - 2 UNIVAC 418 (als Real-Time-Systeme)

4. Sonstige Netze

Netzname	4.1 NETWORK/440
Träger und Netzart	Experimentielles Netz (historisch), gefördert durch das IBM Watson Research Center in Yorktown Heights, N.Y. Zentrales Netz General-Computer-Network
Teilnehmer bzw. Verbreitung	historisches Netz zwischen IBM Watson Research Center IBM Boulder, Col. New York University Yale University IBM San Josê, Cal.
Anwendung	Forschungsprojekt über Computernetze
Datenübertragungssystem	Gemietete Breitbandleitungen 40800 bps IBM 2701 als Interface Multiplexer IBM 2870 Store-and-forward Message-Switching Load-, Data-,Program-Sharing halbduplex, synchron
Netzknoten	Zentral: IBM 360/91 Dezentral: IBM 360/44 IBM 360/65 IBM 360/67 IBM 360/91 CDC 6600

Netzname	4.2 COINS - Community On-Line Intelligence System
Träger und Netzart	Verteiltes Netz mit zentraler Steuerung
Teilnehmer bzw. Verbreitung	
Anwendung	Experimentalnetz zur Erforschung des Data-Sharing zwischen heterogener Hardware
Datenübertragungssystem	gemietete Fernsprechleitungen 2400 bps Interface-Einheiten: GE Datnet IBM 2701 UNIVAC CLT Data-Sharing Message-Switching vollduplex, synchron
Netzknoten	Zentral: IBM 360/30 Dezentral: 1 GE 635 2 UNIVAC 494 Teletypes

Netzname	4.3 IPL - Canadian Interprovincial Pipeline Network
Träger und Netzart	Zentrales Netz
Teilnehmer bzw. Verbreitung	44 Minicomputer installiert entlang einer 3000 km langen Ölleitung in Kanada
Anwendung	Überwachung der Pumpstationen Zentrale Auswertung der Daten
Datenübertragungssystem	Telefon-Wählleitungen Interface DC 10 data comm MPLP synchron
Netzknoten	Zentral: PDP 10 Dezentral: 44 PDP 8

Netzname	4.4 LISP - Laboratory Interconnection Programming System
Träger und Netzart	Digital Equipment Corporation Verteiltes Netz mit zentraler Kontrolle General-Computer-Netz Time-Sharing-System
Teilnehmer bzw. Verbreitung	Verbundtyp ist implementiert bei - Oak Ridge National Laboratory mit IBM und PDP - Knolls Atomic Power Laboratory mit CDC - Rolls Royce Engine Testing Laboratory mit KDF, IBM und PDP
Anwendung	unternehmungsinterne Computerverbundsysteme
Datenüber-tragungs-system	Firmeninterne Leitungen
Netzknoten	prinzipieller Systemaufbau: zentraler Computer PDP 10 Satellitenrechner PDP 11 PDP 15 Teletypes

Netzname	4.5 TSS - Time Sharing System
Träger und Netzart	entwickelt von IBM Corp. Verteiltes Netz mit homogenen Computern General-Computer-Netz
Teilnehmer bzw. Verbreitung	IBM Watson Research Center, Yorktown Heights, N.Y. Kingston Carnegie-Mellon University, Pittsburgh, Penn. NASA Lewis Research Center, Cleveland, Ohio NASA Ames Research Center, Moffett Field Bell Telephone Laboratory, Napirville Princeton University, Princeton
Anwendung	Forschung gemeinsamer System-Entwicklung
Datenübertragungssystem	200 bps Fernsprechwählleitungen 40800 bps gemietete Breitbandleitungen Interface-Einheit IBM 2701 Einzelverbindungen synchron, halbduplex Load-, Program-,Data-Sharing
Netzknoten	IBM 360/67 (6 Knoten) je Knoten mehrere Datenstationen

LITERATUR

ABRAMSON, Norman: The ALOHA System - Another alternative for computer communications. In: AFIPS FJCC, Vol. 37 1970, p. 281-285.

ABRAMSON, Norman: The ALOHA System. In: Computer-Communications Networks, ed. by Norman Abramson; Franklin F. Kuo, Englewood Cliffs, N.J. 1973, p. 501-517.

ADP NETWORK SERVICES, Cyphernetics Division: Management Resources Directory - A Guide to Cyphernet Services, o.O. 1975.

AKKOYUNLU, Eralp; BERNSTEIN, Arthur; SCHANTZ, Richard: Interprocess Communication Facilities for Network Operating Systems. In: Computer, Vol. 7 1974 No. 6, p. 46-55.

ASCHIM, Frode: Data Base Networks - An Overview. In: ISDOS working paper, No. 79, Ann Arbor, Mich. 1973.

AUPPERLE, Eric: MERIT Computer Network. Hardware Considerations. In: Computer Networks, ed. by Randall, Rustin, Englewood Cliffs, N.J. 1972, p. 49-63.

BECHER, William D.; AUPPERLE, Eric M.: The communications computer hardware of the MERIT computer network. In: IEEE Transactions on Communications, Vol. COM-20 1972 (June), p. 516-526.

BEERE, M.P.; SULLIVAN, N.C.: Tymnet, a serendipitous evolution. In: IEEE Transactions on Communications, Part 2 1972, p. 511-515.

BELL, C. Gordon: More power by networking. In: IEEE spectrum, Vol.11 1974 No. 2, p. 40-45.

BROOKS, Frederick P.; FERRELL, James K.; GALLI, Thomas M.: Organizational, Financial, and Political Aspects of a Three-University Computing Center. In: Information Processing. Proceedings of IFIP Congress 1968, Vol. II, ed. by A.J.H. Morrell, Amsterdam 1969, p. 923-927.

BRUNEL, Louis: A telecommunications network for a multicampus university. In: Online 72, Conference Proceedings, Vol. 2, Uxbridge 1972, p. 45-60.

CALL/370: Management Time-Sharing. The Service Bureau Company, a Division of Control Data Corporation. IBM Form Number 65-9901, o.O. o.J.

CANNING, Richard G. (ed.): The Emerging Computer Networks. In: EDP-Analyzer, Vol. 11 1973 No. 1, p. 1-14.

CARR, C. Stephen; CROCKER, Stephen D.; CERF, Vinton G.: HOST-HOST communication protocol in the ARPA network. In: AFIPS SJCC, Vol. 36 1970, p. 589-597.

COCANOWER, Alfred: MERIT Computer Network: Software Considerations. In: Computer Networks, ed. by Randall,Rustin, Englewood Cliffs, N.J. 1972, p. 65-77.

COMBS, Bill: TYMNET: A distributed Network. In: Datamation, Vol. 19 1973 No. 7, p. 40-43.

Computerwoche vom 29. 8. 1975.

CONTROL DATA CORPORATION: Cybernet Service Program Library Catalogue, o.O. 1974.

CONTROL DATA CORPORATION: Computer Networks in Education, o.O. o.J.

CONTROL DATA CORPORATION: Computer Networks. A Management Handbook. Network Processing Concepts, o.O. o.J.

DENES, John E.: BROOKNET - An Extended Core Storage Oriented Network of Computers at Brookhaven National Laboratory. In: Information Processing. Proceedings of IFIP Congress 1968, Vol. II, ed.by A.J.H. Morrell, Amsterdam 1969, p. 928-932.

ELLIS, T.O.; HARSLEM, E.F.; HEAFNER, J.P.; UNCAPHER, K.U.: Introduction to the ARPA Network at Rand and to the Rand Video Graphics System. Santa Monica, Cal. 1971.

FARBER, David J.: A Ring Network. In: Datamation, Vol. 21 1975 No.2, p. 44-46.

FARBER, David J.; HEINRICH, Frank R.: The Structure of a Distributed Computer System - The Distributed File System. In: Proceedings International Conference on Computer Communications, 1972 (Oct.), p. 364-370.

FEENEY, George J.: Concentration in Network Operations. In: Networks for Research and Education, ed. by Martin Greenberger; Julius Aronofsky; James L. McKennsey; William F. Masy, Cambridge, Mass. 1974, p. 182-188.

FREEMAN, David N.; PEARSON, Robert R.: Efficiency vs. responsiveness in a multiple-services computer facility. In: Proceedings of 23rd National Conference, Association for Computing Machinery, Princeton, N.J. - London 1968, p. 25-34.

FLETCHER, John G.: The Octopus Computer Network. In: Datamation, Vol. 19 1973 No. 4, p. 58-63.

FUCHEL, K.; HELLER, S.: Two Dissimilar Networks - Is Marriage Possible ? In: Proceedings of the 1975 Symposium Computer Networks: Trends and Applications. Gaithersburg, Md. 1975, p. 19-24.

GENERAL ELECTRIC COMPANY: International Access Directory, Command and Language Summary, o.O. 1975.

GUNN, Philipp: An alternative service. In: Data Processing, Vol. 16 1974 No. 1, p. 51-71.

HARVEY, Samuel B.: The Concept of the Singer Worldwide Computer Network. In: Compcon 73, p. 187-188.

HERSCH, Paul: Data Communications. In: IEEE spectrum, Vol. 8 1971 No. 2, p. 47-60.

HOFFMANN, M.A.J.: Datenfernverarbeitung. Berlin - New York 1973.

HOPWOOD, Marsha D.; LOOMIS, Donald C.; ROWE, Lawrence A.: The Design of a Distributed Computing System. Technical Report 25, Irvine, Cal. 1973.

KIRSTEIN, P.T.: Some Recent Developments of the ARPA Computer Network. In: Rechnerstrukturen,hrsg. v. H. Hasselmeier; W.G. Spruth, München - Wien 1974, S. 411-433.

LAY, W.M.; MILLS, D.L.; ZELLKOWITZ, M.V.: Operating Systems Architecture for a Distributed Computer Network. In: Proceedings of the 1974 Symposium Computer Networks: Trends and Applications. Gaithersburg, Md. 1974, p. 39-43.

LESSER, Richard C.; RALSTON, Anthony: The Development of a Multi-Campus Regional Computing Center. In: Information Processing. Proceedings of IFIP Congress 1968, Vol. II, ed. by A.J.H. Morrell, Amsterdam 1969, p. 939-944.

LUTHER, W.J.: Conceptional Basis of CYBERNET. In: Computer Networks, ed. by Randall Rustin, Englewood Cliffs, N.J. 1972, p. 111-146.

McKAY, Douglas B.; KARP, Donald P.: IBM Computer Network/440. In: Computer Networks, ed. by Randall Rustin, Englewood Cliffs, N.J. 1972, p. 27-43.

McLAUGHLIN, R.A.: NASCOM: NASA's Communications Network for APOLLO. In: Datamation, Vol. 14 1968 No. 12, p. 42-45.

MARTEL, C.C.; CUNNINGHAM, I.M.; GRUSHCOW, M.S.: The BNR network: a canadian experience with packet switching technology. In: Information Processing 74. Proceedings of IFIP Congress 74, ed. by Jack L. Rosenfeld. Amsterdam - London - New York 1974, p. 160-164.

MEDICINO, Samuel F.: OCTOPUS: The Lawrence Radiation Laboratory Network. In: Computer Networks, ed. by Randall Rustin, Englewood Cliffs, N.J. 1972, p. 95-110.

MERCADO, John de; GUINDON, René; DaSILVA, John; KODOCH, Michel: The Canadian Universities Computer Network. Topological Considerations. In: The First International Conference on Computer Communications, Washington, Oct. 24-25, 1975, Computer Communications - Impacts and Implications, ed. by Stanley Winkler, p. 220-222.

MERTENS, Peter: Zur neueren Entwicklung des Time-Sharing. In: BTA, 9. Jg. 1968 Heft 11, S. 556-567.

NATIONAL CSS: Introduction to National CSS. Norwalk, Conn. o.J.

PETERSEN, Jack J.; VEIT, Sandra A.: Surveys of Computer Networks. McLean, Virginia 1971.

ROBERTS, Lawrence G.; WESSLER, Barry D.: The ARPA-Network. In: Computer-Communication Networks, ed. by Norman Abramson; Franklin F. Kuo, Englewood Cliffs, N.J. 1973, p. 485-500.

SCHWARTZ, Mischa; BOORUSTYN, Robert R.; PICKHOLTZ, Raymond R.: Terminal-oriented computer communications networks. In: Proc. IEEE, Vol. 60 1972 No. 11, p. 1408-1423.

I.P. SHARP ASSOCIATIONS: Time Sharing Service. Toronto, Can. o.J.

TYMSHARE, Inc.: TYMNET - The Proven Joint User Network. o.O. o.J.

TYMSHARE, Inc.: Tymshare Annual Report 1974. o.O. 1974.

TYMSHARE, Inc.: TYMNET, Present & Future. o.O. o.J.

TYMES, Roy La: TYMNET - A terminal oriented communication network. In: AFIPS SJCC, Vol. 38 1971, p. 211-216.

WEDBERG, George H.; HAUSCHILD, Louis W.: The General Electric Network Monitor System. In: Information Processing 74, p. 24-28.

WEIS, Allen H.: Distributed Network Activity at IBM. In: Computer Networks, ed. by Randall Rustin, Englewood Cliffs, N.J. 1972, p. 1-5.

WILLIAMS, Leland H.: A functioning computer network for higher education in North Carolina. In: AFIPS FJCC, Vol. 41/II 1972, p. 899-904.

Im Rahmen dieses Literaturverzeichnisses wurde nur ein beschränkter Teil der vorliegenden Literatur aufgeführt. Weiterführende Angaben siehe: <u>BIFOA-FORSCHUNGSGRUPPE MICOM:</u> Bibliographie Computerverbund. BIFOA-Forschungsbericht Nr. 75/3. Köln 1975.

ANHANG D.

BIBLIOGRAPHISCHES MATERIAL

wurde als selbständige Schrift vorab veröffentlicht:

BIFOA-Forschungsgruppe MICOM:
Bibliographie Computerverbund.
BIFOA-Forschungsbericht Nr. 75/3, Köln 1975.
(WISON-Verlag Michael Wienand, Weyertal 59,
5000 Köln 41)

ISBN 3-87951 - o61 - X

GPSR Compliance

The European Union's (EU) General Product Safety Regulation (GPSR) is a set of rules that requires consumer products to be safe and our obligations to ensure this.

If you have any concerns about our products, you can contact us on ProductSafety@springernature.com

In case Publisher is established outside the EU, the EU authorized representative is:

Springer Nature Customer Service Center GmbH
Europaplatz 3
69115 Heidelberg, Germany

Batch number: 10809636

Printed by Printforce, the Netherlands